改正刑法新論

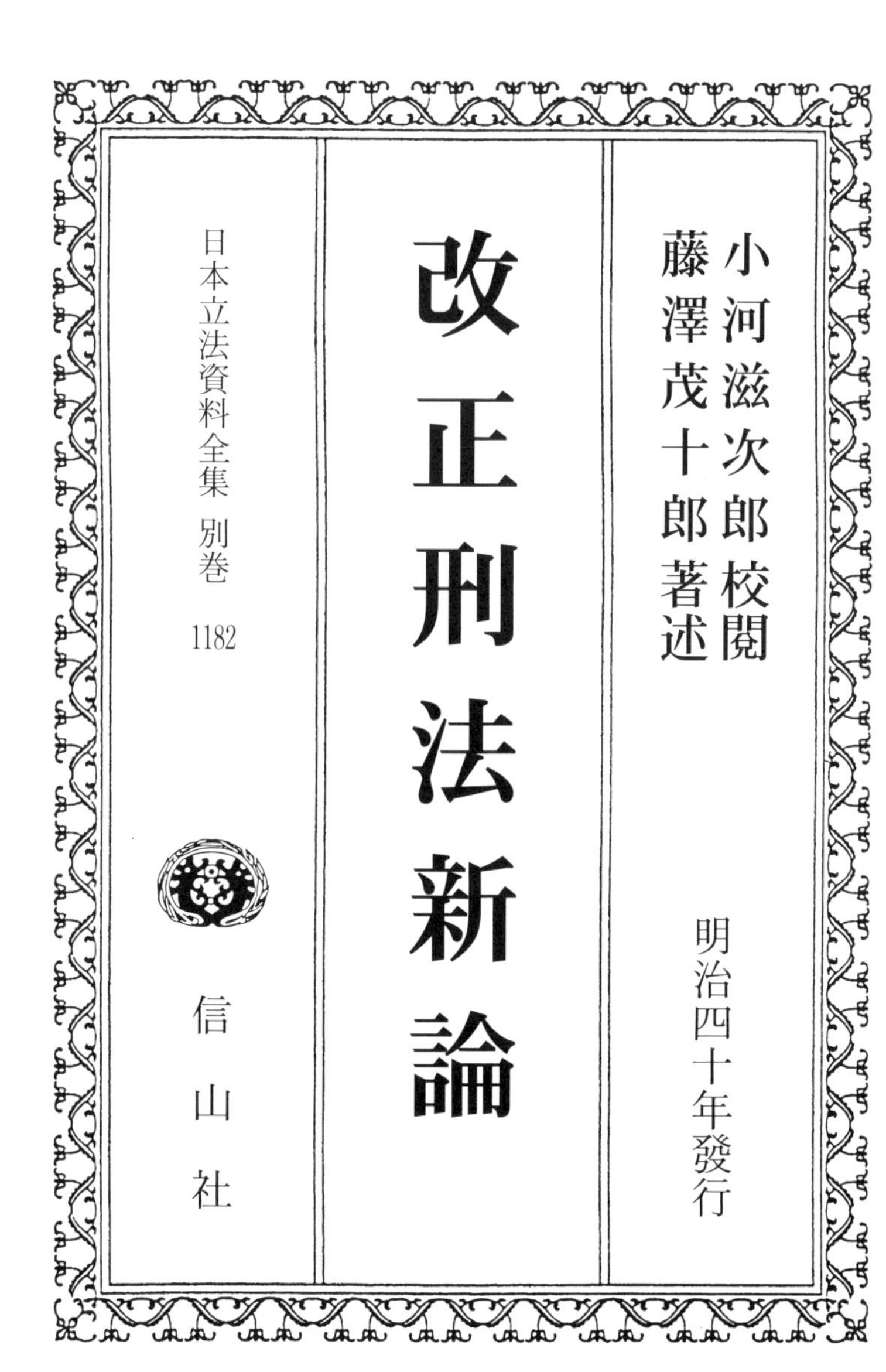

小河滋次郎校閲
藤澤茂十郎著述

明治四十年發行

改正刑法新論

日本立法資料全集　別巻
1182

信山社

法學博士 小河滋次郎校閲
判事 藤澤茂十郎著述

改正
刑法新論

東京 博文館藏版

序

新法一タヒ出ツレハ則チ注釋ノ書雜然トシテ競ヒ出ツ甚シキハ其刊行法律ノ公布ト時ヲ同シフスル者アリ此等ノ書ハ大抵怱卒之ヲ成シ機ニ乘シ之ヲ衒賣シテ以テ一時ノ利ヲ圖ルニ過キサルノミ買人ノ物ヲ賣ル其售ルルコト一時ニ止マル者ハ故ラニ其價ヲ貴クシテ以テ利ヲ貪ル之ヲ際物ト謂フ上巳ニ際シテ泥塑ヲ賣リ端午ニ際シテ紙鯉ヲ賣ル者ノ如キ是ナリ世人新法ノ注釋書ヲ以テ際物ニ比スルモ亦以ナキニ非サルアリ項口改正刑法ノ公布セラルルヤ判事藤澤茂十郎君亦刑法新論ヲ著

シ法學博士小河滋次郎君ヲ介シテ予カ序ヲ請フ博士予ニ語リテ曰ク藤澤君ハ篤學ノ士ナリ前年刑法改正案ヲ公ニセラルルヤ專心其義ヲ究メ遂ニ其得ル所ヲ筆シテ而シテ卷ヲ成セリ爾來反覆檢校足ラサル者ハ則チ之ヲ補ヒ精シカラサル者ハ則チ之ヲ錬リ政府法案ヲ改ムル每ニ君亦其稿ヲ更ヘ六年ヲ閱テ而シテ後チ始メテ成レリ故ニ刑法纔ニ出テ而シテ刑法新論亦即チ成リタルハ固ヨリ其所ナリ予之ヲ閱スルニ其說ク所深切詳明ニシテ以テ蒙ヲ啓クニ足ルト博士ノ言實ニ此ノ如シ則チ其書ノ出ツル新法公布ノ際ニ在リト雖モ他ノ書ト其撰ヲ

異ニシ泥塑紙鯉ノ比ニ非サルヤ明カナリ越ニ旬餘印刷既ニ成ル而シテ予未タ之ヲ繙クニ遑アラス乃チ姑ラク博士ニ聞ク所ヲ書シテ以テ序ト爲ス

明治四十年五月

倉富勇三郎撰

自序

本法改正案ノ始メテ第十五議會ニ提出セラルルヤ、在野法曹社會ニ非改正論起リ、議論囂々遂ニ議題ニ登ラス再ヒ修正ノ上第十六議會ニ提出セラレタルモ議了スルニ臻ラス、余モ其當時第一編總則ニ對シ、聊カ批評ヲ試ミ岡田博士ノ賛評ヲ得テ改正草案刑法評論ト題シ、是ヲ公ニシタルモ事咄嗟ノ間ニ成リタルヲ以テ、爾來公務ノ餘暇、自家講學ノ爲メ、內外學者ノ著書判例ヲ參照シ、熱心之カ研究ニ從事シ、草案ノ改マル毎ニ稿ヲ改ムルコト再三、再四、漸ク六年ノ歲月ヲ重ヌ昨年十月、全編ノ著ヲ完成シタルニ其後該草案ニ對シ法律取調委員會ニ於テ一大修正ヲ加ヘタル成案ニ基キ、本年三月、幾分修正ノ上兩院ヲ通過シタルヲ以テ更ニ稿ヲ改メ公ニスルコトヽ爲シタリ

蓋シ本書ハ主トシテ、改正刑法ノ立法趣旨ヲ闡明シ、各法條ヲ解

釋スルヲ以テ目的ト爲シタルニ因リ各章冐頭ニ其大體ノ改正要旨ヲ論シ、各條下ニ至リ舊刑法ノ不備闕點ヲ指示シテ改正理由ヲ論シ、法文ヲ分析シテ簡約ヲ旨トシ、從來ノ學說、判例等有益ナルモノハ、之ヲ一々叙述シタリ然レトモ立法上ノ當否ハ成ル可ク之ヲ避ケ、唯タ將來異論ヲ生スト感シタル法條ニ就キ、餘論トシテ之ヲ附言シタルニ止メタルモ書中、往々議論ノ正鵠ヲ失スル所ナキヲ保セス、是余ノ淺學力ノ足ラサルニ因ル、他日大方ノ敎ヲ得テ、其大成ヲ期セントス

本書ノ出版ニ際シ、小河法學博士ノ校閲、倉富法學博士ノ序文ヲ辱フシタレハ、記シテ以テ其厚意ヲ謝ス

於長野地方裁判所官舍

明治四十年六月下旬

著者識之

改正

刑法新論目次

緒論

本論

目次終

改正刑法新論

法學博士　小河滋次郎校閲
判　事　藤澤茂十郎著述

緒論

第一節　刑法ノ沿革

我國刑法史上ノ沿革ハ、是ヲ大別スレハ左ノ三期ニ分ツコトヲ得ヘシ
第一期、維新以前ノ刑法ハ暫ク措テ論セス、明治初年ノ假刑律ニ相次テ、全國一定ノ刑典ヲ公布シタルハ、則チ明治三年十二月ノ上諭ニ基ク、新律綱領是ナリ、新律綱領ハ明治六年六月ニ至リ改定律例ト改メタルモ、其規定スル所ハ明清律ニ則リ幾分泰西ノ法律ヲ參酌シタルニ止マルヲ以テ極メテ峻刑、酷罰ノ法典ナリシナリ

第二期、舊刑法ハ明治十三年七月公布シタルモノニテ、泰西、諸國ノ刑法ヲ參酌シ。就中、佛國刑法ニ則リ制定シタルヲ以テ、彼ノ改定律例トハ。全ク其立法趣旨ヲ異ニシタリ而シテ其實施ハ明治十五年一月ヨリ二十有餘年ノ今日マテ施行セラレタルモノナルモ是ヨリ前、我國勢ハ日月ト共ニ進化シ。舊刑法ノ不備、闕點ヲ生シ殊ニ外交、益々、頻繁ヲ加フルニ從ヒ、曩ニ想像セサリシ規定モ新ニ之ヲ設クルノ必要起ルニ至レリ

第三期、我政府ハ明治二十五年一月、刑法改正委員ナルモノヲ命シ、刑法改正案起草ニ從事セシメ明治二十八年二月、四年ノ歲月ヲ積ミ脫稿シ、一旦是ヲ世ニ公ニシタルモ、仍ホ法典調査會ヲ設ケ。他ノ諸法令ト共ニ審査シ、明治三十四年三月、第十五議會ニ提出シタルモ。世上。非改正論起リ。在野法曹社會ノ論難。攻擊ヲ受ケ。遂ニ通過スルニ至ラス、政府ハ更ニ同案ヲ法典審査會ニ付シ、大ニ修正ヲ加ヘ、明治三十五年一月、再ヒ第十六議會ニ提出シタルニ貴族院ハ多少、修正ヲ加ヘ可決シタルモ。衆議院ハ遂ニ議了スルニ至ラス

本法ハ右第十六議會ニ提出シタル、改正案ニ對シ明治三十九年六月、時ノ松田司法大臣、本法調査ノ爲メ、法律調査委員會ヲ組織シ、朝野ノ學者數十名ニ調査ヲ囑託シ而シテ調査委員會ハ更ニ主査委員ヲ設ケ、改正案中ヨリ改正ス可キ項目ヲ調査シ、委員總會ニ附議シ、其改正項目ヲ基礎トシ

テ、復、特ニ起草委員ヲ設ケテ起草シタル上、同明治四十年二月第二十三議會ニ提出シ漸ク貴衆兩院ノ協贊ヲ得テ同年四月二十三日公布セラレタルモ其施行期日ハ追テ勅令ヲ以テ定メラルル筈ナリ而シテ本法ハ舊刑法ノ既往、二十有餘年ノ實驗ニ徵シ、且ツ主トシテ獨逸刑法幷ニ諸外國立法例ヲ參照シ、我國情ト時勢トニ鑑ミ、編纂シタルモノニテ、舊刑法ノ全編四百三十條ヲ僅ニ第二百六十四條トナシタルモ、其規定スル所、却テ精密ヲ極メ且ツ寛嚴、其宜シキヲ得タルヲ以テ我刑法史上ノ一大進步ナリト謂フ可シ

第二節　刑法改正ノ必要

我國憲法實施以來諸般ノ制度稍ヤ整頓シ民法商法モ既ニ實施セラレ國民ノ權利モ亦大ニ確保セラレタルニ拘ハラス獨リ刑法ニ至テハ二十有餘年前、未開幼稚ノ時代ニ制定セラレタル儘ナリ今ヤ時勢ハ駸々乎トシテ着々步ヲ進メ世態民情殆ント舊狀ヲ存セサルニ至レリ故ニ民間事業ノ勃興人智ノ發達ニ伴ヒ世間奸惡ノ徒往々輩出シテ法禁ノ不備ヲ奇貨トシ良民ヲ害シ社會ニ荼毒ヲ流スモノ日々相踵テ增加シ爲メニ奸惡ノ犧牲トナリ風紀ノ紊亂是ヨリ甚タシキハナシ其一、二ノ實例ヲ擧クレハ公選ニ係ル議員又ハ委員ナル者議會又ハ委員會ヲ利用シテ醜陋背德不正ノ所爲ヲナシ恬トシテ耻チサ

サルカ如シ。上流社會已ニ斯ノ如シ。下流其風ヲ學ヒ法網ヲ免レントスルモノ滔々タル天下皆然ラサルハナシ、賄賂收賂ノ聲一ノ事業一ノ會議ニ於テ聞カサルナク社會風紀ノ紊亂、人心ノ腐敗茲ニ至テ殆ト極マレリト謂フ可シ今ノ時ニ於テ救濟セスンハ其底止スル所ヲ知ラス是レ刑法上公務所、公務員ノ規定ナキノ致ス弊豈ニ慨嘆ニ堪ユヘケンヤ又條約改正以來。我國外交益々頻繁ヲ極メ交通織ルカ如キ今日外人及ヒ國交ニ關スル規定ナシ爾來、幾多ノ異變ヲ生シ朝野擧テ、焦心憂慮シタルコト在リ尚ホ將來如何ナル椿事ノ出來スルヤ得テ知ルヘカラス是レ一ハ國內風紀ヲ矯正シ一ハ外患ヲ防ク法則具ハラサルノ致ス所ナリ一國刑法典ニシテ此重要ナル禁令ナシ豈ニ國家ノ體面ニ關スル一大缺點ナリト謂ハスシテ何ンソヤ其他舊刑法ノ不備缺點殆ント枚擧ニ遑非ラス

元來刑法ハ國家ノ安寧秩序ヲ維持スル重要ナル法典ナリ、然ルニ此刑法典ニシテ不備缺點アラン歟其間隙ニ乘シ犯罪ノ方法手段頗ル巧妙ヲ極メ奸惡ノ徒、益々跳梁跋扈。罪惡ヲ逞フセントス今ニ於テ此不備缺點ヲ補正シテ之ヲ防止セスンハ其停止スル所ヲ知ラス舊刑法ハ實施僅カニ二十有餘年、歲月未タ永カシト云ニ非サルモ此間人智ハ殆ント舊態ヲ存セス人情ノ變化輕薄ニ流ルヽコト今日ノ如キハナシ然ルニ舊刑法ハ此民情ト俗習ニ伴ハス、或ハ懲治シ難キ犯人ニ對シ寬刑ヲ用ヒ懲治シ易キ犯人ニ對シテ嚴刑ヲ科シ罪刑、其中庸ヲ得サルコトナキニ非ス犯罪ノ種類、千差萬別ナルト等シク犯

人ノ性質ニ至テモ亦同シカラス是、皆各自。容貌ノ異ナルカ如シ假令、同一ノ犯罪ナルモ其原因異ナレハ情狀モ亦從テ同カラス彼ノ殺人犯ノ如キ其原因、强賊ノ貪慾ニ出スルアリ又孝子、復讐ノ怨恨ニ出ツルアリ或ハ嫉妬ニ出ツルコト在リテ惡ムヘキ者憐ム可キ者ナキニ非ス。於茲乎、刑ヲ定ムルニ當テモ寛嚴兩樣ノ主義ヲ併用シテ犯罪ノ情狀ト犯人ノ性質トニ因リ刑ヲ上下スル自由ヲ與ヘサルヘカラス是刑法ヲ改正スルノ必要アリシ所以ナリ

第三節　刑罰權ノ基本

法律ハ吾人ニ或ル行爲ヲ命シ又ハ之ヲ禁シ背クトキハ制裁トシテ刑罰ヲ科ス吾人ハ相互ニ善事ヲ爲サヽルモ社會ノ平和安寧ヲ保持スルノ爲メ惡事ハ之ヲ爲スコトヲ許サス不正不善ノ行爲ハ人ヲ害シ延テ國家ノ生存ヲ危殆ナラシムルモノナリ國家ハ社會ノ安寧秩序ヲ保持スル爲メ强行的。制裁法ヲ設ケテ之カ矯正ヲ期スル必要アリ此國家刑罰權ノ基本ニ就テハ古來學者ノ說多シ之レヲ大別スレハ復讐主義、恐嚇主義、民約主義、承認主義、正當防衛主義、賠償主義、道德主義、命令主義、折衷主義。應報主義。保護主義是ナリ以上各說ノ意義ヲ略論シテ我カ立法者ハ其孰レノ主義ヲ採用シタルカヲ述ヘントス

第一說、復讐主義、人アリ若シ我身體財産ヲ侵害スルコトアレハ之ニ報ユルノ感念ヲ生ス我國維新前ハ親子兄弟他人ニ殺サレタルトキハ其復讐ヲ以テ一ノ名譽ト信シ人モ亦之ヲ賞揚シタリ然レトモ此復讐ヲ個人ノ爲ス儘ニ放任センカ社會ノ秩序ヲ紊亂スルヲ以テ國家ハ個人ニ代リ其復讐ヲ爲ス即チ國家ハ加害者ニ對シテ刑罰ヲ加ヘ而シテ社會ノ秩序ヲ維持シ他ノ一方ニ於テハ被害者ヲ滿足セシム是國家刑罰權ヲ有スル基本ナリト

第二說、恐嚇主義、此說ハ人若シ人ヲ害スレハ國家ハ其加害者ニ刑罰ヲ科シ恐嚇シテ悔悟遷善再ヒ罪ヲ犯サシメス復タ他人ヲシテ刑罰ノ畏ルヘキヲ知ラシメ後害ヲ豫防スルニ在リ國家ハ社會ノ安寧ヲ保持スル爲メ此權利ヲ有スト

第三說、民約主義、此說ハ佛國ノ碩學ルーソー氏ノ唱導シタル所ニシテ凡ソ社會ノ成立ハ吾人ノ約束ニ基クモノニシテ各人群居スレハ勢ヒ弱肉強食ヲ免カレス各人相互ノ意思ヨリ暗ニ約シテ我權利ヲ保護スル爲メ社會ヲ組織シ其社會組織ノ初ニ當リ若シ惡事ヲ爲スモノアレハ其身體生命財産ハ悉ク社會ニ一任シテ相互ノ平和ヲ保持シ是ニ依テ社會ハ罪人ニ對シテ刑ヲ科スル權利ヲ得タルモノナリ是社會ニ刑罰權アル所以ナリト

第四說、承認主義、此說ハ社會即チ國家カ法律ヲ制定シ斯ノ如キコトヲ爲セハ如斯罰スヘシト定メ

タルヲ人民承認シナカラ違犯スルヲ以テ社會ハ其承認ヲ理由トシテ之ヲ罰スルモノナリ是即チ社會ニ刑罰權アル所以ナリト

第五說、正當防衛主義、此說ニ依レハ人ハ天賦ノ正當防衛權ヲ有ス社會モ亦(無形的人格ヲ有ス)自己ヲ防衛スルノ權利有リ故ニ犯人アリテ社會若クハ社會ヲ組織スル人ヲ害スルトキハ社會ハ此正當防衛權ニ依テ之ヲ罰スルモノナリ然レトモ其防衛權ハ個人之ヲ行フニ付テハ加害目前ニ迫リ他ニ避クルノ路ナキヲ要スルモ社會ニ於テ執行スルトキハ加害ノ現行ナルト否トヲ問ハス已ニ去ルモ尙ホ追及シテ防衛權ヲ執行スルヲ得ヘシ即チ社會ハ其加害者ヲ罰シテ將來ヲ警戒スルノ必要アリ是、社會刑罰權ノ發生スル基本ナリト

第六說、賠償主義、此主義ハ凡ソ他人ニ損害ヲ加フレハ之レヲ賠償スヘキ義務アリ夫レ如斯一私人スラ仍ホ損害賠償ノ權アルヲ以テ若シ犯人アリテ人ヲ害シ社會ヲ害スルトキハ社會モ亦損害ヲ賠償セシムル權ナカルヘカラス此社會賠償權ハ即チ社會刑罰權ナリト

第七說、純正主義、此說ハ人ハ事ノ善惡邪正ヲ識別スルノ知識ト爲不爲動不動ヲ決定スルノ自由アルヲ以テ邪惡ヲ排シテ正善ニ就カサルヘカラス然ルニ當ニ爲スヘキ事ヲ爲サス爲ス可カラサル事ヲ爲セハ其應報アリ善ヲ爲セハ善報アリ惡ヲ爲セハ惡報アルハ是自然ノ結果ナリ刑罰ハ即チ惡事

ヨリ生スル惡報ナルヲ以テ人社會ニ生存シ惡事ヲ爲セハ社會ハ之ニ應報トシテ刑罰ヲ加フヘキハ事物自然ノ道理ニシテ社會刑罰權ハ此正當純正ノ理由ニ基クモノナリト

第八說、命令主義、此說ハ佛國ノ學者ヘルトール氏ノ主唱セル所ニシテ其說ニ曰ク國家ハ固ヨリ正當防衞權ヲ有ス此防衞權ハ即チ社會刑罰權ナリ抑モ國家ハ其秩序ヲ維持スル爲メ法律ヲ制定スルノ權アリ而シテ法律ニハ制裁ヲ付シテ違犯ナカラシムルヲ得可シ若シ法律ニシテ此制裁ナクンハ徒法空文ノミ豈ニ誰レカ是ニ服從スルモノアランヤ故ニ刑罰權ハ國家ノ命令權ヨリ自然ニ生スルモノナリ此命令スルノ權社會ニアリトセハ刑罰ナル制裁ヲ付スルノ權モ亦國家ニアルヤ勿論ナリ是社會刑罰權ノ生スル基本ナリト

第九說、折衷主義、此說ハ佛國學者ヲルトラン氏ノ唱道セル所ナリ其說ニ曰ク人ハ形體ト智識トヲ以テ生存スルモノナリ即チ人相集リテ社會ヲ組織スルハ自然ノ天性ニ出テ事ノ善惡邪正ヲ辨別スルノ智識ヲ有スルモ亦人ノ天性自然ナリ人類ノ性情、夫レ斯ノ如シ社會刑罰權ヲ論スルニ當リテモ其根據ヲ此ニ採ラサルヘカラス然ルニ社會刑罰權ヲ論スル者皆一端ニ偏重シテ其中ヲ得タルモノナシ豈正鵠ヲ得ント欲スルモ得ヘケンヤ凡ソ事ヲ論スルニ當テハ唯タ一端ヲ擧テ一面ヲ觀サレハ能ク其理ヲ盡ス能ハス而シテ人ハ事ノ善惡邪正ヲ辨別スルノ智識ヲ有スルノミナラス爲不爲ヲ

決定スルノ自由アルカ故ニ惡ヲ爲セハ惡報アリ善ヲ爲セハ善報アルコトハ當然ナルヲ以テ人カ社會ニ在リテ惡事ヲ爲セハ應報トシテ刑罰ヲ受クルハ當然ナリ是純正主義ノ說ク所ニシテ刑罰權ヲ行フ正當ナル理由ハ蓋シ茲ニ存セン然レトモ社會ハ如何シテ邪惡ニ干涉シテ苦痛ナル刑罰ヲ行フノ權アルヤヲ辯明セス正當防衞主義ハ社會カ自己ノ安寧秩序ヲ維持スル爲メニ防衞スルノ權アルヲ以テ刑罰權ヲ生スト說キ社會カ何故ニ惡事ニ干涉シテ刑罰ヲ與フルカヲ盡スモ刑罰ヲ加フル正當ナル理由ニ至テハ之ヲ說明セサレハ二說共ニ採ルヘキ所アリト雖モ亦缺クル所ナキニ非ス然レトモ此二說ヲ合スレハ甲ノ缺漏ハ乙之ヲ補ヒ乙ノ不備ハ甲之ヲ充タシ相待テ完璧ヲ得ヘシ是レ折衷主義ノ生スル所以ニシテ此主義ハ純正主義ト正當防衞主義トヲ調和シテ刑罰權ノ基本トナシタルモノナリト

第十說、應報刑主義、此說ハ獨逸刑法學者ヒルクマイヤー氏ノ說ナリ其說ニ曰ク第一國家ノ刑罰ハ復仇ヨリ進化シタルモノニシテ惡所爲(惡因)ニ對スル最モ正當ナル應報ナリ故ニ刑法上刑ノ輕重ヲ定メンニハ犯罪事實ノ大小ヲ第一ニ置カサル可ラス第二國家刑罰權ハ犯人ノ自由意思ト消長ス元來人ハ罪ヲ犯スト否トヲ決定スル自由ヲ有スルモノナリ此自由アルニ拘ハラス罪ヲ撰ンテ犯シタル者ハ其應報トシテ相當ノ刑ヲ受ケサル可ラス第三犯人ノ性質モ亦刑罰ノ輕重大小ヲ量定スヘキ有力ナル標準ナルコト勿論ナルモ犯罪ニ對スル刑罰ヲ定ムルニハ先ツ其犯シタル犯罪ノ內容即チ犯人ノ行ヒタル結果ヲ第一ニ吟味シ第二ニ犯人ヲ取調ヘサル可ラスト云フニ在リ

第十一說、保護刑主義、此說ハ獨逸ノ刑法學者リスト氏ノ說ナリ其說ニ曰ク第一國家ノ刑罰ハ國家ノ認ムル利益ヲ保護スルヲ以テ目的ト爲スモノナリ之ヲ沿革ヨリ考フルモ利益保護ハ古來立法ノ精神ナリ故ニ刑ノ輕重ヲ定ムルニハ犯罪ノ輕重大小ヨリハ如何ナル刑ヲ科スレハ利益ヲ保護スルニ充分ナルヤヲ以テ其標準ト爲サヽル可ラス第二犯罪ハ犯人ノ自由意思ニ基クモノニ非スシテ犯人ノ性質及ヒ其周圍ノ關係ヨリ生スルモノナリ故ニ犯罪者ニ對スル應報トシテ刑ヲ定ムルヨリ寧ロ如何ナル刑ヲ以テセハ犯罪ノ發生ヲ防キ得ヘキヤヲ以テ標準トセサル可ラス第三刑ノ輕重大小ヲ定メントスル場合ニハ犯罪事實ノ輕重大小ヨリハ犯罪者ノ性質ヲ第一ニ置キ之ニ基キ刑ヲ量定セサル可ラスト云フニ在リ改正刑法ハ此最後ノ第十一說ツスト氏ノ保護刑主義ニ基キタルモノナルコトハ本法第一編總則第一章第一條乃至第五條及ヒ第二章第三十六條乃至第四十一條ノ規定ニ依リ明カナルノミナラス第二編以下ニ於テ其刑ノ範圍ヲ擴張シ利益保護ニ努メタルニ因リ知ル可キナリ殊ニ第百八條放火罪ヲ死刑若クハ五年以上ノ懲役ト爲シ第百九十九條殺人罪ヲ死刑若クハ三年以上ノ懲役ニ處スト規定シタルカ如キハ其著シキ點ナリ

第四節　犯罪ノ定義

犯罪トハ如何ナルモノヲ謂フヤニ就テハ刑法學者間、其見解ヲ異ニシ未タ完全ナル定義アルヲ見ストモ雖トモ余ノ信スル定義ヲ擧クレハ則左ノ如シ

犯罪トハ法律上豫メ刑罰ノ制裁ヲ付シタル禁令又ハ命令事項ニ違犯シタル有責者ノ不法行爲ヲ謂フモノニテ此定義ヲ分析スレハ左ノ條件ヲ包含ス

第一、刑罰ノ制裁アル法律ニ違背シタルコト

法律中ニハ刑罰ノ制裁アルモノト否ラサルモノト在リ刑罰ノ制裁ナキ法律ニ違犯スルモ民法上ノ違反者タルコト在ルモ刑法ノ所謂、犯罪ニ非ス而シテ刑罰ノ制裁アル法律ハ刑法ヲ以テ其重ナルモノト爲スモ民法商法其他、諸罰則法令ニ刑罰ノ制裁ヲ付シタルモノモ亦刑罰ナリトス

此法律中禁令又ハ命令事項ニ違背シタルコトヽハ自ラ進ンテ爲シタル積極的行爲ヲ謂フモノニシテ刑法中、其大多數ノ犯罪ハ禁令行爲ニ違犯スルモノナリ假令ハ人ヲ殺ス可カラス人ノ財物ヲ取ル可カラストノ規定アルヲ自ラ進テ殺傷又ハ竊取スルカ如キ是ナリ又命令事項ニ違犯シタル所爲トハ消極的ニ爲スヘキコトヲ命シタル場合ニ之ヲ爲サヽル不行爲ヲ云フ假令ハ本法第二百十七條

扶助ヲ要スヘキ老者、幼者、不具者又ハ病者ニ必要ナル保護ヲ爲サヽルカ如キ是ナリ而シテ刑罰トハ法律ノ違犯者ニ對シテ裁判上、言渡シタル苦痛ノ執行ヲ謂フニアリ學者或ハ刑罰トハ人ノ利益ノ剝奪ヲ云フト論スル者アリ其詳細ハ第二章ニ於テ論セントス

第二、不法行爲ニシテ權利行爲ニ屬セサルコト

不法行爲ニシテ權利行爲ニ屬セサルコトヲ要スルヲ以テ權利ノ執行ニ屬スルトキハ刑罰ノ制裁ヲ科スルコトヲ得ス故ニ本法第三十五條ニ規定シタル法令又ハ正當ノ業務ニ因テ爲シタル行爲（正當行爲）又ハ同第三十六條ニ規定シタル彼ノ正當防衛權ノ執行（權利行爲）ノ如キハ如何ニ人ノ權利ヲ害スルモ不法行爲ニ非サルヲ以テ犯罪ナリト云フコトヲ得ス

第三、責任能力ヲ有スル者ノ行爲タルコト

犯罪ノ主體タルニハ必ス引責能力ヲ有スル者ノ行爲ナルコトヲ要ス故ニ本法第三十九條乃至四十一條ニ規定シタル心神喪失者、瘖啞者十四歲未滿ノ幼者ノ如キハ如何ナル不法行爲ヲ爲スモ法律上犯罪トシテ刑罰ノ制裁ヲ科スルコトヲ得ス是有責者ノ行爲タルコトヲ要スル所以ナリ

第五節　犯罪ノ主體

刑法上、犯罪ノ主體トハ所謂。犯罪ノ責ヲ負フ能力ヲ有スル人ヲ謂フ此犯罪ノ主體タルヘキ人ニ二種アリ一ハ有形的肉體ヲ有スル人類ニシテ即チ國家組織ノ一員トシテ生存スル者一ハ法律ノ假想ニ因リ創設セラレタル無形的法人ヲ謂フ此法人ハ一定ノ目的ノ爲ニ設立スルモノニシテ其目的ノ範圍内ニ於テハ人類ト同一人格ヲ認メラルヽモノナリ而シテ法人ニモ亦公法人、私法人ノ別アリ公法人トハ國、府縣、市町村等ノ如キモノヲ云ヒ其他、民事、商事ノ會社ノ如キヲ私法人ト稱スルモ刑法上ノ禁令又ハ命令ニ違犯シテ之カ責任ヲ負フモノハ自由意思ト智能トヲ具備シタル有形的人類タルヲ要ス若シ智識ナク自由意思ナキモノハ人類ノ行爲ナリト雖モ未タ以テ刑法上ノ責任ヲ負フヘキモノニ非ス殊ニ法人ハ其レ自身智能ヲ有セサルヲ以テ刑法上ノ主體タルヲ得サルハ論ナシ只法人ヲ組織スル人員ニ因テ活動スルニ過キス即チ國家ニ君主、府縣ニ知事、市町村ニ市町村長、會社ニ社長ナル者アリテ其法人ヲ代表シテ法律上、認許セラレタル目的ノ範圍ニ於テ活動スルモノナルヲ以テ刑法上無形人ハ犯罪能力ナシ故ニ若シ犯スモノアリトスレハ法人ヲ代表スル者或ハ其職員ナルヲ以テ、假令法人ノ名義ニ因テ罪ヲ犯スモ責任ノ歸スル所ハ其代表者又ハ職員ナリトス要スルニ法人ハ人類ニ因テ活動スルモノナレハ犯罪ノ實行ニ付テハ自ラ活動スル能力ナク法律上認許セラレタル範圍外ニ其存立ヲ認メラルヽモノニ非ス故ニ法人ノ名義ヲ以テ罪ヲ犯スモ其代表者職員ノ犯罪ナレハ其責任モ亦代表者又ハ職員ニアルモノトス（然レトモ法人ハ其生存ヲ認メラレタル範圍ニ於テハ財産ノ所有能力ヲ有スルヲ以テ民法上人ト同シク法律行爲ノ主體トシテ責任ヲ有スルハ法人格ヲ認メラレタル當然ノ結果ナリ）從來犯罪ノ主體タル主動者ハ人類ニ限ルトノ原則ニ對シテ例外ナシトハ刑法學者ノ定論ナリト雖モ法律カ特ニ法人其者ニ對シテ罰金ヲ科スルノ規定ヲ爲シタル場合ハ法人モ仍ホ犯罪ノ主體タル場合ナキニ非ス

第六節　犯罪ノ客體

犯罪ノ客體トハ犯罪ノ爲メ害ヲ受クル者ヲ謂フ故ニ人類ト法人トヲ問ハス犯罪ノ被害者タルコトヲ得ヘキモノトス人ハ生命、身體、自由ヲ有シ自ラ活動スルモノナレハ生活ノ目的上、名譽ヲ有シ財産ヲ有ス法人モ亦タ法律上、權利義務ノ主體タルヘキ人格ヲ認メラルヽモノナルヲ以テ名譽ヲ保有シ財産ヲ有スルコトハ人類ト毫モ異ナルコトナシ若シ之ヲ侵害スル者アレハ其被害者タルコト人類ト等シク法律ノ保護ヲ受クヘキモノナリ故ニ刑法上、犯罪受動者即チ被害者ノ地位ニ立ツモノハ人及ヒ法人ナリトス

（一）有形人、犯罪ノ主動者タル犯人ハ責任能力ト自由意思アル者ニ非サレハ刑法上ノ責任ヲ負フヘ

キモノニ非サルコトハ前段既ニ論シタルカ如シ之ニ反シテ犯罪ノ受動者タル被害者ノ地位ニ立ツヘキ人ハ生存スル人タル者凡テ被害者タルコトヲ得ヘシ是即法律ハ此社會ニ生存セルモノハ其何人タルヲ問ハス保護シテ生存ノ目的ヲ達セシメントスルヲ以テ是非ノ辯別ナキ幼者、老者タルト心神喪失者ナルトヲ問ハス躰軀ヲ具備シテ世ニ現在スル人ハ皆被害者タルコトヲ得ヘキハ勿論未タ母ノ胎内ニ在ル胎兒モ尙ホ法律ハ之ヲ保護セリ即チ本法第二百十二條ニ規定シタル墮胎罪ノ如キハ未タ此世ニ現出セサルモノヲ保護スルノ意ニ出テタルモノナリ而シテ又既ニ生存セサル死者ニ對シテモ其遺骸ヲ保護シ又ハ名譽ヲ保護スルコトアリ本法第百八十九條墳墓ヲ發堀シタル者ハ二年以下ノ懲役ニ處ストノ規定ノ如キ即チ是ナリ其罰スル所以ノ理由ハ社會ノ善良ナル風儀ヲ維持シ殘酷ノ惡習ヲ除去セントスルニ外ナラス

(二)無形人、無形人ハ犯罪ノ主動者タルコトヲ得サルハ一般ノ原則ナリト雖モ法人モ亦權利義務ノ主體タルコトハ法律上、認ムル所ナルヲ以テ其權利ヲ保護スル爲メ存立ニ必要ナル範圍ニ於テ名譽及ヒ財產ヲ保護セサル可カラス此法人ハ無形的ニシテ且法律上、假想ノ人ナルヲ以テ形體ヲ備ヘサレハ身體ニ對スル犯罪ノ被害者タルコトヲ得サルハ論ヲ俟タス又國家ニ對スル犯罪ニ付テハ本法第九十一條内亂ニ關スル規定其他、公務所ニ對スル規定ノ如シ故ニ國家モ亦被害者タルコト

アルモノトス

第七節　一般犯罪ノ成立要素

刑法上犯罪成立條件ニ一般ニ要スル條件ト各犯罪ニ付キ特別ニ要スル條件トアリ而シテ其一般犯罪成立ニ要スル條件ヲ缺クトキハ總テ犯罪成立セサルモノナリ單ニ各犯罪ニ要スル特別條件ヲ缺クトキハ其犯罪ハ成立セサルモ他ノ犯罪ヲ構成スルコトナキニ非ス假令ハ竊盜ノ目的ヲ以テ家屋ニ侵入シタルニ家人ニ發覺シタリトセン乎竊盜罪成立セサルコトアルモ家宅侵入罪ハ構成スルコトナキニ非ス如何トナレハ人ノ家屋ニ故ナク侵入シタルノ一事ニ因リ直ニ家宅侵入罪ハ成立スルヲ以テナリ

蓋シ此刑法上、一般犯罪成立ニ要スル條件ヲ論スル學者中、其見解ヲ異ニシ種々ノ條件ヲ例擧スルモノアリト雖トモ余ノ信スル所ニ由レハ一般犯罪成立ニハ自由意思ト責任能力及ヒ犯意ノ三條件ヲ要スルモノト爲ス

第一、自由意思、凡ソ何人モ自己ノ所爲ニ對シテ責任ヲ負擔スルハ自由意思ニ基ク行爲ニ出スルカ爲メナリ故ニ本法第三十七條ニ於テ自己又ハ他人ノ生命身體若クハ財產ニ對スル現在ノ危難ヲ避クル爲メ止ムヲ得サルニ出テタル所爲ハ之ヲ罰セスト規定シタルカ如キハ即チ自由意思ノ缺乏ニ

甚ク所爲ナルカ故ナリ

第二、辯別力、人ニシテ如何ナル所爲ヲナスモ責任能力ナクシテ之ヲ行ヒタルトキハ未タ以テ刑法上刑罰ノ責任ヲ負フヘキモノニ非ス即チ本法第三十九條第四十條第四十一條ニ規定シタル心神喪失者ノ所爲及ヒ十四歳未滿ノ幼者ノ行爲ノ如キ是責任能力ナキモノナルヲ以テ罰セサルモノトス

第三、犯意、罪ヲ犯ス意思ナキ者ノ所爲ハ之ヲ罰セサルコトハ本法第三十八條ノ規定スル原則ナリトス假令ハ自由意思アリテ仍ホ責任能力アル者ノ所爲ナリト雖トモ罪ヲ犯スノ意思ナキトキハ特別ノ規定アル場合ノ外之ヲ罰セサルナリ

以上三條件ノ外本法第二編以下各條ニ規定シタル各犯罪タルヘキ禁制又ハ命令的行爲ヲ實行シタルトキハ其各種ノ犯罪成立スルモノナルモ此三要素ハ本法全體ニ通スル原則ナルヲ以テ茲ニ其大體ヲ論シタルニ過キス仍ホ詳細ハ第二編ニ至リ論セントス

本論

第一編　總則

總論

本編ハ舊刑法、第一編ト等シク各種ノ犯罪ニ共通スル原則ヲ網羅シテ規定シタルモノナリ

其編次ハ第一章法例、第二章刑、第三章期間計算、第四章刑ノ執行ノ猶豫及ヒ免除、第五章假出獄、第六章時效、第七章、犯罪ノ不成立、及ヒ刑ノ減免、第八章未遂罪、第九章併合罪、第十章累犯、第十一章共犯、第十二章酌量減輕、第十三章加減例是ナリ

以上ハ本編ノ規定ノ各章目及ヒ順序ナリト雖モ是ヲ舊刑法ト對照シテ其改廢シタル主要ノ點ハ、一舊刑法ニ於テハ第一編、總則ヲ章節ニ分チ規定シタルモ本法ニ於テハ單ニ章ノミニ分ツノ法制ヲ採用シ、全編ヲ通シテ節目ハ之ヲ設ケス、二舊刑法第一編、總則第一章、法例トアリタル語ハ其儘之ヲ襲用シタルモ、其内容ニ至テハ全ク之ヲ改正シタリ三、舊刑法第二章刑例、第一節刑名、第二節主刑處分、第三節附加刑處分ヲ單ニ第二章刑ト改メ第四章徵償處分ハ刑事訴訟法ニ規定ス可キ事項ナルヲ以テ之ヲ削除シタリ、四舊刑法第二章、第五節刑期計算ヲ期間計算ト改メ時效期間ノ計算ニモ亦

是ヲ適用ス可キコトト爲シタリ。五舊刑法第二章第六節假出獄ニ關スル規定ハ新ニ採用シタル第四章刑ノ執行猶豫ノ次ニ第五章トシテ之ヲ規定シタリ、六舊刑法第二章、第六節期滿免除ハ之ヲ他ノ法令ト其用語ヲ同フスル爲メ時效ト改稱シタリ。七舊刑法第二章、第八節復權ハ大赦特赦及ヒ減刑ト共ニ其規定ヲ他ノ特別法令ニ讓ルコトト爲シ刑法上ニ之ヲ規定セス。八舊刑法第四章、第一節不論罪及ヒ宥恕減輕、同第二節、自首減輕ハ犯罪ノ不成立及ヒ刑ノ減免ト題シ第七章ニ之ヲ規定シタリ、九舊刑法第九章、未遂犯罪ヲ本法ハ未遂罪ト改メ本編、第八章ト爲シタリ、十舊刑法第七章、數罪俱發ハ之ヲ併合罪ト改題シ本編第九章ニ之ヲ規定シタリ、十一舊刑法第五章、再犯加重ハ單ニ累犯ト改メ第十章ニ規定シタリ、十二舊刑法第八章、數人共犯ヲ單ニ共犯ト改メ第十一章ニ規定シタリ、十三舊刑法第四章、第三節酌量減輕ハ獨立ノ一章トシテ第十二章ニ規定シタリ。十四舊刑法第三章加減例及ヒ第六章加減順序ハ之ヲ合シテ、第十三章加減例ト改メタリ、十五舊刑法ハ第十章二親屬例ナル一章ヲ設ケタルモ本法ニ於テハ民法親族編ニ一般、親屬ニ關スル規定アルニ依リ特ニ刑法上、規定スルノ必要ナキヲ以テ之ヲ規定セス

第一章　法例

舊刑法ハ第一條ヲ以テ凡ソ法律ニ於テ罰ス可キ罪ヲ別テ三種ト爲ス一、重罪二、輕罪三、違警罪ト規定シ所謂、三別主義ヲ採用シ罪ヲ三種ニ區別シタルモ此、重罪、輕罪、違警罪ノ區別ハ罪質上明白ニ區別ス可キ一定ノ標準アルニ非ス唯、其科ス可キ刑罰ノ刑名、刑期又ハ金額等ヲ異ニスルニ過キサルヲ以テ、本法ハ此、實益ナキ區別主義ヲ全廢シタリ蓋シ明治三十四年三月帝國議會ニ提出シタル改正草案ハ仍ホ罪ヲ重罪、輕罪ニ區別スル主義ヲ採用シタルモ如斯罪ヲ重罪、輕罪ニ區別スルモ實際上、實益ナキニ因リ、本法ハ斷然、此區別主義ヲ廢シテ罪ニ何等ノ區別ヲモ認メサル立法例ヲ採用セリ

本法ハ右ノ如ク罪ニ何等ノ區別ヲモ認メサル主義ヲ採用シタル結果、舊刑法「第一條凡ソ法律ニ於テ罰ス可キ罪ヲ別テ三種トス一、重罪二、輕罪三、違警罪」トノ規定及ヒ「第二條法律ニ正條ナキモノハ何等ノ所爲ト雖モ之ヲ罰スルコトヲ得ス」トノ規定ハ特ニ之ヲ存スルノ必要ナク、又「第四條此刑法ハ陸海軍ニ關スル法律ヲ以テ論ス可キ者ニ適用スルコトヲ得ス」トノ規定モ亦法文ヲ要セサルヲ以テ、本法ハ之ヲ規定セス

舊刑法ハ刑法ノ土地ノ範圍ニ關スル原則ニ就キ、何等ノ規定ヲモ設ケス是實ニ舊刑法ノ一大闕點ナ

リシニ因リ本法ハ第一條乃至第四條ヲ以テ土地又ハ人ニ關スル規定并ニ外國ノ確定判決ノ效力及ヒ外國ニ於ケル刑ノ執行ノ效力ニ關スル規定ヲ新設シタリ其他舊刑法ハ官吏及ヒ官署ニ關スル規定ノミナリシモ、現時、官吏又ハ官署ト同視ス可キモノ法令上頗ル多種アルヲ以テ、本法ハ是ヲ公務員及ヒ公務所ト稱シ汎ク國家ノ公務ニ從事スル職員又ハ公衙ニ共通スル規定ヲ新設シタリ而シテ本章第一條乃至第四條ハ本法ノ土地并ニ人ニ及ホス效力ヲ規定シ第五條ハ本法ノ外國判決ニ及ホス效力ヲ規定シ第六條ハ本法ノ時ニ及ホス效力ヲ規定シ第七條ハ公務員及ヒ公務所ノ意義ヲ規定シ第八條ハ本法總則ノ他ノ法令ニ及ホス效力ヲ規定シタリ

第一條　本法ハ何人ヲ問ハス帝國內ニ於テ罪ヲ犯シタル者ニ之ヲ適用ス
帝國外ニ在ル帝國船舶內ニ於テ罪ヲ犯シタル者ニ付キ亦同シ

本條ハ本法ノ人ニ及ホス效力ヲ規定シタルモノナリ
一國法權ノ及フ可キ土地ノ範圍ニ就テハ古來屬地主義、屬人主義、折衷主義、保護主義、世界主義等ノ數主義アリ今其各主義ノ大要ヲ擧クレハ左ノ如シ
第一屬地主義、此主義ハ一國法律ハ國土ヲ支配ス可キモノナルヲ以テ、其國土內ニ於テ行ハレタル犯罪ハ人ノ國籍如何ヲ問ハス、凡テ效力ヲ及ホスモノト爲シ、國土外ニ於ケル犯罪ハ假令、本國人

ナリト雖モ、尚ホ其國法ノ效力ハ之ヲ及ホスコトヲ得スト云フニ在リ

第二屬人主義、此主義ハ法律ハ人ヲ支配スル爲メニ設クルモノナレハ、本國人ノ犯罪ニ付テハ場所ノ如何ヲ問ハス本國法ヲ及ホス可キモノナルモ、外國人ニ對シテハ假令、國內ニ於テ罪ヲ犯スモ尚ホ其國法ノ效力ヲ及ホスコトヲ得スト云フニ在リ

第三折衷主義、此主義ハ、法律ハ偏シテ一國內ノミ支配ス可キモノニアラス、又其國人ノミニ限ルモノニアラス、國土ト國人トヲ併セテ支配ス可キモノナルヲ以テ、本法內ニ於ケル犯罪ハ犯人ノ國籍如何ヲ問ハス之ヲ罰シ、本國人外國ニ在リテ罪ヲ犯シタルトキモ、尚ホ追隨シテ罰ス可キモノナリト云フニ在リ

第四保護主義、此主義ハ刑法ハ本國內ニ於テ犯シタル罪ニ就テハ內國人タルト外國人タルトヲ問ハス之ヲ罰シ、又外國ニ在リテ犯シタル罪ニ就テハ內國、自體及ヒ內國人民ニ對スル犯罪ニ付テハ、其犯人ノ內國人タルト外國人タルトヲ區別セス之ヲ罰ス可シト云フニアリ

第五世界主義、此主義ハ凡ソ國家ハ自國ニ關スル罪ニ付テハ各國ニ於ケル總テノ犯罪ヲ處罰スルコトヲ得ルモノニシテ別ニ犯人ノ國籍並ニ被害物體ノ所屬如何ヲ問フノ必要ナシ唯タ一定ノ範圍ニ於テ國家ハ、此處罰權ヲ抛棄スルコトヲ得ルト云フニ在リ

以上第一、第二ノ主義ハ現ニ英、米二國ニ於テ實際行ハルル主義ニシテ、第三折衷主義モ亦、歐洲諸國ニ於テ採用セラルヽ所ナリト雖モ第一、屬地主義ハ、國內ニ於ケル犯罪ニ付テハ、內外國人ヲ區別セス之ヲ處罰スル點ハ可ナルモ、國外ニ於テ犯シタル罪ニ付テハ、外國人ハ勿論、本國人ノ本國ニ對スル犯罪モ尙ホ之ヲ罰スルコトヲ得サルノ不都合アリ。又第二、屬人主義ハ、自國人民ノ犯罪ハ、其犯罪地ノ內國ナルト外國ナルトヲ問ハス、之ヲ罰スル點ハ可ナルモ、外國人ノ國內ニ於ケル犯罪ヲ罰スルコトヲ得サルノ不都合アリ、第三、折衷主義ハ從來、學者ノ大ニ唱導シタル主義ナルモ是、亦國土ト其國人ノミヲ支配スルニ止マリ、外國ニ於テハ本國人ノミヲ支配スルモノト爲スカ故ニ、外國人外國ニ在リテ、我帝國又ハ帝國人ニ對シテ、罪ヲ犯シタル場合ニ如何トモスルコト能ハサルノ不都合アリ第四、保護主義ハ外國ニ於テ犯シタル罪ニ就テモ、內國自體及ヒ內國人民ニ對スル犯罪ハ、其犯人ノ內國人ナルト外國人タルトヲ問ハス、之ヲ罰ス可シト云フニ在リテ、此主義ハ被害物體ヲ標準トシテ觀察シタル說ナルヲ以テ、屬地主義、屬人主義及ヒ折衷主義ヨリ遙ニ優等ナリト雖モ、近時更ニ世界主義ト稱スル主義ヲ唱導スル者アルニ至レリ、世界主義トハ一國ハ國外ニ於ケル總テノ犯罪ヲ處罰シテ、別ニ犯人ノ國籍並ニ被害物體ノ所屬ニ拘泥セス、唯、一定ノ範圍ニ於テ處罰權ヲ拋棄スルコトヲ得ルト云フニアリ、即チ國家獨立、生存上ニ必要ナル以上ハ、外國主權ヲ侵害セサル限リハ、如何ナル犯罪ヲモ自國法ヲ適用スルコトヲ得ルト云フニアリ、換言スレハ、一國立法ハ、第一外國主權ヲ侵害セサルコト、第二自國、刑事、立法上、必要ナルコトノ二制限ヲ超越セサル以上ハ、如何ナル規定ヲモ自由ニ設クルコトヲ得ルト云フニアリテ、法理上、當ヲ得タル主義ナリト雖モ、此新主義ハ近時、學者間ニ唱導セラルルニ止マリ未タ各國、立法例ニ採用セラルルノ域ニ達セス然ラハ本法ハ以上ノ數主義中何レノ主義ヲ採用シタルヤ舊刑法ハ第三、折衷主義ヲ採用シタルモ本法ハ第四保護主義及ヒ其他ノ主義ヲ併用シタルコト總則法例ノ規定ニ依リ明ナリ

一國刑法ハ國家ノ安寧秩序ヲ維持スル爲メニ設クルモノナルヲ以テ我帝國内ニ於テ罪ヲ犯シ我帝國ノ安寧秩序ヲ害スル者アルトキハ其何人タルヲ問ハス之ヲ罰スルヲ原則ト爲ス是本條第一項何人ヲ問ハス我帝國内ニ於テ罪ヲ犯シタル者ニ之ヲ適用スト規定シタル所以ナリ

而シテ本條ニ所謂帝國内トハ我日本帝國主權ノ及フ可キ土地ノ範圍ヲ謂フ是ヲ細別スレハ則チ左ノ如シ

一、日本帝國領土、日本帝國領土トハ、地理學上、本州、四國、九州、北海道、臺灣、其他ノ附屬嶋嶼ヲ總稱スルモノトス此領土内ニ於ケル犯罪ハ凡テ我刑法ノ支配ス可キモノトス

二、日本帝國領海。日本帝國領海トハ、本國領土ニ接近シタル海上ニシテ其區域ハ我帝國ニ於テ他國ノ干渉ヲ許サヽル部分ヲ謂フモノトス國際公法學者中。領海ノ範圍ハ港灣及ヒ陸地ニ沿フタル海岸。干潮點ヨリ最大砲彈ノ達スル距離內又ハ海上、三海里以內ヲ以テ其國領海ナリト論スル者アリト雖モ、此點ニ付テハ輓近、佛國、巴里、國際公法會議ニ於テ。干潮點ヨリ六海里以內ヲ以テ領海ト爲スコトニ一定セリ、但海上ニハ領海ノ外、公海ナル部分アリ則チ公海トハ孰レノ國ニモ屬セサル、各國、往來ノ大道タル萬國、共用部分ヲ云フ。蓋シ此公海ニ付テハ尙ホ論ス可キ點アリト雖モ、事、國際公法ニ於テ論ス可キ事項ナルヲ以テ玆ニ論セス

三、日本帝國軍艦。我日本帝國軍艦ノ公海上ヲ航行スルトキハ勿論。外國領海ニ在ルトキト雖モ其艦船內ニ於ケル犯罪ハ、日本臣民ナルト將タ外國人ナルトヲ問ハス。總テ我帝國主權ノ延長ト看做ス可キモノナルヲ以テ。其碇泊國ノ國法ニ服從セサルモノナリ。是國際公法上、一般ニ公認セラレタル原則ナリトス、故ニ各國、孰レノ國ニ於テモ。外國軍艦碇泊中、其國ノ治安ヲ妨害スル行動ヲ爲スモ自國、防衛權ニ因リ退去ヲ求ムルノ外。決シテ其軍艦ニ對シテ自國刑罰權ヲ執行スルコトヲ許サヽルモノトス。但商船ハ一私人ノ所有ニ屬スルモノナルヲ以テ公海上ニ在ルトキハ我刑法ノ支配ヲ受クルモ、外國領海ニ碇泊スル場合ニ於テハ假令、帝國國旗ヲ掲クルモ、我帝國

主權ノ延長ト看做スコトヲ得サレハ、碇泊國ノ國法ニ服從ス可キモノナリ然レトモ其所在國ハ此商船內ニ干涉スルコトヲ得ルヤ否ヤニ就テハ、各國、法律及ヒ慣例ヲ異ニシ未タ國際公法上、一定セサル所ナルモ、船舶ヲ離レテ犯シタル罪ニ就テハ其所在國、國法又ハ慣習ニ服從ス可キモノナルコトハ殆ント異論ナキ所ナリ

四、治外法權ヲ有スル外國、我帝國ノ條約ニ依リ、治外法權ヲ有スル外國ニ在留スル帝國臣民ハ、假令、外國領土內ニ存住スルモ仍ホ我帝國領土內ニ在ルト等シク、本法ノ支配ヲ受ク可キモノトス、但我帝國主權ノ效力、其在留國ニ及フニアラス條約ニ基クモノナルヲ以テ、之カ爲メニ在留國主權ヲ侵害スルモノニアラス、當時我帝國カ朝鮮國ニ領事裁判ヲ行フカ如キハ即チ其一例ナリトス

以上ハ本法ヲ及ホス土地ノ範圍ニ就テ論シタルモノナルモ本條第一項「何人ヲ問ハス帝國內ニ於テ罪ヲ犯シタル者ニ之ヲ適用ス」トノ規定ニ對シテハ左ノ例外アリ

第一、天皇、我帝國憲法、第五條ニ天皇ハ神聖ニシテ侵ス可ラス」ト規定セリ是即チ天皇ハ我帝國主權者ニシテ帝國統治ノ大權ヲ總攬シ立法權、司法權行政權共ニ握有シ賜フ所ナルヲ以テ、假令天皇ハ如何ナル行爲ヲ行ヒ賜フモ、主權者ハ國法ノ上ニ立ツトノ原則ニ依リ本法ノ支配ヲ受ク可キモノニアラス

第二、帝國議會ノ議員、帝國議會ノ議員ハ、議院内ニ於ケル言論ニ就テハ憲法第五十二條ニ依リ、其發言シタル意見及ヒ表決ニ付テハ院外ニ於テ責任ヲ負フ可キモノニアラス」去レハ議院内ニ於ケル言論、若シ誹毀侮辱ニ渉ルコトアリトスルモ、院内處分ニ放任シ假令、刑法上ノ罪目ニ該當スル言動アルモ、本法ノ支配ヲ受ケサルモノトス。但帝國議會ノ議員ハ議場内ニ於ケル一ノ特權ニ過キサルヲ以テ其範圍ハ議場内ノ言論及ヒ表決ニ止マリ他ノ普通犯罪マテ刑法上ノ責任ヲ免ルルモノニアラス是注意ス可キ點ナリ

第三、外國ノ君主並ニ大統領及ヒ其家族從者、外國ノ君主又ハ大統領ハ、其本國ヲ代表スルモノナルヲ以テ、各國、主權者ト同等ナルニ因リ自國、國法ハ勿論、外國、國法ノ支配ヲモ受ケサルモノトス、是、國際法上、君主不可侵ノ原則アル所以ナリ、故ニ若シ外國ノ君主又ハ大統領我國ニ來遊シタルトキハ、假令、如何ナル行爲ヲ爲スモ我國法ニ服從セサルヲ以テ、我國法ニ依リ外國ノ君主又ハ大統領ヲ處分スルコトヲ得ス。而シテ此君主、不可侵ノ原則ハ其淵源各國、和親ヲ維持スル國際慣例ニ基クモノトス

第四、外國使節及ヒ其家族從者、國際公法ニ基キ、我帝國ニ駐在スル外國使臣、即チ全權大使、全權公使、代理公使、辯理公使等ハ各其本國ヲ代表スル資格ヲ以テ派遣セラルルモノナルヲ以テ、

我國法ノ支配ヲ受ケサルモノトス、若シ是等ノ使節ニ對シ其駐在國、國法ヲ及ホスモノトセハ、事ニ觸レ時ニ因リ、犯罪ヲ名トシテ公使ノ自由ヲ妨クルノ虞アルヲ以テ、國際公法上、外國使臣ニ對シテモ君主ト等シク不可侵權ヲ以テ保護スルモノナリ、然レトモ若シ外國使節、駐在國ニ於テ其國法ニ觸ルルコトヲ爲シタルトキハ、本國ニ通牒シテ退去ヲ求ムルコトヲ得ルモノトス又其使節ノ家族及ヒ隨行員モ此特權ヲ以テ保護ス可キコトハ現時國際公法上一般ニ認メラレタル慣例ナリ

第五、**外國軍艦及ヒ軍隊**。外國軍艦及ヒ軍隊ハ其所屬國、國家ヲ代表スルモノト看做サルルヲ以テ、我帝國領海又ハ沿岸ヲ航行シ或ハ一時碇泊スルモ、我國法ノ支配ヲ受ケサルモノトス茲ニ一問題アリ、其軍艦又ハ軍隊ノ職務ニ從事スル士官、水兵等カ碇泊中、上陸シテ罪ヲ犯シタルトキハ我刑法ニ依リ處分スルコトヲ得ルヤ否ヤノ問題是ナリ、余ハ我帝國政府ノ承認ヲ經テ入航シタル外國軍艦又ハ軍隊ナルトキハ外國主權ノ一部ト看做シ罰スルコトヲ得ストノ消極說ヲ可トス

本條第二項ハ帝國外ニ在ル帝國船舶內ニ於テ罪ヲ犯シタル者ニ對シテモ亦原則トシテ本法ヲ適用ス可キコトヲ規定シタルモノナリ

我帝國、船舶一ト度、領海ヲ離レテ外國ニ到リタルトキ其船舶內ニ於テ罪ヲ犯シタルトキ我刑法ヲ及

ホスコトヲ規定セサレハ不都合ヲ生スルコトアリ從來、外國ニ在ル船舶ニ付テハ本國、領土ノ一部延長ト看做シ當然、所屬國法ヲ適用ス可シト爲ス見解ト本國ヲ離レタル船舶內ノ犯罪ニ付テハ必要上、本國法ヲ適用ス可シト爲ス見解トアリタルモ、本法ハ此第二ノ見解ヲ採リ本條ヲ以テ必要上、帝國外ニ在ル船舶內ニ於ケル犯罪モ亦本法ヲ適用ス可キコトヲ規定シタルモノナリ(刑法改正案參考書)』

玆ニ注意ス可キハ本條第二項帝國外ニ在ル船舶トハ我帝國私人ノ所有ニ屬スル商船其他ノ船舶ヲ總稱スルコト是ナリ蓋シ私人ノ所有ニ屬スル船舶ハ其種類ノ如何ヲ問ハス我帝國ヲ代表スルモノニ非サレハ外國ニ到ルモ外國ヨリ優待尊敬ヲ受ク可キモノニ非ス故ニ外國領海ニ碇泊スルトキハ其所在國、國法ニ服從ス可キハ勿論又本法ヲモ遵守セサル可ラス是本項ノ規定アル所以ナリ

第三條 本法ハ何人ヲ問ハス帝國外ニ於テ左ニ記載シタル罪ヲ犯シタル者ニ之ヲ適用ス

一 第七十三條乃至第七十六條ノ罪

二 第七十七條乃至第七十九條ノ罪

三 第八十一條乃至第八十九條ノ罪

四　第百四十八條ノ罪及ヒ其未遂罪
五　第百五十四條、第百五十五條、第百五十七條及ヒ第百五十八條ノ罪
六　第百六十二條及ヒ第百六十三條ノ罪
七　第百六十四條乃至第百六十六條ノ罪及ヒ第百六十四條第二項、第百六十五條第二項、第百六十六條第二項ノ未遂罪

本條ハ我帝國外ニ於テ犯シタル罪ニ付テモ仍ホ本法ヲ適用ス可キ場合ヲ規定シタルモノナリ前條ニ於テ我帝國內ニ於テ犯シタル罪ニ付キ規定シタルヲ以テ我帝國外ニ於テ犯シタル罪ニ付テモ仍ホ本法ヲ適用ス可キ場合ヲ規定スルノ必要アリ而シテ本條ハ所謂保護主義ヲ採リ何人ヲ問ハス外國ニ於テ本條規定ノ罪ヲ犯シタル場合ニ適用スルモノトス

蓋シ本條規定ノ各種犯罪ハ孰レモ我帝國ノ安寧秩序ヲ害スルモ其外國ニ於テハ何等ノ罪ヲモ構成セサルコト在リ然ルニ之ヲ罰スルコトヲ得ストセハ我帝國主權ヲ侵害セラルルコト極メテ大ナリ是本條ノ規定ヲ要スル所以ナリ

本條規定ノ各犯罪ハ、一第七十三條乃至第七十六條ノ罪トハ本法第二編第一章皇室ニ對スル罪ノ全

部ヲ云フ、二第七十七條乃至第七十九條ノ罪トハ本法第二編第二章内亂ニ關スル罪ノ全部ヲ云フ、三第八十一條乃至第八十九條ノ罪トハ本法第二編第三章外患ニ關スル罪ノ全部、四第百四十八條ノ罪及ヒ其未遂罪トハ本法第二編第十六章通貨僞造罪ノ第百四十八條ノ罪及ヒ其未遂罪ヲ謂フ、五第百五十四條第百五十五條第百五十七條及ヒ第百五十八條ノ罪トハ本法第二編第十七章文書僞造罪中ノ第百五十四條第百五十五條第百五十七條及ヒ第百五十八條ノ各犯罪、六第百六十二條及ヒ第百六十三條ノ罪トハ本法第二編第十八章有價證券僞造罪ノ全部、七第百六十四條乃至第百六十六條ノ罪及ヒ第百六十四條第二項第百六十五條第二項第百六十六條第二項ノ未遂罪トハ本法第二編第十九章印章僞造罪中ノ第百六十四條乃至第百六十六條ノ罪及ヒ第百六十四條第二項第百六十五條第二項第百六十六條第二項ノ各未遂罪ヲ云フモノトス

是等ノ各犯罪ハ縦令帝國外ニ於テ犯シタルモノナリト雖モ我帝國ニ對スル最モ重大ナル罪ナルヲ以テ犯人ノ何人タルヲ問ハス本法ニ依リ之ヲ嚴罰スルモノナリ其詳細ハ第二編各章條下ニ至リ論セントス

第三條 本法ハ帝國外ニ於テ左ニ記載シタル罪ヲ犯シタル帝國臣民ニ之ヲ適用ス

一　第百八條、第百九條第一項ノ罪、第百八條、第百九條第一項ノ例ニ依リ處斷ス可キ罪及ヒ此等ノ罪ノ未遂罪
二　第百十九條ノ罪
三　第百五十九條乃至第百六十一條ノ罪
四　第百六十七條ノ罪及ヒ同條第二項ノ未遂罪
五　第百七十六條乃至第百七十九條、第百八十一條及ヒ第百八十四條ノ罪
六　第百九十九條第二百條ノ罪及ヒ其未遂罪
七　第二百四條及ヒ第二百五條ノ罪
八　第二百十四條乃至第二百十六條ノ罪
九　第二百八十條ノ罪及ヒ同條ノ罪ヲ犯シ因テ人ヲ死傷ニ致シタル罪
十　第二百二十條及ヒ第二百二十一條ノ罪

十一 第二百二十四條乃至第二百二十八條ノ罪
十二 第二百三十一條ノ罪
十三 第二百三十五條、第二百三十六條、第二百三十八條乃至第二百四十一條及ヒ第二百四十三條ノ罪
十四 第二百四十六條乃至第二百五十條ノ罪
十五 第二百五十三條ノ罪
十六 第二百五十六條第二項ノ罪
帝國外ニ於テ帝國臣民ニ對シ前項ノ罪ヲ犯シタル外國人ニ付キ亦同シ

本條モ我帝國外ニ於テ犯シタル罪ニ付キ本法ヲ適用ス可キ場合ヲ規定シタルモノナリ本條第一項ハ屬人主義ヲ採リ第二項ハ保護主義ヲ採リタルモノニテ帝國外ニ於テ帝國臣民及ヒ外國人本條規定ノ罪ヲ犯シタルトキハ本法ヲ適用ス可キコトヲ規定シタルモノナリ蓋シ外國ニ於テ犯シタル罪ハ其犯人ノ外國人タルトキハ勿論、縱令、我帝國臣民ナルモ本法ニ據リ之ヲ罰スル必要ナキニ似タルモ元來、刑法ハ既ニ述ヘタル如ク我帝國ノ安寧秩序ヲ害スルトキハ其

秩序維持ニ必要ナル限度ニ因リ本法ヲ適用可キ必要在リ然レトモ如何ナル罪カ我帝國ノ安寧秩序ヲ害スルモノナルヤハ立法者ノ認定ス可キ範圍ニ屬スルヲ以テ本法ハ我帝國臣民帝國外ニ於テ本條列擧ノ各罪ヲ犯シタルトキハ本法ニ依リ處斷ス可キコトト規定シタルモノナリ

本條規定ノ各犯罪ハ、一 第百八條第百九條第一項ノ罪第百八條第百九條第一項ノ例ニ依リ處斷ス可キ罪及ヒ此等ノ未遂罪トハ本法第二編第九章放火及ヒ失火罪中ノ第百八條第百九條及ヒ第百八條第百九條第一項ノ例ニ依リ處斷ス可キ罪及ヒ此等ノ各未遂罪、二 第百十九條ノ罪トハ、本法第二編第十章溢水及ヒ水利ニ關スル罪中ノ第百十九條ノ罪、三 第百五十九條乃至第百六十一條ノ罪トハ、本法第二編第十七章文書僞造罪中ノ第百五十九條第百六十一條ノ罪、四 第百六十七條ノ罪及ヒ同條第二項ノ未遂罪トハ、本法第二編第十九章印章僞造罪中ノ第百六十七條ノ罪及ヒ同條第二項ノ罪ノ未遂罪、五 第百七十六條乃至第百七十九條第百八十一條及ヒ第百八十四條ノ罪トハ、本法第二編第二十二章猥褻及ヒ重婚罪中ノ第百七十六條乃至第百七十九條第百八十一條及ヒ第百八十四條ノ各罪、六 第百九十九條第二百條ノ罪及ヒ其未遂罪トハ、本法第二編第二十六章殺人罪中ノ第百九十九條第二百條ノ各罪及ヒ其未遂罪、七 第二百四條及ヒ第二百五條ノ罪トハ、本法第二編第二十七章傷害罪中ノ第二百四條及ヒ第二百五條ノ各罪、八 第二百十四條乃至第二百十六條ノ罪トハ、本法第二編

第二十九章墮胎罪中ノ第二百十四條乃至第二百十六條ノ各罪、九 第二百十八條ノ罪及ヒ同條ノ罪ヲ犯シ因テ人ヲ死傷ニ致シタル罪トハ、本法第二編第三十章遺棄罪中ノ第二百十八條及ヒ同條ノ罪ヲ犯シ因テ人ヲ死傷ニ致シタル罪、十 第二百二十條及ヒ第二百二十一條ノ罪トハ、本法第二編第三十一章逮捕及ヒ監禁罪ノ全部、十一 第二百二十四條乃至第二百二十八條ノ罪トハ、本法第二編第三十三章略取及ヒ誘拐罪中ノ第二百二十四條乃至第二百二十八條ノ各罪、十二 第二百三十條ノ罪トハ、本法第二編第三十四章名譽ニ對スル罪中ノ第二百三十條ノ罪、十三 第二百三十五條第二百三十六條第二百三十八條乃至第二百四十一條第二百四十三條ノ罪トハ、本法第二編第三十六章竊盜及ヒ强盜罪中ノ第二百三十五條第二百三十六條第二百三十八條乃至第二百四十一條第二百四十三條ノ各罪、十四 第二百四十六條乃至第二百五十條ノ罪トハ、本法第二編第三十七章詐欺及ヒ恐喝罪中ノ第二百四十六條乃至第二百五十條ノ各罪、十五 第二百五十三條ノ罪トハ、本法第二編第三十八章横領罪中ノ第二百五十三條ノ罪ヲ謂フ、十六 第二百五十六條第二項ノ罪トハ、本法第二編第三十九章贓物ニ關スル罪中ノ第二百五十六條第二項ノ罪ヲ云フモノトス

以上ノ各犯罪ニ付テハ我帝國臣民ハ帝國内ニ在ルト將タ外國ニ在ルトヲ問ハス日本臣民タルノ分限ヲ喪失セサル限リハ終始遵守ス可キ義務アルハ勿論、外國ニ在ルトキハ其所在國、國法ヲモ亦遵守

ス可キモノナリ故ニ帝國臣民ハ在留國法律ヲ遵守スルヲ以テ本國法ハ之ヲ遵守ス可キ義務ナシト云フコトヲ得ス是本條第一項ヲ規定シタル所以ナリ然レトモ外國人、外國ニ在リテハ通常我國法ヲ遵守ス可キ義務ナキモ本條列擧ノ各條項ニ該當ス可キ罪ヲ犯シタルトキハ縦令、外國ニ在ル外國人タルモ仍ホ本法ヲ適用ス可キモノトス若シ夫外國ニ在ル外國人ニ對シテハ我法律ヲ適用スルヲ得ストセハ我帝國主權ヲ侵害セラルルノミナラス我帝國ノ安寧秩序ヲ維持スルコト能ハス是本條第二項ヲ規定シタル所以ナリ

第四條 本法ハ帝國外ニ於テ左ニ記載シタル罪ヲ犯シタル帝國ノ公務員ニ之ヲ適用ス

一 第百一條ノ罪及ヒ其未遂罪

二 第百五十六條ノ罪

三 第百九十三條、第百九十五條第二項、第百九十七條ノ罪及ヒ第百九十五條第二項ノ罪ヲ犯シ因テ人ヲ死傷ニ致シタル罪

本條ハ我帝國公務員ノ帝國外ニ於テ職務ニ關シ犯シタル罪ニ付キ規定シタルモノナリ

本條ノ規定モ亦前條第一項ト同シク屬人主義ヲ採リタルモノニテ我帝國公務員カ帝國外ニ於テ其職務ニ關スル罪ヲ犯シタルトキハ本法ヲ適用ス可キモノトス

本條規定ノ各犯罪ハ、一　第百一條ノ罪及ヒ其未遂罪トハ、本法第二編第六章逃走罪中ノ第百一條ノ罪及ヒ其未遂罪、二　第百五十六條ノ罪トハ、本法第二編第十七章文書僞造罪中ノ第百五十六條ノ罪、三第百九十三條第百九十五條第二項第百九十七條ノ罪及ヒ第百九十五條第二項ノ罪ヲ犯シ因テ人ヲ死傷ニ致シタル罪トハ、本法第二編第二十五章瀆職罪中ノ第百九十三條第百九十五條第二項ノ罪第百九十七條ノ罪及ヒ第百九十五條第二項ノ罪ヲ犯シ因テ人ヲ死傷ニ致シタル罪ヲ云フモノトス

本條ニ所謂公務員トハ第七條ニ規定スル官吏公吏其他法令ニ依リ公務ニ從事スル議員若クハ委員等ヲ謂フモノトス而シテ帝國外ニ於ケル我帝國公務員トハ通例公使、領事又ハ列國會議、監獄會議其他各種ノ國際會議ニ我帝國ヲ代表シ派遣セラルル委員若クハ議員又ハ罪人引取護送ノ爲メ出張シタル司法警察官看守等ヲ云フモノトス

以上公使若クハ領事其他ノ公務員ハ孰レモ我帝國政府ヲ代表シテ外國ニ駐在シ國際交渉ノ機關トシテ其駐在國ニ於ケル我帝國ノ光榮ト利益トヲ保持シ且ツ我在留臣民ヲ保護ス可キ任務アル者ナルヲ以テ本條規定ノ罪ヲ犯シタルトキハ本法ニ依リ處斷ス可キモノトス

第五條　外國ニ於テ確定裁判ヲ受ケタル者ト雖モ同一行爲ニ付キ更ニ處罰スルコトヲ妨ケス但犯人既ニ外國ニ於テ言渡サレタル刑ノ全部又ハ一部ノ執行ヲ受ケタルトキハ刑ノ執行ヲ減輕又ハ免除スルコトヲ得

本條ハ前四條規定ノ結果トシテ其犯人既ニ外國ニ於テ確定判決ヲ受ケタルトキト雖モ更ニ本法ニ依リ處罰ス可キコトヲ規定シタルモノナリ

我帝國臣民及ヒ公務員又ハ外國人、外國ニ在リテ本法ニ規定シタル各罪ヲ犯シタルトキハ、其在留國裁判所ニ於テ縱令有罪ノ判決ヲ受クルモ尙ホ我法律ニ依リ處罰スルコトヲ得可キモノトス、是他ナシ在留國ニ於テ其國法ニ從ヒ處罰シタリトスルモ、是、唯其國法ヲ標準トシテ自國ノ利益上、之ヲ罰スルニ過キサルモノナルヲ以テ、更ニ我法律ノ規定ニ依リ罰スルノ必要アルヲ以テ若シ既ニ言渡サレタル刑ノ全部又ハ一部ノ執行ヲ受ケタルトキト雖モ、我法律ニ依リ再ヒ刑ヲ言渡シ之ヲ執行スルコトヲ得ルモノトス、是、則國家ハ獨立主權ヲ有スル當然ノ結果ナリ

外國ニ於テ我臣民又ハ外國人ノ罪ヲ處罰スルハ、必竟自國刑法ノ目的ヲ達スルカ爲メナリ、左レハ其犯罪ニシテ苟モ我帝國ノ秩序維持ニ必要ナル以上ハ、更ニ處罰スルノ權アルモノトス、此點ニ付テ論者或ハ曰ク外國ニ於テ我國法ヲ犯シタル者アリトスルモ、其國法ニ依リ既ニ判決ヲ設ケ刑ノ執

行迄終リタル者ニ對シテ、再ヒ我刑法ニ依リ之ヲ處罰セハ、一事不再理ノ原則ニ反スト、是誤レリ凡ソ判決ハ其國境外ニ何等ノ效力ヲモ有セサルヲ以テ其外國ニ於テ言渡シタル判決ハ我國法上、之ヲ認ムルノ義務ナシ故ニ外國判決ハ一個ノ事實タルニ過キサレハ一事不再理ノ原則ニ反スルモノニアラス、加之、一事不再理ノ原則ハ一國內ニ於テ認ム可キ原則ナリ然レトモ近時、國際交通、益々、頻繁ナルニ隨ヒ、國際刑法モ亦大ニ發達シ、一國刑法ノ罰スル行爲ハ外國刑法モ亦之ヲ罰シ、其科刑ノ程度ニ至テモ稍ヤ同一ナルニ至リ、既ニ外國ニ於テ言渡シタル刑ノ執行ヲ受ケタル犯人ニ對シ、更ニ自國刑法ヲ適用シテ刑ヲ執行スルノ必要ヲ減少シタリ、故ニ各國法制ハ原則トシテ外國ノ確定判決ノ效力及ヒ外國ニ於ケル刑ノ執行ノ效力ハ之ヲ認メサルニ拘ハラス、既ニ外國ニ於テ刑ノ言渡ヲ受ケ其全部又ハ一部ノ執行ヲ受ケタル犯人ハ自國ニ於テ更ニ之ヲ處罰スルニ際シ、其刑ノ執行ヲ減免スルコトヲ得ル主義ヲ採用スルニ至レリ是本條「外國ニ於テ確定裁判ヲ受ケタル者ト雖モ同一行爲ニ付キ更ニ處罰スルコトヲ妨ケスト規定シ犯人一個ノ行爲ニ付キ再ヒ罰セラルルノ不幸アルヲ以テ本條特ニ但書ヲ以テ既ニ外國ニ於テ刑ノ全部又ハ一部ノ執行ヲ受ケタル犯人ニ付テハ裁判所ハ其ノ刑ヲ言渡ス際刑ノ執行ヲ減輕又ハ免除スルコトヲ得ル」ト規定シ原則ノ例外ヲ認メタル所以ナリ以上論シタルカ如ク、外國ニ於テ我帝國、國法ヲ犯シタル者アリトスルモ、直ニ犯人所在國ニ侵入シテ、逮捕拘引スルコトヲ得ス其所在國ト我帝國トノ犯人引渡條約ニ基キ引渡ヲ要求スルカ、又ハ其外國政府ノ任意引渡ヲ得タルカ、或ハ犯人外國ヨリ來リタル場合ニアラサレハ、我法律ニ依リ處罰スルコトヲ得ス、若シ夫レ外國ニ到リ直ニ之ヲ逮捕拘引スルコトヲ得可シトセハ、我國權ヲ外國ニ及ホシ其所在國主權ヲ侵害スルノ結果ヲ生スルモノナレハナリ

此罪人引渡ニ關スルコトハ、國際條約ヲ以テ規定ス可キ事項ナルモ、概ネ左ノ例外ヲ設ケテ引渡スヲ、近時ノ國際慣例ナリトス

第一、自國臣民、自國臣民ハ犯罪處罰ノ爲メ外國ニ引渡ササルヲ以テ通例ト爲ス、我帝國ト米國トノ犯罪人、引渡條約ニ於テモ、其第七條ニ本條約ノ條欵ニ因リ云々其臣民ヲ引渡ス義務ナキモノトス、但其引渡ヲ至當ト認ムルトキハ之ヲ引渡スコトヲ得ル、ト規定シタルカ如キ是ナリ、然レトモ近時、國際法上ニ於テハ成ル可ク請求國ニ引渡シ、其國法ニ從ヒ處罰セシムル傾向ニ至レリ、獨逸刑法第九條モ獨逸人ハ審問又ハ處罰ノ爲メ外國政府ニ引渡サルルコトナシ、ト規定シタリ

第二、國事犯、國事犯ナルモノハ、元來、國家ノ存立ニ危殆ナラシムル犯罪ニシテ、事體、最モ重大ナル犯罪ナリト雖モ、犯人、希望ヲ達セス中途ニ事破レテ外國ニ遁逃シタルトキハ其所在國ハ

交誼上、縱令、所犯國ヨリ犯人引渡シノ請求アルモ國際慣例上、之ヲ引渡サヽルモノトス

第三、違警罪。違警罪ナルモノハ犯罪中ノ微罪ニシテ、地方的、慣習犯ナルヲ以テ、犯人遁レテ外國ニ到リタルトキハ、最早之ヲ追及シテ罰スルノ必要ナキニ因ルモノナリ。日、米、犯罪人引渡條約。第二條及ヒ第四條參照

以上ハ條約ニ基キ罪人引渡ヲ請求スル場合ニ於タル制限ナリト雖モ。事。國際公法ニ於テ研究ス可キ事項ナルヲ以テ茲ニ深ク論セス

第六條 犯罪後ノ法律ニ因リ刑ノ變更アリタルトキハ其輕キモノヲ適用ス

本條ハ刑法ノ時ニ及ホス效力ヲ規定シタルモノナリ

本條犯罪後ノ法律ニ因リ刑ノ變更アリタルトキハ其輕キモノヲ適用ス」トノ規定ハ犯罪後、判決確定、以前犯時ノ法律ニ改正アリタル場合ニ於テハ其輕キ法律ニ因リ處罰ス可キ原則ヲ示シタルモノナリ而シテ此原則ハ「舊刑法第三條法律ハ頒布以前ニ係ル犯罪ニ及ホスコトヲ得ス若シ所犯、頒布以前ニ在テ未タ判決ヲ經サルモノハ新舊ノ法ヲ比照シ輕キニ從テ處斷ス」トノ規定ト立法趣旨ハ同一ナルモ法律ハ其頒布以前ニ生シタル行爲ニ對シテ適用ス可ラサルコトハ明白ナルヲ以テ故ヲニ規定スルノ必要ナシ故ニ本法ハ之ヲ删除セリ又同條ハ第二項ニ新舊ノ法ヲ比照シ輕キニ從テ處斷ス」

ト規定シタルニ因リ二回刑罰ニ變更アリタル場合ノミ豫想シタルノ嫌アルヲ以テ本法ニ於テハ單ニ
「其輕キモノヲ適用ス」ト規定シ何回、法律ノ廢止變更アルモ其中、最モ、輕キ刑罰ヲ適用ス可キ
コトヲ明カニシタリ而シテ適用スト規定スル以上ハ裁判確定前ナルコトモ亦明白ナルニ依リ「未タ
判決ヲ經サルモノハ新舊ノ法ヲ比照シ」ト規定スルノ必要ナキニヨリ「法律ニ因リ刑ノ變更アリタ
ルトキハ其輕キモノヲ適用ス」ト改メタルモノナリ

總テ法律ハ施行以前ノ行爲ニ及ホスコトヲ得サルヲ以テ原則ト爲スカ故ニ法律ニ正條ナキモノハ何
等ノ所爲ト雖モ之ヲ罰スルコトヲ得ス若シ夫レ突然、新法ヲ以テ舊來、罰セサル行爲ヲ罰スルコト
ト爲シ其法律、既往ニ遡テ效力ヲ有スルモノトセハ法律ハ告ケスシテ罰スルニ至リ各人、既得ノ自
由ヲ侵害スルモノナルヲ以テ法律ハ豫メ施行シタル以後ニアラサレハ如何ナル所爲ト雖モ之ヲ罰ス
ルコトヲ得ス故ニ法律ナキ以前ハ假令、如何ニ嫌惡ス可キ不法ノ行爲ナルモ法律ナケレハ犯罪ナシ
トノ原則ニ依リ裁判所ハ法律以外ニ逸シテ濫リニ人ヲ罰スルコトヲ得ス左レハ犯罪以後、其犯罪ニ
對スル判決確定、以前法律ニ數回ノ改正變更アリタルトキハ其變更シタル法律中、最モ輕キ法律ニ
從ヒ處斷ス可キモノナリ假令ハ犯罪當時ノ法律ハ十年以下ノ自由刑ヲ科シタルモ其以後、法律改正
セラレテ三年以下ノ自由刑ヲ科スルコトニ變更シタルモ亦改正シ判決當時ノ法律ハ五年以下ノ自由

刑ヲ科スルコトト爲シタルトキハ其最モ輕キ中間ノ三年以下ノ刑ノ範圍ニ於テ處斷スルカ如シ是、本條犯罪後ノ法律ニ因リ刑ノ變更アリタルトキハ其輕キモノヲ適用スト規定シ孰レノ時トモ指定セサル所以ナリ

獨逸刑法第二條ハ罪ヲ犯ス前其刑ヲ定メタル法律アルニ非サレハ之ヲ罰スルコトヲ得ス所犯ノ時ヨリ判決ニ至ルマテノ間ニ法律ノ變更アルトキハ其最モ輕キ法律ヲ適用スト明ニ規定シタリ

本條法律ニ因リ刑ノ變更アリタルトキトハ法律ノ改正又ハ廢止ヲ云フモノニシテ此法律ノ改正又ハ廢止ハ總テ帝國議會ノ協賛ヲ經テ天皇ノ裁可公布ノ後、法例第一條ニ從ヒ公布ノ日ヨリ滿二十日ヲ經過シタル時ヨリ始メテ改正又ハ廢止ノ效力アルモノトス

第七條　本法ニ於テ公務員ト稱スルハ官吏、公吏、法令ニ依リ公務ニ從事スル議員、委員其他ノ職員ヲ謂フ

公務所ト稱スルハ公務員ノ職務ヲ行フ所ヲ謂フ

本條ハ刑法上ニ於ケル公務員及ヒ公務所ヲ規定シタルモノナリ

本法ニ於テ公務員ト稱スルハ官吏、公吏、法令ニ依リ公務ニ從事スル議員、委員其他ノ職員ヲ謂フモノトス故ニ本法ニ所謂、公務員ナルモノハ法律又ハ勅令ノ定ムル所ニ依リ任命セラレタル官吏公

吏又ハ府縣令、郡令町村令等ニ基ツキ國家公共ノ事務ニ從事スル各種ノ議員、委員即チ現時ノ文武官、公證人、執達吏、府縣郡市町村、吏員及ヒ官公立、諸學校敎員其他ノ職員等皆總テ本條公務員中ニ包含スルモノナリトス

舊刑法ニ於テハ單ニ官吏及ヒ官署ノミヲ想像シテ規定シタル爲メ明治二十三年法律第百號ヲ以テ公吏及ヒ公署ハ刑法上、之ヲ官吏又ハ官署ト同視スル旨ヲ規定シタルモ尙ホ其他ノ職員ニシテ刑法上、官吏ト同視ス可キ者甚タ尠カラサルヲ以テ本法ハ新タニ公務員及ヒ公務所ナル語ヲ設ケ官吏公吏法令ニ依リ公務ニ從事スル議員委員其他ノ職員ヲ公務員ト稱シ汎ク國家ノ公務ニ從事スル者ハ其名義ノ如何ヲ問ハス總テ本條ニ所謂公務員ト爲シタリ

本條第二項ニ公務所ト稱スルハ公務員ノ職務ヲ行フ所ヲ謂フト規定シタルヲ以テ公務所トハ官署公署其他法令ニ依リ公務ヲ行フ場所ヲ總稱スルモノトス假令ハ行政司法ノ各官廳、海陸軍省若クハ兵營其他帝國議會、府縣、郡市町村會場又ハ府縣、郡市、町村役場、公證人、執達吏役場等汎ク國家ノ公務ヲ執行スル場所ハ本條公務所中ニ包含スルモノトス

第八條　本法ノ總則ハ他ノ法令ニ於テ刑ヲ定メタルモノニ亦之ヲ適用ス但其法令ニ特別ノ規定アルトキハ此限ニ在ラス

本條ハ本法總則ノ規定ハ他ノ刑罰法令ニ效力ヲ及ホスコトヲ規定シタルモノナリ

本條ハ舊刑法第五條ト其立法趣旨ハ同一ナルモ唯、同條第二項ノ「若シ他ノ法律規則ニ於テ別ニ總則ヲ掲ケサルモノハ此刑法ノ總則ニ從フ」トノ法文ヲ修正シテ本條本文ト爲シ又第一項ノ「此刑法ニ正條ナクシテ他ノ法律規則ニ刑名アルモノハ各其法律規則ニ從フ」トノ規定ヲ改メ本條但書ト爲シタルモノナリ而シテ舊刑法ニ於テハ法律規則トアリタルモ今日規則ノ名目ヲ以テ發布スル形式ナキノミナラス舊刑法ノ趣旨モ亦法令ヲ意味スルニ外ナラサルヲ以テ本法ハ之ヲ法令ト改メタリ

刑法ハ一般、普通法ナルヲ以テ他ノ特別法令ニ刑罰ノ設ケアルモノニ付テハ本法總則ヲ適用ス可キモノナルモ若シ他ノ特別法令ニ刑法總則ノ例ヲ用ヒスト規定シタルトキ（例ヘハ葉煙草專賣法第二十七條又ハ酒造税法第三十一條ノ如ク刑法ノ不論罪再犯、加重、數罪俱發ノ例ヲ用ヰストノ規定等）ハ本法ヲ適用ス可キモノニアラサルモ別ニ總則ヲ掲ケサルトキハ當然、本條ニ依リ本法總則ヲ適用ス可キモノトス是本條但書ノ規定アル所以ナリ

蓋シ本條ニ所謂、法令トハ帝國議會ノ協贊ヲ經テ天皇ノ裁可及ヒ公布シタル法律ハ勿論、其他憲法第六十七條ニ依リ何等ノ名稱ヲ用ヰタルニ拘ハラス現行法令ハ總テ遵由ノ效力アルモノトス是注意ス可キ點ナリ

第二章　刑

總論

本章ハ刑ノ種類及ヒ刑罰執行ノ通則ヲ規定シタルモノナリ

本章ハ舊刑法、第一編、第二章、第一節刑名、第二節主刑處分、第三節附加刑處分ノ規定ヲ修正總括シテ單ニ刑ト題シタルモノニテ其第四節徵償處分ハ刑事訴訟法ニ規定スヘキ事項ナルヲ以テ本法ハ之ヲ規定セス又第五節刑期計算ハ期間計算ト改メ本編、第三章ニ規定シ第六節假出獄ハ本編第五章ニ是ヲ規定シタリ

刑トハ國家カ犯罪ノ制裁トシテ犯人ニ科スル苦痛ヲ謂フモノトス然ルニ學者或ハ此苦痛ノ語ヲ批難シテ刑ハ必スシモ犯人ニ對シ苦痛ヲ與フルノミヲ其目的ト爲スモノニ非ス、主トシテ改過遷善ヲ促ス方法ナルヲ以テ必要ナル場合ニ於テハ快樂ヲモ與フルコトアリ故ニ刑ハ必スシモ苦痛ニアラス元來、苦痛トハ或ル事物ニ遭遇シタル人ノ感情ヲ言現ハシタル語ナルモ囚人ノ實際ヲ顧ルニ刑罰ヲ受ケ毫モ苦痛ニ感セサルモノアリ果シテ然ラハ此等ノ者ニ對スル刑ノ執行ハ苦痛ニアラサレハ刑罰ニ非スト云ハサルヲ得ス左レハ刑罰トハ國家カ犯罪ノ制裁トシテ法律ノ保護スル人ノ利益ヲ奪フコト

ヲ云フト説明スルモノアリ然リ國家カ犯罪ノ制裁トシテ犯人ノ生命及ヒ身體ノ自由、名譽若クハ財産等ノ一ヲ奪フハ法律ノ保護スル利益ヲ奪フニ相違ナキモ是ヲ犯人ヨリ觀察スレハ其剝奪セラルル利益夫レ自身カ感情上、一種ノ苦痛ナリ或ハ之ヲ苦痛ト感セサル者ナキニ非スト雖モ是、十中ノ一二ノ徒ノミ故ニ余ハ刑罰トハ國家カ犯罪ノ制裁トシテ犯人ニ科スル苦痛ヲ云フトノ定義ヲ以テ滿足セントス

而シテ刑罰ハ犯罪鎭壓ノ要具ナルヲ以テ最モ有效ニ利用セント欲セハ須ク外部ニ現ハレタル事實ノ現象ト其事實ノ因テ生シタル根底タル内部ヲ觀察シテ適用スルヲ要ス換言スレハ一方ニ於テハ犯人、自身ノ特性、他方ニ於テハ犯人ヲ圍繞スル外部ノ社會的關係ヲ觀取スルコトヲ要スルモノナリ此二方面ノ關係、如何ハ犯罪ノ現象及ヒ性質ヲ異ニスルモノナレハナリ即チ外來ノ動機優勢ナル場合例ヘハ從來、品行方正ナリシ者カ一時的感情ニ因リ若クハ急迫ナル必要狀態ノ影響ヲ受ケ餘儀ナク其本性ニ反シ罪ヲ犯シタル場合ノ如キ（偶發的若クハ一時的犯罪）又外來ノ動機ハ微力ナルモ犯人ノ特性ニ因リ罪ヲ犯ストキ換言スレハ犯人固有ノ特性ヲ暴露シタル場合（常業的、性質犯）是等、偶發的一時犯ハ勿論、性質的、常業犯モ亦改善ノ見込ナキニ非ス故ニ刑ノ量定上ニ就テハ實際家ノ最モ注意ヲ要スル所ナリ又刑罰ハ一面ニ於テハ警告的ニ且ツ威赫的ニ法律秩序ノ命令若クハ禁止ニ

附加スルモノナルヲ以テ法律ニ通スル者ニ對シテハ如何ニ國家ハ其命令禁止ニ重キヲ置クカヲ悟了セシメ是ヲ悟ルノ智識ナキ者ニ對シテハ其違法行爲ノ結果タル苦痛ノ如何ニ恐ル可キモノナルカヲ目前ニ標示シテ犯罪的、行爲ヲ制馭セシムルニ在リ然レトモ刑罰、本然ノ效果ハ執行ニアリ換言スレハ刑罰ハ執行ニ因テ以テ法律秩序ノ精神ヲ保障スルモノトス而シテ刑罰ハ既ニ述ヘタル如ク犯人ノ生命、身體ノ自由、名譽若クハ財産ヲ事實上、侵害シテ毫モ顧慮セサルモノナリ其執行ノ效果ハ種々アリト雖モ大要左ノ如シ

第一、社會全體ニ對シテ生ス

社會全體ノ一面ニハ法律執行ノ威力ニ因リ犯罪的、傾向ヲ制馭シ他ノ一面ニ對シテハ法律秩序ヲ保障スルニ在リ

第二、被害者ニ對シテ生ス

自已ノ被リタル不法ノ侵害ハ法律ノ保護ニ因リ觀過セラレサリシコトノ滿足ヲ與フルニ在リ

第三、犯人ニ對シテ生ス

刑罰執行ノ犯人ニ及ホス效果ハ、一犯人ヲシテ再ヒ罪ヲ犯スノ自由ヲ一時若クハ永久的ニ奪去シ又ハ、二再ヒ社會ノ有用ナル一員タラシムル精神上ノ改善ニ在リ

以上ハ刑罰其モノニ具有セシムル立法的效果ナリ然ラハ刑罰ハ如何ナル性質ノモノヲ以テ最モ正當適實トナスヤハ從來、學者ノ大ニ研究シタル處ナルモ未タ正當適實ナル罠刑アルコトナシ生命刑、自由刑、名譽刑、財產刑共孰レモ多少ノ闕點ナキニアラス然レトモ刑罰ハ元來、前段述フルカ如ク犯人ノ懲戒ト世人ニ對スル警告トヲ以テ最大目的トナスニ因リ左ノ條件ヲ具備スルモノハ稍ヤ正當適實ナリト云フ可シ

第一、刑罰ハ犯人ノ一身ニ止マルコトヲ要ス

何人ト雖モ國家ノ法令ヲ犯シタル者ハ自ラ其責ニ任ス可キコトハ當然ナルヲ以テ犯人以外ノ者ハ縱令、如何ナル緣故、關係アルモ代テ刑罰ニ服スルコトヲ許サス是則チ刑罰ハ犯人自身ニ對スル制裁ナルガ爲メナリ

第二、刑罰ハ各人平等ナルコトヲ要ス

懲役刑ハ此點ニ付テハ稍ヤ平等均一ナルモ名譽刑、財產刑ニ至テハ犯人ノ貧富貴賤ニ因リ平等均一ヲ闕クノ嫌アリ例ヘハ富者ヨリ數百圓ノ罰金ヲ徵收スルモ何等ノ痛痒ヲ感セサルモ貧者ハ數十圓ト雖モ尙ホ且ツ非常ノ困難ヲ感スルモノナレハナリ

第三、刑罰ハ取消シ得可キモノナルコトヲ要ス

犯罪必罰ノ原則ニ依リ犯人ニ刑罰ヲ科スルハ法律ノ命スル所ナリト雖モ判事モ人ナリ時ニ或ハ誤判ナキヲ保セス故ニ刑罰ハ一度執行スルモ尚ホ取消スコトヲ得可キモノタルヲ要ス、然ルニ彼ノ死刑ハ一旦、之ヲ執行シタルトキハ最早。如何トモスルヲ得ス是死刑廢止論者ノ最モ批難スル所ナリトス

以上ノ原則ニ依レハ懲役及ヒ禁錮刑ハ犯人ノ一身ニ止マリ各人、平等均一ニ行ハレ何時ニテモ取消シ得ヘキ性質ヲ備フルモ死刑及ヒ罰金刑ニ至テハ第二第三ニ於テ論シタル如キ多少ノ闕點ナキニ非スト雖モ他ニ良刑ナキヲ以テ之ヲ刑罰ト爲スモ亦已ムヲ得サル所ナリ

要スルニ國家カ犯人ニ對シテ刑罰ヲ科スル所以ノモノハ犯罪必罰ノ道理ヲ社會ニ知ラシメ世人ヲ警戒シ因テ以テ國家ノ秩序ヲ維持スルニ在リ故ニ刑罰ハ人ノ最モ愛重スル生命及ヒ身體ノ自由。名譽若クハ財産等ノ一又ハ其二ヲ奪フモノナリ而シテ其程度ハ犯罪ノ輕重ニ因リ裁判所ノ量定ス可キ範圍ニ屬スルモノトス

第九條 死刑、懲役、禁錮、罰金、拘留及ヒ科料ヲ主刑トシ沒收ヲ附加刑トス

本條ハ主刑及ヒ附加刑ノ種類ヲ規定シタルモノナリ

舊刑法ハ罪ヲ重罪、輕罪、違警罪ノ三種ニ區別シタルヲ以テ其結果、重罪ノ主刑ヲ九種、輕罪ノ主刑ヲ三種、違警罪ノ主刑ヲ二種ニ別チ附加刑ヲ六種ト爲シ定役アル自由刑ハ無期及ヒ有期ノ徒刑重懲役、重禁錮ト爲シ定役ナキ自由刑ヲ無期有期ノ流刑、重禁獄、輕禁獄、輕禁錮トシ刑期ノ長短ニ依リ輕重ヲ區別シ自由刑ニ多數ノ種類ヲ設ケタルヲ以テ刑期ノ範圍、頗ル狹隘ニ失シ其弊ニ堪ヘサリシニ因リ本法ハ重罪、輕罪、違警罪ノ區別ヲ全廢シ刑期ノ範圍ヲ擴張シ舊刑法ノ徒刑懲役及ヒ重禁錮ヲ合シテ單ニ懲役ト改メ流刑、禁獄及ヒ輕禁錮ヲ合シテ之ヲ禁錮ト爲シ定役ノ有無ニ依リ判然二者ヲ區別スルノ法制ヲ採リタリ此定役ノ有無ヲ以テ自由刑ヲ二個ニ區別スル法制ハ立法上、多少議論ナキニアラスト雖モ國事犯ノ如キハ單ニ拘禁スルヲ以テ足レルカ故ニ定役ヲ科スル刑ト科セサル刑トノ區別ヲ設クルノ必要アリ是本法カ此二別主義ヲ採用シタル所以ナリ

而シテ罰金ヲ刑ノ一種ト爲シタルハ舊刑法ト同一ナルモ舊刑法ハ附加刑ニモ尚ホ罰金ヲ認メタルモ主刑タル罰金ト附加刑タル罰金トハ實質上、何等ノ區別ス可キ理由ナキヲ以テ本法ニ於テハ附加刑ニ付テノ罰金ハ之ヲ廢止シ刑ヲ主刑、附加刑ノ二種ニ分チ主刑ヲ死刑、懲役、禁錮、罰金、拘留及ヒ科料ノ六種ト爲シ附加刑ヲ沒收ノ一種トシ主刑附加刑共ニ全ク其性質ヲ異ニスルモノノミニ改メタリ

第一、死刑、死刑トハ罪人ノ生命ヲ喪失セシムル刑ヲ謂フ故ニ主刑中ノ極刑ナリトス本法モ亦舊刑法ト等シク之ヲ存置スルコトト爲シタリ蓋シ此死刑、存廢ニ就テハ刑法上ノ一大問題ナリ外國ニ於テモ一、二全廢シタル立法例アルヲ以テ本法起草及ヒ調査修正當時モ頗ル議論アリタリト聞ク又衆議院ニ於テモ死刑及ヒ無期刑廢止論ヲ主唱シタル者在リ其死刑廢止論ノ重ナル理由ハ死刑ハ一旦、之ヲ執行スレハ他日、如何ナル誤判ヲ發見スルモ回復スルコトヲ得ス又曰ク死刑ニ該當ス可キ犯人ハ人ヲ殺シ家ヲ燒ク等、其心術、最モ惡ム可キモノナリト雖モ國家ニ於テ刑罰ヲ設ケタル所以ノモノハ自懲他戒ヲ以テ其目的ト爲ス故ニ其犯人ヲ社會ニ出サヽレハ可ナリ左レハ無期刑モ亦終身獄ニ拘禁シテ社會ニ出サヽルモノナルヲ以テ刑罰ノ目的ニ反ス故ニ之ニ代ユルニ相當ノ長期刑ヲ設ケ死刑并ニ無期刑ハ全廢ス可シト然リ死刑ハ之ヲ一旦、執行シタル以上ハ回復ス可ラサル極刑ニシテ慘酷ニ過クルコトハ爭フ可ラサル事實ナリ然レトモ如何セン我國、現時ノ情況ハ未タ死刑全廢ノ域ニ達セス又刑罰ハ自懲、他戒ヲ以テ其重ナル目的ト爲スニ無期懲役刑ハ終身獄ニ拘禁シテ社會ニ出サヽルニ因リ自然ノ死ヲ待ツモノニテ死刑ト遠近ノ差アルニ止マルヲ以テ殆ト同一ナルニ似タルモ無期刑ハ大赦、特赦ノ恩典ニ因リ再ヒ社會ニ出ツルノ機會ナキニ非ス加之、人ヲ殺シ家ヲ燒クカ如キ殘忍、酷惡ノ徒ヲ保護スルノ必要ナシ殊ニ是等、惡人ノ心術ニ至テハ猛獸、毒蛇モ啻ナラサル者之ヲ刑シテ社會萬人ノ警戒ト爲スハ國家公益上、己ムヲ得サルノ政策ナリ加之ナラス既往ノ實驗ニ徵スルモ死刑ハ之ヲ存置スルノ必要アルヲ以テ我立法者ハ死刑廢止論ノ盛ナルニ拘ハラス尙ホ之ヲ存置シタル所以ナリ

第二、懲役、懲役トハ人ノ自由ヲ剝奪スル刑ヲ謂フモノニシテ其自由剝奪ノ範圍ハ特別法令ニ於テ定ムルモノトス而シテ懲役ハ無期、有期ノ二種ト爲ス無期懲役ハ終身監獄ニ留置シテ一定ノ勞役ニ就カシメ普通國民ノ有スル隨意ノ行動ヲ許サヽルモノナリ有期懲役ハ一日以上、十五年以下ノ範圍ニ於テ罪ノ輕重ニ因リ適當ナル期限ヲ定メテ裁判所之ヲ言渡シ其期限內、一定ノ勞役ニ服セシムルコト無期懲役ト同一ナリ

第三、禁錮、禁錮トハ一定ノ禁錮場ニ拘置シテ自由行爲ヲ許サヽル刑ヲ謂フモノニシテ勞役ニ就カシメサルモノトス是又無期、有期ノ二種アリテ無期禁錮ハ終身監獄ニ拘置シ有期禁錮ハ一月以上、十五年以下ノ範圍ニ於テ罪刑、適當ノ期間ヲ定メテ裁判所之ヲ言渡シ監獄ニ拘置スルモノトス

第四、罰金、罰金トハ犯人ヨリ一定ノ金圓ヲ徵收スル刑ヲ謂フ而シテ其金額ハ二十圓以上トス

第五、拘留、拘留トハ一定ノ期間拘留場ニ拘置シテ犯人ノ自由ヲ拘束スル刑ニシテ最モ輕微ノ犯罪ニ付テ科ス可キモノナリ而シテ其期間ハ一日以上、一月以下ト爲ス

第六、科料、科料ハ罰金ト同シク犯人ヨリ一定ノ金額ヲ徵收スルモノニシテ極メテ輕微ナル犯罪ニ科ス可キモノニテ其金額ハ十錢以上、二十圓以下トス

以上六種ノ主刑ノ外附加刑タル沒收ニ就テハ第十九條ニ至リ詳論セントス

第十條 主刑ノ輕重ハ前條記載ノ順序ニ依ル但無期禁錮ト有期懲役トハ禁錮ヲ以テ重シトシ有期禁錮ノ長期有期懲役ノ長期ノ二倍ヲ超ユルトキハ禁錮ヲ以テ重シトス

同種ノ刑ハ長期ノ長キモノ又ハ多額ノ多キモノヲ以テ重シトシ長期又ハ多額ノ同シキモノハ其短期ノ長キモノ又ハ寡額ノ多キモノヲ以テ重シトス

二個以上ノ死刑又ハ長期若クハ多額及ヒ短期若クハ寡額ノ同シキ同種ノ刑ハ犯情ニ依リ其輕重ヲ定ム

本條ハ主刑ノ輕重ヲ定ムル標準ヲ規定シタルモノナリ

本條第一項、主刑ノ輕重ハ前條記載ノ順序ニ依ルトハ、即チ主刑ノ最モ重キモノハ死刑ニシテ次キ

ハ懲役、禁錮、罰金之ニ次キ拘留ハ其次ニシテ科料ヲ以テ最モ輕キ主刑ト爲スニ在リ禁錮ハ何故ニ懲役ヨリ輕キモノナル乎ト云フニ懲役ハ一定ノ勞務ニ服ス可キモノナルモ禁錮ハ定役ナク單ニ拘置スルニ止マルヲ以テ輕シト爲スモノナリ然レトモ無期禁錮ト有期懲役トハ當然、無期禁錮ヲ以テ重シト爲シ有期禁錮ト雖モ其長期、有期懲役ノ長期ノ二倍ヲ超過スルトキハ禁錮ヲ以テ重キモノト爲ササルヲ得ス如何トナレハ禁錮ハ一定ノ勞役ナキノミニシテ自由ヲ拘束スル點ニ付テハ懲役ト同一ナルヲ以テナリ是本條第一項及ヒ但書ノ規定アル所以ナリ

本條第二項、同種ノ刑ハ刑期ノ長キモノ又ハ金額ノ多キモノヲ以テ重シト爲スモノナリ最短期ノ刑ニ處セラレント欲スルハ犯人ノ希望タルニ過キスシテ最短期ニ處スルト否トハ裁判所ノ職權ニ屬スルモノナレハナリ之ニ反シテ長期ハ裁判所ト雖モ超ユルコトヲ得サルノミナラス犯人モ亦長期ヲ超ヘテ刑罰ヲ科セラルルノ義務ナキニ依リ刑期ノ長キモノ又罰金ニ付テハ金額ノ多キモノヲ以テ重シト爲スモノトス換言スレハ同種ノ懲役又ハ禁錮ハ長期ノ長キモノ罰金ニ付テハ多額ノ多キモノヲ重シト爲シ長期又ハ多額ノ同一ナルモノハ其短期ノ長キモノ又ハ寡額ノ多キモノヲ以テ重シトナス要スルニ懲役及ヒ禁錮ヲ罰金ヨリ重刑ト爲スハ人ノ自由ハ金錢ヲ以テ代ヒ得ヘカラサルニヨル金錢ハ社會ノ融通物ニシテ之ヲ得ント欲スレハ得ルコト容易ナリト雖モ人ノ自由ハ人世、最モ貴重ナルヲ

以テ一日ノ拘束ハ罰金ニ處セラルルヨリ苦痛ヲ感スルコト大ナリトシ體刑ヲ重シト爲シタルモノナリ

本條第三項、二個以上ノ死刑又ハ刑期若クハ金額ノ同シキ同種ノ刑ハ犯情ニ依リ其輕重ヲ定ムトハ二個以上ノ死刑又ハ二個以上ノ同一長期ノ懲役、禁錮又ハ同一金額ノ罰金ニ付テハ其刑罰ニ輕重ナキヲ以テ此場合ニ於テハ犯情ニ因リ輕重ヲ定ム可キコトヲ規定シタルモノトス

第十一條　死刑ハ監獄内ニ於テ絞首シテ之ヲ執行ス

死刑ノ言渡ヲ受ケタル者ハ其執行ニ至ルマテ之ヲ監獄ニ拘置ス

本條ハ死刑ノ執行方法ヲ規定シタルモノナリ

本條第一項ハ舊刑法第十二條ト同一ナルモ同條ニ於テハ「死刑ハ絞首ス」トアリタルヲ本法ハ「絞首シテ執行ス」ト改メ絞首シテ生命ヲ絶ツコトヲ明カニシタリ左レハ若シ絞首ニ依リ一旦、絶命シタルモ蘇生シタルトキハ尚ホ更ニ絞首シテ全ク其生命ヲ絶ツモノトス

抑モ刑罰ハ國家カ犯人ニ與フル苦痛ナリト雖モ孰レノ刑モ直接、身體上ニ苦痛ヲ與フルヲ以テ其目的トナスモノニアラス唯、犯人ノ自由ヲ拘束シ又ハ罰金ヲ徴收シテ精神上ニ苦痛ヲ感セシムルニ過キス殊ニ死刑ニ至テハ其生命ヲ奪フヲ以テ足リ敢テ殘忍、酷薄ナル方法ヲ用ユルコトヲ要セサルヲ

以テ本法ニ於テモ舊刑法ト同シク簡短ナル絞首ノ方法ニ因テ執行スルノ制度ヲ採用シタリ
死刑ハ一旦、執行シタル以上ハ假令、如何ナル誤判アルモ取消スコトヲ得サル極刑ナルヲ以テ舊刑法ニ於テハ判決確定スルモ直ニ之ヲ執行セス必ス司法大臣ノ執行ス可キ命令アルヲ要スト爲シ當該檢事ヨリ訴訟記錄ヲ司法大臣ニ差出シ司法大臣ハ其記錄ニ依リ誤判ナキヤ否ヤ或ハ情狀ニ於テ恕ス可キ所ナキヤ否ヤヲ調査シ若シ誤判アルカ又ハ事實上、死刑執行ニ忍ヒサルモノト思料シタルトキハ　天皇ノ大權ニ訴ヒ特赦、減刑ヲ奏請スルコトヲ得可ク又懷胎ノ婦女、死刑ノ判決確定シタルトキモ同シク司法大臣ノ命令ヲ待ツノミナラス其分娩後、一百日ヲ經ルニアラサレハ死刑ノ執行ヲ許ササルコトト爲シタリ是則チ婦女ハ死刑ニ處ス可キモノナルモ是レカ爲メニ罪ナキ胎兒ノ生命マテ奪フヲ得サルカ爲メナリ（舊刑法第十三條第十五條）蓋シ是等ノ事項ハ刑事訴訟法又ハ監獄法等ニ規定ス可キコトナルヲ以テ本法ニ於テハ之ヲ規定セス
本條第二項ニ「死刑ノ言渡ヲ受ケタル者ハ其執行ニ至ルマテ之ヲ監獄ニ拘置ス」ト規定シタルハ舊刑法ニ此規定ナキ爲メ死刑ノ言渡ヲ受ケタル者ニ對シテ尙ホ死刑執行マテ拘置ス可キ場所ニ就テ從來、疑義ヲ生シタルコトアルヲ以テ本法ハ特ニ本項ヲ設ケテ是等ノ疑義ヲ避ケタルモノナリ

第十二條　懲役ハ無期及ヒ有期トシ有期懲役ハ一月以上十五年以下トス

懲役ハ監獄ニ拘置シ定役ニ服ス

本條ハ徵收ノ期限及ヒ其性質ヲ規定シタルモノナリ

懲役ハ之ヲ無期及ヒ有期ノ二種ト爲シ無期懲役ハ終身監獄ニ留メ置キ一定ノ勞役ニ就カシメ有期懲役ハ一月以上、十五年以下ト爲シ其期間ニ於テ適當ナル期限ヲ定メテ裁判所之ヲ言渡シ監獄ニ拘置シテ一定ノ勞役ニ服セシムルモノナルコト既ニ述ヘタル如シ

本法ニ於テハ本條ヲ以テ有期懲役ノ範圍ヲ一月以上十五年以下ト改メタルヲ以テ一見、其範圍甚タ廣濶ニ失スルノ觀（世間本法改正案全體ヲ批難ス）アリト雖モ是ヲ舊刑法ニ比較スレハ却テ刑期ハ其範圍、狹隘トナリタルモノナリ

即チ舊刑法ニ於ケル禁錮ノ最短期ハ十一日以上ニシテ重キ有期徒刑ノ長期ハ十五年ナリシヲ本法ハ此禁錮ノ十一日以上ヲ一月以上ト改メ重キ有期徒刑ノ十五年ヲ其儘之ヲ採用シタルニ依リ換言スレハ舊刑法ハ十一日以上十五年以下ノ刑期ナリシヲ本法ハ一月以上、十五年以下ニ改メタルヲ以テ結局、刑期ノ範圍ニ就テハ却テ舊刑法ヨリ十九日ヲ狹隘ニ爲シタルモノト謂フ可シ唯、多數ノ刑名ヲ附シタル舊刑法ヲ改メ合シテ刑名ヲ一ト爲シタル爲メ刑ノ範圍ヲ頗ル廣大ナラシメタルノ感アルニ過キス（舊刑法第十七條第二十四條第二項參照）

本條第二項ハ懲役ノ執行ニ關スル規定ニシテ舊刑法第十七條第一項第二十二條第一項及第二十四條第一項ノ一部ニ該當スルモノニシテ監獄ニ拘置シテ定役ニ服セシムルコトヲ規定シタルモノナリ』囚人ヲシテ一定ノ勞役ニ服セシムル理由ハ、第一國家ハ數千萬ノ囚人ヲ不生産的ニ閉居セシメテ良民ノ負擔ヲ重カラシムルハ國家經濟上、不可ナリ、第二小人閑居スレハ不善ヲ爲シ健康ヲ害スルノミナラス精神モ亦腐敗シテ懲戒ノ效ナキニ因ル、第三殊ニ多數犯人ハ勞働ヲ嫌ヒ過分ノ快樂ヲ貪ラント欲シテ罪ヲ犯スモノナルヲ以テ是等、懶惰心ノ增長シタル者ニ對シテハ宜シク適當ナル勞働ニ就カシメ良習ヲ養ヒ出獄後ノ生計準備ヲ爲サシメサル可ラス否ラスンハ監獄ハ無賴漢ノ養成場トナリ到底、治獄ノ目的ヲ達スルコト能ハサレハナリ是即チ定役制度ヲ設ケタル所以ナリ

第十三條　禁錮ハ無期及ヒ有期トシ有期禁錮ハ一月以上十五年以下トス

禁錮ハ監獄ニ拘置ス

本條ハ禁錮ノ期限及ヒ其性質ヲ規定シタルモノナリ

禁錮モ亦無期及ヒ有期ノ二種アリテ無期禁錮ハ終身監獄ニ拘置スルモノニテ有期禁錮ハ一月以上、十五年以下ノ範圍ニ於テ罪刑、適當ノ期間ヲ定メテ裁判所之ヲ言渡シ監獄ニ拘置スルモノナリ此有期禁錮モ亦前條說明ト同シク立法趣旨ニ至テハ毫モ舊刑法ヲ改正シタルモノニアラス唯、多數ノ刑

名ヲ併合シタル結果、有期禁錮ノ期間ヲ長カラシメタルノ感アルニ過キス蓋シ禁錮ハ有期ト無期トヲ問ハス定役ニ服セシメサルモノニテ前條懲役ト其性質ヲ異ニスル所ナリ是、注意ス可キ點ナリ

而シテ此禁錮ハ如何ナル罪ニ科シ懲役ハ如何ナル罪ニ科スヘキモノナルヤハ第二編以下、各條規定スル所ナルモ要スルニ立法者カ之ヲ區別シタル標準ハ普通破廉耻罪ヲ犯シタル者ハ懲役刑ニ處シ國事犯ノ如キ罪ヲ犯シタル者ニ對シテノミ禁錮刑ニ處スルノ趣旨ナリトス

本條第二項ハ禁錮ノ執行ニ關スルコトヲ規定シタルモノニテ舊刑法第二十條第一項第二十三條第一項及ヒ第二十四條第一項ノ一部ニ該當シ監獄ニ拘置スルニ止マリ懲役ト異ナリ定役ヲ科セサルモノナリ

學者或ハ此國事犯人ヲ禁錮ニ處シテ勞役ニ服セシメサル理由ヲ説明シテ曰ク抑モ國事犯ハ常事犯ト異ナリ犯人ノ意思國家ヲ憂フルノ餘リ一身ヲ犧牲ニ供シテ犯スモノナレハ其精神ノ高潔淸廉ナルコト普通、强竊盜ト同一視ス可キモノニアラス故ニ敵ノ捕虜ヲ遇スルト同一ナルヲ要ス左レハ其刑及執行方法モ亦嚴肅ニシテ且暴ニ至ラス虐ニ流レス責罰ノ效果アラシムレハ可ナリ濫リニ苦痛ヲ感セシムルカ如キハ國事犯人ヲ罰スルノ趣旨ニアラス然ラサレハ國家ハ仇敵ニ對シテ怨ヲ報ユルニ苦痛

ヲ以テスルノ識アルノミナラス犯人、徒ラニ侮辱セラルルノ感ヲ起シ國家ヲ怨望シテ歸順ノ念ヲ生セス加之、社會公衆ハ國ノ暴虐ヲ憤リ其反動ノ結果、却テ犯人ヲ憐ムニ至ル故ニ其行刑モ亦普通犯ト異ナラサル可カラスト又曰ク元來、國事犯タルヤ其性質、萬人ノ賤ム可キ所爲ニアラス殊ニ私利ヲ拋テ天下公衆ノ爲メニ企ツルモノナルヲ以テ屈辱ヲ本質ト爲ス刑ハ全ク國事犯人ニ適セス固ヨリ國事犯ト雖モ政治社會ノ秩序ヲ紊亂セントスルモノナルヲ以テ實害ノ重大ナルコト到底、常事犯ノ比ニアラスト雖モ其處分方法ハ專ラ社會ヨリ遠サケ殘黨ト通謀ノ機會ヲ得セシメサルヲ以テ足リ勞役ニ就カシムルカ如キハ國事犯者ヲ罰スル所以ノ目的ニアラスト

而シテ本法第二編ニ於テ禁錮刑ニ處ス可キコトヲ規定シタル罪ハ第二章内亂ニ關スル罪及ヒ第四章國交ニ關スル罪ノ第九十二條乃至第九十四條ノ罪等ニシテ懲役又ハ禁錮ニ處スルコトヲ得可キ罪トシテ規定シタルハ第五章公務ノ執行ヲ妨害スル罪ノ第九十五條第八章騷擾ノ罪第十一章往來ヲ妨害スル罪ノ第百二十九條第二項第二十五章瀆職罪ノ第百九十三條乃至第百九十六條第二十八章過失傷害ノ罪ノ第二百十一條第三十四章名譽ニ對スル罪ノ第二百三十條等ナリ

第十四條 有期ノ懲役又ハ禁錮ヲ加重スル場合ニ於テハ二十年ニ至ルコトヲ得之ヲ減輕スル場合ニ於テハ一月以下ニ降スコトヲ得

本條ハ有期ノ懲役又ハ禁錮ヲ加減スルコトヲ得可キ限度ヲ規定シタルモノナリ

本法ハ有期ノ懲役又ハ禁錮ヲ一月以上十五年以下ト爲シタルモ之ヲ加重ス可キ場合ニ於テハ加ヒテ二十年ニ至ルコトヲ得可キモノトス

殊ニ本法ニ於テハ併合罪ノ原則トシテ併科主義ヲ採用シ再犯ハ法律ノ定メタル長期ノ二倍ニ處スルコトヲ得ル」ト爲シ舊刑法ヨリ加重主義ヲ採リタル結果、有期懲役又ハ禁錮ニ付キ併科若クハ倍加シテ終ニ數十年ニ涉ル刑ニ處スルノ虞アルヲ以テ本條、特ニ制限シテ縱令、有期ノ懲役又ハ禁錮ヲ加重スルモ二十年ヲ超過スルコトヲ得サル旨ヲ規定シタルモノナリ

又本法ハ有期ノ懲役禁錮ノ最底程度ヲ一月以上ト爲シタルモ之ヲ減輕ス可キ場合ニ於テモ亦一月以下ニ降スコトヲ得可キモノトス

舊刑法ハ第七十一條ヲ以テ禁錮ヲ減盡シタルトキハ拘留ニ處シ罰金ヲ減盡シタルトキハ科料ニ處ス云々ト規定シタルモ本法ハ全ク舊刑法ト反對ノ主義ヲ採リタル結果、懲役又ハ禁錮ヲ減盡シタル特別ノ場合ニ於テモ尙ホ刑期一月以下ノ懲役又ハ禁錮刑アルコトヲ明カニシタルモノナリ但本條單ニ一月以下ニ降スコトヲ得ルト規定シタルモ第八十條及ヒ第八十三條ノ規定ニ依リ如何ナル場合ト雖モ實際上、七日半以下ニ降ルコトナキモノトス

第十五條　罰金ハ二十圓以上トス但之ヲ減輕スル場合ニ於テハ二十圓以下ニ降スコトヲ得

本條ハ罰金刑ヲ規定シタルモノナリ

舊刑法第二十六條ハ罰金ヲ二圓以上ト爲シ同第二十九條ハ科料ヲ五錢以上、一圓九十五錢以下ト爲シタル爲メ一圓九十九錢九厘以下一圓九十五錢壹厘以上ハ罰金ニモアラス又科料ニモアラサル一種ノ刑アルニ至リタルモ本法ニ於テハ此法制ヲ穩當ナラスト爲シ罰金ハ必ス二十圓以上ト爲シ科料ヲ二十圓未滿ト改メタルヲ以テ如斯不都合ナシ

然レトモ其科ス可キ金額ハ舊法ト同シク各本條ニ豫メ規定スルコトト爲シタリ蓋シ罰金ハ何故ニ二十圓以上ト爲シ其最高額ヲ定メサルカ是他ノ自由刑ト異ナル點ナリ即チ本法第百五十二條ニ貨幣紙幣又ハ銀行劵ヲ收得シタル後其僞造又ハ變造ナルコトヲ知テ行使シタル者ハ其名價三倍以下ノ罰金又ハ科料ニ處ストノ規定アルニヨリ例ヘハ僞造變造ノ貨幣紙幣ナルコトヲ知テ千圓行使シタル者ハ三千圓ノ罰金ニ處セラルル等其行使シタル金額三倍ノ罰金ニ處ス可キコトアルヲ以テ最高價ヲ豫メ規定スルヲ得サルニ因ル此他酒造稅法等特別法令ニ於テモ亦罰金額一定セサルモノアルヲ以テ斯ク規定シタルモノナリ

本條但書ハ懲役及ヒ禁錮ニ付キ前條但書ヲ設ケタルト同一理由ニ因リ設ケタルモノナルヲ以テ別ニ說明セス

第十六條　拘留ハ一日以上三十日未滿トシ拘留場ニ拘置ス

本條ハ拘留ノ期限及ヒ性質ヲ規定シタルモノナリ

本條ハ舊刑法第二十八條ト立法趣旨ハ同一ナリ但舊刑法ハ一日以上、十日以下ノ期間ト爲シタルヲ以テ之ヲ加重スルモ尚ホ十二日ニ至ルニ過キスシテ實際上、其範圍、狹隘ニ失シタルニ由リ本法ハ一日以上、三十日未滿ト爲シ舊刑法ニ於ケルカ如ク十日乃至十一日ノ期間ハ拘留ニモアラス又禁錮ニモアラサルカ如キ奇觀ヲ避ケタルモノナリ而シテ此拘留ハ拘留場ニ拘留スルニ止マリ定役ニ服セサルヲ以テ其性質ハ禁錮ト同一ナリ

第十七條　科料ハ十錢以上二十圓未滿トス

本條ハ科料ヲ規定シタルモノナリ

科料モ亦主刑ノ一ニシテ舊刑法第二十九條ト其立法趣旨ハ同一ナリ

蓋シ舊刑法ニ於テハ科料ノ金額ヲ五錢以上、一圓九十五錢以下ト規定シタルニ依リ之ヲ加重スルモ尚ホ二圓四十錢ニ止マリ其範圍、頗ル狹隘ニ失シタルヲ以テ本法ハ之ヲ十錢以上、二十圓未滿ト改

メタリ而シテ前條拘留ハ自由刑ナルモ本條科料ハ金刑ナルヲ以テ其性質罰金ト同一ナリトス

第十八條　罰金ヲ完納スルコト能ハサル者ハ一日以上一年以下ノ期間之ヲ勞役場ニ留置ス

科料ヲ完納スルコト能ハサル者ハ一日以上三十日以下ノ期間之ヲ勞役場ニ留置ス

科料ヲ併科シタル場合ト雖モ留置ノ期間ハ六十日ヲ超ユルコトヲ得ス

罰金又ハ科料ノ言渡ヲ爲ストキハ其言渡ト共ニ罰金又ハ科料ヲ完納スルコト能ハサル場合ニ於ケル留置ノ期間ヲ定メ之ヲ言渡ス可シ

罰金ニ付テハ裁判確定後三十日内科料ニ付テハ裁判確定後十日内ハ本人ノ承諾アルニ非サレハ留置ノ執行ヲ爲スコトヲ得ス

罰金又ハ科料ノ言渡ヲ受ケタル者其幾分ヲ納ムルトキハ罰金又ハ科料ノ全額ト留置日數トノ割合ニ從ヒ其金額ニ相當スル日數ヲ控除シテ之ヲ留

置ス

留置期間內罰金又ハ科料ヲ納ムルトキハ前項ノ割合ヲ以テ殘日數ニ充ツ」

留置一日ノ割合ニ滿タサル金額ハ之ヲ納ムルコトヲ得ス

本條ハ罰金又ハ科料ヲ言渡サレタル者完納セサル場合ノ處分ヲ規定シタルモノナリ

抑モ罰金、科料モ一ノ刑罰ナルヲ以テ其言渡ヲ受ケ判決確定シタルトキハ完納ス可キモノナリト雖モ其言渡サレタル犯人ニシテ財產ヲ所有セサル場合ニ於テハ罰金又ハ科料ヲ徵收スルコトヲ得サルヲ以テ之ヲ處分スルノ方法ナカル可ラス而シテ此場合ニ於テ採ル可キ法制ニ二種アリ

第一、主義ハ舊刑法ノ採用シタル換刑處分ニシテ罰金又ハ科料ヲ計算シテ輕禁錮又ハ拘留ニ處ス可キモノ是ナリ蓋シ此法制ハ財產ヲ有スル者ハ換刑處分ヲ免ルルト雖モ之ニ反シテ全ク財產ヲ有セサル者ハ常ニ自由刑ニ處セラルルノ不幸アルノミナラス罰金又ハ科料ヲ輕禁錮又ハ拘留ニ換刑セラレタル者ハ唯、徒ラニ獄中ニ呻吟スルニ止マリ國家ハ爲メニ幾分ノ經費ヲ損シ却テ金刑本來ノ目的ニ反シ毫モ實益ナキ法制ナリ

第二、主義ハ罰金又ハ科料ヲ納ムルコト能ハサル罪人ハ之ヲ勞役場ニ留置シテ其自由ヲ制限シ便宜、勞役ニ從事セシメ其得タル利益ヲ以テ罰金又ハ科料ノ幾分ニ充ツ可キコト是ナリ本條第一項ハ罰

金ヲ完納スルコト能ハサル者ハ一月以上、一年以下ノ期間之ヲ勞役場ニ留置ス」ト規定シ第二項ニ科料ヲ完納スルコト能ハサル者ハ一日以上、一月以下ノ期間之ヲ勞役場ニ留置ス」ト規定シタルヲ以テ本法ハ此第二主義ヲ採用シタルモノナリ但科料ニ付テハ本法ハ併科スル主義ヲ採用シタルニ依リ各科料ニ付キ留置日數ヲ定ムルコトトセハ或ハ不當ノ長期ニ至ルノ虞アルヲ以テ本條第三項ニ科料ハ之ヲ併科シタル場合ト雖モ其留置期間ハ二月ヲ超ユルコトヲ得ス」トノ制限ヲ附シタリ

蓋シ舊刑法ハ罰金又ハ科料ヲ完納セサル者ニ付キ之ヲ完納スルト否トハ本人ノ自由ニ任スル法制ナリシヲ以テ其結果、財産アル者ト雖モ往々、完納セスシテ換刑ヲ請求シ却テ罰金ヲ科シタル目的ニ反シタルニ依リ本法ハ此主義ヲ廢止シ財産アル者ニ對シテハ必ス金錢ヲ完納セシメ罰金又ハ科料ヲ言渡シタル目的ヲ貫キ全ク財産ナキ者ニ限リ換刑シテ留置スルコトト爲シ斯ル弊害ヲ避ケタリ

舊刑法第二十七條ハ罰金又ハ科料ノ金額ト禁錮又ハ拘留日數トノ割合ヲ定メテ一日ヲ一圓ニ折算スト規定シタル爲メ罰金又ハ科料ノ金額多大ナル場合ニ於テハ罰金又ハ科料ノ一部ハ事實上、之ヲ拋棄スルト同一ノ不都合アリタルヲ以テ本法ハ此主義ヲ廢シテ裁判所ヲシテ罰金又ハ科料ノ額ニ應シ一日以上、一年以下ノ期間内若クハ一日以上、一月以下ノ期間内ニ於テ適宜、留置日數ヲ定ムルコ

トト爲シタリ

舊刑法ハ換刑處分ノ期限ヲ二年ト規定シタルモ近來ノ立法例ハ期間ヲ短縮スルノ傾向アルノミナラス實際上モ亦酷ニ失スルノ虞レアルヲ以テ本法ハ之ヲ一年ニ短縮セリ是本條第四項ニ罰金又ハ科料ヲ完納スルコト能ハサル場合ニ於ケル留置ノ期間ヲ定メ之ヲ言渡ス」ト規定シタル所以ナリ

本法ハ舊刑法ト異ナリ罰金一圓ハ留置日數一日ニ換算ス可キ標準ヲ執ルヤ否ヤハ事實裁判所ノ認定ス可キ範圍ニ屬シタルヲ以テ假令、數千圓ノ罰金ヲ科セラレタル者ト雖モ一年以上、留置セラルルモノニアラス又百圓若クハ二百圓ノ罰金ニ處セラレタル者ト雖モ百日、二百日ノ留置ト速斷スルヲ得ス罪刑、適度ノ範圍ニ於テ罰金又ハ科料ト共ニ其留置日數ヲ定メテ之ヲ言渡スモノトス

舊刑法ハ罰金完納ノ期限ヲ判決確定後、一月ト爲シ科料ノ完納期限ヲ十日ト定メタル爲メ其期限内ハ假令、本人承諾スルモ尚ホ之ヲ嚴守ス可キモノニテ甚タ不便ナリシヲ以テ、本法ニ於テハ本人ノ承諾アルコトヲ條件トナシ裁判所ハ一月以內、若クハ十日以內、何時ニテモ罰金又ハ科料ヲ換刑シテ留置處分ニ換フルコトヲ得可キ規定ニ改メタリ是本條第五項ニ罰金ニ付テハ裁判確定後一月內科料ニ付テハ裁判確定後十日內ハ本人ノ承諾アルニ非サレハ留置ノ執行ヲ爲スコトヲ得ス」ト規定シ被刑者ノ任意承諾アル以上ハ何時ニテモ換刑處分ヲ執行ス可キコトヲ明ニシタリ

舊刑法ハ罰金又ハ科料ノ一部ノミヲ納メタル場合ニ付テノ規定ヲ闕如セルヲ以テ本法ハ罰金又ハ科料ノ言渡ヲ受ケタル者其幾分ヲ納ムルトキハ罰金又ハ科料ノ金額ト留置日數トノ割合ニ從ヒ其金額ニ相當スル日數ヲ控除シテ之ヲ留置ス」ト規定シ一方ニ於テハ成ル可ク罰金、本來ノ目的ヲ達スル爲メ其幾分ニテモ之カ納入ヲ許與シ、他ノ一方ニ於テハ人ノ自由拘束ハ成ル可ク之ヲ避クルノ主義ヲ採リ本條第六項ヲ規定シタルモノトス

又罰金、科料ノ言渡シヲ受ケタル者之カ換刑執行中ニ於テモ尙ホ其罰金若クハ科料ノ幾分ヲ納メタルトキハ前項説明シタルカ如キ理由ニ依リ納入ヲ許シ其納メタル割合ニ應シテ殘額ニ相當スル日數ヲ留置スルモノトス是本條第七項ニ留置期間內罰金又ハ科料ヲ納ムルトキハ前項ノ割合ヲ以テ殘日數ニ充ツ」ト規定シタルハ是カ爲メナリ然レトモ時ニ或ハ留置一日ノ割合ニ滿タサル金額ヲ納ムル者アリタルトキモ尙ホ之ヲ留置一日ニ當ラシムトセハ納入者不當ノ利得ヲ得可ク又留置一日ニ當ラシメントスレハ國家ハ不當ノ利得ヲ爲スニ至ルヲ以テ本法ハ特ニ留置一日ノ割合ニ滿タサル金額ハ之ヲ納入スルコトヲ禁スル旨ヲ規定セリ是本條第八項ヲ設ケタル所以ナリ（改正案參考書參照）

以上ハ本條、大體ノ解釋ナリト雖モ尙ホ一例ヲ擧ケテ本條立法上ノ趣旨ヲ説明スレハ例ヘハ玆ニ過失ニ因テ人ヲ傷害シタル者アリ裁判所ハ本法第二百三條ノ規定ニ從ヒ其被告ニ對シテ五百圓以下ノ

罰金又ハ科料ノ範圍内ニ於テ處分スルコトヲ得可シ此場合ニ其被告ヲ五十圓ノ罰金ニ處シタリトセハ（裁判所ハ本條第一項ノ制限ニ依リ一年以上ノ留置日數ハ之ヲ定ムルコトヲ得サルモ其範圍内ニ於テ留置期間ヲ自由ニ定ムルコトヲ得可キニ因リ）被告ニ對シテ同時ニ五十日ノ留置日數ヲ定メテ言渡スコトヲ得可シ而シテ此場合ニ於テハ其裁判確定以後、一月内ニ罰金五十圓ヲ完納セサレハ留置處分ヲ執行ス可キモノトス若シ此場合ニ於テ本人罰金五十圓ノ半額即チ二十五圓ヲ納メタルトキハ本條第六項ニ依リ殘金二十五圓ト（罰金全額ト留置日數トノ割合ニ從ヒ）其金額ニ相當スル日數即チ二十五日ヲ控除シ殘リ二十五日ヲ換刑留置ス可キモノナリ又既ニ留置處分ノ執行ニ依リテ二十五日ヲ經過シタル後、罰金二十圓ヲ納入シタルトキハ本條第七項ニ依リ前段述ヘタル如ク一日一圓ノ割合ニ應シ殘日數五日ノ留置ヲ執行スルニ止マルモノトス但此場合ニ於テ罰金二十圓五十錢ヲ納入セント欲スルモ五十錢ノ納入ハ之ヲ許サス如何トナレハ本條第八項ノ規定ニ依リ其五十錢ハ留置一日ノ割合ニ滿タサル金額ナレハナリ

茲ニ一疑問アリ本條第五項ニ罰金ヲ言渡サレタル者其罰金ヲ完納セサルモ判決確定後、一月內ハ本人ノ承諾アルニ非サレハ換刑處分ヲ執行セサル旨ヲ規定セリ學者或ハ此換刑ヲ一月間執行セサル理由ヲ説明シテ曰ク罰金刑ヲ判決確定後、直ニ執行スルモノトセハ富者ハ之ヲ完納スルニ差支ナキモ

貧者ハ爲メニ一時、一家ノ生活ヲ困難ナラシムルコトアリ又多少ノ財產有ル者ト雖モ金錢ハ必ス常ニ貯藏スルモノニアラサルヲ以テ之ヲ調達完納スル爲メ一ケ月ノ猶豫ヲ與ヘタルモノナリト余ハ此理由ヲ信セサルモノナリ如何トナレハ罰金モ一ノ刑ナルヲ以テ裁判確定スルヤ直ニ執行スルモ可ナリ彼ノ死刑又ハ懷胎婦ノ如キ特別ノ事情アル者ハ格別其他ノ者ニ對シテ之カ執行ヲ猶豫スルノ必要ナシ論者ハ罰金ハ之ヲ即時ニ執行ストセハ貧者ハ一時、一家ノ窮境ニ陷ルヲ以テ一月間之ヲ猶豫スルニアリト說明スレトモ是獨リ罰金刑ノ執行ノミヨリ生スル結果ニアラス自由刑ニ至テハ最モ然ラサルヲ得ス如何トナレハ罰金ハ即時ニ徵收セラルルモ犯人ハ身體ノ自由ヲ失ハサルニ因リ日後、生活上ノ爲メニ勞働ヲ爲シ又ハ他ヨリ借リ入レ一家ヲ養フコトヲ得可キモ之ニ反シテ自由刑ニ處セラレタル者ハ判決確定ト同時ニ其自由ヲ拘束セラルルヲ以テ其家族ハ忽チ衣食ニ窮スルニ至ラン然ルニ法律ハ尙ホ之ヲ顧ミサルニアラスヤ故ニ此理由ノミニ因リ一月間、換刑處分ヲ執行セサルニアラスシテ畢竟、換刑處分執行ノ爲メニ定メタル一種ノ期間ナリトス左レハ假令、一月內ト雖モ本人ノ承諾シタルトキハ直ニ留置ノ執行ヲ爲スコトヲ得ルト規定シタルモノナリ

第十九條　左ニ記載シタル物ハ之ヲ沒收スルコトヲ得

一　犯罪行爲ヲ組織シタル物

二　犯罪行爲ニ供シ又ハ供セントシタル物
三　犯罪行爲ヨリ生シ又ハ之ニ因リ得タル物
沒收ハ其物犯人以外ノ者ニ屬セサルトキニ限ル

本條ハ沒收ス可キ物ヲ規定シタルモノナリ

舊刑法、第四十三條第一號ハ「法律ニ於テ禁制シタル物件」ヲ沒收スルコトヲ規定シタルモ其物ノ所有ヲ禁シタルモノナルヤ否ヤヲ明示セサリシニ依リ往々、疑義ヲ生シ又第四十四條前段ニ「法律ニ於テ禁制シタル物件ハ何人ノ所有ヲ問ハス沒收ス」ト規定シタルヲ以テ其意義廣キニ失シ犯人以外ノ者ニ屬スル禁制物モ尚ホ之ヲ沒收セサル可ラサルニ至リ當事者ナキニ裁判ヲ爲シ附加刑ニアラサル沒收ヲ宣告スル等ノ奇觀ヲ呈シ學者ノ批難シタル所ナルニ因リ本法ニ於テハ總テ禁制物ニ對スル沒收ハ他ノ特別行政法令ニ規定スルコトト爲シタリ

因ニ云フ前草案第二十五條ニハ法令ニ於テ所有ヲ禁シタル物ハ之ヲ沒收スルコトヲ得」一、犯罪行爲ニ供セントシタル物、二犯罪行爲ヨリ生シ又ハ之ニ因リ得タル物沒收ハ其物犯人以外ノ者ニ屬セサルトキニ限ル」ト規定シタルモ犯罪ニ關係ナキ禁制物ヲ附加刑ノ一トシテ沒收スルハ不當ナルヲ以テ法律調査委員會ニ於テハ更ニ第一號ニ犯罪ヲ組成シタル物ヲ加ヘ禁制物ノ沒收ニ關スル其第一

項ハ之ヲ削除シタリ而シテ本條第一項第二號第三號ハ舊刑法、第四十三條第二號犯罪ノ用ニ供シタル物件同第三號、犯罪ニ因テ得タル物件ヲ本條末項ハ同第四十四條ノ法律ニ於テ禁制シタル物件ハ何人ノ所有ヲ問ハス之ヲ沒收ス犯罪ノ用ニ供シ及ヒ犯罪ニ因テ得タル物件ハ犯人ノ所有ニ係リ又所有主ナキ時ノ外、之ヲ沒收スルコトヲ得ス」トノ規定ヲ合シテ修正シタルモノナリ

其修正シタル主要ノ點ヲ示セハ左ノ如シ

（一）本法ハ既ニ述ヘタル如ク禁制品ノ沒收ヲ他ノ特別法令ニ讓リ犯罪ヲ組成シタル物ヲ沒收スル規定ヲ新設シタリ

（二）本法ハ舊刑法ト異リ犯罪行爲ニ供シ又ハ供セントシタル物及ヒ犯罪行爲ヨリ生シ又ハ犯罪行爲ニ因リ得タル物ヲ沒收スルコトヲ得ル」ト爲シ沒收スルノ必要ナキ物ハ之ヲ沒收セサルコトト爲シタリ是、畢竟、沒收スル價値ナキ物ヲ沒收シ無用ノ手續ヲ爲スノ煩累ヲ避ケタルモノナリ

（三）舊刑法ハ「物カ犯人ノ所有ニ係リ又ハ所有者ナキトキニ限リ沒收スト規定シタルモ本法ハ其物カ犯人以外ノ者ニ屬セサルトキニ限ルト改メ被害者又ハ第三者ニ屬スル場合ヲ除キ犯人ニ屬スルトキ又ハ所有者ナキトキ若クハ所有者不明ナル場合ニ之ヲ沒收スルコトト爲シタリ

（四）舊刑法ハ第二號ヲ以テ犯罪ノ用ニ供シタル物件ノミヲ沒收ノ目的物ト爲シタルモ狹隘ニ失スル

ヲ以テ本法ハ犯罪行爲ニ供シ又ハ供セントシタル物ト改メ犯罪行爲ニ供シタル物ハ勿論、犯罪行爲ノ用ニ供セント希圖シタル物ヲモ沒收スルコトヲ得ルト爲シタリ

故ニ本法ニ於テハ(一)犯罪ヲ組成シタル物(二)犯罪行爲ニ供シ又ハ供セントシタル物(三)犯罪行爲ヨリ生シ又ハ之ニ因テ得タル物ヲ沒收スルニ止マリ法令ニ於テ所有ヲ禁シタル物ハ本法中ニ之ヲ規定セサルコト、爲シタリ

(一)犯罪ヲ組成シタル物

犯罪ヲ組成シタル物ヲ沒收スルニハ左ノ二條件ヲ要ス

第一、犯罪ヲ組成シタル物ナルコトヲ要ス

本條第一項、第一號犯罪ヲ組成シタル物トハ其物自體ノ存在カ直ニ犯罪ヲ構成スル物件ヲ謂フ例ヘハ彼ノ阿片煙ノ如キ是ナリ阿片煙ハ我國ニ於テハ通常、輸入、製造又ハ販賣シ若クハ販賣ノ目的ヲ以テ之ヲ所持スルトキハ其行爲、自體、直ニ一罪ヲ構成ス第百三十六條故ニ夫ノ阿片煙ノ如キハ本條ニ所謂、犯罪ヲ組成スル物ノ一例ナリトス然レトモ阿片煙モ亦社會ニ存在スルコトヲ許サザル絕對的、禁制品ニ非ス如何トナレハ醫師、藥種商ノ如キハ之ヲ藥用トシテ輸入シ製造シ又ハ所持スルコトヲ得可キモノナレハナリ左レハ本條、犯罪ヲ組成スル物トハ文字夫レ自身ノ指示

スル如ク直ニ一犯罪ヲ構成スル場合ニ於ケル罪體的物件ヲ云フモノトス

第二、其物カ犯人以外ノ者ニ屬セサルコトヲ要ス

舊刑法ハ禁制物カ犯人ノ所有ニ係リ又ハ所有者ナキ時ニ限リ之ヲ沒收スト規定シタルモ本法ニ於テハ其物カ犯人以外ノ者ニ屬セサルトキニ限ル」ト改メ被害者又ハ第三者ノ所有ニ屬セサルトキハ勿論、所有者不明ナルトキモ尙ホ之ヲ沒收スルコトヲ得可キモノトス

(二)犯罪行爲ニ供シ又ハ供セントシタル物

本條第二號、犯罪行爲ニ供シ又ハ供セントシタル物ヲ沒收スルニハ左ノ二條件ヲ要ス

第一、犯罪行爲ニ供シ又ハ供セントシタル物タルコトヲ要ス

犯罪行爲ニ供シ又ハ供セントシタル物トハ罪ヲ犯スニ付キ直接ニ使用シ又ハ使用セントシタル物件ヲ謂フモノニテ彼ノ殺人ノ用ニ供シタル刀劍、銃砲若クハ賭博ノ用ニ供シタル骨牌、骨子、壺又ハ印章僞造罪ニ於ケル印顆ノ如キハ犯罪ノ用ニ供シタル物件ナリトス然レトモ船中又ハ家屋內ニ於テ賭博ヲ爲シタル場合ニ於テハ其船舶又ハ家屋ハ之ヲ沒收スルコトヲ得ス如何トナレハ其船舶又ハ家屋ハ直接、犯罪ノ用ニ供シタル物ト云フコトヲ得サレハナリ

第二、犯人以外ノ者ニ屬セサルコトヲ要ス

犯罪行爲ニ供シ又ハ供セントシタル物ヲ沒收スルニハ其物カ犯人ノ所有物ナルカ又ハ所有者ナキ物タルヲ要ス若シ他ニ所有者アルトキハ縱令、犯罪ノ用ニ供スルモ之ヲ沒收スルコトヲ得ス若シ夫レ、所有者アルニ係ハラス尙ホ之ヲ沒收セン乎、其物ノ所有者ハ他人ノ犯罪行爲ノ爲メニ其所有權ヲ侵サルルノ結果ヲ生スレハナリ是。本條末項ヲ以テ「沒收スル物件ハ犯人以外ノ者ニ屬セサルトキニ限ル」ト規定シタル所以ナリ而シテ之ヲ沒收スル理由ハ犯罪ノ用ニ供シ又ハ供セントシタル物ハ犯人ニ還付スルノ必要ナシト云フニ外ナラス然ルニ學者或ハ犯罪ノ用ニ供シタル物件ハ再ヒ其物ヲ使用スル虞アルヲ以テ再犯防止ノ爲メ之ヲ沒收スルモノナリト論スルモ、未タ此ノミヲ以テ唯一ノ理由ト爲スニ足ラス如何トナレハ犯人、其物ヲ沒收セラルルモ尙ホ他ヨリ求メテ犯罪ニ使用スルコト容易ナレハナリ茲ニ問題アリ無意犯ニ供セラレタル物件ハ之ヲ沒收スルコトヲ得ルヤ否ヤノ問題是ナリ余ハ無意犯ハ犯意ナキ罪ナルヲ以テ其手段ニ供セラレタル物件ハ之ヲ沒收スルコトヲ得スト信ス如何トナレハ犯人。再ヒ之ヲ使用シテ罪ヲ犯スノ虞ナキノミナラス罪ヲ犯スノ意思アリテ之ヲ用ヒタルモノニ非サレハナリ況ヤ法文、犯罪行爲ニ供シ又ハ供セントシタル物トアリテ其有意ヲ以テ供シ又ハ供セントシタル物ト解ス可キモノタルニ於テヤ假令ハ獵師、鳥獸ヲ射擊セントシテ誤テ人ヲ銃殺シタル場合ニ其銃砲ヲ沒收スルコトヲ得ルヤ否ヤノ如シ曩時之ヲ沒收シタル判例ナキニ非スト雖モ余ハ疑ヲ存スルモノナリ獨逸刑法第四十條第二號ハ明ニ故意ノ重罪輕罪ヲ犯サンカ爲メ使用シ又ハ使用セントシタル物ト規定シ無意犯ニ使用セラレタル物件ハ之ヲ沒收セサルコトヲ規定セリ

(三)犯罪行爲ヨリ生シ又ハ之ニ因リ得タル物

犯罪行爲ヨリ生シタル物ハ犯罪行爲ニ因リ得タル物トハ全ク其性質異ナルヲ以テ之ヲ區別シテ論セントス

(一)犯罪行爲ヨリ生シタル物

犯罪行爲ヨリ生シタル物ニハ左ノ二條件ヲ要ス

第一、犯罪行爲ヨリ生シタル物タルコトヲ要ス

犯罪行爲ヨリ生シタル物トハ其物ヲ生セシムル行爲其レ自身カ犯罪ヲ構成ス可キ場合ニ生シタル物ヲ謂フ、換言スレハ其物ヲ生セシメタル行爲夫レ自ラ犯罪タル可キ場合ニ生シタル物ヲ云フニアリ例ヘハ彼ノ行使ノ目的ヲ以テ僞造シタル貨幣紙幣又ハ公文書ノ如キモノ是ナリ即チ此場合ニ於ケル僞造ノ貨幣紙幣又ハ公文書ハ所謂、犯罪行爲ニ因リ生シタルモノナリ

第二、犯人以外ノ者ニ屬セサルコトヲ要ス

本條件ニ付テハ既ニ論シタルヲ以テ再説セス

(二)犯罪行爲ニ因リ得タル物

犯罪行爲ニ因リ得タル物ニハ左ノ二條件ヲ要ス

第一、犯罪ニ因リ得タル物ナルコトヲ要ス

犯罪ニ因リ得タル物トハ犯罪行爲ニ因リ取得シタル物ヲ謂フ例ヘハ狩獵法違犯ノ所爲ニ據リ得タル鳥獸ノ如キ是ナリ蓋シ强竊盜罪ニ因テ得タル物品ハ所有者アルモノナルヲ以テ所有者不明ナル場合ノ外、沒收スルコトヲ得サルモノナリ

第二、犯人以外ノ者ニ屬セサルコトヲ要ス

强竊盜罪ニ因リ得タル物ハ所有者アルモノナルヲ以テ沒收スルヲ得サルコト既ニ說明シタルカ如シ故ニ竊取シタル金錢、物品ノ如キハ所有者、不明ナルトキノ外之ヲ沒收スルコトヲ得ス然レトモ彼ノ收賄罪ニ因テ得タル賄賂ハ縱令、他ニ所有者アルモ尙ホ例外トシテ沒收スルモノトス

玆ニ注意ス可キハ犯罪ヲ組成シタル物又ハ犯罪ノ用ニ供シタル物及ヒ犯罪ニ因テ得タル物ト雖モ時ニ之ヲ沒收スルノ必要ナキコト在リ假令ハ人ヲ絞殺シタル手拭又ハ放火ニ用ヒタル燐寸ノ如シ此等ノ物モ尙ホ沒收ス可シトセハ手續上、繁雜ニ堪ヱサルヲ以テ「沒收スルコトヲ得ル」ト規定シ裁判

所ニ於テ沒收スルヲ必要ナリト認メタル場合ノミニ沒收ヲ宣告スルコトヲ是ナリ

第二十條 拘留又ハ科料ノミニ該ル罪ニ付テハ特別ノ規定アルニ非サレハ沒收ヲ科スルコトヲ得ス但前條第一項第一號ニ記載シタル物ノ沒收ハ此限ニ在ラス

本條ハ拘留又ハ科料ノミニ該ル罪ニ付テハ原則トシテハ沒收セサルコトヲ規定シタルモノナリ拘留又ハ科料ノミニ該ル罪ノ如キハ事態、輕微ノ犯罪ナルヲ以テ此等ノ罪ニ該ル犯人ニ對シテハ特ニ法令ニ規定アル場合ノ外、沒收刑ハ之ヲ科セサルモノトス蓋シ本條但書ヲ以テ犯罪ヲ組成シタル物ハ其物、自體、危險物ト看做シ行政處分トシテ罪ノ輕重如何ニ拘ハラス（例外トシテ）沒收スル旨ヲ規定シタリ

第二十一條 未決勾留ノ日數ハ其全部又ハ一部ヲ本刑ニ算入スルコトヲ得

本條ハ未決勾留日數ヲ本刑ニ算入スルヲ得可キコトヲ規定シタルモノナリ刑事訴訟法上其審理中、被告人ノ勾留ヲ要スル場合、極メテ多シ稍ヤ、重大ナル事件ニ付テハ、審理日數、久シキニ彌リ被告人ノ不幸、實ニ名狀スヘカラサルモノアリ蓋シ此不幸ヲ避クル方法ニ二主義アリ、第一ハ裁判所ヲシテ適宜、未決勾留、日數ノ全部又ハ一部ヲ刑期ニ算入セシムル主義第

二主義ハ必ス未決勾留日數ヲ刑ノ種類及ヒ刑名ニ應シテ一定ノ割合ニ於ケル勾留日數ヲ本刑ニ算入スル主義是ナリ本法ハ第一主義ヲ採リ裁判所ハ適宜未決勾留日數ノ全部又ハ一部ヲ本刑ニ算入スルコトヲ得ルト爲シタリ是改正刑法ノ新設ニ係ル規定ナリ

國家ハ何故ニ被嫌疑者ヲ拘留スルノ必要アルヤト云フニ刑事被告人トシテ未決監ニ拘留スルハ實際上、止ムヲ得サルニ出テタル必要處分ナリ即チ其目的(一)罪證湮滅ヲ豫防シ(二)裁判ノ確實ヲ期シ(三)逃走ヲ防キ(四)刑ノ執行ヲ擔保スルニ在リ故ニ以上、危險ノ虞ナキ者ニ對シテハ强テ之ヲ拘留スルヲ要セサルニ似タルモ被告人ノ多クハ罪證湮滅ヲ謀リ裁判ノ確實ヲ誤マルノ危險アルヲ以テ刑事訴訟手續上拘留スルコトヲ許シ確實ヲ期シタルモノナリ然レトモ證據蒐集其他ノ事情ニ依リ時ニ或ハ半歲又ハ年餘ノ拘留ヲ受クルコトナキニ非ス罪ヲ犯シタル者ハ兎モ角罪ナキ人モ仍ホ且ツ拘留セラルルコトアリ其不幸是ヨリ甚タシキハナシ縱令實際ノ犯人ナルモ未決拘留長キニ涉ルトキハ身體ヲ拘束セラルル苦痛殆ント刑ヲ受クルト等シキヲ以テ刑ノ執行ヲ受クル場合ニ其未決拘留中幾分ノ日數ヲ本刑ニ算入シ國家ノ寛大ヲ示ス制度ナリトス

本法草案第三十條ハ未決勾留日數ハ左ノ區別ニ從ヒ本刑ニ算入ス但本刑ノ一日又ハ一圓ニ當ラサル勾留日數ハ之ヲ除去ス、一懲役一日ニ付キ勾留七日、二禁錮一日ニ付キ勾留四日、三罰金科料一圓

ニ付キ勾留三日但一圓以下ト雖モ亦同シ」ト規定シ本刑ニ加入ス可キ未決勾留日數及ヒ罰金科料ノ金額ヲ一定シタルモ如斯未決勾留日數及ヒ罰金科料額ヲ一定シテ規定スルハ其ノ性質上妥當ナラサルヲ以テ本法確定成案ニ至リ本條ノ如ク單ニ未決勾留日數ノ全部又ハ一部ヲ本刑ニ加入スルコトヲ得」ト改メ其算入ス可キ日數ハ事實裁判所ノ認定ニ一任スルコト、爲シタリ

餘論

本條、未決勾留日數ハ其全部又ハ一部ヲ本刑ニ算入スルコトヲ得」ト規定シタルモ本條未決勾留日數ヲ刑期ニ算入ス可シトハ從來、學者ノ唱導シタル所ナリト雖モ余輩ノ卑見ヲ以テスレハ刑法上、本條ノ如キ規定ヲ設クルノ必要ナシト信ス如何トナレハ國家ニ處罰權アル以上ハ犯人ト認メラレタル被嫌疑者ヲ一時拘留スルハ其審問並ニ證據蒐集上必要ナル處分行爲ナレハ也、假ニ有罪ノ犯人ニ對シ未決拘留日數ノ全部又ハ一部ヲ本刑中ニ算入ス可シトセハ免訴又ハ無罪ノ言渡ヲ受ケタル者ニ對シ國家ハ相當ノ損害賠償ヲ爲サヽル可ラス否ラスンハ國家ノ行爲、公平ナリト云フヲ得ス、換言スレハ國家カ免訴又ハ無罪ノ者ニ對シ相當ノ賠償ヲ爲ス制度ヲ設ケサル以上ハ有罪ノ判決ヲ受ケタル者ニ對シ未決拘留日數ノ全部又ハ一部ヲ算入シ本刑ヲ減輕スルノ必要ナシ況ンヤ未決拘留、永キニ渉ルモ、結局有罪トシテ處罰セラルル者ナルニ於テヲヤ

第三章　期間計算

總論

本章ハ舊刑法。第一編、第二章、第五節ト同シク本法ニ於ケル總テノ刑期計算ニ關スル規定ナリ

舊刑法ハ第一編、第二章。第五節ニ、刑期計算ノコトヲ規定シタルモ刑法上、期間計算ノ必要ハ必スシモ刑ノミニ付テ生ス可キモノニアラス嚴格ニ論スレハ時效期間ノ計算ニモ亦之ヲ適用スルノ必要アリ故ニ本章ハ刑期ニ特別ナル計算ノミナラス廣ク期間計算ノコトヲ規定シタリ

期間計算ハ重ニ刑ノ期間ニ付テ有期ト無期トヲ問ハス始期ト終期トノ起算點ヲ定ムルモノナルヲ以テ一見、無期刑ニ付テハ期間計算ノ必要ナキニ似タリト雖モ時效、假出獄等ノ場合ニ其必要ナキニアラス、殊ニ本法ハ未決拘留ヲ刑期ニ算入スルノ規定ヲ創設シ、其未決拘留日數ノ全部又ハ幾分ヲ本刑ニ算入スルコトト爲シタルヲ以テ是等ノ日數計算ニモ亦適用スルモノトス

第二十二條　期間ヲ定ムルニ月又ハ年ヲ以テシタルトキハ暦ニ從ヒテ之ヲ計算ス

本條ハ期間計算ノコトヲ規定シタルモノナリ

本法ハ期間ヲ定ムルニ月又ハ年ヲ以テシタルトキハ暦ニ從テ之レヲ計算ス」ト規定シタリ通常暦ニ依レハ一ト月ニハ二十八日、二十九日、三十日、三十一日ノ差異アリ又一年ハ三百六十五日ナルモ閏年一日ノ差異アルコトハ何人モ知ル所ナリ然ルニ舊刑法第四十九條ハ刑期ヲ計算スルニ一日ト稱スルハ二十四時ヲ以テシ一月ト稱スルハ三十日ヲ以テシ一年ト稱スルハ暦ニ從フ」ト規定シタルヲ以テ其間月ニ因リ一日又ハ二日ノ差ヲ生スルモ本法ハ總テ月又ハ年ヲ以テスルモノハ其當時ノ暦ニ從テ計算ス可キコトト爲シタルモノナリ

本法中日及ヒ時ヲ以テ計算ス可キ場合ニ關スル規定ナシ日及ヒ時ヲ以テ計算ス可キ場合ハ如何ニ計算ス可ヤノ疑ヒナキニ非ス舊刑法並ニ前草案第二十七條ハ前段述フルカ如ク「一日ト稱スルハ二十四時ヲ以テシ」云々ト規定シタルニ依リ一日ハ二十四時間ヲ指シタルコト明カナリ然ルニ本法ニ此規定ナキヲ以テ一日トハ午前零時ヨリ午後十二時迄ヲ稱スルモノナルカ將タ日出ヨリ日沒マテヲ云フモノナルカ疑ヒナキニアラスト雖モ總テ是等ノ計算モ亦暦ニ從ヒ計算スルモノト解セサル可ラス

餘論

本條中、月ヲ以テ計算ス可キ場合モ仍ホ暦ニ從テ計算ス可キコトヲ規定シタルハ立法上ノ闕點ナリ如何トナレハ本論ニ於テ既ニ述ヘタルカ如ク通常暦ニ從ヘハ一ト月ニハ二十八日、三十日、三十一日

等日數ニ於テ三日ノ多寡アリ今假リニ二月二十七日ニ懲役一月ニ處セラレタル者ノ裁判確定シタリトセハ曆ニ從ヒ二月ノ月ハ二十八日ナルヲ以テ三月ニ涉リ三月二十八日ニ放免セラレ若シ三月一日懲役一月ノ刑ニ處セラレタル者ハ四月一日ニ非サレハ放免セラレサル不當ノ結果ヲ生スレハナリ

第二十三條　刑期ハ裁判確定ノ日ヨリ起算ス
拘禁セラレサル日數ハ裁判確定後ト雖モ刑期ニ算入セス

本條ハ刑期ノ起算點ヲ定ムル標準ヲ規定シタルモノナリ

本法刑期ハ本條第一項ノ規定スル如ク裁判確定ノ日ヨリ起算スルヲ以テ原則ト爲ス而シテ本條ハ舊刑法、第五十一條ニ相當スル規定ナリ即チ舊刑法ハ第五十條ニ於テ裁判ハ確定後ニアラサレハ執行セサルコトヲ規定シ其第五十一條ヲ以テ刑期ハ刑名宣告ノ日ヨリ起算スルコトトナシ上訴ノ場合ニ關シ詳細ノ規定ヲ設ケタルモ此第五十條ノ如キハ殆ント當然ノ事理ニシテ明文ヲ要セサルヲ以テ本法ニ於テハ本條第一項ヲ以テ「刑期ハ裁判確定ノ日ヨリ起算ス」ト爲シ一方ニハ裁判確定後ニアラサレハ執行セサルコトヲ示シ他ノ一方ニ於テ上訴ニ因テ以テ萬一ノ僥倖ヲ射ントスル弊害ヲ防遏シタルモノナリ

此刑期起算ニ付テハ從來、議論ノアリタル所ナリ論者或ハ刑期ハ刑名宣告ノ日ヨリ起算ス」トアル

ヲ以テ裁判宣告ノ日ヨリ起算スヘシト、又曰ク刑期ノ起算日ハ刑名宣告ノ日ニアラス又裁判確定ノ日ニアラス刑罰執行ニ著手シタル日ヨリ起算スヘシト。又曰ク刑期ハ裁判確定ノ日ヨリ起算スヘシト本法ハ此第三說ヲ採用シタルモノナリ何故ニ刑期ハ裁判確定ノ日ヨリ起算スルヤ曰ク國家ハ犯人ニ對スル判決確定シタル以上ハ何時ニテモ其實力ヲ以テ裁判所ニ於テ言渡シタル刑罰ヲ執行スルコトヲ得可キ權力ヲ有スルカ故ナリ。然レトモ總テノ場合ニ於テ此裁判確定ノ日ヨリ刑期ヲ起算スルモノトセハ不拘禁ノ場合ニモ尙ホ刑期ハ進行スルノ結果ヲ生スルコトアルニ因リ本條第二項ニ拘禁セラレサル者ニ對シテハ其日數ハ裁判確定後ト雖モ懲役、禁錮、拘留ヲ通シテ刑期ヲ算入セサルコトト爲シタリ

第二十四條　受刑ノ初日ハ時間ヲ論セス全一日トシテ之ヲ計算ス時效期間ノ初日亦同シ

放免ハ刑期終了ノ翌日ニ於テ之ヲ行フ

本條ハ受刑ノ初日ト放免ノ日ヲ規定シタルモノナリ

被告ニ對スル裁判確定シタルトキハ其日ヨリ刑罰執行ヲ爲ス可キモノナルヲ以テ確定シタル日ハ時間ノ何時タルヲ問ハス全一日ニ計算ス可キモノトセリ但放免ハ其期間滿了ノ翌日行フモノトス

蓋シ理論上ニ於テハ期間滿了ノ日ハ直チニ放免スヘキモノナリト雖モ、若シ斯クスルトキハ夜中ニカカルコトナキニアラサルヲ以テ多少被刑者ニ對シテ不利益ナルモ放免ハ期間終了ノ翌日之ヲ行フモノトス然ルニ舊刑法ハ第四十九條第二項ニ「放免ノ日ハ刑期ニ算入セス」ト規定シタルヲ以テ刑期終了ノ翌日ハ午前必ス放免セサル可ラサルニ至リ實際上、不便ナリシヲ以テ斯ク改正シタルモノナリ

第四章　刑ノ執行猶豫

總論

本章ハ刑ノ執行猶豫ヲ規定シタルモノナリ

本章刑ノ執行猶豫ハ本法ノ創設シタルモノナリ

今此刑ノ執行猶豫ノ制度ヲ設ケタル立法上ノ理由ヲ揭クレハ左ノ如シ

犯罪必罰ハ報復主義ヲ採用スル刑法ノ題目ニシテ報復主義ヲ採ル刑法ハ既ニ數世紀、前ノ遺物ニ屬ス蓋シ一國ノ刑法ヲ設ケテ犯罪ヲ訴追シ科刑スルニ其目的トスル所ハ一ニ其社會團體ノ秩序ヲ維持スルニ在リ秩序維持ニ必要ナル限度以外ニ犯人ヲ痛苦セシメントスルニアラス即チ總テノ犯人ヲ必

罰スルニアラスシテ秩序ノ維持上、罰セサル可ラサル犯人ノミヲ罰スルニ在リ、所謂、初犯ノ短期囚ノ如キ其罪跡ノ重要ナルモノアルニアラス又ハ其犯情ノ憎惡ス可キモノアルニアラス多クハ是、一時ノ慾情ニ誘惑セラレテ終ニ刑律ヲ犯カスニ至リタルモノトス一旦、其犯行ヲ終リテ事ノ既ニ發覺スルヤ自ラ悛改ノ念慮ニ驅ラレテ、其良心モ亦生平ニ復ス、此時ニ當リ猶ホ法禁ノ違背ス可ラサルモノアリトシテ之ニ法定ノ刑ヲ宣告シ其刑ヲ執行セシメントスルハ、所謂秩序維持ニ夫レ何等ノ效アリトスル況ンヤ刑辟ニ觸ルルコトハ人生至大ノ汚辱ナリ若シ一旦、此汚辱ヲ受ケテ之ヲ忍ハサル可ラサリシトスレハ抑モ何ノ汚辱カ之ヲ受クルコトヲ忍フ可ラサラン罰スル必要ナキ犯人ニ其刑ヲ執行セシムルニ更ニ他ノ犯行ヲ敢テスル蠻勇ヲ助長スルニ外ナラサルニ於テヲヤ況ンヤ監獄ト云フモノ多クハ是レ犯罪研究學院タルニ過キスシテ一日入監セハ一日犯罪術ヲ研究ス、罰スル必要ナキ犯人ニ刑ヲ執行セシムルハ更ニ良教師ノ指導ノ下ニ其犯罪術ヲ巧妙ナラシムルニ外ナラサルニ於テヲヤ即チ短期刑ヲ宣告ス可キ初犯囚ニ對シ特殊ノ恩典ヲ附與スル法制ハ先ツ北米合衆國ニ創マリ漸次各國學者ノ視聽ヲ動カシ遂ニ白耳義、佛蘭西等ノ成例タルニ至レリ

改正案ハ一般刑法ノ趨向ニ從ヒ刑ノ執行猶豫制ヲ繼受シ短期ノ自由刑ニ處セラレタル者ニ限リ一定ノ條件ヲ附シテ一時、其刑ノ執行ヲ猶豫スルコトヲ得セシメタリ此法制ニ依レハ一方ニ於テハ犯人

ヲ罰シテ而シテ恕スル所ナク一方ニ於テハ其刑ノ執行ヲ猶豫シテ而シテ犯人ヲシテ善良ニ遷ラシムルヲ以テ犯罪必罰ノ法理ノ適用ヲ必要ナル限度ニ止メタルモノト謂ハサルヲ得ス」ト前刑法改正案參考理由書ハ説明セリ

惟フニ刑法ノ目的ハ犯罪ヲ防遏スルニ在リト雖モ犯罪必罰ハ未タ必スシモ其防遏ノ目的ヲ達スルモノニアラス犯人ノ種類ハ千差、萬別、盡ク極惡人ヲ以テ目ス可ラス一時ノ感情ヲ制スルコト能ハスシテ罪ヲ犯スモノアリ或ハ社會ノ境遇ニ驅ラレテ罪辟ニ觸ルル者アリ凡ソ此等ノ者ハ一旦、法律上ノ罪人タルコトアルモ再ヒ善良ノ民タルコトヲ得サル者ニアラス然ルニ刑法ハ尚ホ之ヲ罰シテ假借スル所ナク惡人ト共ニ監獄ニ投スルヲ以テ良民モ亦惡人ノ爲メニ犯罪ノ敎授ヲ受ケ忽チ不良ノ性ヲ養成シ却テ獄中ノ惡風ニ感染シテ監獄ニ出入シタルカ爲メ不治ノ惡人トナル者、實際ニ於テ多シ是實ニ短期刑ノ通弊ナルヲ以テ之ヲ除去スル爲メ短期刑ニ處ス可キ者ハ監獄ニ投スルコトナクシテ懲戒ノ目的ヲ達スル策ヲ講スルニ如カス然ラハ本制度ハ此目的ヲ達スル最モ良制ナリトス

第二十五條　左ニ記載シタル者二年以下ノ懲役又ハ禁錮ノ言渡ヲ受ケタルトキハ情狀ニ因リ裁判確定ノ日ヨリ一年以上五年以下ノ期間内其執行ヲ猶豫スルコトヲ得

一 前ニ禁錮以上ノ刑ニ處セラレタルコトナキ者
二 前ニ禁錮以上ノ刑ニ處セラレタルコトアルモ其執行ヲ終リ又ハ其執行ノ免除ヲ得タル日ヨリ七年以内ニ禁錮以上ノ刑ニ處セラレタルコトナキ者

本條ハ刑ノ執行猶豫ニ要スル條件ヲ規定シタルモノナリ

刑ノ執行猶豫ハ二年以下ノ禁錮又ハ懲役ノ言渡ヲ受ケタル者ニ對シテ其情狀ニ因リ刑ノ執行ヲ猶豫スルモノトス而シテ此刑ノ執行猶豫ヲ與フルニハ犯人最近七年内ニ於テ死刑懲役又ハ禁錮ニ處セラレサルコトヲ必要トス、即チ左ノ條件ヲ具備スルヲ要スルモノナリ

第一、前ニ禁錮以上ノ刑ニ處セラレタルコトナキ者タルヲ要ス

第二、前ニ禁錮以上ノ刑ニ處セラレタルコトアルモ其執行ヲ終リ又ハ其執行ノ免除ヲ得タル日ヨリ七年以内禁錮以上ノ刑ニ處セラレタルコトナキ者タルヲ要ス

第一條件ハ犯人ノ身上ニ關スル條件ニシテ禁錮以上ノ刑ニ處セラレタルコトナキ者ニアラサレハ此恩典ヲ與ヘサルニアリ第二條件ハ第一號ノ例外ニシテ縱令。前ニ禁錮以上ノ刑ニ處セラレタル者ト雖モ其執行ヲ終リ又ハ執行免除ヲ得タル日ヨリ七年以上ノ久シキ更ニ禁錮以上ノ罪ヲ犯サヽル者ハ

必竟素行ヲ愼ミタルモノナルヲ以テ最初ヨリ罪ヲ犯サヽル者ト同一ニ看做シタルモノナリ

以上ノ條件、具備シタルトキハ裁判所ハ裁判確定ノ日ヨリ一年以上五年以下ノ期間內ニ於テ其言渡シタル刑ノ執行ヲ猶豫スルコトヲ得ルモノトス其理由ハ前既ニ述ヘタル所ナルヲ以テ別ニ論セス

蓋シ本條ニ於テ禁錮又ハ懲役刑ニ付テ其執行ヲ猶豫シナカラ比較的、輕キ罰金刑ニ就テハ何故ニ執行猶豫ヲ與ヘサル乎ト謂フニ彼ノ罰金刑ニ處セラレタル者ハ監獄ニ投セラルルコトナキニ因リ犯罪ノ惡性ニ感染スルノ虞ナキニ因リ之ヲ許サヽルモノトス蓋シ此ノ點ニ就テハ衆議院ニ於テモ議論ノアリタル所ナルモ遂ニ採用セラルルニ至ラス余輩ノ遺憾ト爲シタル所ナリ

第二十六條 左ニ記載シタル場合ニ於テハ刑ノ執行猶豫ノ言渡ヲ取消ス可シ

一　猶豫ノ期間內更ニ罪ヲ犯シ禁錮以上ノ刑ニ處セラレタルトキ

二　猶豫ノ言渡前ニ犯シタル他ノ罪ニ付キ禁錮以上ノ刑ニ處セラレタルトキ

三　前條第二號ニ記載シタル者ヲ除ク外猶豫ノ言渡前他ノ罪ニ付キ禁錮以上ノ刑ニ處セラレタルコト發覺シタルトキ

本條ハ刑ノ執行猶豫ノ言渡ヲ取消ス可キ場合ヲ規定シタルモノナリ

即チ左ノ場合ニ於テハ刑ノ執行猶豫ヲ取消スモノトス

第一、猶豫ノ期間內更ニ罪ヲ犯シ禁錮以上ノ刑ニ處セラレタルトキ

元來刑ノ執行猶豫ハ再犯豫防ヲ以テ重ナル目的トナシタルモノナルヲ以テ第三十一條ニ規定シタル條件ヲ具備シタル犯人ニ對シ再犯ノ虞ナシト認メ猶豫スルモノナルニ其猶豫セラレタル期間內ニ罪ヲ犯シテ禁錮以上ノ刑ニ處セラルルカ如キ者ハ刑ノ執行猶豫ヲ與ヘタル目的ニ反シ到底、改善ノ見込ナキモノナルニ因リ其言渡ヲ取消スモノトス

第二、猶豫ノ言渡前ニ犯シタル他ノ罪ニ付キ禁錮以上ノ刑ニ處セラレタルトキ

刑ノ執行猶豫ヲ受ケタル者、猶豫ヲ得タル犯罪、以前ニ犯シタル罪、發覺シテ禁錮以上ノ刑ニ處セラレタルトキハ第三十一條第一號ノ條件ニ違背スルモノナルヲ以テ執行猶豫ノ言渡ハ之ヲ取消スモノトス

第三、猶豫ノ言渡前他ノ罪ニ付キ禁錮以上ノ刑ニ處セラレタルコト發覺シタルトキ

刑ノ執行猶豫ヲ得タル者其刑ノ執行猶豫中以前、既ニ犯シタル罪ニ付キ禁錮以上ノ刑ニ處セラレタルコト發覺シ未タ其刑ノ執行終ラサルカ又ハ執行免除ヲ得タル日ヨリ十年以上、經過シタル者ニ非サルトキハ是又第三十一條第二號ノ條件ニ違背スル者ナルヲ以テ刑ノ執行猶豫ヲ取消スモノ

トス

以上三原因ノ一アル場合ニ於テハ一旦、刑ノ執行猶豫ヲ與フルモ之ヲ取消シ其言渡サレタル刑ノ執行ヲ受ク可キモノナリ然レトモ本條第三號ハ例外アルコトヲ示セリ即チ第三十一條第二號ニ記載シタル者ヲ除キ刑ノ執行猶豫ヲ受ケタル犯罪以前、他ノ罪ニ付キ禁錮以上ノ刑ニ處セラレタルコト發覺シタルトキト規定シ此場合ニ於テハ縱令、罪ヲ犯スモ既ニ刑ノ執行ヲ終リタルカ又ハ刑ノ時效等ニ因リ執行ノ免除ヲ得タル日ヨリ十年以上、禁錮以上ノ刑ニ處セラル可キ罪ヲ犯サヽルトキハ前罪ハ之ナキモノト看做シテ執行猶豫ノ言渡ハ取消サヽルモノトス

第二十七條　刑ノ執行猶豫ノ言渡ヲ取消サルルコトナクシテ猶豫ノ期間ヲ經過シタルトキハ刑ノ言渡ハ其效力ヲ失フ

本條ハ執行猶豫ノ效力ヲ規定シタルモノナリ

刑ノ執行猶豫ノ言渡ヲ受ケタル者、言渡ヲ取消サヽルコトナク猶豫期間ヲ無事ニ經過シタルトキハ其言渡サレタル刑ハ其效力ヲ失フモノトス

蓋シ刑ノ執行猶豫ノ效力ニ關スル法制ニ二主義アリ一ハ刑ノ言渡ノ效力ヲ消滅セシムルモノニシテ一ハ刑ノ執行ノミヲ免除スルノ法制是ナリ本法ハ第一主義ヲ採リ其效力ヲ消滅セシムルコト爲シ

タリ故ニ本法ニ於テハ一旦、有罪者トナルモ一定ノ期間謹愼ノ狀況ニ在ルトキハ法律ハ之ヲ以テ全ク改悛シタルモノト看做シ其刑ハ消滅スルノ效果ヲ生セシムルモノトス

以上。刑ノ執行猶豫ハ本法ノ創設ニ係ル所ナリ政府ヨリ本法前草案ヲ明治三十四年三月第十六議會ニ提出シタルニ既ニ述ヘタルガ如ク議論アリタルモ結局之ヲ採用スルコトトナリ貴族院ハ可決シタルモ衆議院ハ會期切迫ノ故ヲ以テ遂ニ議了スルニ至ラサリシニ依リ政府ハ該草案中ヨリ本章ノミヲ拔キ採リ多少修正ヲ加ヒタル上、單行法律案トシテ明治三十七年第十九議會ニ提出シ兩院ノ協贊ヲ經テ明治三十八年四月法律第七十號ヲ以テ公布シ爾來、今日マテ實地之カ經驗ヲナシタルニ其成蹟、頗ル良好ナリシコトハ實際家ノ認ムル所ナリシナリ今左ニ參考ノ爲メ其法文、全部ヲ揭ケ最終ニ各法文ニ對スル疑議ニ就キ明治三十九年一月時ノ司法省民刑局長河村博士ヨリ各裁判所ニ送附シタル問答ヲ附記ス

第一條　左ニ記載シタル者一年以下ノ禁錮ニ處セラレタルトキハ情狀ニ因リ裁判確定ノ日ヨリ二年以上五年以下ノ期間其執行ヲ猶豫スルコトヲ得但シ監視ニ付セラレタル者ハ此ノ限ニ在ラス

一、前ニ禁錮以上ノ刑ニ處セラレタルコトナキ者

二、前ニ禁錮以上ノ刑ニ處セラレタルコトアルモ其ノ執行ヲ終リ又ハ其執行ノ免除ヲ得タル日ヨリ十年以內禁錮以上ノ刑ニ處セラレタルコトナキ者

第二條　刑ノ執行ヲ猶豫シタル場合ニ於テハ附加刑亦其ノ執行ヲ猶豫ス但シ沒收ハ此限ニ在ラス

第三條　刑ノ執行猶豫ハ裁判所ニ於テ檢事ノ請求ニ因リ又ハ職權ヲ以テ刑ノ言渡ト同時ニ判決ヲ以テ之ヲ言渡スヘシ刑ノ言渡

アリタル後ニ於テハ其言渡ヲ爲シタル裁判所檢事ノ請求ニ因リ又ハ職權ヲ以テ執行猶豫ノ決定ヲ爲スヘシ此ノ場合ニ於テハ其決定確定ニ至ル迄刑ノ執行ヲ停止ス

刑ノ執行ニ著手シタル者ニ付テハ其執行ヲ猶豫セス

第四條　檢事ハ刑ノ執行猶豫ノ裁判ニ對シテハ刑事訴訟法ノ規定ニ從ヒ上訴ヲ爲スコトヲ得

第五條　刑ノ言渡ニ對シ上訴アリタル場合ニ於テハ刑ノ執行猶豫ノ裁判ハ當然其效力ヲ失フ但シ上訴裁判所ニ於テ更ニ執行ヲ猶豫スルコトヲ妨ケス

第六條　刑ノ執行猶豫ノ期間内左ニ記載シタル事由アルトキハ執行猶豫ノ裁判ヲ取消スヘシ

一、猶豫期間内ニ犯シタル罪ニ付禁錮以上ノ刑ニ處セラレタルトキ

二、猶豫ノ裁判前ニ犯シタル他ノ罪ニ付禁錮以上ノ刑ニ處セラレタルトキ

三、猶豫ノ裁判前十年以内ニ禁錮以上ノ刑ニ處セラレタルコト發覺シタルトキ

第七條　刑ノ執行猶豫ノ取消ハ刑ノ言渡ヲ受ケタル者ノ所在地ヲ管轄スル地方裁判所ニ於テ檢事ノ請求ニ因リ之ヲ決定スヘシ

前項ノ決定ニ對シテハ刑事訴訟法ノ規定ニ從ヒ抗告ヲ爲スコトヲ得

第八條　刑ノ執行猶豫ノ裁判取消サレタルトキハ刑期ハ其ノ決定ノ確定ノ日ヨリ之ヲ起算ス

第九條　刑ノ執行猶豫ノ裁判取消サルルコトナクシテ其ノ猶豫期間ヲ經過シタルトキハ猶豫セラレタル刑ノ執行ヲ免除ス

附　則

本法ハ發布ノ日ヨリ之ヲ施行ス

以上ノ各法條ニ對スル疑議ノ問答左ノ如シ

一　刑ノ執行猶豫法ハ主刑トシテ禁錮及ヒ罰金ヲ併科スル犯罪ニモ適用スルコトヲ得ルカ

第二十七條

答、併科スル罪ニモ適用スルコトヲ得ヘシ但シ罰金ノ執行ハ固ヨリ之ヲ猶豫セス

二　刑ノ執行猶豫法第一條「前ニ」トハ再犯關係ニ於ケル前犯ノミヲ意味スルカ將タ餘罪關係ニ於ケル前發罪ヲモ包含スルカ

答、餘罪タル前發罪ヲモ包含ス

三　刑ノ執行猶豫法第一條第二號ハ期滿免除ヲ得タル者ニ對シテモ適用スルコトヲ得ルカ

答　期滿免除ヲ得タル者ニ對シテモ適用スルコトヲ得ヘシ

四　本法ニ依リ執行ヲ猶豫セラル可キ罪他ノ猶豫ヲ得サル罪ト俱發シタル場合ニ於テモ前者ニ從ヒ處斷スルトキハ之ニ其猶豫ヲ與ヘ得可キカ

答、數罪俱發ノ場合ニ於テハ猶豫ノ許否ハソノ處斷シタル重キモノニ依リテ之ヲ決ス但俱發罪中監視ニ付ス可キ罪アル場合ニ於テハ事實上執行ヲ猶豫スルノ事由ト爲ル可キ情狀ナカル可シ

五　前發罪ニ付キ執行ノ猶豫ヲ宣言シタル場合ニ於テ後發罪之ト等シク若シクハ輕キ爲メ其罪ヲ論セスト判定シタルトキハ第一條ノ二號及ヒ第六條二號ノ適用ナキカ換言スレハ右ノ場合ニハ後發罪ニ關シテハ刑ニ處セラレタリト曰フ可キヤ否ヤ

答、罪ヲ論セストノ判決ハ刑ニ處シタル判決ニハ非ス從テ第一條第二號及第六條二號ノ適用ナシ

六　第一條第二號ノ「其執行ノ免除」ノ意義如何

答、所謂執行ノ免除トハ特赦期滿免除執行猶豫期間ノ經過ニ依リテ免除セラレタルコトヲ云フ

七　第一條第一號ノ禁錮ニハ換刑ノ禁錮ハ包含セサルヤ

答、包含セス

八　第二條ノ附加刑ノ執行猶豫ニハ有形的執行ヲ要セサル停止公權ヲ包含セサルヤ

答、第二條ノ附加刑中ニハ停止公權ヲ包含ス

九　第三條第一項ニ於ケル檢事ノ請求ハ書面ヲ用ユルヲ要セス口頭ノ請求ヲ以テ足ルモ第二項ノ場合ニハ必ス書面ヲ以テ請求スルコトヲ要スルヤ

答、第三條第二項ノ場合ニ於テハ書面ヲ以テ請求スルコトヲ要ス

十　第三條第一項ノ檢事ヨリ爲シタル執行猶豫ノ裁判ニ對シテハ裁判所ハ別ニ許否ノ裁判ヲ爲ス可キモノニ非サルモ同條第二項ノ請求ニ對シテハ必ス許否ノ決定ヲ爲ス可キモノト解釋ス可キカ

答、第三條ニ依ル請求ニ對シテハ其第一項ニ關スルト又ハ第二項ニ關スルトヲ區別セス常ニ許否ノ裁判ヲ爲ス可キモノトス

十一　第三條第一項ノ規定ハ上告審ニ於テ控訴審ノ判決ヲ破毀シ直ニ刑ノ言渡ヲ爲ス場合ニモ適用スルコトヲ得ルカ

答、上告審ニ於テ原判決ヲ破毀シ直ニ刑ノ言渡ヲ爲ス場合ニモ適用スルコトヲ得可シ

十二　檢事ノ請求ヲ棄却シタル判決又ハ決定アリタル後、裁判所ニ於テ新理由ヲ發見シタル時ハ更ニ檢事ノ請求ニ因リ又ハ職權ヲ以テ執行猶豫ノ決定ヲ爲スコトヲ得ルカ

答、執行猶豫ノ決定ヲ爲スコトヲ得ス

十三　上告審ニ於テ刑ノ言渡ヲ爲シタル場合ニ於テハ第三條第二項ノ刑ノ言渡ヲ爲シタル裁判所ハ上告審ナリヤ

答、刑ノ言渡ヲ爲シタル裁判所ハ上告裁判所ナリ

十四　刑ノ言渡後ハ上級審ニ繫屬中ト雖モ下級審ニ於テ猶豫ノ決定ヲ爲スコトヲ得ルカ

答、上級審ニ繫屬中ハ下級審ニ於テ猶豫ノ決定ヲ爲スコトヲ得ス

十五　第三條第二項ニ依リ猶豫ノ決定ヲ爲ス場合ニ於ケル猶豫期間ノ起算點如何例ヘハ本項ニ依ル停止日數又ハ確定後未執行ノ日數ハ猶豫期間ニ算入ス可キヤ否ヤ

答、刑ヲ言渡シタル裁判確定ノ日ヨリ之ヲ起算スヘキモノトス

第二十七條

十六　第三條第二項ノ「其言渡ヲ爲シタル裁判所」トハ控訴棄却ノ場合ニ於テハ第一審ナリヤ又ハ第二審ナリヤ

答、第二審裁判所ヲ以テ言渡ヲ爲シタル裁判所ナリトス

十七　第三條ノ刑ノ執行ノ著手ニハ逮捕狀ノ執行ヲモ包含スルヤ

答、典獄ニ執行指揮書ノ到著シタル時裁判確定前執行指揮書ノ到達シタル場合ニ於テハ裁判ノ確定シタル時ヲ以テ執行ノ著手トス

十八　第四條ニ依リ檢事カ控訴院ノ與ヘタル執行猶豫ノ裁判ニ對シ上告スル時ハ被告人拘留中ナルモ出監ノ指揮ヲ爲スニ及ハサルヤ

答、出監ノ指揮ヲ爲スニ及ハス

十九　檢事ハ刑ノ言渡シト同時ニ判決アリタル刑ノ執行猶豫ノ裁判ニ對シ刑ノ言渡ト分離シテ上訴スルコトヲ得ルヤ

答、刑ノ言渡ト分離シテ上訴スルコトヲ得ヘシ

二十　第四條ニ依リ檢事カ第三條第二項ノ決定ニ對シ抗告ヲ爲シ原裁判所カ不服ノ點ヲ更正シ又ハ抗告裁判所カ抗告ヲ理由アリトシ執行猶豫ノ裁判ヲ取消シタル場合ニ於テ犯人拘留セラルルトキ（刑法第五十一條ノ上訴ニ付テハ抗告ヲ豫想セサリシトスルモ）ハ原判決ノ日ヨリ刑期ヲ起算ス可キカ

答、執行猶豫ノ裁判ノ正當ナリシヤ否ヤハ結局執行ヲ猶豫セラレタル場合ヲ除ク外刑期計算ニハ何等ノ影響ヲモ及ホサス

二十一　第四條ニ所謂執行猶豫ノ裁判ニハ執行猶豫事件ノ裁判ト云ヘル意義ニアラスシテ執行ヲ猶豫セラレタル裁判ナリト解釋ス可キモノト信ス第五條ニ於ケル「執行猶豫ノ裁判ハ當然其效力ヲ失フ」トノ規定ヲ參照スレハ益〻此意義ナルコトヲ明ニス執行猶豫ノ裁判ナル意義前項ノ通リトスレハ檢事ヨリ爲シタル執行猶豫ノ請求ヲ棄却セラレタル時ハ別ニ規定ノ存セサルヲ以テ上訴ヲ爲スノ途ナシト信ス如何

答、執行猶豫ノ裁判ニハ執行ヲ猶豫セサル裁判ヲモ包含ス

二十二　上告裁判ニ於テモ刑ノ執行猶豫ノ裁判ヲ爲シ得ルヤ

答、刑ノ言渡ヲ爲ストキハ執行猶豫ノ裁判ヲナスコトヲ得

二十三　第五條ニ於テ上訴ノ爲メ執行猶豫ノ效力ヲ失フ旨ノ規定アレトモ犯人ヨリナシタル上訴ヲ取下ノタル時ハ「其取下ノ上訴期間内ナルト否トヲ問ハス」初メヨリ上訴ナカリシモノト看做シ執行猶豫ノ效力ヲ保持ス可キモノト解釋ス可キカ

答、取下ケタル場合ト雖モ尚ホ上訴アリタルモノナルヲ以テ前ノ執行猶豫ノ裁判ハ其效力ヲ失ヒタルモノトス

二十四　本條ノ上訴アリタル場合トハ上訴ノ適法ナル場合ノ意義ナルカ若シ然リトセハ刑訴第二百六十條ニ依リ棄却ノ場合ハ本條ノ適用ナキヤ

答、刑事訴訟法第二百六十條ニ依ル控訴棄却ノ場合ニハ第五條ノ適用ナシ

二十五　第四條ハ刑ノ執行猶豫其モノノミニ對シテモ控訴上告ヲナシ得可キコトヲ規定シタルカ如ク從テ刑ノ言渡先ツ確定スルコトアル可シ果シテ然ラハ執行猶豫ノ判決未確定中ハ刑ノ執行ヲ如何ニス可キヤ

答、刑ノ執行ハ之ヲ停止ス可シ

二十六　刑ノ執行猶豫ノ裁判アリタル場合ニ於テ本案ニ付キ上告ヲ爲シ上告審ニ於テ其上告ヲ棄却シタル時ハ刑ノ言渡ヲ爲シタル裁判所ハ控訴審ナルヲ以テ執行猶豫ノ裁判ハ控訴審ニ於テ之ヲナス可キモノト信ス果シテ然ルヤ

答、控訴裁判所ニ於テ執行猶豫ノ裁判ヲ爲ス可キモノトス

二十七　執行猶豫ノ裁所ヲ受ケタルモノ拘留セラレアル時ハ檢事上訴ヲ爲サントスル場合ノ外ハ直ニ解放ス可キモノトス如何

答、解放スルヲ妥當トス

二十八　刑ノ執行猶豫ノ裁判取消サレタル時ハ刑法第五十一條ニ依リ前刑宣告ノ日ヨリ刑期ヲ起算セラル可キ場合ニ於テモ

尚其決定確定ノ日ヨリ起算ス可キヤ

答、此場合ニ於テハ現ニ執行スルコトヲ要スル殘餘ノ刑期ヲ決定確定ノ日ヨリ起算ス可シ

二十九 一審ニ於テ刑ノ執行猶豫ヲ與ヘサリシ裁判ノ本案ニ對シ上訴ヲナシ控訴審ニ於テ原裁判ノ事實ノ判定法律ノ適用等ハ相當ナルモ猶豫ヲ與フヘキモノト認メタル時ハ此點ノミノ爲メニ原裁判ヲ取消スヤ又ハ其控訴ハ棄却シテ猶豫ノミヲ與フルヤ

答、控訴ハ棄却シテ更ニ刑ノ執行ヲ猶豫ス可シ

三十 第六條ノ「處セラレタルトキ」トアルハ判決ノ確定シタル時ヲ指スコト勿論ニシテ從テ第三號ノ場合ニモ禁錮ノ言渡ハ假令十年以前ナルモ其確定ガ十年以內ナル時ハ十年以內ト云ヘルモノニ包含スルヤ

答、確定ガ十年以內ナル時ハ勿論十年以內ニ禁錮以上ノ刑ノ執行ヲ受ケ居リタル者モ亦十年以內ニ禁錮以上ノ刑ニ處セラレタル者ナリ

三十一 第六條第二號ノ猶豫ノ裁判前トハ刑ノ言渡確定後猶豫ノ裁判アル迄ノ間ニ再ヒ罪ヲ犯シ禁錮以上ノ刑ニ處セラレタル場合ニ限ルカ將タ餘罪ニ付キ禁錮以上ノ刑ニ處セラレタル場合ヲモ包含スルヤ

答、餘罪ニ付キ禁錮以上ノ刑ニ處セラレタル場合ヲモ包含ス

三十二 前發罪ニ付キ刑ノ執行ヲ猶豫セラレタル者ナルニモ拘ラス其ノ事實ヲ知ラスシテ比較的輕キ後發ノ餘罪ニ付キ刑ノ言渡ヲナシタル場合ニ於テモ猶豫ノ裁判ヲ取消スコトヲ要スルカ

答、通算シテ執行ス可キ場合ナルヲ以テ取消ス可キモノニ非ス

三十三 第七條ノ地方裁判所（支部ヲ包含ス）ハ控訴院ノ爲シタル執行猶豫ノ裁判ニ對シテモ取消決定ヲ爲ス可キカ、同條第二項ハ別ニ制限ナキヲ以テ檢事竝ニ被告人トモ抗告ヲ許シタルモノト解釋ス可キカ

答、共ニ正當ナル解釋ナリ

三十四　被告人ノ所在不明ナル場合ニ於テハ猶豫ノ取消ハ何レノ裁判所ニ請求スルヤ

答、知レタル最後ノ所在地ノ管轄裁判所ニ請求ス可シ

三十五　第七條ニ於テ檢事ノ請求ヲ容レサル場合ニハ却下ノ裁判ヲ爲ス可キヤ、若シ右裁判ヲナス可キモノトセハ檢事ハ其裁判ニ對シ抗告ヲナシ得ルヤ

答、抗告ヲ爲シ得ヘキモノトス

三十六　第八條ノ「裁判取消サレタルトキ」トアルハ第六條ニ於ケル執行猶豫ノ取消ノミヲ指シタルモノニシテ第四條ノ檢事ノ上訴ニ依リ取消サレタル場合ヲモ包含セシメシモノニ非スト解釋ス如何

答、包含セス

三十七　第八條ニ刑期ハ其決定ノ日ヨリ起算ス」トアレトモ被告人捕ニ就カサル時ハ其逮捕ノ日ヨリ起算ス可キモノト解釋ス如何

答、其就捕ノ日ヨリ起算ス可キモノトス

三十八　執行猶豫中ノ犯人ニ對シ取消事由ヲ發見シ檢事ヨリ其請求提起後取消決定確定前ニ猶豫期間經過シタル時モ仍ホ刑ヲ免除セラル可キモノナルヤ

答、刑ヲ免除セラル可キモノトス

三十九　本條ノ「執行猶豫ノ裁判取消サルルコトナクシテ」トノ意義如何

答、猶豫ノ確定裁判ニヨリ取消サルルコトナキコトヲ言フ

第五章　假出獄

總論

本章ハ舊刑法、第一編、第二章、第六節假出獄ノ規定ヲ改廢修正シタルモノナリ
假出獄トハ懲役又ハ禁錮ノ刑ニ處セラレタル者改悛ノ狀アルトキ一定ノ期間經過ノ後行政處分ヲ以テ假ニ獄外生活ヲ爲サシムルコトヲ謂フモノトス前章刑ノ執行猶豫ハ犯情ニ因リ判決確定ノ日ヨリ一定ノ期間其言渡サレタル刑ノ執行ヲ猶豫シ入監セシメサルコトヲ云フモノナルモ本章假出獄ハ一旦、監獄ニ投スルモ犯人改悛ノ狀アリト認ムルトキ假ニ出獄ヲ許スコトヲ云フモノナリ故ニ前章刑ノ執行猶豫ト本章假出獄トハ共ニ犯人ニ對シ改悛ヲ促ス良制度ナリトス

第二十八條　懲役又ハ禁錮ニ處セラレタル者改悛ノ狀アルトキハ有期刑ニ付テハ其刑期三分ノ一無期刑ニ付テハ十年ヲ經過シタル後行政官廳ノ處分ヲ以テ假ニ出獄ヲ許スコトヲ得

本條ハ假出獄ヲ許ス條件ヲ規定シタルモノナリ
假出獄トハ一旦刑ニ處セラレタル者獄則ヲ謹守シ改悛ノ狀アル者ニ對シ一定ノ期間經過ノ後行政處分ヲ以テ假ニ出獄ヲ許スコトヲ謂フモノニテ此假出獄ハ舊刑法ニ於テモ採用シタル制度ニシテ其之ヲ設ケタル所以ノ理由ハ無期以下ノ長期刑ニ處セラレタル者ハ出獄期ノ長キニ從ヒ自暴自棄ノ念ヲ起シ、到底治獄ノ目的ヲ達スルコト能ハサルヲ以テ行政處分トシテ改過、遷善、自懲ノ效、顯然タ

ルトキハ出獄スルコトヲ許シ改悛ヲ奬勵スルモノトス故ニ何人モ其希望ヲ抱テ謹愼スルニ至リ監獄經濟上、最モ有益ナル制度ナリ

然レトモ舊刑法ハ重罪以下ノ刑ニ處セラレタル者ハ其刑期四分ノ三、無期刑ニ付テハ十五年ノ後ニ非サレハ之ヲ許サヽルノ規定ナリシモ斯ク在監期間ヲ長クスルハ徒ニ自暴自棄ニ陷ラシムルノ弊害アルニ過キサルヲ以テ本法ハ有期刑ニ付テハ其刑期三分ノ一、無期刑ニ付テハ十年ヲ經過シタルトキハ之ヲ許スコトヽ爲シ其期間ヲ短縮シタリ

假出獄ハ本條規定スルカ如ク禁錮又ハ懲役ニ處セラレタル者更ニ罪ヲ犯スノ虞ナキ場合ニ於テ有期刑ニ處セラレタル者ハ其全期間ノ三分ノ一假令ハ十五年ノ懲役ニ付テハ五年ヲ經過シタルトキ無期刑ニ處セラレタル者ハ十年ヲ經過シタル後悔悟。遷善自懲ノ效著シク獄外生活ヲ爲サシムルモ再ヒ罪ヲ犯スノ危險ナキモノト認メタルトキ行政處分ヲ以テ假ニ出獄スルコトヲ許スモノトス

假出獄ヲ許スニハ左ノ二條件ヲ要ス

第一、懲役又ハ禁錮ニ處セラレタル者ニシテ改悛ノ狀アルコト

懲役又ハ禁錮ニ處セラレタル者ニシテ改悛ノ狀アルトハ犯人ノ獄內ニ於ケル行狀改過、遷善ノ實顯ハレ再犯ノ虞ナキ心的情態ヲ謂フモノトス而シテ其改悛ノ狀アルヤ否ヤハ一ニ司獄官吏ノ認定

ニ因ルモノナリ故ニ司獄官吏ハ最モ愼重ナル調査ヲ要スルモノトス

第二、有期ノ懲役又ハ禁錮ニ處セラレタル者ニ付テハ刑期ノ三分ノ一、無期ノ懲役又ハ禁錮ニ處セラレタル者ニ付テハ十年ヲ經過シタルコト

此刑期ノ三分ノ一又ハ十年ハ本法第二十一條ニ依リ裁判確定ノ日ヨリ起算ス可キモノナリ蓋シ犯人ニ因リ改悛ノ狀アルヤ否ヤハ必スシモ一定ノ期間經過ヲ要スルモノニ非ス縱令一日ノ拘禁ト雖モ仍ホ且ツ改悛ノ狀顯然タルコトナキニ非ス然レトモ無期有期ノ懲役又ハ禁錮ニ處セラルカ如キ者ハ凡テ犯情自體、重大ナルヲ以テ如斯一定ノ期間ヲ設ケ其後ハ假出獄ノ恩典アルコトヲ示シ一般、被拘禁者ノ改過遷善ヲ奬勵スルモノトス

以上ノ條件具備スルトキハ行政官廳ノ處分ヲ以テ假ニ出獄ヲ許スコトヲ得ルモノトス

餘論

本條假出獄ヲ許スニ一定ノ期間ヲ設ケタルハ立法上穩當ナラス如何トナレハ本章假出獄ハ本文ノ明示スル如ク改悛ノ情アル者ニ對シテ許ス可キモノナルヲ以テ倶發的又ハ一時的犯人ニテ一定ノ期間ヲ待タス改悛シ再犯ノ虞レナキ者ヲ强テ一定ノ期間拘置スルノ必要ナケレハナリ故ニ一定ノ期間ヲ設クルハ理論穩當ナラサルノミナラス監獄行刑者ノ最モ不便ヲ感スル立法ナリト信ス

第二十九條 左ニ記載シタル場合ニ於テハ假出獄ノ處分ヲ取消スコトヲ得

一 假出獄中更ニ罪ヲ犯シ罰金以上ノ刑ニ處セラレタルトキ

二 假出獄前ニ犯シタル他ノ罪ニ付キ罰金以上ノ刑ニ處セラレタルトキ

三 假出獄前他ノ罪ニ付キ罰金以上ノ刑ニ處セラレタル者ニシテ其刑ノ執行ヲ爲ス可キトキ

四 假出獄取締規則ニ違背シタルトキ

假出獄ノ處分ヲ取消シタルトキハ出獄中ノ日數ハ刑期ニ算入セス

本條ハ假出獄ヲ取消ス可キ場合ヲ規定シタルモノナリ

本條ハ舊刑法、第五十六條ヲ修正シタルモノナリ舊刑法、第五十六條ハ假出獄取消原因ヲ假出獄中更ニ重罪輕罪ヲ犯シタル者ト規定シタルモ本法ニ於テハ罪ヲ重罪輕罪ニ區別スル主義ヲ認メサルコト既ニ述ヘタル如クナルヲ以テ本條第一號ハ假出獄中、更ニ罰金以上ノ刑ニ處セラレタルトキト改メタリ而シテ本條第二號第三號ハ假出獄前、他ノ罪ニ付キ罰金以上ノ刑ニ處セラレタル者ナルトキハ其假出獄ヲ取消シ第四號ハ假出獄取締規則ニ違背シタルトキモ亦假出獄ヲ取消スコトヲ規定シタ

ルモノニテ孰レモ一讀、明瞭ナルヲ以テ別ニ解説セス
本條末項「假出獄ハ處分ヲ取消シタルトキハ出獄中ノ日數ヲ刑期ニ算入セス」トノ規定ニ就キ少シク説明セントス
假出獄ヲ取消シタルトキハ何故ニ出獄中ノ日數ヲ刑期ニ算入セサル乎ト云フニ出獄中罪ヲ犯シ又ハ既ニ犯シタル罪ニ付キ刑ニ處セラル可キ場合若クハ假出獄取締規則ニ違背シタル者ハ假出獄ノ恩典ニ違背シタル制裁ナルノミナラス出獄中ハ自由ノ生活ヲ爲シ身體ヲ拘束スルコトナキニ因リ出獄ヲ許シタル日ヨリ入獄ヲ命シタル日迄ヲ刑期ニ算入セス犯人ニ不當ノ利益ヲ得セシメサルニアリ是本條末項ノ規定アル所以ナリ

第三十條　拘留ニ處セラレタル者ハ情状ニ因リ何時ニテモ行政官廳ノ處分ヲ以テ假ニ出場ヲ許スコトヲ得

罰金又ハ科料ヲ完納スルコト能ハサルニ因リ留置セラレタル者亦同シ

本條ハ拘留又ハ罰金、科料、不完納ノ爲メ換刑處分ヲ受ケタル者ニ對スル執行免除ヲ規定シタルモノナリ
本法ニ於テハ既ニ述ヘタルカ如ク禁錮及ヒ懲役ニ付キ執行猶豫ノ恩典ヲ附與シタルヲ以テ比較的、

輕キ拘留ニ付テモ之ヲ附與スルノ必要アリ故ニ本條第一項ヲ以テ拘留ノ言渡ヲ受ケタル者ニ對シテハ執行猶豫ノ如キ複雜ナル手續ニ依ラス何時ニテモ行政處分ヲ以テ其執行ヲ免除スルコトト爲シタルモノナリ

本條第二項ハ罰金科料ノ刑ニ處セラレタル者完納スルコト能ハサルニ因リ換刑處分ヲ受ケ留置セラレタル者モ亦情狀ニ依リ何時ニテモ其留置處分ヲ免除スルコトヲ規定シタルモノナリ是舊刑法ニ規定ナキ處ニシテ頗ル寛大主義ヲ採リタルノ感ナキニアラサルモ理論上ニ於テハ寔ニ當ヲ得タル改正ナリ如何トナレハ懲役、禁錮又ハ拘留ナルト將タ換刑處分ニ因ル留置ナルトヲ問ハス等シク犯人ノ自由ヲ拘束スル點ニ付テハ毫モ異ナラサルヲ以テナリ是本條第二項ヲ規定シタル所以ナリ

第六章　時效

總　論

本章ハ舊刑法、第一編、第二章、第七節ノ規定ニ相當スルモノニシテ本法ニ於テハ期滿免除ノ語ヲ時效ト改メタルモ其意義ニ至テハ異ナルコトナシ唯、時效ノ語ハ民法其他ニ於テ普通ニ慣用セル語ナルヲ以テ斯ク改メタルニ過キス

刑事上ノ時效ニ二種アリ一ハ公訴ノ時效一ハ刑ノ時效即チ是ナリ公訴ノ時效ハ刑事訴訟法ニ於テ論ス可キモノナルヲ以テ玆ニ論セス

刑ノ時效トハ犯人刑ノ言渡ヲ受ケ其判決確定スルモ一定ノ期間刑ノ執行ヲ遁レタルトキハ時效ニ因リ刑ノ執行ヲ免除セラルルコトヲ謂フモノトス蓋シ此時效制度ヲ設ケタル理由ニ付テハ從來ノ學者、種々ナル理由ヲ以テ説明セリ曰ク、刑ノ時效ハ罪ヲ犯シタル者ニ對シテ刑ヲ科スルモ久シク之ヲ執行セサルトキハ犯罪事實ハ社會モ遺忘スルヲ以テ社會刑罰權モ亦之ヲ施スノ必要ナシ故ニ刑ノ執行モ時ノ經過ニ因リ遺忘シタルモノト推定シテ之ヲ執行セサルニ在リト、是佛國刑法學者カローー氏ノ説ニシテ我舊刑法時效制度ノ理由トシテ一般學者ノ説キタル所ナリ然レトモ社會遺忘説ノミヲ以テ唯一ノ説明トナスハ聊カ足ラサルノ感ナキニアラス如何トナレハ苟クモ罪アレハ必ス刑ヲ科ス可キハ國家刑罰權ノ命スル所ナレハナリ況ンヤ犯罪必罰ハ刑事上ノ一大原則ナルニ於テオヤ故ニ社會ノ遺忘ト云フカ如キ假想的、理由ヲ以テ刑ノ執行ヲ免除スルハ殆ント謂レナキニ似タリ殊ニ判決ハ既ニ裁判所ノ記錄ニ存在シテ年月經過ノ爲メニ消滅スルモノニアラス於是乎、學者又曰ク、犯人遁レテ長年月間、再ヒ罪ヲ犯サス小心翼々タルトキハ刑ノ執行ヲ受ケスシテ殆ント受ケタルト等シキ苦痛ヲ感シ自懲改悛ノ狀刑ノ執行ヲ受クルト同一ナルヲ以テ之ヲ罰セサルニアリト又曰ク、時效制度ヲ設ケタル理由ハ人情、罪ヲ犯スモ多年ヲ經過スレハ世人ノ紀念モ消散シテ被害事實モ回復セラレ社會ノ人心モ亦、歳月經過ト共ニ舊惡ヲ宥恕スルノ觀念ヲ生シ刑罰權ヲ以テ之ヲ罰スル必要ナシトス要之本法ニ於テモ亦此等ノ各理由ニ因リ時效制度ヲ存シタルモノナリ

第三十一條 刑ノ言渡ヲ受ケタル者ハ時效ニ因リ其執行ノ免除ヲ得

本條ハ刑ハ時效ニ罹ルコトヲ規定シタルモノ刑トハ死刑、懲役、禁錮、罰金、拘留、科料等ヲ謂フモノニシテ其主刑ハ總テ時效ニ因リ執行ヲ免除セラルルモノトス然レトモ此等ノ犯罪ハ其輕重ニ因リ執行ヲ免ルル期間ニ長短ノ差異アリ即チ犯罪ノ重キトキハ其期間モ長ク從テ順次期間モ亦短縮シ次條ニ定メタル各期間ヲ經過シタルトキハ時效ノ利益ヲ得ルモノトス

第三十二條 時效ハ刑ノ言渡確定シタル後左ノ期間內其執行ヲ受ケサルニ因リ完成ス

一 死刑ハ三十年
二 無期ノ懲役又ハ禁錮ハ二十年
三 有期ノ懲役又ハ禁錮ハ十年以上ハ十五年三年以上ハ十年三年未滿ハ

五年
四　罰金ハ三年
五　拘留、科料及ヒ沒收ハ一年

本條ハ各刑罰ノ時效期間ヲ規定シタルモノナリ

前條既ニ論シタルカ如ク刑罰ノ輕重ニ因リ其時效期間ヲ異ニスルモノトス即チ死刑ハ三十年間判決確定ノ日ヨリ經過セハ刑ノ執行ヲ免除セラレ無期刑以下有期ノ懲役、禁錮、罰金拘留科料ハ孰レモ本條記載ノ年月ヲ經過セハ時效ハ完成スルモノトス

舊刑法ハ第五十九條ヲ以テ死刑ハ三十年無期徒流刑ハ二十五年有期徒刑及ヒ流刑ハ共ニ二十年、重懲役、重禁獄ハ十五年輕懲役及ヒ輕禁獄ハ十年禁錮罰金ハ七年拘留科料ハ一年ト爲シタルモ本法ニ於テハ無期ノ懲役禁錮ニ付テ舊刑法ヨリ五年ヲ減シ有期ノ懲役ニ於テ五年ヲ減シ罰金ハ三年半ヲ減シタリ是即チ時勢ノ進歩ニ從ヒ司法機關完備シ犯罪捜査モ益々迅速ナルニ至リ罪人刑ノ執行ヲ遁レテ社會ニ潜伏セント欲スルモ得可カラサルニ因リ時效期間モ亦舊刑法ヨリ短縮シタルモノナリ

第三十三條　時效ハ法令ニ依リ執行ヲ猶豫シ又ハ之ヲ停止シタル期間内ハ進行セス

本條ハ時效期間進行停止ノ場合ヲ規定シタルモノナリ

元來、刑ノ時效ナルモノハ不法ニ刑ノ執行ヲ遁レタル者ノ爲メニ之ヲ設ケタルモノナルヲ以テ法令ニ因リ刑ノ執行猶豫ヲ得タルトキ又ハ假出獄等ニ因リ刑ノ執行ヲ爲サヽル場合ニ於テハ正當ニ執行ヲ免レタルモノナルヲ以テ其日數ハ時效期間ニ算入セサルモノトス是即チ法律ノ規定ニ依リ執行ヲ停止スルモノニシテ罪人遁レテ不法ニ刑ノ執行ヲ受ケサルニ非サルカ爲メナリ左レハ刑ノ執行猶豫、假出獄等正當ニ刑ノ執行ヲ免レタル者ニ對シテハ其猶豫又ハ停止ヲ取消ス迄ハ時效期間ハ進行セサルモノトス然レトモ若シ之ヲ取消シタルトキハ其時ヨリ直ニ執行ヲ遁レタルモノトシテ時效ハ進行スルモノトス

第三十四條

時效ハ刑ノ執行ニ付キ犯人ヲ逮捕シタルニ因リ之ヲ中斷ス

罰金、科料及ヒ沒收ノ時效ハ執行行爲ヲ爲シタルニ因リ之ヲ中斷ス

本條ハ時效期間中斷ノ原因ヲ規定シタルモノナリ

本條第一項ハ自由刑ニ處セラレタル者ニ對スル時效中斷ノ原因ヲ定メタルモノナリ即チ時效ハ第三十九條ノ規定シタルカ如ク裁判ノ確定後其言渡サレタル刑ノ執行ヲ受ケスシテ一定ノ期間ヲ經過シタルトキ完成スルモノナリ然レトモ其自由刑ノ言渡ヲ受ケタル者裁判確定後執行ヲ遁レテ逃走中執

行官ノ命令ニ因リ逮捕セラレタルトキハ其經過シタル時效期間ヲ中斷スルモノトス

本條第二項、「罰金、科料及ヒ沒收ノ時效ハ執行行爲ヲ爲シタルニ因リ之ヲ中斷ス」トノ規定ハ罰金、科料及ヒ沒收モ亦其徵收、行爲ヲ爲シタルトキ時效期間ヲ中斷スルモノトス舊刑法第六十二條ハ刑ノ執行ヲ遁レタル者ニ對シ逮捕ヲ命シタルトキハ最後ノ令狀ヲ出シタル日ヨリ期滿免除ヲ起算スト規定シ檢事ヨリ逮捕ノ令狀ヲ發シタルトキハ是ノミニ因リ時效期間ヲ中斷スト爲シタルモ斯ク規定シタル理由ニ乏シキノミナラス或ハ令狀ヲ發シタル者ト發セサル者トアルニ至リ不公平ナル結果ヲ生シ時效ヲ設ケタル本旨ニ反スルニ依リ本法ハ刑ノ執行ニ付キ犯人ヲ逮捕シタルニ因リ中斷ス」ト規定シ令狀ヲ發シタルノミヲ以テハ未タ時效期間中斷ノ效ナキモノト爲シタリ

刑法ニ於テハ罰金、科料及ヒ沒收ニ付テハ時效中斷ノ規定ナカリシヲ以テ本法ハ其不備ヲ補ヒ罰金科料及ヒ沒收ニ對シテモ尚ホ執行行爲ヲ爲シタルトキハ時效中斷ノ效力アルコトヲ規定セリ是即チ罰金刑ハ數回ニ分納スルコトアルヲ以テ未タ完納ニ至ラサル前ニ時效ヲ成就セシメサルカ爲メ執行行爲ニ因テ中斷シ常ニ最後ノ執行ノ時ヨリ時效期間ハ進行スルモノト爲シタルモノナリ

要スルニ本法ニ於テハ左ノ場合ニ於テハ時效期間ヲ中斷スルモノナリ

第一、自由刑ニ處セラレタルモノニシテ刑ノ執行ヲ受ケサルトキハ其者ヲ逮捕シタルトキ

第二、罰金刑ニ處セラレタル者ニ對シテハ其罰金徴收ノ執行ニ著手シタルトキ

以上ノ場合ニ於テハ時效期間ヲ中斷スルヲ以テ更ニ期間ノ經過ヲ要スルモノナリ故ニ再ヒ逃走シテ執行ヲ遁レタルニアラサレハ時效ヲ得サルモノトス

斯ク犯人ノ逮捕又ハ執行行爲ニ依リ時效期間中斷ノ效ヲ生スル所以ノモノハ前既ニ論シタルカ如ク社會ノ遺忘ニ基クモノナルヲ以テ社會ノ代表者タル檢事ニ於テ刑罰執行行爲ヲ爲シタルトキハ社會ハ未タ遺忘セサルモノナルニ因リ時效ハ爲メニ中斷スルモノトス故ニ檢事ハ何時ニテモ逮捕又ハ執行行爲ヲ爲シ經過シタル期間ヲ無效ニ屬セシムルコトヲ得ルモノトス

第七章　犯罪ノ不成立及ヒ刑ノ減免

總論

本章ノ規定ハ舊刑法、第一編、第四章中、第三節ノ酌量減輕ヲ除キ取捨修正ヲ加ヘタルモノナリ舊刑法ハ本章目ヲ不論罪及ヒ宥恕減輕ト題シ事實上、罪トナラサル場合及ヒ犯罪ハ成立スルモ其刑ヲ減免ス可キ場合ヲ規定シタルモ其意義明瞭ヲ缺クヲ以テ本法ハ之ヲ改メ罪トナラサル場合ヲ犯罪ノ不成立ト爲シ刑ヲ免シ若クハ減輕スヘキ場合ヲ刑ノ減免ト爲シ其意義ヲ明瞭ナラシメタリ

舊刑法ハ更ニ第三編、第一章、第三節ニ殺傷ニ關スル宥恕及ヒ不論罪ト題シテ正當防衛ヲ規定シタルモ彼ノ正當防衛ヲ第二編以下ニ規定スルハ刑法、編纂上ノ體裁ヲ失スルヲ以テ本法ハ之ヲ本章ニ移シ其他舊刑法、第三百九條乃至第三百十二條ノ規定ハ單ニ犯罪ノ情狀ニ過キサルヲ以テ減輕スルト否トヲ裁判所ノ認定ニ一任スルコトトナシ刑法上ニ之ヲ規定セス

本章ノ規定ハ(一)業務行爲(二)急迫不正ノ侵害ニ對スル防衛(三)現在ノ危難ヲ避タル行爲(四)罪ヲ犯ス意思ナキ行爲(五)心神喪失者ノ行爲(六)瘖啞者ノ行爲(七)幼者ノ行爲等ナリ是等ノ者ノ行爲ハ犯罪成立セサル歟又ハ犯罪成立スルモ尙ホ其刑ヲ減免ス可キ情狀アルモノトス又本法ハ本章中、最後ニ自首ニ關スル規定ヲ設ケタリ自首ハ元來、犯罪ノ成立、不成立ニ關係アルモノニアラサルモ此自首ニ依リ其刑ノ幾分ヲ減輕スルモノナルヲ以テ併セテ本章ニ規定シタリ

第三十五條 法令又ハ正當ノ業務ニ因リ爲シタル行爲ハ之ヲ罰セス

本條ハ法令又ハ正當ナル業務行爲ハ之ヲ罰セサルコトヲ規定シタルモノナリ

舊刑法ハ第七十六條ヲ以テ單ニ本屬長官ノ命令ニ從ヒ其職務ヲ以テ爲シタル者ハ其罪ヲ論セス」ト規定シタルニ止マリ正當ナル業務上ノ行爲ニ就テハ何等ノ規定ヲモ設ケサリシモ正當ナル業務行爲モ亦、法令ノ規定ニ因テ爲シタル行爲ト殆ント異ナラサルヲ以テ本法ハ業務ニ因テ爲シタル行爲ヲ

併セテ規定シタルモノナリ

（一）法令ニ因リ為シタル行為

法令ニ因ル行為トハ法律又ハ命令ノ規定ニ基キ執行シタル行為ヲ謂フモノトス例ヘハ検事ノ指揮ニ従ヒ巡査、憲兵卒カ拘引状ヲ執行スルカ如キ或ハ死刑ノ宣告ヲ受ケタル者ニ対シテ司獄官吏カ死刑ヲ執行スル等ノ如キ法律命令ニ基ク行為ヲ謂フモノトス然ルニ旧刑法ハ既ニ述ヘタル如ク単ニ本属長官ノ命令ニ従ヒ為シタル下級官吏ノ行為ノミヲ規定シタルニ依リ往々、疑義ヲ生シ前段ノ如キ事例ニ対シテモ之ヲ罰ス可シト論シ或ハ罰ス可ラスト唱ヘ議論、一定セサリシヲ以テ本法ハ特ニ本條ヲ設ケ其疑義ヲ避ケタルモノナリ

上官ノ命令ニ依リ為シタル下官ノ行為ハ其命令違法ニアラサル限リハ法律上、服従ス可キ義務アルヲ以テ其命令ニ基ク下官ノ行為ハ不法ナリト云フヲ得ス従テ下級官吏ハ其命令執行ノ結果ニ付テハ責任ナキモノトス但シ上官ノ命令ニ対シテハ下級官吏ハ絶対的ニ服従義務アルヲ以テ下官ハ其命令ノ適法ナルヤ否ヤヲ審査ス可キ権能ナシ故ニ如何ナル不法命令モ仍ホ之ヲ執行ス可キ義務アリトノ反対説アリ

（二）正当ナル業務ニ因リ為シタル行為

正當ナル業務ニ因リ爲シタル行爲トハ法律又ハ命令上明示若クハ默認セラレタル業務行爲ヲ謂フモノトス例ヘハ外科醫カ治療ノ必要上、患者ノ身體又ハ手足ノ一部ヲ切解損傷スルカ如キ是ナリ蓋シ斯ル場合ニ於テハ醫士ハ正當ナル業務上、爲シタル行爲ナルヲ以テ其患者ノ損傷ニ對シテハ責任ナキモノナリ而シテ本條ニ所謂、正當ナル業務ニ因テ爲シタル行爲中ニハ獨リ醫士ノミナラス官許ヲ得タル撃劍、相撲、演劇等、其他ノ興業師カ業務上、爲シタル創傷ノ如キモ包含スルモノトス

茲ニ問題アリ承諾ニ基ク行爲ノ犯罪ニ及ホス影響是ナリ凡、犯罪ハ一私人ノ承諾ノ有無ニ拘ハラス成立スルモノナルヲ以テ一般ノ原則ト爲シ私人ノ承諾ハ犯罪成立ニ影響ナキモノトス然レトモ刑法上、各人ノ不承諾ヲ犯罪ノ成立條件ト爲シタル罪ハ被害者ノ承諾ニ因リ成立セサルコトアリ例ヘハ强姦罪ノ如キハ被姦者ノ承諾ナキニ姦スルニ因テ成立スル罪ナルヲ以テ婦女ノ承諾ニ因リ姦シタルトキハ强姦罪ニ非サルカ如キ是ナリ要スルニ法益ノ保護者カ其法益ヲ自ラ傷害スルコトヲ承諾シタルトキハ法律上法益ノ保持者ニ對シ之ヲ處分スル權能ヲ與フルコトアリ然レトモ法律ハ其法益ノ處分ヲ保持者ノ一身上ノ利益ト認ム可キ場合ノ外之ヲ許容スルモノニ非ス例ヘハ自殺幇助ノ如キハ縱令、自殺者ノ承諾又ハ囑託ニ因ルモ之ヲ許容セサルカ如キ是ナリ故ニ被害者ノ不

承諾ヲ犯罪ノ成立條件ト爲シタル罪ニ就テモ法律カ之ヲ認容シタルモノナルヤ否ヤハ凡テ法律規定ノ立法精神ニ依テ決ス可キ問題ナリ左レハ法律ノ認許ニ依ル職務ノ執行又ハ業務ト雖モ法律規則ノ立法趣旨ニ適シタル行爲ニ非サレハ本條ニ依リ其責任ヲ免ルルコトヲ得ス例ヘハ外科醫ノ手術中彼ノ母體中ヨリ切解シテ胎兒ヲ出ス行爲ノ如キハ母體ノ承諾アル場合ト雖モ仍ホ當該醫業ニ關スル規則ニ依リ實行ス可キモノナルカ如キ是ナリ而シテ彼ノ慣習ニ因ル相撲、撃劍等ニ因リ負傷シタル場合ニ刑法上ノ傷害罪トシテ之ヲ問ハサルハ我國、古來、體育上、一般ニ認メラレタル慣習ニシテ且ツ公ノ秩序、善良ノ風俗ニ反セサルニ依リ所謂、法律上ノ放任行爲ニ屬スルモノトス

以上論スルカ如ク(一)本條、前段ノ規定ハ舊刑法第七十六條ト其立法趣旨、同一ニ公務員ノ職務執行ニ關スル範圍ヲ定メタルモノニテ(二)其後段ハ廣ク一般、私人ノ正當ナル業務行爲ノ範圍ヲ規定シタルモノナリ故ニ公務員ト雖モ法令ノ規定ニ違背シタル行爲ヲ爲シタルトキハ本條ニ依リ放任セラルルモノニ非ス例ヘハ彼ノ司獄官吏カ死刑ノ宣告ヲ受ケサル者ヲ絞首シタルカ如キ又巡査、憲兵卒カ正當適式ノ令狀ニ因ラス濫リニ人ヲ逮捕拘引シタル場合ノ如キ是ナリ、又醫師ト雖モ患者ノ治療ヲ要セサル部分ヲ切解、損傷シタルトキハ本條ニ依リ其責任ヲ免ルルコトヲ得サルハ論ヲ竢タス之ヲ要スルニ職務上又ハ業務上ノ範圍ヲ超越シテ爲シタル行爲ハ本條ニ所謂職務又ハ業務行爲ニ非サルナ

リ故ニ職務行爲又ハ業務行爲トハ必ス法律命令又ハ慣習上、明ニ認メラレタル行爲タルヲ要スルモノトス

斯ク論シ來レハ本條ハ一見、無用ノ贅文タルニ似タリ如何トナレハ法令又ハ正當ナル業務ニ因テ爲シタル行爲ハ即チ法令上、明示若クハ默示ニテ認許セラレタル行爲ナルヲ以テ特ニ之ヲ規定スルノ必要ナキカ如シ然リト雖モ斯ル行爲ハ法律ノ規定ヲ竢テ後、初メテ知ル可キ適法行爲ナルヲ以テ本條ノ規定ハ之ヲ設クルノ必要ナキニ非ス

玆ニ一言ス可キコトハ本條規定ノ行爲ノ意義是ナリ本條ニ所謂、行爲ノ文字ハ從來、所爲トモ稱シタル語ニシテ二樣ノ意義ヲ包含ス即チ作爲不作爲是ナリ

(一)作爲トハ積極的行爲ヲ云フ換言スレハ作爲トハ任意ノ行動ニ因リ或ル結果ヲ惹起シタルコトヲ云フニアリ而シテ玆ニ所謂、任意ニ出ツル結果ノ惹起トハ外來ノ強制ニ依ラサル身體ノ運動ニ依リ生セシメタル外界ノ變更ヲ云フモノナリ詳言スレハ作爲者ノ責ニ歸ス可キ結果トハ身體ノ運動ト外界ノ變更トカ互ニ原因結果ノ關係アルヲ要ス原因結果ノ關係即チ因果ノ連絡ナキ外界ノ變更ニ付テハ其作爲者ノ責ニ歸セシムルコトヲ得ス故ニ作爲者ノ責ニ歸ス可キ行爲トハ必ス任意ノ活動ニ因リ惹起セシメタル結果タルコトヲ要スルモノトス

(二)不作爲トハ消極的行爲ヲ云フ換言スレハ任意ノ活動ニ因リ外界ニ生シタル結果ヲ防止セサルコトヲ云フモノトス此作爲不作爲論ニ付テハ從來ノ刑法論中詳細ニ論シタルモノ尠ナカラサルヲ以テ茲ニ深ク論セス

第三十六條　急迫不正ノ侵害ニ對シ自己又ハ他人ノ權利ヲ防衛スル爲メ已ムコトヲ得サルニ出テタル行爲ハ之ヲ罰セス

防衛ノ程度ヲ超エタル行爲ハ情狀ニ因リ其刑ヲ減輕又ハ免除スルコトヲ得

本條ハ急迫不正ノ侵害ニ對スル防衛ヲ規定シタルモノナリ

本條第一項ハ舊刑法、第三百十四條、第三百十五條ノ精神ヲ採リ修正シテ急迫不正ノ侵害ニ對シ自己又ハ他人ノ權利ヲ防衛スル爲メ行フタル行爲ハ之ヲ罰セサルコトヲ規定シ第二項ハ同第三百十六條ト同一趣旨ニテ其行爲カ防衛ニ必要ナル程度ヲ超エタルトキハ既ニ正當防衛ニ非サルモ尙ホ情狀ニ因リ減輕又ハ免除スルコトヲ得ルト爲シタリ

舊刑法、第三百十四條乃至第三百十六條ノ所謂、正當防衛ニ關スル規定ニ就テハ從來、學者ノ批難シタル所ナリ即チ舊刑法ハ正當防衛ヲ第三編、第一章、第三節殺傷ニ關スル宥恕及ヒ不論罪」ト題

シ規定シタルヲ以テ正當防衞ノ手段ハ單ニ殺傷ニ限ルカ如キ嫌アリタルヲ以テ本法ハ第一編、總則本章ニ移シ汎ク一般ニ通スル規定ト爲シタルニアリ又舊刑法ハ正當防衞ノ目的物ヲ生命、身體、財産等ニ制限シ此以外ニ防衞權ナキカノ疑アラシメタルヲ以テ本法ハ之ヲ改メ汎ク權利ト規定シ自己又ハ他人ノ權利上ニ就テハ總テ防衞權アルコトヲ明ニシタリ而シテ舊刑法ハ正當防衞ノ程度ニ付キ第三百十四條但書ニ「不正ノ行爲ニ因リ自ラ暴行ヲ招キタルモノハ此限ニ在ラス」ト規定シタルノミニテ攻守ノ程度、明瞭ナラサリシヲ以テ本法ハ此點ヲ明ニスル爲メ急迫不正ノ侵害ト改メ危害目前ニ迫リタル不正ノ侵害タルコトヲ要スルコトト爲シタリ

總テ權利ノ侵害ハ國家ノ公權ニ依テ救濟ヲ求ムヘキハ民刑ニ通スル一般ノ原則ナリト雖モ其侵害、急迫ニシテ國家ノ保護ヲ求ムル遑ナキ場合ニ於テハ各人、手ヲ拱シテ身ヲ其侵害ノ犧牲ニ供スル義務ナシ故ニ斯ル場合ニ於テハ自ラ進ンテ防衞スル權利アルモノトス此ヲ稱シテ法律上、正當防衞權ト謂フ

本條「急迫不正ノ侵害ニ對シ自己又ハ他人ノ權利ヲ防衞スル爲メ」トアルヲ以テ其侵害急迫不正ナル以上ハ他人ノ爲メニモ尚ホ防衞權アリ然レトモ理論上、正當防衞ハ自己、一身上ニ對スル不正ノ侵害ニ非サレハ已ムコトヲ得サルニ出テタル行爲ト云フヲ得サルカ如シ如何トナレハ他人カ不正ノ

侵害ヲ受クルモ自己ニハ毫モ不正ノ侵害ニアラサレハナリ然リト雖モ急迫不正ノ侵害ニ對シテハ自己ノ爲メニスルト他人ノ爲メニスルトヲ問ハス此ヲ排斥スル爲メ各人、互ニ援助防衛スル權利ヲ有ス是本條ノ設ケアル所以ナリ

本條急迫防衛ニハ左ノ三條件アルヲ要ス

第一、急迫不正ノ侵害ニ對スルコトヲ要ス

急迫不正ノ侵害トハ危害切迫シタル不正ノ侵害ヲ謂フモノトス而シテ不正ノ侵害トハ權利ナキ暴行的行爲ヲ云フニ在リ故ニ此權利ナキ不正ノ侵害ニ對シテハ防衛權アルモ其侵害ハ果シテ急迫ナルヤ否ヤハ事實上ノ問題ナリ要スルニ權利ナクシテ自己又ハ他人ノ身體、生命ニ對シ暴行ヲ爲ス者アルトキハ其暴行者ニ對シテ防衛權アルモノトス而シテ此急迫不正ノ侵害者ヲ排斥スルニ就テハ如何ナル方法手段ヲモ用ユルコトヲ得ヘシ故ニ防衛者ハ防衛ニ必要ナル場合ニ於テハ侵害者ヲ殺傷スルト毆打スルト將タ監禁制縛スル等其急迫ナル危害ヲ免ルルニ足ル可キ行爲ハ總テ之ヲ施スコトヲ得可キモノナリ然ルニ舊刑法、第三百十四條ハ「單ニ身體生命ヲ正當ニ防衛シ已ムヲ得サルニ出テ暴行人ヲ殺傷シタル者」ト規定シタルニ因リ防衛手段ハ殺傷ニ限ルヤノ疑ヒアリタルヲ以テ本法ハ已ムコトヲ得サルニ出テタル行爲ト規定シ廣ク防衛上、必要ナル行爲ハ手段ノ何タ

ルヲ問ハサルコトト改メタリ要スルニ防衛權ハ急迫シタル必要ヨリ生シ其必要ハ不正ノ侵害ヨリ生スルヲ以テ急迫不正ノ侵害ハ正當防衛ニ必要ナル條件ナリトス

第二、自己又ハ他人ノ權利ヲ防衛スル爲メナルコトヲ要ス

自己ノ身體、生命ニ對シテ危害ヲ加フル者アルトキハ其生存權ヲ侵害セラルルモノナルヲ以テ自ラ生存ノ權利ヲ保護スル爲メ自衞權ヲ有スルハ勿論、他人ノ身體、生命ニ對シテモ尚ホ防衞權アルコトハ既ニ論シタルカ如シ然ルニ舊刑法、第三百十四條ハ單ニ身體、生命ヲ正當ニ防衞シ云々ト規定シ明カニ身體上ノ權利ニ止マルコトヲ示シ又同第三百十五條ニ左ノ諸件ニ於テ已ムコトヲ得サルニ出テ云々(一)財産ニ對シ放火其他ノ暴行ヲ爲ス者ヲ防止スルニ出テタル時(二)盜犯ヲ防止シ又ハ盜贓ヲ取還スルニ出テタル時(三)夜間故ナク人ノ住居シタル邸宅ニ入リ若クハ門戶、墻壁ヲ踰越、損壞スル者ヲ防止スルニ出テタル時」ト規定シタルニ依リ該條ニ就テハ學說上及ヒ實際上、難問ヲ生シ從テ裁判例モ亦區々ニ出テタルヲ以テ本法ニ於テハ汎ク「權利ヲ防衛スル爲メ」ト規定シ身體、生命若クハ名譽又ハ財産等苟モ法令ノ保護スル權利ニ對シテハ總テ防衞權アルコトト改メタリ

第三、防衛スル爲メ已ムコトヲ得サルニ出テタルコトヲ要ス

本條「急迫ノ侵害ニ對シテ自己又ハ他人ノ權利ヲ防衞スル爲メ已ムコトヲ得サルニ出テタル行爲ハ之ヲ罰セス」トアルヲ以テ其不正ノ侵害ニ對スル防衞ハ其防衞ニ必要ナル程度ヲ超ユルコトヲ得ス蓋シ如何ナル程度ヲ以テ危害ヲ排除スルニ必要ナル程度ナルヤハ侵害ノ狀況ニ因テ決ス可キ、事實上ノ問題ナリト雖モ既ニ暴行者去リタル後、追跡シテ殺傷スルカ如キハ已ムコトヲ得サルニ出テタル行爲ニ非ス、左レハ危害、目前ニ迫リ權利ヲ防衞スル爲メ已ムヲ得サリシヤ否ヤハ裁判所ノ認定ス可キ緊要ナル事實ニ屬シ實際家ノ最モ注意ス可キ點ナリトス然レトモ防衞者ハ現實ニ侵害セラルルヲ待テ防衞スルヲ要セス換言スレハ攻擊ヲ受ケテ而シテ後、初メテ防衞ニ著手スルヲ要セス。危害切迫シタルトキハ其危害、排除ニ著手スルコトヲ得可キモノトス茲ニ問題アリ例ヘハ通行ヲ妨害スル者アリ其妨害者ヲ殺傷シテ通行スルコトヲ得ルヤ否ヤノ問題是ナリ本問ニ就テハ積極、消極ノ二說アリト雖モ余ハ通行權ヲ妨害スル者ニ對シ通行ニ必要ナル程度ニ於テ其妨害ヲ排除スルコトヲ得可キモ本問殺傷スルコトヲ得ルヤ否ヤニ就テハ消極說ヲ可トスルモノナリ又此急迫不正ノ侵害者ハ必スシモ能力者タルコトヲ要セス、防衞ハ吾人ノ權利ナルヲ以テ苟モ權利ヲ侵害スルモノアルトキハ其人ノ如何ヲ問ハス權利上ノ急迫狀態ニ因リ防衞權アルモノトス故ニ例ヘハ十四歲未滿ノ幼者又ハ知覺精神ノ喪失者等カ不意ニ來テ襲擊シタル場合ニ於テモ仍ホ必要ナル防衞權アルモノニテ其襲擊者ノ幼者タルト狂人タルトノ如キハ之ヲ問ハサルモノトス然レトモ本條、正當防衞權ハ不正ノ侵害者ニ對シテ有スル權利ナルヲ以テ自ラ不正ノ侵害ヲ爲シ相手ニ防衞權、生シタルトキハ之ニ對シテ反抗スル權利ナシ如何トナレハ自ラ進ンテ不正ノ侵害ヲ爲シタル者ハ法律上、保護ス可キモノニ非サレハナリ故ニ例ヘハ强盜、金品ヲ强奪スル爲メ一刀ヲ拔キ金品ヲ提出セサレハ殺ス可シト脅迫シタルニ彼脅迫者モ亦一刀ヲ拔キテ向フタル場合ニ於テハ彼脅迫者ニ防衞權アルニ因リ强盜ニハ防衞權ナシ舊刑法、第三百十四條但書ニ「不正ノ所爲ニ因リ暴行ヲ招キタル者ハ此限ニ在ラス」ト規定シタルハ蓋シ此意ニ外ナラス本法ニ於テモ特ニ急迫不正ノ侵害ト規定シタルハ即チ不正ノ侵害者ニ對シ防衞權ナキコトヲ示シタルモノナリ又適法ニ職務ヲ執行スル公務員若クハ懲戒權ノ行使者ニ對シテモ防衞權ナキモノトス然レトモ外國ノ君主、大統領又ハ公使等其一身ニ犯罪不成立ノ原因アル者ノ不正ノ侵害又ハ錯誤ニ因リ加害ノ不法ナルコトヲ知ラサル侵害者ニ對シテハ仍ホ防衞權アリ之ニ反シテ獸類ノ加害ニ對シテハ緊急行爲アルニ過キサルモノトス而シテ正當防衞ハ侵害者、自身ニ對スルコトヲ要ス故ニ防衞ノ目的ヲ以テ第三者ヲ傷害シタルトキハ緊急行爲タルコトアルモ正當防衞ニアラス然レトモ不正ノ侵害者ニ對スル以上ハ必スシモ重要ナル法益即チ身體、生命ノ如キ貴重ノ利益ヲ保護スル爲メノミニ限ラ

ス輕微ノ法益保護ノ爲メニモ仍ホ正當防衛權アルモノトス

本條第二項「防衛ノ程度ヲ超エタルトキハ情狀ニ因リ其刑ヲ減輕又ハ免除スルコトヲ得」トハ例ヘハ一刀ノ下ニ生命ヲ奪ハントスルカ如キ急迫不正ノ危害ニ對シテハ之ヲ防衛スル爲メ直ニ其侵害者ヲ殺傷スルモ可ナリト雖モ之ニ反シテ暴言ヲ放テ他日殺ス可シト放言シタルニ止マリ毫モ腕力ニ訴ヘサル者ヲ殺傷スルカ如キハ未タ以テ權利上、必要ナル防衛ナリト云フコトヲ得サルモ情狀ニ因リ其刑ヲ減輕シ又ハ免除スル必要アリ是本項ヲ設ケタル所以ナリ

以上ハ刑法上ニ於ケル正當防衛ノ理論ナリト雖モ正當防衛ハ民事上ニ於テモ亦、損害賠償ノ責任ナキモノトス即チ民法第七百二十條ハ「他人ノ不法行爲ニ對シ自己又ハ第三者ノ權利ヲ防衛スル爲メ已ムコトヲ得スシテ加害行爲ヲ爲シタル者ハ損害賠償ノ責ニ任セス」ト規定シタレハナリ

第三十七條　自己又ハ他人ノ生命、身體、自由若クハ財産ニ對スル現在ノ危難ヲ避クル爲メ已ムコトヲ得サルニ出テタル行爲ハ其行爲ヨリ生シタル害其避ケントシタル害ノ程度ヲ超エサル場合ニ限リ之ヲ罰セス但其程度ヲ超エタル行爲ハ情狀ニ因リ其刑ヲ減輕又ハ免除スルコトヲ得

前項ノ規定ハ業務上特別ノ義務アル者ニハ之ヲ適用セス

本條ハ現在ノ危難ヲ避クル爲メ已ムコトヲ得サルニ出テタル緊急行爲ヲ規定シタルモノナリ

本條ハ舊刑法、第七十五條第一項「抗拒ス可ラサル强制ニ遇ヒ其意ニ非サル所爲ハ其罪ヲ論セス」トノ規定ヲ改メタルモノナリ同條ノ如ク自己ノ身體、外力ノ爲メ全ク强制セラレテ自由ヲ失ヒ爲シタル行爲ハ是、外力作用ノ結果ニシテ自己ノ行爲ニ非サルヲ以テ當然、明文ヲ要セサルモノナリ故ニ本法ニ於テハ唯、意思上ニ受ケタル外力强制ノ結果已ムコトヲ得サルニ出テタル行爲ノミヲ規定シタリ而シテ該條、第二項ハ天災又ハ意外ノ變ニ因リ避ク可ラサル危難ニ遇ヒ自己若クハ親屬ノ身體ヲ防衞スルニ出テタル所爲亦同シ」ト規定シ自由ヲ失ヒタル强制原因ヲ天災又ハ意外ノ事變ニ限リ緊急行爲ヲ自己若クハ親屬ノ身體ニ制限シタルモ斯ク制限スヘキ理由ナキヲ以テ本法ハ此狹隘ナル制限ヲ改メ「自己又ハ他人ノ生命身體自由及ヒ財產」ト爲シ此等、貴重ノ權利ヲ保護シ危難ノ原因モ亦天災ト人爲トヲ問ハサルコト、ト爲シタリ（前刑法改正案參考書參照）

舊刑法、第七十五條ハ自由意思、喪失ニ基ク無罪主義ヲ採リタルモ人ハ如何ニ危急ノ場合ニ遭遇ヘルモ意思ノ自由ヲ喪失スルモノニアラス故ニ本法ハ獨逸法系ノ立法例ニ倣ヒ二個ノ法益兩立スルコト能ハサル場合ニ於テ而カモ其孰レモ不法ノ侵害ニ非サルトキハ自然ノ成リ行ニ放任シ緊急狀態其

モノヲ以テ直チニ無罪ノ理由ト爲シ本條ヲ設ケタルモノナリ
緊急行爲トハ自己又ハ他人ノ生命身體自由若クハ財産ニ對スル現在ノ危難ヲ避クル爲メ已ムコトヲ得サルニ出テタル行爲ヲ謂フ換言スレハ法律上、保護セラルル利益即チ自己又ハ他人ノ生命、身體、自由若クハ財産ニ對スル現在ノ危難ヲ避クル爲メ已ムヲ得サルニ出テタル傷害行爲ヲ云フモノトス
故ニ緊急行爲ハ權利ニ非ス法律上、保護セラルル利益ノ衝突ナリトス
本條自己又ハ他人ノ生命、身體、自由若クハ財産ニ對スル現在ノ危難ヲ避クル爲メ已ムコトヲ得サルニ出テタル緊急行爲タルニハ左ノ三條件アルヲ要ス
第一、自己又ハ他人ノ生命身體自由若クハ財産ニ對スルコトヲ要ス
本條自己又ハ他人ノ生命身體自由若クハ財産ニ對スル現在ノ危難ト規定シタルヲ以テ貞操ハ自由又ハ身體中ニ包含スルモ名譽ハ之ヲ包含セス是、前條正當防衛ト異ナル點ナリ即チ前條ハ單ニ自己又ハ他人ノ權利ヲ防衛スル爲メト規定シ本條列記ノ各利益ヲ保護スルハ勿論其他ノ權利侵害行爲ニ對シテハ總テ之ヲ保護スル立法趣旨ナルモ本條ハ特ニ自己又ハ他人ノ生命、身體、自由若クハ財産ト列擧シ名譽權ハ之ヲ除外シタリ名譽權ニ對スル侵害ハ特ニ之ヲ緊急狀態トシテ法律上保護スルノ必要ナキニ因リ除外シタルモノナリ

第二、現在ノ危難ヲ避クル爲メ已ムコトヲ得サルニ出テタルコトヲ要ス

(一)現在ノ危難トハ人爲ト天爲トヲ問ハス現在ニシテ且ツ緊急ナル危險ヲ謂フモノトス而シテ人爲ノ緊急危難トハ例ヘハ甲乙ニ對シ丙ヲ殺ササレハ汝ヲ茲ニ於テ切害ス可シト脅迫セラレ已ヲ得ス乙丙ヲ殺シテ自己、現在ノ危難ヲ免レタルカ如キ場合是ナリ又天爲ノ危難トハ水火震災ノ如キ危難ニ遭遇シ之ヲ避ケントシ又ハ猛獸ノ迫害ヲ避クル爲メ他人ヲ壓殺シタルカ如キ場合ヲ云フモノトス(二)已ムヲ得サルニ出テタル所爲トハ其現在ノ危難ヲ避ケントスルモ他ニ之レヲ避クル途ナキ場合ヲ云フ故ニ若シ他ニ其危難ヲ避クル方法手段アリタルトキハ其手段方法ニ因リ避クルヲ要ス然ルニ之ヲ執ラス自ラ進ンテ此境遇ニ陷リ人ヲ傷害シタルトキノ如キハ本條緊急行爲ナリト云フコトヲ得ス之ヲ要スルニ緊急狀態トハ法律上保護セラルル利益ニ對シ危險ノ現在スル狀態ニシテ他人ノ利益ヲ侵害スルノ外他ニ之ヲ避クルノ途ナキ場合ヲ云フモノトス而シテ他ニ之ヲ避クルノ途ナカリシヤ否ヤハ時ト場合ニ因ル事實上ノ問題ナリトス

第三、緊急行爲ヨリ生シタル害其避ケントシタル害ノ程度ヲ超エサルコトヲ要ス

本條ニ列擧スル自己又ハ他人ノ生命、身體、自由若クハ財産ニ對スル危難ト雖モ自ラ大小輕重アルモノナルヲ以テ其危難ノ程度ニ應シタル傷害行爲ニアラサレハ本條、緊急行爲トシテ之ヲ放任

スルモノニアラス例ヘハ自己ノ小ナル利益ヲ保護スル爲メ他人ノ大ナル利益ヲ害スルカ如キハ本條、立法趣旨ノ認容シタル所ニアラス然レトモ其危害ノ大小並ニ避ケントシタル傷害行爲ノ大小、輕重ノ如キハ實際上ニ於テ比較ス可キ事實上ノ問題ナリ唯、其要ハ緊急行爲ヨリ生シタル害ト其之ヲ避ケントシテ生セシメタル害トノ程度ヲ超エサルコトヲ要スルニ在リ然リト雖モ其危難ヲ避クル爲メニ出テタル行爲ヨリ生シタル害ト之ヲ避ケントシタル害トノ程度ヲ比較スルカ如キハ實際上、極メテ困難ナルニ因リ其行爲ヨリ生シタル害、其避ケントシタル害ノ程度ヲ超エサル場合ニ限リ之ヲ罰セスト規定シ其但書ヲ以テ「特ニ程度ヲ超エタルトキト雖モ情狀ニ因リ其刑ヲ減輕スルコトヲ得」トナシ無罪ニアラサルモ其刑ヲ減刑ス可キコトヲ規定シタリ獨逸刑法第五十二條ハ抗拒ス可ラサル暴行又ハ自己若クハ親族ノ身體、生命ニ對シ他ノ方法ニヨリ避ク可ラサル現在ノ危難ヲ加フル强迫ヲ受ケ已ムヲ得スシテ行爲ヲナシタルトキハ犯罪ナシ云々ト規定シ同第五十四條ニ正當防衞ニアラスト雖モ行爲者ノ責ニ歸セサル避ク可ラサル危害ノ狀態ニ於テ自己又ハ親族ノ身體、生命ニ對スル現在ノ危難ヲ救フ爲メ行爲ヲ爲シタルトキハ犯罪ナシト規定シタリ

本條第二項ノ業務上特別ノ義務アル者ニハ之ヲ適用セス」トノ規定ハ一例ヲ擧クレハ船舶、航海中、風波、激浪ノ爲メ將ニ船舶、顚覆セントシタル場合ニ船長、自己ノ生命ヲ全フセントシテ其ノ乘客

ヲ保護セス溺死セシメタル場合ノ如キ是ナリ是等船長タル特別業務ニ服スル者ニ對シテハ本條ヲ適用セス他ノ特別法令ニ依リ判斷ス可キコトヲ明ニシタルモノナリ（船員懲戒法鐵道營業法參照）以上ハ刑法上ノ緊急行爲ナリト雖モ民法第七百二十條第二項ニ他人ノ物ヨリ生シタル急迫ノ危難ヲ避クル場合ニ於テハ正當防衛ニ倣ヒ損害賠償ノ責任ナキコトヲ規定シタリ

前條正當防衛ト本條緊急行爲トノ區別ハ前者ハ自己又ハ他人ニ對スル不正ノ侵害ヲ排斥スル權利行爲ナルモ後者ハ他人ノ權利ヲ犧牲ニ供シ自己又ハ他人ノ權利ヲ保護スル放任行爲ナリ其性質上ノ區別ヲ擧クレハ左ノ如シ

第一、正當防衛ハ各人、自衛上ノ權利ナルモ之ニ反シテ緊急行爲ハ放任行爲ニシテ權利ニアラス

第二、正當防衛ハ不正ノ侵害ヲ排斥スル行爲ナルヲ以テ人爲上ノ侵害ニ對スル行爲ナルモ之ニ反シテ緊急行爲ハ人爲ト天爲トヲ問ハス現在ノ危難ヲ避クル行爲ナリ

第三、正當防衛ハ身體上及ヒ財産上一切ノ爲メニ有スル自衛權ナルモ之ニ反シテ緊急行爲ハ生命、身體、自由若クハ財産ニ對スル現在ノ危難ヲ避クル場合ニ限ルモノトス

第三十八條　罪ヲ犯ス意ナキ行爲ハ之ヲ罰セス但法律ニ特別ノ規定アル場合ハ此限ニ在ラス

罪本重カル可クシテ犯ストキ知ラサル者ハ其重キニ從テ處斷スルコトヲ得ス

法律ヲ知ラサルヲ以テ罪ヲ犯ス意ナシト爲スコトヲ得ス但情狀ニ因リ其刑ヲ減輕スルコトヲ得

本條ハ罪ヲ犯ス意思ナキ行爲ヲ規定シタルモノナリ

本條ハ舊刑法第七十七條ヲ修正シタルモノナリ該條ニ「罪ヲ犯ス意ナキノ所爲ハ其罪ヲ論セス但法律規則ニ於テ別ニ罪ヲ定メタルモノハ此限ニ在ラス」「罪トナルヘキ事實ヲ知ラスシテ犯シタルモノハ其罪ヲ論セス」「罪本重カル可クシテ犯ス時知ラサル者ハ其重キニ從テ論スルコトヲ得ス」「法律規則ヲ知ラサルヲ以テ犯スノ意ナシト爲スコトヲ得ス」ト規定シタルモ同條第一項但書ノ如ク法律規則ニ於テ別ニ罪ヲ定メタルモノハ犯意ノ有無ヲ問ハス罰ス可キコト論ナク第二項ノ罪トナル可キ事實ヲ知ラスシテ犯シタル者ハ犯意ナキモノナルヲ以テ罰スルコトヲ得ス又第三項、罪本重カルヘクシテ犯ス時知ラサル者モ亦其重キ部分ニ對シテハ犯意ナキモノナルヲ以テ特ニ規定スル必要ナキニ似タリ（前草案參考書參照）

本條第一項「罪ヲ犯ス意思ナキ行爲ハ之ヲ罰ス可キモノニ非サルコトハ一般ノ原則ナリトス例ヘハ夜中自己ノ傘ト誤信シ他人ノ傘ヲ持チ歸リタル場合ノ如キ是ナリ斯ル場合ニ於テハ他人ノ傘ヲ竊取スル意思ナキモノナルヲ以テ竊盜ノ罪ニ依リ論スルコトヲ得サルカ如シ本條第二項「罪本重カル可クシテ犯ストキ知ラサルモノハ重キニ從テ論スルコトヲ得ス」トハ既ニ述ヘタル如ク其重キ部分ニ付テハ犯ス時知ラサルモノナルニ因リ其重キニ從テ論スルコトヲ得ス換言スレハ本來、重キ罪ナルモ犯罪當時知ラサリシトキハ其重キ本來ノ罪ヲ以テ論スルコト得サルモノナリ例ヘハ暗夜、自家ニ強盜侵入シタル場合ニ其強盜ヲ殺傷スル意思ヲ以テ誤テ自己ノ尊族親ヲ殺傷シタル場合ニ於テハ重キ尊族親殺傷ノ罪ニ依リ論スルヲ得サルカ如キ是ナリ如何トナレハ其殺傷當時ハ自己ノ尊族ヲ殺害スヘル意思ナキモノナレハナリ然ラハ本項ノ規定ハ殆ト之ヲ設クルノ必要ナキニ似タリ故ニ前草案第四十八條ニハ此規定ナカリシモ實際上、疑義ヲ生スル虞アルヲ以テ確定成案ニ至リ之ヲ加フルコトトナリタリ

抑モ人ハ自ラ行爲ノ善惡ヲ識別シテ之ヲ爲スト爲ササルトノ自由ヲ有スルモノナリト雖モ時ニ或ハ罪ヲ犯スノ意思ナクシテ偶然、罪トナル可キ結果ヲ生セシムルコトアリ斯ル場合ニ於テハ其善意ヲ證明シテ責任ヲ免ルルコトヲ得可シ換言スレハ人ハ如何ナル智能ヲ有スルモ誤テ自己ノ目的ト齟齬

ヌル結果ヲ生セシムルコトアリ是、本條、第一項ヲ以テ「罪ヲ犯ス意ナキ行爲ハ之ヲ罰セス」ト規定シ（犯意ナキ行爲ノ結果ニ對シテハ刑法上、責任ナキコトヲ明ニシタル）モノナリ

玆ニ所謂行爲即チ所爲トハ吾人ノ意思活動ニ基ク事實ノ發現ナリ換言スレハ吾人ノ責ニ歸ス可キ外界ノ變更ナリ故ニ意思ノ發動ナケレハ所爲ナク所爲ナキ以上ハ所爲ニ基ク犯罪ナルモノナシ又意思アリトスルモ外界ニ於タル變更即チ結果ナケレハ犯罪ナルモノナシ是、意思ハ罰セストノ格言アル所以ナリ故ニ犯罪ノ發現ニハ二個ノ構成要件アルモノトス即チ意思活動ト結果是ナリ而シテ其外界ノ變更タル結果ヲ行爲者ノ責ニ歸セシムルニハ復タ其結果カ本人ノ任意ニ惹起セラレタルカ又ハ任意ニ防止セラレサリシコトヲ要ス（作爲惹起ト不作爲不防止トハ犯罪二樣ノ刑式ナリ）左レハ外界ニ於ケル變更ニシテ任意ニ惹起セラレタルトキハ作爲ノ結果ト云ヒ又任意ニ防止セラレサリシトキハ不作爲ノ結果ト云フ然レトモ縱令、犯意ナキ行爲ノ結果ト雖モ特ニ法律上、明文ヲ以テ罰ス可キ規定ヲ設ケタルトキハ此限リニアラス過失傷害罪ノ如キ重大ナル結果ヲ生セシメタルトキハ其注意ヲ闕キタル點ニ付キ責任アルモノトス是本條但書ニ法令ノ規定アル場合ハ此限ニ在ラス」ト規定シ無意的行爲ヲ罰スル例外アルコトヲ示シタル所以ナリ」無意的、行爲即チ過失トハ豫見シ得可キ結果ヲ豫見セサルコトヲ云フモノナリ而シテ豫見シ得可キ結果トハ豫見スルコトヲ得ルニ拘ハラス豫見セサ

リシ不注意ヲ云フニアリ故ニ過失ノ所爲トハ(作爲若クハ不作爲ニ因ル)任意ノ意思活動ニ因リ豫見セサルモ豫見シ得可キコトヲ惹起シ若クハ防止セサリシコトニ外ナラス

以上ハ刑法上ニ於ケル過失ノ意義ナリト雖モ民法上ニ於テモ「故意又ハ過失ニ因リ他人ノ權利ヲ侵害シタル者ハ之ニ因リテ生シタル損害ヲ賠償スル責ニ任ス」ト規定シタリ(民法第七百九條參照)

罪ヲ犯ス意思即チ犯意ニ就テハ從來、學者間、種々其見解ヲ異ニシタル所ナルモ稍ヤ正確ナリト信スル意義ヲ示セハ左ノ如シ

犯意トハ一定ノ犯罪行爲ヲ實行セントスル意思ヲ謂フ換言スレハ不正ナルコトヲ知テ或ル行爲ヲ行ハントスル決心ヲ云フニ在リ而シテ人ハ此決心ヨリ出テタル行爲ノ結果ニ非サレハ其責ニ任セサルモノトス例ヘハ人ヲ殺スノ意思ヲ以テ人ヲ殺スハ疑ヒモナキ犯意ノ實行ナルモ之ニ反シテ自己ノ傘ナリト信シテ他人ノ傘ヲ持チ歸リタルトキノ如キハ竊取ノ意思ナキ所爲ナルヲ以テ本條ニ依リ竊盜罪成立セサルモノトス之ヲ要スルニ犯意即チ故意トハ意思活動ニ因リ生シタル違法ノ結果ノ豫見アルカ若クハ之ニ因テ防止セサリシ違法ノ結果ノ豫見ナリ故ニ故意アリトナスニハ必ス結果ヲ豫見シタルニ拘ハラス所爲アリタル場合タルコトヲ要ス而シテ結果ノ豫見トハ其結果カ犯罪ヲ構成スルコトヲ豫知シタルコトヲ云フニ在リ左レハ故意ノ所爲トハ犯罪構成條件ノ總テヲ知テ之ヲ實行スル意

思ヲ云フモノトス

茲ニ所謂、犯意トハ各種ノ犯罪事實（犯罪構成條件）中惡意ト解ス可キ場合極メテ多キモ亦云々ノ目的ヲ以テト規定シ或ハ故ナク云々ト規定シタル所ナキニアラス總テ此等ノ用語ニ就テハ立法者カ其用ヰタル場合ヲ愼密ニ審査シテ各個ノ場合ニ於ケル意義ヲ確定スルコトヲ要ス例ヘハ殺人罪ニ於テハ單ニ人ヲ殺シタル者ト規定シタルモ一般ノ觀念ニ基ク惡意即チ人ヲ殺スノ意思ヲ要スルコト論ヲ竢タス又人ノ住居ヲ侵ス罪ニ就テハ故ナク人ノ住居ニ侵入シタル者ト規定シタルモ權利ナクシテ不法ニ人ノ邸宅ニ侵入スル意思アルヲ要シ又貨幣僞造罪ニハ行使ノ目的ヲ以テ貨幣ヲ僞造シタル者ト規定シタルニ止マルモ其貨幣ハ不正ノ手段ニ使用スル意思ヲ以テ僞造スルヲ要スルカ如キ是ナリ

學者中、犯意ヲ一定ノ犯意不定ノ犯意特別ノ犯意等ニ區別シテ論スル者アリ例ヘハ人ヲ殺スニ當リ再思熟考シタル後、決心、計畫シテ殺シタルトキハ豫謀ノ犯意ト云ヒ或ハ甲ヲ殺サントシテ最初ヨリ決心シテ甲ヲ殺シタルトキハ一定ニシテ且ツ特別ノ犯意ナリトシ之ニ反シテ群集ニ對シ發砲シ何人ヲ殺ストモ最初ヨリ意思一定セサリシ場合ニ於テハ之ヲ不定ノ犯意ナリト盖シ斯ル分類ハ犯人ノ目的上ヨリ犯意ノ方向ヲ區別シタルニ過キスシテ罪ヲ犯ス意思アル點ニ付テハ孰レモ同一ナルヲ以

テ特ニ之ヲ區別スル實益ナキモノナリ
本條第二項「法令ヲ知ラサルヲ以テ罪ヲ犯ス意ナシト爲スコトヲ得ス」トハ法令ノ規定アルコトヲ知ラスシテ行フタリトノ理由ヲ以テ其責任ヲ免ルルコトヲ得スト云フニアリ換言スレハ法律ハ一旦、發布、實施シタル以上ハ何人モ之ヲ知ルモノト推定シ實際、規定ノ有無ヲ知ルト否トニ拘ハラス罰スルモノトス若シ夫レ法律ノ規定アルヲ知リタルモノニ非サレハ之ヲ罰スルコトヲ得ストセハ無學文盲ノ徒ハ遂ニ罰スルコトヲ得サルニ至ル故ニ法令ノ規定アルコトヲ知ルト否トハ之ヲ問ハサルヲ以テ刑法上ノ原則ト爲スモノナリ然レトモ法律ヲ知ラサル者ト罪トナルヘキ事實ヲ知ラサル者トハ混同スルヲ得ス即チ法律ハ立法者ノ制定スルモノニシテ廢止セサル以上ハ常ニ效力アリ故ニ何人モ法律ヲ知ラスト主張シテ責任ヲ免ルルコトヲ得ス之ニ反シテ罪トナル可キ事實ヲ知ラサルモノトハ事實上罪トナル可キコトヲ知ラサル者ヲ云フ假令ハ有夫ノ婦ト通スルハ法律ノ禁スル所ナルモ處女ト通スルハ法律ノ問フ所ニアラス故ニ處女ナリト信シテ有夫ノ婦ト通シタルトキハ罪トナルヘキ事實ヲ知ラサルモノナリ蓋シ有夫ノ婦ナルコトヲ知リテ通シタルトキハ罪トナルヘキ事實ナルニ因リ姦通ハ法律ノ罰スルコトヲ知ラスト主張シテ其責任ヲ免ルルコトヲ得ス茲ニ問題アリ犯人全ク法律ノ公布アリタルコトヲ知ラサルトキ又ハ外國人始メテ我國ニ渡來シタルトキノ如キハ法律ヲ知ラサルコトヲ理由トシテ責任ヲ免ルルコトヲ得ルヤ否ヤノ問題是ナリ此場合ニ於テモ法律ノ規定アルヲ知ラスト主張シテ其責任ヲ免ルルコトヲ得ス固ヨリ法律ハ人ノ知ルヲ待テ執行スルモノニ非ス一定ノ手續ヲ經テ公布施行シタル以上ハ何人モ知ルモノト看做シ新來ノ外國人ナルト公布ヲ知ラサル者ナルトヲ問ハス直ニ適用スルモノトス然レトモ知ルヘキ便宜ヲ有シテ知ラサル者トハ之ヲ同視スルコトヲ得ス故ニ全ク知ラサル者ニ對シテハ其情狀ニ因リ其刑ヲ減輕スルコトヲ得可キモノトス是本條第二項但書ノ規定アル所以ナリ

第三十九條　心神喪失者ノ行爲ハ之ヲ罰セス

心神耗弱者ノ行爲ハ其刑ヲ減輕ス

本條ハ心神喪失者ノ行爲ヲ規定シタルモノナリ

本條ハ舊刑法、第七十八條ヲ修正シタルモノナリ該條ハ「知覺精神ノ喪失ニ因リ是非ヲ辨別セサル者ハ其罪ヲ論セス」ト規定シタルモ其意義頗ル不明ノ嫌ナキニアラス如何トナレハ果シテ犯人、知覺精神ヲ喪失シタルモノナルヤ否ヤハ醫學者ニ於テモ至難ト爲ス問題ナルヲ以テ到底、判別スルコト能ハサルモノナレハナリ故ニ本法ニ於テハ其趣旨ヲ採リ文字ヲ改メ「心神喪失ニ因ル行爲ハ之ヲ罰セス」ト規定シ其意義ヲ明確ナラシメタリ蓋シ本項ハ無意識行爲ニ對スル規定ナルヲ以テ犯人ノ精神病ナルトキハ勿論、一時的喪心ニ因ルトヲ問ハス犯罪不成立ノ結果ヲ看ルモノトス而シテ此心神喪失ノ原因ヲ類別スレハ左ノ三種ト爲スコトヲ得可シ

第一、心神機能生レナカラニシテ發達セサル者、例ヘハ白痴者ノ如キ先天的、心神機能ノ喪失者

第二、心神機能生後ニ至リ疾病其他ノ原因ニ因リ喪失シタル者例ヘハ瘋癲者ノ如キ後天的心神機能ノ喪失者

第三、疾病以外ノ原因ニ因リ一時心神機能ヲ喪失シタル者、例ヘハ酒狂者ノ如キ者則チ是ナリ

此第一、第二ノ者ハ所謂、醫學上ニ於ケル精神病者ニシテ第三ノ醉狂者ノ如キハ精神病ニアラス唯、一時、心神機能ノ變動作用ニ因リ心神喪失ノ狀況ニアルモノナリ其生レナカラニシテ精神發達セサル者モ亦中途ヨリ疾病ニ因リ發達ヲ妨ケラレタル者モ或ハ疾病以外ノ原因ニ因リ一時的、心神喪失者モ總テ本條、心神喪失者ナリト雖モ其心神喪失ノ程度ニ至テハ自ラ異ナルモノアリ是非善惡ノ辨別心全ク喪失シタル者ト未タ絕對的ニ喪失セサル者是ナリ

本條二項ノ「心神耗弱者ノ行爲ハ其刑ヲ減輕ス」トハ即チ前項心神喪失者ニ比シ比較的、輕キ心神喪失者ノ行爲ハ之ヲ無罪ト爲スコトヲ得サルモ其行爲ハ多少之ヲ宥恕スヘキモノナルヲ以テ刑ヲ減輕スルコトヲ得ルト爲シタルモノナリ、假令ハ精神病者ニシテ時々、發狂スル者、心神靜平常人態ノ時

ニ犯シタル罪、或ハ老衰ニ因リ精神機能ニ幾分ノ闕乏ヲ生シ罪ヲ犯シタル者ノ如キ絕對的、心神喪失者ニ非サル者ハ本條ニ所謂心神耗弱者ナリ

以上ハ是本法ノ規定スル所ナリト雖モ此心神喪失者ニ就テハ民法ニ於テモ亦、無能力者トシテ之ヲ保護セリ則チ民法第七條ハ「心神喪失ノ常況ニ在ル者ハ親屬又ハ檢事ノ請求ニ因リ禁治產ノ宣告ヲ爲スコトヲ得ル」ト規定シ又第十一條ニ「心神耗弱者、聾者、啞者、盲者及浪費者ハ準禁治產者トシテ保佐人ヲ付スルコトヲ得ル」ト規定シ民法上ニ於テモ此等ノ者ハ法律行爲ノ要素タル意思能力ヲ闕クモノハト爲シタリ然レトモ此等、心神耗弱者、聾啞者、盲者及ヒ浪費者ハ全ク心神喪失者ト云フニ非ス唯、心神常人ニ及ハス孰レモ法律行爲ノ利害得失ヲ辨識スル五官機能ノ不完全ナルニ因リ保佐人ヲ付シテ之ヲ保護スルニ外ナラス其詳細ハ民法ニ讓リ茲ニ論セサルモ要スルニ心神喪失者ノ行爲ハ民刑共ニ責任ナキモノトス但浪費者ニ至テハ單ニ理財上ニ就テノミ精神病ノ一種ト見做スニ過キサレハ刑法上ニ於テハ常人ト異ナルコトナシ

茲ニ一、二問題アリ醉狂ニ乘シテ罪ヲ犯シタル者モ刑法上ノ責任アリヤ否ヤノ問題是ナリ例ヘハ飲酒ノ結果、一時心神ヲ喪失シテ犯罪行爲ヲ行フタル場合ノ如シ酩酊ノ結果、全ク知覺精神ヲ喪失シテ罪ヲ犯シタルトキハ本條ニ因リ犯罪成立セサルコト議論ナキモ最初ヨリ罪ヲ犯サントシテ酒氣ニ乘

シテ決行シタルトキノ如キハ酒ヲ手段ニ供シタルモノナルヲ以テ罰ス可シト論スル者アリ例ヘハ儒夫、酒力ヲ假リテ人ヲ殺シタル場合ノ如シ是等ノ者ト雖モ其實行當時全ク心神錯亂シテ是非ノ別辨ナクシテ殺傷シタルトキハ本條ニ依リ罰スヘキモノニ非ス如何トナレハ最初、人ヲ殺サントシテ飮酒シタル所爲ハ豫備ニ止マルヲ以テ其豫備ノ所爲ハ法律上、特別ノ規定アル場合ノ外罰セサルモノナレハナリ又睡眠中、一時、心神機能ノ活動停止シタル場合ニ夢ニ感シテ突然、起キテ側ノ人ヲ殺シタル場合ノ如キ是稀ニアルノ實例ナリ此等、夢中 迷心行爲ハ精神病ニ非サルモ一時ノ心神喪失、狀態ナルヲ以テ本條ニ依リ罰ス可キモノニ非ス要スルニ心神喪失ナル語ハ啻ニ本來ノ精神病者ニ止マラス精神上ノ發達ヲ阻礙セラレタル者及ヒ其他精神上ノ障碍ヲ伴ヒ生スル者即チ心神作用ノ一時ノ病的障碍者ヲモ包含スルモノトス然レトモ完全ナル身體ノ健康上ノ障碍ハ必スシモ皆疾病ナリト云フコトヲ得サルト等シク精神作用ノ障碍モ亦必スシモ總テ責任能力ヲ阻却スルモノニ非ラス故ニ刑事上ニ於テハ其責任能力ノ因テ基ク內容即チ犯人ノ意思ノ自由換言スレハ知覺神經ノ犯罪當時、阻却セラレタルヤ否ヤヲ研究スルコトヲ要ス而シテ此意思ノ自由トハ一般普通ノ觀念ニ基ク心神作用ノ働キ是ナリ其障碍ノ有無ハ刑事上、最モ必要ナル事項ナルヲ以テ特別智識ヲ有スル鑑定人ノ意思ヲ徵シ熟知スルコトヲ要ス然レトモ其鑑定人ノ意見ハ判事ヲ拘束ス可キモノニアラス故ニ果シテ責任能力ヲ阻却シタルモノナルヤ否ヤハ他ノ犯罪ト等シク自ラ審査シタル結果ニ因リ判斷ス可キモノナリ而シテ此責任能力ハ犯罪行爲ノ當時存在シタルコトヲ要ス犯罪實行後ニ到リ責任能力ヲ喪失スルモ單ニ訴訟手續上ニ影響アルニ止マリ引責能力ニハ毫モ影響ヲ及ホササルモノトス詳言スレハ犯罪實行當時即チ身體ノ運動自體ノ行ハレタル瞬間ヲ以テ其標準トナスヘキモノナリ故ニ結果ノ生シタル後ニ於ケル精神狀態ノ如何ハ之ヲ問フコトナシ例ヘハ人ヲ殺シタルモノ其後ニ銘酊シタリトスルモ仍ホ殺人罪ノ責任ヲ免ルルコトヲ得サルカ如キ是ナリ

餘論

本條第一項ハ心神喪失者ノ行爲ハ之ヲ罰セスト規定シタルモ醫學上ノ見地ニ依レハ心神喪失者ハ人ニ非スト人タル以上ハ必ス心神ハ之ヲ保有スルモノナリト云フ果シテ然ラハ本條ハ無意識行爲ハ之ヲ罰セスト云フニ過キサレハ前草案ノ如ク精神障礙ニ因ル行爲ハ之ヲ罰セスト規定スルヲ立法上穩當ナリシト信ス

第四十條　瘖啞者ノ行爲ハ之ヲ罰セス又ハ其刑ヲ減輕ス

本條ハ瘖啞者ノ行爲ヲ規定シタルモノナリ

舊刑法第八十二條ハ「瘖啞者ノ行爲ハ之レヲ罰セス」ト規定シタルモ近時、瘖啞者ノ敎育方法備ハリタルヲ以テ普通ノ智識ヲ得ルノ便宜アリテ瘖啞者ト雖モ是非ヲ辨別スル者アルヲ以テ本法ハ舊刑法ノ主義ヲ改メ瘖啞者ノ狀況ニ因リ發達常人ニ近キ者ハ其刑ヲ減輕シ全ク責任ヲ辨セサル者ハ之ヲ罰セサルコトト爲シタリ

而シテ此瘖啞者ニ二種アリ一ハ生來ノ瘖啞者一ハ生後瘖啞トナリタル者是ナリ先天的、瘖啞者ハ知識ヲ養フ可キ聽音、發音ノ機關ヲ闕クモノナルカ故ニ心神機能ノ發育セサルモノナレハ出生ノ儘ニテ自他、是非、善惡ヲ識別スル智識ナク心神喪失者ト殆ント同一ナリ之ニ反シテ生後、疾病其他ノ原因ニ因リ聽官語官ノ機能ヲ失ヒタル者ハ一旦、發達シタル智識ハ之ヲ全ク失フニ非ス唯、常人ヨリ多少智能ニ闕損ヲ來スコトアルニ過キス然レトモ本法ハ是等ノ區別ヲ認メサル立法上ノ精神ナリトス

第四十一條　十四歲ニ滿タサル者ノ行爲ハ之ヲ罰セス

本條ハ十四歲以下ノ者ノ行爲ヲ規定シタルモノナリ

本法ハ十四歲ニ滿タサル者ハ絕對的ニ犯罪無能力者ト推定シテ之ヲ罰セスト爲シタリ之ヲ舊刑法ニ比較スレハ幼者ノ責任年齡ニ一大變革ヲ與ヘタル感ナキニアラス舊刑法第七十九條乃至第八十一條ハ十二歲以上、十六歲以下ヲ刑法上、責任アルヤ否ヤ審判ス可キ第一期ト爲シ、十六歲以上、二十歲以下ヲ以テ必ス減輕ス可キ第二期ト爲シ、二十歲以上ヲ刑罰ニ影響ナキ時期ト爲シタルニ本法ハ

十四歳以下ノ幼者ハ是非善惡ヲ辨別シタルト否トヲ問ハス總テ刑法上之ヲ罰セスト改メ十四歳以上ノ者ハ總テ酌量減輕ヲ用ユル外、法律上ノ減輕ハ之ヲ與ヘサルコトト爲シタルモ本法ハ舊刑法第八十條ノ罪ヲ犯ス時、滿十二歳以上、十六歳ニ滿タサル者ハ其所爲是非ヲ辨別シタルト否トヲ審判シ辨別ナクシテ犯シタル時ハ其罪ヲ論セストノ規定ヲ折衷シテ中間ノ年齡即チ十四歳ヲ以テ有罪無罪ノ分界ト爲シタルニ依リ十四歳以下ノ幼者ニ對シテハ大ニ利益ナルモ十四歳以上ノ者ハ不利益ニ似タリ如何トナレハ舊刑法ノ十六歳ニ滿タサル者ノ行爲ハ是非善惡ヲ辨別シテ罪ヲ犯シタルヤ否ヤヲ審案シ若シ辨別力ナクシテ犯シタルトキハ或ハ無罪タルコトアリタルモ本法ニ於テハ十四歳以上ノ者ハ辨別力ノ有無ヲ審判セス當然、有罪ノ推定ヲ受クルモノナレハナリ然レトモ實際上ニ於テハ十四歳以上ニ至リ是非ヲ辨別セサルカ如キ者殆ント稀ナルヲ以テ舊刑法ヨリ寧ロ寛大ナル主義ヲ採リタルモノナリ

本法十四歳以下ノ幼者ハ如何ナル所爲アルモ之ヲ罰セスト改メタル所以ノ理由トシテ前刑法改正案參考書ニ曰ク、舊刑法、上、責任年齡ヲ十二歳ト定メ之ニ滿タサル者ノ行爲ハ罪ト爲サスト規定シタルハ主トシテ古來ノ立法例ヲ襲ヒタルモノナリ未タ幼年犯罪者ニ對シ懲治ノ方法充分ナラサルノミナラス刑罰ノ目的モ亦今日ト等シカラサルヲ以テ極メテ責任年齡ヲ低クナシタルモノナリト雖モ

近來、生理學ノ發達ニ伴ヒ幼者ノ智能此ノ如ク速ニ發達スルモノニアラサルヲ知ルニ至リ從來ノ立法例ニ於ケル責任年齡ノ低キニ失スルヲ批難スル者增加シタルト共ニ幼年犯罪者ヲ懲治スル設備ヲ整ヘ得ルニ至ルヲ以テ斷然、舊來ノ立法例ヲ破リ責任年齡ヲ高メ十四歲ト爲シタリ蓋シ幼年四ヲ處罰スルモ其利益甚タ少ナク累犯者ノ幼年四ニ多キコトハ今日、識者ノ一般認ムル所ナルヲ以テ本條ノ修正ハ之ヲ濟フニ最モ適切ナルモノト謂フ可シ云々ト說明シタリ

前草案第五十二條ハ「十四歲以上二十歲ニ滿タサル者ノ行爲ハ其刑ヲ減輕スルコトヲ得」ト規定シ又舊刑法第八十條ハ「十二歲以上、十六歲ニ滿タサル者ノ行爲ハ是非ヲ辨別シタルト否トニ因リ其刑ヲ減輕シテ罰シ或ハ之ヲ罰セス」又同第八十一條ハ「十六歲以上、二十歲ニ滿タサル者ノ行爲ハ之ヲ罰シ又ハ其刑ヲ減輕ス」ト規定シタルモ之ヲ實際ニ徵スルニ是非ヲ辨別シタルト否トヲ區別スルハ頗ル困難ナリ加之ナラス十六歲以上ノ者ニ就テハ犯罪能力ヲ認メナカラ必ス刑ヲ減輕スルモノナルヲ以テ必要ナキ場合ニモ尙ホ減輕スルコトナキニ非サレハ本法ハ幼年犯罪者ノ責任年齡ヲ充分高度ニ定メタルヲ以テ其年齡ヲ超ヘ既ニ責任者ト定マル以上ハ普通ノ刑ヲ科スルコトト爲シタリ」玆ニ一言ス可キコトハ民法ニ於テハ滿二十歲以下ヲ無能力者ト爲シ總テ法律行爲ハ不成立又ハ取消シ得ヘキモノト規定シタルニ刑法ニ於テハ十四歲以下ヲ無能力者ト爲シ十四歲以上ヲ一般責任能力者ト爲シ

民法ト責任年齢ヲ異ニシタリ抑モ民事上ニ於テハ人民相互ノ權利關係ヲ定ムルモノナルヲ以テ其利害得失ヲ考フル智能充分發達シタルヲ要スルカ爲メナリ之ニ反シテ刑事上ノ行爲ハ是非善惡ヲ識別スヘキ單純ナル智能ヲ以テ足ルカ故ニ人間生レテ十四歳ニ達スレハ最早、此、自斷力アルモノト推定シ其責任ヲ問フモノトス

因ニ云フ舊刑法幷ニ前草案第四十九條乃至第五十一條ハ心神喪失者、瘖啞者又ハ幼者ハ之ヲ罰セサルトキト雖モ其情狀ニ因リ一定ノ期間監置又ハ懲治處分ヲ命スルコトト爲シタルモ確定成案ニ至リ此等ノ規定ハ總テ他ノ特別法令ニ讓ルコトト爲シタリ其之ヲ他ノ法令ニ讓リタルハ元來監置又ハ懲治處分ハ刑罰ニ非サルヲ以テ刑法上之ヲ規定スルノ必要ナキニ因ル

餘論

本條ニ於テ述ヘタル如ク本法カ舊刑法ヲ一新シテ十四歳ニ滿タサル者ノ行爲ハ之ヲ罰セストシタルハ大ニ可ナルモ一躍十四歳以上ノ者ハ全責任ヲ負ハシムル主義ヲ採リタルハ實際ニ適セサル立法ナリト信ス如何トナレハ未タ十四歳以上二十歳以下ノ未成年者ハ恰モ前條心神耗弱者ト等シク完全ナル能力發達セサル時代ニ屬スルモノナレハナリ

第四十二條 罪ヲ犯シ未タ官ニ發覺セサル前自首シタル者ハ其刑ヲ減輕ス

ルコトヲ得

告訴ヲ待テ論ス可キ罪ニ付キ告訴權ヲ有スル者ニ首服シタル者亦同シ

本條ハ自首減輕ヲ規定シタルモノナリ

舊刑法ニ於テハ謀殺、故殺以外ノ犯人、自首シタルトキハ總テ本刑ニ一等ヲ減シ殊ニ財產ニ對スル犯罪ニ就テハ贓物ヲ還給シ損害ヲ賠償シタル程度ニ於テ一層減輕スル規定ヲ設ケタリト雖モ何故ニ謀殺、故殺ニ限リ除外シテ減輕セサルカ毫モ其理由ノ看ル可キモノナシ或ハ人命ニ關スル至重ノ罪ヲ犯ス者ハ最初ヨリ自首シテ刑ヲ減セラレンコトヲ豫期スルヲ以テ自首スルモ減輕スルノ必要ナシト云フニアルニ似タリ若シ然リトスレハ謀殺、故殺以外ノ罪ハ犯人、豫期シテ自首スルモ減等シテ可ナリト云フニ至リ不當ノ結果ヲ生ス況ンヤ謀殺、故殺以外ノ殺人罪ニ就テハ尙ホ解釋上、自首ノ利益ヲ與フル場合アリシニ於テオヤ殊ニ財產上ノ犯罪ハ賠償ノ多寡ニ因リ減輕ニ差等ヲ設クルカ如キハ其規定、細微ニ失シ却テ弊害アリタルヲ以テ本法ハ犯罪ノ種類ヲ問ハス自首ハ一般ニ刑ヲ減輕スルコトト改メ此等ノ弊害ヲ一掃シ自首減輕本來ノ目的ヲ達スルコトト爲シタリ

而シテ此自首減輕ヲ設ケタル立法上ノ理由ハ(一)犯人自首スレハ犯罪搜査ノ手數ヲ減少シ(二)有罪者法網ヲ漏レテ無辜者冤罪ニ苦シムノ虞ナカラシムルニ(刑罰ヲ犧牲ニ供シテ社會ノ保護ニ努ムルノ趣

旨）アリトス

自首トハ犯罪事實ノ未タ發覺セサル以前犯人自ラ進ンテ當該官廳又ハ告訴權ヲ有スル者ニ對シテ申告スルコトヲ謂フモノトス

故ニ本條ニ依リ自首減輕ヲ得ルニハ左ノ三條件ヲ具備スルヲ要ス

第一、犯罪事實ノ未タ官ニ發覺セサル以前タルコトヲ要ス

犯罪事實ノ未タ發覺セサル以前タルコトトハ其犯罪事實及ヒ犯人ノ誰タルコトノ判明セサル以前ヲ謂フ故ニ犯罪事實ノ官ニ發覺シテ既ニ檢證又ハ犯罪搜査等ニ著手シタルトキハ最早、其犯人ノ何人タルカ判然セサル場合ト雖モ尙ホ自首減輕ヲ與フ可キモノニアラス左レハ檢事ニ於テ既ニ公訴ヲ提起シ又ハ犯罪搜査ニ著手シタルトキハ官ニ發覺シタルモノナルヲ以テ自首スルモ效ナキモノトス舊刑法第八十五條ハ「罪ヲ犯シ事未タ發覺セサル前ニ於テ官ニ自首シタル者ハ一等ヲ減ス」ト規定シタルモ本法ハ此事ノ一字ヲ削リタルモ其立法上ノ精神ニ至テハ異ナルコトナシ

第二、犯人自ラ進ンテ犯罪事實ヲ申告スルコトヲ要ス

犯人自ラ進ンテ犯罪事實ヲ申告スルトハ當該官タル檢事若クハ司法警察官等ニ對シテ自ラ犯罪事實ヲ申告スルコトヲ謂フ

左レハ既ニ犯人タル嫌疑ヲ受ケ檢事又ハ司法警察官ニ訊問ヲ受ケ自己ノ犯罪ヲ告白シタルトキノ如キハ是自首ニアラスシテ自白ナリトス

然レトモ其自首ハ口頭ヲ以テスルト書面ヲ以テスルトハ犯人自ラ檢事局又警視廳若シクハ警察署ヘ出頭スルト否トヲ問ハス、唯何時ニテモ官ノ審問又ハ裁判ヲ受クルヲ得可キ所ニ其身ヲ置クコトヲ要スルニアルノミ故ニ犯罪後、他人若クハ書面ヲ以テ官ニ犯罪事實ヲ申告シテ自ラ所在ヲ晦マシタル場合ノ如キハ自首シタル者ト云フコトヲ得ス

第三、自首ハ官ニ對シ又ハ告訴ヲ待テ論ス可キ罪ニ付テハ告訴權ヲ有スル者ニ對シテ爲シタルコトヲ要ス

本條ニ所謂官トハ檢事局、警視廳、警察署、檢事司法警察官其他、刑事訴訟法ノ定ムル犯罪捜査權ヲ有スル公務所又ハ公務員等ヲ謂フ故ニ犯罪捜査ノ職權ナキ行政官又ハ裁判官等ニ對シテ自首スルモ效ナキモノトス

而シテ本條第二項告訴ヲ待テ論ス可キ罪ニ付キ告訴權ヲ有スル者トハ本法、第二編以下各本條ニ規定シタル親告罪ノ被害者若クハ其法定代理人等ヲ謂フモノトス例ヘハ有夫姦ノ罪ニ就テハ其本夫ハ被害者ナリ若シ本夫未成年者ナルトキハ其本夫ノ後見人等ニ對シテ首服スルヲ要スルモノナリ

故ニ此場合ニ於テ告訴權ヲ有セサル本夫ノ父母其他ノ親屬等ニ對シテ爲シタル首服ハ自首ノ效力ナキモノトス

舊刑法ハ前段述ヘタル如ク第八十六條ヲ以テ財產ニ對スル罪ヲ犯シタル者、其贓物ヲ還給シ損害ヲ賠償シタル時ハ自首減輕ノ外、尚ホ減等スヘキ規定ナリシモ本法ハ之ヲ廢シテ新タニ本條第二項ヲ設ケ告訴ヲ待テ論スヘキ罪ニ付キ告訴權ヲ有スル者ニ對シテ首服シタルトキハ自首ト同一ニ減刑ノ利益ヲ與フルコトト改メタリ是本法ノ新設ニ係ル規定ニシテ被害者ニ首服シタルトキハ公訴權ヲ有スル檢事ニ對シテ自首シタルト同一ナリト看做シタルモノナリ

告訴ノ性質ニ就テハ刑事訴訟法ニ於テ論ス可キコトナルヲ以テ茲ニ論セス

蓋シ本法第二編ニ於テ告訴ヲ待テ其罪ヲ論ス可キ規定ハ第四章、國交ニ關スル罪中外國ノ君主若クハ大統領ヲ侮辱スル罪及ヒ使節ヲ侮辱スル罪、外國ノ國旗、國章ヲ汚損シ又ハ除去スル罪(以上ハ告訴ト云ハス請求ト規定シタルモ殆ント告訴ト同一ナルヲ以テ茲ニ列擧ス)第十三章祕密ヲ侵ス罪、第二十二章中男女ニ對スル猥褻罪、幼者姦淫罪、強姦罪及ヒ有夫姦罪、第二十七章傷害罪中暴行未傷ノ罪、第二百八條、第二十八章過失傷害ノ罪中第二百九條、第三十三章略取及ヒ誘拐ノ罪、第三十四章名譽ニ對スル罪、第三十六章竊盜罪中親屬間ノ竊盜罪、第二百四十四條、第三十七章、詐欺及ヒ恐喝

ノ罪中、第二百五十一條第三十八章横領ノ罪中、第二百五十七條、第四十章毀棄及ヒ隱匿ノ罪中第二百六十四條、是ナリ但本條第一項自首減輕ノ外尚ホ本法ニ於テモ自首減免ノ特例ヲ設ケタルモ第二編ニ至リ詳述セントス（第八十條第九十三條第百九十八條）

第八章　未遂罪

總論

本章ハ舊刑法、第一編、第九章ノ規定ヲ修正シタルモノナリ

本章未遂罪ハ法文、僅カニ二條而カモ文意明瞭、殆ント疑義ナキカ如シト雖モ之ヲ仔細ニ觀察スレハ刑法全編ニ渉テ各犯罪ノ既遂、未遂ノ分界ヲ論定ス可キ標準ニシテ極メテ重要ナル規定ナルコト前章、犯罪ノ不成立及ヒ刑ノ減免ニ讓ラス故ニ本章ニ就テハ先ツ法理論ノ大要ヲ述ヘ而シテ後、法文ノ解釋ニ入ラントス

一罪ヲ犯サント欲スレハ一瞬間ニ犯スコトヲ得可シト雖モ、之ヲ犯人ノ心意上ヨリ觀察スレハ左ノ順序アルモノトス、犯罪ノ發意、決心、豫備、著手、實行是ナリ

第一、犯罪ノ發意　犯罪ノ發意トハ犯人カ罪ヲ犯サントシタル意思ノ發起ヲ謂フ換言スレハ犯罪ノ

發意トハ心理學上ニ所謂、決心ノ端緒タル思想ノ發動作用ヲ謂フモノトス吾人ハ外界ノ事物ニ感觸スレハ之ニ因テ種々ナル感想ヲ惹起スルモノナルヲ以テ罪ヲ犯ス者モ亦或ハ利慾ノ邪心ヨリ他人ノ物ヲ竊取セント欲シ又ハ人ヲ惡ミ人ヲ恨ム等、種々ナル緣因ヨリ遂ニ罪ヲ犯スノ發意ヲ生スルモノナリ是ヲ稱シテ犯罪ノ發意ト謂フ

第二、犯罪ノ決心　犯罪ノ決心トハ發意ノ一歩ヲ進メタルモノニテ其發意ニ基キ一定ノ犯罪ヲ實行セント決シタル心裡ノ狀態ヲ謂フ故ニ發意ト決心トハ因果ノ關係ヲ有スルモノニテ發意ナクンハ決心ナシ發意決心ナキ犯罪ハ無意犯即チ過失罪以外ニ成立スルコトナシ去レハ發意及ヒ決心カ犯罪ノ根源ヲ爲スモノトス然レトモ此犯罪ノ決意ハ刑法上之ヲ罰セサルヲ以テ原則ト爲ス

刑法上、發意及ヒ決心ヲ罰セサル理由ニ就テハ學者或ハ罪ヲ犯スノ意思ハ人ノ胸中ニ存スル想像ニ過キサルヲ以テ果シテ犯意ヲ胸中ニ包藏スルヤ否ヤヲ證明スルニ困難ナルニ因リ之ヲ罰セスト論スル者アリ然リ犯意ヲ胸中ニ包藏スルヤ否ヤハ他ヨリ之ヲ擧證スルコト困難ナルモ若シ犯人書面又ハ口頭ヲ以テ其犯意ヲ表示シタルトキハ如何之ヲ罰ス可キ乎否、刑法ハ尚之ヲ罰セス故ニ犯意ヲ罰セサル理由ハ人ノ胸中、縱令如何ナル犯罪ヲ計畫スルモ外形上、行爲ニ顯ハレサル以上ハ未タ社會ノ安寧ヲ害サヽルニ因ル換言スレハ刑法ハ國家ノ安寧秩序ヲ維持スル爲メ設クルモノナル

ヲ以テ社會ニ實害ナキ以上ハ之ヲ罰スルノ必要ナキモノトス是、犯罪ノ決心ヲ罰セサル所以ナリ然レトモ犯罪ノ性質又ハ犯意表示ノ方法、如何ニ因テハ法律ハ特ニ之ヲ例外トシテ罰スルモノトス即チ陰謀又ハ脅迫罪ノ如キモノ即チ是ナリ尚後ニ至リ詳論ス可シ

第三、犯罪ノ豫備　犯罪ノ豫備トハ犯意ノ實行ニ要スル諸般ノ準備ヲ謂フ換言スレハ發意決心ノ命スル所ニ從ヒ之ヲ外部ニ發表シ犯罪實行ニ必要ナル手段方法ヲ準備スル行爲ヲ謂フモノトス故ニ犯罪實行ニ要スル方法ヲ計畫シ犯罪供用ノ器具ヲ準備シ或ハ機會ヲ窺フ等ノ如キハ即チ其好適例ナリトス

斯ク犯罪實行ニ必要ナル準備行爲ヲ爲シタルトキハ最早、多少社會ニ危險ヲ與フルコトアルモ尚ホ犯罪ノ發意及ヒ決心ト等シク刑法上、罰セサルヲ原則ト爲ス然リト雖モ其豫備ノ所爲、自體カ社會ニ危險ヲ與フル性質ナルトキハ實害ノ有無ニ拘ハラス例外トシテ罰スルコトナキニ非ス彼ノ第七十八條ニ規定シタル內亂ノ豫備陰謀ノ如キ國家ノ存立ニ關スル事體、重大ナル行爲ハ一個ノ犯罪トシテ之ヲ罰スルモノトス又第二百一條謀殺ノ目的ヲ以テ豫備シタル者等ヲ罰スル規定ノ如シ蓋シ是等ノ所爲ハ本章ニ所謂、犯罪ノ豫備ト同一ナルヤ否ヤハ第二編ニ至リ詳述セントス

如斯、犯罪ノ豫備ヲ罰セサル所以ノモノハ未タ社會ニ直接、危害ナキニ基クコト前段、論シタル

カ如シ縱令ハ人ヲ殺スノ目的ヲ以テ刀劍ヲ買入レタリトスルモ其意思ヲ一變シテ停止スルコトアリ之ヲ殺人罪ヨリ觀察スレハ刀劍、買入レハ間接ノ行爲ニシテ直接必要ナル行爲ニ非ス即チ舊刑法ハ第百十一條ヲ以テ特ニ罪ヲ犯サントシテ事ヲ謀リ又ハ其豫備ヲ爲スト雖モ未タ其事ヲ行ハサル者ハ本條別ニ刑名ヲ記載スルニ非サレハ其刑ヲ科セス」ト規定シ此事ヲ明ニシタルモ本法ニ於テハ明文ヲ要セストシテ規定セス但シ立法趣旨ニ至テハ舊刑法ト異ナルコトナシ

第四、犯罪ノ著手、犯罪ノ著手トハ豫備既ニ成リ犯罪實行ニ著手シタルコトヲ謂フ詳言スレハ其犯サントスル罪ノ成立條件タル要素ニ接近シタル行爲ニ著手シタルコトヲ云フ假令ハ人ヲ殺サントシテ刀ヲ振リ上ケタル行爲ハ殺人罪ニ著手シタルモノナリ如何トナレハ殺人罪ノ成立條件ハ人ヲ殺スト云フ行爲ヲ一條件ト爲スカ故ニ其刀ヲ振リ上ケタル瞬間ノ行爲ハ之ヲ殺人罪ノ著手ニシテ其刀ヲ被害者ニ加ヘタルトキハ殺人行爲ノ實行ナリ要スルニ一般、犯罪ノ目的ヲ達スルニ必要、闕ク可ラサル行爲ニシテ且、犯意ヲ識別スルニ足ル可キ行爲ハ之ヲ犯罪ノ著手ト云フ其程度ニ至ラサル行爲ヲ犯罪ノ豫備ト云フ換言スレハ豫備ト著手ノ區別ハ犯罪實行ニ接近シタル所爲ヲ著手ト云ヒ未タ其恐ナキ行爲ヲ豫備ト云フニアリ蓋シ此犯罪ノ豫備及ヒ著手實行ノ區別ニ就テハ學者或ハ實行トハ刑法ノ各本條、各犯罪ノ特別、成立要素タル行爲ヲ謂ヒ著手トハ實行ヲ組成スル各擧

動及ヒ實行ニ近接シタル各擧動ヲ謂フ故ニ實行終結スルト共ニ著手關係終結ス豫備トハ實行ノ著手以前犯意ノ表示タル一切ノ働作ヲ謂フ故ニ實行ニ對シテハ間接離隔シタルモノナリト説明スル者アリ又犯罪ハ結果ニ向ヘル意思活動アリタル場合又ハ結果ノ防止ニ向ヘル意思活動カ之ヲ防止スルコトヲ罷メタル場合ニ該結果ノ到來セサリシトキニ未遂アリ故ニ未遂ハ犯罪成立條件ノ一部ノ實行ヲ必要トス然レトモ結果ニ向フトハ客觀的ニハ其結果ノ到來カ可能ナルコトヲ要シ又主觀的ニハ犯人カ結果ノ到來ス可シトノ觀念ヲ有スルコトヲ要ス左レハ吾人ノ所謂、未遂トハ此既ニ生シタル事柄ト到來セサリシ結果トノ關係ヨリ成ルモノナレハ未遂ヲ處罰スル原因ハ一方ニ於テハ結果ヲ豫見スルニ拘ハラス所爲ヲナシタル犯人ノ危險ナルコトト他方ニ於テハ結果ノ到來ノ可能ノ機ヲ生セシメタル事實トニ在リ豫備ト罰ス可キ未遂トノ分界ヲ定ムル標準ヲ實行ノ開始テフコトニ置ケリ之ト共ニ實行ノ所爲テフ術語ヲ生ス實行ノ所爲トハ立法者カ一般ニ刑ノ制裁ヲ附シタル事實ヲ現實トナシタル各場合ノ意思活動ヲ云フモノトス例ヘハ殺人罪ニ於テハ人ヲ刺スコト若クハ毒物ヲ與フルコトノ如シ又實行ノ所爲中ニハ法律カ犯罪成立條件中ニ加ヘタル手段ヲ執リタルコトヲ含ムモノナリ例ヘハ强盜罪ニ於ケル暴行詐欺罪ニ於ケル詭騙ノ如キ是ナリ而シテ未遂テフ一個ノ觀念ニ就キ之ヲ二種ニ區別スルコトヲ得、(一)實行未遂トハ結果ノ到來スルコトナクシテ作爲犯ニ付テハ結果ニ向ヘル意思活動カ終了シタルトキ不作爲犯ニ付テハ法定ノ作爲義務カ其終リテ告ケタルトキニ存スルモノニテ結果ノ到來ス可キヤ否ヤ疑ハシキ場合又ハ其到來ノ確實ナル場合ノ外仍ホ闕效犯即チ結果ノ到來セサルコトノ確實ナル場合ノ如キモ亦之ニ屬ス、（二）著手未遂トハ結果ニ向ヘル意思活動カ未タ完了セサルコトニアリト（獨逸刑法論）

（一）犯罪ノ著手未遂罪

犯罪ノ著手未遂トハ各犯罪行爲ノ成立條件タル要素ノ實行ニ著手スルコトヲ謂フ故ニ著手未遂罪ハ各犯罪ノ成立要素ノ實行ニ著手シ意外ノ障碍ニ因リ其目的ヲ達スルコト能ハサル場合ニ成立スルモノナリ換言スレハ刑法上ノ、各犯罪行爲ニ著手シテ未タ遂ケサル場合ヲ謂フモノトス而シテ此犯罪行爲ノ著手トハ如何ナル行爲ニ著手シタルトキヲ云フ乎、犯罪ノ種類ニ因リ、各異ナルヲ以テ一概ニ論定スルコト能ハスト雖モ學者或ハ、各犯罪ノ成立條件ノ全部ニ著手スルヲ要スト論シ或ハ犯罪、構成條件ノ一部ニ著手スレハ可ナリト論スルモノアリ要スルニ此犯罪、構成條件ナルモノハ必ス一定シタルモノニ非ス犯罪ノ種類又ハ性質ニ因リ、各其構成條件ヲ異ニスルヲ以テ各、犯罪ニ就テ觀察セサル可ラス夫ノ人ノ身分ノ如キモ或ル犯罪ニ就テハ犯罪構成條件タリ又刑ノ加重條件タルコトアリ則チ公務員ノ收賄罪ハ其公務員タル資格ハ收賄罪ノ構成條件ナリ又人ノ子孫タル者其尊屬親ヲ殺シタル場合ノ如キハ子孫タル身分ハ單ニ刑罰、加重條件ナリ叉罪ヲ犯ス手段方法モ或ハ犯罪構成條件タリ加重條件タルコトアリ假令ハ人ノ動産ヲ奪取スルニ際シ暴行又ハ脅迫ノ手段ヲ用ヒテ財物ヲ奪取シタルトキハ强盜罪、成立スルモ若シ暴行又ハ脅迫ヲ用ヰスシテ財物ヲ竊取シタルトキハ竊盜罪、成立スルモノトス故ニ竊盜罪成立ニハ他人ノ動産タルコト竊取スルコトノ二條件ヲ要スルヲ以テ其竊取行爲ニ著手シ意外ノ障碍ニ因リ遂ケサルトキハ竊盜罪ノ著手未遂罪成立ス之ニ反シテ强盜罪ハ財物奪取ノ手段トシテ暴行又ハ脅迫ヲ用ヒタルコトト他人ノ動産ヲ奪取シタルコトノ二條件ヲ要スルヲ以テ他人ニ對シテ暴行又ハ脅迫ニ著手シタルトキハ既ニ强盜罪ノ著手ナルニ因リ未タ財物ヲ奪取セサルモ强盜著手未遂罪、成立スルモノトス然レトモ此竊盜罪ノ場合ニ於テハ其財物ヲ竊取スル爲メ目的物ニ手ヲ觸レタルトキヨリ占有スルトキマテ尙ホ竊盜未遂ナリト論スル者多シ但シ犯人、人ノ家宅ニ侵入シテ財物搜査中家人ニ發覺シ逃走シタルトキハ竊盜未遂ナリ竊盜ノ目的ヲ以テ家宅內ニ忍入リ金品ノ有ル箪笥ノ前ニ到リタル所爲ハ竊盜罪ノ豫備ニアラスシテ竊盜罪ノ實行ニ著手シタルモノナリトノ判例アリ而シテ一般、未遂罪、成立ニハ左ノ二條件アルヲ要ス

第一、犯人犯罪ノ實行ニ著手シタルコトヲ要ス

犯罪ノ成立條件タル要素ノ實行ニ著手シタルモ其目的ヲ達スルコト能ハサル場合タルヲ要ス假令

ハ竊盜罪ニ於テ他人ノ動産ヲ竊取セントシテ握手シタルニ家人ニ發覺シタルトキ又ハ人ヲ殺サントシテ一刀、斬リ付ケタルニ被害者ノ防衛ニ因リ負傷シタルニ止マリ死ニ至ラサリシトキノ如キ或ハ人ヲ殺スノ目的ヲ以テ劇藥ヲ服用セシメタルニ毒藥、少量ノ爲メ死ニ至ラサリシ場合ノ如キハ孰レモ未遂罪ナリトノ判例アリ

第二、犯人意外ノ障碍ニ因リ遂ケサルコトヲ要ス

犯人、最初ノ發意、決心ニ基キ目的ヲ達セントスル意思アリタルモ意外ノ障碍ニ因リ竟ニ其目的ヲ遂ケサリシコトヲ要ス然レトモ障碍ノ原因如何ハ之ヲ問ハス假令ハ甲乙ヲ殺サントシテ一刀ヲ斬リ付ケタルニ丙後ロヨリ來リ甲ヲ抱キ止メタル爲メ遂ニ殺スニ至ラサリシトキノ如キハ犯人ノ意外ノ障碍ニ因リ目的ヲ遂ケサリシ場合ノ一例ナリ之ニ反シテ犯人自身ノ意思ヨリ（障碍ニ因ラス）其實行ヲ止メタルトキハ中止犯ナリ故ニ著手未遂罪成立ニハ犯罪ノ實行ニ著手シタルモ尚ホ意外ノ障碍ニ因リ犯人豫期ノ目的ヲ達スルコト能ハサリシ場合タルヲ要ス然レトモ茲ニ注意ス可キコトハ犯罪直接ノ目的ト犯罪ヲ決意シタル原因即チ間接ノ目的トヲ混同セサルヲ要ス假令ハ強盜、家人ヲ脅迫シテ財物ヲ強取シタルモ後ニ其財物ヲ取リ戻サレタルトキハ強取シテ利益ヲ得ント欲シタル目的ヲ達セサルモ尚ホ強盜既遂罪ナリ如何トナレハ其財物強取カ犯罪、直接ノ目的ニ

シテ强取シテ利益ヲ得ント欲シタルハ間接ノ目的ナレハナリ

以上ノ二條件具備スルトキハ一般犯罪ノ未遂罪成立スルモノトス然レトモ犯罪ノ實行ニ著手スレハ必ス其目的ヲ達スルモノニ非ス種々ナル障碍原因ニ因リ犯罪ヲ遂ケサルコトアリ之ヲ實行未遂罪ト云フ

(二) 犯罪ノ實行未遂罪

犯罪ノ實行未遂トハ犯罪行爲ヲ實行シタルモ意外ノ障碍ニ因リ其目的ヲ遂ケサル場合ヲ謂フ其遂ケサル狀況ヨリ觀察シ學說上、之ヲ闕效犯ト稱ス

闕效犯トハ犯人豫期ノ目的ヲ遂セントト欲シテ既ニ犯罪行爲ヲ行ヒ終ルモ尙ホ意外ノ障碍ニ因リ其目的タル效果ヲ生セサル場合ヲ謂フ而シテ意外ノ障碍トハ假令ハ人ヲ銃殺セントシテ既ニ發砲シタルモ誤テ的ラサルモ若クハ的ルカ微傷ニ止マリ死ニ至ラサリシ場合等ニシテ犯人ノ欲シタル所爲ヲ實行シタルモ其效果ヲ奏セサリシ場合ナリ此闕效犯ト著手未遂犯トヲ主觀的ニ觀察スレハ闕效犯ハ犯人ノ期シタル犯罪行爲ヲ實行シタルモ其目的ヲ達セサル場合ヲ云ヒ著手未遂犯ハ犯罪實行ニ著手シタルモ意外ノ障碍ニ因リ其目的ヲ遂ケサリシ場合ヲ云フモノニシテ共ニ目的ヲ達セサル點ニ付テハ同一ナリトス

第五、不能犯　不能犯トハ犯罪行爲ヲ實行スルモ犯人豫期ノ犯罪成立セサル場合ヲ謂フ換言スレハ犯罪的行爲ヲ實行シタルモ其目的上、又ハ方法上ヨリ犯罪成立セサル場合ヲ云フモノトス

（一）目的上ノ不能犯　目的上ノ不能犯ハ復タ之ヲ絶對的、不能犯、相對的、不能犯ト爲ス

イ　絶對的不能犯トハ犯罪實行當時被害物體存在セサルカ又ハ存在スルモ尚ホ犯罪成立セサル場合ヲ謂フ假令ハ暗夜、人ナリト信シテ斬リ付ケタルニ石地藏ナリシ場合ノ如キ又他人ノ物ト信シテ竊取シタルニ自己ノ所有物ナリシ場合ノ如キ是ナリ

ロ　相對的不能犯トハ犯罪ノ目的物體存在スルモ到底其目的ヲ達スルコト能ハサル場合ヲ謂フ假令ハ殺傷セントスル人ノ寢所ニ發砲シタルニ其人居ラサリシ場合ノ如キ又ハ盗兒、寺院ノ賽錢ヲ竊取セントシタルニ錢箱空虚ナリシ場合ノ如シ此等ノ場合ハ孰レモ犯罪ノ目的物體、絶對ニ存在セサルニ非スシテ其實行ノ場所ニ現在セサリシモノナルヲ以テ相對的、不能犯ナリトス

（二）方法上ノ不能犯、方法上ノ不能犯モ亦絶對的、不能犯、相對的、不能犯ト爲ス

イ　絶對的方法上ノ不能犯トハ犯罪ノ實行方法カ性質上其目的ヲ達スルコト能ハサル場合ヲ謂フ假令ハ彈丸裝置ナキ銃ヲ以テ人ヲ銃殺セントシタルカ如キ又ハ毒藥ナリト信シテ砂糖ヲ人ニ服セシメタル場合ノ如キ孰レモ其方法ニテハ目的ヲ達スルコト能ハサル場合ヲ謂フモノトス

ロ　相對的方法上ノ不能犯トハ犯人カ實行セントト欲シタル方法ハ性質ニ於テ可能ナルモ尚ホ其目的ヲ達スルコト能ハサル場合ヲ謂フ假令ハ彈丸裝置ノ銃ヲ發砲シタルモ遠距離ノ爲メ人ニ的ラサル場合ノ如シ若シ接近スレハ目的ヲ達スルコトヲ得ルヲ以テ之ヲ相對的不能犯ナリトス

以上ハ不能犯ノ類別ナリト雖モ此相對的、不能犯ハ目的上ト方法上トヲ問ハス實行スルニ當リ注意周密ナラス又ハ手段拙劣ナルニ因リ其目的ヲ遂ケサル場合ナルヲ以テ意外ノ障碍ニ因ル未遂罪ナリ縱令ハ彼ノ盜兒、賽錢箱ヲ捜査シタルトキ又ハ發砲シタルモ遠距離ノ爲メ人ヲ仆スヲ得サル場合ノ如キ孰レモ犯罪ノ目的物體、其場所ニ現在セサルノミナルヲ以テ未遂罪ノ成立條件ヲ具備スルモノトス之ニ反シテ絕對的、不能犯ハ目的上及ヒ方法上共ニ何等ノ障碍ナキニ拘ハラス其目的ヲ達スルコト能ハサル不能ノ所爲ナルヲ以テ何人カ行フモ犯罪成立セサルモノトス故ニ彼ノ人ト誤信シテ石地藏ヲ斬リ他人ノ物ト信シテ自己ノ物ヲ竊取シ又ハ彈丸ナキ銃ヲ放チ或ハ砂糖ヲ毒藥ナリト信シ人ニ服セシムルカ如キハ單ニ犯意ノ表示タルニ過キサルヲ以テ孰レモ刑法上、罪トシテ論スヘキモノニ非ス要スルニ不能犯トハ結果ニ向ヘル意思活動カ本來結果ヲ到來セシムルニ適セサリシトキ換言スレハ當時認識ス可ラサル障碍又ハ其後ニ到來シタル障碍ニ關係ナク結果ヲ到來セシメサリシ時ニ存在スルモノトス故ニ不能犯ノ多クハ闕效犯ナレハ實行未遂犯ナリト雖モ亦常ニ然ルニアラス著手未遂犯ナルコトアリ即チ本人カ結果ヲ得ントシテ不能ノ手段ニ依リ其第一著手ヲ試ムルコトアリ又無益ノ手段ヲ盡シテ終局スルコトアル可キヲ以テナリ然レトモ絶對的不能犯ハ目的上ニ於ケルト方法上ニ於ケルトヲ問ハス絶對的ニ何人カ實行スルモ犯罪成立セサル場合ヲ云フモ之ニ反シテ闕效犯トハ犯罪ノ手段方法ヲ完全ニ實行シタルモ意外ノ障碍ニ因リ目的ヲ遂ケサル場合ヲ云フモノトス之其區別ノ要點ナリ

第六、中止犯　中止犯トハ犯人自ラ所爲ヲ中止シ罪トナル可キ事實ノ發生ヲ防止スル所爲ヲ謂フ而シテ其犯罪實行ニ著手シ未タ何等ノ效果ヲモ生セサル前、中止シタルトキハ全ク罪ナシ之ニ反シテ犯罪實行ニ著手シテ多少效果ノ生シタル後ニ中止シタルトキハ最早責任ナキヲ得ス假令ハ人ヲ殺サントシテ其人ニ會シ斷然、殺意ヲ飜シ實行セサルトキノ如キハ毫モ、犯罪的、效果ヲ生セサルヲ以テ罪ナシ之レニ反シテ一刀、切リ付ケ忽チ惻隱ノ情起リ中止シタル場合ノ如キハ之カ爲メニ生シタル創傷ノ責ニ任ス可キモノトス前者ハ著手中止犯ト云フ後者ハ之ヲ實行中止犯ト云フ茲ニ注意ス可キコトハ中止犯ニ似テ非ナルモノアリ假令ハ人ヲ銃殺セントシテ發砲シタルモ命中セサリシ爲メ更ニ二丸ヲ發セサル場合ハ中止犯ニアラスシテ闕效犯ナリ是レ即チ其一發、命中セサリシハ意外ノ障碍ニ因ルモノニシテ中止前既ニ闕效犯、成立スルモノナレハナリ要スルニ著手中止犯トハ犯人ノ意思活動ノ完了セサルトキ換言スレハ犯人ノ遂ケントスル犯罪行爲ニ著手シ任意ニ中止シタルトキ成立スルモノトス例ヘハ人ヲ殺サントシテ刀ヲ振リ上ケタルモ其刀ヲ下ササリシ場合ノ如キ是ナリ又實行中止犯トハ犯人ノ豫期シタル犯罪行爲ヲ實行シタルモ未タ結果ノ生セサル前其結果ノ到來ヲ任意ニ防止シタルコトヲ云フモノトス例ヘハ人ヲ毒殺セントシテ毒物ヲ與ヘタルモ直ニ解毒劑ヲ與ヘテ毒殺ノ結果ヲ生セシメサリシ場合ノ如キ之ナリ然レトモ此中止犯ハ犯人ニ於テ既ニ意思活動又ハ其結果防止ノ支配權ヲ有セサリシトキハ最早結果ノ到來不到來カ縱令確實ナルモ中止犯ナリト云フコトヲ得ス如何トナレハ此場合ニ於テハ既ニ犯罪ノ全部ヲ實行シ了リタルモノナレハナリ

以上論シタル犯罪ノ發意、決心。豫備ハ暫ク措テ著手未遂犯、闕效犯、不能犯中止犯等ハ從來學者ノ附シタル名稱ニシテ孰レモ未遂犯中ニ於ケル學理上ノ分類ナリ然ラハ本法ニ於テモ此區別ヲ認メタルヤ否ヤ、第四十三條ハ犯罪ノ實行ニ著手シ之ヲ遂ケサル者ハ云々ト規定シタルヲ以テ前段論シタル著手未遂犯、闕效犯、不能犯等ハ本條中ニ包含スルモノトス而シテ中止犯ハ該條但書ヲ以テ規定シタルニ依リ疑ヲ容レサルナリ

第七、犯罪ノ既遂　犯罪ノ既遂トハ犯罪ノ實行ニ著手シ何等ノ障碍モナク犯人其犯サントシ欲シタル

罪ヲ實行シ終リタル場合ヲ謂フ例ヘハ人ヲ殺ス發意、決心、豫備、著手ノ順序ヲ經テ遂ニ人ヲ殺シタル場合ノ如キハ、是殺人罪ノ既遂ナリトス而シテ此犯罪ノ既遂、未遂ハ目的ヲ達シタルト否トニ依リ區別ス可キモノニシテ結果ノ發生時期ノ如キハ固ヨリ問フ所ニ非ストノ判例アリ之ヲ要スルニ犯罪ノ既遂トハ犯人ノ豫期シタル結果ヲ任意ノ意思活動ニ因リ生セシメタルコトヲ云フモノトス故ニ犯罪ノ既遂タルニハ犯罪成立條件ノ總テヲ實行シタルコトヲ要ス然レトモ其既遂ノ時期ハ各種ノ犯罪ニ依リ異ルヲ以テ各種犯罪ノ規定ニ依リ決ス可キモノトス

第四十三條　犯罪ノ實行ニ著手シ之ヲ遂ケサル者ハ其刑ヲ減輕スルコトヲ得但自己ノ意思ニ因リ之ヲ止メタルトキハ其刑ヲ減輕又ハ免除ス

本條ハ未遂罪ヲ規定シタルモノナリ

本條ハ舊刑法第百十二條ヲ修正シタルモノナリ本法ニ於テハ「犯罪ノ實行ニ著手シ之ヲ遂ケサル者ハ其刑ヲ減輕ス」ト規定シ著手シテ之ヲ遂ケサル原因如何ヲ問ハス汎テ未遂罪トセリ舊刑法第百十二條ハ「罪ヲ犯サントシテ已ニ其事ヲ行フト雖モ犯人意外ノ障碍若クハ舛錯ニ因リ未タ遂ケサルトキハ既ニ遂ケタル者ノ刑ニ一等又ハ二等ヲ減ス」ト規定シ著手シテ遂ケサル原因ヲ明示シタルモ障碍トハ外來的防害ノ爲メ犯罪ヲ遂ケサル場合ヲ云ヒ舛錯トハ犯人自身ノ錯誤ニ因テ目的ヲ遂ケサル

場合ヲ云フモノナルヲ以テ其原因ノ外來ナルト自招ナルトノ差アルニ止マリ其目的ヲ遂ケサル點ニ付テハ二者共ニ異ナル所ナシ假令ハ甲、乙ヲ銃殺セントシテ發砲シタルモ銃丸樹木ニ的リ乙ニ命中セス乙爲メニ銃殺ノ害ヲ免カレタリトセハ乙ヨリ觀レハ樹木ノ障碍ニ因リ危難ヲ免レタルモノナリ之ヲ甲ヨリ觀レハ自ラ狙撃ヲ誤リ樹木ヲ射テ乙ニ命中セサリシ意外ノ舛錯ナリ、唯其觀察ノ方面ヲ異ニシタルニ止マリ二者實質上ニ至テハ毫モ異ナルコトナシ然ルニ學者或ハ、著手未遂犯ハ障碍ニ基ク未遂犯ニシテ闕效未遂犯ハ舛錯ニ基ク未遂犯ナリト論スルモ其目的ヲ達セサル點ハ孰レモ同一ナルヲ以テ之ヲ區別スルノ必要ナシ故ニ本法ニ於テハ遂ケサル原因如何ヲ問ハス廣ク「犯罪ノ實行ニ著手シ」ト規定シ舊刑法ノ所謂障碍又ハ舛錯ニ基ク場合ノ如キモ亦此「遂ケサル」ノ中ニ包含スルモノト爲シタリ

前刑法草案參考書ニ舊刑法、第百十二條ハ犯罪ノ實行ニ著手シタル後、意外ノ障碍若クハ舛錯ニ因リテ之ヲ遂ケサルモノヲ以テ未遂罪トナセリ然レトモ一旦、犯罪ノ實行ニ著手シタル後犯人之ヲ遂ケサリシ場合ニ於テハ其未遂ノ原因、意外ノ障碍若クハ舛錯ニ因ルト否トヲ問ハス總テ之ヲ未遂罪ト爲スヘキモノトス故ニ本法ニ於テハ此趣旨ニ基ツキ犯罪ヲ遂クル目的ヲ以テ之ヲ達スル手段ヲ行ヒ之ヲ遂クルコト能ハサリシトキハ其原因如何ヲ問ハス總ヘテ未遂罪ト爲ス主義ヲ採リ舊刑法ニ於

ケル所謂著手未遂若クハ闕效未遂ノ區別ヲ認メサリシノミナラス其處分ニ至リテモ必ス刑ヲ減輕ス可キモノト爲サスシテ一ニ情狀ニ因ルコトト爲セリ、是未遂罪ノ結果タル危害ハ既遂罪ノ結果タル危害ニ比シ多少輕キモノナキニ非スト雖モ時トシテハ其犯情恕ス可ラサルモノアルヲ以テ其刑ヲ減輕スルト否トハ一ニ之ヲ裁判所ノ判斷ニ任スルコトト爲シタリ然レトモ犯罪ノ實行ニ著手シタル後、自己ノ意思ニ因リ之ヲ止メタル者ハ社會ニ及ホス害惡少ナク、且犯情モ亦憫察ス可キ所アルヲ以テ之ヲ罰スル場合ニモ一般ニ減輕スルモノトシ情狀ニ因リ其刑ヲ免除スルコトヲ得セシメ以テ刑ノ適用ニ不權衡ナカラシメタリ若シ此但書ヲ闕クトキハ啻ニ刑ノ不權衡ヲ來タスノミナラス一旦犯罪ノ實行ニ著手シタル後ハ自己ノ意思ニ因リ之ヲ中止シタルトキト雖モ尚ホ未遂罪ト爲ルヲ以テ或ハ既ニ犯罪ノ實行ニ著手シタル者ハ決シテ之ヲ中止スルコトナク常ニ遂行スル虞ナシトセス是レ本條但書ヲ設ケタル所以ナリト説明セリ

本條但書ハ既ニ論シタルカ如ク自己ノ意思ニ因リ犯罪實行ヲ中止シタル場合ノ規定ニシテ其中止以前ニ實害ヲ生シタルトキハ實害ノ程度ニ因リ犯人ノ期シタル犯罪ノ本刑ヨリ幾分ノ刑ヲ減輕シ若シ全ク實害ヲ生セシメサリシトキハ其刑ヲ全免ス可キコトヲ規定シタルモノナリ

本條確定成案ハ舊刑法第百十二條ト同一趣旨ニテ本條前段ヲ犯罪ノ實行ニ著手シ之ヲ遂ケサル者ハ其刑ヲ減輕スト規定シ未遂罪ハ必ス減輕ス可キコトヲ規定シタルモ貴族院ニ於テ本條ノ如ク「減輕スルコトヲ得」ト改メ其之ヲ減輕スルト否トハ裁判所ノ自由ニ一任スルコトト改メタリ其是ヲ修正シタル理由ハ未遂罪ト雖モ殺人罪ノ如キハ二刀若クハ三刀ヲ切リ付ケ氣息奄々死ニ瀕セシメタルモ死ニ至ラサルトキハ必ス減輕セサル可ラサルノ不都合アリト云フニ在ルモ余ハ如斯場合ニ於テモ仍ホ死ニ致シタル既遂ヨリ其情輕キヲ以テ原則上確定成案ト等シク減輕スト規定スルヲ立法上寔ニ妥當ナリシト信スルモノナリ

第四十四條　未遂罪ヲ罰スル場合ハ各本條ニ於テ之ヲ定ム

本條ハ未遂罪ヲ罰ス可キ場合ヲ各本條ニ定メタル旨ヲ規定シタルモノナリ

舊刑法第百十三條ハ重罪ノ未遂犯ハ總テ之ヲ罰スルコトト爲シタルモ、如斯規定スルハ廣キニ失シ事理ニ反スル場合ナキニアラサルヲ以テ本法ニ於テハ同條第二項ト同一趣旨ニ依リ未遂罪ヲ罰ス可キ場合ハ第二編以下各本條ニ於テ特ニ之ヲ規定シ若シ規定ナキ犯罪ニ就テハ未遂犯ハ之ヲ罰セサルコトト爲シタリ而シテ本法第二編ニ於テ未遂罪ヲ罪ス可キ犯罪ヲ示セハ左ノ如シ

第二章內亂ニ關スル罪、第三章外患ニ關スル罪、第六章逃走ノ罪、第九章放火罪、第十一章往來

ヲ妨害スル罪、第十二章住居ヲ侵ス罪、第十四章阿片煙ニ關スル罪、第十六章通貨僞造ノ罪、第十七章文章僞造ノ罪。第十八章有價證劵僞造ノ罪。十九章印章僞造ノ罪、第二十二章猥褻姦淫及ヒ重婚ノ罪、第二十六章殺人ノ罪、第二十九章墮胎ノ罪、第三十二章脅迫ノ罪、第三十三章略取及ヒ誘拐ノ罪、第三十六章竊盜及ヒ强盜ノ罪、第三十七章詐欺及ヒ恐喝ノ罪、等是ナリ

第九章　併合罪

總論

本章ハ舊刑法第一編第七章數罪俱發ヲ改正シタルモノナリ

本章ハ舊刑法ノ所謂、數罪俱發ト稱シタルモノヲ改メ併合罪ト爲シタルモノナリ而シテ併合罪トハ確定セサル罪ノ二個以上併發シタル場合ヲ謂フモノトス然レトモ此確定セサル數罪ハ必スシモ俱ニ發覺スルモノニ非ス或ハ旣ニ一罪、確定シタル後、他ノ罪ト共ニ發覺スルコトナキニアラス此等ノ場合ヲ數罪俱發ト稱スルハ稍ヤ穩當ナラス加之本法ニ於テハ第四十五條ニ規定スル如ク確定裁判以前ノ數罪ハ發覺時期ノ前後ヲ問ハス之ヲ併合シテ處斷スルヲ以テ、寧ロ併合罪ト稱スルニ如カス是即

チ併合罪ト改メタル所以ナリ然レトモ斯ク併合罪ト稱スルモ各罪ヲ併合シテ一罪ト爲スニ非ス其各罪ハ尙ホ獨立シテ存在スルモ唯之ヲ併合シテ處斷スルニ過キス而シテ此併合罪ニハ實體的併合罪ト想像的併合罪トノ二種アリ即チ實體的併合罪トハ獨立シタル數多ノ行爲カ各獨立シタル多數ノ罪ヲ構成スル場合ヲ云ヒ想像的併合罪トハ一個ノ行爲又ハ牽連シタル數個ノ行爲カ多數ノ罪ヲ構成ス可キ要素ヲ包含スル場合ヲ云フ本章第四十五條以下第五十三條ハ實體的併合罪ヲ規定シ第五十四條同第五十五條ハ想像的併合罪ノ處分ヲ規定シタルモノナリ其詳細ハ各條下ニ至リ述ヘントス蓋シ併合罪ノ處分ニ就テハ各國立法例ニ左ノ三主義アリ

第一、吸收主義　此主義ハ數罪中、最モ重キ所爲ニ對シテ刑ヲ科シ他ノ輕キ所爲ハ總テ重キ犯罪中ニ吸收セシムト云フニアリ是佛國刑法ノ採用シタル主義ニシテ我舊刑法モ亦此主義ヲ採用シタリト雖モ數罪ヲ犯シタル場合ニ其重キ所ノミヲ罰シテ輕キ所爲ヲ不問ニ付スルハ弊害ナキニ非ス即チ犯人ハ一罪ヲ犯シテ罰セラルルヨリ、寧ロ數罪ヲ犯シテ罰セラルルニ如カスト爲スニ至リ法律自身カ犯罪ヲ奬勵スル不當ノ結果ヲ生ス故ニ一罪ヲ犯シタル者ト數罪ヲ犯シタル者トヲ同一ノ刑ニ處スルハ頗ル公平ヲ失スルヲ以テ近世ノ立法例ハ此主義ヲ排斥シテ併科主義ヲ採用スルニ至レリ第二、併科主義　此主義ハ一罪アレハ一刑ヲ科スト云フニアルヲ以テ法理上ニ於テハ間然スル所ナシト雖モ之亦多少ノ缺點ナキニ非ス縱令ハ數罪中二個以上、死刑ニ該當ス可キ犯罪アルカ若クハ死刑ト無期刑ニ該當スル犯罪アルトキハ之ヲ併科スルヲ得ス又輕キ罪ナルモ數十犯ヲ併科スルトキハ重キニ失スルノ虞アルヲ以テ絕對的、併科主義モ亦良主義ニ非サルナリ

第三、折衷主義　此主義ハ併科主義ト吸收主義トヲ折衷シタルモノナリ即チ此主義ニ於テハ原則上、併科主義ヲ採リ若シ併科スルコト能ハサル數個ノ犯罪（死刑又ハ無期刑ノ如シ）ニ付テハ吸收主義ヲ採リタルモノナリ是ヲ制限併科主義ト稱ス我カ改正刑法ハ此主義ヲ採用シタリ

舊刑法ハ數罪俱發ノ場合ニ於テハ違警罪ヲ除クノ外、吸收主義ヲ採リ數個ノ犯罪中、一ノ重キニ從テ處斷シタルヲ以テ一度、罪ヲ犯シタル者ハ其裁判確定ニ至ルマテ是ト同等若クハ輕キ罪ハ何回犯スモ後ノ犯罪ニ對スル刑ハ最初ノ罪ニ對スル刑ニ吸收セラレテ後ノ犯罪ニ付テハ全ク處罰ヲ受ケサルニ至リ一罪ヲ犯シタル者ト數罪ヲ犯シタル者ト殆ント同一ナルカ如キ不當ノ結果ヲ來タシタルヲ以テ本法ハ此主義ヲ改メ併科主義ヲ採用シテ一罪每ニ刑ヲ科スルヲ原則ト爲シタリ然レトモ死刑又ハ無期刑ニ當ル可キ罪他ノ罪ト併發スルトキハ事實上、各罪ニ對スル各刑ヲ併科スルコトヲ得サルヲ以テ此場合ニ於テハ例外トシテ吸收主義ヲ採リ有期刑ニ付テモ亦各罪每ニ刑ヲ科ストスレハ遂ニ

其刑期、數十年ニ至ルコトアルニ因リ此場合ニ於テモ制限併科主義ヲ採用シタリ

第四十五條 確定裁判ヲ經サル數罪ヲ併合罪トス若シ或罪ニ付キ確定裁判アリタルトキハ止タ其罪ト其裁判確定前ニ犯シタル罪トヲ併合罪トス

本條ハ併合罪トシテ處斷スヘキ場合ヲ規定シタルモノナリ

本條前段ハ舊刑法、第百條第一項ノ「重罪、輕罪ヲ犯シ未タ判決ヲ經ス二罪以上倶ニ發シタル時ハ」云々トノ規定中「未タ判決ヲ經ス」トノ場合ニ該當シ其後段ハ同第百二條第一項ノ「一罪前ニ發シ已ニ判決ヲ經餘罪後ニ發シ其輕ク若クハ等シキ者ハ之ヲ論セス」云々トアリタル中「已ニ判決ヲ經テ」トノ規定ニ相當スルモノナリ

本條規定スルカ如ク確定裁判ヲ經サル數罪ヲ併合罪ト謂フモノナルモ時ニ或ハ數罪中、一罪既ニ確定判決ヲ經タルトキハ其罪ト其裁判確定以前ニ犯シタル罪トヲ併合罪ト爲スコトアレハ結局數個ノ犯罪中。一モ確定裁判ヲ經サル犯罪ノミ併發シタル場合ヲ併合罪ト稱スルモノナリ然レトモ犯罪ハ必スシモ同時。同一裁判所ニ於テノミ發覺スルモノニ非ス或ハ時ヲ異ニシ場所ヲ異ニシテ發覺スルコトアリ斯ル場合ニ於テモ同一人ニ對シテ數個ノ犯罪、發覺シタルトキハ所謂、併合罪ナリトス併合罪ニハ左ノ二條件ヲ要ス

第一、二個以上ノ獨立シタル犯罪タルコトヲ要ス
併合罪ハ必ス各個、獨立シタル犯罪タルコトヲ要スルカ故ニ繼續犯ノ如キハ獨立シタル數多ノ犯罪ニアラサルヲ以テ併合罪ニ非ス又竊盜ヲ爲スニ該リ人ノ家宅ニ侵入スルモ家宅侵入罪ト竊盜罪トノ二罪倶發ニ非ス故ニ併合罪タルニハ必ス二個以上ノ獨立シタル犯罪ノ併發シタルコトヲ要スルモノナリ

第二、二個以上ノ犯罪ハ確定裁判ヲ經サルモノタルコトヲ要ス
一罪既ニ確定判決ヲ經タル後、更ニ他ノ罪ヲ犯シタルトキハ累犯ナリトス故ニ併合罪タルニハ先ニ一罪アリテ未タ判決確定セサル以前ニ他ノ罪ヲ犯シタルコトヲ要ス之累犯ト併合罪トノ異ナル要點ナリ

第四十六條 併合罪中其一罪ニ付キ死刑ニ處ス可キトキハ他ノ刑ヲ科セス但沒收ハ此限ニ在ラス
其一罪ニ付キ無期ノ懲役又ハ禁錮ニ處ス可キトキ亦他ノ刑ヲ科セス但罰金、科料及ヒ沒收ハ此限ニ在ラス

本條ハ併合罪中、死刑又ハ無期ノ懲役若クハ禁錮ニ處ス可キ罪アリタル場合ヲ規定シタルモノナリ

併合罪中、死刑ニ該當ス可キ犯罪又ハ無期ノ懲役若クハ禁錮ニ處ス可キ罪アリタルトキハ他ノ餘罪ハ縱令、何罪、併發スルモ併科スル事ヲ得サルモノナレハ此場合ニ於テハ既ニ述ヘタル如ク併科、吸收二主義ヲ折衷シタル主義ヲ採リタルモノナリ然レトモ吸收ハ其性質上、併科スルコドヲ得可キモノナルヲ以テ本條第一項但書ノ如ク併科スルコトト爲シタルモノトス

又無期ノ懲役若クハ禁錮ニ處セラレタル者ニ對シテモ他ノ刑ハ之ヲ併科セサルモ時ニ或ハ假出獄、特赦等ノ恩典ニ依リ其刑ヲ免セラルルコトアルニ因リ無期ノ懲役若クハ禁錮ニ付テモ罰金、科料及ヒ沒收ハ犯人ノ身體上ニ毫モ關係ナク財産ニ對シテ執行スルモノナルヲ以テ併科スルモノトス之本條第二項、但書ノ規定アル所以ナリ要スルニ本條第一項ハ併合罪中、其一罪ハ死刑ニ處ス可キ場合ニシテ第二項ハ併合罪中其一罪、無期懲役又ハ禁錮ニ處ス可キ場合ヲ規定シタルモノトス

第四十七條 併合罪中二個以上ノ有期ノ懲役又ハ禁錮ニ處ス可キ罪アルトキハ其最モ重キ罪ニ付キ定メタル刑ノ長期ニ其半數ヲ加ヘタルモノヲ以テ長期トス但各罪ニ付キ定メタル刑ノ長期ヲ合算シタルモノニ超ユルコトヲ得ス

本條ハ併合罪中、制限併科ス可キ場合ヲ規定シタルモノナリ
併合罪中二個以上ノ有期懲役、若クハ禁錮ニ處ス可キ罪アルトキハ既ニ述ヘタル如ク制限併科主義ヲ採ルヘキモノトス

而シテ其制限併科ス可キ程度ハ併合罪中、最モ重キ罪ニ對スル刑ノ長期ニ半數ヲ加ヘタルモノヲ以テ其長期ノ刑ト爲スヲ原則トス然レトモ併合罪中、最モ重キ罪ニ對スル刑ト他ノ罪ノ刑トヲ加フルトキハ其重キ刑ニ半ヲ加ヘタルモノヨリ長キトキハ其各罪ノ長期ヲ加ヘタルモノニ超過スルコトヲ得サルモノトス斯ク規定セサレハ各刑ヲ併科シタルヨリ却テ重キコトアルカ故ナリ例ヘハ茲ニ一年ノ長期刑ヲ科ス可キ犯罪ト三年ノ長期刑ヲ科ス可キ犯罪ト十年ノ長期刑ヲ科ス可キ犯罪ト併合シタル場合ニ其十年ノ長期刑ニ其半數、五年ヲ合セタル十五年ノ刑ヲ最長期刑ト爲ス可キモノナリ然レトモ其各罪ニ對スル長期刑ヲ合算スレハ十四年トナルヲ以テ此場合ニ於テハ十五年ノ最長期刑ヲ科スルコトヲ得ス是即チ本條但書ヲ以テ「各罪ニ付キ定メタル刑ノ長期ヲ合算シタルモノニ超ユルコトヲ得ス」ト規定シタル所以ナリ

第四十八條 罰金ト他ノ刑トハ之ヲ併科ス但第四十六條第一項ノ場合ハ此限ニ在ラス

二個以上ノ罰金ハ各罪ニ付キ定メタル罰金ノ合算額以下ニ於テ處斷ス

本條ハ罰金ト他ノ刑トヲ併科ス可キ場合ヲ規定シタルモノナリ

本法ニ於テハ刑ノ性質上併科シ得可キモノハ成ル可ク之ヲ併科スル主義ヲ採リタルヲ以テ罰金ノ如キハ他ノ刑ト併科スルコトヲ原則ト爲シタリ、但本法第四十六條第一項ノ如ク死刑ニ處ス可キ場合ニ於テハ例外トシテ併科セサルモノナリ故ニ死刑ニ處セラル可キ者ハ沒收ノ外併科セラレサルモノトス

蓋シ罰金刑モ亦無制限ニ之ヲ併科スルトキハ苛酷ニ失スルヲ以テ二個以上ノ罰金ヲ科ス可キ場合ニ於テハ其罰金ノ合算額以下ニ於テ處斷スルコトト爲シ併科主義ヲ採ルコトト爲シタリ即チ各罪ニ付キ定メタル罰金ノ範圍ニ於テ處斷シタル罰金額ヲ合算スルモ各罪ニ付キ定メタル罰金額ヲ合算シタル範圍内ニ於テ其罪ヲ處斷スルモ理ニ於テ異ナル所ナケレハナリ是本條ハ第二項ヲ規定シタル所以ナリ

第四十九條　併合罪中重キ罪ニ沒收ナシト雖モ他ノ罪ニ沒收アルトキハ之ヲ附加スルコトヲ得

二個以上ノ沒收ハ之ヲ併科ス

本條ハ併合罪中沒收ニ關スル規定ナリ
本法ニ所謂、附加刑タル沒收ハ既ニ屢々論シタル如ク各犯罪ニ付キ必ス附加ス可キモノニ非ス犯罪ノ性質種類ニ因リ沒收ス可キ物件存在スルトキニ限リ附加ス可キモノナルニ因リ本條併合罪中縱令、重キ罪ニ沒收物件ナキモ他ノ輕キ罪ニ沒收ス可キ物件存在スルトキハ主刑ハ之ヲ論セサルモ附加刑タル沒收ノミハ之ヲ附加スルコトヲ得可キモノトス是本條第一項ノ規定アル所以ナリ
本條第二項ハ數多ノ併合罪中沒收ス可キ物件アルトキハ沒收ハ總テ之ヲ併科ス可キコトヲ規定シタルモノナリ
沒收ハ既ニ第十九條ニ於テ詳論シタル如ク孰レモ犯罪ニ直接關係アルモノナルヲ以テ他人ノ所有ニ屬セサル限リハ其性質上、當然併科ス可キモノナレハナリ是本條第二項ノ規定アル所以ナリ

第五十條　併合罪中既ニ裁判ヲ經タル罪ト未タ裁判ヲ經サル罪トアルトキハ更ニ裁判ヲ經サル罪ニ付キ處斷ス

本條ハ併合罪中、既ニ判決ヲ經タルモノト未タ判決ヲ經サルモノトアル場合ヲ規定シタルモノナリ
併合罪中既ニ裁判ヲ經タル罪ト未タ裁判ヲ經サル罪ト併發シタルトキ（第四十五條）若クハ縱令、裁判ヲ經タルモ未タ判決確定セサル以前ノ罪ト併發シタル場合ニ於テハ其裁判ヲ經サル罪ニ付テ更

ニ裁判ヲ爲ス可キモノトス是即チ本法、併科主義ヲ採用シタル結果、各個ノ犯罪ニ付キ一々裁判ヲ爲スノ必要アルニ因リ特ニ本條ヲ設ケタルモノナリ其執行方ニ付テハ次條ニ於テ之ヲ規定セリ

第五十一條　併合罪ニ付キ二個以上ノ裁判アリタルトキハ其刑ヲ併セテ之ヲ執行ス但死刑ヲ執行ス可キトキハ沒收ヲ除ク外他ノ刑ヲ執行セス無期ノ懲役又ハ禁錮ヲ執行ス可キトキハ罰金、科料及ヒ沒收ヲ除ク外他ノ刑ヲ執行セス有期ノ懲役又ハ禁錮ノ執行ハ其最モ重キ罪ニ付キ定メタル刑ノ長期ニ其半數ヲ加ヘタルモノニ超ユルコトヲ得ス

本條ハ併合罪ニ付キ二個以上ノ裁判アリタル場合ニ於ケル執行方法ヲ規定シタルモノナリ既ニ論シタル如ク本法ニ於テハ數罪。併科主義ヲ以テ原則ト爲スカ故ニ若シ併合罪中。二個以上ノ判決アリタルトキハ其各刑ヲ併合シテ執行スヘキモノトス然レトモ性質上、場合ニ依リテハ併科スルコトヲ得サル刑アリ即チ一罪死刑ニ該ルトキ又ハ無期刑ニ處セラレタル者ニ對シテハ罰金、科料及ヒ沒收ヲ除クノ外他ノ刑ハ之ヲ執行スルコトヲ得ス又有期刑ニ付テモ同シク其刑期ノ合計カ最モ重キ罪ノ刑期ニ半ヲ加ヘタルモノニ超過スルコトヲ許サヽルモノトス

第五十二條　併合罪ニ付キ處斷セラレタル者或罪ニ付キ大赦ヲ受ケタル場合ニ於テハ特ニ大赦ヲ受ケサル罪ニ付キ刑ヲ定ム

本條ハ併合罪中或罪ニ付キ大赦ヲ受ケタル場合ヲ規定シタルモノナリ併合罪中、若シ内亂罪ノ如キ罪アリテ大赦ニ因リ其犯罪ヲ赦サレタルトキハ他ノ罪ニ付テ更ニ裁判ヲ經テ刑ヲ定ム可キコトヲ規定シタルモノナリ蓋シ大赦ハ刑ヲ免スルノミナラス其犯罪事實ヲモ全滅スルノ效力アルモノナルヲ以テ再ヒ罪ヲ犯スモ再犯ヲ以テ論セサルモノナリ故ニ他罪ニ就テ更ニ裁判ヲ爲ス必要アリ是特ニ本條ヲ設ケタル所以ナリ

第五十三條　拘留又ハ科料ト他ノ刑トハ之ヲ併科ス但第四十六條ノ場合ハ此限ニ在ラス

二個以上ノ拘留又ハ科料ハ之ヲ併科ス

本條ハ拘留又ハ科料ト他ノ刑トハ之ヲ併科ス可キコトヲ規定シタルモノナリ舊刑法、第百一條ハ違警罪ノ刑ハ之ヲ併科シ重罪、輕罪ハ第百條ヲ以テ其重キニ從テ處斷ス可キコトヲ規定シタルモ本法ニ於テハ拘留又ハ科料ニ處ス可キ罪ト其他ノ罪ト併發シタル場合ニ付テハ舊

刑法ノ吸收主義ヲ改メ併科主義ト爲シタルモノナリ而シテ本條但書ハ第四十六條ノ規定ヨリ當然生スル結果ナルヲ以テ別ニ説明セス

第五十四條 一個ノ行爲ニシテ數個ノ罪名ニ觸レ又ハ犯罪ノ手段若クハ結果タル行爲ニシテ他ノ罪名ニ觸ルルトキハ其最モ重キ刑ヲ以テ處斷ス

第四十九條第二項ノ規定ハ前項ノ場合ニ之ヲ適用ス

本條ハ本章初メニ於テ一言シタル如ク想像上ノ併合罪ヲ規定シタルモノナリ

本條想像上ノ併合罪ニ付テハ先ツ實體上ノ併合罪ヲ論シテ後其意義ヲ説明セントス

(一) 實體上ノ數罪　實體上ノ數罪トハ同一犯人ニシテ數個ノ獨立罪ヲ犯シタル場合ヲ謂フ換言スレハ、一所爲毎ニ一罪ヲ構成スル數所爲ヲ行ヒ同一法律又ハ數個ノ法律ニ觸レタル場合ヲ云フモノトス假令ハ竊盜罪ヲ數個ノ家ニ於テ犯シタルトキハ同一所爲ニシテ同一目的ナルモ一家毎ニ竊盜罪成立ス又甲所ニ於テ人ヲ殺シ乙所ニ到リ放火シタル場合ノ如キモ各獨立シタル犯罪ニシテ別異ノ法律ニ觸ルルモノナリ然レトモ犯人、一家ニ於テ金錢、衣服、其他ノ物品等、別異ノ物ヲ盜取スルモ繼續ノ意思ヲ以テシタル場合ニ於テハ縱令、其所有主ヲ異ニスルモ尙一罪成立スルニ止マルモノトス故ニ前例、數家ニ於テ竊盜ヲ爲シタル場合ト混同セサルヲ要ス蓋シ此場合ニ於テハ一見、各個ノ物品ヲ竊取シタルモノナルヲ以テ數個ノ竊盜罪、成立スルニ似タリト雖モ前例ハ意思モ所爲モ共ニ一家毎ニ斷絶シ各獨立シタル行爲ナリ然ルニ後例ノ場合ハ意思ト所爲トハ共ニ繼續スルモノニシテ唯、其數種ノ物品ヲ竊取シタルニ過キサルニ因リ未タ獨立シタル各個ノ竊盜罪ナリト謂フヲ得ス又强盜、財物ヲ强取スル爲メ家人ヲ殺傷シテ財物ヲ奪取シタル場合ニ於テモ强盜及ヒ殺人罪ノ二罪成立スルモノニアラス單ニ强盜殺人ト稱スル一罪成立スルニ止マルモノトス(第二百四十條)

(二) 想像上ノ數罪　想像上ノ數罪トハ一所爲ニシテ數個ノ法律ニ觸レタル場合ヲ謂フ換言スレハ一個ノ行爲ニシテ數個ノ罪名ニ觸レタル行爲ヲ謂フモノトス是本條ノ規定シタル想像上ノ併合罪ナリ假令ハ財産ヲ騙取スル目的ヲ以テ他人ノ私書ヲ僞造シテ行使シタル場合ニ於テハ其私書僞造行使罪ト他人ノ財産騙取罪ト二個ノ法律ニ牴觸スルモノナルモ此場合ニ於ケル私書僞造行使ノ所爲ハ財物騙取ノ手段ト爲シタルモノナルヲ以テ本條ニ依リ重キ詐欺取財罪ヲ以テ處斷ス可キカ如シ第百五十九條第二百四十六條又懷胎ノ婦女ヲ毆打シテ爲メニ胎兒ヲ墮胎セシメタルトキハ傷害罪ト墮胎罪トノ二罪ナルモ其墮胎ハ毆打ノ結果ナルヲ以テ此場合ニ於テモ亦重キ傷害罪ニ依リ處斷ス可キカ如キ之ナリ(第二百四條、第二百十五條參照)以上論スルカ如ク本條ハ學者ノ所謂、想像上ノ數罪俱發ト稱スル場合ノ規定ナリ然ルニ舊刑法ハ此種ノ規定ナキヲ以テ往々解釋上、疑義ヲ生シタルニ因リ本法ハ新ニ本條ヲ設ケタルモノナリ

要スルニ本條ハ一個ノ行爲ニシテ數個ノ罪名ニ觸レタル場合及ヒ或ル罪カ他ノ犯罪ノ手段若クハ結果タルニ過キサル場合ヲ規定シタルモノナリ此等ノ場合ニ於テハ其刑ヲ併科スルノ必要ナキヲ以テ其罪名中、最モ重キ罪ニ該ル可キ刑ヲ科スルコトト爲シ吸收主義ヲ採リタルモノトス前例ハ其手段ヲ罰シ後例ハ其結果ヲ罰スルノ一例ナリ

本條第二項ハ第四十九條第二項ニ規定シタル二個以上ノ沒收物ハ本條ノ場合ニ於テモ之ヲ併科ス可キコトヲ規定シタルモノニテ一讀明瞭ナルヲ以テ別ニ說明セス

第五十五條　連續シタル數個ノ行爲ニシテ同一ノ罪名ニ觸ルルトキハ一罪トシテ之ヲ處斷ス

本條ハ連續シタル數個ノ行爲ニ關スル處分ヲ規定シタルモノナリ

前條ハ一個ノ行爲ニシテ數個ノ罪名ニ觸ルル場合ヲ規定シ本條ハ數個ノ行爲ニシテ一個ノ罪名ニ觸ルル場合ヲ規定シタルモノナリ

本條ニ所謂、連續シタル數個ノ行爲ニシテ同一ノ罪ニ觸ルル場合トハ學說上、連續犯ト稱スルモノ

ナリ假令ハ一倉庫内ノ米十俵ヲ悉ク竊取スルノ目的ヲ以テ昨夜五俵、今夜五俵、竊取運搬シタル場合ノ如キハ其竊取ノ所爲ノ昨夜ト今夜ト斷絶スルモ其犯意ニ至テハ繼續スルニ因リ即チ連續シタル一個ノ竊盜罪ナリ又姦通罪ノ如キモ有夫ノ婦、他人ト通スルニ因リ直ニ成立スルモノナルヲ以テ姦通ノ事實ハ縱令長ク繼續スルモ數個ノ姦通罪成立スルモノニ非サルカ如キ是ナリ

本條モ亦舊刑法ニ規定ナキ所ニシテ往々、爭議ヲ生シタルニ依リ本法ニ於テハ特ニ連續シタル數個ノ行爲ヲ同一罪名ニ觸ルル場合ハ之ヲ數罪トシテ處斷スルノ必要ナキニヨリ一罪トシテ處斷ス可キコトヲ規定シ從來ノ疑義ヲ避ケタルモノナリ

第十章　累犯

總論

本章ハ舊刑法、第一編、第五章ノ規定ヲ修正シタルモノナリ

舊刑法ハ犯罪ノ性質、種類ヲ問ハス(一)先ニ重罪ノ刑ニ處セラレタル者。再犯、重罪、輕罪ニ該ルトキ(二)先ニ重罪、輕罪ノ刑ニ處セラレタル者再犯輕罪ニ該ルトキ(三)先ニ違警罪ノ刑ニ處セラレタル者再犯違警罪ニ該ルトキハ常ニ再犯例ヲ適用スルコトトナシタルカ爲メ其場合、極メテ廣キニ失シ時

ニ或ハ無用ノ加重ヲ爲シ又ハ效ナキ加重ヲ爲スノ嫌アリタルヲ以テ本法ニ於テハ犯罪ノ性質ニ因リ之ヲ區別シ主トシテ累犯ノ虞アル者ニ對シテノミ再犯例ヲ適用スルコトト爲シタリ
而シテ舊刑法ハ再犯ト初犯トノ間ニ於ケル日數ニ付キ何等ノ制限ナク初犯後、數十年ヲ經タル者ト雖モ仍ホ犯罪アレハ再犯ト爲シタルモ本法ハ之ヲ改メ初犯後、久シカラサル内ニ再ヒ罪ヲ犯シタル者ニ對シテノミ本章ヲ適用ス可キ制限ヲ設ケテ初犯後、五年以内ニ罪ヲ犯シタル者ニ非サレハ再犯例ヲ適用セサルコトト爲シタリ
抑モ刑法ノ最大目的ハ犯罪撲滅ニアリト雖モ黃河ハ時アツテ淸ムコトアルモ世ノ犯罪ヲ撲滅スルカ如キハ到底望ム可キモノニ非ス然レトモ再犯防遏ハ刑法上ノ最大目的ナルヲ以テ此再犯ニ關スル規定ハ最モ緊要ナルモノナリ
近年、再犯、益々、增加シ良民ヲ害スルコト一層、甚タシキニ至リ有識ノ士ハ之カ匡救ノ策ヲ講セサルハナシ斯ク累犯ノ增加ハ固ヨリ其原因、一ナラスト雖モ、刑法上ノ規定、其宜シキヲ得サルモ亦一大原因ナリトス
舊刑法ニ於テハ再犯ノ刑ハ初犯ノ刑ニ僅カ一等ヲ加フルニ過キス又重罪ニ付テモ三年ヲ超ヘス輕罪以下罰金刑ニ至テハ刑期若クハ罰金額、四分ノ一ヲ加重スルニ止マリ加重ノ分量、甚タ輕キニ失シ

益々、再犯者ハ增加シテ其弊ニ堪ヘサリシヲ以テ本法ハ再犯以上ノ者ニ對シテハ最長期、二倍ノ刑ヲ科スルノ主義ヲ採リタリ

再犯トハ既ニ有罪ノ確定判決ヲ經タル後再ヒ罪ヲ犯スコトヲ謂フモノトス

前章併合罪ト之ヲ混同スルヲ得ス併合罪モ二罪以上、罪ヲ犯スコトヲ謂フモノナリト雖モ再犯ハ確定判決ヲ經タル後、罪ヲ犯スコトヲ云ヒ併合罪ハ確定判決ヲ經サル以前ニ數罪ヲ犯スコトヲ云フモノトス

此再犯加重ハ一事不再理ノ原則ニ牴觸スト論スル者アリ即チ一罪、既ニ確定判決ヲ經タル後其前罪ヲ理由トシテ後罪ノ刑罰ヲ加重スルハ一事不再理ノ原則ニ反スト然リ若シ夫レ前科ヲ再犯加重ノ一條件トセハ論者ノ所謂、一事不再理ノ原則ニ反スト雖モ再犯ハ犯人其人ニ附著スル情狀ナリ換言スレハ再犯者ハ普通ノ刑罰ノ恐ル可キヲ知ラス初犯ノ刑罰ニ懲リサル者ナルヲ以テ初犯ノ事實ニ關係ナク一種、特別ノ刑ヲ科スルモノナリ故ニ前科ハ、唯再犯加重ノ一證據ト爲スニ過キサルヲ以テ一事不再理ノ原則ニ牴觸スルモノニ非ス

再犯加重制度ニ就テハ之ヲ非難スルモノナシト雖モ其再犯者ニ對スル處分上ニ就テハ立法上、大ニ議論ノアル所ナリ則チ再犯者ハ判決確定後ナルトキハ總テ加重ス可キモノナル乎將タ特種ノ犯罪ニ

限リ之ヲ加重ス可キ乎又再犯ハ確定判決後、何時ニテモ加重スルヲ可ナル乎或ハ一定ノ期間ヲ設ケテ其期間内ニ犯シタル者ニ限リ加重スルヲ可トス可キ乎ノ問題是ナリ即チ其處分上ニ就テハ從來ノ立法例ニ二主義アリ

第一、一般加重主義　此主義ハ初犯ノ確定判決ヲ經タル後ハ如何ナル罪ヲ犯スモ再犯ナルヿ以テ犯罪ノ種類如何ヲ問ハス加重ス可シト云フニ在リ是我舊刑法ノ採用シタル主義ナリ

第二、特別加重主義　此主義ハ初犯ノ裁判、確定以後、犯ス罪ハ初犯ト同性質又同種類ノ犯罪ニシテ、且初犯ト再犯トノ間ニ一定ノ期間ヲ設ケテ其期間内ニ再ヒ罪ヲ犯シタルトキニ限リ加重シタル刑ヲ科ス可シトノ主義是ナリ

第一、主義ハ犯罪ノ種類ヲ問ハス再ヒ罪ヲ犯シタルトキハ總ヘテ加重ス可シト云フニアルモ初犯、無意犯ニシテ再犯、有意犯ナルトキモ尚ホ之ヲ加重スルハ酷ニ失ス之ニ反シテ第二主義ハ一旦、罪ヲ犯スモ改悟シテ數十年間、罪ヲ犯ササル者、偶々、刑辟ニ觸レタルトキノ如キハ之ヲ加重スル必要ナキモ之ニ反シテ初犯ノ刑ニ懲リス再ヒ同種類ノ犯罪ヲ一定ノ期間内ニ犯ス者ノ如キハ之ヲ重罰ス可キ必要アリト是近時ノ新主義ニシテ我改正刑法ノ採用シタル主義ナリ

第五十六條　懲役ニ處セラレタル者其執行ヲ終リ又ハ執行ノ免除アリタル

日ヨリ五年内ニ更ニ罪ヲ犯シ有期懲役ニ處ス可キトキハ之ヲ再犯トス
懲役ニ該ル罪ト同質ノ罪ニ因リ死刑ニ處セラレタル者其執行ノ免除アリタル日ヨリ又ハ減刑ニ因リ懲役ニ減輕セラレ其執行ヲ終リ若クハ執行ノ免除アリタル日ヨリ前項ノ期間内ニ更ニ罪ヲ犯シ有期懲役ニ處ス可キトキ亦同シ
併合罪ニ付キ處斷セラレタル者其併合罪中懲役ニ處ス可キ罪アリタルトキハ其罪最重ノモノニ非スト雖モ再犯例ノ適用ニ付テハ懲役ニ處セラレタルモノト看做ス

本條ハ再犯例ヲ適用ス可キ場合ヲ規定シタルモノナリ
本條第一項ハ懲役ニ處セラレタル者刑ノ執行終了シタルカ又ハ刑ノ執行免除ヲ得タル日ヨリ起算シテ五年以内ニ再ヒ罪ヲ犯シ有期懲役ニ處ス可キトキハ再犯トシテ加重シタル刑ヲ科スルコトヲ規定シタルモノナリ換言スレハ懲役ニ處セラレタル者其刑ノ執行終リ又ハ執行免除ヲ得タル日ヨリ五年内ニ更ニ有期懲役ニ該ル罪ヲ犯シタル場合ニ限リ再犯例ヲ適用ス可キモノト爲シ必スシモ同種類ノ

犯罪タルヲ要セサルモ禁錮ニ處セラレタル者再ヒ懲役ニ該當ス可キ罪ヲ犯スモ再犯例ヲ適用セサルモノトス例ヘハ禁錮ニ處ス可キ犯罪ハ內亂罪ノ如キ特別ノ罪ニシテ全ク普通犯ト其性質ヲ異ニスルヲ以テ再犯加重例ヲ適用セサルカ如キ即チ此ナリ

本法ハ再犯加重ヲ初犯、再犯共ニ懲役ニ該ル可キ犯罪ニシテ且ツ再犯ノ刑、執行濟ト看做ス可キ時ヨリ五年以內ニ再ヒ罪ヲ犯シタル場合ニ限リ再犯例ヲ適用ス可キモノト限定シタルヲ以テ若シ五年以後、再ヒ罪ヲ犯スモ再犯例ノ適用ヲ受ケサルモノトス又初犯、禁錮ニ該ル犯罪ニシテ再犯懲役ニ該ルトキモ等シク再犯ヲ以テ論セサルモノナリ

故ニ再犯加重ニハ左ノ二條件ヲ要ス

第一、初犯ノ判決確定シ其刑ノ執行終リ又ハ執行免除アリタル日ヨリ五年內ニ再ヒ罪ヲ犯シタルコトヲ要ス

再犯トシテ加重スルニハ必ス初犯ノ裁判確定シ其刑ノ執行終リタルカ又ハ執行免除ニ因テ刑ヲ免セラレタル以後、再ヒ罪ヲ犯シタルコトヲ要スルモノトス蓋シ此再犯例ヲ適用ス可キ期間ニ付テハ或ハ初犯ノ裁判確定ノ時ヨリ起算シ若干年ト爲ス可シトノ立法例アリト雖モ本法ニ於テハ裁判確定ノ時ヨリ起算セスシテ其裁判執行ヲ終リタルカ若クハ裁判執行ノ免除ヲ受ケタル時ヨリ起算

シテ五年以内ト爲シタリ

第二、前罪ト同一刑ニ該ル可キ罪ヲ犯シタルコトヲ要ス

初犯懲役ノ刑ニ處セラレタル者、再ヒ懲役ニ該當ス可キ罪ヲ犯シタルヲ要ス若シ初犯、禁錮ニ處セラレタルカ又ハ罰金、拘留、科料、等ノ刑ニ處セラレタル者、再犯、懲役ニ該當ス可キ罪ヲ犯スモ再犯ヲ以テ論ス可キモノニ非ス故ニ前犯、後犯、共ニ懲役ニ該當スル罪タルヲ要スルモノトス

本條第二項ハ初犯懲役ニ處セラレタル者、其懲役ニ該ル可キ犯罪ト同性質ノ罪ニ因リ死刑ニ處セラレ其執行ノ免除ヲ得タル者、若クハ死刑ヨリ懲役ニ減輕セラレタル者ニシテ其執行ヲ終リ又ハ執行免除ヲ得タル時ヨリ起算シテ五年以内ニ再ヒ罪ヲ犯シタルトキハ尙ホ一層之ヲ重罰スヘキモノナルヲ以テ此等ノ者カ本條第一項ノ期間内、更ニ有期懲役ニ該ル罪ヲ犯シタルトキハ再犯例ヲ適用ス可キコトヲ規定シタルモノナリ

本條第三項ハ數罪併發シタル場合ニ、其中懲役ニ該當ス可キ犯罪アリタルトキハ本刑ト定メラレタルモノハ勿論、否ラサルモ本法ハ併科主義ヲ採リタル結果、各罪、獨立スルモノト爲シ縱令、其罪、重カラサルモ仍ホ再犯トシテ加重ス可キコトヲ規定シタルモノナリ

而シテ玆ニ注意ス可キコトハ再犯ノ刑ハ次條規定シタル如ク其罪ニ付キ法律ノ定メタル懲役刑ノ長

期ハ二倍以下ノ刑ヲ科シ再犯防遏ノ實行アランコトヲ期シ舊刑法ヨリ嚴罰主義ニ改メタルコト是ナリ

第五十七條　再犯ノ刑ハ其罪ニ付キ定メタル懲役ノ長期ノ二倍以下トス

本條ハ再犯ニ對スル科刑ノ標準ヲ規定シタルモノナリ

舊刑法ハ再犯ノ刑ハ初犯ノ刑ニ一等ヲ加フルニ過キサリシヲ以テ其結果、重罪ニ付テハ多クモ三年ヲ超ユルコトナク輕罪、違警罪ニ付テハ刑期又ハ罰金額ノ四分ノ一ヲ加重スルニ過キサリシヲ以テ三犯以上ノ犯人ト雖モ尚ホ一等ヲ加重スルニ止マリ加重ノ分量、輕キニ失シ再犯防遏ノ目的ヲ達スルコト能ハサリシニ因リ本法ハ加重ノ分量ヲ增加シ再犯ノ刑ハ其罪ニ付キ定メタル長期ノ二倍以下トナシタリ是即チ前、屢々、論シタル如ク再犯以上、數罪ヲ犯ス者ノ如キハ法律ヲ蔑視シテ懲戒ノ效ナキ者ナルヲ以テ嚴罰シテ累犯減少ヲ期シタルモノナリ

第五十八條　裁判確定後再犯者タルコトヲ發見シタルトキハ前條ノ規定ニ從ヒ加重ス可キ刑ヲ定ム

懲役ノ執行ヲ終リタル後又ハ其執行ノ免除アリタル後發見セラレタル者

ニ付テハ前項ノ規定ヲ適用セス

本條ハ裁判確定以後再犯者タルコトヲ發見シタル場合ヲ規定シタルモノナリ

舊刑法ハ再犯者ノ刑ヲ加重スル程度稍ヤ輕キニ失シタルニ拘ハラス尚ホ被告ハ加重セラルルヲ恐レ初犯ノ刑ヲ隱蔽シ裁判當時再犯者タルコトヲ發見セスシテ判決ヲ受クルコト往々アリ其後ニ至リ再三犯以上ナルコト發見スルモ一旦言渡サレタル刑罰ヲ加重セラルルコトナキヲ以テ被告ハ裁判當時極力再犯ニアラサルコトヲ爭ヒ萬一ヲ僥倖センコトヲ努ムル實際上ノ弊害アリタルヲ以テ本法ハ既ニ述ヘタル如ク一層加重スル主義ヲ採リタル結果勢ヒ初犯ヲ隱蔽スル者增加スルヲ免レサルニヨリ之ヲ豫防スル爲メ本條第一項ヲ設ケ裁判確定以後ニ於テモ尚ホ再犯者タルコトヲ發見シタルトキハ何時ニテモ前條ニ從ヒ長期ノ二倍以下ノ標準ニ依リ加重シタル刑ヲ定ム可キコトヲ規定シタリ

然レトモ懲役刑ノ執行終リ又ハ其執行免除ヲ得タル者ニ對シテハ縱令再犯タルコトヲ發見スルモ既ニ加重ス可キ本刑ナキヲ以テ加重セサルモノトス是本條第二項ノ規定アル所以ナリ

第五十九條　三犯以上ノ者ト雖モ仍ホ再犯ノ例ニ同シ

本條ハ三犯以上ノ者ニ對スル再犯例ヲ規定シタルモノナリ

再犯者ヲ二倍ノ刑ニ處スル以上ハ三犯以上ノ者ニ對シテ三倍ノ刑ヲ科スルヲ相當ナルカ如シト雖モ改正刑法ハ再犯ノ場合ニ於テ充分加重スルヲ得可キコトト爲シタルニ因リ三犯以上ノ者ニ對シテハ更ニ特別加重例ヲ設クルノ必要ナキヲ以テ三犯以上ノ者ト雖モ仍ホ再犯例ニ同シト規定シテ之ヲ制限シタルモノナリ

第十一章　共犯

總論

本章ハ舊刑法、第一編、第八章、數人共犯ノ規定ヲ修正シタルモノナリ

共犯トハ二人以上共同シテ同一犯罪ニ加功スル所爲ヲ謂フ換言スレハ二人以上、共同シテ一罪ヲ犯シタルコトヲ云フモノトス蓋シ數人共同シテ一罪ヲ犯スモ各人、獨立シテ刑罰ヲ受ク可キモノナルヲ以テ本章ノ規定ハ殆ト之ヲ要セサルニ似タリ然レトモ數人、共同シテ一罪ヲ犯ス場合ニ於テハ各犯行ノ程度、同一ナラサルコトアルト或ハ親子ノ如キ身分アル者、共犯人タルコトアルニ因リ特ニ本章ヲ設クル必要アリ加之刑法上、刑罰ヲ科ス可キ標準ハ犯罪ノ種類又ハ犯情等ニ因テ是カ輕重ヲ定ム可キモノナルヲ以テ一人竊ニ犯罪ヲ決行スルト數人共同シテ犯罪ヲ實行スルトハ被害者ニ危惧

ノ念ヲ起サシムル點ノ異ナルト同時ニ社會ニ及ホス危害モ亦大ナラサルヲ得ス況ンヤ共同力ハ極メテ惧ル可キ結果ヲ生スルモノナルニ於テヲヤ故ニ一層、嚴罰ス可キ必要ナキニアラス假令ハ内亂外患、騒擾罪及ヒ生命、身體、財産ニ關スル罪等ノ如キ孰レモ犯人ノ多數丈ケ夫レ丈ケ社會ニ及ホス危險大ナレハナリ

然レトモ數人共同シテ同一犯罪ヲ行フモ亦必スシモ各自ノ行爲同一ナリト云フヲ得ス各自其分擔ノ行爲中犯罪成立ニ必要ナル行爲アリ或ハ單ニ犯罪ヲ容易ナラシムルニ止マル行爲アリ其犯罪成立ニ必要ナル行爲ヲ分擔シタル者ヲ正犯ト云ヒ單ニ犯罪行爲ヲ容易ナラシメタルニ止マル者ハ之ヲ從犯ト云フ又正犯ニ實行正犯ト正犯ニ準ス可キ者トアリ則チ他人ヲシテ犯罪ヲ實行セシムル者ヲ敎唆者ト云ヒ自ラ犯罪行爲ヲ實行スル者ヲ實行正犯ト云フ此三種ノ犯人ハ孰レモ犯情ニ於テ輕重アルヲ以テ刑罰モ亦差等ヲ設クルノ必要アリ是本章ノ規定アル所以ナリ

第六十條　二人以上共同シテ犯罪ヲ實行シタル者ハ皆正犯トス

本條ハ實行正犯ヲ規定シタルモノナリ

本條ハ舊刑法、第百四條ノ「二人以上現ニ罪ヲ犯シタル者ハ皆正犯ト爲シ各自ニ其刑ヲ科ス」トノ規定ヲ修正シタルモノナリ舊刑法ハ「現ニ」ナル文字ヲ以テ實行正犯ノ意義ヲ示シタルモ現ニト云

ヲハ意義狹隘ニ失スルノ嫌アルヲ以テ本法ニ於テハ之ヲ「共同シテ」ト改メ「又各自ニ其刑ヲ科ス」トアリタルハ「皆正犯トス」ト改メタリ是即チ各自ニ其刑ヲ科ス可キコトハ當然ニシテ特ニ規定ヲ要セサルカ爲メナリ

蓋シ此共犯ノ規定ハ理論上及ヒ實際上、頗ル緊要ナルヲ以テ法文ヲ分析シテ之ヲ詳論セントス

第一、二人以上共同シタルコトヲ要ス

共犯トハ各自罪ヲ犯スノ意思ヲ以テ數人共同シテ犯罪行爲ノ一部又ハ全部ヲ實行スルコトヲ謂フモノトス換言スレハ犯罪ヲ實行スルニ當リ數人共同シタルヲ云フ然レトモ共犯タルニハ其數人孰レモ有能力者タルヲ要ス若シ犯罪無能力者タル幼者ヲ同行シタル場合ノ如キハ未タ以テ共犯ナリト云フヲ得ス是恰モ動物ヲ使用シタルニ等シク幼者ト共犯ヲ以テ論ス可キモノニアラサレハ二人以上トハ必ス犯罪能力者ノ共同タルヲ要スルモノニテ又此共同トハ二人以上ノ者、同一犯罪ヲ共ニ犯ス意思アルコトヲ要スルモノトス然ルニ從來、刑法學者中數人共犯ヲ論スルニ該リ必ス犯意ノ通謀アルヲ要セスト論シタルモノアリト雖モ數人共同シテ同一犯罪ヲ實行シタリト爲スニハ必ス通謀アルヲ要ス故ニ共犯ヲ以テ論スルニハ合議協力ノ上犯罪行爲ヲ實行シタルコトヲ要スルモノナリ然レトモ騷擾罪ノ如キ必要的共犯罪ニ於テハ必スシモ附和隨行者ニ至ルマテ全部謀議ノ結

果ニ出ルヲ要セサルモ附和隨行者モ暴動ヲ爲スモノナルコトヲ知テ其勢ヲ助成スルコト換言スレハ騷擾罪ナルコトヲ知テ附和雷同スルコトヲ要ス故ニ必要的共犯ト通常共犯トヲ問ハス共ニ犯ス意思ト事實トナキ以上ハ共犯ヲ以テ論スルコトヲ得ス左レハ同時同所ニ於テ一罪ヲ數人ニテ犯スモ共ニ犯スノ意思ナキ限リハ同犯ナリト云フコトヲ得ルモ共犯アリト云フコトヲ得ス斯ノ如ク共犯タルニハ共同シテ罪ヲ犯スノ意思ト事實トアルヲ要スト爲スカ故ニ茲ニ一問題アリ無意犯即チ過失罪ニモ共犯アリヤ否ヤノ問題是ナリ假令ハ數人共同シテ大石ヲ運搬スル途中之ヲ轉落シテ通行人ヲ負傷セシメタルトキハ其通行人ノ負傷ニ付テ運搬者ハ全體共犯トシテ其責ニ任ス可キモノナルヤ否ヤ此場合ニ於テモ共犯ナリト論スル者アリト雖モ共同ナル文字ハ共ニ積極的、意思アルヲ要スルヲ以テ無意犯ニ付テハ同犯アルモ共犯ナシト云フヲ穩當ナリトス

第二、犯罪ヲ實行シタルコトヲ要ス

本條ニ所謂、犯罪ヲ實行シタル者トハ數人共同シテ同一犯罪ヲ實行シタルコトヲ謂フモノニシテ其犯罪行爲ノ全部ヲ實行シタルトキハ共犯ノ既遂罪ナリ若シ犯罪實行ニ着手シテ遂ケサルトキハ一部實行ニ止マルヲ以テ未遂罪ナリ故ニ實行正犯タルニハ必ス其目的ヲ遂シタルヲ要セス數人、共同シテ犯罪ヲ遂行シ犯罪行爲ノ全部若クハ一部ヲ行フニ因テ成立ス然レトモ本條特ニ「實行」シ

タル者」ト規定シタルヲ以テ著手未遂ニ達セサル豫備陰謀等ハ特別ノ明文アル場合ノ外實行正犯ヲ以テ論スルコトヲ得ス

蓋シ正犯トハ從犯ニ對スル語ニシテ犯罪ノ主タル責任ヲ負フモノヲ表スル意義ナリ故ニ二人以上共同シテ第二編以下、各條ニ規定シタル犯罪ヲ實行シタルトキハ各自、孰レモ正犯トシテ平等均一ノ刑ヲ科セラル可キ地位ニ立ツモノナリ然レトモ共犯者ハ各自、全部ノ犯罪ニ加行シタルヲ要セス、一部ニ加行スルモ仍ホ犯罪成立シタル以上ハ、皆正犯ヲ以テ論ス可キモノトス例ヘハ甲乙、共同シテ强盜ヲ爲スニ當リ甲ハ家人ニ對シ暴行脅迫ヲ加ヘ乙ハ財物ヲ奪取シタル場合ノ如キハ暴行脅迫ヲ加フル所爲ト財物ヲ奪取スル所爲トヲ甲乙、各自、分擔シタルモノナルモ仍ホ强盜罪ノ共犯ナリトノ判例アリ又强盜見張ヲ爲シ其實行ヲ幇助シタル所爲ハ强盜罪ノ正犯ナリトノ判例アリ「本法ハ正犯ヲ幇助シタル者ハ從犯トス」ト規定シタルヲ以テ右判例ニ對シテハ多少疑ヲ容ル可キ餘地ナキニアラスト雖モ實行行爲ノ幇助者ハ正犯ヲ以テ論スルコト相當ナリ此點ニ付テハ仍ホ後ニ至リ論セントス

之ヲ要スルニ實行正犯トハ刑法上罰ス可キ行爲ノ結果ヲ惹起シ又ハ其發生ヲ妨止セサリシコトヲ云フモノナルカ故ニ實行正犯タルニハ必ス犯罪行爲ノ全部又ハ一部ヲ實行シタルコトヲ要ス然レ

トモ其結果ハ自己ノ行爲ニ因リテ生セシメタルヲ要セス自然力又ハ器具若クハ動物ヲ利用シテ結果ヲ生セシムルモ仍ホ之ヲ利用シタル者ハ實行正犯ナリ例ヘハ自己ノ犬ヲシテ牛肉店ノ肉片ヲ取リ來ラシメタル者ハ竊盜罪ノ正犯ナリ又犬ヲシテ人ヲ嚙シタル者ハ傷害罪ノ實行正犯タルカ如シ故ニ其利用セラレタル者カ無能力者タル場合ニ於テモ例ヘハ他人ヲ刺サシメンカ爲メ瘋癲者ニ刀劍ヲ與ヘ殺サシメタルトキ又ハ幼者ヲ强制シテ或ル犯罪行爲ヲ爲サシメタルトキ又ハ其利用セラレタル者カ犯罪ノ意思ナキトキノ如キモ皆、其利用者ヲ以テ實行正犯ト爲スヘキモノナリ其他火力水力等ノ自然力ヲ利用シタルトキモ同一ニ論ス可キモノトス其利用者ヲ稱シテ學說上無形ノ正犯又ハ間接正犯ト云フ而シテ實行正犯タルニハ共同的實行行爲ヲ必要トナスト同時ニ又其關係者ニ共ニ犯スノ故意アルヲ要ス然レトモ茲ニ所謂、故意トハ各自、共同シテ犯罪ヲ實行スル意思ヲ云フモノナルヲ以テ罪ヲ犯ス意思ナク共同スルモ共犯ナリト云フヲ得ス又罪ヲ犯ス意思アルモ共同スル意思ナキ以上ハ共犯ヲ以テ論スルコトヲ得ス學者此場合ノ故意ヲ犯罪構成要件ノ知覺ト協力ノ知覺ト論スル者アリ獨逸刑法第四十七條ハ二人以上共ニ一罪ヲ犯ストキハ正犯トシ各自ニ其刑ヲ科スト規定シタリ而シテ實行正犯ト敎唆者又ハ從犯トノ區別ハ主トシテ犯罪構成條件ニ屬スル所爲ニ加行シタルト否トニ依ル換言スレハ實行正犯ハ主觀的ニシテ敎唆者又ハ從犯ハ客觀的加

行ナリトス

第六十一條 人ヲ教唆シテ犯罪ヲ實行セシメタル者ハ正犯ニ準ス
教唆者ヲ教唆シタル者亦同シ

本條ハ教唆罪ヲ規定シタルモノナリ

本條第一項ハ舊刑法第百五條「人ヲ教唆シテ重罪輕罪ヲ犯サシメタル者ハ亦正犯ト爲ス」トノ法文ト其立法主旨ハ同一ナリ唯、本條ハ重罪輕罪ノ文字ヲ删除シタルト「亦正犯ト爲ス」トノ規定ヲ「正犯ニ準ス」ト修正シタルニ過キス是即チ教唆者ハ直接ニ犯罪ヲ實行スルモノニアラサルモ尙ホ實行正犯ト殆ト同一ナルヲ以テ正犯ニ準スト規定シタルモノナリ而シテ本條モ亦教唆者ト實行正犯トノ關係上、頗ル緊要ナル規定ナリトス

教唆トハ自己ノ犯意ヲ移シテ他人ニ犯罪ヲ實行セシムル所爲ヲ謂フ換言スレハ教唆ハ自己ノ犯意ヲ被教唆者ニ注入シテ實行セシムルニ因テ成立スル罪ナルヲ以テ教唆者ハ犯罪ノ發議者ニシテ被教唆者ハ其犯意ノ實行者ナリトス

本條モ亦法文ヲ分析シテ之ヲ論セントス

第一、教唆者ハ必ス一定ノ犯罪ヲ教唆シタルコトヲ要ス

人ヲ敎唆シテ犯罪ヲ實行セシムルニハ必ス一定ノ犯罪タルコトヲ要ス故ニ漠然罪ヲ犯ス可シト敎唆スル如キハ未タ以テ本條敎唆罪ニ非ス左レハ敎唆罪タルニハ一定ノ罪ヲ指定シタルヲ要シ被敎唆者ハ其犯罪ヲ實行シタルヲ要ス換言スレハ敎唆者ハ犯罪事實ヲ指定シテ敎唆シ被敎唆者ハ其指定セラレタル犯罪ヲ實行シタルヲ要スルモノナリ故ニ若シ被敎唆者ニ於テ指定以外ノ罪ヲ犯シタルトキハ敎唆者ハ其責ニ任ス可キモノニアラス舊刑法ハ此點ニ付キ第百八條ヲ以テ「事ヲ指定シテ犯罪ヲ敎唆スルニ當リ犯人敎唆ニ乘シ其指定シタル以外ノ罪ヲ犯シ又ハ現ニ行フ所ノ方法敎唆者ノ特定シタル所ト異ナルトキハ左ノ例ニ照ラシテ敎唆者ヲ處斷ス」一、所犯敎唆シタル罪ヨリ重キトキハ止タ其指定シタル罪ニ從テ刑ヲ科ス」二、所犯敎唆シタル罪ヨリ輕キトキハ現ニ行フ所ノ罪ニ從テ刑ヲ科ス」ト規定シ此第一條件ノ必要ヲ明ニシタルモ本法ハ之ヲ删除シタリ是則チ一定ノ犯罪ヲ指定シテ敎唆シタルニアラサレハ敎唆罪成立セサルコト前段、論シタルカ如ク(事ヲ指定シテ敎唆シタルニ被敎唆者ニ於テ指定以外ノ罪ヲ犯シタルトキハ其指定外ハ敎唆ニ基キタル行爲ト云フヲ得ス)ナルヲ以テ特ニ法文ヲ置クノ必要ナキカ故ナリ例ヘハ甲、乙ニ對シ丙家ニ到リ財物ヲ竊取シ來ル可シト敎唆シタルニ乙之ヲ諾シテ丙家ニ侵入シ俄カニ強盜ニ變シ脅迫シテ財物ヲ強奪シタルトキハ乙ハ強盜罪ナルモ甲ハ竊盜ヲ敎唆シタルニ止マルヲ以テ其指定シタル竊盜ノ教唆以外ノ責ニ任ス可キモノニ非ス故ニ甲ハ其指定シタル竊盜教唆ノ罪ハ免レサルモ重キ强盜罪ノ教唆罪ニ非サルナリ又此場合ニ於テ乙、丙家ニ侵入シ婦女ヲ强姦シタルトキハ全ク乙ハ甲ノ與リ知ラサル罪ヲ犯シタルモノナルヲ以テ甲ハ何等ノ責任ヲモ負フ可キモノニ非ス然レトモ毆打傷害罪ノ如キハ結果ニ因リ責任ヲ定ム可キモノナルヲ以テ苟クモ毆打ヲ教唆シタル以上ハ其ノ結果ニ對スル責ヲ免レストノ判例アリ例ヘハ人ヲ毆打ス可シト教唆シタルニ被教唆者毆打シテ死ニ至ラシメタルトキノ如キハ教唆者ハ毆打致死ノ教唆罪ナリ

尚ホ玆ニ論ス可キコトアリ教唆者カ被教唆者ヲ教唆シテ實行セシメタル方法手段ハ之ヲ制限セサルコトハ是ナリ故ニ假令如何ナル方法手段ヲ以テ教唆スルモ被教唆者ニ於テ教唆者ノ犯意ヲ實行シタルトキハ教唆罪成立スルモノトス即チ被教唆者ト贈與ヲ約シ又ハ威權脅迫等ヲ加ヘテ行ハシメタルト其他如何ナル方法手段ニ因リタルトヲ問ハス教唆ニ因テ罪ヲ犯シタルトキハ教唆罪成立ス然レトモ教唆者ニシテ被教唆者ニ對シ急迫ナル暴行ヲ加ヘ已ムヲ得サルニ出テ罪ヲ犯サシメタルトキハ被教唆者ハ第三十七條ニ依リ論ス可キモノナリ

第二、被教唆者ハ教唆者ノ教唆ニ因テ犯罪ヲ實行シタルコトヲ要ス

教唆者ハ人ヲ教唆シテ犯罪ノ決心ヲ爲サシメ而シテ罪ヲ犯サシムルモノナルヲ以テ教唆者ハ犯罪

ノ發意者ニシテ被敎唆者ノ犯罪ハ其結果ナリ故ニ敎唆者ハ智力上ノ働キヲ爲シ被敎唆者ハ體力上ノ働キヲ爲スモノトス是即チ敎唆者ヲ實行正犯ニ準シ同一ノ刑ヲ科スル所以ナリ茲ニ問題アリ助言ハ之ヲ罰スルコトヲ得ルヤ否ヤノ問題是ナリ假令ハ赤貧洗フカ如キ者ニ對シ汝貧ニ苦シムヨリハ寧ロ、竊盜ヲ爲シテ苦シミヲ遁レヨト言ヒ或ハ子女多クシテ生計ニ苦シム者ニ向ヒ子女ヲ遺棄シテ氣樂ニセヨト助言シタル者ノ如キハ本條ニ所謂、敎唆ナリヤ否ヤト云フニ在リ單ニ意見ヲ述ヘタルニ過キサルトキハ未タ以テ敎唆ト爲スヲ得サルモ其助言ノ爲メニ全ク犯意ヲ決シテ之ヲ實行シタルトキハ敎唆ナリトス蓋シ是等ノ區別ハ事實ノ問題ニ屬スルヲ以テ茲ニ豫メ論定スルコトヲ得サルモ敎唆ト助言トハ似テ非ナルコトハ注意ス可キナリ

之ヲ要スルニ敎唆トハ故意ニ犯人ヲシテ罰ス可キ行爲ヲ爲スノ決意ヲ爲サシメタル所爲ヲ云フモノナルヲ以テ數人共同シテ又ハ各別ニ犯人ヲ敎唆スルコトヲ得ルモノトス此場合ニ於テハ前者ハ共同敎唆ニシテ後者ハ(敎唆ノ通謀ナキヲ以テ)獨立シタル數人ノ敎唆罪ナリ又敎唆者ヲ敎唆スルコトヲモ得可キモノナリ此點ニ就テハ仍ホ後ニ至リ論セントス

敎唆ハ犯人ヲシテ犯罪ヲ實行スルノ決意ヲ喚起セシムル所爲ナルヲ以テ從來、學說上、敎唆者ヲ無形ノ實行者ト稱シ犯罪實行者ヲ稱シテ有形ノ實行者即チ敎唆者被敎唆者ト稱シタルモ敎唆ハ無

形ノ犯罪行爲者ニ非スシテ他人ノ犯罪ニ加擔シタルモノナリト論スル學者アリ曰ク教唆ハ其之ヲ罰ス可キノ原因ヲ教唆其コトノ内ニ含ムニ非ス他人ノ犯罪ヨリ其處罰サル可キ性質ヲ受クルモノナリ換言スレハ教唆ハ正犯ニ犯罪ノ決意ヲ喚起セシムル所爲ナルヲ以テ其結果トシテ教唆ハ性質上必ス罰ス可キモノニアラス正犯ノ決意シタル行爲カ罰ス可キ場合ニ限リ其實行シタル犯罪ノ程度ニ依リ教唆罪モ亦成立スルモノナリト、而シテ教唆ノ故意トハ自己ノ意思ニ因リ被教唆者ニ特定ノ罪ヲ犯スノ決意ヲ爲サシメタル所爲ヲ云フモノナルヲ以テ若シ自己ノ意思ニ基ルスシテ他人ノ意思ニ依リ正犯ニ實行ノ決意ヲ傳達シタルトキハ教唆ノ教唆ナリトス故ニ其結果トシテ被教唆者ニ於テ教唆者ノ觀念シタル行爲ト主要ノ性質ヲ異ニスル行爲ヲ行フタルトキハ教唆ヲ以テ論スルコトヲ得ス例ヘハ教唆者ハ竊盜ヲ教唆シタルニ被教唆者ハ强姦ヲ爲シタル場合ノ如キ是ナリ又教唆罪ハ原則上、實行正犯ト其運命ヲ共ニス可キモノナレハ實行正犯未遂ナレハ教唆罪モ亦未遂罪ナリ然レトモ實行正犯ノ身分ニ因リ即チ幼者又ハ精神病ノ如キ者ニテ犯罪成立セサルトキハ教唆者ハ間接正犯トシテ其責ニ任ス可キコトアルハ既ニ述ヘタルカ如シ仍ホ實行正犯又ハ教唆者ノ身分上ニ關スル影響ニ付テハ後ニ至リ論セントス

本條第二項ノ「教唆者ヲ教唆シタル者亦同シ」トハ本法ノ新設ニ係ル規定ナリ舊刑法ニ於テハ此規

定ナカリシヲ以テ學者中、敎唆ノ敎唆ハ法文ナキニ依リ罰スルコトヲ得スト論シ又實際上ニ於テモ屢々、奸佞不良ノ徒ヲ逸スルノ遺憾アリタルニ因リ本法ハ必要上、特ニ本項ヲ設ケ此疑問ヲ解決シタルモノナリ例ヘハ余甲ヲ敎唆スルニ乙ヲ敎唆シテ丙ヲ殺ス可キコトヲ以テシタルカ如キ場合ハ余ハ是甲ノ敎唆ヲ敎唆シタルモノナリ然レトモ實行正犯ヨリ觀察スレハ其敎唆ノ敎唆カ犯罪實行ノ原動力ナルヲ以テ實行正犯ヲ直接ニ敎唆シタルモノト同一ニ罰ス可キ必要アリ、是本條第二項「敎唆者ヲ敎唆シタル者亦同シ」ト規定シタル所以ナリ

茲ニ疑問ノ生スルハ本項敎唆者ヲ敎唆シタル者亦同シトハ第一項正犯ヲ敎唆シタル敎唆者ノ敎唆者即チ第一敎唆者ヲ敎唆シタル第二ノ敎唆者ノミヲ罰スル立法趣旨ナル乎將タ其第二ノ敎唆者ヲ敎唆シタル第三敎唆者以下ノ敎唆者ヲモ仍ホ準正犯トシテ罰ス可キ立法趣旨ナルヤノ問題是ナリ法文ノ解釋上、疑ヒナキニ非ス前草案參考書ハ本條第二項ハ新ニ設ケタル規定ニシテ實行正犯ノミナラス敎唆者ヲ敎唆シタル者モ亦之ヲ罰スルモノナリ現行法ニ於テハ此規定ナキ爲メ往々、不良ノ徒ヲシテ其刑ヲ免レシメタルコトナキニ非ス故ニ改正案ハ此理由ニ因リ敎唆者ヲ敎唆シ敎唆罪ヲ實行セシメタル者モ亦實行正犯ヲ敎唆シタル者ニ準スルコトヲ規定シタリト說明シタルニ止マリ敎唆者ノ敎唆者以下ノ敎唆者ニ至テハ之ヲ罰スルモノナルヤ否ヤ說明ナキヲ以テ明瞭ナラス然レトモ余ハ特ニ

明文ヲ以テ正犯ニ準スト規定シタル以上ハ文理解釋上、第一敎唆者ヲ敎唆シタル第二敎唆者ニ限リ之ヲ罰シ其以下ノ敎唆者ハ之ヲ罰セサル立法趣旨ナリト解スルモノナリ
要スルニ敎唆ノ敎唆及ヒ從犯ノ敎唆ハ實行正犯ニ對スル間接ノ加行ナルヲ以テ前者ハ正犯ニ對スル本來ノ刑ノ範圍ニ依リ後者ハ從犯ニ對スル減輕シタル範圍ニ從ヒ罰ス可キモノナリ又從犯ノ從犯及敎唆ノ從犯モ等シク正犯ニ對スル間接ノ加行ナリ然レトモ本法ニ於テハ從犯ノ從犯ハ之ヲ認メス」
既ニ論シタル如ク一罪ニ對スル數個ノ敎唆ハ一罪ナリ例ヘハ一ノ刺載的、言語ニ依リ數個ノ正犯ヲ敎唆シタル場合ノ如キハ敎唆ノ意思、單一ナルヲ以テ縱令、多數ノ結果ヲ生スルモ一罪ニシテ實體上ノ數罪倶發ニ非ス又一人カ同一ノ犯罪ニ數回、關與シタルトキハ其干與シタル體樣ノ輕キ所爲ハ其重キ所爲ニ吸收セラルルモノナリ例ヘハ敎唆者カ其後、正犯トシテ又ハ從犯トシテ犯罪ノ實行ニ干與シタルトキハ前者ハ單ニ實行正犯トシ後者ハ之ヲ敎唆者トシテ處分ス可キモノナリ
終リニ臨ミ一、二論ス可キコトアリ即チ犯罪無能力者カ敎唆シタル場合及ヒ敎唆ヲ中止スルコトヲ得ルヤ否ヤノ問題是ナリ

(一) 犯罪ノ主體ハ犯罪能力ヲ具備スルコトヲ要ストハ既ニ述ヘタル所ナリ故ニ此敎唆者、被敎唆者ニ付テモ亦犯罪能力者タルヲ要スルヤ論ナシ左レハ犯罪能力ナキ十四歲以下ノ幼者又ハ白癡、瘋

癲者等ヲ使嗾シテ犯罪ヲ實行セシメタル者ハ實行正犯トシテ其責ヲ負フヘキモノナリ如何トナレハ幼者又ハ白癡瘋癲者ノ如キハ是非善惡ヲ識別ス可キ能力ナキモノナルヲ以テ彼等ノ所爲ハ野犬猛獸ノ行爲ト異ナラサルニ因リ之ヲ使嗾シタル者自身ニ於テ其責ニ任ス可キモノトス例ヘハ是非ノ辯別ナキ者ヲ使嗾シテ放火セシメタル者ハ敎唆者ニアラスシテ實行正犯ナルカ如キ是ナリ

（二）敎唆ハ之ヲ中止スルコトヲ得ルヤ否ヤト云フニ元來、敎唆ハ被敎唆者ニ於テ敎唆ノ事實ヲ實行スルニ因テ成立スルモノナルヲ以テ被敎唆者カ犯罪實行ニ著手シタルトキハ最早、中止スルコトヲ得ス然レトモ未タ被敎唆者ニ於テ犯罪實行ニ著手セサル以前、中止シタルトキハ其效アルヤ論ナシ之ニ反シテ敎唆者、其犯罪實行ヲ中止ス可キコトヲ申入レタルモ被敎唆者之ヲ肯セスシテ實行シタルトキハ中止ノ效アリヤ否ヤ是則チ異論ノアル問題ナリ敎唆者ニ於テ犯罪中止ヲ申入レタルモ被敎唆者之ヲ中止セスシテ犯罪ヲ實行シタルトキハ縱令、原動力ハ敎唆者ニアリト雖モ中止ノ效力アリト謂ハサルヲ得ス如何トナレハ此場合ニ於テハ正犯之ヲ聽カス犯罪ヲ決行シタルモノナルヲ以テ更ニ犯罪ヲ企テ實行シタルモノト看做スモ敢テ不當ニアラサレハナリ假令ハ甲、乙ニ丙ヲ毒殺ス可シト敎唆シ乙ニ其毒藥ヲ與ヘテ其方法ヲ指定シタルニ乙直ニ實行セントスルニ當リ甲其非ヲ悟リ與ヘタル毒藥ヲ取戻シタリトセハ中止ノ效アリト云フ可シ然レトモ乙尙ホ實行セン

トシテ毒藥ヲ返戻セサル場合ニ於テハ己ムヲ得ス官ニ毒殺教唆ノ事實ヲ自首シテ公力ヲ以テ豫防スルノ外ナシト信ス

第六十二條 正犯ヲ幫助シタル者ハ從犯トス

從犯ヲ教唆シタル者ハ從犯ニ準ス

本條ハ從犯ヲ規定シタルモノナリ

從犯トハ正犯ヲ幫助シテ犯罪ヲ容易ナラシメタル者ヲ謂フ而シテ此從犯ニ三種アリ即チ、第一正犯ノ犯罪實行中ノ犯罪實行前ノ幫助例ヘハ人ヲ殺スコトヲ知テ刀劍ヲ貸與シタル者ノ如キ、第二正犯ノ犯罪實行後ノ幫助例ヘハ强竊盜ノ案内ヲ爲ス者ノ如キ、第三正犯ノ犯罪實行後ノ幫助例ヘハ强盜ニ因テ得タル贓物ノ寄藏、故買者ノ如キ是ナリ然レトモ此事後ノ從犯（即チ犯人藏匿罪及ヒ贓物ニ關スル罪ノ如キ）ハ特ニ一罪トシテ規定シタルヲ以テ本條ニ所謂、從犯トハ犯罪實行前ノ幫助者ニ止マルモノトス

舊刑法第百九條ハ從犯ヲ規定シテ曰ク「重罪、輕罪ヲ犯ス事ヲ知テ器具ヲ給與シ又ハ誘導指示シ其他豫備ノ行爲ヲ以テ正犯ヲ幫助シ犯罪ヲ容易ナラシメタル者ハ從犯ト爲シ正犯ノ刑ニ一等ヲ減ス」ト規定シタリ故ニ舊刑法ニ於テハ正犯ノ犯罪豫備行爲ヲ幫助シタル者モ仍ホ從犯ト爲スノ嫌アリ又

幇助ノ方法ヲ列擧シタルヲ以テ實際上、往々、困難ナル問題ヲ生シタルヲ以テ本法ハ此例示ヲ改メ幇助ノ方法ヲ指示セス如何ナル方法ニ依リタルヲ問ハス苟モ正犯ヲ幇助シテ犯罪ヲ容易ナラシメタル者ハ總テ從犯ナリト爲シタリ

而シテ從犯罪成立ニハ左ノ二條件ヲ要ス

第一、正犯ヲ幇助シタルコトヲ要ス

從犯ハ主タル正犯アリテ初メテ存在スル從タル犯罪ナルヲ以テ正犯アルヲ要スルハ論ヲ俟タス故ニ原則上、主タル犯罪ト其運命ヲ倶ニス可キモノナリ左レハ主犯成立セサレハ從犯モ亦成立セス主犯、未遂罪ナレハ從犯モ亦未遂罪ナリトス然レトモ本法ニ於テハ正犯ヲ幇助スル方法手段ヲ示サヽルヲ以テ犯罪ニ要スル器具ヲ貸與シタルト犯罪ノ場所ニ誘導シタルトヲ問ハス凡テ主刑ノ犯罪實行ヲ容易ナラシメタルトキハ從犯罪成立スルモノナリ而シテ此正犯ヲ幇助スルニ至レル原因モ亦贈與、約束、脅迫、威權等如何ナル方法手段ニ因リタルトヲ問ハス要ハ唯、正犯ヲ幇助シタルコトニアリ

茲ニ問題アリ從犯ノ從犯ハ之ヲ罰スルコトヲ得ルヤ否ヤ是ナリ前條、敎唆者ヲ敎唆シタル者ヲ罰シ本條從犯ヲ敎唆シタル者モ亦之ヲ從犯ニ準シテ罰スルヲ以テ從犯ノ從犯ハ當然、之ヲ罰ス可キ

モノナルニ似タルモ本條第一項正犯ヲ幇助シタル者ハ從犯トスヘト規定シ直接ニ正犯ヲ幇助シタル者ト限定シタルヲ以テ正犯ヲ間接ニ幇助シタル從犯ノ從犯ハ之ヲ罰セサルモノトス

第二、從犯者ハ正犯ノ犯罪行爲ヲ幇助スルノ意思アルコトヲ要ス

正犯、罪ヲ犯スコトヲ知テ之ヲ幇助セサレハ從犯罪成立セス換言スレハ正犯ト從犯トハ必スシモ通謀アルヲ要セサルモ正犯罪ヲ犯スコトヲ知テ之ヲ幇助スルヲ要ス。例令ハ人ヲ殺スコトヲ知テ刀劍、短銃等ヲ貸與シタルカ如シ故ニ罪ヲ犯スコトヲ知ラスシテ貸與シタルトキハ從犯ナリト云フヲ得ス又罪ヲ犯ス者ヲ防止セサル場合ノ如キモ積極的、行爲ニ因テ犯罪ヲ幇助シタルモノニアラサルヲ以テ從犯ニ非サルナリ

玆ニ問題アリ例ヘハ人ノ犯罪ヲ容易ナラシムル意思ヲ以テ犯罪行爲ヲ幇助シタルモ中途ニ至リ善事ニ非サルコトヲ悟リ幇助ノ所爲ヲ止メ正犯ニ對シテ犯罪實行ヲ中止センコトヲ勸告シタルニ正犯、之ヲ聽カスシテ犯罪ヲ實行シタルトキ假令ハ殺人犯ヲ幇助スル爲メ正犯ニ貸與シタル刀劍ヲ取戻シタルニ正犯、他ノ刀劍ヲ以テ遂ニ人ヲ殺シタル場合ノ如キハ最早、從犯タルノ責任ナシ此點ニ付テハ前條、敎唆ヲ中止スルコトヲ得ルヤ否ヤノ問題ト同一ナルヲ以テ參照ス可シ

本條第二項、從犯ヲ敎唆シタル者ハ從犯ニ準ストノ規定ハ敎唆者ヲ敎唆シタルヲ罰スルコトヲ得ル

ヤ否ヤノ問題ト等シク舊刑法上ニ此規定ナカリシニ因リ明文ナキヲ以テ罰スルコトヲ得サルヲ通說ト爲シタルモ本法ハ敎唆者ノ敎唆ヲ正犯ニ準シテ罰スルト同一理由ニ基キ從犯ヲ敎唆シタル敎唆者ヲ從犯ニ準シ罰スルコトト爲シタリ然レトモ以上ノ理論ヲ貫カントセハ從犯ノ從犯モ仍ホ直接從犯ニ準シテ罰スルヲ至當ナリト雖モ從犯ノ從犯ニ至テハ特ニ明文ナキヲ以テ罰スルコトヲ得サルモノトス

第六十三條　從犯ノ刑ハ正犯ノ刑ニ照シテ減輕ス

本條ハ從犯ノ刑ハ正犯ノ刑ヨリ減輕ス可キコトヲ規定シタルモノナリ

元來、從犯ハ正犯ノ行爲ヲ幇助シタルニ止マリ正犯ニ比シ其情、輕キモノナルヲ以テ實行正犯ト同刑ニ處ス可キモノニ非ス故ニ舊刑法第百九條ト同シク本法ニ於テモ正犯ノ刑ニ照シテ減輕ス可キコトト爲シタリ蓋シ從犯トハ正犯ヲ幇助シテ犯罪ヲ容易ナラシメタル者ヲ云フモノナレハ正犯ノ行フタル罪、從犯ノ知ル所ヨリ重キトキハ止タ其知リタル犯罪ニ照シテ處斷シ又正犯ニ於テ從犯ノ豫知シタル罪ヨリ輕キ罪ヲ犯シタルトキハ其輕キニ從テ從犯ノ刑ヲ減輕スヘキモノトス故ニ若シ正犯ノ犯シタル罪、從犯ノ知ラサルトキハ從犯ヲ以テ論スルコトヲ得ス此點ニ付テハ前條、敎唆者ノ知ラサル所爲ヲ正犯實行シタル場合ト同一ナリ

第六十四條 拘留又ハ科料ノミニ處ス可キ罪ノ教唆者及ヒ從犯ハ特別ノ規定アルニ非サレハ之ヲ罰セス

本條ハ拘留又ハ科料ニ處ス可キ罪ノ教唆者及ヒ從犯ハ別段ノ規定アル場合ノ外罰セサルコトヲ規定シタルモノナリ

本條ハ拘留又ハ科料ノミニ處ス可キ犯罪ハ罪質、輕微ナルヲ以テ是等ノ罪ノ教唆者又ハ從犯ハ尙更、輕微ナルニ因リ之ヲ罰セサルコトト爲シ其罰スルノ必要アルモノニ限リ各本條特ニ規定スルコトヲ示シタルモノナリ

第六十五條 犯人ノ身分ニ因リ構成ス可キ犯罪行爲ニ加功シタルトキハ其身分ナキ者ト雖モ仍ホ共犯トス

身分ニ因リ特ニ刑ノ輕重アルトキハ其身分ナキ者ニハ通常ノ刑ヲ科ス

本條ハ共犯人ノ身分ニ及ホス效力ヲ規定シタルモノナリ

本條第一項ハ犯人ノ身分ニ因リ構成ス可キ罪ヲ共ニ犯シタル者ニ對スル規定ニシテ舊刑法ニハ此規定ナカリシヲ以テ學說、二派ニ分レタリ即チ第一說ヲ主張スル學者ハ曰ク犯人ノ身分ニ因リ特ニ構

成スヘキ罪ハ其特別ノ身分ナキ者ハ共犯ヲ以テ論ス可キモノニ非ス假令ハ官吏收賄罪ノ如キ官吏タル特別ノ資格アリテ收賄スルニ因テ成立スル罪ナリ又子孫奉養ヲ闕ク罪ノ如キ子孫タル身分アリテ之カ奉養ヲ闕キ成立スル罪ナリ然レハ官名タル資格ナキ者、官吏ト共ニ賄賂ヲ收受スルモ官吏收賄罪ナリト云フヲ得ス又人ノ子孫タル身分ナキ者他人　父母ニ對シテハ奉養ノ義務ナキヲ以テ其他人ハ奉養ヲ闕クモノニアラスト第二說ニ曰ク他人ノ身分ニ因リ構成ス可キ犯罪ナリト雖モ身分ナキ者共ニ犯シタルトキハ共犯ヲ以テ論ス可キモノナリ是、共ニ犯シタル者ノ當然、負フ可キ責任ナリ然レトモ其身分ナキ者獨立シテ犯スモ尙ホ罪アリト云フニ非ス官吏タリ子孫タル身分アル者ト共ニ犯シテ初メテ成立スルモノナルコト論ナシト如斯、議論アリタルヲ以テ本法ニ於テハ特ニ本條ヲ設ケ身分ナキ者ト雖モ其犯罪行爲ニ加功シタルトキハ共犯ナリト規定シテ其疑義ヲ避ケタリ

本條第二項「身分ニ因リ特ニ罪ノ輕重アルトキハ其身分ナキ者ハ通常ノ刑ヲ科ス」トノ規定ハ舊刑法第百十條ノ「身分ニ因リ罪ヲ加重ス可キ者從犯ト爲ルトキハ其重キニ從テ一等ヲ減ス」「正犯ノ身分ニ因リ刑ヲ減免スヘキ時ト雖モ從犯ノ刑ハ其輕キニ從テ減免スルコトヲ得ス」トノ規定ト其立法主旨同一ナルモ本法ニ於テハ減輕ノ場合ニ關スル舊法ノ不備ヲ補充シタリ例ヘハ共犯人中ノ一人、本法第二百條自己又ハ配偶者ノ直系尊屬ヲ殺シタル場合ニ於テハ其子孫タル身分アルモノハ通常殺

人罪ヨリ重罰セラルルト雖モ子孫タル身分ナキ者ハ第二百條ノ通常殺人罪ノ罪ニ處セラルルニ過キサルカ如キ又身分ニ因リ特ニ罪ノ輕キトキ假令ハ心神耗弱者ト共ニ罪ヲ犯シタル場合ニ於テハ其者ハ特ニ本法第三十九條ニ依リ罪ヲ減輕セラルルモ他ノ共犯者ハ各本條ノ規定シタル通常ノ罪ニ處セラルルカ如キ則チ是ナリ

蓋シ茲ニ注意ス可キコトアリ犯人ノ身分ニ因ル影響ハ身分ナキ者ニ對シテ其效力ヲ及ホサヽルコト前段、論スルカ如シト雖モ之ニ反シテ犯罪情狀ヨリ來ル輕重ハ共犯者全體ニ其利害ヲ及ホスモノトス假令ハ本法第四十三條未遂罪ノ減輕免除ノ如キ又ハ第二百四十條強盜傷人罪ノ共犯人中傷害行爲ニ加功セサリシ者之アリトスルモ其者モ通常強盜罪ヨリ重キ強盜傷人罪ノ罪ニ處セラルルカ如キ是ナリ（前例ハ減輕、後例ハ加重ノ場合ノ一例ナリトス）

第十二章　酌量減輕

總論

本章ハ舊刑法、第一編、第四章、第三節ト其立法趣旨ヲ同ウスルモノナリ

舊刑法ハ刑罰ノ範圍、頗ル狹隘ニ失シ實際ニ於テ刑ノ適用上、往々、權衡ヲ得サルコトアリタルヲ

以テ改正刑法ハ總則、第十三條ニ有期懲役ヲ一月以上。十五年以下ト規定シ第二編以下、各本條ニ於テモ亦舊刑法ヨリ一般ニ刑ノ範圍ヲ擴張シタルヲ以テ本章ハ殆ント必要ナキニ似タリ如何トナレハ此酌量減輕ハ第三章犯罪ノ不成立及ヒ刑ノ減免ノ如キ法律ノ規定ニ基ク減輕ト異ナレハナリ然リト雖モ彼ノ無期刑以上ノ場合ニ於テ本章規定ノ必要アルノミナラス凡百ノ犯罪事件ニ對シテハ時ニ或ハ罪刑、權衡ヲ失スルコトナキヲ保セサルヲ以テ之ヲ存スルノ必要アリ是本章ノ規定ヲ爲ス所以ナリ

第六十六條　犯罪ノ情狀憫諒ス可キモノハ酌量シテ其刑ヲ減輕スルコトヲ得

本條ハ酌量減輕ヲ規定シタルモノナリ

酌量減輕ハ立法者カ法文ニ明示シテ必ス輕減ス可キコトヲ規定シタル場合ト異ナリ犯罪ノ情狀ニ因リ憫諒ス可キ者ニ對シテ刑ヲ減輕スルモノナルヲ以テ之ヲ裁判上ノ減輕ト謂フ而シテ此酌量減輕ヲ設クル必要ハ既ニ述ヘタル如ク(一)彼ノ死刑又ハ無期刑ニ處セラル可キ場合ニアリ元來。死刑又ハ無期刑ハ分割ス可ラサル刑ナルヲ以テ其情狀大ニ恕ス可キ事情アルトキハ本條ノ規定ニ因リ死刑ヲ無期刑ニ無期刑ヲ有期刑ニ減輕スルコトヲ得ルモ若シ本條ノ規定ナクンハ時ニ或ハ犯罪、權衡ヲ失ス

ルコトアルモ如何トモナス可ラス於此乎、本法ハ刑ノ範圍ヲ擴張シタルニ係ハラス尙ホ本章ヲ存シタルモノナリ(二)又酌量減輕ヲ施スト否トハ一ニ裁判所ノ認定ニ委ヌルモノナルヲ以テ例ヘハ一ノ共犯中。各犯人ノ心術ト情狀トハ必スシモ同一ナラサルコトアルニ因リ悉カル場合ニ就テハ刑ノ適用ヲ二、三ニシテ初メテ公平ナル裁判タルニ因リ本法ニ於テハ舊刑法ト等シク本章ヲ存シタルモノナリ

第六十七條　法律ニ依リ刑ヲ加重又ハ減輕スル場合ト雖モ仍ホ酌量減輕ヲ爲スコトヲ得

本條ハ酌量減輕ヲ適用ス可キ範圍ヲ規定シタルモノナリ

法律ニ於テ刑ヲ加重シ又ハ減輕ス可キ者ト雖モ仍ホ酌量減輕ヲ爲スコトヲ得ルトハ假令ハ法律上、特ニ加重ス可キ規定ヲ爲シタル併合罪ノ加重、再犯加重或ハ第二百條ノ如キ普通ノ殺人罪ヨリ一層、重罰セラルル情狀アルモ仍ホ憫諒ス可キ事情アル時ハ之ヲ酌量シテ減輕スルコトヲ得可キカ如キ是ナリ

又減輕ス可キ者トハ從犯、未遂罪ノ減輕又ハ犯罪ノ不成立及ヒ刑ノ減免中ニ規定シタル正當防衞、危難ヲ避クル爲メノ緊急行爲、瘖啞者ノ行爲等ハ縱令。有罪ナル場合ニ於テ減輕シ得可キモノナルモ仍ホ情狀憫諒ス可キ事情アルトキハ本條ニ依リ更ニ酌量シテ減輕スルコトヲ得ルカ如キ則チ是ナ

リ其他一般ノ犯罪ニ付キ本章酌量減輕ヲ適用シ得可キコト勿論ナリ

第十三章　加減例

總論

本章ハ舊刑法、第一編、第三章、加減例及ヒ第六章加減順序ノ二章ヲ併合シテ修正シタルモノナリ」舊刑法ノ加減例ハ如何ナル方法ニ因リ加減ス可キ乎ヲ規定シタルモノニテ加減順序ハ刑ヲ加減ス可キ場合ノ併合シタルトキハ何レヲ先ニス可キカヲ定メタルモノナリ然ラハ此加減例ト加減順序トハ最モ密接ノ關係ヲ有スルヲ以テ別章ニ規定スルノ必要ナキヲ以テ本法ハ之ヲ一括シテ本章ニ規定シタリ

本章ハ法律上、刑ヲ加減ス可キ原因ノ一個又ハ數個、併發シタル場合ニ於ケル加減順序ノ標準及ヒ裁判上ノ酌量減輕ヲ與フ可キ順序ヲ規定シタルモノナリ即チ加重減輕ノ一時ニ併發シタルトキハ加重ヲ先ニス可キカ將タ減輕ヲ先ニス可キカヲ一定シタルモノナリ

此加重減輕ヲ一ニ判事ノ認定ニ任センカ其結果、犯人ノ不利益ニ及ホス影響、大ナルコトナキニ非ス假令ハ心神耗弱者。無期懲役ニ該當ス可キ刑ヲ犯シ且ツ再犯ニ係ル場合ニ減輕ヲ先ニセンカ其者

ハ有期懲役ニ減シ更ニ再犯二倍ノ刑ヲ加重スルトキハ結局、無期懲役タルヲ免レス之ニ反シテ再犯加重ヲ先ニスルトキハ縦令、再犯二倍ノ刑ヲ加重スルモ加ヘテ死刑ニ處スルコトヲ得サレハ再犯加重ハ單ニ名義ノミニ止マリ其者ハ有期懲役ニ處セラルルノ利益アルモノトス是本章ノ規定ヲ要スル所以ナリ

第六十八條　法律ニ依リ刑ヲ減輕ス可キ一個又ハ數個ノ原由アルトキハ左ノ例ニ依ル

一、死刑ヲ減輕ス可キトキハ無期又ハ十年以上ノ懲役若クハ禁錮トス
二、無期ノ懲役又ハ禁錮ヲ減輕ス可キトキハ七年以上ノ有期ノ懲役又ハ禁錮トス
三、有期ノ懲役又ハ禁錮ヲ減輕ス可キトキハ其刑期ノ二分一ヲ減ス
四、罰金ヲ減輕ス可キトキハ其金額ノ二分ノ一ヲ減ス
五、拘留ヲ減輕ス可キトキハ其長期ノ二分ノ一ヲ減ス
六、科料ヲ減輕ス可キトキハ其多額ノ二分ノ一ヲ減ス

本條ハ法律上、減輕ス可キ標準ヲ規定シタルモノナリ

本法ハ舊刑法ト異ナリ刑名ヲ減少シテ刑ノ範圍ヲ廣汎ナラシメタル結果、減輕ノ分量ヲ定ムル方法ニ至テモ亦舊刑法ト異ナラサルヲ得ス即チ本條規定ノ如ク法律ニ基ク減輕ノ原因、一個又ハ數個アル場合ニ於テハ第一號乃至第六號ニ規定シタル標準ニ依リ之ヲ減輕ス可キモノトス

本條ハ法律上、減輕ス可キ場合ノミヲ規定シ法律上、加重ス可キ場合ニ關スル規定ヲ爲ササルハ既ニ再犯及ヒ併合罪ノ章ニ於テ其加重ス可キコトヲ規定シタルヲ以テ再ヒ茲ニ規定セサルモノナリ舊刑法ハ刑ノ種類ヲ細別シタルヲ以テ從テ加減ノ原因、數個アル場合ニ於テハ一個每ニ加減スルコトト爲シタルモ本法ハ刑ノ種類ヲ減少シ刑期ノ範圍ヲ擴張シタルヲ以テ、其原因、一個每ニ加減セハ輕キニ失スルノ嫌アルニ因リ縱令、數個ノ減輕原因アルモ之ヲ合シテ一個トナシ一度ニ之ヲ減輕スルコトト爲シタリ然レトモ酌量減輕ニ至リテハ其性質、全ク裁判所ノ認定ニ因リ減輕ス可キモノナルヲ以テ第六十七條ニ規定スルカ如ク他ノ原因ト獨立シテ加重減輕ス可キ場合ト雖モ仍ホ酌量シテ減輕ス可キモノトセリ

本條第一號死刑ヲ減輕ス可キトキハ無期又ハ十年以上ノ懲役若クハ禁錮ニ處ス可キモノトス而シテ第二號乃至第六號ハ無期、有期ノ懲役若クハ禁錮、罰金又ハ拘留、科料ヲ減輕ス可キ場合ノ標準ト

順序トヲ規定シタルモノナルモ一讀了解ニ難カラサルヲ以テ別ニ論セス

第六十九條　法律ニ依リ刑ヲ減輕ス可キ場合ニ於テ各本條ニ二個以上ノ刑名アルトキハ先ツ適用ス可キ刑ヲ定メ其刑ヲ減輕ス

本條ハ法律上、減輕ス可キ場合ニ於テハ先ツ本刑ヲ一定ス可キコトヲ規定シタルモノナリ

本法ニ於テハ刑ノ種類ヲ減少シ且、範圍ヲ擴張シタル結果、其適用上自由ニ刑ヲ上下スルコトヲ得可キモノトス故ニ各本條ニ二個以上ノ刑名アルトキハ裁判所ハ先ツ其本刑ヲ一定シ而シテ後刑ヲ減輕ス可キモノトス

第七十條　懲役、禁錮又ハ拘留ヲ減輕スルニ因リ一日ニ滿タサル時間ヲ剩ストキハ之ヲ除棄ス

罰金又ハ科料ヲ減輕スルニ因リ一錢ニ滿タサル金額ヲ剩ストキ亦同シ

本條ハ體刑ノ一日、金刑ノ一錢ニ滿タサルトキハ之ヲ除去ス可キコトヲ規定シタルモノナリ

本法ニ於テハ法律上ノ減輕ハ第六十八條ニ定メタル如ク刑期、金額ノ二分ノ一ヲ減スルヲ以テ或ル場合ニ於テハ減輕ノ結果、一日未滿ノ時間又ハ一錢未滿ノ金額ヲ剩スコトナキニ非ス此場合ニ於テ

ハ其剩時間又ハ剩金額ノ刑ヲ科スルハ實際上、便宜ナラサルノミナラス何等ノ必要ヲモ見サルヲ以テ之ヲ除棄スルコトト爲シタルモノナリ

第七十一條 酌量減輕ヲ爲ス可キトキ亦第六十八條及ヒ前條ノ例ニ依ル

本條ハ酌量減輕ヲ與フ可キ標準ヲ規定シタルモノナリ

本法ニ於テハ舊刑法ノ第九十條ヲ改メ更ニ減輕ノ程度ヲ第六十七條ニ定メタル如ク法律上ノ減輕ニ拘ラス仍ホ酌量シテ減輕ス可キコトト爲シ法律上、減輕シタル刑ノ範圍、犯罪ニ比シ重キ場合ニ適用ス可キコトト爲シタルヲ以テ此等ノ場合ニ於テハ法律上、減輕シタル刑ヨリ更ニ第六十八條ノ例ニ從ヒ減輕スルモノトス

第七十二條 同時ニ刑ヲ加重減輕ス可キトキハ左ノ順序ニ依ル

一 再犯加重
二 法律上ノ減輕
三 併合罪ノ加重
四 酌量減輕

本條ハ加減順序ヲ規定シタルモノナリ

本條再犯加重ヲ第一號ニ置キタルハ本章初メニ於テ述ヘタル如ク再犯ハ本刑ヲ倍加ス可キ規定ナルヲ以テ是ヲ第一ニ置カサレハ他ノ減輕ヲ施スモ實益ナキカ爲メナリ故ニ若シ數多ノ加重減輕ヲ爲ス可キ原因アルトキハ先ツ本條規定ノ順序ニ依リ第一ニ加重シ而シテ法律上ノ減輕ヲ爲シ然ル後、復タ併合罪ノ加重ヲ爲ス可キモノトス蓋シ此併合罪ノ加重ヲ斯ノ如ク第三位ニ置キタル所以ノモノハ死刑、無期刑以外ノ罪ニ付テモ仍ホ併科ス可キヤ否ヤヲ定ム可キ必要アルヲ以テナリ然レトモ酌量減輕ハ裁判所ノ自由ニ減輕ス可キモノナルニ因リ罪刑、公平ヲ得セシムル爲メ最後ニ規定シタルモノナリ蓋シ酌量減輕ハ其性質ニ於テ法律上ノ加重減輕ニ先ンス可キモノニアラサレハナリ

第二編

總論

本編各章ヲ論スルニ先タチ茲ニ各章題並ニ舊刑法ヲ改廢修正シタル概要ヲ示サントス

第一章皇室ニ對スル罪、第二章內亂ニ關スル罪、第三章外患ニ關スル罪、第四章國交ニ關スル罪、第五章公務ノ執行ヲ妨害スル罪、第六章逃走ノ罪、第七章犯人藏匿及ヒ證憑湮滅ノ罪、第八章騷擾ノ罪、第九章放火及ヒ失火ノ罪、第十章溢水及ヒ水利ニ關スル罪、第十一章往來ヲ妨害スル罪、第十二章住居ヲ侵ス罪、第十三章祕密ヲ侵ス罪、第十四章阿片煙ニ關スル罪、第十五章飮料水ニ關スル罪、第十六章通貨僞造ノ罪、第十七章文書僞造ノ罪、第十八章有價證劵僞造ノ罪、第十九章印章僞造ノ罪、第二十章僞證ノ罪、第二十一章誣告ノ罪、第二十二章猥褻姦淫及ヒ重婚ノ罪、第二十三章賭博及ヒ富籤ニ關スル罪、第二十四章禮拜所及ヒ墳墓ニ關スル罪、第二十五章瀆職ノ罪、第二十六章殺人ノ罪、第二十七章傷害ノ罪、第二十八章過失傷害ノ罪、第二十九章墮胎ノ罪、第三十章遺棄ノ罪、第三十一章逮捕及ヒ監禁ノ罪、第三十二章脅迫ノ罪、第三十三章略取及ヒ誘拐ノ罪、第三十四章名譽ニ對スル罪、第三十五章信用及ヒ業務ニ對スル罪、第三十六章竊盜及ヒ强盜ノ罪、第三十七章詐欺及ヒ恐喝ノ罪、第三十八章占有物横領ノ罪、第三十九章贓物ニ關スル罪、第四十章毀棄及ヒ隱匿ノ罪等是ナリ

以上ハ本編規定ノ各種、犯罪ノ類別及ヒ規定ノ順序ナリ是ヲ舊刑法ト相對照シテ左ニ其改廢修正シタル理由ヲ說明ス可シ

一　舊刑法ニ於テハ第二編ヲ公益ニ關スル重罪、輕罪ニ區別シ各種ノ罪ヲ規定シタルモ係ル區別ハ刑法、編纂上、何等ノ實益ナク却テ疑義ヲ生スル虞レナキニ非ス如何トナレハ凡ソ犯罪トシテ公益ニ關セサルモノナシ然ルヲ特ニ公益ニ關スル重罪、輕罪ト爲スカ如キハ學理上ハ暫ク措テ實際上、區別スルノ必要ナシ故ニ本法ニ於テハ如斯、實益ナキ類別ハ之ヲ全廢シタリ

二　舊刑法ハ第三編ヲ身體、財產ニ對スル重罪、輕罪ト爲シ身體、財產ニ關スル總テノ犯罪ヲ網羅シタルモ前段、述ヘタル如ク公益ニ關係セサル犯罪ナキト同時ニ又私益ニ關セサル罪ナキヲ以テ本法ハ此種ノ分類ヲ全廢シ唯タ同種類ノ罪ヲ順次、規定スルノ主義ヲ採リタリ

三　舊刑法ハ第四編ニ違警罪ナル特別罪ヲ規定シタルモ本法ハ之ヲ刪除セリ是則チ違警罪ナルモノハ多クハ地方的、犯罪ニシテ土地ノ情況、若クハ時ノ必要ニ因リ規定ス可キモノナルヲ以テ此種ノ犯罪中、特ニ刑法上、規定ヲ要スヘキモノハ拘留又ハ科料ニ處ストナシ本編、各章ニ規定シ其

他ハ悉ク特別立法ニ讓ルコトト爲シタリ

四　舊刑法ノ罪目中、他ノ法令ト相俟テ運用ス可キ罪尠カラス故ニ此等ノ罪ハ時ニ或ハ實際上、他ノ法令ト牴觸シ又ハ重複シ往々、解釋上、疑義ヲ生スルコトアルヲ以テ本法ハ他ノ法令ト相俟ツ可キ犯罪ハ成ル可ク特別法ニ讓ルノ主義ヲ採リ大ニ其罪名ヲ減少シタリ縱令ハ彼ノ舊刑法第二編、第三章、第五節ノ私ニ軍用ノ銃礮、彈藥ヲ製造シ及ヒ所有スル罪、又ハ同編、第五章、第三節、傳染病豫防規則ニ關スル罪、第四節、危害品及ヒ健康ヲ害ス可キ物品製造規則ニ關スル罪、第五節、健康ヲ害ス可キ飲食物及ヒ藥劑ヲ販賣スル罪等ノ如キ是ナリ

五　舊刑法ニ於テハ國交ニ關スル罪、闕如シタルヲ以テ從來、往々、意外ノ椿事ヲ惹起シテ學者ノ物議ヲ生シ刑法上ノ一大闕點ト爲シタル所ナリ殊ニ將來、國交、益々、頻繁ヲ加フルニ從ヒ、愈々、其規定ノ必要アルヲ以テ本法ニ於テハ特ニ本編、第四章ニ外國貴賓ニ對スル罪ヲ規定シ此闕點ヲ補正シタリ

六　舊刑法ハ第二編、第二章ニ靜謐ヲ害スル罪ト題シ各種ノ犯罪ヲ規定シタルモ本法ハ是等ノ章目ヲ廢シ又兇徒聚衆罪ヲ騷擾ノ罪ト改メ官吏ノ職務ヲ行フヲ妨害スル罪ヲ公務ノ執行ヲ妨害スル罪ト改メ囚徒逃走ノ罪及ヒ罪人ヲ藏匿スル罪ヲ別章ト爲シ一ヲ逃走ノ罪ト爲シ一ヲ犯人藏匿及ヒ證

憑湮滅ノ罪ト改メ是ヲ本法、第五章、第八章ト爲シ新タニ第十三章ニ祕密ヲ侵ス罪ノ一章ヲ設ケ放火ノ罪、溢水及水利ニ關スル罪ヲ茲ニ規定シタリ

七　舊刑法第二編、第四章、信用ヲ害スル罪ノ第七節。度量衡ヲ僞造スル罪及ヒ第八節。身分ヲ詐稱スル罪、第九節。公選ノ投票ヲ僞造スル罪、第五章、第六節。私ニ醫業ヲ爲ス罪等ハ特別法ニ讓リ第八章商業及ヒ農工ノ業ヲ妨害スルノ罪ハ之ヲ修正シ第三十五章ニ信用及ヒ業務ニ對スル罪ト改メ規定シ第九章ノ官吏瀆職罪ハ本編、第二十五章トナシ第五章、第三節官吏財產ニ對スル罪ハ一般、財產ニ關スル罪ト共ニ規定スルコトト爲シ其他ハ第十一章乃至第十九章ニ之ヲ規定セリ

八　舊刑法第三編、身體、財產ニ對スル重罪、輕罪中、第一節、謀殺故殺ノ罪ヲ本法ハ殺人ノ罪ト改メ、第二節毆打創傷ノ罪ヲ傷害ノ罪ト爲シ第三節、殺人ニ關スル宥恕及ヒ不論罪ハ本法第一編第七章中ニ其一部ヲ規定シ他ハ唯、犯罪ノ情狀ニ關スルモノナルヲ以テ特ニ規定セス第五節自殺ニ關スル罪ハ殺人ノ罪ニ併合シ、第六節擅ニ人ヲ逮捕監禁スル罪ヲ逮捕及ヒ監禁ノ罪ト改メ第九節幼者又ハ老疾者ヲ遺棄スル罪ヲ單ニ遺棄ノ罪ト改メ、第十節幼者ヲ略取誘拐スル罪ヲ略取及ヒ誘拐ノ罪ト改メ第三十三章ニ規定シ第十一節猥褻姦淫重婚ノ罪ヲ猥褻姦淫及ヒ重婚ノ罪ト爲シ第二十二章ニ之ヲ規定シ第十四章、祖父母父母ニ對スル罪ハ別ニ章ヲ設ケス各章下ニ特ニ必要アルモノ

ニ限リ規定スルコトト爲シタリ

九　舊刑法第三編、第二章、第一節竊盜ノ罪、第二節强盜ノ罪ハ共ニ同質ナルヲ以テ本法ハ之ヲ併合シテ竊盜及ヒ强盜ノ罪トナシ本編第三十六章ニ一括シテ規定シ第五節詐欺取財ノ罪ハ詐欺及ヒ恐喝ノ罪ト改メ第三十七章ニ規定シ第三節、遺失物埋藏物ニ關スル罪ハ單ニ横領ノ罪ト爲シ第三十八章ニ規定シ第四節家資分散ニ關スル罪ハ他ノ法令ニ讓リ第七節放火失火ノ罪及ヒ決水ノ罪等ハ既ニ述ヘタル如ク本編、第九章、第十章ニ移シ、第六節贓物ニ關スル罪ハ第三十九章ト爲シ第十節家屋物品ヲ毀壞シ及ヒ動植物ヲ害スル罪ハ之ヲ修正シテ毀棄及ヒ隱匿ノ罪ト改メ第四十章ニ規定シタリ

以上ハ本法ニ規定シタル其概要ニシテ第一章ニ始マリ第四十章ニ終ル詳細ハ各章下ニ至リ論セントス

罪

罪トハ國法上刑罰ノ制裁ヲ科シ法令ニ規定シタル禁令又ハ命令事項ニ違背シタル有責者ノ不法行爲ヲ謂フモノトス

第一、刑罰ノ制裁ヲ科シ法令ニ規定シタル禁令又ハ命令ニ違背シタルコト

刑罰ノ制裁ヲ科シ法令ニ規定シタル禁令又ハ命令事項ニ違背シタル行爲ニ非サレハ之ヲ罰スルコトヲ得ス舊刑法第二條ハ特ニ法律ニ正條ナキモノハ何等ノ所爲ト雖モ罰スルコトヲ得スト規定シタルモ法令ニ規定ナキ行爲ハ之ヲ罰セサルコト法文ヲ要セスシテ明白ナリトス

第二、不法行爲ニシテ權利行爲ニ非ルコト

不法行爲ニ非サレハ縱令犯罪的事實ヲ現出スルモ之ヲ罰スルコトヲ得ス、左レハ法令ノ規定ニ依ル行爲、又ハ正當ノ業務行爲、正當防衛、若クハ緊急行爲等ノ如キ（本法第三十五條乃至第三十七條）各場合ハ之ヲ罰セサルヲ以テ原則ト爲ス

第三、有責者ノ行爲タルコト

犯罪ノ主體タルニハ必ス責任能力ヲ有スル人タルコトヲ要スルヲ以テ心神喪失者ノ行爲、瘖啞者ノ行爲又ハ十四歳ニ滿タザル幼者ノ行爲ノ如キハ之ヲ罰セサルモノトス（本法第三十九條第四十一條）

蓋シ是等ノ一般犯罪成立要素ニ就テハ既ニ第一編、總則ニ於テ詳論シタルヲ以テ復タ贅セス而シテ本編各章ハ此各種犯罪ノ特別成立要素ト其犯罪ニ對シテ科ス可キ刑罰ノ範圍等ヲ規定シタルモノナリ

第一章　皇室ニ對スル罪

總論

本章ハ舊刑法、第二編、第一章ノ規定ヲ尠シク修正シタルニ止マリ其立法趣旨ニ至テハ全ク同一ナリ

其修正シタル主要ノ點ヲ擧クレハ左ノ如シ

一、舊刑法ハ本章規定ノ罪ニ附加刑ヲ科シタルモ本法ハ總テ附加罰金ハ之ヲ全廢スルコトト爲シタリ

二、舊刑法ハ本章不敬罪中ニ神宮ニ對スル不敬ノ所爲ヲ罰スル規定ナカリシモ本法ハ神宮ニ對スル不敬ノ所爲ヲ皇陵ニ對スル不敬ノ所爲ト同一ニ罰スルコトト爲シタリ而シテ本章ニ所謂、神宮トハ我帝國ノ宗廟タル伊勢大神宮ヲ奉稱スルモノトス

本章ハ(一)天皇陛下、三皇后、皇太子、皇太孫ニ對シ奉ル危害罪(二)天皇陛下、三皇后、皇太子、皇太孫及ヒ神宮又ハ皇陵ニ對シ奉ル不敬罪(三)皇族ニ對スル危害罪(四)皇族ニ對スル不敬罪ヲ規定シタルモノナリ

第七十三條　天皇、太皇太后、皇太后、皇后、皇太子又ハ皇太孫ニ對シ危害ヲ加ヘ又ハ加ヘントシタル者ハ死刑ニ處ス

本條ハ各陛下及ヒ殿下ニ對シ奉ル危害罪ヲ規定シタルモノナリ

本條ハ舊刑法、第百十六條ノ規定ト全ク立法趣旨ハ同一ナルモ、唯其異ナル點ハ第百十六條ニ於テハ天皇、三后、皇太子ニ對シ云々ト規定シタルヲ本法ハ之ヲ天皇、太皇太后、皇太后、皇后、皇太子ト改メ其下ニ皇太孫ヲ加ヘ奉リタリ

本條各陛下及ヒ各殿下ニ對シ奉ル危害罪ノ成立ニハ、第一天皇、太皇太后、皇太后、皇后、皇太子、皇太孫ノ御身體、御生命ニ對シ奉ルコト、第二危害ヲ加ヘ又ハ加ヘントシタルコトノ二條件アルヲ要ス

第一、天皇、太皇太后、皇太后、皇后、皇太子、皇太孫ノ御身體、御生命ニ對シ奉ルコトヲ要ス

(一)天皇トハ萬世一系ノ帝位ヲ踐ミ現ニ我帝國ヲ統治シ給フ君主ヲ奉稱スルモノナリ從來學者說ヲ爲シテ曰ク本條ニ所謂、天皇ノ語中ニハ太上天皇ヲモ之ヲ包含スト論スル者アリト雖トモ是否ナリ本條天皇中ニハ太上天皇ハ之ヲ包含セス如何トナレハ皇室典範、第十條ニ天皇崩スレハ皇嗣直ニ踐祚シ祖宗ノ神器ヲ承クトアリテ天皇ハ御在世中、決シテ帝位ヲ去リ給フコトナキヲ以テナリ

(二)太皇太后トハ先々帝ノ皇后ヲ奉稱シ(三)皇太后トハ先帝ノ皇后ヲ奉稱シ(四)皇后トハ現帝ノ皇后ニシテ即チ皇室典範、第十六條ノ規定ニ據リ皇后ニ立タセ給ヒタル御方ヲ奉稱スルモノナリ(五)皇太子トハ皇室典範、第十三條同第十六條ニ據リ皇太子ニ立タセ給フ御方ヲ云フ(六)皇太孫トハ同第十七條ニ據リ皇太子在ラサルトキ儲嗣タル皇孫ニシテ皇太孫ニ立タセ給フ御方ヲ奉稱スル者トス

以上三后及ヒ皇太子、皇太孫ハ孰レモ天皇大權ノ御下ニ立タセ給フト雖モ吾人、一般至民ヨリ尊敬シ奉ル上ニ就テハ天皇ト異ナルコトナキヲ以テ斯ク規定シタルモノナリ

玆ニ注意スヘキコトハ以上、列擧シタル御方ノ外、縱令天皇ノ御母君又ハ御祖母君ニ在ラセ玉フト雖モ必スシモ本條ニ所謂、皇太后又ハ太皇太后ト云フヲ得サルコト是ナリ

第二、危害ヲ加ヘ又ハ加ヘントシタルコトヲ要ス

此危害ヲ加ヘ又ハ加ヘントシタル行爲トハ各陛下及ヒ殿下ノ御生命、御身體ニ對シ奉リ暴行又ハ脅迫其他、不法行爲アリタル場合ヲ云フモノニシテ其手段、方法如何ヲ問ハス故ニ危害ノ程度輕重ヲ論セス總テ危害ヲ加ヘ又ハ加ヘントシタルモノナリ

蓋シ本條ニ所謂「危害ヲ加ヘ」トハ各陛下又ハ殿下ノ玉體、御生命等ニ對シ奉リ兇行アリタルカ若クハ自由ヲ侵シ奉ル所爲アル場合ヲ云フモノニシテ別ニ疑ヒナキモ「危害ヲ加ヘントシタルモ

ノ」トハ如何ナル程度迄ノ兇行ヲ意味スル乎、是大ニ研究ス可キ問題ナリト雖モ要スルニ危害ヲ加フル意思ヲ以テ兇行ヲ實行セントシタル決心ヲ事實上、顯ハシタルトキハ未タ玉體ニ對シ奉リ毫モ加害的行爲ナキモ仍ホ本條ニ據リ處分ス可キモノトス如何トナレハ本罪ノ如キハ非常ノコトニ屬スルヲ以テ其豫備陰謀ヲモ之ヲ包含スル未遂犯ノ例外ナレハナリ

但シ御名譽ニ對シ奉リテハ次條不敬罪ノ規定アルヲ以テ本條中ニ包含セス故ニ本條ハ御身體、御生命等ヲ侵シ奉ル行爲タルヲ要スルコト論ヲ俟タス

本罪ハ危害ノ程度、輕重ヲ論セス凡テ死刑ニ處ス可キモノナルヲ以テ必ス危害ヲ加ヘ又ハ加ヘントシタル意思アルヲ要ス故ニ若シ危害ヲ加フル意思ナク知ラス識ラス各陛下又ハ各殿下ニ對シ奉リ危害ヲ及ホシタル場合ノ如キハ本條ニ據リ論ス可キモノニアラス

以上ノ條件具備スルトキハ死刑ニ處ス可キモノトス

第七十四條　天皇、太皇太后、皇太后、皇后、皇太子又ハ皇太孫ニ對シ不敬ノ行爲アリタル者ハ三月以上五年以下ノ懲役ニ處ス

神宮又ハ皇陵ニ對シ不敬ノ行爲アリタル者亦同シ

本條ハ各陛下及ヒ殿下ニ對シ奉ル不敬罪及ヒ神宮又ハ皇陵ニ對スル不敬罪ヲ規定シタルモノナリ

本條ハ舊刑法、第百十七條、「天皇、三后、皇太子ニ對シ不敬ノ所爲アル者ハ三月以上、五年以下ノ重禁錮ニ處シ二十圓以上、二百圓以下ノ罰金ヲ附加ス、皇陵ニ對シ不敬ノ所爲アル者亦同シ」トノ法文ヲ修正シ刑期ヲ三月以上五年以下ノ懲役ニ處スト改メ神宮ニ對スル不敬罪ヲ加ヘタル外、其外立法趣旨ハ同一ナリトス

本罪成立ニハ、第一天皇、太皇太后、皇太后、皇后、皇太子、皇太孫及ヒ神宮又ハ皇陵ニ對シ奉ルコト、第二不敬ノ行爲アルコトノ二條件アルヲ要ス

第一、天皇、太皇太后、皇太后、皇后、皇太子、皇太孫及ヒ神宮又ハ皇陵ニ對シ奉ルコトヲ要ス

天皇陛下及ヒ各殿下ノ説明ハ、前條既ニ述ヘタル御方々ヲ奉稱シ神宮トハ伊勢ノ宗廟太神宮ヲ奉稱シ皇陵トハ御歷代天皇ノ御墳墓ヲ奉稱スルモノトス

第二、不敬ノ行爲アルコトヲ要ス

不敬ノ行爲トハ天皇陛下及ヒ各殿下ニ對シ奉リ罵詈、嘲弄若クハ誹毀侮辱等ヲ加ヘ又ハ神宮又ハ皇陵ニ對シ汚損毀壞或ハ墳墓ヲ發掘スル等ノ行爲アルトキハ勿論、其他、不敬ト認ム可キ行爲アリタルトキハ本條ニ所謂不敬罪ナリ故ニ其手段方法ノ如キハ之ヲ問ハサルモノトス

御歷代ノ天皇ニ對スル不敬ノ所爲モ本條ニ據リ罰スヘキモノナルヤ否ヤ從來、此問題ニ就テハ學

説二派ニ分レタリ曰ク御歴代、天皇ニ對スル不敬ヲモ本條ニ據リ罰ス可シ如何トナレハ一私人ニ關スル誹毀スラ仍ホ死者ニ對シテ誣罔ニ出テタルトキハ之ヲ罰ス況ヤ御歴代、天皇ニ對シ奉ル不敬ノ所爲アルニ於テオヤト又曰ク本條ニ所謂、天皇トハ現在我帝國、主權ヲ總攬シ給フ御方ニ限リ奉稱スルモノナルヲ以テ、御歴代、天皇ハ之ニ包含セス若シ夫レ、御歴代、天皇ヲモ仍ホ包含スルモノトセハ彼ノ歴史家カ事實ヲ直筆シテ後世ニ傳フルトキハ時ニ或ハ不敬ニ渉ルコトナキヲ保セス爲メニ事實ヲ曲筆スルノ已ムヲ得サルニ至ルヲ以テ特別ノ規定ナキ以上ハ之ヲ包含セストナスルヲ穩當ナリ然レトモ若シ御歴代、天皇ニ對スル不敬ノ行爲、延テ現帝ノ御尊嚴ヲ瀆シ奉ルトキハ本條ニヨリ罰ス可キコト論ナシト余ハ此第二説ヲ可ト信ス

不敬ノ行爲トハ既ニ述ヘタル如ク其手段方法ハ之ヲ問ハス不敬ヲ加フル意思アルヲ要スルヲ以テ夫ノ車駕、御通過ノ際知ラス識ラス敬意ヲ表セサルトキノ如キハ不敬ハ不敬ナリト雖モ未タ本條、不敬ヲ加フル意思アルモノト云フコトヲ得サルヲ以テ本條ニ所謂、不敬罪ニ非ス彼ノ田中正造カ明治三十四年十二月十日天皇陛下、貴族院ニ行幸、鳳輦、御還幸ノ途路、鑛毒問題ニ關スル直訴ヲ企テタル事件ニ對シ不敬ヲ加フル意思ナキモノトシテ不問ニ附セラレタルハ其好適例ナリ

本條、不敬罪ハ豫備、陰謀又ハ未遂ヲモ仍ホ罰ス可キモノナルヤ否ヤ、是一個ノ問題ナリト雖モ

余ハ此不敬罪ハ不敬ト認ムヘキ行爲ヲ外形上顯ハシタル場合ニ果シテ不敬ナルヤ否ヤヲ理想上判定スヘキモノナルヲ以テ積極的、行爲アルヲ要スルカ故ニ本罪ハ其豫備、陰謀ハ勿論、未遂ノ所爲ハ本條不敬罪ニ非スト信ス

第七十五條 皇族ニ對シ危害ヲ加ヘタル者ハ死刑ニ處シ危害ヲ加ヘントシタル者ハ無期懲役ニ處ス

本條ハ皇族ニ對スル危害罪ヲ規定シタルモノナリ

本條ハ舊刑法第百十八條「皇族ニ對シ危害ヲ加ヘタル者ハ死刑ニ處シ其危害ヲ加ヘントシタル者ハ無期徒刑ニ處ス」トノ法文中(其)ノ一字ヲ删除シタル外舊刑法ト異ナルコトナシ

本罪成立ニハ、第一皇族ノ御身體、御生命ニ對シ奉ルコト。第二危害ヲ加ヘ又ハ加ヘントシタル行爲アルコトノ二條件アルヲ要ス

第一、皇族ノ御身體、御生命ニ對シ奉ルコトヲ要ス

本條皇族トハ皇室典範第三十條ニ定メラレタル太皇太后、皇太后、皇后、皇太子、皇太子妃、皇太孫、皇太孫妃、親王、親王妃、內親王、王、王妃、女王等ヲ奉稱スルモノトス

而シテ本條皇族中ニハ太皇太后、皇太后、皇后、皇太子、皇太孫ハ之ヲ包含セス如何トナレハ此

御方々ニ對スル不敬罪ハ既ニ第七十四條ニ規定シタルヲ以テ本條ハ其餘ノ皇族ニ對スル危害罪ヲ規定シタルモノナリ

茲ニ問題アリ攝政ニ對シ危害ヲ加ヘ又ハ加ヘントシタル者ヲ本條ニ據リ論ス可キモノナルヤ將タ第七十三條ニヨリ論ス可キモノナルヤノ問題是ナリ論者、或ハ攝政ハ天皇自ラ統治權ヲ行フ能ハサル場合ニ於テ皇室典範ノ規定ニ從ヒ皇族代テ天下ノ大政ヲ行フモノナルヲ以テ其資格、天皇ト同一ナリ故ニ曰ク攝政ノ職ニ在ル者ニ對シ危害ヲ加ヘ又ハ加ヘントシタル者ハ取リモ直サス天皇ニ對シ奉リタル者ト同一ナルヲ以テ第七十四條ニ據リ死刑ニ處ス可シト余ハ此說ニ左袒セス如何トナレハ我帝國ノ主權ヲ總攬シ給フハ天皇陛下、御一人ナルコトハ何人モ疑ハサル所ナリ、唯其主權ヲ行ヒ玉フコト能ハサル故障アル場合ニ攝政、代テ天下ノ大政ヲ執行スルニ過キサルヲ以テ攝政ノ職ニ就ク者ハ必ス其身分、陛下ト同一ナリト云フコトヲ得ス故ニ皇室典範、第二十條、同第二十一條ノ規定スル順序ニ從ヒ攝政トナラセ給フ、御方ニ因テ之ヲ區別シ若シ皇太子、皇太孫、皇后、皇太后、太皇太后ト順次、攝政ノ任ニ就カレタルトキハ當然、第七十四條ニ據リ、罰ス可キモ之レニ反シテ其他ノ皇族、攝政ノ職ニ就カレタルトキハ本條ニヨリ罰ス可キモノト信ス殊ニ本條ノ規定ハ天皇及ヒ皇族ト云フ臣民ノ以テ侵ス可ラサル御身分ニ對シ奉ル規定ナルヲ以テ攝政

ト云フ職ニ在ルニ因リ直ニ天皇ト御身分同一ナリト云フハ法理ノ許サザル所ナレハナリ

第二、危害ヲ加ヘ又ハ加ヘントシタル行爲アルコトヲ要ス

本條件ハ第七十四條ニ於テ説明シタル所ト同一ナルヲ以テ再説セス而シテ本罪成立ニモ危害ヲ加フル意思ヲ要スルコトモ亦、既ニ説明シタル所ト同一ナルヲ以テ説明セス

以上ノ條件具備シタルトキハ無期懲役ニ處ス可キモノトス

第七十六條 皇族ニ對シ不敬ノ行爲アリタル者ハ二月以上四年以下ノ懲役ニ處ス

本條ハ皇族ニ對スル不敬ノ罪ヲ規定シタルモノナリ

本條ハ舊刑法、第百十九條「皇族ニ對シ不敬ノ所爲アル者ハ二月以上、四年以下ノ重禁錮ニ處シ十圓以上、百圓以下ノ罰金ヲ附加ス」トノ法文ヲ改メタルモノニシテ其立法趣旨ハ舊刑法ト同一ナリトス

本罪成立ニハ、第一皇族ニ對シ奉ルコト、第二不敬ノ所爲アルコトノ二條件アルヲ要ス

本條ハ唯タ其御身分ヲ異ニスルニ止マリ第七十四條ト同一ナルヲ以テ再論セス

餘論

茲ニ一言、注意ス可キ問題アリ本章ノ罪ヲ犯シタル者ニ對シテモ第一編、第四章刑ノ執行猶豫、第五章假出獄、第六章時效、第七章犯罪ノ不成立及ヒ刑ノ減免、第八章未遂罪等幾多ノ規定ヲ適用ス可キモノナルヤ否ヤ是ナリ、此點ニ就テハ舊刑法上ニ於テモ既ニ議論ノアリタル所ナルモ特ニ明文ヲ以テ除外セサル以上ハ一般犯罪ト等シク適用ス可キモノナリト信ス

第二章　內亂ニ關スル罪

總論

本章ハ舊刑法、第二編、第二章、第一節ノ規定ヲ改廢修正シタルモノナリ
其修正シタル主要ノ點ヲ擧クレハ左ノ如シ
一、舊刑法ハ第二章ヲ國事ニ關スル罪ト題シ更ニ之ヲ內亂罪ト外患罪トニ區別シタルモ元來、此二罪ハ全ク其性質ヲ異ニスルヲ以テ之ヲ同一章ニ規定スルハ分類ノ當ヲ得タルモノニ非ラス如何トナレハ國事ニ關スル罪ハ主トシテ內國ニ於ケル暴動ヲ意味ス之ニ反シテ外患罪ハ主トシテ我帝國ヲ侵害セントスル外敵行爲ヲ謂フモノトス故ニ眞ニ國家ヲ憂ヒ時ノ政府ヲ攻擊スル內亂罪ト日ヲ

同フシテ論ス可キモノニ非ラス殊ニ外患罪ハ我君恩ニ浴シ外敵ト倶ニ我帝國ニ仇スル大逆無道ノ大罪ニシテ天、人共ニ赦ス可カラサル罪ナリ故ニ本法ニ於テハ之レヲ別章ニ規定スルコトト爲シタリ

二、國家ニ對スル犯罪ハ之ヲ區別シテ二種ト爲スコトヲ得可シ、一ヲ内亂罪ト云ヒ、一ヲ外患罪ト云フ國家ハ之ヲ主觀的ニ觀察スレハ一定ノ土地人民ヨリ成立シ一定ノ主權者之ヲ統治スル團體ヲ謂フモノトス又之ヲ客觀的ニ觀察スレハ國家ハ統治權ノ主體ナリト云フ可シ而シテ前者ニ起ル攻擊ハ國家内部ニ對スルモノナルヲ以テ内亂罪ト稱シ後者ハ國家外部ヨリ我統治權ノ主體ニ對スル攻擊ナルヲ以テ是ヲ外患罪ト稱ス即チ本章ハ内亂罪ヲ規定シ次章ハ外患罪ヲ規定シタルモノナリ

三、本章規定ノ内亂罪ハ國家ノ存立ヲ危殆ナラシムルコトヲ目的トスル犯罪ニシテ其危險之ヨリ太甚シキハナク極メテ重大ナル罪ナリ然レトモ之ヲ企ツル者ヨリ觀察スレハ敢テ自家一身ノ利慾ヲ目的トスルモノニ非ス故ニ國事犯ノ刑罰ハ常事犯ト異ナリ自由ヲ拘束スルニ止マルコトハ各國立法例ノ一定スル所ナルヲ以テ本法モ亦舊刑法ト等シク禁錮刑ヲ科スルコトト爲シタリ其詳細ハ既ニ第一編ニ於テ論シタルヲ以テ再說セス

本章ハ(一)内亂罪(二)内亂ノ豫備陰謀罪(三)及ヒ内亂ノ幫助罪ヲ規定シタルモノナリ

第七十七條　政府ヲ顚覆シ又ハ邦土ヲ僭竊シ其他朝憲ヲ紊亂スルコトヲ目的トシテ暴動ヲ爲シタル者ハ内亂ノ罪ト爲シ左ノ區別ニ從テ處斷ス

一　首魁ハ死刑又ハ無期禁錮ニ處ス

二　謀議ニ參與シ又ハ群衆ノ指揮ヲ爲シタル者ハ無期又ハ三年以上ノ禁錮ニ處シ其他諸般ノ職務ニ從事シタル者ハ一年以上十年以下ノ禁錮ニ處ス

三　附和隨行シ其他單ニ暴動ニ干與シタル者ハ三年以下ノ禁錮ニ處ス

前項ノ未遂罪ハ之ヲ罰ス但前項第三號ニ記載シタル者ハ此限ニ在ラス

本條ハ内亂罪ヲ規定シタルモノナリ

本條ハ舊刑法第百二十一條「政府ヲ顚覆シ又ハ邦土ヲ僭竊シ其他朝憲ヲ紊亂スルコトヲ目的ト爲シ内亂ヲ起シタル者ハ左ノ區別ニ從テ處斷ス」一、首魁及ヒ敎唆者ハ死刑ニ處ス」二、群衆ノ指揮ヲ爲シ其他樞要ノ職務ヲ爲シタル者ハ無期流刑ニ處シ其情輕キ者ハ有期流刑ニ處ス」三、兵器金穀ヲ資給シ又ハ諸般ノ職務ヲ爲シタル者ハ重禁獄ニ處シ其情輕キ者ハ輕禁獄ニ處ス」四、敎唆ニ乘シテ附和随行シ又ハ指揮ヲ受ケテ雑役ニ供シタル者ハ二年以上、五年以下ノ輕禁錮ニ處ス」トノ法文第一項中左ノ數點ヲ修正シタルモノナリ

一、其他朝憲ヲ紊亂スルコトヲ目的トナシ内亂ヲ起シタルモノ云々ト規定シタルモ斯スレハ戰爭開始ノ場合ノミヲ意味スルノ嫌アルヲ以テ本法ハ之ヲ「暴動ヲ起シタル者ハ」ト改メ未タ戰爭開始ニ至ラサル場合ニ於テモ仍ホ多衆合同シテ暴動ヲ爲シタルトキハ最早、本罪成立スルモノト爲シ内亂ノ意義ヲ擴張スルコトト爲シタリ

二、第一號「首魁及ヒ敎唆者ハ死刑ニ處ス」ト規定シタルモ敎唆者ハ第一編共犯ノ規定ヲ適用シテ正犯ニ準スヘキモノナルヲ以テ殊更、玆ニ規定スルノ必要ナキヲ以テ本法ハ單ニ「首魁ハ死刑又ハ無期禁錮ニ處ス」ト改メタリ

三、第二號群衆ノ指揮ヲ爲シ其他樞要ノ職務ヲ爲シタル者ハ無期流刑ニ處シ云々ト規定シタルモ其樞要ノ意義漠トシテ如何ナル事カ樞要ナルカ疑ナキニアラサルヲ以テ本法ハ「謀議ニ參與シ」ト改メ樞要ナル職務中主謀的合議ニ干與シタル者ノミト爲シ其據ル可キ標準ヲ明瞭ナラシメタリ

四、同號中「又ハ」以下ノ規定ハ本條第二號「謀議ニ參與シ」ノ下文ト其意義同一ニシテ第三號「兵器金穀」ノ一句ハ別條ニ讓リ「又ハ」以下ノ規定ハ本條第二號、末段ニ移シ第四號「敎唆ニ乘シテ」

ハ之ヲ削リタルモ其他ハ本條第三號ト其意義全ク同一ナリ

以上ハ本條改正要旨ナルモ其立法趣旨ニ至テハ舊刑法ト殆ト異ナルコトナシ

本罪成立ニハ、第一朝憲紊亂ヲ目的トナスコト、第二暴動ヲ起シタルコトノ二條件アルヲ要ス

第一。朝憲紊亂ヲ目的ト爲シタルコトヲ要ス

本條第一項ニ政府ヲ顚覆シ又ハ邦土ヲ僭竊シ其他朝憲ヲ紊亂スルコトヲ目的トシ云々ト規定シタルニ依リ政府顚覆邦土僭竊ハ朝憲紊亂以外ノ行爲ナルノ觀ナキニ非スト雖モ此二者共ニ朝憲紊亂ノ重ナル例示ニ過キス是舊刑法上ニ於テモ學說、一定シタル所ナリ然レトモ此朝憲紊亂トハ如何ナル意義ナルカノ問題ニ至テハ未タ嘗テ適切ナル解釋アルヲ看ス本條ニ所謂、朝憲紊亂トハ我帝國憲法ニ規定シタル事項ヲ破壞又ハ變更スルコトヲ目的ト爲シタル暴動ヲ總稱シタルモノナリ故ニ憲法第一條、第二條ニ規定シタル統治ノ大權、皇位ノ廢立、其他大權事項又ハ立法、司法、行政、各機關ノ組織ノ變更若クハ臣民ニ關スル權利、義務ノ存廢、變更等ヲ目的ト爲シ多數合同ノ武力ニ訴ヘタル所爲又ハ我帝國領土ノ一部ニ割據シテ獨立ヲ企ツルカ如キ或ハ現政府ヲ顚覆シテ自ラ施政ノ大權ヲ握ラントシテ暴動ヲ起シタルトキハ內亂罪タルコト何人モ疑ハサル所ナリ此等立法（帝國議會）司法、行政、各部ニ關スル組織ノ變更、存廢或ハ兵役、納稅義務ノ免脫等ヲ目

的トシテ暴動ヲ起シタル場合ノ如キモ皆內亂罪ニシテ朝憲紊亂ヲ目的ト爲シタルモノナリ
從來、此國事犯ニ就テハ學者間、其見解ヲ異ニシ殆ト揆一スル所ナキ至難ノ問題ナリ學者或ハ定義ヲ下シテ曰ク國事犯トハ國家ノ政治的秩序ヲ破壞變更又ハ攪亂スルコトヲ目的トスル犯罪ナリト又曰ク、國事犯トハ國家ノ自斷權ヲ侵害スルコトヲ目的トスル犯罪ナリト又曰ク國事犯トハ國家ノ政治的秩序若クハ組織ヲ變更スルコトヲ目的トスル犯罪ナリト是等ノ定義ハ孰レモ國事犯其モノノ目的ニ就テハ之ヲ言明シテ遺憾ナシト雖モ未タ以テ完全ナリト云フコトヲ得ス如何トナレハ第一說ノ如キハ單ニ國事犯トハ國家ノ政治的秩序ヲ破壞變更シ又ハ攪亂スルコトヲ目的トスル犯罪ナリト云フニ止マルヲ以テ其方法手段ハ之ヲ問ハサルニ似タリ果シテ然ラハ茲ニ一論客アリ若シ國家ノ政治的秩序ヲ破壞變更又ハ攪亂スルコトヲ目的トシテ盛ニ新聞又ハ演說等ニ因リ公言シタリトセハ是ヲ以テ直ニ國事犯ナリト云フ可キ乎（集會政社法、其他ノ法令ニ違犯スルコトアルハ格別）未タ以テ本章、國事犯ナリト云フコトヲ得ス又此說ニ由レハ國家ノ政治的、秩序ヲ破壞、變更又ハ攪亂スルコトヲ目的トシテ强奪殺人ノ所爲アリタルトキノ如キモ仍ホ國事犯ナリト謂ハサル可ラス如何トナレハ其人ヲ殺シ財物ヲ强奪スルハ國家ノ政治的、秩序ヲ破壞、變更又ハ攪亂スルノ目的ニ出ツルモノナレハナリ然リト雖モ堂々タル一國、豈、夫レ一人、一個ノ左右シ得ル所ナランヤ是余カ其方法、手段ヲ言明セサル定義ハ不完全ナリト云フ所以ナリ殊ニ第二說ノ國事犯トハ國家ノ自斷權ヲ侵害スルコトヲ目的トスル犯罪ナリト云フニ至テハ殆ント其意義ヲ解スル能ハス若シ夫レ此自斷權トハ國家ノ命令權ナリト解釋スレハ法令、違反ノ所爲ハ總テ國事犯ナリト謂ハサル可ラス如何トナレハ國家命令權ノ發動ニ基ク法令違反ノ所爲ハ取リモ直サス國家ノ自斷權ヲ侵害スルモノナルヲ以テナリ故ニ此定義モ亦完全ナリト云フヲ得ス

余ハ國事犯トハ一國主權ニ服從スル臣民多數ノ合同力ニ因リ國家ノ組織又ハ存立ヲ破壞變更スルコトヲ目的トスル武力的暴動ヲ謂フト定義セントス即チ我刑法上ニ於ケル內亂罪トハ政府ヲ顚覆シ又ハ邦土ヲ僭竊シ其他、朝憲紊亂ヲ目的トスル暴動ヲ謂フ換言スレハ本法ニ於ケル內亂罪トハ國土ノ橫領又ハ憲法ノ變更ヲ目的トスル暴動ヲ云フモノトス而シテ暴動ヲ起ス目的政體ノ變更又ハ皇統ノ廢立ニ在ルトキハ本條ニ所謂政府顚覆ニ該當シ國土ヲ橫領スルニ在ルトキハ法文邦土僭竊ニ該當スルモノニシテ其他不法ニ憲法上ノ規定ヲ變更セントスルトキハ本章內亂罪ナリトス然レトモ其手段方法ハ必ス武力的暴動ニ因ルコトヲ要スルモノナリ而シテ本章ニ所謂暴動トハ多數合同力ニ因ル不法ノ腕力又ハ脅迫ヲ謂フモノトス

第二、暴動ヲ起シタルコトヲ要ス

本罪ノ目的ハ既ニ論シタル如ク武力ニ訴ヘ我憲法ニ規定スル事項ヲ蹂躪セントスル國家的犯罪ナルヲ以テ一人、二人ノ到底企テ及フ所ニ非ス必ス多數合同ノ勢力ニ由テ以テ國家ヲ騷亂セシムルノ所爲アルコトヲ要ス故ニ本條、規定ノ如ク首魁タル首謀者、及ヒ之カ主謀ニ參與シタル者、又ハ群衆ヲ指揮シタル者、其他、隨行シテ勢力ヲ助クル兵卒的行爲ヲ爲ス者等、多數ノ人員ヨリ組織スルヲ要ス然レトモ是等多數ノ人員必スシモ皆、軍事的訓練アル士官若クハ兵卒タルヲ要セス如何ナル者ト雖モ我帝國陸海軍ニ對抗シテ兵火ヲ交ユルニ足ル可キ準備アル集合隊タルトキハ本罪ノ主體タルコトヲ得ルモノナリ然リト雖モ多數人民合同シテ我警察權ニ抵抗スルコトアルモ未タ是等ノ所爲ハ本條ニ所謂内亂罪ナリト云フヲ得ス近キハ東京日比谷事件及ヒ彼ノ足尾銅山暴動事件ノ如キ或ハ古來、往々行ハレタル竹鎗的、暴動等ハ未タ以テ國家ヲ騷亂スル内亂ト爲スニ足ラサル地方的暴動ナリ、左レハ彼ノ西南戰爭ノ如キハ本條國事犯ノ好適例ナリ

本罪成立ニハ第一、第二ノ條件ニ於テ述ヘタル如ク政府ヲ顚覆シ又ハ邦土ヲ僭竊シ其他朝憲ヲ紊亂スル目的ヲ以テ多數合同ノ武力ニ訴ヘ其目的ヲ達セントスル意思アルヲ要スルカ故ニ假令、多數合同シテ如何ナル暴動ヲ爲スモ若シ其目的、朝憲紊亂ニアラサルトキハ（騷擾罪タルコトアルモ）本章内亂罪ナリト謂フコトヲ得ス

以上ノ三條件具備スルトキハ(一)首魁ハ死刑又ハ無期禁錮(二)其謀議ニ參與シタル者及ヒ群衆ヲ指揮シタル者ハ無期又ハ三年以上ノ禁錮(三)其他暴動ニ要スル諸般ノ役務ニ從事シタル者ハ其情狀ニ從ヒ一年以上十年以下ノ禁錮(四)唯單ニ附和隨行シテ暴動ニ干與シタルニ止マル者ハ三年以下ノ禁錮ニ處ス可キモノトス

本罪ハ其性質上、多數犯人ヨリ成立スル犯罪ナルヲ以テ總則共犯例ニ因リ孰レモ實行正犯トシテ處分ス可キモノニ似タリト雖モ其暴動ニ干與シタル役務ニ從ヒ情狀ニ至テモ自ラ輕重ナキニアラサルヲ以テ刑罰モ亦、多少差異ナキヲ得ス是本條役務ノ階級ニ因リ刑罰ヲ區別シタル所以ナリ

蓋シ本條第一號又ハ二號ニ據リ論ス可キモノナルヤ將タ第三號ニ據テ罰ス可キモノナルヤハ事實ノ問題ニ屬スルヲ以テ裁判所ノ認定ス可キモノトス

本條末項ニ「未遂罪ハ之ヲ罰ス但前項第三號ニ記載シタル者ハ此限ニ在ラス」ト規定シタルハ犯罪自體カ國家ノ存廢ニ關スル最モ危險ナル罪ナルヲ以テ其未遂ノ時ニ之ヲ罰シ事ヲ未發ニ豫防スルノ趣旨ニ出テタルモノナリ

然ラハ本條、內亂罪ハ如何ナル程度ニ至リタルトキヲ未遂罪ト爲ス可キモノナルヤ是一個ノ問題ナリト雖モ要スルニ政府ヲ顚覆シ又ハ邦土ヲ僭竊シ其他、朝憲紊亂ノ目的ヲ以テ兵器ヲ備ヘ隊伍ヲ組

織シ其他、暴動ニ必要ナル準備行爲ヲ爲シ將ニ暴動ニ著手セントシタル時ハ本條、未遂罪ノ成立時期ナリトス

但此未遂罪ハ總テノ共犯人ヲ罰スルモノニ非ス本條三號ノ附和隨行其他單ニ暴動ニ干與シタルニ止マル附和雷同的從犯者ハ之ヲ罰セス第一號、第二號ニ規定シタル重要ナル地位ニアル者ノミニ限リ罰スルモノトス是本條末項但書ノ規定アル所以ナリ

第七十八條 內亂ノ豫備又ハ陰謀ヲ爲シタル者ハ一年以上十年以下ノ禁錮ニ處ス

本條ハ內亂罪ノ豫備陰謀ヲ罰スルコトヲ規定シタルモノナリ

本條ハ舊刑法、第百二十五條ノ「兵隊ヲ招募シ又ハ兵器金穀ヲ準備シ其他內亂ノ豫備ヲ爲シタル者ハ第百二十一條ノ例ニ照シ各一等ヲ減ス」トノ規定ト殆ント同一ニシテ前條、規定ノ內亂罪ノ豫備又ハ陰謀ヲ罰スルコトヲ規定シタルモノナリ唯、舊刑法ト異ル點ハ「兵隊ヲ招募シ又ハ兵器、金穀ヲ準備シ」云々トノ例示ヲ爲ササルニ在ルノミ

本條豫備トハ內亂主謀者カ兵隊ヲ募集シ或ハ兵器金穀等ヲ準備シ其他戰鬪行爲ニ必要ナル準備ヲ爲シタルコトヲ謂フモノトス換言スレハ內亂罪陰謀ノ一歩ヲ進メタル場合ヲ云フモノナリ又陰謀トハ

內亂罪ノ豫備ニ至ラサル前即チ主謀者カ二人以上內亂企謀ノ計畫ニ關スル謀議ヲ爲シタルコトヲ謂フモノトス故ニ本罪ハ唯〻單ニ希望ニ止マラス、既ニ二人以上共ニ謀議畫策シテ其犯意ヲ外部ニ發表シタルコトヲ要スルモノトス而シテ豫備陰謀ヲ特ニ罰スル所以ノモノハ屢〻、論シタル如ク其所爲、自體ニ於テ既ニ重大ナルヲ以テ事ヲ未發ニ罰シテ防止セントスルニ在リ然レトモ豫備陰謀ニ止マルトキハ未タ社會ニ何等ノ實害ヲモ生ゼシメタルモノニアラサルニ因リ既遂罪ヨリ其情大ニ恕ス可キ所ナキニ非ス是本條一年以上十年以下ノ禁錮ニ處スト規定シタル所以ナリ

第七十九條 兵器、金穀ヲ資給シ又ハ其他ノ行爲ヲ以テ前二條ノ罪ヲ幫助シタル者ハ七年以下ノ禁錮ニ處ス

本條ハ舊刑法、第百二十一條第三號ノ一部ト第百二十七條ヲ併合シテ內亂罪ノ從犯的幫助罪ヲ規定シタルモノナリ

內亂罪又ハ其他ノ豫備陰謀ナルコトヲ知テ(兵器、金穀銃砲彈藥等)又ハ其他ノ行爲(集合所兵器ノ製造所船舶等戰爭ニ必要ナル物件ヲ資給シ)ヲ以テ內亂罪ヲ幫助シ便利ヲ與ヘタル者ハ七年以下ノ禁錮ニ處ス可キコトヲ規定シタルモノトス本條ハ一讀明瞭ナルヲ以テ別ニ說明セス

唯玆ニ疑ノ存スルハ本條ニ所謂、幫助者ハ總則共犯ノ特例ナルヤ否ヤノ問題是レナリ則チ第一編

第六十二條ニ「正犯ヲ幇助シタル者ハ從犯トス」トノ規定アルヲ以テ本條ノ場合ニ於テモ仍ホ之ヲ適用シテ毫モ支障ナキニ似タリ然ルニ本條特ニ「兵器金穀ヲ資給シ其他ノ行爲ヲ以テ前二條ノ罪ヲ幇助シタル者ハ」云々ト規定シ其重キナル例ヲ掲ケタルハ總則從例ニ據ラサル立法趣旨ナリトス

第八十條 前二條ノ罪ヲ犯スト雖モ未タ暴動ニ至ラサル前自首シタル者ハ其刑ヲ免除ス

本條ハ舊刑法第百二十六條「內亂ノ豫備又ハ陰謀ヲ爲スト雖モ未タ其事ヲ行ハサル前ニ於テ官ニ自首シタル者ハ本刑ヲ免シテ六月以上三年以下ノ監視ニ付ス」ト規定シタル法文ヲ修正シタルモノナリ

本條ハ內亂ノ豫備又ハ陰謀ヲ企テ若クハ是等ノ情ヲ知テ兵器、金穀ヲ資給シ或ハ其他ノ行爲ヲ以テ內亂罪ヲ幇助シタル者其暴動ニ著手セサル以前、官ニ自首シタルトキハ其刑ヲ全免シテ大事ヲ未發ニ防ク政略上ノ特典ナリ但此自首ニ要スル條件如何ハ既ニ第一編、第七章、第四十二條ニ於テ詳論シタルヲ以テ再說セス

唯、同條規定ト異ナル點ハ一般ノ自首者ハ減刑セラルルニ止マルモ本條ノ自首ハ其刑ヲ全免スルモ

ノトス是特ニ規定シタル所以ナリ

第三章　外患ニ關スル罪

總　論

本章ハ舊刑法、第二編、第三章ノ規定ヲ修正シタルモノナリ
其修正シタル主要ノ點ヲ擧クレハ左ノ如シ
一、舊刑法ハ此外患ニ關スル罪ヲ國事ニ關スル罪ノ一節中ニ規定シタルニ因リ其當否ニ就キ頗ル議論在リタル所ナルヲ以テ本法ハ多數ノ學說並ニ立法例ニ倣ヒ別章トシテ之ヲ規定スルニ至レリ
二、本章ハ主トシテ戰時ニ於ケル我帝國、軍事上ノ利益ヲ保護スルコトヲ其目的ト爲シ舊法ノ不備闕點ヲ補充シ以テ遺漏ナカラシメタルモノナリ
三、舊刑法第百三十三條及ヒ第百三十四條ハ外患ニ關スル罪ト云フヨリ寧ロ國交ニ關スル犯罪ナルヲ以テ本法ハ國交ニ關スル罪ノ章下ニ之ヲ移シタリ
四、本章ノ罪ハ事重大ニシテ且ツ其危險モ亦前章國事犯ト異ナラサルニ因リ其未遂罪ノミナラス豫備及ヒ陰謀ヲモ仍ホ之ヲ罰スルコトトナシタリ

茲ニ一、二ノ注意スヘキコトアリ即チ（一）刑法ト軍律トノ關係（二）敵國ノ意義（三）戰時ト平時トノ分界即チ是ナリ

（一）刑法ト軍律トノ關係

本章ニ規定スル所爲ニシテ或ハ軍律ノ支配ヲ受クル事アリ本章第八十二條第一項第二項及ヒ第八十六條ノ所爲ハ軍律ニ於テモ亦之ヲ罰スル明文アリ（法文多少異ナルモ其旨趣ニ於テハ同一ナリ）即チ常人ト雖モ敵前若クハ軍中又ハ臨戰合圍地ニ在リテ之ヲ犯シタルトキハ軍律ヲ以テ支配シ若シ本法ニ規定アリテ軍律ニ規定ナキ罪ハ軍人軍屬ト雖モ本法ヲ適用シ軍律ニ規定アリテ本法ニ規定ナキモノハ常人ニ對シテモ仍ホ軍律ニ從ヒ處斷スルモノトス

（二）敵國ノ意義

本法第八十一條乃至第八十五條ニ敵國ノ語アリ此敵國トハ如何ナル意義ヲ有スルヤ惟フニ國際公法上國家ト國家トノ戰爭ハ通常平和的手段即チ新條約ノ締結第三國ノ仲裁等ニ依リテ紛議ノ解ケサル時ニ方リ開始スルモノナリ但時ニ或ハ平和的手段ト戰爭トノ中間ニ國際法上ノ暴力ナルモノアリ（即チ報復、報仇、平時、封鎖、第三國ノ干涉等是ナリ）故ニ法文ニ所謂、敵國トハ是等戰爭ニ至ラサル暴力ヲモ仍ホ包含スルモノナルヤ將タ國際公法上ノ純然タル戰爭ノミヲ指スモノナ

ル乎換言スレハ敵國トハ總テ日本帝國カ戰ヲ宣シタル外國又ハ外國軍隊ノミヲ謂ヒ平時暴力ノ如キ開戰ニ至ラサルモノハ之ヲ包含セサル乎本章ハ外患ニ關スル罪ト題シ第八十一條ニ戰端ト規定シ又同法條ニ敵國トアルニ徵スルモ我帝國ト外國又ハ外國軍隊トノ間ニ國際公法上ノ所謂戰爭開始シタル場合ヲ謂フモノトス蓋シ刑法上、如何ナル場合ヲ我帝國ノ敵國ニシテ又戰爭ナルカハ國際公法上ノ原則ニ因テ決ス可キモノナリ故ニ國際紛議ヲ生シタルトキ外國ノ辭柄如何ニ不當不理ナルモ如何ニ戰爭開始ノ止ム可ラサル狀況、顯著ナルモ我帝國カ其外國若クハ外國軍隊ト國際法上戰爭ト認ム可キ事實ノ開始セサル間ハ未タ以テ敵國ト云フコトヲ得ス去レハ國際紛議ニ就キ國際談判、調停、仲裁其他ノ平和的、手段破レ更ニ進ンテ報復、報仇、平時封鎖等ノ抵抗ヲ爲スニ至ルモ仍ホ敵國ニ非ス殊ニ報復、報仇若クハ平時封鎖ノ如キ行爲ハ往々戰爭ニ至ラスシテ止ムコトナキニアラス故ニ刑法上敵國トハ我日本帝國ト國際法上ノ戰爭開始ノ場合ヲ意味スルモノトス

(三)戰時ト平時トノ分界

第八十一條乃至第八十九條ニ規定スル行爲ハ平時ニ在リテハ他ノ罪ト成ルハ格別、外患罪トシテ本章各本條ヲ適用スルコトヲ得ス故ニ戰時ト平時トノ分界ヲ定ムルコト最モ緊要ナリトス

凡ソ國家ト國家トノ間ニ一ノ紛爭ヲ生シタルトキハ新條約ノ締結又ハ第三國ノ仲裁等ニ依テ干戈ヲ交ヘルニ至ラス落著スルコトアリ若シ此ノ如キ平和的、手段ニ依テ無事ニ落著セサル時ハ竟ニ戰端ヲ開クニ至ルモノトス而シテ戰爭開始ノ場合ニ於テハ敵國ニ通知シ同時ニ國民ニ布告スルヲ以テ通例ト爲スモ其通知若クハ布告前既ニ國際公法上ヨリ觀察シテ抗敵行爲アリタルトキハ其抗敵行爲アリタル時ヨリ開戰ト看做シ又宣戰ノ布告若クハ通知ノアリタルトキハ其宣戰公布若クハ通知ノ日ヨリ開戰ト看做ス可キモノトス故ニ本法ノ適用上ニ付テハ宣戰公布ノ有無ニ關セス國際公法上ノ原則ニ照シ裁判所ハ開戰時期ヲ定ムルコトヲ得可シ然レトモ本章規定ノ犯罪ハ戰時ヲ以テ犯罪成立條件ト爲シ其影響スル所、極メテ重大ナルヲ以テ最モ愼重ナル注意ヲ要スルナリ

本章ハ(一)外國ト通謀シテ帝國ニ對シ戰端ヲ開カシメタル罪(二)敵國ニ與シテ帝國ニ抗敵シタル罪(三)要塞陣營軍隊艦船其他軍用ニ供スル場所又ハ建造物ヲ敵國ニ交付シタル罪(四)兵器彈藥其他軍用ニ供スル物件ヲ敵國ニ交付シタル罪(五)敵國ヲ利スル爲メ軍用物件ヲ損壞シ又ハ使用不能ニ至ラシメタル罪(六)帝國ノ軍用ニ供セサル兵器彈藥其他直接ニ戰鬪ノ用ニ供ス可キ物ヲ敵國ニ交付シタル罪(七)敵國ノ間諜ヲ爲シタル罪(八)敵國ノ間諜ヲ幇助シタル罪(九)軍事上ノ機密ヲ敵國ニ漏泄シタル罪(十)其他敵國軍事上ニ利益ヲ與ヘ又ハ帝國軍事上ノ利益ヲ害シタル罪(十一)其未遂罪及ヒ豫備陰謀罪等ヲ規定シタル

モノナリ

第八十一條 外國ニ通謀シテ帝國ニ對シ戰端ヲ開カシメ又ハ敵國ニ與シテ帝國ニ抗敵シタル者ハ死刑ニ處ス

本條ハ外國ト通謀シ我帝國ト戰端ヲ開カシメ又ハ敵國ニ與シ我帝國ニ抗敵シタル罪ヲ規定シタルモノナリ

本條ハ舊刑法、第百三十九條ヲ修正シテ第百三十條前段ノ一部ヲ加ヘタルモノナリ舊刑法ハ外國ニ通謀シテ帝國ニ對シ戰端ヲ開カシムル場合ヲ闕キタルニ依リ本法ハ之ヲ補ヒタルモノナリ

本條ハ(一)外國ニ通謀シテ帝國ニ對シ戰端ヲ開カシメタル罪(二)敵國ニ與シテ帝國ニ抗敵シタル罪ヲ規定シタルヲ以テ之ヲ區別シテ論セントス

(一) 外國ト通謀シテ外國ニ對シ戰端ヲ開カシメタル罪

本罪成立ニハ、第一外國ト通謀シタルコト、第二帝國ニ對シ戰端ヲ開カシメタルコトノ二條件アルヲ要ス

第一、外國ト通謀シタルコトヲ要ス

如何ナル所爲アレハ以テ外國ニ通謀シタリト謂フ可キ乎ハ事實ノ問題ナリト雖モ要スルニ通謀ト

ハ二人以上ノ間ニ一定ノ罪ヲ犯ス意思ノ交通シタル狀態ヲ謂フモノトス
例ヘハ日本臣民ニシテ外國ニ對シ日本ト戰端ヲ開カシムル目的ヲ以テ之ニ必要ナル諸般ノ協議ヲ爲スカ如キコトハ即チ本條ニ所謂、通謀ノ一例ナリ
第二、帝國ニ對シ戰端ヲ開カシメタルコトヲ要ス
法文戰端ヲ開カシメト云ヒ、戰端ヲ開クニ至ラシメト云ハサルヲ以テ少ナクトモ實際、外國ガ我日本帝國ニ對シ國際公法上ノ所謂、戰爭行爲ヲ開始シタルヲ要ス故ニ未タ開戰ニ至ラサルトキハ縱令、他ノ條件ヲ具備スルモ本罪ノ既遂罪ト云フコトヲ得ス而シテ本罪モ外國ニ通謀シ我帝國ト戰端ヲ開カシムルノ故意アルヲ要スルモノナリ故ニ止タ我帝國ニ對シ軍事上ノ不利益ヲ與ヘ又ハ外國ニ軍事上ノ利益ヲ與フルノ意思アリタルニ止マルカ如キ場合ハ第八十六條ノ本罪タルコトアルハ格別、本條ヲ以テ論ス可キモノニ非ス
（二）　敵國ニ與シテ帝國ニ抗敵シタル罪
本罪成立ニハ、第一敵國ニ與シタルコト、第二帝國ニ抗敵シタルコトノ二條件アルヲ要ス
第一、敵國ニ與シタルコトヲ要ス
敵國ニ與シタルコトトハ我帝國ニ於テ宣戰ヲ公布スルカ又ハ戰爭ト認ム可キ事實アリタル後敵國

戰鬪力ニ加ハリタル所爲ヲ謂フ故ニ開戰前例ヘハ外國カ我日本帝國ニ對シ戰爭ニ至ラサル暴力即チ報復、報仇等ノ抵抗ヲ爲ス時ニ方リ其外國ニ與シテ帝國ニ抵抗シタル者ノ如キハ本條ニ所謂、敵國ニ與シタルモノト云フコトヲ得ス故ニ此種ノ所爲ハ本條規定ノ範圍外ナリ然ラハ如何ナル所爲アル時ハ敵國ニ與シタリト云フコトヲ得ル乎、法文上何等ノ看ル可キモノナシト雖モ敵國ノ軍籍ニ入リタルトキ又ハ好ンテ敵國軍艦ニ乘込ミタル等ノ場合ノ如キハ其一例ナリ

茲ニ一ノ注意ス可キコトハ外國ニ與シタル事實アルモ我帝國ニ抗敵ノ所爲ナキトキハ第八十六條ノ罪ト成ルコトアルモ未タ本條ニ問フコトヲ得ス如何トナレハ本條ハ敵國トアルヲ以テ必ス開戰後ニ係ル行爲タルコトヲ要スレハナリ

第二、帝國ニ抗敵シタルコトヲ要ス

抗敵トハ何ソヤ要スルニ公然戰鬪行爲ヲ以テ我帝國ヲ代表スル戰鬪力ニ抵抗スル所爲ヲ謂フニアリ茲ニ一疑問アリ即チ抗敵所爲アリトハ實際ニ戰鬪行爲ニ加ハリタルヲ要スル乎或ハ唯タ戰鬪ノ意思ヲ以テ敵國軍隊ニ投シタル事實アルヲ以テ足ル乎解釋上敵國ニ與シテ帝國ニ抗敵シタル事實アルニ止マルトキハ本罪ノ未遂ナリ左レハ其與スル外國軍隊カ我日本帝國ノ敵國ナルコトヲ知リテ我帝國ニ對スル抗敵行爲ヲ爲スノ意思アルヲ要スルコト論ヲ俟タス

以上ノ條件具備スルトキハ（（一）（二）罪ノ既遂罪ハ孰レモ）死刑ニ處ス可キモノトス

第八十二條　要塞、陣營、軍隊、艦船其他軍用ニ供スル場所又ハ建造物ヲ敵國ニ交付シタル者ハ死刑ニ處ス

兵器、彈藥其他軍用ニ供スル物ヲ敵國ニ交付シタル者ハ死刑又ハ無期懲役ニ處ス

本條ハ我帝國陸海軍、軍用物件ヲ敵國ニ交付シタル罪ヲ規定シタルモノナリ

本條ハ舊刑法第百三十條後段以下ノ規定ニ修正ヲ加ヘ是ヲ二項ニ分チタルモノナリ而シテ第一項ハ要塞、陣營、軍隊、艦船其他軍用ニ供スル場所又ハ建物等其交付ノ目的物、比較的、重要ナル場合ヲ規定シ第二項ハ其他軍用ニ供スル物件ヲ交付シタル場合ヲ規定シタルモノナリ

本條ハ（一）要塞、陣營、軍隊、艦船其他軍用ニ供スル場所又ハ建造物ヲ敵國ニ交付シタル罪（二）兵器彈藥其他軍用ニ供スル物件ヲ敵國ニ交付シタル罪ヲ規定シタルモノナリ

（一）　要塞、陣營、軍隊、艦船其他軍用ニ供スル場所又ハ建造物ヲ敵國ニ交付シタル罪

本條第一項ノ罪ハ、第一我帝國ノ軍用ニ供スル要塞、陣營、軍隊、艦船其他軍用ニ供スル場所又ハ

建造物タルコト、第二敵國ニ交付シタルコト、ノ二條件アルヲ要ス

第一、要塞、陣營、軍隊、艦船其他軍用ニ供スル場所又ハ建造物タルコトヲ要ス

本條規定ノ要塞、陣營、軍隊、艦船トハ讀テ字ノ如ク明瞭ナルヲ以テ別ニ說明セス其他軍用ニ供スル場所又ハ建造物トハ練兵所又ハ武器庫、火藥製造所、艦船製造所ノ如キ物ヲ云フニ在リ

第二、敵國ニ交付シタルコトヲ要ス

本條特ニ敵國ニ交付シタル者ト規定シタルヲ以テ我帝國カ外國ト戰爭開始ノ後、其外國ニ對シ本條列擧ノ各軍用ノ土地、建物ヲ賣買讓與其他ノ名義ヲ以テ敵國ニ交付シタルヲ要ス而シテ交付トハ有價又ハ無償ニテ敵國ニ引渡ス所爲ヲ云フコトモ亦、明瞭ナルヲ以テ別ニ說明ヲ要セス

以上ノ條件具備シタルトキハ死刑ニ處ス可キモノトス

(二)　兵器、彈藥其他軍用ニ供スル物件ヲ敵國ニ交付スル罪

本條第二項ノ罪ハ、第一兵器、彈藥其他軍用ニ供スル物タルコト、第二敵國ニ交付シタルコトノ二條件アルヲ要スルモ本罪ニ就テハ前罪ニ於テ說明シタル以外ノ軍用品タル兵器、彈藥、金穀被服等ノ物品ヲ云フモノナルヲ以テ別ニ說明セス茲ニ注意ス可キハ本條(一)(二)罪ノ軍用ニ供スル土地、物件ヲ敵國ニ交付スルノ所爲ハ軍律ニ於テモ罪トシテ罰スル明文アリ而シテ軍籍ニ在ル軍人、軍屬之ヲ

犯ストキハ常ニ軍律ヲ適用シ常人之ヲ犯シタルトキハ本法ヲ適用スルヲ原則ト爲シ敵前、軍中臨戰地、合圍地等ニ於テ犯シタルトキハ例外トシテ軍律ヲ適用ス可キコト是ナリ(陸軍刑法及ヒ海軍刑法參照)以上ノ條件具備スルトキハ死刑又ハ無期懲役ニ處ス可キモノトス

第八十三條 敵國ヲ利スル爲メ要塞、陣營、艦船、兵器、彈藥、汽車、電車、鐵道、電線其他軍用ニ供スル場所又ハ物ヲ損壞シ若クハ使用スルコト能ハサルニ至ラシメタル者ハ死刑又ハ無期懲役ニ處ス

本條ハ敵國ヲ利スル爲メ軍用物件ヲ損壞シ又ハ使用不能ニ至ラシメタル罪ヲ規定シタルモノナリ
本條ニ列擧シタル物ヲ毀壞シ又ハ之ヲ使用スルコト能ハサラシムルカ如キハ實際上、頻繁ニ生ス可キ犯罪ナルヲ以テ刑法上之ヲ規定スルノ必要アリ然ルニ舊刑法ハ是等ノ規定ヲ闕キタルヲ以テ本法ハ陸海軍刑法ニ基キ本條ヲ設ケタルモノナリ

本罪成立ニハ、第一敵國ヲ利スル目的ナルコト、第二要塞、陣營、艦船、兵器、彈藥、汽車、電車、鐵道、電線其他軍用ニ供スル場所又ハ物タルコト、第三損壞若クハ使用スルコト能ハサルニ至ラシメタルコトノ三條件アルヲ要ス

第一、敵國ヲ利スル目的ナルコトヲ要ス

本罪ハ我帝國ト戰爭ヲ開始シタル外國ヲ利スル目的ナルコトヲ要スルカ故ニ未タ我國ト戰爭開始セサル外國又ハ外國臣民ニ軍事上ノ利益ヲ與フル爲メ帝國軍用ニ供スル場所又ハ物ヲ損壞シ若クハ使用不能タラシムルコトアルモ（其外國又ハ外國人ヲ利スルニアルトキハ）敵國ヲ利スルト云フコトヲ得サレハ本條ニ依リ論スルコトヲ得ス

第二、要塞、陣營、艦船、兵器、彈藥、汽車、電車、鐵道、電線、其他軍用ニ供スル場所又ハ物タルコトヲ要ス

本條要塞、陣營、艦船、兵器、彈藥、汽車、電車、鐵道、電線其他云々」ト規定シタルニ依ルモ軍用ニ供スル場所又ハ物件ヲ例示シタルモノナルヲ以テ此他軍用ニ供スル道路、橋梁、造船所其他ノ物ト雖モ苟モ我帝國軍用ニ供スル場所ハ總テ本條中ニ包含スルモノトス

第三、損壞シ若クハ使用不能ニ至ラシメタルコトヲ要ス

本條損壞トハ物質的ニ破損滅盡セシムル所爲ヲ謂フモノニテ使用スルコト能ハサルニ至ラシメトハ物質的ニ破損セサル使用不能ニ至ラシメタル所爲ヲ謂フニ在リ故ニ本罪ハ犯人、敵國ヲ利スル目的ヲ以テ此等ノ所爲ヲ行フト雖モ未タ其結果、損壞若ハ使用不能ニ至ラサルトキハ本條ノ既遂罪ニ非ス如何トナレハ法文ニ損壞シ若クハ使用スルコト能ハサルニ至ラシメタル者云々」トア

ルヲ以テナリ

以上ノ條件具備シタルトキハ(一)死刑又ハ(二)無期懲役ニ處ス可キモノトス

第八十四條 帝國ノ軍用ニ供セサル兵器、彈藥其他直接ニ戰鬪ノ用ニ供ス可キ物ヲ敵國ニ交付シタル者ハ無期又ハ三年以上ノ懲役ニ處ス

本條モ亦舊刑法ノ闕如セル所ニシテ帝國ノ軍用ニ供セサル物又ハ直接ニ戰鬪ノ用ニ供ス可キ物ヲ敵國ニ交付シタル場合ニ關スル規定ナリ

本罪成立ニハ、第一帝國ノ軍用ニ供セサル兵器彈藥其他、直接ニ戰鬪ノ用ニ供ス可キ物タルコト、第二敵國ニ交付シタルコトノ二條件アルヲ要ス

第一、帝國ノ軍用ニ供セサル兵器、彈藥其他直接ニ戰鬪ノ用ニ供ス可キ物タルコトヲ要ス

帝國ノ軍用ニ供ス可キ兵器、彈藥其他ノ物件ヲ交付スルコトニ付テハ第八十二條ニ於テ既ニ詳述シタル所ナルモ本條ハ我帝國ノ軍用ニ供セサル兵器、彈藥例ヘハ現時、帝國軍隊ニ於テ採用スル以外ノ兵器、彈藥ノ如キ物其他直接ニ戰鬪ノ用ニ供ス可キ物例ヘハ物ノ性質上、軍用品トシテ備フル物ニ屬セサルモ一朝、戰端ヲ開ク場合ニ於テハ直接ニ必要ナル物件例ヘハ軍用以外ノ車馬、石炭若クハ糧餉ノ如キ物ヲ交付シタル時ニ成立ス然レトモ如何ナル物カ帝國ノ軍用ニ供セサル兵

器彈藥ニシテ其他直接ニ戰鬪ノ用ニ供ス可キ物ナルヤハ要スルニ事實ノ問題ナリト雖モ其交付ノ目的物、軍用品ニ係ルトキハ第八十二條ニ依リ非軍事用ノ兵器、彈藥其他直接ニ戰鬪ノ用ニ供ス可キ物ニ係ルトキハ本條ノ規定ヲ適用ス可キモノトス

第二、敵國ニ交付シタルコトヲ要ス

本條敵國トハ交戰中タルコトヲ意味シ交付トハ敵國ニ引渡スコトハ既ニ說明シタル所ナルニ因リ別ニ說明セス

以上ノ條件具備スルトキハ無期又ハ三年以上ノ懲役ニ處ス可キモノトス

第八十五條　敵國ノ爲メニ間諜ヲ爲シ又ハ敵國ノ間諜ヲ幫助シタル者ハ死刑又ハ無期若クハ五年以上ノ懲役ニ處ス

軍事上ノ機密ヲ敵國ニ漏泄シタル者亦同シ

本條ハ舊刑法第百三十一條ヲ修正シタルモノニシテ間諜並ニ機密漏泄ノ罪ヲ規定シタルモノナリ

舊刑法ハ間諜方法及ヒ敵國ノ間諜幫助ノ方法等ヲ示シタルモ本法ハ之ヲ删除シテ概括的ニ規定シタリ即チ舊刑法、第百三十一條ハ軍情機密云々トアリタルモ其意義、稍ヤ不明瞭ノ嫌アリシニ依リ本法ハ本條第二項ヲ以テ明ニ「軍事上ノ機密ヲ敵國ニ漏泄シタル者亦同シ」ト規定シタリ

本條第一項ハ（一）敵國ノ爲メニ間諜ヲ爲シタル罪（二）敵國ノ間諜ヲ幇助シタル罪ヲ規定シ第二項ハ（三）軍事上ノ機密ヲ敵國ニ漏泄シタル罪ヲ規定シタルモノナリ

（一）　敵國ノ爲メニ間諜ヲ爲ス罪

本罪成立ニハ、第一敵國ノ爲メナルコト、第二間諜ヲ爲シタルコトノ二條件アルヲ要ス

第一、敵國ノ爲メナルコトヲ要ス

本條敵國ノ爲メニ間諜ヲ爲シ云々トアルヲ以テ戰時タルヲ要スルコト疑ヲ容レス故ニ帝國ト戰爭開始セサル外國若クハ帝國ノ敵手國タル外國ニ非サル第三國ノ爲メニ間諜ヲ爲シタルトキハ本條ニ所謂、敵國ノ爲メニ間諜ヲ爲シタル者ト云フコトヲ得ス

然ラハ平時、外國ノ間諜ト成リタル者ハ如何ニ處分ス可キ乎、舊刑法ニ於テモ此點ニ付テハ明文闕如シタル所ニシテ本法ニ於テモ亦法文ノ認ム可キモノナシト雖モ本章ハ主トシテ戰時ニ於ケル帝國軍事上ノ利益ヲ保護スルコトヲ目的ト爲シ戰時ヲ其前提ト爲シタルニ因リ戰爭開始セサルトキハ敵國ナルモノナキヲ以テ本問ノ所爲ハ刑法上之ヲ罰ス可キ法條ナシト信ス

第二、間諜ヲ爲シタルコトヲ要ス

本條間諜トハ敵國軍狀ヲ探索報告スル目的ヲ以テ交戰國一方ノ爲メ扮裝シテ自己ノ眞狀ヲ隱シ他

ノ交戰國一方ニ入込ム者ヲ謂フ而シテ其間諜ハ我帝國臣民ナルト外國人タルトヲ問ハス又其間諜カ探索シテ通知若クハ報告シタルコトノ祕密事項ナルト否トヲ問ハス戰爭地內ニ入込ミ軍事上ノ狀況ヲ探索シタルトキハ本罪成立ス故ニ若シ單ニ戰地ニ入込ミタルニ止マルトキハ本罪ノ未遂罪ナリ而シテ其間諜ト爲リタル者ノ身分、公務員ナルト否ト又敵國ヨリ報酬ヲ受ケ若クハ其約束ヲ爲シタルト否トノ如キハ之ヲ問ハス日露戰爭ノ際露國軍隊ニ捕ハレ軍律ニ處セラレタル橫川、沖氏ノ如キハ其好適例ナリ

（二）　敵國ノ間諜ヲ幫助スル罪

本罪成立ニハ、第一敵國ノ間諜タルコト、第二幫助シタルコトノ二條件アルヲ要ス

第一、敵國ノ間諜タルコトヲ要ス

本罪ニ於ケル敵國間諜ノ意氣ニ就テハ（一）罪ニ於テ說明シタルヲ以テ再說セス

第二、幫助シタルコトヲ要ス

間諜幫助トハ間諜ヲ援助シテ便宜ヲ與フル所爲ヲ謂フモノニシテ此敵國間諜幫助者ハ日本人タルト外國人タルトヲ問ハス又幇助ノ方法ニ就テハ法文別ニ明示セサルヲ以テ如何ナル方法ニ依リタルヲ問ハス苟モ敵國ニ便益ヲ與ヘタル事實アル以上ハ本罪成立ス但シ軍人ノ所爲ニ係ルトキハ軍

律ニ依テ處斷ス可キモノナリ（陸海軍刑法參照）而シテ敵國間諜ヲ幫助スル意思ヲ要スルコトハ説明ヲ要セスシテ明瞭ナリ

（三）軍事上ノ機密ヲ漏泄スル罪

本罪成立ニハ、第一軍事上ノ機密タルコト、第二敵國ニ漏泄シタルコトノ二條件アルヲ要ス

第一、軍事上ノ機密タルコトヲ要ス

本罪成立ニハ帝國軍事上ノ祕密タルコトヲ要スルカ故ニ若シ其事實カ日本帝國ニ於テ既ニ公然、何人モ知ル可キコトニ屬スルトキハ本條ノ問フ所ニ非ス然ラハ如何ナル事ヲ軍事上ノ機密ト謂フ可キ乎ハ事實上ノ問題ナリト雖モ軍機軍略例ヘハ兵器製造ノ精疎又ハ軍隊ノ編成員數ノ如キ其他攻擊防禦ノ方法等ハ總テ本條軍事上ノ祕密ナリトス

第二、敵國ニ漏泄シタルコトヲ要ス

敵國ニ漏泄スルトハ我帝國軍事上ノ機密事項ヲ敵國ニ告知スル所爲ヲ謂フ而シテ其告知ノ方法ハ口頭ヲ以テ告知スルト將タ書狀若クハ電報。電話ヲ以テ通告スルトヲ問ハス敵國ニ知ラシメタルトキハ本條漏泄ナリトス

以上ノ條件具備スルトキハ（一）死刑又ハ（二）無期懲役若クハ（三）五年以上ノ懲役ニ處ス可キモノトス

第八十六條　前五條ニ記載シタル以外ノ方法ヲ以テ敵國ニ軍事上ノ利益ヲ與ヘ又ハ帝國ノ軍事上ノ利益ヲ害シタル者ハ二年以上ノ有期懲役ニ處ス

本條ハ前五條以外ノ方法ヲ以テ敵國ヲ利シ我帝國ヲ害シタル罪ヲ規定シタルモノナリ

本條ハ舊刑法第百三十二條「陸海軍ヨリ委任ヲ受ケ物品ヲ供給シ及ヒ工作ヲ爲ス者交戰ノ際敵國ニ通謀シ又ハ其賂遺ヲ收受シテ命令ニ違背シ軍備ニ缺乏ヲ致シタルトキハ」云々ト規定シタル場合ノ外總テ敵國ニ軍事上ノ利益ヲ與ヘ又ハ我帝國軍事上ノ利益ヲ害シタル場合ヲ規定シタルモノナリ

前數條ハ種々ノ場合ヲ規定シタルモ尙ホ本章規定ノ犯罪ハ國家ノ生存ニ關スル事體容易ナラサル罪ナルヲ以テ概括シテ廣ク各場合ヲ網羅シテ本條ヲ規定シタルモノトス

本條ハ(一)第八十一條乃至第八十五條ニ規定シタル以外ノ方法ヲ以テ敵國ニ軍事上ノ利益ヲ與ヘタル罪(二)第八十一條乃至第八十五條ニ規定シタル以外ノ方法ヲ以テ我帝國軍事上ノ利益ヲ害シタル罪ヲ規定シタルモノナリ

(一)　本罪成立條件ニ就テハ前五條ニ於テ既ニ說明シタル所ト同一ナルモ唯其異ナル點ハ第八十一條乃至第八十五條ニ記載シタル以外ノ方法ヲ以テ敵國ニ軍事上ノ利益ヲ與ヘタルコトヲ要スルニア

リ蓋シ第八十一條乃至第八十五條ニ記載シタル以外ノ方法トハ如何ナルコトヲ指スカハ要スルニ事實ノ問題ナルヲ以テ裁判所ノ認定スヘキ範圍ニ屬スルモノナリ

（二）我帝國軍事上ノ利益ヲ害シタル罪モ亦第八十一條乃至第八十五條ニ記載シタル以外ノ方法ヲ以テ敵國ニ軍事上ノ利益ヲ與フル行爲ノ結果ハ同時ニ帝國軍事上ノ利益ヲ害スルコトアルモ未タ必スシモ否ラサル場合ナキニアラサルヲ以テ特ニ本條ヲ設ケタルモノナリ

第八十七條　前六條ノ未遂罪ハ之ヲ罰ス

本條ハ前六條ノ罪ニ付テハ其未遂罪ヲ罰ス可キコトヲ規定シタルモノナリ

抑モ未遂罪ハ犯人既ニ犯罪ノ實行ニ著手シタルモ未タ豫期シタル目的ヲ遂ケサルトキニ成立スルモノナルヲ以テ通常責任ノ免除又ハ減輕ノ理由ト成ルモノトス（第一編第八章參照）

而シテ本條ニ前六條ノ未遂罪トハ（一）外國ニ通謀シテ帝國ニ對シ戰端ヲ開カシムル罪（二）外國ニ與シテ帝國ニ抗敵シタル罪（三）要塞、陣營、軍隊、艦船、其他軍用ニ供スル場所、又ハ建造物ヲ敵國ニ交付シタル罪（四）兵器、其他軍用ニ供スル場所又ハ物件ヲ毀壞又ハ使用不能ニ至ラシメタル罪（五）軍用ニ供セサル兵器、彈藥、其他直接戰鬪ノ用ニ供ス可キ物ヲ敵國ニ交付シタル罪（六）敵國ノ爲メニ間諜ヲ爲シタル罪（七）敵國ノ間諜ヲ幫助シタル罪（八）帝國、軍事上ノ機密ヲ敵國ニ漏泄シタル罪（九）以上、列擧以外ノ方法ヲ以テ敵ニ軍事上ノ利益ヲ與ヘタル罪及ヒ帝國、軍事上ノ利益ヲ害シタル罪等ノ未遂罪ヲ云フモノニシテ以上、各罪ハ孰レモ其未遂ノ所爲ヲ罰スルモノトス

第八十八條　第八十一條乃至第八十六條ニ記載シタル罪ノ豫備又ハ陰謀ヲ爲シタル者ハ一年以上十年以下ノ懲役ニ處ス

本條ハ本章ノ罪ハ事態、重大ナルヲ以テ其豫備、陰謀ヲモ仍ホ處罰スルコトヲ規定シタルモノナリ

本條前段ハ犯罪ノ豫備ニ關シ後段ハ犯罪ノ陰謀ニ關スル規定ナリ蓋シ犯罪ノ豫備ハ通常之ヲ罰セサルヲ以テ原則ト爲ス（第一編第四十三條）舊刑法ハ其第百十一條ヲ以テ犯罪實行ニ著手セサル以前ノ行爲ハ之ヲ罰セサルヲ通例ト爲シタルヲ以テ本法モ亦舊刑法ト同シク犯罪ノ豫備ハ之ヲ罰セサルヲ以テ原則ト爲シタリ然リト雖モ此原則ハ絶對的ニ非ス若シ犯罪ノ性質、本章ノ如ク國家ノ生存ニ關スル事態、重大ナルトキハ豫備ノ所爲ト雖モ尙ホ之ヲ罰シ大罪ヲ未遂ニ防止スルノ必要アリ是本條ヲ設ケタル所以ナリ

豫備ノ意義ニ就テハ第一編、總則ニ於テ既ニ詳論シタルヲ以テ復タ論セス

本條、後段陰謀モ亦通常罰セサルヲ以テ原則ト爲ス其之ヲ罰セサル理由ハ豫備ヲ罰セサルト同一ナルニ依リ玆ニ論セサルモ犯罪ノ陰謀トハ如何ナルコトヲ言フカニ就テ一言セントス犯罪ノ陰謀トハ

一定ノ罪惡ヲ計畫シ二人以上竊カニ之ヲ決議シタル狀態ヲ謂フモノトス故ニ陰謀ノ成立ニモ三條件アルヲ要ス

第一、一定ノ罪ヲ犯サントスルノ決心アルコト即チ犯意ノ確定シタルコトヲ要ス、第二二人以上タルコトヲ要ス自己、單獨ニ犯罪ヲ計畫シテ決心シタルモ是ヲ他人ニ告ケサル間ハ自己ノ希望タルニ過キサルヲ以テ未タ以テ陰謀アリト云フヲ得ス、第三二人以上ノ間ニ議決シタルコトヲ要ス故ニ唯タ他人ニ向テ自己ノ決心ヲ吐露シタルモ他人之ニ同意セサリシトキハ陰謀罪、成立セス故ニ陰謀トハ二人以上ノ間ニ一定ノ犯罪ニ就キ祕密計畫ヲ議定シ將サニ之ヲ事實ト爲サントスルノ決心ヲ云フモノニシテ刑法ハ此二人以上ノ間ニ成立シタル決心ヲ罰スルモノトス

第八十九條　本章ノ規定ハ戰時同盟國ニ對スル行爲ニ亦之チ適用ス

本條ハ戰時同盟國ニ對スル行爲ニ付テモ亦本章ヲ適用ス可キコトヲ規定シタルモノナリ

本條ハ舊刑法、第百二十九條「外國ニ與シテ本國ニ抗敵シ又ハ外國ト交戰中同盟國ニ抗敵シ」云々同第百三十條「交戰中敵國ヲ誘導シテ本國管內ニ入ラシメ若クハ本國及ヒ同盟國ノ都府城塞又ハ兵器、彈藥、艦船其他軍用ニ關スル土地、家屋、物件ヲ敵國ニ交付シタル者ハ」云々トノ規定中同盟國ニ關スル部分ヲ一括シテ本條ヲ設ケタルモノナリ其立法上ノ趣旨ハ舊刑法ト異ナルコトナシ

前數條ハ帝國ニ對スル規定ナルモ我同盟國ニ對スル行爲モ亦其利害上、我帝國ニ對スルト同一ナルヲ以テ特ニ本條ヲ規定シタルモノナリ抑モ國家ハ自存ノ目的ヲ達スル爲メニ外國ト結合スルコトアリ此結合ニ二種アリ一ヲ國際公法上ノ同盟、一ヲ國家間ノ聯合是ナリ而シテ本條ニ所謂、同盟トハ二以上ノ國家カ條約ニ因リ共同利益ヲ得ルノ目的ヲ以テ互ニ義務ヲ負フ關係ヲ謂フモノトス蓋シ此關係カ戰時ナル時ハ戰時同盟ト云ヒ平時ナル時ハ平時同盟ト云フ即チ平時同盟トハ日英同盟ノ如キ是ナリ戰時同盟トハ條約ニ依リ我帝國ト敵ヲ同フシテ共ニ戰爭行爲ヲ爲ス外國ヲ云フニ外ナラス然レトモ茲ニ一ノ疑問アリ所謂、戰時同盟國トハ我帝國ト敵ヲ同フシテ戰フ外國ヲ云フモノナル乎或ハ戰時同盟國ノ條約ヲ締結シタル外國ノミヲ云フモノナル乎ノ問題是ナリ本條別ニ何等ノ制限ナキヲ以テ余ハ外國ト戰爭ヲ開始シタル場合ニ於テハ我帝國カ事實上、他國ト同盟シタルモノト看做シ本章ヲ適用スルコトヲ得可シト信ス

第四章 國交ニ關スル罪

總論

本章ハ改正刑法ノ創設ニ係ル規定ニシテ第九十條以下第九十四條ニ至ル五ケ條ヨリ成立シ其規定ス

ル所ハ(一)帝國ニ滯在スル外國ノ君主又ハ大統領ニ對スル暴行又ハ脅迫罪(二)是等ノ者ニ對スル侮辱罪(三)帝國ニ派遣セラレタル外國使節ニ對スル暴行又ハ脅迫罪(四)是等ノ者ニ對スル侮辱罪(五)外國ヲ侮辱スル罪(六)外國ニ對シ私ニ戰鬪ヲ爲ス目的ヲ以テ其豫備又ハ陰謀ヲ爲シタル罪(七)外國交戰ノ際局外中立ニ關スル命令違背ノ罪等是ナリ

本章各罪、成立ニ關スル條件及ヒ刑罰ヲ說明スル前ニ當リ本章立法趣旨ヲ略述セントス

近世國際交通ノ發達ト共ニ我國ニ於テモ國交ニ關スル罪ヲ規定スルノ必要ニ迫マラレタリ而シテ其國交ニ關スル罪トハ、第一外國ニ對シ私ニ戰鬪ヲ爲ス罪、第二我國ノ局外中立命令ニ違背スル罪、第三外國ノ君主若クハ大統領又ハ使節ニ對シテ暴行又ハ脅迫若クハ侮辱ヲ加フル罪等是ナリ此等ノ罪ハ國際上ノ和親ヲ保チ平和ノ交通往來ヲ圓滿ナラシムル爲メニ規定スルノ必要アリ然ルニ舊刑法ニ於テハ單ニ右第一、第二ニ關スル罪ノミヲ第百三十三條、第百三十四條ニ規定シタルニ止マリタルモ近時、國交、益々、頻繁ナルニ隨ヒ各國貴賓ニ對スル規定ヲ闕クハ一國刑法典トシテ非常ナル不備、闕點ナルヲ以テ本法ハ更ニ其範圍ヲ擴張シテ我帝國ニ滯在スル外國ノ君主、大統領若クハ使節ニ對スル暴行脅迫又ハ是等ノ者ニ對スル侮辱罪及ヒ外國ニ對スル不敬罪等ノ法條ヲ新設シ舊刑法ノ規定ヲ修正總括シテ國交ニ關スル罪ト題シ本章ヲ規定シタルハ寔ニ其當ヲ得タリト謂フ可

シ

蓋シ此國交ニ關スル罪ヲ刑法上、認ムルニ就テハ立法上、二主義アリ一ハ相互主義ト謂ヒ、一ハ單獨主義ト謂フ

第一、相互主義トハ外國刑法ニ於テモ同シク本章ノ如キ規定ノ存スル場合ニ限リ我國ニ於テモ其規定ヲ適用スルノ主義是レナリ假令ハ伊、和等ノ刑法ノ如キハ之ニ屬ス

第二、單獨主義トハ右ニ反シ外國刑法ニ於テ本章ノ如キ規定ヲ設クルト否トヲ問ハス之ヲ罰スルノ主義是ナリ

此ノ第二主義ハ近世、文明國ノ一般ニ認ムル立法例ナルヲ以テ我改正刑法ニ於テモ、此ノ第二ノ主義ヲ採用シタルモノナリ

第九十條 帝國ニ滯在スル外國ノ君主又ハ大統領ニ對シ暴行又ハ脅迫ヲ加ヘタル者ハ一年以上十年以下ノ懲役ニ處ス

帝國ニ滯在スル外國ノ君主又ハ大統領ニ對シ侮辱ヲ加ヘタル者ハ三年以下ノ懲役ニ處ス但外國政府ノ請求ヲ待テ其罪ヲ論ス

本條第一項ハ帝國ニ滯在スル外國ノ君主若クハ大統領ニ對シ暴行又ハ脅迫ヲ加ヘタル者ハ通常ノ暴行又ハ脅迫罪ニ問ハス特ニ本條ニ依テ處分シ外國貴賓ヲ尊敬スルコトヽ爲シタリ

本條第二項ハ此等ノ貴賓ニ對シ侮辱ヲ加ヘタル場合ニ於テモ通常侮辱罪ヲ適用セスシテ特ニ本條ニ依リ處分スルコトヲ規定シタルモノナリ

本條第二項、但書ヲ以テ「外國政府ノ請求ヲ待テ其罪ヲ論ス」ト規定シタルハ本條、侮辱罪ハ通常誹毀罪ト其性質同一ナルヲ以テ親告罪ト爲シタルモノナリ是則チ各國、其人情、風俗及ヒ慣習ノ異ナルニ因リ往々、我國ニ於テ侮辱罪ニ相當スルト認ムルモ彼國ニ於テ之ヲ侮辱罪ト爲サヽルコトアルヲ以テ其起訴、不起訴ヲ我當該檢事ニ一任セスシテ貴賓ノ所在國、政府ノ請求ヲ待テ其罪ヲ論スルコトヽ爲シタルモノトス

而シテ之ヲ告訴ト云ハスシテ請求ト規定シタル所以ノモノハ我國、法制上、告訴ニ就テハ一定ノ形式アルヲ以テ、是等、形式ヲ外國政府ニ命スルハ徒ラニ手續上ノ繁累ヲ感セシムルニ止マリ實益ナキニ依リ簡便ヲ主トシテ斯ク規定シタルニアリ

本條ハ是ヲ第一項ノ罪、第二項ノ罪トニ區別シテ論セントス

一、帝國ニ滯在スル外國ノ君主又ハ大統領ニ對スル暴行脅迫罪

本罪成立ニハ、第一帝國ニ滯在スル外國ノ君主又ハ大統領ナルコト、第二暴行又ハ脅迫ヲ加ヘタルコトノ二條件アルヲ要ス

第一、帝國ニ滯在スル外國ノ君主又ハ大統領ニ對スルコトヲ要ス

茲ニ所謂外國トハ我日本帝國以外ノ國ヲ謂フモノニシテ其條約國タルト否トハ之ヲ問ハス又政體ノ如何ニ拘ハラス、苟モ國際公法上獨立國ト公認セラルヽ國家ハ凡テ本條ニ謂フ外國ナリトス故ニ主權者ノ君主ナルト大統領ナルトノ如キハ各國、國內法令ノ定ムル所ナレハ之ヲ總稱シテ國家統治ノ大權ヲ總攬スル者ヲ君主又ハ大統領ト云フニ在リ而シテ大統領トハ共和政體ノ國ニ於テ或階級ノ者或ハ一般人民ヨリ選擧シタル主權者ニシテ國內及ヒ外國ニ對スル最高機關ヲ謂フ又君主トハ世襲的主權者ヲ云フモノニシテ我帝國ノ如キハ純然タル君主國ノ適例ナリトス

本法ニ外國ノ君主又ハ大統領ノミヲ規定シ外國皇族ニ對シテハ別ニ之ヲ優遇セス蓋シ此立法上ノ當否ニ就テハ第十六議會ニ於テ多少ノ異論アリタルモ我立法者ハ之ヲ認メス故ニ外國皇族ニ對スル不敬ノ所爲ハ通常規定ニ依リ之ヲ罰スルノ主義ヲ採リタルモノナリ

第二、暴行又ハ脅迫ヲ加ヘタルコトヲ要ス

暴行又ハ脅迫ナル語ハ本條ノ外、尙ホ第九十五條、第百條、第百七十六條、第百七十七條、第二百七

條、第二百八條、第二百二十二條、第二百二十三條、第二百三十六條、第二百三十八條等ニ規定シタルモ之カ定義ヲ下シタル法文ナキヲ以テ其範圍、極メテ不明ナリト雖モ要スルニ暴行トハ不法ニ腕力ヲ使用スル所爲ヲ謂フ故ニ人ノ身體、生命ニ傷害ヲ加フルモ亦家屋其他ノ物件ヲ破壞スルモ皆是廣義ニ所謂、暴行ナリ然レトモ普通刑法上暴行又ハ脅迫ト記載シタル場合ニ於ケル暴行ナル意義ハ不法ノ腕力ニ因リ他人ノ身體ヲ强制スル所爲ヲ謂フモノニシテ之ニハ二個ノ制限アリ(一)所爲ノ結果、疾病若クハ創傷ヲ致シタルトキハ暴行ナルモ第二百五條及ヒ第二百六條第二百七條ニ規定シタル傷害罪ナリ故ニ手ヲ下シテ疾病創傷ニ至ラサル行爲(即チ不法ノ腕力)ヲ暴行ト解スルヲ正當ナリトス(二)腕力ヲ加フル目的、人以外ノ物件ニ在リテ毫モ人ノ身體ニ及ハサルトキハ是又刑法上、燒燬、破壞、損壞等ノ語ヲ用ヒタリ(第百八條乃至第百二十九條、第百四十七條、第百九十條、第百九十一條、第二百六十條、第二百六十一條、第二百六十二條)、故ニ暴行トハ全然、之ヲ區別シタルコトヲ知ル可キナリ然リト雖モ之カ爲メニ直接、他人ノ身體ニ手ヲ觸レサレハ暴行ニアラスト解スルハ狹キニ失スルヲ以テ若シ家屋、物件ニ不法ノ腕力ヲ加ヘ他人ノ身體ヲ强制スルノ目的ニ出テタルトキハ之ヲ暴行ナリト云フニ妨ケナシ假令ハ外國君主又ハ大統領カ內地ヲ旅行スル場合ニ其通行ヲ妨害セントシテ直接、其身體ニ不法ノ腕力ヲ加ヘサルモ精神ヲ强制スル目的ニテ馬車ヲ奪フテ通行ヲ抑止シタル場合ノ如キハ暴行ヲ加ヘタルモノト云フ可シ又脅迫トハ人ノ精神上ニ畏怖ノ感念ヲ生セシメ(不法ノ腕力ヲ用ヒスシテ)人ノ自由ヲ妨害スル所爲ヲ謂フモノトス

若シ一國貴賓タル外國ノ君主又ハ大統領ヲ脅迫スルカ如キコト在リトセハ取リモ直サス其所屬國家ヲ侮辱スルモノナルヲ以テ是等ノ所爲ヲ罰スルコトハ國際公法ノ發達ト共ニ各國立法例ノ認ムル所トナレリ故ニ本法ニ於テモ特ニ之ヲ規定シテ此等ノ貴賓ヲ優待スルノ旨趣ニ出テタルモノナリ本罪モ亦、帝國ニ滯在スル外國ノ君主又ハ大統領ナルコトヲ知リテ而シテ故ラ此等ノ者ニ對シテ暴行又ハ脅迫ヲ加フルノ意思アルコトヲ要スルハ論ナシ又犯人カ其暴行脅迫ヲ加ヘントシタル遠因如何モ亦論セス要ハ外國ノ君主若クハ大統領ナルコトヲ知リテ暴行又ハ脅迫ヲ加フルヲ要スルニアリ

以上ノ條件具備シタルトキハ十年以下ノ懲役ニ處ス可キモノトス

二、帝國ニ滯在スル外國ノ君主又ハ大統領ニ對スル侮辱罪

本罪成立ニハ、第一外國ノ君主又ハ大統領ニ對スルコト、第二侮辱ヲ加ヘタルコトノ二條件アルヲ要ス

第一、帝國ニ滯在スル外國ノ君主又ハ大統領ニ對スルコトヲ要ス
本條件ニ就テハ前項、既ニ述ヘタル所ト同一ナルヲ以テ別ニ論セス
第二、侮辱ヲ加ヘタルコトヲ要ス
本條侮辱ヲ加フルトハ罵詈、嘲笑、其他誹毀トナル可キ言語又ハ擧動ヲ爲シタルヲ要スルモノニテ其侮辱ノ手段方法ノ如キモ之ヲ限定セサルヲ以テ苟モ君主又ハ大統領ノ名譽ヲ毀ケ尊嚴ヲ害スル所爲アル以上ハ本罪成立シ其事實ノ有無ハ之ヲ問ハス而シテ本罪モ外國ノ君主又ハ大統領ナルコトヲ知テ而シテ故ラ既ニ述ヘタル如キ不敬ニ渉ルノ所爲アルヲ要スルモノナリ
以上ノ條件具備シタルトキハ三年以下ノ懲役ニ處ス可キモノトス
蓋シ本罪ハ直ニ之ヲ處分スルコトヲ得ルモノニ非ス外國政府ノ請求ヲ待テ其罪ヲ論ス可キモノトス是既ニ述ヘタル如ク果シテ被害者ハ侮辱ナリト感シタルヤ否ヤヲ知ルノ必要アリ若シ夫レ毫モ其意ニ解セサル者ニ對シテ强テ之ヲ侮辱ナリト公認スルノ必要ナキヲ以テナリ是第一項暴行脅迫罪ト異ナル所以ナリ又特ニ請求ト云ヒ告訴ト云ハサル理由ニ就テハ既ニ述ヘタル所ナルヲ以テ復タ贅セス

第九十一條 帝國ニ派遣セラレタル外國ノ使節ニ對シ暴行又ハ脅迫ヲ加ヘタル者ハ三年以下ノ懲役ニ處ス

帝國ニ派遣セラレタル外國ノ使節ニ對シ侮辱ヲ加ヘタル者ハ二年以下ノ懲役ニ處ス但被害者ノ請求ヲ待テ其罪ヲ論ス

本條ハ我日本帝國ニ派遣セラレタル外國ノ使節ニ對スル暴行又ハ脅迫及ヒ侮辱ノ罪ヲ規定シタルモノナルモ其立法趣旨ニ至テハ總テ前條ト同一ナリ唯、前條ハ外國ノ君主若クハ大統領ナルニ本條ハ外國政府ヨリ派遣セラレタル使節ナルトノ差異アルニ過キス

本條モ亦便宜上、第一項ト第二項トニ區別シテ説明セントス

一、帝國ニ派遣セラレタル外國ノ使節ニ對シ暴行又ハ脅迫ヲ加ヘタル罪

犯罪成立ニハ、第一帝國ニ派遣セラレタル外國ノ使節ニ對スルコト、第二暴行又ハ脅迫ヲ加ヘタルコトノ二條件アルヲ要ス

第一、帝國ニ派遣セラレタル外國ノ使節ナルコトヲ要ス

本條帝國ニ派遣セラレタル外國使節トハ自國政府ヲ代表シテ我帝國ニ滯留シ國際公務ヲ處理スル外交機關ヲ謂フモノトス

蓋シ本條ハ其使節トハ如何ナル者ナル乎ヲ規定セサルモ國際公法上、使節トハ其本國ヲ代表スル資格ヲ以テ外國ニ滯在スル公務員ヲ謂フモノニシテ近世、獨立國間ニ於テハ孰レモ國家交通機關

トシテ外國ニ自國官吏ヲ派遣シ又ハ接受スル權利及ヒ義務アルコトハ國際公法上、一般ニ公認セラレタル所ナリ蓋シ其之ヲ派遣スルノ必要ニ二アリ、一ハ國際交通機關トシテ自國政府ヲ代表シ他國ニ常住シテ自國及ヒ自國臣民ヲ保護スル外交官假令ハ公使館常住ノ外國公使ノ如キ者是レナリ、一ハ臨時國際交渉談判ノ必要起リタル場合ニ於テ自國政府ヲ代表スル資格ヲ以テ派遣セラルヽ外交官假令ハ國際條約若クハ媾和條約、締結其他、特別使命ヲ帶ヒテ特ニ派遣セラルル公使ノ如キ是ナリ

而シテ其職務權限又ハ代表部分ノ異ナルニ從ヒ各其名稱ヲ異ニセリ則チ全權大使、全權公使、特命全權公使、代理公使等是ナリ然レトモ自國政府ヲ代表シテ在留國ニ於テ使命ノ外交事務ヲ執ル點ニ於テハ皆孰レモ同一ニシテ是等外國使節ハ各本國ヲ代表スルモノナルヲ以テ其名譽ト尊嚴トヲ保護スルモノトス

第二、使節ニ對シテ暴行又ハ脅迫ヲ加ヘタルコトヲ要ス

使節ニ對シテ暴行又ハ脅迫ヲ加ヘタルコトトハ我帝國ニ派遣セラレタル外國ノ使節ダルコトヲ知テ前條ニ於テ説明シタル如ク暴行又ハ脅迫ヲ加フルコトヲ要スルニ在リ

以上ノ條件具備スルトキハ三年以下ノ懲役ニ處ス可キモノトス

第九十一條

二、帝國ニ派遣セラレタル外國ノ使節ニ對スル侮辱罪

本條第二項ハ帝國ニ派遣セラレタル外國ノ使節ニ對シテ侮辱ヲ加ヘタル者ハ云々但被害者ノ請求ヲ待テ其罪ヲ論ス」ト規定スルヲ以テ本罪成立ニハ、第一帝國ニ派遣セラレタル外國ノ使節ニ對スルコト、第二侮辱ヲ加ヘタルコトノ二條件アルヲ要スルモ前條、既ニ說明シタル所ト同一ニシテ唯、其異ナル點ハ前條ハ外國ノ君主大統領ナルニ本條ハ外國使節ナルトノ差異アルニ過キサルヲ以テ別ニ說明セス

本罪モ亦被害者ノ請求ヲ待テ之ヲ處罰スルモノニシテ其理由モ亦前條ト同シク侮辱罪ノ性質上、被害者本人ノ請求ヲ待テ其罪ヲ斷ス可キモノト爲シタルニ過キス

玆ニ一問題アリ本條被害者ノ請求アルヲ要スト爲シタルヲ以テ被害者ノ意思ヲ推測シテ他人ヨリ請求スルヲ得サルハ勿論ナリ故ニ若シ被害者請求ヲ爲サスシテ死亡シタルトキハ如何、外國政府ハ之ニ代テ請求スルコトヲ得サルヘシ又被害者他人ニ其請求ノ委任狀ヲ交付シタル後ニ死亡シタルトキハ如何トノ問題生スルモ愚カル場合ニ於テハ委任狀一般ノ性質ニ從ヒ死亡後ハ其委任ノ効ナシト云フヲ至當ナリトス然レトモ被害者一旦、請求シタル後裁判確定セサル前死亡シタルトキハ依然公訴ヲ繼續スルコトヲ得ルカ然リ一旦、請求シタル以上ハ被害者ノ意思ニ反スルノ虞ナキ

ヲ以テ檢事ハ獨立シテ公訴ヲ繼續スルコトヲ得可キモノトス

第九十二條 外國ニ對シ侮辱ヲ加フル目的ヲ以テ其國ノ國旗其他ノ國章ヲ損壞、除去又ハ汚穢シタル者ハ二年以下ノ懲役又ハ二百圓以下ノ罰金ニ處ス但外國政府ノ請求ヲ待テ其罪ヲ論ス

本條ハ外國ヲ侮辱スル罪ヲ規定シタルモノナリ

國家ハ國際公法上、法人格ヲ有スルモノナルヲ以テ對外主權ノ作用トシテ權利義務ノ主體タルモノトス故ニ名譽權、財産權等ヲ有スルコト國內法令ノ下ニ創設セル法人ト異ナルコトナシ換言スレハ國家モ亦一私人ト等シク國際公法上、人格ヲ有シ公權、私權ヲ享有スルモノトス左レハ本法ニ於テモ此國家ノ人格ヲ認メ外國ニ對スル侮辱ヲ一個ノ犯罪トシテ罰スル主義ヲ採用セリ

本罪成立ニハ、第一外國ニ對シテ侮辱ヲ加フル目的ナルコト、第二外國ノ國旗其他ノ國章タルコト、第三損壞、除去又ハ汚穢シタルコトノ三條件アルヲ要ス

第一、外國ニ對シテ侮辱ヲ加フル目的ナルコトヲ要ス

國交、益々、頻繁ヲ加ヘ和親、交通ヲ主トスル近時ノ國際關係ニ於テハ個人的、私憤ニ出ツルト將タ忠君愛國ノ思念ニ出テタルトヲ問ハス外國ニ對シテ侮辱ヲ加フルカ如キ言動ヲ爲シタル者ハ

之ヲ嚴罰ス可キモノトス然ルニ從來、此種ノ暴擧ヲ爲ス者、一再ニ止マラサリシヲ以テ本法ハ將來ノ爲メ此規定ヲ爲シタルモノナリ若シ外國ニ對シテ侮辱ヲ加フル目的ヲ以テ其外國、國旗ヲ損壞除去又ハ汚穢スルカ如キ者アルトキハ却テ國家ノ災害事端ヲ惹起セシムルモノナルヲ以テ我帝國ノ爲メ最モ患フ可キ不忠ノ臣民ナリ蓋シ此侮辱ノ意義ニ就テハ既ニ前二條ニ於テ詳論シタルヲ以テ茲ニ說明セス

第二、外國ノ國旗其他ノ國章タルコトヲ要ス

國旗トハ國章ヲ附シタル國家ノ旗幟ヲ謂ヒ國章トハ國家ヲ表章ス可キ徽章ヲ謂フモノトス各國、孰レモ自國ヲ表章スル國旗、國章ヲ有スルモノナルニ依リ外國ノ國旗、國章等ヲ損壞シ又ハ除去シ汚穢スルカ如キ所爲アルトキハ取リモ直サス其外國ヲ侮辱シタルモノナルヲ以テ特ニ之ヲ保護スルモノナリ蓋シ本條、國旗、國章トハ如何ナルモノヲ云フヤ未タ我國、刑法學者中之ヲ解說シタル者ナシ獨逸刑法第百三條ハ惡意ヲ以テ外國官廳ノ公ノ徽章又ハ外國ノ國章ヲ奪取シ破棄シ汚損シ又ハ之ヲ凌辱シタル者ハ云々ト規定シ同第百三十五條ニ帝國又ハ聯邦國君主ノ官廳ノ公ノ徽章又ハ聯邦國ノ國章ヲ奪取シ破棄シ汚損シ又ハ凌辱シタル者ハ云々ト規定シ徽章ト國章トヲ明ニ區別シタリ然レトモ獨逸刑法學者ハ公ノ徽章ト國章トハ區別ナシト論シ或ハ二者區別アリト論シ議

論一定セス「リスト」氏ハ公ノ徽章ト國章トハ區別ヲ認メス二者全ク同一ナリト論シ「ヲルスハウセン」氏ハ公ノ徽章トハ自國國民ニ對スル關係ヲ表スル紋章ヲ云フ例ヘハ裁判所又ハ稅務署ノ紋章ノ類是ナリ之ニ反シテ國章トハ外國ニ對スル關係ヲ表スル國ノ境界標又ハ紋章ヲ云フ例ヘハ公使館、領事館ヲ表スル紋章ノ類是ナリト又「ガイエル」氏ハ公ノ徽章トハ國權ノ成立ヲ公ニ表スル記號特ニ境界標ノ如キモノヲ云フ國章トハ君主ノ記號ニシテ旗紋章ノ如キモノヲ云フト論セリ

第三、損壞、除去又ハ汚穢シタルコトヲ要ス

本條外國ノ國旗、國章ノ損壞、除去又ハ汚穢ノ意義ハ明瞭ナルヲ以テ別ニ說明セス而シテ本罪成立ニハ外國ノ國旗又ハ國章ナルコトヲ知テ之ヲ毀損シ或ハ除去シ若クハ汚穢スルノ意思アルヲ要スルコト論ヲ俟タス

以上ノ條件具備シタルトキハ二年以下ノ懲役又ハ二百圓以下ノ罰金ニ處ス可キモノトス但被害政府ノ請求ヲ待テ其罪ヲ論ス可キコトハ既ニ第九十條ニ於テ說明シタル所ト同一ナリトス

第九十三條 外國ニ對シ私ニ戰鬪ヲ爲ス目的ヲ以テ其豫備又ハ陰謀ヲ爲シタル者ハ三月以上五年以下ノ禁錮ニ處ス但自首シタル者ハ其刑ヲ免除ス

本條ハ舊刑法、第百三十三條ヲ修正シタルモノナリ
舊刑法ニ於テハ「戰端ヲ開ク」ト規定シタルヲ本法ニ於テハ「戰鬪ヲ爲ス」ト改メタリ若シ夫レ舊法ノ如ク戰端ヲ開クト云フトキハ戰爭ヲ開始スルノ意義ニ解ス可キモノナルヲ以テ戰爭ナル語ヲ實際ニ適用スルニ就テ如何ナル場合ヲ戰爭ト云フヲ得ヘキカ疑問ナキニアラサルヲ以テ寧ロ之ヲ戰鬪ト爲シ對手ノ一私人タル場合ニ於テモ尙ホ廣ク適用スルコトト爲シタルモノナリ
又舊刑法ハ其戰端ヲ開ク豫備ノ所爲ノミヲ罰スルコトト爲シタルモ是亦實際ニ適セサルノ嫌アルヲ以テ本法ハ其陰謀ノ所爲ヲモ仍ホ之ヲ罰スルコトト爲シタリ
而シテ本條ノ罪ハ「自首シタルトキハ其罪ヲ免除ス」ト規定シ危險ヲ未發ニ防止スルノ主義ヲ採用シタルモ此自首ノ有效條件ニ就テハ既ニ第一編、第七章ニ於テ說明シタルヲ以テ茲ニ說明セス
本罪成立ニハ、第一外國ニ對シ私ニ戰鬪ヲ爲ス目的ナルコト、第二豫備又ハ陰謀ヲ爲シタルコトノ二條件アルヲ要ス
第一、外國ニ對シ私ニ戰鬪ヲ爲ス目的ナルコトヲ要ス
既ニ述ヘタル如ク外國トハ我日本帝國以外ノ國家ニシテ一定ノ土地、人民アリテ主權者之ヲ統治シ國際公法上、現ニ一國ト認メラルル團體ヲ云フモノナルコト既ニ述ヘタル如シ而シテ其一國ト

認メラレタル外國ニ對シテ私ニ戰鬪ヲ開クノ目的ヲ以テ戰爭ニ必要ナル豫備又ハ陰謀ヲ爲スカ如キ所爲ハ和親交通ヲ主トスル今日ニ於テハ縱令、一私人ノ企テナリト雖モ仍ホ外國トノ平和ヲ破リ我帝國ノ事端ヲ釀成スルモノナルヲ以テ之ヲ嚴罰スルモノトス

玆ニ問題アリ本罪構成ニハ日本臣民タルコトノ一條件ヲ要スルヤノ問題是ナリ余ハ特ニ此條件ヲ要セスト信スルモノナリ如何トナレハ日本臣民トハ我帝國ニ國籍アリテ日本帝國版圖内ニ居住スル者ハ勿論、我帝國ニ居住スル者ナル以上ハ縱令、外國人ナリト雖モ仍ホ日本帝國内ニ居住スルトキハ我國法ノ支配ヲ受ク可キモノナルコトハ本法第一編・第一章法例ノ明カニ規定スル所ナルヲ以テ若シ是等、外國人、本邦ニ在リテ私ニ戰鬪ヲ開クノ豫備又ハ陰謀ヲ爲シタルトキハ本條ニ據リ論ス可キモノトス（第一條第二條參照）舊刑法第百三十三條ハ外國ニ對シ私ニ戰端ヲ開キ云々ト規定シタルニヨリ解釋上、外國政府ヲ敵トシテ戰フ場合ニ限リ罪ト爲シタルヲ以テ縱令、多數、外國臣民ト爭鬪スルモ其意思、單ニ外國臣民ト戰フニ止マリ外國政府ヲ敵トスル意思ナキ場合ニ於テハ之ヲ罰スルコト能ハサルノ不都合アリシヲ以テ本法ハ之ヲ戰鬪ト改メ其不都合ヲ避クルコトト爲シタリ

本條私ニ戰鬪ヲ爲ストハ一私人カ共同シテ武力的爭鬪ヲ爲ス行爲ヲ謂フモノナリ蓋シ此外國ト戰

第九十三條

鬪ヲ爲スノ權ハ天皇ノ大權ノ一ニ屬スル（憲法第十三條）ヲ以テ縱令、外國政府又ハ人民如何ニ暴狀ヲ逞フスルモ之ヲ討伐膺懲スルハ我天皇ノ大權ニ屬シ一私人ニ許ス可キモノニアラス然レトモ既ニ我帝國ト開戰シタル外國ニ對シテ竊ニ戰鬪スル者ノ如キハ本條ノ問フ所ニアラス是私ニ戰鬪ヲ爲スモノニアラスシテ我帝國軍勢ヲ補助スルモノナルヲ以テナリ

第二、其豫備又ハ陰謀ヲ爲シタルコトヲ要ス

如何ナル所爲アルトキハ戰鬪ヲ爲スニ足ル可キ豫備又ハ陰謀ナルヤハ法文別ニ之ヲ規定セサルモ要スルニ兵隊ヲ募集シ又ハ一私人カ軍器ヲ準備シテ遠征隊ヲ組織シタル場合ノ如キハ戰鬪準備ト認ム可キ有形的行爲ナリ而シテ其準備、陰謀ノ意義如何ニ就テハ前章既ニ評論シタルヲ以テ參照ス可シ

以上ノ條件具備スルトキハ三月以上五年以下ノ禁錮ニ處ス可キモノナルモ本條但書ハ「自首シタルトキハ其刑ヲ免除ス」ト規定シ此種ノ犯罪ハ自首シタルトキハ其刑ヲ全免シ自首ヲ奬勵シテ大害ヲ未發ニ豫防スルニアリ

蓋シ自首シテ本刑ヲ免除セラルルニハ既ニ第一編第七章第四十二條ニ於テ說明シタル如ク事未タ發覺セサル前、當該官署ニ自首シタルコト等、一般自首ニ關スル條件ヲ要スルモノトス

第九十四條 外國交戰ノ際局外中立ニ關スル命令ニ違背シタル者ハ三年以下ノ禁錮又ハ千圓以下ノ罰金ニ處ス

本條ハ舊刑法、第百三十四條ヲ修正シタルモノニテ其立法趣旨ニ至テハ異ナルコトナシ

本罪成立ニハ、第一外國交戰ノ際タルコト、第二局外中立ニ關スル命令ニ違背シタルコトノ二條件アルヲ要ス

第一、外國交戰ノ際タルコトヲ要ス

本條ハ外國ト外國トノ間ニ戰爭開始シ我帝國之ニ關係ナキ場合ヲ規定シタルモノナリ而シテ此「外國交戰ノ際」トノ規定中ニハ其外國、國內戰爭ノ起リタル場合ヲモ尙ホ包含スルモノト解ス可シ如何トナレハ縱令、一國內ノ戰爭ナリト雖モ其叛徒ニシテ他國ヨリ交戰主體タルノ承認ヲ受ケタルトキハ國際法上、戰爭主體ト認ムルモノナレハナリ

蓋シ外國交戰ノ際單ニ我帝國ニ於テ局外中立ノ態度ヲ執リタル事實アルヲ以テ足レリトセス必ス局外中立ニ關スル命令アルヲ要ス是則チ事、外國ノ出來事ニ關スルニ因リ一般臣民ハ果シテ我國局外中立ヲ布告シタルヤ否ヤヲ知ルニ由ナキヲ以テ（本條局外中ニ違背ト云ハスシテ）特ニ「局外中立ニ關スル命令ニ違背」云々ト規定シ（其布告シタル命令ニ違背スルノ所爲ヲ罰スルコトト

爲シ）タレハナリ

第二、局外中立ニ關スル命令ニ違背シタルコトヲ要ス

本條局外中立ニ關スル命令違犯トハ外國間ニ於テ戰爭開始シタルニ際シ我國局外中立ヲ宣言シ尚ホ其中立ニ必要ナル禁令又ハ命令ヲ布告シタルコトヲ謂フ然レトモ此禁令又ハ命令ハ其布告ヲ待テ後チ、知ル可キ事項ニ屬スルヲ以テ玆ニ豫メ說明スルヲ得スト雖モ要スルニ交戰國ノ一方ニ對シテ利益又ハ不利益ト爲ル可キ軍用品ヲ供給スル行爲ヲ禁スルモノニシテ兩交戰國ニ對シテ不偏不黨ノ地位ヲ表スルコトヲ稱スルモノナリ而シテ其局外中立ノ布告事項ニ違背シタルトキハ本罪成立ス其詳細ハ戰時國際公法ニ於テ論ス可キモノナルヲ以テ深ク論セサルモ我帝國ニ於テ戰時局外中立ヲ布告シタル以上ハ其布告ハ之ヲ知ラスト稱シテ本罪ノ責任ヲ免ルルコトヲ得ス然レトモ全ク罪ヲ犯ス意思ナクシテ違背シタルトキハ一般原則ニ從ヒ本罪モ亦成立セス故ニ本罪成立ニハ必ス局外中立令ニ違背スルコトヲ知ルノ意思アルヲ要スルコト論ヲ俟タス

以上ノ條件具備シタルトキハ三年以下ノ禁錮又ハ千圓以下ノ罰金ニ處セラルルモノトス

玆ニ注意ス可キハ本章規定ノ犯罪ハ未遂罪ヲ罰スル明文ナキヲ以テ本章各種ノ犯罪ハ其未遂ノ所爲ハ之ヲ罰セサルモノト知ル可シ

第五章　公務ノ執行ヲ妨害スル罪

總　論

本章ハ舊刑法、第二編、第三章、第二節及ヒ第八節ノ規定ヲ合シテ之ヲ修正シタルモノナリ其修正シタル主要ノ點ヲ擧クレハ左ノ如シ

一、官吏ト人民トノ間ニ生スル犯罪ニ二種アリ、一ハ官吏ノ一私人ニ對スル罪、一ハ一私人ノ官吏ニ對スル罪是ナリ孰レモ公益ニ關スル罪ナルコトハ二者同一ナルモ、一ハ一私人カ公力ヲ蔑如シテ其職務ノ執行ヲ侵害スルニ因テ成立シ、一ハ官吏其職權ヲ濫用シテ私權ヲ妨害スルニ因テ成立スル罪ナルヲ以テ二者全ク其性質ヲ異ニスルモノトス故ニ本法ニ於テハ前者ヲ本章ニ規定シ後者ヲ本編第二十五章ニ規定スルコトト爲シタリ

二、舊刑法ハ官吏ノ職務執行ヲ妨害スル罪ヲ規定シタルモ其範圍、極メテ狹隘ニ失シ他ノ公吏議員ニ對シ此規定ヲ適用スルコト能ハサル不都合アリタルヲ以テ本法ハ廣ク公務員ト爲シ官吏公吏議員等ノ職務執行ノ安全ヲ期シタリ

三、舊刑法幷ニ確定草案中ニハ本章ニ公務員ニ對スル侮辱罪ヲ規定シタルモ衆議院ノ發議ニ因リ遂

ニ削除セラルルコトト爲リタリ

四、舊刑法ハ封印破棄ニ關スル罪ヲ規定シタルモ此封印破棄ノ所爲ハ本來公務ノ執行ヲ妨害スル罪ノ一種ニ過キサルヲ以テ本法ニ於テハ之ヲ本章ニ規定シ且ツ官ノ封印ヲ破毀シテ物件ヲ竊取シタルモノニ對スル罪ハ本編第三十六章ニ移シテ規定シタリ

本章ハ(一)公務員ノ職務執行ヲ妨害スル罪(二)封印若クハ差押ノ表示ヲ損壞又ハ無效ナラシムル罪等ヲ規定シタリ

第九十五條　公務員ノ職務ヲ執行スルニ當リ之ニ對シテ暴行又ハ脅迫ヲ加ヘタル者ハ三年以下ノ懲役又ハ禁錮ニ處ス

公務員ヲシテ或處分ヲ爲サシメ若クハ爲ササラシムル爲メ又ハ其職ヲ辭セシムル爲メ暴行又ハ脅迫ヲ加ヘタル者亦同シ

本條ハ公務員ノ職務執行ヲ妨害スル罪ヲ規定シタルモノナリ

本條ハ舊刑法、第百三十九條ニ官吏ト在リタルヲ修正シテ廣ク公務員ト改メタル外、立法趣旨ハ變更シタル所ナシ、唯舊刑法カ職務執行ノ原由ヲ列擧シタルモ斯カル事項ハ之ヲ擧クルノ必要ナキヲ

以テ本法ハ之ヲ削除シタリ

而シテ本條第二項ノ一分ハ明治二十二年法律第二十八號第四條ヲ修補シテ移シタルモノニテ同條ニ議員ヲシテ辭職セシムル爲メ暴行又ハ脅迫ヲ爲シタル場合ト規定シタルヲ汎ク公務員ニ關スル規定ト爲シタルモノナリ

本條モ亦、便宜上、第一項第二項ニ區別シテ各其成立條件ヲ説明セントス

一、公務員ノ職務執行ニ對スル暴行又ハ脅迫罪

本罪成立ニハ、第一公務員ノ職務執行ニ對スルコト、第二暴行又ハ脅迫ヲ加ヘタルコトノ二條件アルヲ要ス

第一、公務員ノ職務執行ニ對スルコトヲ要ス

公務員カ法律命令ニ依リ其職務ヲ執行スルニ當リ此等ノ者ニ對シテ暴行又ハ脅迫ヲ加ヘタル者ハ公務員ナルト一私人ナルトヲ問ハス職務ヲ執行スル權ナキ者ナル以上ハ本罪成立スルモノナリ如何トナレハ公務員モ職務權限外ニ於テハ一私人ト同一ナレハナリ職務執行ヲ妨害スル爲メ暴行又ハ脅迫ヲ爲シタル者トハ其職務執行ヲ受クル者ナルト否トヲ問ハス暴行脅迫ヲ以テ官吏ノ職務執行ニ抗拒シタルトキハ利害關係ノ有無ニ拘ラス官吏抗拒罪構成ストノ判例アリ

茲ニ問題アリ若シ其公務員ノ執行セントスル行爲ノ不法ナルトキハ之ヲ抗拒スルコトヲ得ルヤ否ヤ是ナリ本問ニ就キテハ從來、消極、積極ノ二説アリト雖モ本條職務ノ執行トハ法令ノ認ムル範圍ニ於ケル行爲ヲ云フモノトス故ニ法令ノ認メサル行爲ハ職務ノ執行ニ非サルヲ以テ其不法行爲ニ對シテハ之ヲ防衛スルコトヲ得可シトノ積極論ヲ可トス

舊刑法ハ職務執行ノ原因ヲ列擧セシ爲メ適用上、狹隘ニ失シ往々、法網ヲ脱セシムルノ不都合アリシヲ以テ本法ハ單ニ公務員ノ職務ヲ執行スルニ當リ云々ト概括的ニ規定シ法令ニ基ク職務ノ執行ナル以上ハ行政（處分命令ノ執行）又ハ司法命令（判決、決定、命令ノ執行）ナルト否トヲ論セス總テ本罪成立スルモノトセリ此公務員ノ意義ニ就テハ第一編第一章第七條ニ於テ詳論シタル所ナルモ之ヲ要スルニ公務員トハ我法律命令ノ規定ニ依リ任命若クハ認許セラレテ國家ノ公務ヲ執行スル人ノ資格ヲ謂フモノトス本法第七條ハ「公務員ト稱スルハ官吏、公吏、法令ニ依リ公務ニ從事スル議員、委員、其他ノ職員ヲ謂フ」ト定義シタレハ彼ノ國會、縣會、郡會、市町村會ノ議員其他、各公撰ニ依ル議會ノ議員、行政各部及ヒ司法官廳ノ官吏ハ皆之レ公務員ナリトス茲ニ問題アリ本條、公務員中ニ外國ノ官吏、公吏ヲ包含スルヤ否ヤノ問題是ナリ例ヘハ外國ノ官吏、公吏カ我帝國内ニ於テ日本臣民ニ對シ自己ノ職務ヲ執行セントシタル場合ノ如キ是ナリ本問ニ就テ

ハ二說アリ第一說ハ日本政府ニ於テ其外國ノ官吏公吏ノ資格ヲ承認シタルトキハ我公務員ト同一ナルヲ以テ此場合ニ限リ本條中ニ包含スト第二說ハ本條ハ我帝國公務員ノ職務執行ニ對スル罪ナルヲ於テ外國ノ官吏公吏ハ是ヲ包含セスト余ハ本條ノ解釋論トシテハ第二說ヲ可トスルモノナリ

第二、暴行又ハ脅迫ヲ加ヘタルコトヲ要ス

公務員ノ職務ヲ妨害スル手段ハ暴行又ハ脅迫タルヲ要ス然レトモ其暴行脅迫ノ結果、職務ノ執行ヲ爲シ得サリシト否トヲ問ハス又不法ノ腕力ニ因リ公務員ノ身體ヲ强制シテ妨害シタルト間接ニ其職務執行ヲ妨害シタルトヲ問ハス苟モ公務員ノ職務執行ヲ妨ケタルトキハ本罪成立スルモノトス故ニ假令ハ彼ノ稅務官吏ノ帳簿ヲ檢査セントスルニ際シ之ヲ戶外ニ持チ出シ其檢査ヲ妨害シタルカ如キ又ハ戶ヲ內ヨリ押ヘテ帳簿ノ檢査官吏ヲ屋內ニ入ラシメサルトキノ如キハ直接身體ニ不法ノ腕力ヲ加ヘテ職務執行ヲ妨害シタルモノニ非スト雖モ仍ホ職務ノ執行ヲ妨害シタルモノナリ而シテ脅迫モ亦言語タルト擧動タルトニ論ナク公務員ノ目前ニ危害アルノ狀ヲ示シテ職務執行ノ自由ヲ强制シ因テ職務執行ヲ妨害シタルトキハ本罪成立ス故ニ本罪ニハ公務員ノ職務執行ヲ妨害スルノ意思アルヲ要ス換言スレハ公務員ノ職務執行ナルコトヲ知テ故ラ暴行又ハ脅迫ヲ爲シタルヲ要スルヲ以テ若シ公務員タルコトヲ知ラス暴行又ハ脅迫ヲ加ヘタルトキハ假令、職務ノ執行ナ

リシ場合ト雖モ（第三十二章脅迫罪タルコトアルハ格別）本條ニ據リ論スルコトヲ得ス

二、公務員ヲシテ或處分ヲ爲サシメ若クハ爲ササラシムル爲メ又ハ其職ヲ辭セシムル爲メ暴行又ハ脅迫ヲ爲シタル罪

本罪成立ニハ、第一公務員ヲシテ或ル處分ヲ爲サシメ若クハ爲ササラシムル爲メ又ハ辭職セシムル爲メナルコト、第二暴行又ハ脅迫ヲ加ヘタルコトノ二條件アルヲ要ス

第一、公務員ヲシテ或ル處分ヲ爲サシメ若クハ爲ササラシムル爲メ又ハ辭職セシムル爲メナルコトヲ要ス

本條第二項ハ「公務員ヲシテ或ル處分ヲ爲サシメ若クハ爲ササラシムル爲メ又ハ其職務ヲ辭セシムル爲メ暴行又ハ脅迫ヲ爲シタル者亦同シ」ト規定シテ其職務ノ執行中ナルト否トヲ問ハサルヲ以テ公務員タル資格アル者ニ對シ或ル處分ヲ爲サシメ若クハ爲ササラシムル爲メ又ハ職務ヲ辭セシムル爲メ暴行又ハ脅迫ヲ加ヘタルトキハ本罪成立ス故ニ第一項トハ其目的ニ就テハ全ク異ナルモ暴行脅迫ヲ加ヘテ自由ヲ强制スル點ニ就テハ同一ナリ例ヘハ公務員ヲシテ或ル處分ヲ爲サシメトハ執達吏ヲシテ差押命令ナキニ他人ノ財產ヲ不法ニ差押フルコトヲ强制スルカ如キヲ云ヒ若クハ爲ササラシメトハ執達吏カ適法ナル差押命令ニ基キ財產差押ヲ執行セントスルニ之ヲ强制シテ

差押ヲ爲サヽラシムルカ如キヲ云フ又其職ヲ辭セシムル爲メトハ公務員タル資格ヲ退クコトヲ强制スルカ如キヲ云フモノトス而シテ其暴行又ハ脅迫ノ結果、其職務ノ執行ヲ遂ケタルト否ト又辭職シタルト否トハ之ヲ問ハサルモノトス

第二、暴行又ハ脅迫ヲ加ヘタルコトヲ要ス

此暴行又ハ脅迫ノ意義ニ就テハ前項既ニ説明シタルヲ以テ再説セサルモ本罪ハ前罪ト異ナリ或ル處分ヲ爲サシメ若クハ爲サヽラシムル爲メ若クハ辭職セシムル爲メ暴行又ハ脅迫ヲ加ヘタルコトヲ要スルノ差異アリ

以上ノ條件具備スルトキハ第一項ノ罪及ヒ第二項ノ罪共ニ三年以下ノ懲役又ハ禁錮ニ處ス可キモノトス

餘論

舊刑法第百四十一條ハ「官吏ノ職務ニ對シ其目前ニ於テ形容若クハ言語ヲ以テ侮辱シタル者ハ一月以上一年以下ノ重禁錮ニ處シ五圓以上五十圓以下ノ罰金ヲ附加ス」其目前ニ非スト雖モ刊行ノ文書圖畫又ハ公然ノ演説ヲ以テ侮辱シタル者亦同シ」規定トシ本法確定成案第九十六條ハ公務員ノ職務ヲ執行スルニ當リ其面前ニ於テ侮辱ヲ加ヘ又ハ面前ニ非スト雖モ公然其職務ニ對シ侮辱ヲ加ヘタル

者ハ三百圓以下ノ罰金ニ處ス」公務所ニ對シ公然侮辱ヲ加ヘタル者亦同シ」ト規定シ在リタルヲ衆議院ニ於テ削除セラレタリ是ヲ删除シタル理由ハ公務員又ハ公務所ニ對スル侮辱モ一般私人ト同一ニ第三十四章名譽ニ對スル罪ニ依テ保護スレハ可ナリト云フニアリ余輩ハ本條删除ヲ實際上極メテ遺憾ト爲スモノナリト雖モ今其當否ハ之ヲ論セス

第九十六條 公務員ノ施シタル封印又ハ差押ノ標示ヲ損壞シ又ハ其他ノ方法ヲ以テ封印又ハ標示ヲ無效ナラシメタル者ハ二年以下ノ懲役又ハ三百圓以下ノ罰金ニ處ス

本條ハ公務員ノ施シタル封印又ハ差押ノ標示ヲ損壞シ又ハ無效タラシメタル罪ヲ規定シタルモノナリ

公務員カ法律又ハ命令ノ定ムル所ニ依リ自己ノ權限ニ屬スル職務ノ執行ヲ爲スニ當リ人民ノ家屋若クハ物件等ヲ差押ヘテ所有者又ハ占有者ノ自由處分ヲ禁止スル場合ニ當リ一々看守人ヲ置クカ如キハ到底其手數ト費用トニ堪ヘサルヲ以テ之ニ代ユルニ封印又ハ差押ノ方法ニ因テ其目的ヲ達スルコト有リ此場合ニ於テ其差押又ハ封印ノ效力ヲ失ハシメタルトキハ本罪成立スルモノトス本條ハ舊刑法第百七十四條ニ「官署ノ處分ニ因リ特別ニ家屋倉庫其他ノ物件ニ施シタル封印ヲ破棄シタル者

ハ二月以上、二年以下ノ重禁錮ニ處ス」「若シ看守者自ラ犯シタル時ハ一等ヲ加フ」トノ規定ヲ修正シ本法ハ之ヲ擴張シテ差押ノ標示ヲ損壞シタル場合ニモ尙ホ之ヲ適用スルコトト改メ從來、實際上ニ於テ生シタル弊害ヲ除去シタルモノナリ

本罪成立ニハ、第一公務員ノ施シタル封印又ハ差押ノ標示ナルコト、第二封印又ハ差押ノ標示ヲ損壞シ又ハ無效タラシメタルコトノ二條件アルヲ要ス

第一、公務員ノ施シタル封印又ハ差押ノ標示ナルコトヲ要ス

公務員ノ施シタル封印又ハ差押ノ標示トハ公務員ノ財産上ニ施シタル處分禁止ノ封印又ハ差押ノ標目ヲ謂フモノトス一例ヲ擧クレハ執達吏カ債務者ノ財產中ノ箪笥ニ對シ開閉ヲ禁スル爲メ施シタル封印ノ如キ又ハ差押物件ニ對シ差押物タルコトヲ標示スル爲メ貼付シタル紙片ノ如キ是ナリ

本罪ハ公務員カ裁判所其他官署ノ命令ニ因リ職務ヲ以テ施シタル封印又ハ差押ノ標示ナルトキハ何人ト雖モ取消又ハ解除ノ命令若クハ判決ナキ以上ハ其差押物件ニ施シタル封印又ハ標示ヲ破棄スルコトヲ得サルモノトス故ニ其後差押ノ必要全ク消滅シタルトキト雖モ仍ホ公務員ノ命令アルニ非ラサレハ之ヲ損壞又ハ無效ナラシムルコトヲ得ス民事裁判所ノ命令ニ基キ執達吏ニ於テ封印

ヲ施シタル以上ハ縱令、債務ヲ辨濟シテ差押ノ理由消滅シタル後ト雖モ債務者ハ自ラ其封印ヲ除去スルコトヲ得ストノ判例アリ

第二、封印又ハ差押ノ標示ヲ損壞又ハ無效タラシメタルコトヲ要ス

本條封印又ハ差押ノ標示ヲ損壞シトハ封印又ハ差押物ノ標示ヲ毀損若クハ破壞スル所爲ヲ謂フモノトス換言スレハ其差押ノ封印又ハ標示物ヲ物質的ニ無效ナラシムル所爲ヲ云フニ在リ然レトモ本罪成立ニハ必スシモ差押ノ效用ヲ全滅セシメタル場合ノミヲ云フニ非ス其差押又ハ差押ノ標示タル效用ヲ失ハシメタルトキハ本罪成立スルモノトス是即チ法文ニ「其他ノ方法ヲ以テ封印又ハ差押ノ標示ヲ無效タラシメタル者」云々ト規定シタル所以ナリ故ニ封印又ハ差押標示ヲ剝キ取リ除去シ或ハ其他差押物件ヲ使用シ若クハ變更シタル場合ノ如キハ本條ニ所謂封印又ハ差押ノ標示ヲ無效タラシメタルモノトス如斯本罪ハ封印又ハ差押ノ標示ヲ損壞シ又ハ之ヲ無效タラシメタルトキハ其物件ヲ竊取横領若クハ損壞、傷害等ノ所爲ナキモ成立スルモノニシテ若シ其物件ヲ竊取、横領又ハ損壞若クハ傷害シタルトキハ第一編、第九章、第五十四條ノ規定ニ依リ其重キ竊盜罪又ハ横領罪若クハ毀棄罪等ニ依リ論ス可キモノナリ

本罪モ亦故意ヲ以テ其封印又ハ標示ヲ損壞シ若クハ無效タラシメタルヲ要ス然レトモ之ヲ損壞又

ハ無效ナラシメタル目的如何ハ之ヲ問ハス苟モ公務員ノ施シタル封印又ハ差押ノ標示ナルコトヲ知テ之ヲ損壞又ハ無效タラシメタルトキハ本罪成立ス

以上ノ條件具備シタルトキハ二年以下ノ懲役又ハ三百圓以下ノ罰金ニ處ス可キモノトス

玆ニ注意ス可キコト在リ本章公務員ノ職務執行ヲ妨害スル罪ハ其未遂ヲ罰セサルヲ以テ(一)公務員ノ職務執行ヲ妨害セントシ(二)又ハ公務員ヲ侮辱セントシ(三)公務員ノ施シタル封印又ハ標示物ヲ損壞若クハ無效タラシメントシタルニ止マリ其行爲ノ實行ニ著手セサルトキハ之ヲ罰セサルモノトス

第六章　逃走ノ罪

總論

本章ハ舊刑法、第二編、第三章、第二節中、囚徒逃走罪ノ規定ヲ修正シタルモノニシテ唯タ語句ヲ改メ適用ノ範圍ヲ擴張シタルニ止マリ立法趣旨ニ至テハ舊法ト異ナル所ナシ

其修正シタル主要ノ點ヲ擧クレハ左ノ如シ

一、舊刑法ノ囚徒ナル語ハ文字上、二人以上ノ囚人タルコトヲ要スルカ如キ語弊アルヲ以テ本法ハ

之ヲ囚人ト改メタリ

二、舊刑法ハ囚人ニ關スル罪ノミヲ規定シタルモ自由ヲ拘束スル爲メ一定ノ場所ニ拘禁スル者ハ必スシモ囚人ノミニ限ラス懲治場留置者又ハ留置人ノ如キ者逃走シタルトキ若クハ是等ノ者ヲ奪取スル者アリタルトキハ之ヲ罰スル必要アルヲ以テ本法ハ汎ク法令ニ因リ拘禁セラレタル者ト改メタリ

三、舊刑法、第百四十三條ハ再犯ノ規定ヲ改メ同第百四十四條但書ハ、數罪倶發ノ規定ヲ改メタル結果之ヲ規定セス

四、舊刑法ハ本章ノ刑、一般ニ稍ヤ輕キニ失シタルヲ以テ本法ハ之ヲ重クスルノ主義ヲ採リタリ

本章ハ(一)被拘禁者逃走ノ罪(二)被拘禁者ヲ奪取スル罪(三)被拘禁者ヲ逃走セシムル罪等ヲ規定シタリ

第九十七條　既決、未決ノ囚人逃走シタルトキハ一年以下ノ懲役ニ處ス

本條ハ既決未決ノ囚人逃走罪ヲ規定シタルモノナリ

本條ハ舊刑法、第百四十二條第一項及ヒ同第百四十四條ヲ併合シタルモノナリ而シテ本條ニ所謂、囚人トハ既決、未決ヲ問ハス凡テ監獄ニ拘禁セラルル者ヲ總稱ス、舊刑法ハ未決ノ囚人ノミヲ特ニ入監中ト規定シタルモ本法ハ之ヲ既決、未決ノ囚人ト改メ其語弊ト疑義トヲ避ケタッ

本罪成立ニハ、第一既決、未決ノ囚人タルコト、第二逃走シタルコトノ二條件アルヲ要ス

第一、既決、未決ノ囚人タルコトヲ要ス

既決ノ囚人トハ有罪ノ判決確定シテ其刑ノ執行ヲ受クル爲メ獄舍ニ拘禁セラルル者ヲ云ヒ未決ノ囚人トハ犯罪ノ有無未タ判明ナラス被嫌疑者トシテ獄舍ニ拘禁セラルル者ヲ云フニ在リ（既ニ主刑ノ執行、終リタル者又ハ一定ノ住居ナキ者、或ハ引取人ナキ者ニ對シテ監獄內ノ別房ニ留置シタル者、及ヒ懲治場、留置人等ノ如キハ本條ニ所謂、囚人ニ非ス次條規定）左レハ總テ此等ノ者、一旦、獄舍ニ拘禁セラレタル以上ハ監獄內ヨリ逃走シタルトキニ限ラス警察署又ハ監獄ニ護送中、若クハ裁判所、法廷等ヨリ逃走スルモ仍ホ本條、囚人逃走罪ナリ

玆ニ問題アリ（現行刑事訴訟法上ノ）保釋、責付ノ許可ヲ得テ獄外ノ生活ヲ爲ス者及ヒ勞役ニ留置セラレタル者、逃走シタルトキモ本條ニ所謂、既決、未決ノ囚人逃走ナルヤ否ヤ是ナリ本條ハ破獄ノ所爲ヲ罰スル立法趣旨ナルヲ以テ保釋、責付ニ因リ拘禁セラレサル者及ヒ換刑處分等ニ依リ勞役場ニ留置セラルル者ノ逃走ハ本條中ニ包含セサル立法趣旨ナリ然レトモ勞役場、留置人ノ逃走ハ本章第九十九條中ニハ包含スルモ單ニ逃走シタルニ止マルトキハ刑法上罰セサル立法趣旨ナリ而シテ既決ノ囚人其刑期限內逃走シタルトキハ如何ニ處分ス可キヤノ疑問アリ未決ノ囚人逃

走シタルトキハ刑期ナルモノ之ナキモ既決ノ囚人ハ一定ノ刑期アルモノナルヲ以テ其逃走前言渡サレタル刑ノ執行終リタル後逃走罪ノ刑ヲ執行セラルルモノナリ例ヘハ十年ノ懲役ニ處セラレタル者、逃走シテ逃走罪ニ依リ一年ノ懲役ニ處セラレタルトキハ先ツ前ノ十年ノ執行ヲ終リ更ニ一年ノ刑ヲ執行セラルルカ如キ是ナリ

第二、逃走シタルコトヲ要ス

逃走トハ當該官吏ノ監督區域ヲ脫スル所爲ヲ謂フ故ニ拘禁セラルル獄内又ハ彼ノ外役先ヨリ逃走スルトヲ問ハス苟モ當該公務員ノ監督區域ヲ脫シタルトキハ本罪成立ス蓋シ本條ハ其囚人、逃走ノ際、毫モ暴力ヲ加ヘスシテ逃走シタル場合ヲ規定シタルモノナリ假令ハ既決、未決ノ囚人、監房ノ戶ニ鎖鑰ヲ施ササリシヲ奇貨トシテ逃走シ或ハ外役ニ服スル際、監視者ノ隙ニ乘シテ逃走シタルカ如キ是ナリ若シ、械具ヲ損壞シ又ハ暴行脅迫ヲ加ヘテ逃走シタルトキハ次條ニ依リ論ス可キモノナリ而シテ本罪成立ニハ逃走スル意思アルコトヲ要ス若シ囚人タル者、逃走スル意思ナク監守人、拘禁スルコトヲ忘却シタル爲メ一定ノ拘禁所ヲ離レタル場合ノ如キハ本條逃走罪ニ非ス

以上ノ條件具備シタルトキハ一年以下ノ懲役ニ處ス可キモノトス

第九十八條　既決、未決ノ囚人又ハ勾引狀ノ執行ヲ受ケタル者、拘禁場又ハ

械具ヲ損壞シ若クハ暴行、脅迫ヲ爲シ又ハ二人以上、通謀シテ逃走シタルトキハ三月以上五年以下ノ懲役ニ處ス

本條ハ舊刑法、第百四十二條第二項ノ獄舍、獄具ヲ毀壞シ又ハ暴行、脅迫ヲ爲シテ逃走シタル者ハ三月以上、「三年以下ノ重禁錮ニ處ス」トノ規定同第百四十四條及ヒ第百四十五條ノ囚徒三人以上通謀シテ逃走シタル時」云々トノ規定ヲ併合シテ之ヲ修正シタルモノナリ舊刑法ハ特ニ三人以上ノ場合ニ限リ重ク罰スルコトト爲シタルモ三人以上ニ限ル必要ナク二人以上ノ場合ニ於テモ仍ホ嚴罰ス可キ必要アルヲ以テ本法ハ之ヲ二人以上ト改メタリ

本罪成立ニハ、第一既決、未決ノ囚人又ハ勾引狀ノ執行ヲ受ケタル者ナルコト、第二逃走スルニ當リ本條規定ノ手段ニ因テ逃走シタルコトノ二條件アルヲ要ス

第一、既決、未決ノ囚人又ハ勾引狀ノ執行ヲ受ケタル者ナルコトヲ要ス

本條ニ所謂既決未決ノ囚人トハ前條ニ於テ述ヘタル如ク有罪ノ判決確定シタル者ト未タ判決確定ニ至ラサル被拘禁者ヲ云フ又勾引狀ノ執行ヲ受ケタル者トハ刑事訴訟法ニ規定シタル程式ニ依リ豫審判事等ノ發シタル令狀ノ執行ヲ受ケタル者ヲ云フニ在リ

茲ニ問題アリ不法ノ命令ニ因リ拘禁セラレタル者逃走シタルトキハ本罪成立スルヤ否ヤ是ナリ本

問ニ就テモ消極、積極ノ二說アリト雖モ余ハ本條、解釋論トシテハ消極說ヲ可トス

第二、逃走スルニ當リ本條ニ定ムル手段方法ニ因テ逃走シタルコトヲ要ス

其逃走スルニ當リ本條ノ規定シタル手段ニ因リ逃走スルトハ拘禁場又ハ械具ヲ損壞シ若クハ暴行脅迫ヲ爲シ又ハ二人以上ノ四人通謀シテ逃走スル等、本條規定ノ手段方法ニ因リタルヲ要ス(一)拘禁場トハ被告人ヲ拘禁スル爲メ特ニ一定ノ設備ヲ爲シタル場所ヲ云フモノニシテ警察署ノ亞關若クハ巡査駐在所ノ控所等ハ茲ニ所謂、拘禁場ト云フコトヲ得ス(二)拘禁場ノ損壞トハ單ニ其門戶、鎖鑰、障壁、天井、床板等ノ損壞ノミナラス圍障ノ石垣、板塀等ノ破損ヲモ包含スルモノトス(三)械具トハ連鎖。手錠ノ如キ械具ヲ云フモノニシテ臨時ニ使用スル縛繩ノ如キ物モ仍ホ包含ス故ニ逃走ノ際之ヲ破壞セス假令ハ連鎖ヲ附シタルママ看守ノ隙ニ乘シテ逃走シ後之ヲ損壞シタル場合ハ第九十七條ノ犯罪タルコトアルモ本條ニ依リ論ス可キモノニ非ス(四)暴行、脅迫トハ既ニ前數章ニ於テ說明シタル如ク人ノ身體ヲ强制スル不法行爲ヲ云フモノニテ假令ハ看守ヲ毆打シ若クハ制縛シ或ハ不法ノ腕力ヲ看守者ニ加フル狀ヲ示シテ看守者ヲ畏怖セシメタル場合ノ如キ是ナリ然レトモ茲ニ注意ス可キハ本法中暴行、脅迫ヲ爲シト規定シ(本條ノ如キ)又暴行脅迫ヲ加ヘ(第九十條第九十五條又ハ暴行脅迫ヲ以テ第百七十七條第二百三十六條)ト規定シタルハ暴行脅迫ヲ加フ

ル對手人アルトキハ加ヘト規定シ別ニ對手人ナキ場合ニ暴行、脅迫ヲ加フル場合ハ爲シト規定シ是ヲ區別スル立法趣旨ナリト云フ（議會ニ於ケル政府委員ノ說明）（五）二人以上、通謀即チ二人以上協議ノ上逃走シタルトキハ其通謀ノ一事ニ依リ暴行脅迫ヲ加ヘス逃走スルモ本條ニ依リ論ス可キモノナリ是犯スニ易ク防クニ難キカ故ニ嚴罰スルモノナリ蓋シ法文、二人以上、通謀云々ト規定シタルヲ以テ若シ通謀ノ事實ナキ以上ハ縱令、同時ニ多數ノ囚人逃走スルモ本條ニ依リ論スルコトヲ得ス而シテ本罪成立ニハ被拘禁者タル者逃走スル意思アルヲ要スルハ論ヲ俟タサルナリ

以上ノ條件具備シタルトキハ三月以上、五年以下ノ懲役ニ處ス可キモノトス

第九十九條 法令ニ因リ拘禁セラレタル者ヲ奪取シタル者ハ三月以上五年以下ノ懲役ニ處ス

本條ハ被拘禁者ヲ奪取シタル罪ヲ規定シタルモノナリ

舊刑法、第百四十七條ハ「囚徒ヲ刼奪シ又ハ暴行脅迫ヲ以テ囚徒ノ逃走ヲ助ケタル者」云々ト規定シタルモ此囚徒ヲ刼奪スルノ所爲トハ暴行又ハ脅迫ヲ加ヘテ其逃走ヲ助クルノ所爲ニ外ナラサルヲ以テ本法ハ拘禁者ヲ奪取シタル者ト修正シ奪取ノ所爲、暴行又ハ脅迫ニ出テタルト其他ノ方法ニ因リタルトヲ問ハス苟モ法令ニ因リ拘禁セラレタル者ヲ奪取シタルトキハ本條ニ問フ可キコトト爲シ

タリ本罪成立ニハ、第一法令ニ因リ拘禁セラレタル者ナルコト、第二被拘禁者ヲ奪取シタルコトノ二條件アルヲ要ス

第一、法令ニ因リ拘禁セラレタル者ナルコトヲ要ス

此法令ニ因リ拘禁セラレタル者トハ如何ナル者ヲ云フ乎ハ前二條ニ於テ既ニ說明シタル者ト殆ト同一ナルモ既決、未決ノ囚人以外ニモ仍ホ拘禁セラルル者ナキニ非サレハ本條法令ニ因リ拘禁セラレタル者中ニハ彼ノ罰金ヲ完納セサル爲メ勞役場ニ留置セラレタル者、或ハ民法上ノ懲戒ニ依リ拘禁セラルル者、民法第八百八十二條等ヲ包含ス故ニ本條法令ニ依リ拘禁セラレタル者トハ前二條ノ既決、未決ノ囚人ヨリ其範圍廣キモノトス是注意ス可キ點ナリ

第二、被拘禁者ヲ奪取シタルコトヲ要ス

本條ニ所謂、奪取トハ看守人又ハ護送者ヨリ被拘禁者ヲ奪ヒ取ル所爲ヲ謂フ換言スレハ看守人又ハ護送者ノ監視ノ範圍內ヨリ被拘禁者ヲ脫セシメテ自由ノ地位ニ置ク所爲ヲ云フ蓋シ本條單ニ奪取シタル者云々ト規定シ別ニ暴行、脅迫ヲ加ヘテ奪取シタル者ト規定セサルモ通常監視スル義務アル者ヨリ奪取スルニ就テハ多少暴行又ハ脅迫ノ手段ニ出ツルモノナルヲ以テ本條、殊更、暴行、脅迫ノ文字ヲ加ヘサルモ被拘禁者ヲ奪取スルニ該リ監視人ノ身體若クハ精神ヲ强制シテ奪取シタ

ルトキハ次條第二項ニ依リ論ス可キモノトス

以上ノ條件具備シタルトキハ三月以上五年以下ノ懲役ニ處ス可キモノトス

第百條 法令ニ因リ拘禁セラレタル者ヲ逃走セシムル目的ヲ以テ器具ヲ給與シ其他逃走ヲ容易ナラシム可キ行爲ヲ爲シタル者ハ三年以下ノ懲役ニ處ス

前記ノ目的ヲ以テ暴行又ハ脅迫ヲ爲シタル者ハ三月以上五年以下ノ懲役ニ處ス

本條ハ被拘禁者ノ逃走ヲ補助スル罪ヲ規定シタルモノナリ

本條ハ舊刑法、第百四十六條同第百四十七條ニ該當スル法文ヲ合シテ一條ト爲シタルモノナリ舊刑法、第百四十六條ハ囚徒ヲ逃走セシムル爲メ兇器、其他ノ器具ヲ給與シ又ハ逃走ノ方法ヲ指示シ云々ト規定シタルモ其逃走ノ方法ヲ指示スルノ所爲ハ逃走ヲ容易ナラシムル行爲ノ一例ニ過キス故ニ如斯規定スルハ却テ狹キニ失スルノ嫌アルヲ以テ本法ハ之ヲ逃走ヲ容易ナラシム可キ行爲ヲ爲シタル者ト改メタリ

（一）法令ニ因リ拘禁セラレタル者ヲ逃走セシムル目的ヲ以テ器具ヲ給與シ其他、逃走ヲ容易ナラシム可キ行爲ヲ爲シタル罪

本罪成立ニハ、第一法令ニ因リ拘禁セラレタル者ヲ逃走セシムル目的ナルコト、第二逃走セシムル爲メ器具ヲ給與シ又ハ其他逃走ヲ容易ナラシメタルコトノ二條件アルヲ要ス

第一、法令ニ依リ拘禁セラレタル者タルコトヲ要ス

本罪ニ於ケル法令ニ依リ拘禁セラレタル者トハ前條規定ノ拘禁者ト同一ナルヲ以テ別ニ説明セス

第二、被拘禁者ヲ逃走セシムル目的ヲ以テ器具ヲ給與シ其他逃走ヲ容易ナラシメタルコトヲ要ス

本條被拘禁者ヲ逃走セシムル目的トハ被拘禁者ヲ拘禁場ヨリ脱出セシムル希望ノ意思ヲ謂フ換言スレハ目的トハ總テ標的ノ定リタル意思ノ發動作用ヲ云フニ外ナラス此點ニ付テハ仍ホ第十六章及ヒ第十七章ニ至リ論セントス而シテ本條ニ所謂、器具トハ銃鎗、合鍵、鋸、鑿、刀劒等、總テ獄舍、獄具ヲ損壞シ若クハ鎖鑰ヲ開クニ足ル可キ物件ヲ云フ故ニ是等ノ器具ヲ給與シテ破獄ノ所爲ヲ爲サシメ其他、破獄ノ方法、手段ヲ指示シ逃走ノ所爲ヲ容易ナラシメタルヲ要ス但シ玆ニ注意ス可キハ器具ヲ給與シ其他、逃走ヲ容易ナラシム可キ所爲ヲ爲シタル者ハ獨立ノ一罪ニシテ破拘禁者カ逃走シタルト否トヲ問ハス、故ニ此囚徒ヲ逃走セシムル罪ハ囚徒ヲ逃走セシムル爲メ其

逃走ノ方法ヲ指示スルニ因テ成立スル罪ナリ囚徒カ逃走ニ著手スルト否トニ關係ナク又囚徒カ逃走ノ意思ヲ中止シタルト否トヲ問ハス本罪成立ストノ判例アリ而シテ逃走セシムル意思ヲ要スルコトモ亦明瞭ナルヲ以テ説明セス

(二) 前項ノ目的ヲ以テ暴行又ハ脅迫ヲ爲シタル罪

本罪成立ニハ、第一被拘禁者タルコト、第二逃走セシムル目的ヲ以テ暴行又ハ脅迫ヲ爲シタルコトノ二條件アルヲ要ス

第一、被拘禁者タルコトヲ要ス

本條件ハ既ニ説明シタル所ト同一ナルヲ以テ別ニ説明セス

第二、逃走セシムル目的ヲ以テ暴行又ハ脅迫ヲ爲シタルコトヲ要ス

逃走セシムル目的ノ意義ニ就テハ既ニ説明シタルヲ以テ玆ニ説明セス而シテ本條ニ所謂、暴行又ハ脅迫ヲ爲シトノ意義モ亦第九十九條ニ於テ説明シタル所ト同一ナリ例ヘハ看守人又ハ護送者ヲ毆打シ若クハ制縛シ其隙ニ乘シテ被拘禁者ヲ逃走セシムルカ如キ(暴行)又危害ヲ加フル狀ヲ示シ看守者又ハ護送者ノ意思ノ自由ヲ强制シ被拘禁者ヲ逃走セシムルカ如キ是ナリ而シテ被拘禁者ヲ逃走セシムル意思ヲ要スルコトモ亦説明ヲ要セスシテ明カナリ

以上ノ條件具備シタルトキハ(一)三年以下(二)三月以上五年以下ノ懲役ニ處ス可キモノトス

第百一條　法令ニ因リ拘禁セラレタル者ヲ看守又ハ護送スル者被拘禁者ヲ逃走セシメタルトキハ一年以上十年以下ノ懲役ニ處ス

本條ハ看守者又ハ護送者カ被拘禁者ヲ逃走セシムル罪ヲ規定シタルモノナリ

本條ハ看守ノ責任アル者カ被拘禁者ヲ逃走セシメタル場合ノ規定ニシテ舊刑法第百四十八條ノ「囚徒ヲ看守シ又ハ護送スル者、囚徒ヲ逃走セシメタル時ハ亦前條ノ例ニ同シ」トノ規定ト其立法趣旨同一ナリトス

蓋シ是等看守者ハ拘禁者ヲ自ラ看守ス可キ義務アル者ナルヲ以テ看守ノ責任ナキ者ノ逃走セシメタル場合ヨリ一層、其情狀、重キモノトス

本罪成立ニハ、第一被拘禁者ヲ看守スル者ナルコト、第二被拘禁者ヲ逃走セシメタルコトノ二條件アルヲ要ス

第一、被拘禁者ヲ看守又ハ護送スル者ナルコトヲ要ス

看守又ハ護送スル者トハ職トシテ被拘禁者ヲ看守ス可キ職務ヲ有スル者ヲ云フ假令ハ監獄署ノ看守ノ如キ又護送者トハ警察又ハ監獄若クハ裁判所等ヘ被拘禁者ヲ護送ス可キ職務ヲ有スル巡査、

憲兵又ハ看守等ノ如キ者ヲ云フニアリ但シ臨時、雇人タル車夫、馬丁ノ如キ者モ本條中ニ包含スルヤ否ヤハ疑問ナリト雖モ法文、看守又ハ護送者トアルヲ以テ雇人ハ包含セストス解スルヲ正當ナリ

第二、被拘禁者ヲ逃走セシメタルコトヲ要ス

前條ハ看守ノ責任アル者、以外ノ第三者ノ行爲ニ屬スルニ依リ被拘禁者逃走シタルト否トヲ問ハサルモ本條ハ逃走セシメタルトキニ始メテ犯罪ノ既遂ナルヲ以テ逃走セシメントシテ之ヲ遂ケサルトキハ本罪ノ未遂ナリ是注意ス可キ點ナリ本條看守者又ハ護送者ハ被拘禁者ヲ逃走セシムル意思アルヲ要ス故ニ若シ不注意ニ因リ逃走セラレタル場合ノ如キハ其過失ノ責任ヲ免レサルハ勿論ナリト雖モ本條ニ依リ論ス可キモノニ非ス

以上ノ條件具備スルトキハ一年以上十年以下ノ懲役ニ處ス可キモノナリ

第百二條　本章ノ未遂罪ハ之ヲ罰ス

本條ハ舊刑法ト同ジク本章ノ罪ハ總テ其未遂罪ヲ罰スルコトヲ規定シタルモノナリ

本章規定ノ罪ニ付キ總テ其未遂ノ所爲ヲ罰スル所以ノモノハ破獄、脱走ヲ企ツルカ如キ者ハ孰レモ社會ニ對シテ虎ヲ野ニ放ツニ等シキ危險アルヲ以テ此等社會ノ危險ヲ豫防スル爲メ嚴罰スル趣

旨ニ外ナラス

第七章　犯人藏匿及ヒ證憑湮滅ノ罪

總論

本章ハ舊刑法、第二編、第三章、靜謐ヲ害スル罪ノ第三節中、罪人ヲ藏匿スル罪ヲ修正シタルモノナリ

其修正シタル主要ノ點ヲ擧クレハ左ノ如シ

一、舊刑法ハ本章ノ罪ニ對シ輕禁錮ノ刑ヲ科シタル爲メ學者ノ批難シタル所ナルヲ以テ本法ハ懲役ニ處スルコトト爲シ親族ヲ庇護スル爲メ餘義ナク犯シタル場合ニ限リ罰セサルコトト改メタリ

二、舊刑法ハ罪證湮滅ノ罪ト題シ其規定スル所單ニ他人ノ罪ヲ免カレシメンコトヲ圖リ罪證トナル可キ物件ヲ隱蔽シタル場合ノミヲ規定シタルニ依リ實際上、狹キニ失シタルヲ以テ本法ハ廣ク他人ノ刑事被告事件ニ關スル有罪無罪ノ證憑ヲ湮滅シ又ハ僞造變造シテ裁判權ヲ妨害シタル場合等ヲ罰スルコトト改メタリ

本章ハ(一)罰金以上ノ刑ニ該ル罪ヲ犯シタル者又ハ拘禁中逃走シタル者ヲ藏匿シ又ハ隱避セシメタル罪(二)他人ノ刑事被告事件ニ關スル證憑ヲ湮滅シ又ハ僞造變造シ若クハ僞造變造ノ證憑ヲ使用シタル罪ヲ規定シタリ

第百三條 罰金以上ノ刑ニ該ル罪ヲ犯シタル者又ハ拘禁中逃走シタル者ヲ藏匿シ又ハ隱避セシメタル者ハ二年以下ノ懲役又ハ二百圓以下ノ罰金ニ處ス

本條ハ罪人ヲ藏匿シ又ハ隱避セシメタル罪ヲ規定シタルモノナリ

本條ハ舊刑法、第百五十一條「犯罪人又ハ逃走ノ囚徒及ヒ監視ニ付セラレタル者ナルコトヲ知テ之ヲ藏匿シ若クハ隱避セシメタル者ハ十一日以上、一年以下ノ輕禁錮ニ處シ二圓以上、二十圓以下ノ罰金ヲ附加ス」「若シ重罪ノ刑ニ處セラレタル囚徒ニ係ル時ハ一等ヲ加フ」トノ規定ヲ修正シタルモノナリ

本法ハ既ニ前章ニ於テ述ヘタル如ク舊刑法ノ囚徒ノ文字ハ之ヲ拘禁者ト改メタリ而シテ監視ニ付セラレタル者ヲ加ヘサルハ第一編、總則ニ於テ詳論シタル如ク監視制度ヲ全廢シタル結果ナリ

蓋シ本法ニ於テハ拘留又ハ科料ノミニ處ス可キ罪ハ事態、極メテ輕微ナルヲ以テ其犯人ヲ藏匿又ハ

隱避スルモ之ヲ罰セス罰金以上ノ刑ニ處ス可キ罪ヲ犯シタル者ノミニ對シ本條ヲ適用スルコトト改メタリ是舊刑法ト異ナル點ナリトス

本罪成立ニハ、第一罰金以上ノ刑ニ該ル可キ罪ヲ犯シタル者又ハ拘禁中逃走シタル者ナルコト、第二藏匿シ又ハ隱避セシメタルコトノ二條件アルヲ要ス

第一、罰金以上ノ刑ニ該ル可キ罪ヲ犯シタル者又ハ拘禁中逃走シタル者ナルコトヲ要ス

(一)本條罰金以上ノ刑ニ該ル可キ罪ヲ犯シタル者トハ拘留科料以外ノ刑(即チ罰金懲役禁錮死刑等)ニ該當ス可キ罪ヲ犯シタル者ヲ總稱ス茲ニ注意ス可キハ本條罰金以上ノ刑ニ該ル可キ罪ヲ犯シタル者ト規定シタルヲ以テ單ニ罰金以上ノ罪ヲ犯シタリトノ嫌疑ヲ受ケタルニ止マルトキハ本條ニ依リ論スルコトヲ得サルニ似タルモ此ノ場合モ仍ホ本條中ニ包含スルコト是ナリ(二)拘禁中逃走シタル者トハ罪ヲ犯シ若クハ犯シタル者トシテ嫌疑ヲ受ケ拘禁中、脱獄逃走シタル者ヲ謂フ故ニ此拘禁中逃走シタル者中ニハ既決ノ囚人ハ勿論、縱令、罰金以上ノ罪ヲ犯ササルモ嫌疑ヲ受ケタル者ハ總テ包含スルモノトス

第二、藏匿シ又ハ隱避セシメタルコトヲ要ス

(一)藏匿トハ自己ノ監視範圍ニ居留セシメ犯罪ノ檢擧ヲ免レシムル所爲ヲ謂フ故ニ罰金以上ノ刑ニ

該ル可キ罪ヲ犯シタル者又ハ拘禁中。逃走シタル者ナルコトヲ知テ自己ノ家屋ニ潜伏セシメタルトキハ勿論其他ノ場所ト雖モ自己ノ勢力範圍ニ潜伏セシメテ犯罪捜査權ノ發動ヲ妨ケタルトキハ本條ニ所謂藏匿ナリ(二)隱避トハ犯人ノ發見又ハ檢擧ヲ免レシムル爲メ他ニ退去セシムル所爲ヲ謂フ故ニ罰金以上ノ刑ニ該ル可キ罪ヲ犯シタル者又ハ拘禁中逃走シタル者ナルコトヲ知テ犯罪捜査權ノ發動ヲ妨クル爲メ旅費ヲ與ヘテ犯罪ノ地ヲ逃走セシメタル所爲ノ如キハ本條隱避ナリ要スルニ藏匿又ハ隱避ハ罪人ヲ保護シ若クハ援助スル所爲ヲ云フモノニテ孰レモ學說上ノ所謂事後ノ從犯タル所爲ナリ左レハ本條藏匿又ハ隱避ハ自ラ進ンテ積極的ニ保護シ若クハ援助シタルコトヲ要ス左レハ若シ犯人カ逃走スルヲ見テ默過シ逃走ヲ容易ナラシメタルニ止マリ又ハ犯人自ラ自己ノ邸内ニ潜伏シタルコトヲ見テ相當官署ニ申告セサル場合ノ如キハ未タ本條藏匿又ハ隱避ノ所爲アリト云フコトヲ得ス

茲ニ問題アリ本罪成立ニハ檢事ノ起訴以後ニ其罪人ヲ藏匿シ又ハ隱避セシメタルコトヲ要スルヤ否ヤノ問題是ナリ本條、罰金以上ノ刑ニ該ル可キ罪ヲ犯シタル者又ハ拘禁中逃走シタル者ヲ藏匿シ又ハ隱避セシメタル者ハ云々ト規定シタルヲ以テ檢事ノ起訴以後ノ所爲タルヲ要スルニ似タリト雖モ余ハ檢事ノ起訴後ト否トヲ問ハス又犯罪捜査ニ著手シタルト否トヲ問ハス苟モ罰金以上ノ

刑ニ該ル可キ罪ヲ犯シタル者ニ對シ其發見ヲ不能ナラシメ若クハ困難ナラシムル意思ヲ以テ藏匿又ハ隱避セシメタルトキハ本罪成立ストスルモノナリ

本罪成立ニハ必ス罰金以上ノ刑ニ該ル可キ罪ヲ犯シタル者ナルコト又ハ拘禁中逃走シタル者ナルコトヲ知テ之ヲ藏匿シ又ハ隱避セシムル意思アルコトヲ要ス故ニ犯罪人又ハ脱獄、逃走者ナルコトヲ知ラス自宅ニ同居セシメ若クハ旅費ヲ與ヘテ他ニ退去セシメタル場合ノ如キハ（其實犯人ナルモ又ハ拘禁中ノ逃走者ナルモ）本條ニ依リ論スルコトヲ得ス

以上ノ條件具備シタルトキハ二年以下ノ懲役又ハ二百圓以下ノ罰金ニ處ス可キモノトス

第百四條　他人ノ刑事被告事件ニ關スル證憑ヲ湮滅シ又ハ僞造、變造シ若クハ僞造、變造ノ證憑ヲ使用シタル者ハ二年以下ノ懲役又ハ二百圓以下ノ罰金ニ處ス

本條ハ證憑湮滅又ハ證憑ノ僞造變造ニ關スル罪ヲ規定シタルモノナリ

本條ハ舊刑法、第百五十二條「他人ノ罪ヲ免レシメンコトヲ圖リ其罪證ト爲ル可キ物件ヲ隱蔽シタル者ハ十一日以上、六月以下ノ輕禁錮ニ處シ二圓以上二十圓以下ノ罰金ヲ附加ス」トノ規定ヲ修正シタルモノナリ

舊刑法ハ單ニ罪證、隱蔽ノ場合ノミヲ規定シタルヲ以テ其適用上、狹キニ失シ極メテ不便ナリシニ依リ本法ハ廣ク他人ノ刑事被告事件ニ關スル有罪、無罪ノ證憑ヲ湮滅シ又ハ僞造變造シ若クハ僞造變造シタル證憑ヲ使用シタル場合ニ關スル規定ト改メタルコト既ニ述ヘタル如シ本條ハ(一)他人ノ刑事被告事件ニ關スル證憑ヲ湮滅シタル罪(二)他人ノ刑事被告事件ニ關スル證憑ヲ僞造變造シタル罪(三)他人ノ刑事被告事件ニ關シ僞造變造ノ證憑ヲ使用シタル罪ヲ規定シタルモノナリ

(一)他人ノ刑事被告事件ニ關スル證憑ヲ湮滅シタル罪

本罪成立ニハ、第一他人ノ刑事被告事件ニ關スルコト、第二證憑ヲ湮滅シタルコトノ二條件アルヲ要ス

第一、他人ノ刑事被告事件ニ關スルコトヲ要ス

本條他人ノ刑事被告事件トハ自己以外ノ者刑事被告人トシテ訴追セラレタル場合ヲ總稱ス故ニ自己ノ刑事被告事件ニ關シ利益ノ爲メ有罪ノ證憑ヲ湮滅シ又ハ自己ノ親族ニシテ其被告人ノ利益ノ爲メニ證憑ヲ湮滅セシメタル場合ノ如キハ本條ニ依リ論スルコトヲ得ス(次條參照)

第二、證憑ヲ湮滅シタルコトヲ要ス

證憑トハ證據徵憑ヲ謂フ而シテ證據トハ被告人ノ自白、公務員ノ作成シタル檢證調書、證據物件、

證人及ヒ鑑定人ノ供述等ヲ云フモノニシテ徵憑トハ被害者ノ告訴狀、盜難屆、被告人及ヒ共犯人ノ供述、參考人ノ供述等ヲ云フ故ニ本條證憑トハ是等證據ト徵憑トノ集合ヲ總稱ス左レハ本條證憑湮滅トハ犯人ノ刑事被告事件ニ關スル證據徵憑ヲ不能ナラシメタル所爲ヲ謂フ換言スレハ他人ノ刑事被告事件ニ關スル人證ト物證トヲ問ハス總テ證據徵憑ヲ不明ナラシメ又ハ亡失セシメタルコトヲ云フニアリ然ルニ舊刑法ハ他人ノ罪ヲ免レシメンコトヲ圖リ其罪證トナル可キ物件ヲ隱蔽シタル者ト規定シ物件以外ノ證人又ハ犯跡等ヲ不明ナラシメタル場合ノ如キハ之ヲ罰スルコトヲ得サルノ不都合アリタルヲ以テ本法ハ廣ク他人ノ刑事被告事件ニ關スル證憑ヲ湮滅シト改メ犯罪ノ痕跡ヲ失ハシムル所爲ハ總テ本條證憑ヲ湮滅シノ中ニ包含セシメタリ蓋シ茲ニ注意ス可キハ他人ノ刑事被告事件ナルトキハ結局、有罪ナルト無罪ナルトヲ問ハス總テ本條他人ノ刑事被告事件ナルコト是ナリ然レトモ茲ニ疑ノ存スルハ檢事ノ搜査中、未タ公訴ノ提起以前ニ於テ有罪、無罪ノ證憑ヲ湮滅シタルトキモ尙ホ本條ニ依リ論スルコトヲ得ルヤ否ヤノ問題是ナリ本條他人ノ刑事被告事件云々ト規定シアルヲ以テ檢事ノ起訴ナキ以前ハ未タ被告事件ト云フコトヲ得スト論スル者アリト雖モ余ハ既ニ罪ヲ犯シタル以上ハ犯罪搜査ニ著手シタルト否トヲ問ハス其存在スル證憑ヲ湮滅シタルトキハ本罪成立ス而シテ本罪モ亦他人ノ刑事被告事件ノ有罪、無罪ニ關スル證憑ナルコトヲ知テ不明ナラシメ又ハ亡失セシムル意思アルコトヲ要ス然レトモ他人ノ刑事被告事件ニ關スル證憑ナルコトヲ知ラス犯罪ノ痕跡タル足跡又ハ血痕等ヲ亡失セシメタル場合ノ如キハ縱令有力ナル證憑ナルモ本條ニ依リ論スルコトヲ得ス

（二）他人ノ刑事被告事件ニ關スル證憑ヲ僞造變造シタル罪

本罪成立ニハ、第一他人ノ刑事被告事件ニ關スルコト、第二證憑ヲ僞造、變造シタルコトノ二條件アルヲ要ス

第一、他人ノ刑事被告事件ニ關スルコトヲ要ス

他人ノ刑事被告事件トハ自己以外ノ者刑事被告人トシテ訴追セラレタル場合ヲ謂フコト既ニ述ヘタルヲ以テ再說セス

第二、證憑ヲ僞造、變造シタルコトヲ要ス

本條證憑ノ僞造トハ他人ノ刑事被告事件ニ關シ虛構不實ノ證據徵憑ヲ作爲スル所爲ヲ謂フ又證憑ノ變造トハ他人ノ刑事被告事件ニ關シ既ニ存在シタル證據、徵憑ヲ增減、變換スル所爲ヲ謂フ而シテ玆ニ所謂、證憑モ亦人證ト物證トヲ問ハス他人ノ刑事被告事件ニ關スル有罪、無罪ノ證據、徵憑ヲ總稱スルコト既ニ述ヘタルカ如シ例ヘハ犯罪當日ハ他所ニ宿泊シタリト僞リ宿帳ヲ僞造シ

又ハ四月一日宿泊シタルヲ五月一日ト宿帳ヲ變造シタルカ如キ是ナリ而シテ他人ノ刑事被告事件ニ關スル證憑ナルコトヲ知テ偽造、變造スル意思ヲ要スルコトハ明瞭ナルヲ以テ説明セス

（三）他人ノ刑事被告事件ニ關シ偽造變造ノ證憑ヲ使用シタル罪

本罪成立ニハ、第一他人ノ刑事被告事件ニ關スルコト、第二偽造、變造ノ證憑ヲ使用シタルコトノ二條件アルヲ要ス

第一、他人ノ刑事被告事件ニ關スルコトヲ要ス

本條件ハ既ニ説明シタルヲ以テ再説セス

第二、偽造變造ノ證憑ヲ使用シタルコトヲ要ス

偽造、變造ノ證憑ヲ使用スルトハ他人ノ刑事被告事件ニ關シ作爲シタル偽造變造ノ證據徵憑ヲ行使スル所爲ヲ謂フ而シテ本條、行使トハ刑事裁判權ヲ執行スル公務所又ハ公務員例ヘハ裁判所又ハ檢事局ニ對シ偽造又ハ變造ニ係ル證據徵憑ヲ提供シタルカ如キ是ナリ玆ニ注意ス可キハ本罪ニ於ケル偽造、變造ノ證憑ノ使用トハ其、偽造、變造ニ係ル證憑ヲ立證ノ用ニ供シタルコトヲ云フニ在リ故ニ本罪成立ニハ他人ノ刑事被告事件ニ關スル偽造變造ノ證憑ナルコトヲ知テ當該公務所又ハ公務員ニ對シ提供シタルコトヲ要スルモノトス

以上ノ條件具備スルトキハ(一)(二)(三)共ニ二年以下ノ懲役又ハ二百圓以下ノ罰金ニ處ス可キモノトス

第百五條 本章ノ罪ハ犯人又ハ逃走者ノ親族ニシテ犯人又ハ逃走者ノ利益ノ爲メニ犯シタルトキハ之ヲ罪セス

本條ハ本章ノ罪ハ犯人又ハ逃走者ノ親族ニシテ且ツ犯人又ハ逃走者ノ利益ノ爲メニ犯シタルトキハ罰セサルコトヲ規定シタルモノナリ

本條ハ舊刑法、第百五十三條「前二條ノ罪ヲ犯シタル者犯人ノ親屬ニ係ル時ハ其罪ヲ論セス」トノ規定ト同一趣旨ノ規定ナリ唯本法ハ前二條ニ於テ述ヘタル如ク廣汎ナル規定ト改メタル結果、本條ヲ以テ縱令、被告人又ハ逃走者ノ親族タリトモ其犯人又ハ逃走者ノ不利益ノ爲メニ犯シタルトキハ之ヲ罰スルモノトス故ニ本條、前二條ノ罪ハ犯人又ハ逃走者ノ親族ニシテ且ツ犯人又ハ逃走者ノ利益ノ爲メニ犯シタル場合ニ限リ之ヲ罰セサルコトヲ規定シ其是ヲ罰セサル理由ハ立法者カ親族間ノ情誼上、餘義ナク犯シタルモノト認メタルニ外ナラス而シテ本條ニ所謂、親族トハ民法、第四編、第七百二十五條六親等内ノ血族、配偶者、三等親内ノ姻族ヲ云フモノトス(民法第七百二十五條乃至第七百二十八條參照)

第八章　騒擾ノ罪

總論

本章ハ舊刑法、第二編、第三章、靜謐ヲ害スル罪ノ第一節、兇徒聚衆ノ罪ヲ修正シタルモノナリ
其修正シタル主要ノ點ヲ擧クレハ左ノ如シ
一、舊刑法ハ本章ノ罪ヲ兇徒聚衆ノ罪ト題シタルモ其用語穩當ナラサルヲ以テ本法ハ之ヲ騷擾ノ罪ト改メタリ
二、舊刑法ハ本罪ノ目的、不明確ナリシモ本法ハ廣ク內亂ノ目的以外ノ目的ヲ以テ多衆聚合シ暴行又ハ脅迫ヲ爲シタル塲合ニ總テ適用スルコトト改メタリ
三、舊刑法ハ暴動ノ際、人ヲ殺死シ若クハ家屋、船舶、倉庫等ヲ燒燬シタル場合ヲ規定シタルモ本法ハ本章ニ之ヲ規定スル必要ナキヲ以テ特ニ規定セス
本章ハ(一)多衆聚合シテ暴行又ハ脅迫ヲ爲シタル罪(二)暴行又ハ脅迫ヲ爲ス爲メ多衆聚合シ當該公務員ヨリ解散ノ命令ヲ受クルコト三回以上ニ及フモ仍ホ解散セサル罪ヲ規定シタルモノナリ

第百六條　多衆聚合シテ暴行又ハ脅迫ヲ爲シタル者ハ騷擾ノ罪ト爲シ左ノ

區別ニ從テ處斷ス

一　首魁ハ一年以上十年以下ノ懲役又ハ禁錮ニ處ス

二　他人ヲ指揮シ又ハ他人ニ率先シテ勢ヲ助ケタル者ハ六月以上七年以下ノ懲役又ハ禁錮ニ處ス

三　附和隨行シタル者ハ五十圓以下ノ罰金ニ處ス

本條ハ多衆聚合シテ暴行又ハ脅迫ヲ爲シタル罪ヲ規定シタルモノナリ

本條ハ舊刑法、第百三十七條「兇徒多衆ヲ嘯聚シテ官廳ニ喧閙シ官吏ニ强逼シ又ハ村市ヲ騷擾シ其他暴動ヲ爲シタル者首魁及ヒ敎唆者ハ重懲役ニ處ス」其嘯聚ニ應シ煽動シテ勢ヲ助ケタル者ハ輕懲役ニ處シ其情輕キ者ハ一等ヲ減ス」附和隨行シタル者ハ二圓以上、二十圓以下ノ罰金ニ處ス」トノ規定ヲ修正シタルモノナリ

舊刑法ハ暴動ヲ爲ス場合ヲ例示シタルモ特ニ例示スルノ必要ナキヲ以テ本法ハ多衆聚合シ暴行又ハ脅迫ヲ爲シタル者ト改メタリ又舊刑法ハ本章暴動罪ノ敎唆者ヲ處罰シタルモ本法ハ敎唆者ハ之ヲ罰スル必要ナシトシテ規定セス蓋シ本罪ニハ必ス一定ノ目的ヲ要スルモノニ非スト雖モ彼ノ村祠ノ祭

禮ニ於テ多衆興ニ乘シ暴行又ハ脅迫ヲ爲シタル場合ノ如キハ本條ニ依リ論スルコトヲ得サル立法上ノ精神ナリ（草案理由書參照）

本罪成立ニハ、第一多衆聚合シタルコト、第二暴行又ハ脅迫ヲ爲シタルコトノ二條件アルヲ要ス

第一、多衆聚合シタルコトヲ要ス

既ニ一言シタル如ク本罪ハ何等ノ目的ヲ問ハス之ヲ達スル爲メ内亂罪、以外ノ目的（即チ政府ヲ顚覆シ又ハ邦土ヲ潛竊シ其他、朝憲ヲ紊亂スルコト以外ノ目的）ヲ以テ多衆聚合シテ暴行又ハ脅迫ヲ爲シタルトキハ本罪成立ス故ニ例ヘハ從來、往々行ハレタル町村民、合同シテ竹槍、蓆旗ヲ押立テ豪家ニ押寄セ賑貸ヲ強要シタル百姓一揆ノ如キ或ハ水利其他ノ事件ニ付キ請願セントシテ多衆合同シテ公務所又ハ公務員ニ對シ暴行脅迫ヲ加ヘタル場合ノ如キ是ナリ要スルニ内亂罪ノ目的以外ニ於テ一定ノ目的ヲ有スル多衆聚合ハ總テ本條、多衆聚合ノ目的ナリトス（第二章内亂ノ罪參照）故ニ近カキハ彼ノ東京日比谷騷擾事件及ヒ足尾銅山騷擾事件ノ如キハ其好適例ナリ蓋シ多衆聚合トハ二人以上、數十數百人ノ聚合ヲ謂フモノナリト雖モ何人以上ヲ以テ多衆聚合ト爲スヤハ事實上ノ問題ナリ然レトモ法文ニ依リテモ必ス首魁、指揮者、附和隨行者等、數十人以上ノ團體ヲ要スルコト明ナリ

第二、暴行又ハ脅迫ヲ爲シタルコトヲ要ス

暴行トハ不法ノ腕力ヲ使用スル所爲ヲ謂ヒ脅迫トハ人ノ自由ヲ强制スルニ足ル害惡ノ通知ヲ謂フコトハ既ニ本編、第五章ニ於テ詳論シタルヲ以テ再説セス要スルニ本罪ハ多衆合同ノ勢力ヲ以テ暴行又ハ脅迫ヲ加フルニ因テ成立スル罪ナリ然レトモ玆ニ注意ス可キハ縱令、數人共同シテ暴行脅迫ヲ加フルモ財物ヲ奪取スル目的ニ出タル彼ノ强竊盜罪ノ如キ法令上、特ニ明文ヲ設ケタル場合ハ本條多衆聚合罪ニ非サルコト是ナリ而シテ本罪成立ニハ多衆聚合シテ暴行又ハ脅迫ヲ爲ス意思アルヲ要スルコト明ナルヲ以テ別ニ說明セス

以上ノ條件、具備シタルトキハ、一首魁卽チ主謀者ハ一年以上、十年以下ノ懲役又ハ禁錮、二他人ヲ指揮シ又ハ他人ニ卒先シテ勢ヲ助ケタル者ハ六月以上、七年以下ノ懲役又ハ禁錮、三附加隨行シタル者ハ五十圓以下ノ罰金ニ處ス可キモノトス

第百七條 暴行又ハ脅迫ヲ爲ス爲メ多衆聚合シ當該公務員ヨリ解散ノ命令ヲ受クルコト三回以上ニ及フモ仍ホ解散セサルトキハ首魁ハ三年以下ノ懲役又ハ禁錮ニ處シ其他ノ者ハ五十圓以下ノ罰金ニ處ス

本條ハ多衆聚合シテ公務員ノ解散命令ヲ受ケ仍ホ解散セサル罪ヲ規定シタルモノナリ

本條ハ舊刑法、第百三十六條「兇徒多衆ヲ嘯聚シテ暴動ヲ謀リ官吏ノ說諭ヲ受クルト雖モ仍ホ解散セサル者首魁及ヒ敎唆者ハ三月以上、三年以下ノ重禁錮ニ處ス」附和隨行シタル者ハ二圓以上、五圓以下ノ罰金ニ處ス」トノ規定ヲ修正シタルモノニテ其立法趣旨ハ殆ト同一ナリ唯本條敎唆者ヲ加ヘサルハ前條ニ於テ一言シタルカ如ク之ヲ處罰スル必要ナキニ因ルモノトス

本罪成立ニハ、第一暴行又ハ脅迫ヲ爲ス爲メ多衆聚合シタルコト、第二當該公務員ヨリ解散命令ヲ受クルコト三回以上ニ及フモ仍ホ解散セサルコトノ二條件アルヲ要ス

第一、暴行又ハ脅迫ヲ爲ス爲メ多衆聚合シタルコトヲ要ス

本條暴行又ハ脅迫ヲ爲ス爲メ多衆聚合シタルコトトハ暴行又ハ脅迫ヲ加ヘ或ル一定ノ目的ヲ達スルコトヲ謀リ多衆聚合シタル所爲ヲ謂フ要スルニ前條ハ多衆聚合シテ既ニ暴行又ハ脅迫ニ著手シタル場合ヲ規定シ本條ハ暴行又ハ脅迫ヲ以テ或ル一定ノ目的ヲ達スル爲メ多衆聚合シタルニ止マル場合ニ關スル規定ナリ換言スレハ本條ハ前條多衆聚合罪ノ豫備的行爲ニ著手シタル場合ナリ

第二、當該公務員ヨリ解散命令ヲ受クルコト三回以上ニ及フモ仍ホ解散セサルコトヲ要ス

當該公務員ヨリ解散命令ヲ受クルコト三回以上ニ及フモ仍ホ解散セサルコトトハ不穩ノ集會ニ對シ解散ヲ命スル行政警察權ヲ有スル官吏例ヘハ府縣知事、警視總監、警部長、郡長、警部、其

他、特別法令ニ依リ權限ヲ有スル公務員ハ說諭ヲ三回以上、受クルモ仍ホ解散セサルコトヲ謂フ故ニ縱令、公務員ナルモ解散ヲ命スル職權ナキ官吏ノ說諭ヲ受ケ解散セサル場合ノ如キハ本條ニ依リ論スルコトヲ得ス之注意ス可キ點ナリ而シテ本條解散命令ヲ受クルコト三回以上ニ及フモ仍ホ解散セストハ解散ノ命ヲ三度以上受ケ離散セサル不作爲ヲ謂フコト明瞭ナルヲ以テ別ニ論セス

但シ確定成案ニハ當該公務員ノ命令ヲ受クルト雖モ解散セサルトキハトアリタルヲ衆議院ニ於テ三回以上ニ及フモ仍ホ解散セサルトキハト修正シタルモノナリ

本罪ハ當該公務員ヨリ解散命令ヲ三回以上受クルモ仍ホ解散セサル意思ヲ以テ解散セサルニ因テ成立スル罪ナルヲ以テ公務員ノ說諭ヲ一回又ハ二回受ケ其命ニ服シ解散シタルトキハ本罪成立セサルコト論ヲ俟タス

以上ノ條件具備スルトキハ首魁ハ三年以下ノ懲役又ハ禁錮ニ處シ其他ノ者ハ五十圓以下ノ罰金ニ處ス可キモノトス

第九章　放火及ヒ失火ノ罪

總　論

本章ハ舊刑法、第三編、第二章、財產ニ對スル罪ノ第七節放火及ヒ失火ノ罪ヲ修正シタルモノナリ其修正シタル主要ノ點ヲ擧クレハ左ノ如シ

一、舊刑法ハ本章放火及ヒ失火ノ罪ヲ他ノ財產ニ關スル罪中ニ規定シタルモ元來、放火及ヒ失火ノ罪ハ寧ロ公共ニ危害ヲ及ホス罪ナルヲ以テ本法ハ是ヲ同種ノ罪ト共ニ規定スルコトト爲シタリ

二、舊刑法ニ於テモ本章放火、失火ノ罪ハ稍ヤ詳細ニ規定シタルモ仍ホ脫漏セル點尠ナカラサルノミナラス其規定スル所頗ル明瞭ヲ闕キタルヲ以テ本法ハ其不備闕點ヲ補修シタリ

三、舊刑法ハ人ノ住居シタル家屋ニ放火シタル者ト人ノ住居セサル家屋其他ノ建造物ニ放火シタル者トヲ區別シ人ノ住居セサル家屋其他ノ建造物ナルトキハ縱令、放火ノ當時、偶〻人ノ現在スルコトアルモ人ノ住居シタル家屋トシテ罰スルコト能ハサル不都合アリタルヲ以テ本法ハ斯ル場合ハ人ノ住居スル家屋ト同一ニ罰スルコトト爲シタリ

四、舊刑法ハ差押ヲ受ケ又ハ物權ヲ設定シ賃貸シ若クハ保險ニ付シタル自己所有ノ家屋其他ノ物件ニ對シ放火シタル場合ノ規定ヲ闕キタルモ差押ヲ受ケ物權ヲ設定シ賃貸シ若クハ保險ニ付シタル場合ノ如キハ其物上ニ有スル他人ノ權利ヲ害スルコト他人ノ所有物ニ放火シタルト異ナラサルヲ以テ本法ハ此等ノ場合ニ關スル規定ヲ新設シタリ

五、舊刑法ハ火災ノ際、鎮火用ノ物件ヲ隱匿シ又ハ毀壞シ若クハ其他ノ方法ヲ以テ鎮火ヲ妨害シタル所爲ヲ罰スル規定ヲ闕キタルモ斯ル所爲ハ是カ爲メニ社會ノ靜謐ヲ害スルコト大ナルヲ以テ本法ニ於テハ之ヲ罰スル規定ヲ設ケタリ

六、舊刑法ハ火ヲ失シ他人ノ家屋、財産ヲ燒燬シタル場合ノミヲ罰シ自己ノ家屋財産ナルトキハ之ヲ罰セサリシモ靜謐ヲ害スル點ニ就テハ自己ノ物ト他人ノ物トヲ區別ス可キ理由ナキヲ以テ本法ハ自己ノ家屋、財産ヲ燒燬シタル場合ニ於テモ仍ホ之ヲ罰スルコトト爲シタリ

本章ハ(一)火ヲ放テ現ニ人ノ住居ニ使用シ又ハ人ノ現在スル建造物、汽車、電車、艦船若クハ鑛坑ヲ燒燬シタル罪(二)火ヲ放テ現ニ人ノ住居ニ使用セス又ハ人ノ現在セサル建造物、艦船若クハ鑛坑ヲ燒燬シタル罪(三)火ヲ放テ(一)(二)ニ記載シタル以外ノ物ヲ燒燬シ因テ公共ノ危險ヲ生セシメタル罪(三)(四)ニ記載シタル自己ノ所有物ヲ燒燬シ因テ公共ノ危險ヲ生セシメタル罪(四)(五)ノ罪ヲ犯シ因テ(一)(二)ニ記載シタル物ニ延燒セシメタル罪(六)放火罪ノ未遂罪(七)放火罪ノ豫備罪(八)火災ノ際、鎮火用ノ物ヲ隱匿又ハ損壞若クハ其他ノ方法ヲ以テ鎮火ヲ妨害シタル罪(九)自己ノ所有ニ係ル差押物、物權ヲ負擔シタル物若クハ保險ニ付シタル物ヲ燒燬シタル罪(十)他人ノ物ニ對スル失火ノ罪及ヒ自己ノ所有物ニ對スル失火ノ罪(十一)火藥、汽罐其他激發ス可キ物ヲ破裂セシメタル罪(十二)瓦斯電氣又ハ蒸汽ヲ漏出若クハ

流出セシメ又ハ之ヲ遮斷シ因テ人ノ生命身體又ハ財產ニ危險ヲ生セシメタル罪等ヲ規定シタリ

第百八條 火ヲ放テ現ニ人ノ住居ニ使用シ又ハ人ノ現在スル建造物、汽車、電車、艦船若クハ鑛坑ヲ燒燬シタル者ハ死刑又ハ無期若クハ五年以上ノ懲役ニ處ス

本條ハ火ヲ放テ現ニ人ノ住居ニ使用シ又ハ人ノ現在スル建造物、汽車、電車、艦船若クハ鑛坑ヲ燒燬シタル罪ヲ規定シタルモノナリ

本條ハ舊刑法、第四百二條「火ヲ放テ人ノ住居シタル家屋ヲ燒燬シタル者ハ死刑ニ處ス」トノ規定ト同第四百五條「火ヲ放テ人ヲ乘載シタル船舶、汽車ヲ燒燬シタル者ハ死刑ニ處ス」トノ規定ヲ合シタルモノナリ

舊刑法ニ於テハ家屋、船舶、汽車ノ燒燬ノミニ付テ規定シ是ト殆ト同一ナル電車及ヒ鑛坑等ヲ保護セサリシヲ以テ本法ハ更ニ電車、鑛坑ヲ加フルコトニ爲シタリ

而シテ舊刑法ハ本罪ニ對シ單ニ死刑ニ處スト規定シタルニ依リ其刑ノ範圍狹キニ失シ情狀憐ム可キ者ニ對シテモ仍ホ無益ノ酷刑ヲ科スル場合ヲ生シ實際家ノ極メテ不便ヲ感シタル所ナルヲ以テ本法ハ刑ノ範圍ヲ擴張シ其情狀ニ應シ適宜ノ刑ヲ科スルコトト爲シタリ

本罪成立ニハ第一、火ヲ放タルコト、第二現ニ人ノ住居ニ使用シ又ハ人ノ現在スル建造物、汽車、電車、艦船若クハ鑛坑タルコト、第三燒燬シタルコトノ三條件アルヲ要ス

第一、火ヲ放タルコトヲ要ス

火ヲ放タルコトトハ放火ノ目的物自體若クハ其目的物ニ傳火ス可キ媒介物ニ火ヲ移シタル所爲ヲ謂フ詳言スレハ現ニ人ノ住居ニ使用シ又ハ人ノ現在スル建造物、汽車、電車、艦船、鑛坑自體若クハ是等ノ物ニ傳火ス可キ媒介物ニ火ヲ移シタル所爲ヲ云フニアリ例ヘハ人ノ住居スル家屋ノ軒場ニ火ヲ移シ又ハ其軒下ニ積置キタル芝草等ニ火ヲ移シタル場合ノ如キ是ナリ

第二、現ニ人ノ住居ニ使用シ又ハ人ノ現在スル建造物、汽車、電車、艦船若クハ鑛坑タルコトヲ要ス

(一)現ニ人ノ住居ニ使用シ又ハ人ノ現在スル建造物トハ木造ト石造ト煉瓦造トヲ問ハス總テ人ノ生活ノ本據トシテ常住起臥ノ爲メ築造シタル家屋又ハ臨時人ノ住居シタル家屋ヲ謂フ本法ニ於テハ既ニ一言シタル如ク住居ニ使用スル目的ヲ以テ築造シタル家屋ト否トヲ區別セス現ニ人ノ住居ニ使用シ又ハ人ノ現在シタルトキハ其家屋ノ大小種類ノ如何ヲ問ハス本條ニ所謂、建造物ナリ左レハ人ノ住居ニ使用スル目的ヲ以テ建築セサルモ若シ放火ノ當時、人ノ現在シタルトキハ總テ人ノ

現在シタル建造物ナリト是舊刑法ト異ナル點ナリ（二）汽車、電車、トハ陸上ニ於テ人及ヒ貨物ヲ運搬スルコトヲ目的トスルモノニシテ蒸汽力又ハ電氣力ニ因テ運轉スル車輛ヲ謂フ（鐵道營業法）然レトモ本條特ニ汽車、電車ト特定シタルヲ以テ夫ノ人車、馬車ノ如キハ本條中ニ包含セス（三）艦船トハ水上ニ於テ人及ヒ貨物ヲ運搬スルコトヲ目的トスルモノニシテ蒸汽力其他ノ機械力ニ因テ運轉スル船舶ヲ謂フ故ニ鐵製ト木製トヲ問ハス軍艦商船其他ノ運送船ハ總テ本條艦船中ニ包含ス（四）鑛坑トハ金銀、銅鐵、鉛石炭、石油其他、鑛業條例第二條ニ規定シタル總テノ鑛物ヲ採掘スル坑口ヲ謂フ（明治二十三年法律第八十七號鑛業條例參照）

玆ニ注意ス可キハ本條ハ例示的規定ニ非スシテ制限的規定ナルコト是ナリ

第三、燒燬シタルコトヲ要ス

燒燬トハ文字自ラ示ス如ク火力ヲ以テ目的物ヲ燒盡スルコトヲ謂フ然レトモ此燒燬ノ意義ニ就テハ從來、頗ル議論ノアリタル所ナリ或ハ目的物、全部ヲ燒盡シタルコトヲ要スト論シ或ハ目的物一部ノ燒失モ仍ホ燒燬ナリト論スルモノアリ素ヨリ文字上ノ意義ニ就テハ目的物全部ノ燒盡ニアラサレハ燒燬ト云フコトヲ得サルニ似タルモ法律上ノ意義ニ就テハ放火ノ目的物全部燒失セサルモ仍ホ燒燬ト云フコトヲ得ヘシトハ近時學者ノ通說ナルモ如何ナル程度ノ燒失ヲ以テ燒燬ト爲スヤ換言スレハ本章放火罪ノ既遂未遂ヲ定ムル標準如何ニ就テハ頗ル議論ノアル問題ナリ要スルニ本條、放火罪ノ既遂トハ放火ノ目的物其大部分燒失シテ用法ヲ失フ程度ニ至リタル時ヲ謂フニアリ仍ホ此點ニ就テハ第百十三條ニ至リ詳論セントス

而シテ本條、建造物、汽車、電車、艦船若クハ鑛坑トハ國家ノ所有ニ屬スルト私人ノ所有ナルトヲ問ハス茲ニ問題アリ本條火ヲ放テ人ノ住居ニ使用シ又ハ人ノ現在スル建造物、汽車、電車、艦船若クハ鑛坑ヲ燒燬シタル場合ニ其現在シタル人ヲ死傷ニ致シタルトキハ如何ニ處分ス可キヤノ問題是ナリ本法ハ他ノ條章ニ於テ本問ト同一場合ニ於テハ特ニ刑ヲ設ケ又ハ傷害罪ト比較シ重キニ從テ處斷ス可キコトヲ規定シナカラ第百二十四條、第百二十六條、第百四十五條、第百八十一條、第百九十六條、第二百五條、第二百十四條、第二百十六條、第二百十九條、第二百二十一條此點ニ付キ本章中別ニ規定ナキモ放火ノ當時、人ノ現在スルコトヲ知テ放火シタル結果、人ヲ死傷ニ致シタルトキハ本條、放火罪ト傷害罪トノ二罪併發ナリ若シ其現在スル人ヲ燒死セシムル目的ヲ以テ放火シテ死傷ニ致シタルトキモ本條、放火罪ト殺人罪トノ二罪併發ナルコト論ヲ俟タス而シテ本罪成立ニハ現ニ人ノ住居ニ使用シ又ハ人ノ現在スル建造物、汽車、電車、艦船若クハ鑛坑タルコトヲ知テ燒燬スル意思アルヲ要ス若シ火ヲ放ス意思ナキ行爲ニ基ク燒燬ナルトキハ失火罪ヲ

構成スルコトアルモ本條、放火罪ニ非ス是、注意ス可キ點ナリ獨逸刑法第三百六條ハ故意ニ左ニ揭クル物件ヲ燒燬シタル者ハ放火ノ罪トシ云々ト規定シ明ニ一定ノ目的物ヲ燒燬スル意思ヲ要スルコトト規定シタリ

以上ノ條件具備シタルトキハ死刑又ハ無期若クハ五年以上ノ懲役ニ處ス可キモノトス玆ニ一言ス可キハ本法ハ保護主義ニ基キ各種ノ罪ニ對スル科刑ノ範圍ハ通常、最重刑死刑ナルトキハ最短期ヲ五年若クハ三年ト爲シ最重刑無期ナルトキハ最短期ヲ三年ト爲シ其犯情ニ因リ裁判所ニ量定ヲ一任シタルコト是ナリ

第百九條　火ヲ放テ現ニ人ノ住居ニ使用セス又ハ人ノ現在セサル建造物、艦船若クハ鑛坑ヲ燒燬シタル者ハ二年以上ノ有期懲役ニ處ス

前項ノ物自己ノ所有ニ係ルトキハ六月以上七年以下ノ懲役ニ處ス但公共ノ危險ヲ生セサルトキハ之ヲ罰セス

本條ハ人ノ住居セス又ハ人ノ現在セサル建造物、艦船若クハ鑛坑ヲ燒燬シタル罪ヲ規定シタルモノナリ

本條第一項ハ舊刑法第四百三條、「火ヲ放テ人ノ住居シタル家屋其他ノ建造物ヲ燒燬シタル者ハ無期徒刑ニ處ス」トノ規定同第四百五條、第二項「其人ヲ乘載セサル船舶、汽車ニ係ル時ハ重懲役ニ處ス」トノ規定ヲ合シテ修正シタルモノニテ其立法趣旨ハ前條ト同一ナルモ人ノ現在セサル汽車、電車ハ次條ニ入ル可キモノナルヲ以テ本條中ニ規定セス而シテ第二項ハ舊刑法、第四百七條「火ヲ放テ自己ノ家屋ヲ燒燬シタルモノハ二月以上二年以下ノ重禁錮ニ處ス」トノ規定ニ本法ハ前條ト同一理由ニ基キ艦船ト鑛坑トヲ加ヘタルモノナリ

本條ハ(一)火ヲ放テ現ニ人ノ住居ニ使用セス又ハ人ノ現在セサル他人ノ建造物、艦船若クハ鑛坑ヲ燒燬シタル罪(二)火ヲ放テ現ニ人ノ住居ニ使用セス又ハ人ノ現在セサル自己、所有ノ建造物。艦船若クハ鑛坑ヲ燒燬シタル罪ヲ規定シタルモノナリ

(一) 火ヲ放テ現ニ人ノ住居ニ使用セス又ハ人ノ現在セサル他人ノ建造物、艦船若クハ鑛坑ヲ燒燬シタル罪

本罪成立ニハ、第一火ヲ放タルコト、第二現ニ人ノ住居ニ使用セス又ハ人ノ現在セサル他人ノ建造物、艦船若クハ鑛坑タルコト、第三燒燬シタルコトノ三條件アルヲ要ス

第一、火ヲ放タルコトヲ要ス

火ヲ放タルコトトハ放火ノ目的物若クハ其目的物ニ傳火ス可キ媒介物ニ火ヲ移シタル所爲ヲ謂フコト既ニ前條ニ於テ說明シタルヲ以テ再說セス

第二、現ニ人ノ住居ニ使用セス又ハ人ノ現在セサル建造物、艦船若クハ鑛坑タルコトヲ要ス

（一）現ニ人ノ住居ニ使用セス又ハ人ノ現在セサル建造物トハ人ノ生活本據トシテ起臥常住セス又ハ現ニ人ノ在住セサル家屋ヲ謂フ故ニ明屋又ハ人ノ住居用ニ築造セサル神社、佛閣其他、土藏、物置等ノ如キハ本條ニ所謂、人ノ住居ニ使用セス又ハ人ノ現在セサル建造物ナリ左レハ若シ放火ノ當時、自己以外ノ他人ノ住居ニ使用シ又ハ他人ノ現在シタルトキハ縱令、人ノ生活本據トシテ築造セサル建造物ナルモ本條ニ依リ論スルコトヲ得ス（二）艦船若クハ鑛坑ノ意義ニ就テハ既ニ前條ニ於テ述ヘタルヲ以テ再說セス

以上、現ニ人ノ住居ニ使用セス又ハ人ノ現在セサル建造物。艦船若クハ鑛坑ハ必ス他人ノ所有ニ係ルコトヲ要ス若シ自己ノ所有ナルトキハ本條第二項ニ依リ論ス可キモノトス是、本條件中、特ニ他人ノ文字ヲ加ヘタル所以ナリ

第三、燒燬シタルコトヲ要ス

燒燬ノ意義ニ就テモ既ニ說明シタルヲ以テ再說セス茲ニ問題アリ本條、火ヲ放テ現ニ人ノ住居ニ

使用セス又ハ人ノ現在セサル建造物、艦船若クハ鑛坑ヲ燒燬シタル場合ニ人ヲ死傷ニ致シタルトキハ如何ニ處分ス可キヤノ問題是ナリ人ノ現在スルコトヲ知ラス人ノ住居ニ使用セス又ハ人ノ現在セサル建造物、艦船若クハ鑛坑ト信シテ放火シテ人ヲ死傷ニ致シタルトキハ本條、放火罪ト過失傷害罪トノ二罪併發ナリ

（二）火ヲ放テ現ニ人ノ住居ニ使用セス又ハ人ノ現在セサル自己所有ノ建造物、艦船若クハ鑛坑ヲ燒燬シタル罪

本罪成立ニハ、第一火ヲ放タルコト、第二現ニ人ノ住居ニ使用セス又ハ人ノ現在セサル自己所有ノ建造物、艦船若クハ鑛坑タルコト、第三燒燬シ因テ公共ノ危險ヲ生セシメタルコトノ三條件アルヲ要ス

第一、火ヲ放シタルコトヲ要ス

放火ノ意義ニ就テハ既ニ説明シタルヲ以テ贅セス

第二、現ニ人ノ住居ニ使用セス又ハ人ノ現在セサル自己、所有ノ建造物、艦船若クハ鑛坑タルコトヲ要ス

本條第一項ハ他人ノ所有ニ係ル建造物、艦船若クハ鑛坑ノ燒燬シタル場合ニ關スル規定ナルモ本

項ハ自己ノ所有ニ係ル建造物、艦船鑛坑ヲ自ラ燒燬シタル場合ニ關スルノ差異アルニ止マリ其他ハ第一項ト同一ナルヲ以テ別ニ論セス

第三、燒燬シ因テ公共ノ危險ヲ生セシメタルコトヲ要ス

本條第一項ハ火ヲ放テ現ニ人ノ住居ニ使用セス又ハ人ノ現在セサル建造物、艦船若クハ鑛坑ヲ燒燬シタルトキハ直ニ放火罪成立スルモ本罪ハ自己ノ所有ニ係ル人ノ住居ニ使用セス又ハ人ノ現在セサル建造物、艦船若クハ鑛坑ナルヲ以テ之ヲ燒燬シ因テ公共ノ危險ヲ生セシメタルトキニ非サレハ罰セサルモノトス是注意ス可キ點ナリ而シテ本項ニ所謂、公共ノ危險ヲ生セシメタルコトハ公衆ニ危懼ノ念ヲ抱カシムル所爲ヲ謂フニ在リ仍ホ此點ニ付テハ次條以下ニ至リ詳論セントス

以上ノ條件具備シタルトキハ(一)罪ハ二年以上ノ有期懲役(二)罪ハ六月以上七年以下ノ懲役ニ處ス可キモノトス

第百十條 火ヲ放テ前二條ニ記載シタル以外ノ物ヲ燒燬シ因テ公共ノ危險ヲ生セシメタル者ハ一年以上十年以下ノ懲役ニ處ス

前項ノ物自己ノ所有ニ係ルトキハ一年以下ノ懲役又ハ百圓以下ノ罰金ニ處ス

本條ハ火ヲ放テ前二條ニ記載シタル以外ノ物ヲ燒燬シタル罪ヲ規定シタルモノナリ

本條ハ舊刑法、第四百四條「火ヲ放テ廢屋及ヒ柴草、肥料等ヲ貯フル屋舍ヲ燒燬シタル者ハ重懲役ニ處ス」トノ規定ト同第四百六條「火ヲ放テ山林ノ竹木田野ノ穀麥又ハ露積シタル柴草、竹木其他ノ物件ヲ燒燬シタルモノハ輕懲役ニ處ス」トノ規定ヲ合シテ修正シタルモノナリ

本條第一項ハ前二條ニ記載シタル以外ノ物件ニ放火シ因テ公共ノ危險ヲ生セシメタル場合ニ關シ第二項ハ自己ノ所有ニ係ル本條第一項記載ノ物ヲ燒燬シタル場合ニ關スル規定ナリ

元來、自己ノ所有物ハ之レヲ自由ニ處分スルコトヲ得可キモノナルヲ以テ燒燬スルモ之ヲ罰スルコトヲ得サルニ似タリ然レトモ火ヲ放テ物ヲ燒燬スルカ如キハ社會ノ靜謐ヲ害スル行爲ナルヲ以テ本法ハ特ニ罰スル規定ヲ設ケタルモノナリ

本條ハ(一)火ヲ放テ前二條ニ記載シタル以外ノ物ヲ燒燬シタル罪(二)火ヲ放テ自己ノ所有物ニ係ル前二條ニ記載シタル以外ノ物ヲ燒燬シタル罪ヲ規定シタルモノナリ

(一) 火ヲ放テ前二條ニ記載シタル以外ノ物ヲ燒燬シタル罪

本罪成立ニハ第一、火ヲ放チタルコト、第二前二條ニ記載シタル以外ノ物タルコト、第三燒燬シ因テ公共ノ危險ヲ生セシメタルコトノ三條件アルヲ要ス

第一、火ヲ放チタルコトヲ要ス

本條件ハ前二條ニ於テ說明シタル所ト同一ナルヲ以テ別ニ贅セス

第二、前二條ニ記載シタル以外ノ物タルコトヲ要ス

前二條ニ記載シタル以外ノ物ヲ燒燬シタルコトトハ現ニ人ノ住居ニ使用シ又ハ人ノ現在スル建造物、汽車、電車、艦船、鑛坑又ハ現ニ人ノ住居ニ使用セス又ハ人ノ現在セサル建造物、艦船若クハ鑛坑以外ノ物ヲ燒燬シタルコトヲ謂フ換言スレハ前二條ニ記載シタル以外ノ有體物ヲ燒燬シタル場合ヲ總稱ス左レハ本條ニ所謂、物トハ民法第八十五條ノ有體物ニシテ同第八十六條ノ動產、不動產等ヲ謂フ故ニ前二條ニ包含セサル他人所有ノ汽車、電車、人車、鐵道、馬車、人力車、其他廢屋及ヒ柴草、肥料等ヲ貯フル屋舍又ハ山林ノ竹木、田野ノ穀麥等ノ如キ其他、有ユル有體物ハ其公有ナルト私有ナルトヲ問ハス總テ本條、物中ニ包含スルモノトス

第三、燒燬シ因テ公共ノ危險ヲ生セシメタルコトヲ要ス

本條、因テ公共ノ危險ヲ生セシメトハ火ヲ放テ前二條ニ例示シタル以外ノ物ヲ燒燬シ爲メニ公衆ニ危懼ノ念ヲ抱カシメタル所爲ヲ謂フ故ニ前二條ニ記載シタル以外ノ物ヲ燒燬スルモ因テ公共ノ危險ヲ生セシメサルトキハ本條ニ依リ論スルコトヲ得ス如何トナレハ本條第一項特ニ前二條ニ記

載シタル以外ノ物ヲ燒燬シ因テ公共ノ危險ヲ生セシメタル者ハ一年以上、十年以下ノ懲役ニ處ス」ト規定シタレハナリ然レトモ斯ル場合ハ火力ニ因リ他人ノ物ヲ損壞又ハ傷害シタル者トシテ第四十章毀棄罪ニ依リ論スルノ外ナシ第十五議會ニ提出シタル草案第百二十九條ハ本項ノ場合ヲ單ニ火ヲ放テ前二條ニ記載シタル以外ノ物ヲ燒燬シタル者ハ十年以下ノ懲役ニ處スト規定シテ其第二項ヲ以テ前項ノ物、自己ノ所有ニ係ルトキハ放火ノ爲メ公共ノ危險ヲ生シタルトキニ限リ一年以下ノ懲役又ハ百圓以下ノ罰金ニ處ス」ト規定シ他人ノ物ヲ燒燬シタルトキハ公共危險ノ有無ヲ問ハス罰スル主義ナリシヲ確定成案ニ至リ本條ノ如ク改メタリ蓋シ本條公共ノ危險トハ必スシモ他人ノ財産ニ害ヲ及ホシタルコトノミヲ意味スルモノニ非ス火ヲ放テ物ヲ燒燬スル所爲自體、既ニ公共的危險行爲タルニ因リ藁一束ヲ燒燬スルモ時ト場所ニ因テ公共ノ危險ヲ生スルコトナキニ非サレハ公共危險ノ有無ハ實際ニ臨ミ決ス可キ事實上ノ問題タリ左レハ前二條ニ規定シタル他人ノ物ノ燒燬ハ當然公共ノ危險ヲ生ス可キカ故ニ殊更ニ本條件ニ付規定スル所アラサルモ其物自體ノ燒燬ノミニテハ當然危險ヲ生セサル場合ニ於テハ公共ノ危險ヲ生シタルトキニ限リ罰ス可キコトヲ特記スルノ必要アルヨリ斯クハ規定シタルナリ

（二）　火ヲ放テ前二條ニ記載シタル以外ノ自己ノ所有ニ係ル物ヲ燒燬シタル罪

本罪成立ニハ、第一火ヲ放チタルコト、第二前二條ニ記載シタル以外ノ自己ノ所有ニ係ル物タルコト、第三燒燬シ因テ公共ノ危險ヲ生セシメタルコトノ三條件アルヲ要ス

第一、火ヲ放チタルコトヲ要ス

本條件ハ既ニ屢々說明シタルヲ以テ別ニ贅セス

第二、前二條ニ記載シタル以外ノ自己ノ所有ニ係ル物タルコトヲ要ス

前二條ニ記載シタル以外ノ物」ノ意義ニ就テハ既ニ說明シタルヲ以テ再說セサルモ本條第一項ハ他人ノ所有ニ係ルモノヲ燒燬シタル場合ニ關シ本項ハ自己ノ所有物ヲ燒燬シタル場合ニ關スル規定タルノ差異アルニ過キス

第三、燒燬シ因テ公共ノ危險ヲ生セシメタルコトヲ要ス

既ニ一言シタル如ク自己ノ所有物ヲ燒燬スルハ一種ノ處分行爲ナルヲ以テ之ヲ罰スルハ甚タ酷ニ失スルノ嫌ナキニ非スト雖モ火ヲ放テ物ヲ燒燬スルカ如キハ公衆ニ不安ノ念ヲ抱カシムル所爲ニシテ稍モスレハ他ニ延燒スルノ虞アルニ因リ特ニ自己ノ所有物ナルモ之レヲ燒燬シタルトキハ本條ニ依リ罰スルモノトス然レトモ如何ナル場合ヲ以テ其物ノ燒燬カ公衆ノ危險ヲ生スルモノナルヤハ時ト場所ニ因ル事實上ノ問題ナリ一例ヲ擧クレハ人家稠密ノ場所ニ於テ自己所有ノ塵芥其他

ノ物ヲ堆積シテ燒燬シ他人ヲシテ火事ト誤認セシメタル場合ノ如キハ本條ニ所謂、公共ノ危險ヲ生セシメタルモノナリ左レハ極メテ小量ナル塵芥ヲ燒燬シタル場合ノ如キハ未タ以テ公共ノ危險ヲ生セシメタルモノト云フコトヲ得ズ

以上ノ條件具備スルトキハ(一)罪ハ一年以上十年以下ノ懲役(二)罪ハ一年以下ノ懲役又ハ百圓以下ノ罰金ニ處ス可キモノトス

第百十一條 第百九條第二項又ハ前條第二項ノ罪ヲ犯シ因テ第百八條又ハ第百九條第一項ニ記載シタル物ニ延燒シタルトキハ三月以上、十年以下ノ懲役ニ處ス

前條第二項ノ罪ヲ犯シ因テ前條第一項ニ記載シタル物ニ延燒シタルトキハ三年以下ノ懲役ニ處ス

本條ハ自己ノ所有物ヲ燒燬シ因テ他人ノ物ニ延燒セシメタル場合ノ處分ヲ規定シタルモノナリ

本條ハ本法ノ新設ニ係ル規定ナリ即チ本條第一項ハ第百九條第二項ニ規定シタル自己ノ所有ニ係リ現ニ人ノ住居ニ使用セス又ハ人ノ現在セサル建造物、艦船若クハ鑛坑ヲ燒燬シ因テ第百八條現ニ人

ノ住居ニ使用シ又ハ人ノ現在スル建造物、汽車、電車、艦船若クハ鑛坑同第百九條現ニ人ノ住居ニ使用セス又ハ人ノ現在セサル建造物、艦船若クハ鑛坑ニ延燒セシメタルトキハ三月以上十年以下ノ懲役ニ處ス可キコトヲ規定シ第二項ハ第百八條第百九條第一項ニ規定シタル物以外ノ自己ノ所有物ヲ燒燬シ因テ公共ノ危險ヲ生セシメ第百八條第百九條第一項記載以外ノ他人ノ物ニ延燒セシメタル場合ハ三年以下ノ懲役ニ處ス可キコトヲ規定シタルモノナリ

蓋シ本條ハ孰レモ自己ノ所有物ヲ燒燬スル意思ヲ以テ放火シタル結果他人ノ所有物ニ延燒シタル場合ナルカ故ニ其刑輕シト雖モ若シ初メヨリ他人ノ物ニ延燒セシムル意思ヲ以テ自己ノ家屋其他ノ物ニ放火シ遂ニ延燒セシメタルトキハ其目的物ノ區別ニ從ヒ第百八條、第百九條第一項、第百十條第一項ノ罪成立スルコト論ヲ俟タス

第百十二條　第百八條及ヒ第百九條第一項ノ未遂罪ハ之ヲ罰ス

本條ハ第百八條ノ火ヲ放テ現ニ人ノ住居ニ使用シ又ハ人ノ現在スル建造物、汽車、電車、艦船若クハ鑛坑ヲ燒燬シタル罪、第百九條ノ火ヲ放テ現ニ人ノ住居ニ使用セス又ハ人ノ現在セサル建造物、艦船若クハ鑛坑ヲ燒燬シタル罪ノ未遂罪ハ之ヲ處罰ス可キコトヲ規定シタルモノナリ

如何ナル程度ニ達シタルトキヲ以テ第百八條、第百九條、放火罪ノ既遂ト爲スヤハ既ニ第百八條ニ

於テ一言論シタル如ク從來頗ル議論ノアリタル所ナリ、今其ノ學說ヲ擧クレハ左ノ如シ

第一說、放火罪ノ目的物タル家屋其他ノ物件ニ傳火ス可キ媒介物ニ火ヲ移シタルトキハ本罪ノ既遂ナリト

第二說、放火罪ノ目的物タル家屋其他ノ物件自體ニ傳火シタルトキハ本罪ノ既遂ナリト

第三說、放火罪ノ目的物タル家屋其他ノ物件火勢上、當然、燒失ス可キ狀況ニ達シタルトキハ本罪ノ既遂ナリト

第四說、放火罪ノ目的物タル家屋其他ノ物件ノ大部分、燒失シ現形ヲ亡失シテ其用法ヲ失ヒタルトキハ本罪ノ既遂ナリト

第一說ハ放火罪ノ目的物タル家屋其他ノ物件ニ傳火ス可キ媒介物ニ火ヲ移シタルトキハ放火罪ノ既遂ナリト云フニ在レトモ元來、放火罪トハ火ヲ放テ或ル一定ノ目的物ヲ燒燬スル所爲ヲ云フモノナルヲ以テ第一說ノ如ク其目的物ニ傳火ス可キ媒介物ニ火ヲ移シタルニ止マルトキハ未タ燒燬ノ條件ニ達セサルヲ以テ本罪ノ既遂ナリト云フコトヲ得ス又第二說ハ放火罪ノ目的物タル家屋其他ノ物件ニ自體ニ傳火シタルトキハ本罪ノ既遂ナリト云フニアレトモ其傳火ハ放火ノ所爲ニ著手シタリト云フコトヲ得可キモ未タ本罪、構成條件タル燒燬ノ結果ヲ生セシメタルモノニ非サルヲ以テ目的物、自

體ニ傳火シタルニ止マルトキハ第一説ト等シク犯罪ノ既遂ナリト云フコトヲ得ス。第三説放火罪ノ目的物タル家屋、其他ノ物件、火勢上、當然、燒失ス可キ狀況ニ達シタルトキハ最早、犯罪、既遂ノ時期ニ近カシト雖モ尙ホ消防。其他ノ障碍ニ因リ燒失セサルコトアレト目的物、自體ノ性質上、其用法ヲ失ハサルトキハ未タ一槪ニ犯罪ノ既遂ナリト斷定スルヲ得ス第四説ハ放火ノ目的物タル家屋、其他ノ物件ノ大部分燒失シ其用法ヲ失シタルトキヲ以テ放火罪ノ既遂ト爲スニ在リテ放火及ヒ燒燬ノ條件共ニ具備スルヲ以テ最モ正當ナル見解ナリト信ス但シ實際ノ判例ハ從來、第三説ナルカ如シ、放火罪完成ノ時期ハ其建造物全部ヲ燒盡シタル場合ニ始メテ完成スルニ非ス苟モ建造物ニ移リタル火カ犯人使用ノ燃燒物ノ火力ヲ籍ラス獨立シテ燃燒作用ヲ繼續シ得ヘキ狀態ニ在ルトキハ實際燒燬シタル部分ノ大小廣狹ヲ問ハス犯罪ハ此時ニ於テ完成ストノ判例アリ

第百十三條　第百八條又ハ第百九條第一項ノ罪ヲ犯ス目的ヲ以テ其豫備ヲ爲シタル者ハ二年以下ノ懲役ニ處ス但情狀ニ因リ其刑ヲ免除スルコトヲ得

本條ハ第百八條及ヒ第百九條第一項ノ罪ヲ犯ス目的ヲ以テ其放火ノ豫備ヲ爲シタル者ヲ罰ス可キコトヲ規定シタルモノナリ

第百八條及ヒ第百九條第一項ニ規定シタル建造物、艦船、鑛坑等ハ人ノ住居シ若クハ現在スル虞アルノミナラス最モ重要ナル財物ナルヲ以テ是等ノ物ニ放火スル目的ヲ以テ其準備ヲ為スカ如キハ事、極メテ危險ナルニ由リ其準備行為ヲ罰シテ大害ヲ未然ニ防止スルモノトス然ラハ本條、放火罪ノ豫備トハ如何ナル所為ヲ云フカハ一概ニ論定スルコトヲ得サル事實問題ナリト雖モ要スルニ放火ノ所為ニ接著シタル豫備的行為ヲ謂フ一例ヲ擧クレハ家屋其他ノ物ニ對シ放火スル目的ヲ以テ媒介物ニ石油ヲ注キ家屋其他ノ物ノ存在スル場所ニ到リタル場合ノ如キ是ナリ如斯、其豫備ノ範圍、極メテ廣汎ナルヲ以テ本條ハ其豫備ヲ為シタル者ハ二年以下ノ懲役ニ處ス但情状ニ因リ其刑ヲ免除スルコトヲ得」ト規定シ其刑モ亦極メテ輕ク規定スルコトト為シタリ、例ヘハ離婚其他ノ原因ニヨリ嫉妬ノ餘リ前後ノ思慮ナク放火セント準備シタル場合ノ如キハ本條但書ニ依據シ情状ニ因リ其刑ヲ免除スルコトヲ得可キモノトス

第百十四條　火災ノ際鎭火用ノ物ヲ隱匿又ハ損壞シ若クハ其他ノ方法ヲ以テ鎭火ヲ妨害シタル者ハ一年以上十年以下ノ懲役ニ處ス

本條ハ火災ノ際、鎭火ヲ妨害シタル罪ヲ規定シタルモノナリ

從來、火災ノ際、其鎭火ヲ妨害シタル實際問題、往々生シタルヲ以テ本法ハ必要上、本條ヲ新設シ

タルモノナリ本罪成立ニハ、第一火災ノ際タルコト、第二鎭火用ノ物ヲ隱匿又ハ損壞シ若クハ其他ノ方法ヲ以テ鎭火ヲ妨害シタルコトノ二條件アルヲ要ス

第一、火災ノ際タルコトヲ要ス

本條、火災ノ際トハ放火ト失火トヲ問ハサルハ勿論、天災、地變ニ基ク火災ヲモ包含スルモノトス

第二、鎭火用ノ物ヲ隱匿又ハ損壞シ若クハ其他ノ方法ヲ以テ鎭火ヲ妨害シタルコトヲ要ス

(一)鎭火用ノ物トハ消防用ノ機械其他ノ器具ヲ總稱スルモノニテ隱匿トハ既ニ本編、第七章ニ於テ述ヘタル如ク他人ノ發見ヲ妨クル所爲ヲ謂フニ外ナラス(二)損壞トハ鎭火用ノ物件タル機械其他ノ器具ヲ物質的ニ破損シ其用ヲ爲サヽラシメタル所爲ヲ謂フ(三)其他ノ方法ヲ以テ妨害シタル者トハ火災ノ消防ヲ妨クル所爲ノ如キ是ナリ例ヘハ水道ヲ堰キ止メ水ヲ流下セシメス若クハ消防夫ノ通行ヲ妨ケタル所爲ノ如キ是ナリ蓋シ火災ニ臨ミ鎭火用ノ物件ヲ隱匿シ又ハ損壞シ若クハ其他ノ方法ヲ以テ鎭火ヲ妨クルカ如キ所爲ハ最モ惡ム可キ所爲ナルヲ以テ嚴罰スル必要アリ

本罪成立ニハ火災ノ際、鎭火用ノ物件ナルコトヲ知テ隱匿シ又ハ損壞シ若クハ其他ノ方法ヲ以テ鎭火ヲ妨害スル意思アルヲ要ス若シ其意思ナク燒燬スルヲ虞レテ他ニ運搬シ又ハ鎭火ノ爲メニ使用シテ損壞シタル場合ノ如キハ本條ニ依リ論スルコトヲ得ス

以上ノ條件具備スルトキハ一年以上、十年以下ノ懲役ニ處ス可キモノトス

第百十五條　第百九條第一項及ヒ第百十條第一項ニ記載シタル物自己ノ所有ニ係ルト雖モ差押ヲ受ケ物權ヲ負擔シ又ハ賃貸シ若クハ保險ニ付シタルモノヲ燒燬シタルトキハ他人ノ物ヲ燒燬シタル者ノ例ニ同シ

本條ハ差押ヲ受ケ物權ヲ設定シ又ハ賃貸シ若クハ保險ニ付シタル自己ノ所有物ヲ燒燬シタル罪ヲ規定シタルモノナリ

本罪成立ニハ、第一自己ノ所有ニ係ル第百九條第一項及ヒ第百十條第一項ニ記載シタル物ナルコト第二差押ヲ受ケ物權ヲ負擔シ又ハ賃貸シ若クハ保險ニ付シタルモノタルコト、第三燒燬シタルコトヲ要ス

第一、自己ノ所有ニ係ル第百九條第一項及ヒ第百十條第一項ニ記載シタル物タルコトヲ要ス

火ヲ放テ自己ノ所有物ヲ燒燬シタル場合ト雖モ若シ其物カ差押ヲ受ケ又ハ物權ヲ設定シ或ハ賃貸借ノ目的物トナリ或ハ保險ニ付シタルモノナルトキハ之ニ因テ其物上ニ有スル他人ノ權利ヲ害シ損害ヲ被ラシムルコト他人ノ所有物ヲ燒燬シタル場合ト同一ナルヲ以テ本法ハ特ニ本條ヲ新設シ他人ノ物ヲ燒燬シタル場合ト同一ニ處分スルコトト爲シタリ蓋シ本條ニ所謂第百九條第一項、第

百十條第一項ニ記載シタル物トハ現ニ人ノ住居ニ使用セス又ハ人ノ現在セサル建造物、汽車、電車、艦船若クハ鑛坑其他ノ所有物ヲ謂フモノトス

第二、差押ヲ受ケ物權ヲ負擔シ又ハ賃貸シ若クハ保險ニ付シタルモノナルコトヲ要ス

（一）差押ヲ受ケトハ法令ノ規定ニ依リ差押ヲ受ケタル動產、不動產ヲ謂フ蓋シ本條ニ所謂差押ヲ受ケトハ主トシテ民事訴訟上、强制執行ニ因ル差押ヲ意味スルモノニテ假差押ノ如キハ本條、差押物中ニ包含セサル立法趣旨ナリ（二）物權ヲ負擔シトハ民法、第二編、第一章ニ規定シタル各種ノ權利（例ヘハ地上權、永小作權、地役權、抵當權等）ヲ設定シタル物ヲ謂フ（詳細ハ民法、第二編、物權編參照）（三）賃貸物トハ當事者ノ一方カ相手方ニ或物ノ使用及ヒ收益ヲ爲サシムル爲メ賃金ヲ支拂フコトヲ約シテ引渡シタル物ヲ謂フ（其詳細ハ民法第三編第二章、第七節參照）（四）保險ニ付シタルモノトハ當事者ノ一方カ偶然ナル一定ノ事故ニ因リテ生スルコトアル可キ損害ヲ塡補スルコトヲ約シ相手方カ之ニ其報酬ヲ與フルコトヲ約シタル物ヲ謂フ（詳細ハ商法、第三編、第十章、第一節、第三百八十四條、以下參照）自己ノ物ニ保險ヲ付シ自ラ放火シ保險金ヲ詐取セントシタル實例往々之アリタルヲ以テ必要上之ヲ規定シタルモノナリ

第三、燒燬シタルコトヲ要ス

以上他人ノ各種、權利ノ目的ト爲リタル物ヲ燒燬シタルトキ例ヘハ權利者ヨリ債權執行ノ爲メ差押ヲ受ケタル物又ハ債權者ニ對シ債務ノ擔保トシテ抵當權ヲ設定シタル建造物其他賃貸シタル家屋其他ノ有體物若クハ火災。天災等ニ付キ保險ヲ付シタル被保險物ヲ燒燬シタル場合ノ如キハ他人ノ所有物ヲ燒燬シタル場合ト殆ト同一ナレハナリ而シテ本罪ハ其目的物上ニ有スル他人ノ權利ヲ害スル所爲ヲ罰スル趣旨ナルヲ以テ必ス其目的物ニ對シテ差押ヲ受ケタルコト物權ヲ設定シアルコト又ハ賃貸シタルコト若クハ保險ニ付シタルモノヲ燒燬スル意思ヲ要スルコト論ヲ俟タス

以上ノ條件具備スルトキハ目的物ノ區別ニ從ヒ他人ノ物ヲ燒燬シタル者ト同一ニ處斷ス可キモノトス

第百十六條 火ヲ失シテ第百八條ニ記載シタル物又ハ他人ノ所有ニ係ル第百九條ニ記載シタル物ヲ燒燬シタル者ハ三百圓以下ノ罰金ニ處ス

火ヲ失シテ自己ノ所有ニ係ル第百九條ニ記載シタル物又ハ第百十條ニ記載シタル物ヲ燒燬シ因テ公共ノ危險ヲ生セシメタル者亦同シ

本條ハ失火ノ罪ヲ規定シタルモノナリ

本條第一項ハ舊刑法、第四百九條「火ヲ失シテ人ノ家屋、財產ヲ燒燬シタル者ハ二圓以上二十圓以下ノ罰金ニ處ス」トノ規定ヲ修正シタルモノニテ其立法趣旨ハ殆ト同一ナリ

本罪成立ニハ、第一火ヲ失シタルコト、第二第百八條ニ記載シタル物又ハ他人ノ所有ニ係ル第百九條ニ記載シタル物タルコト、第三燒燬シタルコトノ三條件アルヲ要ス

第一、火ヲ失シタルコトヲ要ス

本條火ヲ失シトハ過テ火ヲ放チタルコトヲ謂フ詳言スレハ放火ノ意思ナクシテ不注意ニ因リ火ヲ失シタルコトヲ謂フ從來、失火罪ニ就テハ實際家ノ最モ困難ヲ感シタル所ナリ如何トナレハ火災ノ虞ル可キコトハ何人モ之ヲ識ル所ナルヲ以テ通常、注意スルモ尙ホ且意外ノ邊ヨリ火ヲ發スルコト往々之アル所ナレハナリ故ニ本罪ハ寧ロ公益上ヨリ其結果ヲ罰スル犯罪ナリト云フノ外ナシ然レトモ本條、火ヲ失シトハ獨逸刑法第三百九條ト等シク過失ニ因リ火ヲ失シ物ヲ燒燬シタル場合ト解釋ス可キモノナリ故ニ充分、注意シタルニ係ハラス豫想セサル意外ノ邊ヨリ火ヲ發シタル場合ハ本條ニ依リ論スルコトヲ得ス過失ノ意義ニ就テハ仍ホ第二十八章、過失傷害罪ニ至リ詳論セントス

第二、第百八條ニ記載シタル物又ハ他人ノ所有ニ係ル第百九條ニ記載シタル物タルコトヲ要ス

舊刑法、第四百九條ハ「火ヲ失シテ人ノ家屋財產ヲ燒燬シタル者」ト規定シ自己ノ家屋財產ヲ燒燬シタル場合ハ之ヲ罰セサリシモ本法ハ既ニ前數條ニ於テ述ヘタル如ク自己ノ所有物ト雖モ之ヲ燒燬シタルトキハ罰スル主義ヲ採リタルヲ以テ火ヲ失シ第百八條現ニ人ノ住居ニ使用シ又ハ人ノ現在スル建造物、汽車、電車、艦船若クハ鑛坑、第百九條第一項現ニ人ノ住居ニ使用セス又ハ人ノ現在セサル建造物、艦船若クハ鑛坑タルトキハ本條第一項ニ依リ罰スルモノトス

第三、燒燬シタルコトヲ要ス

燒燬ノ意義ニ付テハ既ニ屢々說明シタルヲ以テ別ニ論セス

本條第二項「火ヲ失シテ自己ノ所有ニ係ル第百九條ニ記載シタル物又ハ第百十條ニ記載シタル物ヲ燒燬シ因テ公共ノ危險ヲ生セシメタル者亦同シ」トハ本章第百九條第二項「前項ノ物自己ノ所有ニ係ルトキハ六月以上七年以下ノ懲役ニ處ス但公共ノ危險ヲ生セサルトキハ之ヲ罰セス」トノ規定及ヒ第百十條第二項「前項ノ物自己ノ所有ニ係ルトキハ一年以下ノ懲役又ハ百圓以下ノ罰金ニ處ス」トノ規定ヲ本條、失火罪ニ適用シタルモノナリ

而シテ本項自己ノ所有物ニ係ル失火罪成立ニハ、第一火ヲ失シタルコト、第二自己ノ所有物ニ係ル物タルコト、第三燒燬シ因テ公共ノ危險ヲ生セシメタルコトノ三條件ヲ要スルモ本條件ハ孰レ

モ既ニ述ヘタル所ニ依リ明瞭ナルヲ以テ別ニ說明セス

以上ノ條件具備シタルトキハ三百圓以下ノ罰金ニ處ス可キモノトス

第百十七條 火藥、汽罐其他激發ス可キ物ヲ破裂セシメテ第百八條ニ記載シタル物又ハ他人ノ所有ニ係ル第百九條ニ記載シタル物ヲ損壞シタル者ハ放火ノ例ニ同シ自己ノ所有ニ係ル第百九條ニ記載シタル物又ハ第百十條ニ記載シタル物ヲ損壞シ因テ公共ノ危險ヲ生セシメタル者亦同シ

前項ノ行爲過失ニ出テタルトキハ失火ノ例ニ同シ

本條ハ火藥、汽罐其他、激發ス可キ物ヲ破裂セシメテ物ヲ損壞シタル罪ヲ規定シタルモノナリ

本條ハ舊刑法、第四百十條「火藥其他、爆發ス可キ物品又ハ煤氣、井蒸汽罐ヲ破裂セシメテ人ノ家屋、財產ヲ毀壞シタル者ハ其故意ニ出ルト過失トヲ分チ放火、失火ノ例ニ照シテ處斷ス」トノ規定ヲ修正シタルモノニテ其立法趣旨ハ同一ナリ故ニ本條、火藥、汽罐其他、激發ス可キ物ヲ破裂セシムル意思ヲ以テ第百八條ニ記載シタル物又ハ他人ノ所有ニ係ル第百九條ニ記載シタル物ヲ損壞シタルトキハ放火罪ノ例ニ依リ處斷シ又火藥、汽罐、其他、激發ス可キ物ヲ破裂セシメテ自己ノ所有ニ

係ル第百九條ニ記載シタル物又ハ第百十條ニ記載シタル物ヲ損壞シ因テ公共ノ危險ヲ生セシメタルトキハ放火ノ例ニ從ヒ處斷ス可キモノトス而シテ本條損壞トハ其目的物ヲ物質的ニ破壞損傷シテ其用法ヲ失ハシメタル所爲ヲ謂フモノナルヲ以テ本條損壞ハ前數條ニ規定シタル燒燬ト殆ト同一意味ニ解ス可キモノナリ

本條第二項「前項ノ行爲過失ニ出テタルトキハ失火ノ例ニ同シ」トハ過失ニ出テ自己又ハ他人ノ所有ニ係ル本條第一項ノ規定ニ係ル物ヲ損壞シタルトキハ前條失火ノ例ニ依リ處斷ス可キコトヲ規定シタルモノナリ

第百十八條 瓦斯、電氣又ハ蒸汽ヲ漏出若クハ流出セシメ又ハ之ヲ遮斷シ因テ人ノ生命、身體又ハ財産ニ危險ヲ生セシメタル者ハ三年以下ノ懲役又ハ百圓以下ノ罰金ニ處ス

瓦斯、電氣又ハ蒸汽ヲ漏出若クハ流出セシメ又ハ之ヲ遮斷シ因テ人ヲ死傷ニ致シタル者ハ傷害ノ罪ニ比較シ重キニ從テ處斷ス

本條ハ瓦斯、電氣又ハ蒸氣ヲ漏出若クハ流出セシメ又ハ之ヲ遮斷シ因テ人ノ生命、身體又ハ財産ニ

危險ヲ生セシメタル罪及ヒ因テ人ヲ死傷ニ致シタル罪ヲ規定シタルモノナリ

本條ハ本法ノ新設ニ係ル規定ニシテ第一項ハ瓦斯、電氣又ハ蒸氣、漏出ノ危險ヲ豫防スル目的ニ出テタルモノナリ蓋シ夫ノ瓦斯、電氣又ハ蒸汽ヲ漏出若クハ流出セシメ又ハ之ヲ遮斷シ因テ人ノ生命、身體又ハ財産ニ危險ヲ生セシメタル場合ノ如キハ之ヲ不問ニ付ス可キモノニ非サルヲ以テ特ニ本章ニ規定シタルモノナリ

蓋シ本條第二項ハ第一項ノ罪ヲ犯シ因テ人ヲ死傷ニ致シタルトキハ其情狀、重キヲ以テ之ヲ傷害罪ニ比較シテ處斷ス可キコトト爲シタルモノニテ其法意、明瞭ナルヲ以テ深ク論セス

第十章　溢水及ヒ水利ニ關スル罪

總論

本章ハ舊刑法、第三編、第二章財産ニ對スル罪中ノ第八節決水ノ罪ヲ修正シタルモノナリ

其修正シタル主要ノ點ヲ擧クレハ左ノ如シ

一、舊刑法ハ本章ノ罪ヲ決水ノ罪ト題シ財産ニ關スル罪中ニ規定シタルモ本法ハ前章放火及ヒ失火ノ罪ト同シク靜謐ニ關スル罪ト爲シ溢水及ヒ水利ニ關スル罪ト改メタリ

二、舊刑法ハ溢水セシムル手段ヲ堤防ノ決潰ト水閘ノ毀壞トノ二者ニ制限シタルモ實際上、狹キニ失スルヲ以テ本法ハ其手段方法ヲ問ハサルコトト改メタリ

三、舊刑法ハ水害ノ際、防水用ノ物ヲ隱匿又ハ毀壞シ若クハ其他ノ方法ヲ以テ水防ヲ妨害シタル場合ノ規定ヲ闕キタルヲ以テ本法ハ水害ノ際、水防ヲ妨害スルハ火災ノ際、鎮火ヲ妨害スルト同一ナルニ因リ新ニ是等ノ所爲ヲ罰スル規定ヲ設ケタリ

本章ハ(一)溢水セシメテ現ニ人ノ住居ニ使用シ又ハ人ノ現在スル建造物、汽車、電車、若クハ鑛坑ヲ浸害シタル罪(二)溢水セシメテ(一)ニ記載シタル以外ノ物ヲ浸害シタル罪(三)自己ノ所有ニ係ル差押物、物權ヲ負擔シタル物又ハ賃貸シタル物保險ニ付シタル物ヲ浸害シタル罪(四)水害ノ際、防水用ノ物ヲ隱匿又ハ損壞シ若クハ其他ノ方法ヲ以テ水防ヲ妨害シタル罪(五)過失ニ因リ溢水セシメタル罪(六)堤防ヲ決潰シ水閘ヲ破壞シ其他水利ノ妨害トナルヘキ行爲ヲ爲シタル罪等ヲ規定シタルモノナリ

第百十九條 溢水セシメ現ニ人ノ住居ニ使用シ又ハ人ノ現在スル建造物、汽車、電車若クハ鑛坑ヲ浸害シタル者ハ死刑又ハ無期若クハ三年以上ノ懲役ニ處ス

本條ハ溢水セシメテ現ニ人ノ住居ニ使用シ又ハ人ノ現在スル建造物、汽車、電車若クハ鑛坑ヲ浸害

シタル罪ヲ規定シタルモノナリ
本條ハ舊刑法、第四百十一條第一項、「堤防ヲ決潰シ又ハ水閘ヲ毀壞シテ人ノ住居シタル家屋ヲ漂失シタル者ハ無期徒刑ニ處ス」トノ規定ヲ修正シ其浸害ノ手段方法ヲ制限セサルコトト爲シタルモノナリ而シテ本條ハ前章、第百八條ト其立法趣旨ハ同一ナリ唯、前章放火罪ハ火力ニ因ル侵害ナルモ本章ハ水力ニ因ル浸害タルノ差異アルニ過キス
本罪成立ニハ、第一溢水セシメタルコト、第二現ニ人ノ住居ニ使用シ又ハ人ノ現在スル建造物、汽車、電車若クハ鑛坑タルコト、第三浸害シタルコトノ三條件アルヲ要ス
第一、溢水セシメタルコトヲ要ス
本條溢水トハ水ヲ漲溢汎濫セシメタル所爲ヲ謂フ而シテ其水流ヲ漲溢汎濫セシメタル手段ハ舊刑法ノ如ク堤防ヲ毀損シタルト水閘ヲ破壞シタルト其他ノ手段ニ因リタルトヲ問ハス總テ水路以外ニ水勢ヲ脱出セシメタル場合ヲ云フニ在リ茲ニ注意ス可キハ本條ハ專ラ洪水ノ場合ヲ規定シタルコト是ナリ平水ノ場合ニ堤防ヲ決潰シ若クハ水閘ヲ破壞シテ溢水セシメタル場合ハ本章第百二十三條ニ依リ論スル立法趣旨ナリ
第二、現ニ人ノ住居ニ使用シ又ハ人ノ現在スル建造物、汽車、電車若クハ鑛坑タルコトヲ要ス

現ニ人ノ住居ニ使用シ又ハ人ノ現在スル建造物、汽車、電車若クハ鑛坑トハ前章第百八條ニ於テ詳論シタル物ト同一ナルヲ以テ再説セス唯。本條艦船ヲ除外シタルハ其性質上、溢水ノ爲メ浸害ヲ被ル可キモノニ非サルカ爲メナリ

第三、浸害シタルコトヲ要ス

本條浸害トハ溢水ノ爲メ流失破壞シタルト否トヲ問ハス其物ノ用ヲ失ハシメタル總テノ損害ヲ謂フニアリ例ヘハ人ノ住居ニ使用スル建造物ヲ漂失セシメ又ハ單ニ浸水セシメ人ノ住居トシテ其用ヲ爲サヽルニ至ラシメタルトキハ本條ノ浸害ナリ故ニ本條ノ浸害ハ必スシモ物質的ニ其目的物タル建造物、汽車、電車、若クハ鑛坑ヲ破壞若クハ流失セシメタル場合ニ限ラス是注意ス可キ點ナリ而シテ本罪成立ニモ現ニ人ノ住居ニ使用シ又ハ人ノ現在スル建造物、汽車、電車若クハ鑛坑タルコトヲ知テ浸害シタルヲ要スルコトハ明瞭ナルヲ以テ別ニ説明セス

以上ノ條件具備シタルトキハ死刑又ハ無期若クハ三年以上ノ懲役ニ處ス可キモノトス

第百二十條 溢水セシメテ前條ニ記載シタル以外ノ物ヲ浸害シ因テ公共ノ危險ヲ生セシメタル者ハ一年以上十年以下ノ懲役ニ處ス

浸害シタル物自己ノ所有ニ係ルトキハ差押ヲ受ケ物權ヲ負擔シ又ハ賃貸

シ若クハ保險ニ付シタル場合ニ限リ前項ノ例ニ依ル

本條ハ溢水セシメテ前條ニ記載シタル以外ノ物ヲ浸害シタル罪ヲ規定シタルモノナリ

本條、第一項ハ舊刑法、第四百十二條、「堤防ヲ決潰シ水閘ヲ毀壞シテ田圃、鑛坑、牧場等ヲ荒廢シタル者ハ輕懲役ニ處ス」トノ規定ヲ修正シ本法ハ溢水セシメタル手段方法ニ關スル制限ヲ廢シ之ヲ概括的ニ規定シタルモノニテ第二項ハ浸水セシメタル物カ自己ノ所有物ニ係リ且ツ差押ヲ受ケ又ハ物權ヲ負擔シ若クハ賃貸シ若クハ保險ニ付シタルモノニ關スル場合ヲ規定シタルモノナリ

本條ハ(一)溢水セシメテ前條ニ記載シタル以外ノ物ヲ浸害シタル罪(二)差押ヲ受ケ物權ヲ負擔シ又ハ賃貸シ若クハ保險ニ付シタル自己ノ所有物ヲ浸害シタル罪ヲ規定シタルモノナリ

(一)　溢水セシメテ前條ニ記載シタル以外ノ物ヲ浸害シタル罪

本條成立ニハ、第一溢水セシメタルコト、第二前條ニ記載シタル以外ノ物タルコト、第三浸害シ因テ公共ノ危險ヲ生セシメタルコトノ三條件アルヲ要ス

第一、溢水セシメタルコトヲ要ス

溢水トハ水流ヲ漲溢汎濫セシメタル所爲ヲ謂フコト既ニ前條ニ於テ述ヘタルヲ以テ再説セス

第二、前條ニ記載シタル以外ノ物タルコトヲ要ス

前條ニ記載シタル以外ノ物ヲ浸害シトハ現ニ人ノ住居ニ使用シ又ハ人ノ現在スル建造物、汽車、電車、若クハ鑛坑以外ノ動産、不動産ヲ謂フモノニシテ前章第百九條、第百十條ニ規定シタル物ト同一物ヲ浸害シタルコトヲ謂フモノナルヲ以テ再論セス唯。茲ニ一言ス可キハ前條溢水セシメテ現ニ人ノ住居ニ使用シ又ハ人ノ現在スル建造物、汽車、電車、若クハ鑛坑ヲ浸害シタル者ト規定シタルヲ以テ本條ハ其以外ノモノ例ヘハ人ノ住居ニ使用セス若クハ人ノ現在セサル家屋又ハ田畑等ノ如キ是ナリ

第三、浸害シ因テ公共ノ危險ヲ生セシメタルコトヲ要ス

本章規定ノ罪モ亦前章放火及ヒ失火罪ト等シク公共的危險ヲ生セシメタル所爲ヲ罰ス可キ立法趣旨ナルヲ以テ前章第百九條第二項及ヒ第百十條ニ於テ論シタル如ク公共ノ危險ヲ生セシメタル場合ニ限リ本條ニ依リ論スルモノトス其公共危險ノ意義ニ就テモ既ニ前章ニ於テ詳細シタルヲ以テ再説セス

（二）差押ヲ受ケ物權ヲ負擔シ又ハ賃貸シ若クハ保險ニ付シタル自己ノ所有物ヲ侵害シタル罪

本罪成立ニハ、第一溢水セシメタルコト、第二差押ヲ受ケ物權ヲ負擔シ又ハ賃貸シ若クハ保險ニ付シタル自巳ノ所有物タルコト、第三浸害シ因テ公共ノ危險ヲ生セシメタルコトノ三條件アルヲ要ス

第一、溢水セシメタルコトヲ要ス

本條件ニ就テハ既ニ説明シタルヲ以テ再説セス

第二、差押ヲ受ケ物權ヲ負擔シ又ハ賃貸シ若クハ保險ニ付シタル自己ノ所有物タルコトヲ要ス

本條差押ヲ受ケ物權ヲ負擔シ又ハ賃貸シ若クハ保險ニ付シタル自己ノ所有物トハ前章、第百十五條ニ規定シタル物ト全ク同一物ナルヲ以テ別ニ贅セス

第三、浸害シ因テ公共ノ危險ヲ生セシメタルコトヲ要ス

本條件ヲ要スルコトモ亦明瞭ナルヲ以テ別ニ論セス

以上ノ條件具備スルトキハ(一)(二)共ニ一年以上十年以下ノ懲役ニ處ス可キモノトス

第百二十一條　水害ノ際防水用ノ物ヲ隱匿又ハ損壞シ若クハ其他ノ方法ヲ以テ水防ヲ妨害シタル者ハ一年以上十年以下ノ懲役ニ處ス

本條ハ水害ノ際防水ヲ妨害シタル罪ヲ規定シタルモノナリ

本章溢水ノ罪ハ前章、放火罪ト同シク公衆ニ實害ト危險ヲ與フル重大ナル犯罪ナルヲ以テ水害ノ際、防水用ノ物件ヲ隱匿シ又ハ損壞シ若クハ其他ノ方法ヲ以テ水防ヲ妨害シタルモノハ火災ノ際、鎭火ヲ妨害シタル者ト同シク之ヲ嚴罰ス可キ必要アリ故ニ前章第百十四條ト同一趣旨ニ依リ本條ヲ新設

シタルモノナリ
本條成立ニハ、第一水害ノ際タルコト、第二防水用ノ物ヲ隱匿又ハ損壞シ若クハ其他ノ方法ヲ以テ水防ヲ妨害シタルコトノ二條件アルヲ要ス

第一、水害ノ際タルコトヲ要ス
本條水害ノ際トハ洪水ノ爲メ損害ヲ生スル虞アル場合ヲ總稱ス而シテ其洪水ハ天災、地變ニ因ルト將タ本章犯罪ノ結果ニ因ルトヲ問ハス唯、其要ハ水害ノ間際タルコトヲ要スルノミ故ニ洪水ノ際ニ非サレハ本條ニ依リ論スルコトヲ得ス

第二、防水用ノ物ヲ隱匿シ又ハ損壞シ若クハ其他ノ方法ヲ以テ水防ヲ妨害シタルコトヲ要ス
(一)防水用ノ物トハ豫メ水害防止ノ用ニ供スル物件器具ヲ謂フ而シテ之ヲ隱匿スルトハ他人ノ發見ヲ妨クル行爲ヲ謂フ例ヘハ水害ノ際、其防水用具ヲ他所ニ運搬シ又ハ家屋、其他ノ場所ニ藏匿シ他人ノ發見ヲ妨ケタル場合ノ如キ是ナリ(二)防水用ノ物ヲ損壞シトハ防水ニ供スル物件ヲシテ其用ヲ失ハシムル程度ノ物質的破壞又ハ損傷ヲ謂フ(三)其他ノ方法ヲ以テ水防ヲ妨害シタルコトトハ隱匿又ハ損壞以外ノ手段方法ヲ以テ水防ヲ妨ケタル所爲ヲ謂フ例ヘハ水害ノ際、防水者ノ往來ヲ妨クルカ如キ所爲是ナリ而シテ本罪成立ニモ亦防水用ノ物件タルコトヲ知テ之ヲ隱匿シ又ハ損壞シ

若クハ其他水防ヲ妨害スル意思ヲ要スルコト論ヲ俟タス
以上ノ條件具備スルトキハ一年以上、十年以下ノ懲役ニ處ス可キモノトス

第百二十二條　過失ニ因リ溢水セシメテ第百十九條ニ記載シタル物ヲ浸害シタル者又ハ第百二十條ニ記載シタル物ヲ浸害シ因テ公共ノ危險ヲ生セシメタル者ハ三百圓以下ノ罰金ニ處ス

本條ハ過失ニ因リ溢水セシメテ第百十九條及ヒ第百二十條ニ規定シタル以外ノ物ヲ侵害シタル罪ヲ規定シタルモノナリ
本條ハ舊刑法、第四百十四條。「過失ニ因テ水害ヲ起シタル者ハ失火ノ例ニ照シテ處斷ス」トノ規定ヲ修正シタルモノニテ其立法趣旨ハ本法第百十七條ト同一ナリ
本罪成立ニハ、第一過失ニ因リ溢水セシメタルコト、第二第百十九條、第百二十條ニ記載シタル物タルコト、第三浸害シ因テ公共ノ危險ヲ生セシメタルコトノ三條件アルヲ要ス
第一、過失ニ因リタルコトヲ要ス
本條過失ニ因リトハ溢水セシムル意思ナクシテ不注意ニ因リ流水ヲ漲溢汎濫セシメタルコトヲ謂フ而シテ此過失ノ意義ニ就テハ前章ニ於テ既ニ論シタルヲ以テ再說セス

第二、第百十九條、第百二十條ニ記載シタル物タルコトヲ要ス
本條第百十九條、第百二十條ニ記載シタル物ヲ浸害シタル者トハ溢水セシメテ現ニ人ノ住居ニ使用シ又ハ人ノ現在スル建造物、汽車、電車若クハ鑛坑及ヒ其他ノ動産、不動產ヲ浸害シ又ハ差押ヲ受ケ物權ヲ負擔シ又ハ賃貸シ若クハ保險ニ付シタル自己ノ所有物ヲ浸害シタルコトヲ要スル外。前章、第百十六條ト殆ト同一ナルヲ以テ說明セス唯、該條ハ過失ニ因ル失火ナルニ本條ハ過失ニ因ル溢水タルトノ差異アルニ過キス
第三、浸害シ因テ公共ノ危險ヲ生セシメタルコトヲ要ス
本罪ハ縱令第百十九條、第百二十條ニ記載シタル各物件ヲ燒燬スルモ因テ公共ノ危險ヲ生セシメサルトキハ本條ニ依リ論スルコトヲ得ス而シテ因テ公共ノ危險ヲ生セシメタルコトノ意義ニ付テハ既ニ屢々說明シタルヲ以テ再說セス
以上ノ條件具備シタルトキハ三百圓以下ノ罰金ニ處ス可キモノトス

第百二十三條　堤防ヲ決潰シ、水閘ヲ破壞シ其他水利ノ妨害ト爲ル可キ行爲又ハ溢水セシム可キ行爲ヲ爲シタル者ハ二年以下ノ懲役若クハ禁錮又ハ二百圓以下ノ罰金ニ處ス

本條ハ水利ヲ妨害シタル罪ヲ規定シタルモノナリ

本條ハ舊刑法、第四百十三條「他人ノ便益ヲ損シ又ハ自己ノ便益ヲ圖ル爲メ堤防ヲ決潰シ水閘ヲ毀壞シ其他水利ヲ妨害シタル者ハ一月以上二年以下ノ重禁錮ニ處シ二圓以上、二十圓以下ノ罰金ヲ附加ス」トノ規定ヲ修正シタルモノナリ舊刑法ニ於テハ他人ノ利益ヲ損シ又ハ自己ノ便益ヲ圖ル爲メト規定シ其水利妨害ノ目的ヲ明示シタルモ之ヲ明示スルノ必要ナキヲ以テ本法ハ廣ク「水利ヲ妨害シ又ハ溢水セシム可キ行爲ヲナシタル者ハ」ト改メ其手段方法ノ何タルヲ問ハサルコトト爲シタリ然レトモ其立法趣旨ニ至テハ殆ト同一ナリ

本條ハ(一)堤防ヲ決潰シ水閘ヲ破壞シ其他ノ方法ヲ以テ水利ヲ妨害シタル罪(二)堤防ヲ決潰シ水閘ヲ破壞シ其他ノ方法ヲ以テ溢水セシム可キ行爲ヲ爲シタル罪ヲ規定シタルモノナリ而シテ本條水利妨害罪ノ成立ニハ、第一堤防ヲ決潰シ水閘ヲ破壞シ其他ノ方法ニ因リタルコト、第二水利ヲ妨害シタルコトノ二條件アルヲ要シ溢水罪成立ニハ、第一堤防ヲ決潰シ水閘ヲ破壞シ其他ノ方法ニ因リタルコト、第二溢水セシム可キ行爲ヲ爲シタルコトノ二條件ヲ要スルモ一讀明瞭ナルヲ以テ別ニ説明セス唯、玆ニ一言ス可キハ本條(一)堤防トハ溢水ヲ防禦スル爲メ造リタル物ヲ云ヒ決潰トハ堤防ヲ物質的ニ破損スル所爲ヲ云フ又(二)水閘トハ水ヲ導引スル爲メ造リタル物ヲ云ヒ破壞トハ水閘ヲ物質的ニ破

損スル所爲ヲ謂フ（三）其他、水利ノ妨害ト爲ル可キ行爲ヲ爲シタル者トハ堤防ノ決潰水閘ノ破壞以外ノ方法手段ニ依リ水ノ流通ヲ妨ケタル行爲ヲ謂フモノニテ其手段ノ何タルヲ問ハス溢水ノ結果ヲ生セシメタルトキハ本條ニ依リ論ス可キモノトス而シテ本條中段其他水利ノ妨害ト爲ル可キ行爲トハ一例ヲ擧クレハ旱魃ノ際、農業ニ從事スル者ノ自己若クハ自村耕地ノ水田等ニ引用セントシテ他人若クハ他耕地ノ分水堤防ヲ決潰シ或ハ溜池ノ水閘ヲ破壞シタルカ如キ場合ヲ云フモノニテ年々旱魃ノ期ニ於テハ各地ニ起ル實際上ノ案件ナリ其他ニ付テハ第百十九條ノ説明ヲ參照スヘシ

第十一章　往來ヲ妨害スル罪

總論

本章ハ舊刑法、第二編、第三章第六節、往來通信ヲ妨害スル罪及ヒ同第三編、第二章第九節、船舶ヲ覆沒スル罪ヲ合シテ修正シタルモノナリ

其修正シタル主要ノ點ヲ擧クレハ左ノ如シ

一、舊刑法ハ第百六十三條ニ「僞計又ハ威力ヲ以テ郵便ヲ妨害シ若クハ之ヲ阻止シタル者」云々ト規定シ同第百六十四條ニ「電信ノ器械、柱木ヲ損壞シ又ハ條線ヲ切斷シテ電氣ヲ不通ニ致シタル者

ハ」云々ト規定シタルモ本法ハ是等ノ規定ハ之ヲ特別法令ニ讓リ玆ニ規定セサルコトト爲シタリ

二、舊刑法ハ本章ノ或ル罪ニシテ全ク過失ニ出テ犯スニ至リタル場合ノ規定ヲ闕キタルヲ以テ本法ハ本章中、過失ニ因テ人ヲ傷害シタル場合ノ罪ヲ新ニ設ケタリ

三、舊刑法ハ船舶、覆沒ノ罪ヲ單ニ財產ニ對スル罪ト爲シタルモ本法ハ專ラ往來ヲ妨害スル罪ト爲シ本章中ニ之ヲ規定スルコトト爲シタリ

本章ハ(一)陸路水路又ハ橋梁ヲ損壞又ハ壅塞シテ往來ノ妨害ヲ生セシメタル罪(二)鐵道又ハ標識ヲ損壞シ又ハ其他ノ方法ヲ以テ汽車又ハ電車ノ往來ニ危險ヲ生セシメタル罪(三)燈臺又ハ浮標ヲ損壞シ又ハ其他ノ方法ヲ以テ艦船ノ往來ノ危險ヲ生セシメタル罪(四)人ノ現在スル汽車又ハ電車ヲ顚覆シ又ハ破壞シタル罪(五)(一)(二)罪ノ未遂罪(六)過失ニ因リ汽車、電車又ハ艦船ノ往來ノ危險ヲ生セシメ又ハ汽車、電車ノ顚覆若クハ破壞又ハ艦船ノ覆沒若クハ破壞ヲ致シタル罪等ヲ規定シタルモノナリ

第百二十四條　陸路、水路又ハ橋梁ヲ損壞又ハ壅塞シテ往來ノ妨害ヲ生セシメタル者ハ二年以下ノ懲役又ハ二百圓以下ノ罰金ニ處ス

前項ノ罪ヲ犯シ因テ人ヲ死傷ニ致シタル者ハ傷害ノ罪ニ比較シ重キニ從テ處斷ス

本條ハ陸路、水路又ハ橋梁ヲ損壞シ又ハ壅塞シテ往來ヲ妨害シタル罪ヲ規定シタルモノナリ
本條第一項ハ舊刑法、第百六十二條「道路、橋梁、河溝、港埠ヲ損壞シテ往來ヲ妨害シタル者ハ二月以上、二年以下ノ重禁錮ニ處シ二圓以上、二十圓以下ノ罰金ヲ附加ス」トノ規定ヲ修正シタルモノナリ該條ハ道路、橋梁、河溝、港埠ヲ損壞シタル者云々ト列擧シタルモ狹キニ失スルノ嫌アルヲ以テ本法ハ之ヲ改メ廣ク陸路又ハ水路ト改メ損壞ノ外、壅塞ト爲シ通路妨害ヲ爲シタル所爲ハ總テ本條ニ依リ罰スルコトト爲シタリ
本條成立ニハ、第一陸路、水路又ハ橋梁タルコト、第二損壞又ハ壅塞シタルコト、第三往來ヲ妨害シタルコトノ三條件アルヲ要ス
第一、陸路、水路又ハ橋梁タルコトヲ要ス
本條、陸路、水路トハ水陸兩公路ヲ總稱スルモノトス假令ハ陸上ノ道路又ハ海上若クハ河川ノ航路、渡船場等ノ如キ是ナリ茲ニ問題アリ私有通路ヲ損壞シ又ハ壅塞シテ往來ヲ妨害シタルトキハ本條ニ依リ論スルコトヲ得ルヤ否ヤノ問題是ナリ本條、陸路、水路又ハ橋梁云々ト規定シ其公有ナルト私有ナルトヲ區別セサルヲ以テ私有ノ通路又ハ橋梁ヲ損壞シ又ハ壅塞シテ所有者ノ通行ヲ妨害シタルトキハ仍ホ本條ニ依リ論ス可キモノト信ス舊刑法第百六十二條ニ所謂、道路トハ必ス

シモ國縣村道ノミニ限ラス苟モ公衆ノ往來ニ供シタルモノハ總テ本條中ニ包含ストノ判例アリ但シ本條ハ公共通路ニ對スル規定ナルヲ以テ本問ノ如キ私有通路ニ對スル妨害ハ本條中ニ包含セストノ反對論ナキニ非ス

第二、損壞又ハ壅塞シタルコトヲ要ス

本條道路、橋梁等ヲ損壞シ又ハ壅塞シタルコトトハ道路、橋梁ヲ物質的ニ破壞シ又ハ木石等ヲ差置キ往來ヲ不能ナラシメ若クハ著シク通行ヲ困難ナラシメタル所爲ヲ云フモノナリ然レトモ之カ爲メニ害ヲ受ケタル者アルト否トヲ問ハス事實上、往來妨害ノ結果ヲ生シタルトキハ本罪成立ス

第三、往來ヲ妨害シタルコトヲ要ス

往來ヲ妨害シタルコトトハ通行ヲ不能ナラシメ又ハ通行ニ不便ナラシメタル所爲ヲ謂フ玆ニ問題アリ人馬ノ通行ニ際シ此先、通行止メナリト僞リ其通行ヲ阻止シタルトキハ本條、往來ヲ妨害シタルモノナルヤ否ノ問題是ナリ本問ノ場合ニ於テハ事實上、往來ヲ妨害シタルモノナリト雖モ道路ヲ損壞シ又ハ壅塞スルノ行爲ナキヲ以テ本條ニ依リ論スルコトヲ得ス但シ本條、壅塞ノ文字中ニ本問ノ場合モ亦包含ストノ反對論ナキニ非ス

本罪成立ニハ必ス公衆ノ往來ヲ妨害スルノ意思ヲ以テ道路ヲ損壞シ又ハ壅塞シタルコトヲ要ス故

ニ若シ往來ヲ妨害スル意思ナク通行ノ際過テ橋梁ヲ損壞シタル場合ノ如キハ縱令、往來妨害ノ結果ヲ生スルモ本罪成立セス如何トナレハ道路ヲ損壞シ又ハ壅塞スルノ意思ナキ行爲ノ結果ナレハナリ（總則第四十八條）

以上ノ條件具備シタルトキハ二年以下ノ懲役又ハ二百圓以下ノ罰金ニ處ス可キモノトス

本條第二項、「前項ノ罪ヲ犯シ因テ人ヲ死傷ニ致シタル者ハ傷害ノ罪ニ比較シ重キニ從テ處斷ス」トノ規定ハ舊刑法第百六十八條、第百六十二條ノ「罪ヲ犯シ因テ人ヲ殺傷シタル者ハ毆打創傷ノ各本條ニ照シ重キニ從テ處斷ス」トノ規定ト同一ナルヲ以テ別ニ說明セス

第百二十五條　鐵道又ハ其標識ヲ損壞シ又ハ其他ノ方法ヲ以テ汽車又ハ電車ノ往來ノ危險ヲ生セシメタル者ハ二年以上ノ有期懲役ニ處ス

燈臺又ハ浮標ヲ損壞シ又ハ其他ノ方法ヲ以テ艦船ノ往來ノ危險ヲ生セシメタル者亦同シ

本條ハ鐵道又ハ燈臺ヲ損壞シ往來ニ危險ヲ生セシメタル罪ヲ規定シタルモノナリ

本條第一項ハ舊刑法、第百六十五條「汽車ノ往來ヲ妨害スル爲メ鐵道及ヒ其標識ヲ損壞シ其他危險ナ

ル障礙ヲ爲シタル者ハ重懲役ニ處ス」トノ規定ト其立法趣旨ハ同一ナルモ本法ハ新ニ電車ヲ加ヘ規定シタリ而シテ又第二項ハ舊刑法、第百六十六條「船舶ノ往來ヲ妨害スル爲メ燈臺、浮標、其他航海ノ安寧ヲ保護スル標識ヲ損壞シ又ハ詐僞ノ標識ヲ標示シタル者ハ亦前條ニ同シ」トノ規定ト同一ナルモ該條ハ船舶、往來ノ危險トナル可キ方法ヲ列擧シタルモ本法ニ於テハ唯、單ニ燈臺、浮標ノ損壞ノミヲ例示シ其他ハ之ヲ指示セサルコトト改メタリ

本條、第一項ハ鐵道又ハ汽車、電車ノ往來ニ危險ヲ生セシメタル罪ヲ規定シ第二項ハ燈臺又ハ浮標ヲ損壞シ艦船ノ往來ニ危險ヲ生セシメタル罪ヲ規定シタルモノナリ

（一）　鐵道又ハ汽車、電車ノ往來ニ危險ヲ生セシメタル罪

本罪成立ニハ、第一鐵道又ハ其標識ナルコト、第二損壞シ又ハ其他ノ方法ヲ用ヒタルコト、第三汽車又ハ電車ノ往來ニ危險ヲ生セシメタルコトノ三條件アルヲ要ス

第一、鐵道又ハ其標識タルコトヲ要ス

鐵道又ハ其標識ハ明瞭ナルヲ以テ別ニ説明セス

第二、損壞シ又ハ其他ノ方法ヲ用ヒタルコトヲ要ス

本條損壞シトハ人力若クハ自然力ヲ使用シ鐵道又ハ其標識ヲ破損シタル所爲ヲ謂フモノニシテ其

他ノ方法ヲ用ヒトハ鐵道上ニ大石又ハ大木等ヲ横ヘ若クハ僞リノ標識ヲ標示シタルカ如キ所爲ヲ謂フニアリ而シテ其鐵道ノ官設ト私設トハ之ヲ問ハサルモノトス（鐵道營業法參照）

第三、汽車又ハ電車ノ往來ニ危險ヲ生セシメタルコトヲ要ス

汽車又ハ電車ノ往來ニ危險ヲ生セシメタルコトハ現ニ危險ヲ生スルノ狀況ニ至ラシメタル所爲ヲ謂フ換言スレハ汽車又ハ電車カ其場所ヲ通行シタルトキハ顚覆又ハ脫線ノ虞アル狀況ニ至ラシメタルコトヲ云フ故ニ汽車ノ往來妨害罪ヲ構成スルニハ其往來ヲ妨害スル意思ヲ以テ危險ナル障礙ヲ爲スニ因リテ成立スルモノニシテ現實ニ汽車ノ往來ヲ妨害セラレタルコトヲ必要トスルモノニ非ストノ判例アリ左レハ本罪成立ニハ必ス汽車又ハ電車ノ往來ニ危險ヲ生セシムル意思アルヲ要スルモノトス

（二）燈臺又ハ浮標ヲ損壞シ艦船ノ往來ニ危險ヲ生セシメタル罪

本罪成立ニハ、第一燈臺又ハ浮標ナルコト、第二損壞シ又ハ其他ノ方法ヲ用ヒタルコト、第三艦船ノ往來ニ危險ヲ生セシメタルコトノ三條件アルヲ要ス

第一、燈臺又ハ浮標ナルコトヲ要ス

燈臺又ハ浮標トハ艦船ノ航海ヲ安全ナラシムル標的ヲ謂フモノニシテ明瞭ナルヲ以テ別ニ說明セス

航路、標識條例第一條ハ「航路標識ハ航路ノ安寧ヲ保護スル爲メ政府ニ於テ之ヲ設置スルモノトス」ト規定セリ

第二、損壞シ又ハ其他ノ方法ヲ用ヒタルコトヲ要ス

損壞シ又ハ其他ノ方法ヲ用ヒトハ燈臺又ハ浮標ヲ破壞シ又ハ其他ノ方法例ヘハ浮標ノ位置ヲ變更移轉スルカ如キ行爲ヲ云フモノニテ要スルニ燈臺又ハ浮標タルノ效用ヲ失ハシタル所爲ヲ云フニアリ（航路標識條例參照）

第三、艦船ノ往來ニ危險ヲ生セシメタルコトヲ要ス

本條艦船ノ往來ニ危險ヲ生セシメタルコトトハ軍艦ト商船トヲ問ハス航海ニ危險ヲ生スルノ虞アル狀況ニ至ラシメタル所爲ヲ謂フ蓋シ舊刑法ハ詐僞ノ標識ヲ默示シタル者云々ト規定シタルモ本法ハ其他ノ方法ヲ用ヒ中ニ總テノ妨害的行爲ヲ包含セシメタリ

以上ノ條件具備スルトキハ（一）（二）共ニ二年以上ノ有期懲役ニ處ス可キモノトス

第百二十六條　人ノ現在スル汽車又ハ電車ヲ顚覆又ハ破壞シタル者ハ無期又ハ三年以上ノ懲役ニ處ス

人ノ現在スル艦船ヲ覆沒又ハ破壞シタル者亦同シ

前二項ノ罪ヲ犯シ因テ人ヲ死ニ致シタル者ハ死刑又ハ無期懲役ニ處ス

本條ハ人ノ現在スル汽車又ハ電車ヲ顚覆又ハ破壞シタル罪及ヒ人ノ現在スル艦船ヲ覆沒又ハ破壞シタル罪ヲ規定シタルモノナリ

本條第一項ハ本法ノ新ニ設ケタル規定ニシテ第二項ハ舊刑法第四百十五條「衝突其他ノ所爲ヲ以テ人ヲ乘載シタル船舶ヲ覆沒シタル者ハ死刑ニ處ス、但船中死亡ナキ時ハ無期徒刑ニ處ス」トノ規定ヲ修正シタルモノナリ該條ハ覆沒セシメタル方法ヲ例示シタルモ本法ハ之ヲ指定セサルノミナラス覆沒ノ外更ニ破壞シタル場合ヲ加ヘ其適用ス可キ範圍ヲ擴張シタルモノナリ

本條艦船ノ覆沒又ハ破壞ト汽車又ハ電車ノ顚覆又ハ破壞トハ其危險ノ程度同一ナルヲ以テ之ヲ共ニ規定シタルモノナリ而シテ本條特ニ人ノ現在スル場合ニ限リタルハ本章ハ固ヨリ往來ヲ妨害スル場合ニ關スル罪ナルカ爲メナリ

（一）人ノ現在スル汽車又ハ電車ヲ顚覆又ハ破壞シタル罪

本罪成立ニハ、第一人ノ現在スル汽車又ハ電車ナルコト、第二顚覆又ハ破壞シタルコトノ二條件アルヲ要ス

第一、人ノ現在スル汽車又ハ電車タルコトヲ要ス

本罪成立ニハ必ス人ノ現在スル汽車又ハ電車タルコトヲ要スルヤ否ヤノ問題アリ汽車又ハ電車中、人ノ現在スルコトヲ知ラス又ハ現在セサルモノト信シタルニ其實人ノ現在シタルトキハ犯人ノ現在ヲ知ルト否トヲ問ハス(實際人ノ現在シタルトキハ)本條ニ依リ論ス可キモノトス

第二、顚覆又ハ破壞シタルコトヲ要ス

本條汽車又ハ電車ノ顚覆トハ其汽車又ハ電車ヲ軌道外ニ脫出セシメタル所爲ヲ謂フ又破壞トハ人力其他自然力ヲ使用シテ汽車又ハ電車ノ全部又ハ一部ヲ物質的ニ破損シテ使用不能ニ至ラシメタル所爲ヲ謂フ者ニシテ如何ナル方法手段ヲ用ヒタルトヲ問ハス破壞シタル時ハ本罪成立スル者トス

(二) 人ノ現在スル艦船ヲ覆沒又ハ破壞シタル罪

本罪成立ニハ、第一人ノ現在スル艦船ナルコト、第二覆沒又ハ破壞シタルコトノ二條件アルヲ要ス

第一、人ノ現在スル艦船ナルコトヲ要ス

本條艦船ニモ亦必ス人ノ現在シタルコトヲ要ス而シテ本條艦船中ニハ軍艦ト商船トヲ包含スルコトモ亦前條ト同一ナルヲ以テ再說セス

第二、覆沒又ハ破壞シタルコトヲ要ス

覆沒トハ艦船ヲ轉覆若クハ沈沒セシメタル所爲ヲ謂フモノニテ破壞トハ既ニ述ヘタルカ如ク艦船ノ

全部又ハ一部ヲ破壞シテ航海ニ堪ヘサラシメタル所爲ヲ謂フ而シテ其覆沒又ハ破壞ニ用ヒタル手段ハ大砲ヲ以テ擊沈シタルト或ハ暗礁又ハ淺瀨ニ乘リ上ケシメタルトヲ問ハス本罪成立ニハ覆沒又ハ破壞スル意思ヲ要スルコトモ亦明瞭ナルヲ以テ說明セス

以上ノ條件具備スルトキハ(一)(二)共ニ無期又ハ三年以下ノ懲役ニ處ス可キモノトス

本條第三項、前二項ノ罪ヲ犯シ因テ人ヲ死ニ致シタル者ハ死刑又ハ無期懲役ニ處スヽトハ第一項、第二項ニ規定シタル犯罪ノ結果、人ヲ死ニ致シタル場合ノ刑ヲ定メタルモノニテ一讀、明瞭ナルモ若シ死ニ至ラス單ニ傷害ニ止マルトキハ本條第一項、第二項ノ範圍ニ於テ處分ス可キモノトス是即チ本章規定ノ各犯罪ハ前二章ト等シク專ラ公共ノ安全ヲ保護ス可キ立法趣旨ナルヲ以テ從テ其罪質上、刑罰モ亦重キ所以ナリ

第百二十七條　第百二十五條ノ罪ヲ犯シ因テ汽車又ハ電車ノ顚覆若クハ破壞又ハ艦船ノ覆沒若クハ破壞ヲ致シタル者亦前條ノ例ニ同シ

本條ハ舊刑法第百六十九條ト全ク同一趣旨ヲ規定シタルモノナリ即チ第百二十五條ノ罪ヲ犯シタル結果、汽車又ハ電車ヲ顚覆若クハ破壞シ又ハ艦船ヲ覆沒若クハ破壞シタルトキハ前條第一項、第二項ノ規定ニ從フ可ク因テ人ヲ死ニ致シタルトキハ第三項ノ規定ニ從ヒ處斷ス可キコトヲ規定シタルモ

ノニテ一讀明瞭ナルヲ以テ說明セス

第百二十八條　第百二十四條第一項、第百二十五條及ヒ第百二十六條第一項、第二項ノ未遂罪ハ之ヲ罰ス

本條ハ舊刑法、第百七十條ト同一趣旨ニテ第百二十四條、第一項第百二十五條及ヒ第百二十六條、第一項、第二項ノ罪ハ孰レモ其未遂ノ行爲ヲ罰ス可キコトヲ規定シタルモノナリ

第百二十九條　過失ニ因リ汽車、電車又ハ艦船ノ往來ノ危險ヲ生セシメ又ハ汽車、電車ノ顚覆若クハ破壞又ハ艦船ノ覆沒若クハ破壞ヲ致シタル者ハ五百圓以下ノ罰金ニ處ス

其業務ニ從事スル者前項ノ罪ヲ犯シタルトキハ三年以下ノ禁錮又ハ千圓以下ノ罰金ニ處ス

本條ハ本法ノ新設シタル規定ナリ

本條第一項ハ過失ニ因リテ第百二十六條及ヒ第百二十六條第一項、第二項ノ罪ヲ常人ノ犯シタル場合ヲ規定シ第二項ハ業務ニ從事スル者第一項ノ罪ヲ犯シタル場合ヲ規定シタルモノナリ

本條過失ノ意義ニ就テハ第二十八章、過失傷害ノ罪ニ至リ詳細ス可キヲ以テ茲ニ論セス本條第二項ノ業務ニ從事スル者トハ汽車、電車又艦船ノ機關士、運轉士、其他ノ職員等ヲ謂フモノトス仍ホ詳細ハ第二十八章ニ至リ論ス可シ(船員懲戒法鐵道營業法參照)茲ニ注意ス可キハ本法中業務云々ノ文字ハ多數ノ法文ニ之ヲ使用シアルモ其法文ニ依リ業務ノ意義一定セス第一編總則第三十五條ノ正當ノ業務云々ノ業務中ニハ職務ハ包含セサル立法趣旨ナルモ第三十七條第二項本條及ヒ第百三十四條、第二百十一條、第二百五十三條ノ業務云々中ニハ公務員ノ職務ト一私人ノ營業トヲ包含スルモノナルコト是ナリ

第十二章　住居ヲ侵ス罪

總論

本章ハ舊刑法、第二編、第三章第七節人ノ住所ヲ侵ス罪ヲ修正シタルモノナリ其修正シタル主要ノ點ヲ擧クレハ左ノ如シ

一、舊刑法ハ本章規定ノ範圍、狹キニ失シ憲法上、保障シタル住居ノ安寧ヲ充分保護スルニ足ラサリシヲ以テ本法ハ其ノ範圍ヲ擴張シ遺憾ナク住居ノ安寧ヲ保護スルコトト爲シタリ

二、舊刑法ハ故ナク人ノ住居シタル邸宅又ハ人ノ看守シタル建造物ニ侵入シタル場合ノミヲ規定シタルモ訪問當時ハ入ル可キ正當ノ理由アリタルモ後退去ヲ請求セラレタル場合ノ規定ヲ闕キタル。ヲ以テ本法ハ退去ノ要求ヲ受ケ其場所ヨリ退去セサル場合ノ規定ヲ新ニ設ケタリ

三、舊刑法ハ艦船內ニ侵入シタル場合ノ規定ヲ爲サヽリシモ元來、艦船モ亦海ニ浮フ一個ノ住居ニシテ陸上ニ建設シタル家屋ト同一ナルヲ以テ本法ハ之ヲ保護シテ其艦船內ニ侵入シタル場合ヲ罰スルコトト爲シタリ

本章ハ(一)故ナク人ノ住居又ハ人ノ看守スル邸宅建造物若クハ艦船ニ侵入シ又ハ要求ヲ受ケテ其場所ヲ退去セサル罪(二)故ナク皇居、禁苑離宮又ハ行在所ニ侵入シタル罪(三)神宮又ハ皇陵ニ侵入シタル罪等ヲ規定シタルモノナリ

第百三十條　故ナク人ノ住居又ハ人ノ看守スル邸宅、建造物若クハ艦船ニ侵入シ又ハ要求ヲ受ケテ其場所ヨリ退去セサル者ハ三年以下ノ懲役又ハ五十圓以下ノ罰金ニ處ス

本條ハ人ノ住所ヲ侵ス罪ヲ規定シタルモノナリ

本條ハ舊刑法、第百七十一條「晝間、故ナク人ノ住居シタル邸宅又ハ人ノ看守シタル建造物ニ入リタ

ル者ハ十一日以上、六月以下ノ重禁錮ニ處ス若シ左ニ記載シタル所爲アル時ハ一等ヲ加フ、一門戸、牆壁ヲ踰越、損壞シ又ハ鎖鑰ヲ開キテ入リタル時、二兇器其他犯罪ノ用ニ供ス可キ物品ヲ携帶シテ入リタル時、三暴行ヲ爲シテ入リタル時、四二人以上ニテ入リタル時」トノ規定同第百七十二條「夜間、故ナク人ノ住居シタル邸宅又ハ人ノ看守シタル建造物ニ入リタル者ハ一月以上一年以下ノ重禁錮ニ處ス若シ前條ニ記載シタル加重ス可キ所爲アル時ハ一等ヲ加フ」トノ規定ヲ合シテ修正シタルナリ

舊刑法ハ其侵入ノ晝間ト夜間トニ因リ刑ヲ區別シタルモ晝間ト夜間トハ被害者ヲシテ不安ノ念ヲ抱カシムル點ニ就キ多少其狀情ヲ異ニスル所アリト雖モ特ニ之ヲ區別スルノ必要ナシ殊ニ舊刑法ハ人ノ住居シタル邸宅云々ト規定シタル爲メ或ハ狹義ニ解釋シ人ノ住居トシテ借リ受ケタル室内（假令ハ下宿屋ノ如キ）ニ侵入シタル場合ハ本罪ヲ構成セストノ議論アリタルヲ以テ本法ハ單ニ人ノ住居ト改メ其住居スル場所ノ如何ヲ問ハサルコトト爲シタリ即チ其住居ハ各人ノ城郭ナルヲ以テ濫リニ侵入スルコトヲ得ス故ニ憲法第二十二條ヲ以テ日本臣民ハ法律ノ範圍内ニ於テ住居及ヒ移轉ノ自由ヲ有スト規定シ各人住居ノ安寧ヲ保障セリ是本章ノ規定アル所以ナリ

本罪成立ニハ、第一故ナキコト、第二人ノ住居又ハ人ノ看守スル邸宅、建造物若クハ艦船タルコト、

第三侵入シ又ハ要求ヲ受ケテ其場所ヨリ退去セサルコトノ三條件アルヲ要ス

第一、故ナキコトヲ要ス

本條、故ナクトハ正當ノ事故ナクシテ人ノ住居ニ侵入スルコトヲ謂フ判例換言スレハ權利ナクシテ人ノ住居ニ侵入スル行爲ヲ云フニアリ左レハ正當ナル事故アルトキハ人ノ住居ニ侵入スルモ本條ニ依リ論スルコトヲ得ス故ニ公權ノ執行トシテ豫審判事カ家宅搜査ノ爲メ出張シタル場合ノ如キハ本罪ヲ構成セサルコト論ヲ俟タス是即チ法令ノ認ムル正當ナル理由アルモノニテ本條、故ナキニ非サルカ爲メナリ

第二、人ノ住居又ハ人ノ看守スル邸宅、建造物若クハ艦船タルコトヲ要ス

(一)人ノ住居トハ各人ノ生活ノ本據ヲ謂フモノナルヲ以テ(民法第二十一條)本條人ノ住居トハ獨立シタル家屋、邸宅タルヲ要セス如何ナル場所ト雖モ生活ノ本據トシテ人ノ住居スル所ハ汎テ本條、住居中ニ包含スルモノトス故ニ彼ノ下宿屋ノ客室ノ如キモ仍ホ生活ノ本據ナルトキハ本條ニ所謂人ノ住居ナリ

(二)人ノ看守スル邸宅、建造物トハ人ノ住居以外ノ邸宅其他ノ家屋ヲ謂フ舊刑法ハ人ノ住居シタル家屋ノ範圍ヲ邸宅ト稱シタルモ本法ニ於テハ生活ノ本據タル邸宅ハ人ノ住居中ニ包含セシメタ

ルヲ以テ本法ニ所謂、邸宅建造物トハ常住ニ非サル別莊又ハ劇場、學校各公務所等ノ如キ單ニ人ノ看守スル場所ヲ總稱スルニアリ(三)本條、艦船トハ軍艦其他ノ船舶ヲ總稱ス舊刑法ハ陸上ノ住居ト殆ト同一ナル水上ノ艦船內ニ侵入シタル場合ヲ規定セサリシ爲メ實際上、往々不便ヲ感シタルヲ以テ本法ハ新ニ艦船ヲ加ヘテ陸上住居ト同一ニ保護スルコトト爲シタルモノナリ

第三、侵入シ又ハ要求ヲ受ケテ其場所ヨリ退去セサルコトヲ要ス

本條侵入トハ故ナク人ノ住居又ハ人ノ看守スル邸宅建造物若クハ艦船內ニ入リ込ミタル所爲ヲ云ヒ要求ヲ受ケテ其場所ヲ退去セストハ最初正當ノ事故アリテ人ノ住居又ハ人ノ看守スル邸宅建造物若クハ艦船內ニ入リタル者退去ノ要求ヲ受ケ其場所ヲ立去ラサル所爲ヲ謂フ是舊刑法ノ闕如シタル所ナルモ要求ヲ受ケテ退去セサル場合モ亦故ナク侵入シタル場合ト其弊害、同一ナルヲ以テ實際上ノ必要ニ基キ本條ヲ設ケタルモノナリ故ニ本罪成立ニハ侵人又ハ退去セサル意思アルヲ要ス換言スレハ正當ナル事故ナキニ拘ハラス故ラ人ノ住居又ハ人ノ看守スル邸宅若クハ艦船內ニ侵入シ又ハ要求ヲ受ケテ退去セサル意思アルヲ要スルモノナリ

以上ノ條件具備スルトキハ三年以下ノ懲役又ハ五十圓以下ノ罰金ニ處ス可キモノトス

第百三十一條 故ナク皇居、禁苑、離宮又ハ行在所ニ侵入シタル者ハ三月以上

五年以下ノ懲役ニ處ス

神宮又ハ皇陵ニ侵入シタル者亦同シ

本條ハ皇居、禁苑、離宮、行在所、神宮又ハ皇陵ニ侵入シタル罪ヲ規定シタルモノナリ

本條ハ舊刑法、第百七十三條、「故ナク皇居、禁苑、離宮、行在所及ヒ皇陵内ニ入リタル者ハ前二條ノ例ニ照シ各一等ヲ加フ」トノ規定ト其立法趣旨ハ全ク同一ナリトス

本條規定ノ各場所ハ孰レモ神聖ニシテ侵ス可ラサル所ナルヲ以テ允許ヲ受ケスシテ濫リニ侵入シタルトキハ嚴罰ス可キモノトス是前條ニ比シテ其刑重キ所以ナリ

本罪成立ニハ、第一故ナキコト、第二皇居、禁苑、離宮、行在所、神宮又ハ皇陵ナルコト、第三侵入シタルコトノ三條件アルヲ要ス

第一、故ナキコトヲ要ス

本條、故ナクトハ允許ヲ受ケス濫リニ侵入シタル所爲ヲ謂フニアリテ前條ト殆ト其意義同一ナルヲ以テ再論セス

第二、皇居、禁苑、離宮、行在所、神宮又ハ皇陵ナルコトヲ要ス

本條皇居、禁苑、離宮トハ宮城、青山御所、濱離宮等ヲ云ヒ行在所トハ陛下ノ臨幸御宿所ヲ云フ

モノニシテ神宮トハ伊勢大廟ニシテ皇陵トハ歷代天皇ノ御墳墓ヲ奉稱スルモノトス

第三、侵入シタルコトヲ要ス

本條規定ノ皇居、禁苑、離宮、行在所、神宮又ハ皇陵ハ我々臣民ノ以テ濫リニ侵スコトヲ得サル所ナリ然レトモ相當ノ身分アル者ニテ陛下ノ思召ニ因リ特ニ拜觀ヲ許サルルコトナキニ非スト雖モ允許ヲ得スシテ立入リタルトキハ直チニ本罪成立スルモノトス

以上ノ條件具備スルトキハ三月以上五年以下ノ懲役ニ處ス可キモノトス

第百三十二條　本章ノ未遂罪ハ之ヲ罰ス

本條ハ明瞭ナルヲ以テ説明セス

第十三章　祕密ヲ侵ス罪

總論

本章々題ハ本法ノ新設ニ係ル所ナリ

一、舊刑法ハ祕密ニ關スル罪ヲ誹毀罪ノ一種トシテ規定シタルモ元來、人ノ祕密ヲ侵ス所爲ハ人ヲ誹毀スルコトト全ク其性質ヲ異ニスルヲ以テ本法ハ之ヲ分離シ特ニ本章ヲ設ケタリ

二、本章ハ憲法第二十六條「日本臣民ハ法律ニ定メタル場合ヲ除ク外、信書ノ祕密ヲ侵サルヽコトナシ」トノ明文ニ基キ法令ノ規定ニ因ルノ外決シテ信書ノ祕密ハ之ヲ侵サレサルコトヲ明ニシタルモノナリ

本章ハ(一)故ナク封緘シタル信書ヲ開披シタル罪(二)醫師、藥劑師、藥種商、產婆、辯護士、辯護人、公證人又ハ此等ノ職ニ在リシ者其業務上、取扱ヒタルコトニ付キ知得タル人ノ祕密ヲ漏泄シタル罪(三)宗敎若クハ禱祀ノ職ニ在ル者此等ノ職ニ在リシ者其業務上、取扱ヒタルコトニ付キ知得タル人ノ祕密ヲ漏泄シタル罪等ヲ規定シタルモノナリ

第百三十三條　故ナク封緘シタル信書ヲ開披シタル者ハ一年以下ノ懲役又ハ二百圓以下ノ罰金ニ處ス

本條ハ信書ノ祕密ヲ侵ス罪ヲ規定シタルモノナリ

本條ハ本法ノ新設ニ係ル規定ニシテ信書ノ祕密ヲ保護スルヲ以テ其目的ト爲シタルモノトス蓋シ信書ノ祕密ニ關スルコトハ郵便條例ニ之ヲ規定シタリト雖モ信書ハ前章住居ニ關スル罪ト等シク憲法上、保障セラレタル吾人ノ權利ナルヲ以テ特ニ本條ヲ新設シタルモノナリ

本罪成立ニハ、第一故ナキコト、第二封緘シタル信書ヲ開披シタルコトノ二條件アルヲ要ス

第一、故ナキコトヲ要ス

本條、故ナクトハ權利ナキコトヲ謂フ故ニ他人ノ信書ナルコトヲ知テ開披シタル場合ノ如キハ本條、故ナキモノナリ然レトモ自己、連名宛ノ信書ノ如キハ之ヲ開披スルモ之ヲ開披ス可キ正當ナル理由アルモノナルヲ以テ本條、故ナク信書ヲ開披シタルモノト云フコトヲ得ス

第二、封緘シタル人ノ信書ヲ開披シタルコトヲ要ス

封緘シタル信書トハ人ノ意思ヲ他人ニ通知スルコトヲ記載シタル封書ヲ謂フ而シテ如何ナル事項ヲ記載シタル書類ヲ信書ト云フヤハ事實上ノ問題ニ屬スト雖モ要スルニ人ノ內事ニ關スル事項ヲ記載シタル書類ヲ云フニ外ナラス郵便法第十四條ハ「書狀トハ全部或ハ幾部ヲ筆記シタルト印刷シタルトニ關セス特定ノ人ニ對スル通信文ニシテ郵便葉書ニ依ラサルモノヲ云フ」ト規定シタリ

(郵便法參照)

蓋シ本條ハ次條ト異ナリ祕密ニ關スル事項ヲ記載シタルヲ要セス單ニ封印若クハ封緘シテ外部ヨリ披見スルコトヲ得サル狀態ニ在リタル書類ハ總テ本條封緘シタル信書ナリ(一)封緘シタル信書ヲ開披スルトハ通常、其、信書ノ封緘ヲ破リ內部ノ記載事項ヲ披讀スル所爲ヲ謂フ而シテ本條信書中ニ電報ヲモ包含スルヤ否ヤノ疑アリト雖モ電報ハ本條信書中ニ包含スルモノトス然レトモ本

條、故ナク封緘シタル信書ヲ開披シタル者ハ云々ト規定シ封緘ノ信書ト限定シタルヲ以テ其他ノ祕密書類ハ之ヲ開披スルモ本條ニ依リ罰スルコトヲ得サルヤ然リ本法前草案第百六十八條ニハ故ナク人ノ信書其他ノ祕密書類ヲ開披シ又ハ隱匿シタル者ハ云々ト規定シ人ノ信書以外ノ祕密書類モ尚ホ之ヲ開披シタルトキハ罰スル規定ナリシモ其後、其他ノ祕密書類ノ七字ヲ削除シタルト憲法上ニ信書ノ祕密トアルニ徵スルモ封緘シタル信書以外ノ書類ハ之ヲ包含セサル立法趣旨ナリト解セサル可ラス獨逸刑法第二百九十九條ハ權利ナクシテ故意ニ封緘シタル信書其他ノ書類ヲ開披シタル者云々ト規定シ本法前草案ト同シク明ニ信書以外ノ書類ヲモ之ヲ保護セリ而シテ本罪成立ニハ

第三、封緘シタル人ノ信書ヲ開披スル意思アルコトヲ要ス即チ人ノ信書タルコトヲ知テ故ラ開披シタルトキハ本罪成立ス然レトモ自己ニ宛テタル信書ト誤信シ同名異人ノ信書ヲ開披シタル場合ノ如キハ本罪成立セス

以上ノ條件具備シタルトキハ二百圓以下ノ罰金ニ處ス可キモノトス

第百三十四條　醫師、藥劑師、藥種商、産婆、辯護士、辯護人、公證人、又ハ此等ノ職ニ在リシ者故ナク其業務上取扱ヒタルコトニ付キ知得タル人ノ祕密ヲ

漏泄シタルトキハ六月以下ノ懲役又ハ百圓以下ノ罰金ニ處ス
宗教若クハ禱祀ノ職ニ在ル者又ハ此等ノ職ニ在リシ者故ナク其業務上取扱ヒタルコトニ付キ知得タル人ノ祕密ヲ漏泄シタルトキ亦同シ

本條ハ特別ノ職ニ在ル者其職務上委託ヲ受ケタル祕密ヲ漏泄シタル罪ヲ規定シタルモノナリ

本條ハ舊刑法、第三百六十條醫師、藥商、穩婆又ハ代言人、辯護人、代書人若クハ神官、僧侶其身分、職業ニ於テ委託ヲ受ケタル事ニ因リ知得タル陰私ヲ漏告シタル者ハ誹毀ヲ以テ論シ、十一日以上三月以下ノ重禁錮ニ處シ三圓以上、三十圓以下ノ罰金ヲ附加ス但裁判所ノ呼出ヲ受ケテ事實ヲ陳述スル者ハ此限ニ在ラス」トノ規定ヲ修正シタルモノニテ其立法趣旨ハ殆ト同一ナリ、唯同條代言人ト在リタルヲ辯護士ト、穩婆トアリタルヲ產婆ト改メ代書人ヲ除去シ神官、僧侶トアリタルヲ本條第二項ト爲シ宗教若クハ禱祀ノ職ニ在ル者ト爲シ總括シタルニ過キス

本罪成立ニハ、第一醫師、藥劑師、藥種商、產婆、辯護士、辯護人、公證人、及ヒ宗教若クハ禱祀ノ職ニ在ル者又ハ此等ノ職ニ在リシ者ナルコト、第二業務上取扱ヒタルコトニ付キ知得タル人ノ祕密ナルコト、第三故ナク漏泄シタルコトノ三條件アルヲ要ス

第一、醫師、藥劑師、藥種商、產婆、辯護士、辯護人、公證人及ヒ宗教若クハ禱祀ノ職ニ在ル者又

ハ此等ノ職ニ在リシ者ナルコトヲ要ス
本條ニ所謂、醫師、藥劑師、藥種商、産婆、辯護士、辯護人、公證人又ハ宗教若クハ禱祀ノ職ニ在ル神官、僧侶ノ如キ者ハ概ネ人ノ祕密事項ニ關スル委託ヲ受ク可キ業態ニアルモノナリ假令ハ醫師ハ人ノ疾病又ハ創傷等ニ付キ診斷治療ノ委託ヲ受ケ藥劑師及ヒ藥種商ハ其疾病創傷ニ對スル藥種ノ調劑、販賣等ノ委託ヲ受ケ産婆ハ懷胎ノ場合ニ於テ人ノ委託ヲ受ケ診斷スルコトアリ而シテ疾病又ハ創傷ノ種類若クハ懷胎等ハ往々世間ニ祕スルコトアルヲ以テ其祕密ヲ保護スル趣旨ナリトス又辯護士、辯護人、公證人ハ民刑訴訟若クハ財産上ノ得喪ニ關シ鑑定、辯護又ハ契約書作成等人ノ祕密ニ關スル委託ヲ受クルモノニテ宗教若クハ禱祀ノ職ニ在ル神官、僧侶モ亦職務上、人ノ祕密ニ關シ委託ヲ受クルコトアルヲ以テ是等。業務上、委託ヲ受ケタル人ノ祕密ニ付テハ裁判上、證人トシテ陳述スルコトヲ拒ムノ權利ヲ與ヘ（民刑訴訟法）一面之ヲ保護スルト同時ニ本條特ニ其祕密ヲ守ル可キ義務ヲ命シタルモノナリ玆ニ一言ス可キハ本條、辯護士中ニ特許代理業者ヲ包含スルヤ否ヤノ問題是ナリ本條ハ前ニ一言シタル如ク舊刑法、第三百六十條ト同一立法趣旨ナルヲ以テ人ノ身上ニ關スル祕密ヲ發キ其人ノ名譽ヲ毀損シタル場合ヲ保護スル規定ナルヲ以テ特許權ノ如キ財産上ニ關スル第三者ノ利益タル依賴者ノ祕密ハ本條ニ包含セス是等特許代理業者

又ハ破産管財人執達吏等カ其依賴者ノ祕密ヲ漏泄シタル場合ハ各特別法令ニ讓ル立法趣旨ナリトス

第二、業務上取扱ヒタルコトニ付キ知得タル人ノ祕密タルコトヲ要ス

既ニ述ヘタル如ク各其職務上ニ關シ委託ヲ受ケタル事ニ因リ知得タル人ノ祕密事項ヲ故ナク漏泄シタルコトヲ要ス然レトモ如何ナル事項カ人ノ祕密ナルヤハ各種ノ業務ニ因ル事實上ノ問題ナリ假令ハ醫師ハ人ノ最モ嫌フ可キ肺病、癩病等ノ治療ノ委託ヲ受ケ其患者以外ノ者ニ故ナク即チ相當ノ理由ナクシテ漏告シタル場合ノ如キ又辯護士、辯護人カ民刑訴訟事件ノ鑑定。辯護ノ委託ヲ受ケ其事實ヲ故ナク他人ニ漏告シタル場合ノ如キハ本條、業務上取扱ヒタルコトニ付キ知得タル人ノ祕密ニ關スル適例ナリ

本條特ニ醫師云々又ハ此等ノ職ニ在リシ者云々ト規定シ現職ニ在ルト否トヲ問ハサルヲ以テ其職業ヲ止メタル後ト雖モ猶ホ人ノ委託ヲ受ケタル祕密ハ之ヲ故ナク漏泄スルコトヲ得ス然レトモ本條取扱ヒタルコトニ付キ云々ト規定シタルヲ以テ取扱ヒタルコトナク知リ得タル人ノ祕密ニ付テハ之ヲ漏泄スルモ本條ノ問フ所ニ非ス

第三、故ナク漏泄シタルコトヲ要ス

本條故ナク漏泄トハ正當ノ理由ナクシテ他人ノ祕密事項ヲ第三者ニ告知スル所爲ヲ謂フ而シテ其告知ノ手段方法ハ口頭ヲ以テスルト書面ヲ以テスルトヲ問ハス他人ニ公表シタルトキハ本條漏泄ナリ然ルニ舊刑法ハ旣ニ一言シタル如ク本條人ノ祕密ヲ漏泄シタル所爲ヲ誹毀罪ト爲シタルニ因リ本罪ハ人ノ名譽ヲ毀損スル意思ヲ以テ人ノ陰私ヲ漏告シタルコトヲ要シタルモ本法ハ之ヲ改メ人ノ祕密ヲ侵ス罪ノ一種ト爲シタルヲ以テ必スシモ人ノ名譽ヲ毀損スル意思アルヲ要セス其業務上取扱ヒタルコトニ因リ知得タル人ノ祕密ナルコトヲ知テ他人ニ漏泄シタルトキハ本罪成立スルモノトス

以上ノ條件具備スルトキハ六月以下ノ懲役又ハ百圓以下ノ罰金ニ處ス可キモノトス

第百三十五條　本章ノ罪ハ告訴ヲ待テ之ヲ論ス

本條ハ前二條祕密ヲ侵ス罪ハ被害者ノ告訴ヲ待テ其罪ヲ論ス可キコトヲ規定シタルモノナルモ一讀明瞭ナルヲ以テ説明セス

第十四章　阿片煙ニ關スル罪

總論

本章ハ舊刑法、第二編、第五章、第一節、阿片煙ニ關スル罪ト殆ト同一ナリ

其修正シタル主要ノ點ヲ擧クレハ左ノ如シ

一、舊刑法ハ本章ノ罪ニ對シ有期徒刑又ハ輕懲役等ニ處シ之ヲ重罰シタルモ最早、今日ニ在テハ如斯、嚴罰スル必要ナキヲ以テ本法ハ舊刑法ニ比シ其刑ヲ輕減スルコトト爲シタリ

二、元來、阿片煙ノ吸食ハ人身ニ非常ナル害ヲ與フルモノナルニ之ヲ吸食スル惡習支那ニ於テ盛ニ行ハルル所ナリト云フ一朝、我國ニ阿片、吸食ノ惡習、傳播シタルトキハ人身ニ害毒ヲ與ヘ其禍害ノ及フ所、極メテ大ナルヲ以テ之ヲ嚴罰シテ他ニ傳播スルコトヲ防止スルモノトス

本章ハ(一)阿片煙ヲ輸入製造又ハ販賣シ若クハ販賣ノ目的ヲ以テ所持シタル罪(二)阿片煙ヲ吸食スル器具ヲ輸入製造又ハ販賣シ若クハ販賣ノ目的ヲ以テ之ヲ所持シタル罪(三)稅關官吏、阿片煙又ハ阿片煙吸食ノ器具ヲ輸入シ又ハ其輸入ヲ許シタル罪(四)阿片煙ヲ吸食シタル罪(五)阿片煙ヲ吸食スル爲メ房屋ヲ給與シテ利ヲ圖リタル罪(六)阿片煙又ハ阿片煙吸食ノ器具ヲ所持シタル罪(七)其未遂罪等ヲ規定シタルモノナリ

第百三十六條 阿片煙ヲ輸入、製造又ハ販賣シ若クハ販賣ノ目的ヲ以テ之ヲ所持シタル者ハ六月以上七年以下ノ懲役ニ處ス

本條ハ阿片煙ヲ輸入、製造又ハ販賣シ若クハ販賣ノ目的ヲ以テ所持スル罪ヲ規定シタルモノナリ本條ハ舊刑法、第二百三十七條、「阿片煙ヲ輸入シ及ヒ製造シ又ハ之ヲ販賣シタル者ハ有期徒刑ニ處スル」トノ規定ニ販賣ノ目的ヲ以テ所持スル者ヲ加ヘタル外、立法趣旨ハ同一ナリトス本罪成立ニハ、第一阿片煙タルコト、第二輸入、製造又ハ販賣シ若クハ販賣ノ目的ヲ以テ所持スルコトノ二條件アルヲ要ス第一、阿片煙タルコトヲ要ス阿片煙トハ如何ナルモノナルカ余之ヲ詳ニセスト雖モ聞ク所ニ依レハ阿片ハ一度之ヲ吸食スレハ其快味ヲ忘ルルコト能ハス又之ヲ屢々、吸食スレハ無氣力トナリ遂ニハ國家ノ衰亡ヲ來ス等民族ノ消長ニ關スル重大ナル有害物ナリト云フ第二、輸入、製造又ハ販賣シ若クハ販賣ノ目的ヲ以テ所持スルコトヲ要ス本條ニ所謂、輸入トハ外國ヨリ我帝國領土內ニ運送シ來リタル所爲ヲ云ヒ製造トハ阿片ヲ造出スル所爲ヲ謂フ又販賣トハ他人ニ賣買スルコトヲ謂ヒ所持トハ占有スルコトヲ謂フニアルモ孰レモ明瞭ナルヲ以テ說明セス而シテ本罪成立ニハ阿片煙タルコトヲ知テ輸入シ製造シ又ハ販賣シ若クハ販賣ノ目的ヲ以テ所持スル意思ヲ要ス故ニ若シ阿片煙ナルコトヲ知ラサルトキハ本條ニ依リ論

スルコトヲ得ス

以上ノ條件具備スルトキハ六月以上、七年以下ノ懲役ニ處ス可キモノトス

第百三十七條　阿片煙ヲ吸食スル器具ヲ輸入、製造又ハ販賣シ若クハ販賣ノ目的ヲ以テ之ヲ所持シタル者ハ三月以上五年以下ノ懲役ニ處ス

本條ハ阿片煙ヲ吸食スル器具ヲ輸入シ製造シ又ハ販賣シ若クハ販賣ノ目的ヲ以テ所持スル罪ヲ規定シタルモノナリ

本條ハ舊刑法第二百三十八條。「阿片煙ヲ吸食スルノ器具ヲ輸入シ及ヒ製造シ又ハ之ヲ販賣シタル者ハ輕懲役ニ處ス」トノ規定ニ販賣ノ目的ヲ以テ所持シタル者ヲ加ヘタル外。立法趣旨ハ同一ナリ

本罪成立ニハ、第一阿片煙ヲ吸食スル器具タルコト。第二輸入、製造又ハ販賣シ又ハ販賣ノ目的ヲ以テ之ヲ所持シタルコトノ二條件アルヲ要スルモ各條件共ニ明瞭ナルヲ以テ別ニ説明セス

以上ノ條件具備スルトキハ三月以上、五年以下ノ懲役ニ處ス可キモノトス

第百三十八條　税關官吏阿片煙又ハ阿片煙吸食ノ器具ヲ輸入シ又ハ其輸入ヲ許シタルトキハ一年以上十年以下ノ懲役ニ處ス

本條ハ稅關官吏、阿片煙又ハ阿片煙吸食器具ノ輸入ヲ許シタル罪ヲ規定シタルモノナリ
本條ハ舊刑法、第二百三十九條「稅關官吏、情ヲ知テ阿片煙及ヒ其器具ヲ輸入セシメタル者ハ前二條ノ刑ニ照シ各一等ヲ加フ」トノ規定ト其立法趣旨ハ同一ナリ
本罪成立ニハ、第一稅關官吏タルコト、第二阿片煙又ハ阿片煙吸食ノ器具ノ輸入ヲ許シタルコトノ二條件アルヲ要ス
第一、稅關官吏タルコトヲ要ス
本條特ニ稅關官吏ト規定シ稅關ノ公務ニ從事スル公務員ト限定シタルヲ以テ其他ノ公務員ハ本條中ニ包含セサルモノトス是注意ス可キ點ナリ但シ共犯人ハ此限リニアラサルコト論ヲ俟タス
第二、輸入ヲ許シタルコトヲ要ス
阿片煙又ハ其吸食ノ器具ヲ輸入スルコトヲ許シタルコトトハ阿片煙又ハ其吸食器具ノ輸入ヲ許可シタルコトヲ謂フモノトス而シテ其輸入ノ情ヲ知テ默許シタル場合モ本條許シタルトキ中ニ包含ス故ニ本罪成立ニハ阿片煙又ハ阿片煙吸食ノ器具タルコトヲ知テ其輸入ヲ許ス意思アルヲ要スルコト論ヲ俟タス
以上ノ條件具備スルトキハ一年以上、十年以下ノ懲役ニ處ス可キモノトス

第百三十九條　阿片煙ヲ吸食シタル者ハ三年以下ノ懲役ニ處ス

阿片煙ヲ吸食スル爲メ房屋ヲ給與シテ利ヲ圖リタル者ハ六月以上七年以下ノ懲役ニ處ス

本條ハ阿片煙ヲ吸食シタル罪及ヒ阿片煙ヲ吸食スル爲メ房屋ヲ給與シテ利ヲ圖リタル罪ヲ規定シタルモノナリ

本條第一項ハ舊刑法第二百四十一條「阿片煙ヲ吸食シタル者ハ二年以上、三年以下ノ重禁錮ニ處ス」トノ規定ト同一ニシテ第二項ハ舊刑法第二百四十條「阿片煙ヲ吸食スル爲メ房屋ヲ給與シテ利ヲ圖ル者ハ輕懲役ニ處ス」人ヲ誘引シテ阿片煙ヲ吸食セシメタル者亦同シ」トノ規定中ノ第一項ト全ク同一ナルモ其第二項ハ存スルノ必要ナキヲ以テ本法ハ之ヲ規定セス

本條第一項阿片煙ヲ吸食シタル罪ノ成立ニハ、第一阿片煙タルコト、第二吸食シタルコトノ二條件ヲ要シ第二項阿片煙ヲ吸食スル爲メ房屋ヲ給與シ利ヲ圖リタル罪ノ成立ニハ、第一阿片煙ヲ吸食スル爲メ房屋ヲ給與シタルコト、第二利ヲ圖リタルコトノ二條件ヲ要スルモ本條件ハ孰レモ一讀明瞭ナルヲ以テ別ニ説明セス

以上ノ條件具備シタルトキハ孰レモ三年以下ノ懲役ニ處ス可キモノトス

第百四十條　阿片煙又ハ阿片煙吸食ノ器具ヲ所持シタル者ハ一年以下ノ懲役ニ處ス

本條ハ阿片煙又ハ阿片煙吸食ノ器具ヲ所持シタル罪ヲ規定シタルモノナリ

本條ハ舊刑法、第二百四十二條「阿片煙及ヒ吸食ノ器具ヲ所有シ又ハ受寄シタル者ハ一月以上一年以下ノ重禁錮ニ處ス」トノ規定ト殆ト同一ナリ

本罪成立ニハ、第一阿片煙又ハ阿片煙吸食ノ器具タルコト、第二所持シタルコトノ二條件アルヲ要スルモ明瞭ナルヲ以テ別ニ説明セス

以上ノ條件具備スルトキハ一年以下ノ懲役ニ處ス可キモノトス

第百四十一條　本章ノ未遂罪ハ之ヲ罰ス

本條ハ本章規定スル所ノ罪、其害極メテ重大ナルヲ以テ未遂ノ所爲モ罰ス可キ了ヲ規定シタル者ナリ

第十五章　飲料水ニ關スル罪

總論

本章ハ舊刑法、第二編、第五章第二節飲料ノ淨水ヲ汚穢スル罪ヲ修正シタルモノナリ

其修正シタル主要ノ點ヲ擧クレハ左ノ如シ

一、舊刑法ハ公衆ノ用ニ供スル水道ヲ保護スヘキ規定ヲ闕キタルモ其害ノ及フ所、極メテ大ナルヲ以テ本法ハ水道ニ關スル規定ヲ新設シタリ

二、舊刑法ハ本章ノ罪ヲ飲料ノ淨水ヲ汚穢スル罪ト爲シ一家、一口ノ用ニ供スル井泉ヲ汚穢シタルト公衆ノ飲用水道ヲ汚穢シタルトヲ區別セサリシモ其危險ノ及フ所、重大ナル差異アルヲ以テ本法ハ之ヲ區別シ水道ニ由リ公衆ニ供給スル飲料、淨水若クハ水源ヲ汚穢シタルトキハ特ニ、重罰スルコトト爲シタリ

三、舊刑法ハ本章ノ罪ハ其害ノ及フ所、頗ル大ナルニ係ハラス一般ニ其刑輕キニ失シタルヲ以テ本法ハ重罰スルコトト改メタリ

本章ハ(一)人ノ飲料ニ供スル淨水ヲ汚穢シ因テ之ヲ用フルコト能ハサルニ至ラシメタル罪(二)水道ニ由リ公衆ニ供給スル飲料ノ淨水又ハ其水源ヲ汚穢シ因テ之ヲ用フルコト能ハサルニ至ラシメタル罪(三)人ノ飲料ニ供スル淨水ニ毒物其他、人ノ健康ヲ害ス可キ物ヲ混入シタル罪(四)(一)(二)(三)ノ罪ヲ犯シ因テ人ヲ死傷ニ致シタル罪(五)水道ニ由リ公衆ニ供給スル飲料ノ淨水又ハ其水源ニ毒物其他人ノ健康ヲ害ス可キ物ヲ混入シタル罪(六)公衆ノ飲料ニ供スル淨水ノ水道ヲ損壞又ハ壅塞シタル罪等ヲ規定シタル

モノナリ

第百四十二條　人ノ飲料ニ供スル淨水ヲ汚穢シ因テ之ヲ用フルコト能ハサルニ至ラシメタル者ハ六月以下ノ懲役又ハ五十圓以下ノ罰金ニ處ス

本條ハ人ノ飲料ニ供スル淨水ヲ汚穢シタル罪ヲ規定シタルモノナリ

本條ハ舊刑法、第二百四十三條「人ノ飲料ニ供スル淨水ヲ汚穢シ因テ之ヲ用フルコト能ハサルニ至ラシメタル者ハ十一日以上一月以下ノ重禁錮ニ處シ二圓以上、五圓以下ノ罰金ヲ附加ス」トノ規定ト全ク同一ナリ

本罪成立ニハ、第一人ノ飲料ニ供スル淨水ナルコト、第二汚穢シ因テ用フルコト能ハサルニ至ラシメタルコトノ二條件ヲ要ス

第一、人ノ飲料ニ供スル淨水ナルコトヲ要ス

人ノ飲料ニ供スル淨水トハ河水池水井水等凡テ人ノ飲用ニ供スル水ヲ總稱ス故ニ一家、一口ノ飲用ニ供スルモノナルト又數家數口ノ飲用ニ供スルモノナルトヲ問ハス本條ニ所謂、飲料ニ供スル淨水ナリトス

第二、汚穢シ因テ用フルコト能ハサルニ至ラシメタルコトヲ要ス

人ノ飲料ニ供スル淨水ヲ汚穢シ因テ用フルコト能ハサルニ至シメタルコトトハ其淨水中ニ泥土塵芥等ヲ投入シ又ハ水底若クハ水源等ヲ攪亂シ因テ其水ヲ飲用スルコト能ハサルニ至ラシメタル所爲ヲ謂フ本罪成立ニハ人ノ飲料ニ供スル淨水タルコトヲ知テ之ヲ汚穢シ因テ之ヲ用フルコト能ハサルニ至ラシメタルコトヲ要スルヲ以テ水底若クハ水源ニ工事ヲ施ス爲メ一時水ヲ汚穢シタル場合ノ如キハ本罪ノ犯意アリト云フコトヲ得ス

以上ノ條件具備スルトキハ六月以下ノ懲役又ハ五十圓以下ノ罰金ニ處ス可キモノトス

第百四十三條 水道ニ由リ公衆ニ供給スル飲料ノ淨水又ハ其水源ヲ汚穢シ因テ之ヲ用フルコト能ハサルニ至ラシメタル者ハ六月以上七年以下ノ懲役ニ處ス

本條ハ水道ノ飲料水ヲ汚穢シタル罪ヲ規定シタルモノナリ

本條ハ公衆ノ用ニ供スル水道ヲ保護スル爲メ本法ノ新設ニ干ル規定ナリ

本罪成立ニハ、第一水道ニ由リ公衆ニ供給スル飲料ノ淨水又ハ其水源タルコト、第二汚穢シ因テ之ヲ用フルコト能ハサルニ至ラシムル意思アルコトノ二條件アルヲ要ス

第一、水道ニ由リ公衆ニ供給スル飲料ノ淨水又ハ其水源タルコトヲ要ス

水道ニ由リ公衆ニ供給スル飲料ノ淨水トハ彼ノ東京市又ハ横濱市ニ布設シタル鐵管水道ノ各本線支線ノ如キ是ナリ又水源トハ夫ノ角筈、滯溜池及ヒ其ノ玉川上水等ノ如キヲ云フモノトス

第二、汚穢シ因テ之ヲ用フルコト能ハサルニ至ラシメタルコトヲ要ス

本條件ハ前條ニ於テ説明シタル所ト同一ナルヲ以テ再説セス本罪モ亦水道ニ由リ公衆ニ供給スル飲料ノ淨水又ハ其水源ナルコトヲ知テ汚穢スル意思ヲ要スルコト論ヲ俟タス

以上ノ條件具備スルトキハ六月以上七年以下ノ懲役ニ處ス可キモノトス

第百四十四條　人ノ飲料ニ供スル淨水ニ毒物其他人ノ健康ヲ害ス可キ物ヲ混入シタル者ハ三年以下ノ懲役ニ處ス

本條ハ人ノ飲料ニ供スル淨水ニ毒物其他、人ノ健康ヲ害ス可キ物品ヲ混入シタル罪ヲ規定シタルモノナリ

本條ハ舊刑法、第二百四十四條「人ノ健康ヲ害スヘキ物品ヲ用ヒテ水質ヲ變シ又ハ腐敗セシメタル者ハ一月以上、一年以下ノ重禁錮ニ處シ三圓以上、三十圓以下ノ罰金ヲ附加ス」トノ規定ト同一趣旨ナリ

本罪成立ニハ、第一人ノ飲料ニ供スル淨水ナルコト。第二毒物其他、人ノ健康ヲ害ス可キ物ヲ混入

シタルコトノ二條件アルヲ要ス

第一、人ノ飲料ニ供スル淨水タルコトヲ要ス

本條件ハ既ニ説明シタルヲ以テ再説セス

第二、毒物其他人ノ健康ヲ害ス可キ物ヲ混入シタルコトヲ要ス

毒物其他、人ノ健康ヲ害ス可キ物ヲ混入シタルコトトハ人ノ飲料ニ供スル淨水ニ毒物其他、人ノ衞生ヲ害シ若クハ疾病ヲ醸ス可キ有害物ヲ投入シテ其水質ヲ變シ若クハ不良ナラシメタル所爲ヲ謂フ而シテ茲ニ問題アリ人ノ飲料ニ供スル淨水ニ毒物其他、人ノ健康ヲ害ス可キ腐敗物ヲ投シタル者アルコトヲ知テ默祕シテ流通セシメタル者ヲ本條ニ依リ罰スルコトヲ得ルヤ否ヤノ問題是ナリ本法ハ斯ル場合ヲ豫想セサリシヲ以テ本條ニ依リ罰スルコトヲ得ス然レトモ斯ル場合ハ當該、職員ニ申告ス可キ積極的、義務ヲ命スルノ必要アリ獨逸刑法第三百二十四條ハ他人ノ使用ニ供スル泉井、溜水機又ハ公然、販賣、使用ノ爲メ設ケタル物件ニ毒物ヲ投入シ又ハ、人ノ健康ヲ害ス可キコトヲ知リテ其物品ヲ混和シタル者及ヒ其毒物ヲ投入シ又ハ有害物ヲ混和シタルモノナルコトヲ知テ默祕シテ販賣シ陳列シ又ハ流通セシメタル者ハ十年以下ノ懲役ニ處ス」ト規定シ本問ノ場合ハ之ヲ罰スルコトヲ規定シタリ本罪モ毒物其他、人ノ健康ヲ害ス可キ物ヲ混入スル意思ヲ要

スルコトハ明瞭ナルヲ以テ說明セス
以上ノ條件具備スルトキハ三年以下ノ懲役ニ處ス可キモノトス
第百四十五條　前三條ノ罪ヲ犯シ因テ人ヲ死傷ニ致シタル者ハ傷害ノ罪ニ比較シ重キニ從テ處斷ス
本條ハ前三條ノ罪ヲ犯シ因テ人ヲ死傷ニ致シタル場合ノ處分ヲ規定シタルモノナリ
本條ハ舊刑法第二百四十五條ト同一趣旨ノ規定ナリ即チ人ノ飮料ニ供スル淨水ヲ汚穢シ又ハ水道ニ由リ公衆ニ供給スル飮料ノ淨水又ハ其水源ヲ汚穢シ因テ之ヲ用フルコト能ハサルニ至ラシメ又ハ毒物其他、人ノ健康ヲ害ス可キ物ヲ混入シ因テ人ヲ死傷ニ致シタルトキハ第二十七章傷害ノ罪ニ比較シ重キニ從テ處分ス可キコトヲ規定シタルモノナリ但シ最初ヨリ人ヲ殺ス意思ヲ以テ淨水ニ毒物ヲ混入シタルトキハ第二十六章殺人ノ罪ニ依リ論ス可キコト論ヲ俟タス
第百四十六條　水道ニ由リ公衆ニ供給スル飮料ノ淨水又ハ其水源ニ毒物其他、人ノ健康ヲ害ス可キ物ヲ混入シタル者ハ二年以上ノ有期懲役ニ處ス因テ人ヲ死ニ致シタル者ハ死刑又ハ無期若クハ五年以上ノ懲役ニ處ス
本條ハ水道ニ由ル飮料淨水又ハ其水源ニ毒物其他、人ノ健康ヲ害ス可キ物ヲ混入シ因テ人ヲ死ニ致

シタル罪ヲ規定シタルモノナリ

本條ハ第百四十三條ト同シク本法ノ新設ニ干ル規定ナリ而シテ其刑ノ重キハ既ニ述ヘタル如ク人ノ身體健康ニ重大ナル害ヲ及ホス罪ナルカ爲メナリ

本條ハ水道ニ由リ公衆ニ供給スル飮料ノ淨水又ハ其水源ニ毒物其他、人ノ健康ヲ害ス可キ物ヲ混入シタル場合ノ規定ニシテ第百四十四條ト同一趣旨ノ規定ナリ、唯本條ノ場合ハ第百四十四條ト異ナリ因テ人ヲ死ニ致シタルトキハ初メヨリ人ヲ殺ス目的ナルト否トヲ問ハス其結果、重大ナルヲ以テ嚴罰スルノ差異アルニ過キス

第百四十七條 公衆ノ飮料ニ供スル淨水ノ水道ヲ損壞又ハ壅塞シタル者ハ一年以上、十年以下ノ懲役ニ處ス

本條ハ公衆ノ飮料ニ供スル淨水ノ水道ヲ損壞又ハ壅塞シタル罪ヲ規定シタルモノナリ

本條ハ水道ヲ保護スル目的ヲ以テ前數條ヲ規定シタル結果、其水道ヲ損壞シ又ハ壅塞シタル場合ヲ規定シタルモノナリ

本罪成立ニハ、第一公衆ノ飮料ニ供スル淨水ノ水道ナルコト、第二損壞又ハ壅塞シタルコトノ二條件アルヲ要ス

第一、公衆ノ飮料ニ供スル淨水ノ水道タルコトヲ要ス
本條特ニ公衆ノ飮料ニ供スル淨水ノ水道云云ト規定シタルヲ以テ一家一口ノ用ニ供スル飮料淨水ノ水道ヲ損壞又ハ壅塞シタルトキハ本條ニ依リ論スルコトヲ得ス故ニ一家一口ノ飮料ニ供スル水道ヲ損壞又ハ壅塞シタルトキハ場合ニ因リ毀棄罪ニ依リ處分スルノ外ナシ
第二、公衆ノ飮料ニ供スル淨水ノ水道ヲ損壞又ハ壅塞シタルコトヲ要ス
本條ニ所謂、損壞又ハ壅塞トハ水ノ流通ヲ妨害スル爲メ物質的ニ水道ヲ損壞シ又ハ壅塞シタル所爲ヲ謂フモノナルモ其意義ハ第十一章往來ヲ妨害スル罪ノ第百二十四條ニ於テ既ニ詳論シタルヲ以テ再說セス唯、該條ハ陸海道路ヲ妨害スル場合ニ關シ本條ハ水道ニ關スルノ差異アルニ過キス
以上ノ條件具備スルトキハ一年以上、十年以下ノ懲役ニ處ス可キモノトス

第十六章　通貨僞造ノ罪

總　論

本章ハ舊刑法、第二編、第四章、第一節貨幣ヲ僞造スル罪ヲ修正シタルモノナリ

其修正シタル主要ノ點ヲ擧クレハ左ノ如シ

一、舊刑法ハ通貨僞造罪ノ成立ニハ僞造又ハ變造ト行使ノ所爲トノ二條件ヲ必要ト爲シ單ニ僞造ニ止マル場合ハ其刑ヲ輕減シタルモ僞造又ハ變造ニ止マル場合ヲ輕ク、僞造シテ行使シタル場合ヲ必ス重シト爲スヲ得サレハ本法ハ此主義ヲ改メ通貨ノ僞造又ハ變造成リタルトキハ直ニ僞造罪成立スルコトト爲シタリ

二、舊刑法ハ貨幣ノ種類ヲ金、銀貨及ヒ紙幣又ハ銅貨ト爲シ其貨幣ノ種類ニ依リ罪ノ輕重ヲ區別シタルモ銅貨ノ僞造ナルカ故ニ其罪。輕ク金、銀貨ノ僞造ナルカ故ニ必ス重キニ非サルヲ以テ本法ハ斯ル情狀ニ關スル區別ハ之ヲ廢スルコトト爲シタリ

三、舊刑法ハ銀行券ニ關スル規定ヲ闕キタルモ本法ハ銀行券ノ僞造又ハ變造ヲ他ノ通貨ト同一ニ規定シ兌換銀行條例ヨリ之ヲ移シテ本章ニ規定シタリ

四、舊刑法ハ第百八十七條ヲ以テ貨幣ヲ僞造又ハ變造スルノ情ヲ知テ雇ヲ受ケタル職工ニ關スル規定ヲ爲シ同第百八十八條ヲ以テ貨幣ヲ僞造、變造スルノ情ヲ知テ房屋ヲ給與シタル者ニ關スル規定ヲ爲シタルモ斯ル規定ハ孰レモ貨幣僞造罪ノ幫助ナルヲ以テ本法ハ總則、從犯ノ原則ニ從フコトト爲シ本章中ニ之ヲ規定セス

五、舊刑法ハ第百九十二條ニ貨幣ヲ僞造、變造シ及ヒ輸入、取受シタル者、未タ行使セサル前ニ於テ自首シタルトキハ本刑ヲ免シ六月以上、三年以下ノ監視ニ付ス若シ職工、雑役及ヒ房屋ヲ給與シタル者、未タ行使セサル前ニ於テ自首シタル時ハ本刑ヲ免ス」ト規定シタルモ是亦總則、自首ノ原則ヲ適用ス可キモノナルヲ以テ本章中ニ之ヲ規定セス

本章ハ(一)行使ノ目的ヲ以テ通用ノ貨幣、紙幣又ハ銀行券ヲ僞造又ハ變造シタル罪(二)僞造、變造ノ貨幣、紙幣又ハ銀行券ヲ行使シタル罪及ヒ行使ノ目的ヲ以テ之ヲ人ニ交付シタル罪(三)行使ノ目的ヲ以テ僞造變造ノ貨幣紙幣又ハ銀行券ヲ輸入シタル罪(四)行使ノ目的ヲ以テ内國ニ通用スル外國ノ貨幣、紙幣又ハ銀行券ヲ僞造、變造シタル罪(五)僞造、變造ノ外國ノ貨幣、紙幣又ハ銀行券ヲ行使シタル罪(六)又ハ行使ノ目的ヲ以テ之ヲ人ニ交付シタル罪(七)僞造、變造ノ外國ノ貨幣、紙幣又ハ銀行券ヲ輸入シタル罪(八)行使ノ目的ヲ以テ僞造、變造ノ貨幣、紙幣又ハ銀行券ヲ收得シタル罪(九)前(一)乃至(八)罪ノ未遂罪(十)貨幣、紙幣又ハ銀行券ヲ收得シタル後其僞造又ハ變造ナルコトヲ知テ行使シタル罪(十一)又ハ行使ノ目的ヲ以テ之ヲ人ニ交付シタル罪(十二)貨幣、紙幣又ハ銀行券ノ僞造、變造ノ用ニ供スル目的ヲ以テ器械又ハ原料ヲ準備シタル罪等ヲ規定シタリ

第百四十八條　行使ノ目的ヲ以テ通用ノ貨幣、紙幣又ハ銀行券ヲ僞造又ハ變

造シタル者ハ無期又ハ三年以上ノ懲役ニ處ス

僞造、變造ノ貨幣、紙幣又ハ銀行券ヲ行使シ又ハ行使ノ目的ヲ以テ之ヲ人ニ交付シ若クハ輸入シタル者亦同シ

本條ハ(一)行使ノ目的ヲ以テ通用ノ貨幣、紙幣又ハ銀行券ヲ僞造又ハ變造シタル罪(二)僞造、變造ノ貨幣、紙幣又ハ銀行券ヲ行使シタル罪(三)行使ノ目的ヲ以テ僞造、變造ノ貨幣、紙幣又ハ銀行券ヲ人ニ交付シタル罪(四)僞造、變造ノ貨幣、紙幣又ハ銀行券ヲ輸入シタル罪等ヲ規定シタルモノナリ

本條第一項ハ舊刑法、第百八十二條「內國通用ノ金銀貨及ヒ紙幣ヲ僞造シテ行使シタル者ハ無期徒刑ニ處ス」若シ變造シテ行使シタル者ハ輕懲役ニ處ストノ規定同第百八十四條「官許ヲ得テ發行スル銀行ノ紙幣ヲ僞造シ若クハ變造シテ行使シタル者ハ內外國ノ區別ニ從ヒ前二條ノ例ニ照シテ處斷ス」トノ規定同第百八十五條「內國通用ノ銅貨ヲ僞造シテ行使シタル者ハ輕懲役ニ處ス」若シ變造シテ行使シタル者ハ一年以上三年以下ノ重禁錮ニ處ス」トノ規定ヲ合シテ修正シタルモノナリ

(一)　行使ノ目的ヲ以テ通用ノ貨幣、紙幣又ハ銀行券ヲ僞造、變造シタル罪

本罪成立ニハ、第一行使ノ目的ナルコト、第二通用ノ貨幣、紙幣又ハ銀行券タルコト、第三僞造又ハ變造シタルコトノ三條件アルヲ要ス

第一、行使ノ目的ナルコトヲ要ス

本條ニ所謂行使ノ目的トハ一般通説ニ依レハ流通ニ置ク希望ヲ謂フ換言スレハ眞貨ト同一ニ交換手段トシテ廣ク流通セシムル意思ヲ云フモノトス故ニ行使ノ目的ニ非ス單ニ紀念ノ爲メ眞貨ニ模擬シタル貨幣ヲ造リタル場合ノ如キハ本條ノ問フ所ニ非ス如何トナレハ行使ノ目的ニ出テタル僞造、變造ニ非サレハ刑法上ニ所謂、僞造、變造ニ非サレハナリ茲ニ一言ス可キハ犯意ト目的トノ差異是ナリ犯意トハ既ニ第一編第七章ニ於テ述ヘタル如ク結果ヲ豫期スル意思ヲ云フモ茲ニ所謂、目的トハ通常人ノ欲スル意思ヲ意味スルモノナリ換言スレハ犯意ハ意思ト因果關係ヲ有スル方行ノ意思ヲ云フモノナルモ目的トハ人ノ希望ノ方行ニ向ヘル意思ヲ云フ例ヘハ貨幣又ハ紙幣ヲ僞造セントスル意思ハ即チ犯意ニシテ之ヲ僞造シテ行使セントスル意思（即チ希望ニ向ヘル）意思ハ本條ニ所謂、行使ノ目的ナリト云フ可シ

第二、通用ノ貨幣、紙幣又ハ銀行劵タルコトヲ要ス

通用ノ貨幣紙幣又ハ銀行劵トハ交換ノ手段トシテ國家ノ强制通用ヲ認メタル一定ノ標準價格ヲ謂フ學者或ハ貨幣トハ交換ノ手段トシテ國家ノ認ムル物件ヲ謂フト定義スル者アリ又貨幣トハ國家カ一定ノ文字紋章ヲ以テ證明セル價格ノ標準ヲ云フト定義スルモノアリ要スルニ通用ノ貨幣、紙

幣又ハ銀行券トハ現ニ我帝國政府カ一定ノ形式ヲ以テ自ラ發行シ又ハ發行ヲ認許シテ發行セシムル標準價格ヲ謂フニ在リ故ニ通用ヲ廢シタル古金銀其他當時通用ヲ廢シタル半圓紙幣ノ如キハ本法ノ所謂、貨幣ニ非サルナリ而シテ現制度ニ於テ通用貨幣ハ金貨、銀貨、銅貨、白銅貨及ヒ國家ノ認許ニ依リ銀行ニ於テ發行スル兌換銀行券等是ナリ

第三、僞造又ハ變造シタルコトヲ要ス

本條貨幣、紙幣、銀行券ノ僞造トハ行使スル目的ヲ以テ眞正ナル貨幣紙幣又ハ銀行券ニ模擬シタルモノヲ製造スル所爲ヲ謂フ換言スレハ行使ノ目的ヲ以テ眞正ナル貨幣ノ外觀ヲ備フル物件ヲ製造スル所爲ヲ云フモノトス蓋シ本罪ハ國家獨占ノ鑄造又ハ製造權ヲ侵害スル所爲ヲ罰スルモノナルヲ以テ國家ノ許可ヲ受ケスシテ貨幣ヲ製造シタルトキハ其製造シタル貨幣、紙幣又ハ銀行券ノ物質眞正ナル貨幣、紙幣又ハ銀行券ト同一ナルト否トヲ問ハス故ニ眞正ナル貨幣ト同一又ハ夫レ以上ノ實價ヲ有スル物質ヲ以テ僞造スルモ尙ホ貨幣僞造罪ナリ蓋シ物質眞正ナル貨幣ト同一ナルトキハ僞造罪ニ非ストノ反對說アリ其僞造ノ程度ハ現ニ通用スル眞正ナル貨幣、紙幣又ハ銀行券ニ比シ通常僞物タルコトヲ識別スルヲ得サル程度ニ達シタルコトヲ要ス故ニ彼ノ玩弄紙幣トシテ壹圓日本絲行ト表示シタル紙幣類似ノ印刷物ノ如キハ未タ本條、僞造紙幣ナリト云フコトヲ得ス

然レトモ其僞造變造ノ程度ハ事實上ノ問題ナリ
本條、貨幣、紙幣又ハ銀行劵ノ變造トハ行使ノ目的ヲ以テ現ニ存在スル眞正ナル貨幣ヲ材料トシテ人工ヲ加ヘ他ノ貨幣ト變更スル所爲ヲ謂フ詳言スレハ行使ノ目的ヲ以テ眞正ナル貨幣、紙幣又ハ銀行劵ノ實價又ハ命價ヲ變更スル所爲ヲ謂フ故ニ貨幣ノ變造トハ正當ナル貨幣ヲ材料トシテ同質ノ貨幣ヲ造成スルモノヲ云フトノ判例アリ彼ノ金、銀、銅、貨幣ハ實價ヲ有スルヲ以テ其實價ヲ變更シ紙幣、銀行劵ハ實價ヲ有セス命價ノミナルヲ以テ其命價ヲ變更シタルトキハ變造ナリ例ヘハ金貨ノ縁ヲ削リ取リ又ハ銅貨ニ鍍金シテ銀貨ト爲シ（實價變更）五圓紙幣ノ文字、著色ヲ變更シテ十圓紙幣ト爲シ（命價變更）タル如キ是ナリ然レトモ是等、鍍金若クハ著色文字ノ變更ハ貨幣又ハ紙幣ヲ材料ト爲シタル僞造ナリトノ説ナキニ非スト雖モ既存ノ貨幣、紙幣ヲ變更シタル場合ハ變造ナリ故ニ貨幣又ハ紙幣ノ僞造、變造ノ區別ハ既存ノ貨幣ヲ材料ト爲シ實價若クハ命價ヲ變更シタルト他ノ金、銀、銅塊其他ノ材料ヲ以テ新ニ貨幣又ハ紙幣ヲ製造シタル點ニアルモ貨幣ノ僞造、變造ヲ區別スルノ標準ハ既存ノ貨幣ヲ利用シ新貨幣ヲ作製シタルヤ又ハ僞造貨幣ノ材料ヲ貨幣以外ノ物件ニ採リテ新タニ貨幣ヲ作製シタルヤニ非スシテ其材料ノ種類如何ヲ論セス犯人ハ或種類ノ貨幣ニ工作ヲ加ヘテ之ト其種類ヲ同フスル他ノ貨幣ヲ製造シタルニ過キサルヤ若クハ別ニ新タニ特種ノ貨幣ヲ製造シタルモノナルヤニ在リトノ判例アリ本罪ハ既ニ一言シタル如ク行使ノ目的ヲ以テ貨幣、紙幣又ハ銀行券ノ僞造又ハ變造ニ著手シタルトキハ未遂ニシテ其僞造變造ヲ遂ケタルトキハ行使ニ著手セサルモ既遂罪ナリ是舊刑法ト異ナル要點ナリ而シテ貨幣、紙幣又ハ銀行券ヲ僞造又ハ變造スル意思アルヲ要ス通用ノ貨幣、紙弊又ハ銀行券ヲ僞造又ハ變造スル意思トハ行使ノ目的ヲ以テ我帝國ノ貨幣、紙幣又ハ銀行券ヲ僞造又ハ變造スル意思ヲ謂フニアリ故ニ新ニ發行セラレタル貨幣又ハ紙幣ヲ紀念ノ爲メ若クハ美術品トシテ模擬製造シタルニ止マル場合ノ如キハ本條ニ依リ論スルコトヲ得ス

（二）僞造、變造ノ貨幣、紙幣又ハ銀行券ヲ行使シタル罪

本罪成立ニハ、第一僞造、變造ノ貨幣、紙幣又ハ銀行券タルコト、第二行使シタルコトノ二條件アルヲ要ス

第一、僞造、變造ノ貨幣紙幣又ハ銀行券タルコトヲ要ス

既ニ述ヘタル如ク本法ニ於テハ行使ノ目的ヲ以テ通用ノ貨幣、紙幣又ハ銀行券ヲ僞造又ハ變造シタルトキハ貨幣、紙幣、銀行券ノ僞造、變造罪成立ストノ主義ヲ採リタルヲ以テ其僞造、變造ノ貨幣紙幣又ハ銀行券ヲ行使シタルトキハ獨立シタル僞造、變造、貨幣、紙幣、銀行券行使罪成立ス

然レトモ自ラ行使ノ目的ヲ以テ貨幣、紙幣又ハ銀行劵ヲ僞造シ又ハ變造シテ之ヲ行使シタルトキハ第一項、貨幣僞造又ハ變造罪ヲ以テ論ス可キモノニテ僞造、變造貨幣ノ行使罪トノ二罪併發ニ非ス是注意ス可キ點ナリ（第一編第九章第五十四條參照）

第二、行使シタルコトヲ要ス

行使トハ既ニ一言シタル如ク流通ニ置ク所爲ヲ謂フモノナルヲ以テ僞造、變造ノ貨幣ヲ眞正ナル貨幣ニ裝ヒ使用スルトキハ本條行使罪ナリ其行使ハ債務ノ辨濟トシテ支拂ヒタルト物品ノ代價トシテ支拂ヒタルト又自ラ使用シタルト他人ヲシテ行使セシメタルトヲ問ハス本條行使罪成立ス玆ニ問題アリ僞造、變造ノ共犯者間若クハ僞造、變造ノ貨幣タルコトヲ知ル者ニ交付シタルトキモ本條、行使罪ナルヤ否ヤノ問題是ナリ斯ル場合ニ於テモ行使ナリトノ積極論アリト雖モ本問ノ場合ハ僞造貨幣ヲ眞正ナル貨幣ニ裝ヒ流通セシメタルモノニ非サルヲ以テ本條ニ所謂、行使ニ非ストノ消極論ヲ可トス本罪ハ僞造、變造ノ貨幣、紙幣又ハ銀行劵ヲ行使スル意思アルコトヲ要ス故ニ本罪成立ニハ僞造、變造ノ貨幣、紙幣又ハ銀行劵ナルコトヲ知ラスシテ行使シタルヲ要スルコト明瞭ナルヲ以テ深ク說明セス

（三）行使ノ目的ヲ以テ僞造、變造ノ貨幣、紙幣又ハ銀行劵ヲ人ニ交付シタル罪

本罪成立ニハ、第一行使ノ目的ナルコト、第二僞造變造ノ貨幣、紙幣又ハ銀行劵ナルコト、第三人ニ交付シタルコトノ三條件アルヲ要ス

第一、行使ノ目的ナルコトヲ要ス

本罪ニ於ケル行使ノ目的トハ人ヲシテ其僞造、變造ノ貨幣、紙幣又ハ銀行劵ヲ行使セシムル目的ヲ謂フ例ヘハ僞造又ハ變造貨幣ヲ他人ニ行使(使用)セシムル意思ヲ云フニ在リ本罪ハ從來實際上、極メテ多キ實例ナリシヲ以テ本法ハ新ニ本罪ヲ設クルニ至リタルモノナリ

第二、僞造、變造ノ貨幣、紙幣又ハ銀行劵ナルコトヲ要ス

僞造、變造ノ貨幣、紙幣又ハ銀行劵ノ意義ニ付テハ既ニ説明シタルヲ以テ別ニ論セス

第三、人ニ交付シタルコトヲ要ス

本罪ニ於ケル人ニ交付スルトハ有償又ハ無償ニテ僞造、變造ノ貨幣ヲ他人ニ交付スル所爲ヲ謂フ例ヘハ一萬圓ノ僞造貨幣ヲ製造シ之ヲ千圓ニテ賣却シ又ハ贈與スルカ如キ是ナリ而シテ其交付ヲ受ケタル者ハ後ニ論ス可キ第百五十條ニ所謂、行使ノ目的ヲ以テ僞造、變造ノ貨幣、紙幣又ハ銀行劵ヲ收得シタル者ニ該當ス故ニ本罪ハ既ニ述ヘタルカ如ク僞造、變造ノ貨幣、紙幣又ハ銀行劵ヲ他人ニ交付スルニ因テ成立スル罪ナルヲ以テ最初、知ラスシテ他人ヨリ受取リ後ニ僞造、變造ナル

コトヲ知テ行使シタル場合ニ非ス此場合ハ後ニ論ス可キ第百五十二條、後段ニ該當スル罪ナリ是注意ス可キ點ナリトス

（四）、行使ノ目的ヲ以テ僞造、變造、貨幣、紙幣又ハ銀行券ヲ輸入シタル罪

本罪成立ニハ、第一僞造、變造ノ貨幣、紙幣又ハ銀行券ナルコト、第二行使ノ目的ナルコト、第三輸入シタルコトノ三條件アルヲ要ス

第一、僞造、變造ノ貨幣、紙幣又ハ銀行券ナルコトヲ要ス

本條。僞造、變造ノ貨幣、紙幣又ハ銀行券トハ我帝國通用ノ貨幣、紙幣。銀行券ヲ云フモノニシテ內國ニ流通スル外國ノ貨幣、紙幣又ハ銀行券ハ次條第二項ノ規定スル所ナルヲ以テ本條中ニ包含セス

第二、行使ノ目的ナルコトヲ要ス

茲ニ行使ノ目的トハ我帝國ニ於テ使用スル希望ヲ云フニ在リ

第三、輸入シタルコトヲ要ス

輸入シタルコトトハ我帝國ニ於テ流通セシムル目的ヲ以テ外國ヨリ帝國領土內ニ送入シタル所爲ヲ謂フ故ニ他ノ外國ニ運送スル目的ヲ以テ單ニ我領海ニ寄港シタルニ止マルトキハ本條ニ所謂、

輸入ニ非ス左レハ本條輸入トハ我帝國内ニ於テ行使スル意思ヲ以テ我帝國領海内ニ輸入スルニア
リ學者中輸入トハ我帝國、稅關設置線内ニ運ヒ入レタルトキニ非サレハ輸入既遂ノ所爲ニ非スト
論スル者アリ
以上ノ條件具備スルトキハ(一)乃至(四)罪共ニ無期又ハ三年以上ノ懲役ニ處ス可キモノトス

第百四十九條

行使ノ目的ヲ以テ内國ニ流通スル外國ノ貨幣、紙幣又ハ銀行券ヲ僞造又ハ變造シタル者ハ二年以上ノ有期懲役ニ處ス

僞造、變造ノ外國ノ貨幣、紙幣又ハ銀行券ヲ行使シ又ハ行使ノ目的ヲ以テ之ヲ人ニ交付シ若クハ輸入シタル者亦同シ

本條ハ(一)内國ニ流通スル外國ノ貨幣、紙幣又ハ銀行券ヲ僞造、變造シタル罪(二)僞造、變造ノ外國貨幣、紙幣又ハ銀行券ヲ行使シタル罪(三)僞造、變造ノ外國貨幣、紙幣又ハ銀行券ヲ人ニ交付シタル罪(四)僞造變造ノ外國貨幣、紙幣又ハ銀行券ヲ輸入シタル罪ヲ規定シタルモノナリ
本條ハ舊刑法、第百八十三條「内國ニ於テ通用スル外國ノ金銀貨ヲ僞造シテ行使シタル者ハ有期徒刑ニ處ス」若シ變造シテ行使シタル者ハ二年以上、五年以下ノ重禁錮ニ處ス」トノ規定同第百八十四條

「官許ヲ得テ發行スル銀行ノ紙幣ヲ僞造シ若クハ變造シテ行使シタル者ハ内外國ノ區別ニ從ヒ前二條ノ例ニ照シテ處斷ス」トノ規定ヲ合シテ修正シタルモノナリ

（一）　内國ニ流通スル外國ノ貨幣、紙幣又ハ銀行券ヲ僞造變造シタル罪

本罪成立ニハ、第一行使ノ目的ナルコト、第二内國ニ流通スル外國ノ貨幣、紙幣又ハ銀行券タルコト、第三僞造又ハ變造シタルコトノ三條件アルヲ要ス

第一、行使ノ目的ナルコトヲ要ス

本條外國、貨幣ノ僞造又ハ變造罪モ前條ト同シク行使ノ目的ヲ以テ僞造又ハ變造スルコトヲ要スルモノトス而シテ行使ノ目的トハ既ニ前條ニ於テ説明シタル如ク内國ニ通用スル外國ノ貨幣、紙幣又ハ銀行券ヲ流通ニ置ク希望ヲ以テ僞造變造シタルコトヲ謂フ換言スレハ眞正ナル外國貨幣ト同一ニ使用セントスル意思ヲ云フニ外ナラス

第二、内國ニ流通スル外國ノ貨幣、紙幣又ハ銀行券タルコトヲ要ス

内國ニ通用スル外國ノ貨幣、紙幣又ハ銀行券トハ我帝國内ニ於テ法令上、强制通用ヲ認メラレタル外國ノ貨幣、紙幣又ハ銀行券ヲ謂フ論者或ハ本條内國ニ流通スル外國ノ貨幣、紙幣又ハ銀行券トハ法令ノ認メテ我帝國内ニ流通セシムルモノナルト將タ事實上、我帝國内ニ流通スルモノナル

トヲ問ハス僞造又ハ變造シタルトキハ本條ニ依リ罰ス可キモノナリト論スル者ナキニ非スト雖モ本條、特ニ內國ニ流通スル外國ノ貨幣、紙幣云々ト規定シアルヲ以テ本條、流通中ニハ事實上、本邦內ニ流通スル外國。貨幣。紙幣又ハ銀行劵ハ之ヲ包含セス然レトモ是等、事實上通用スル外國貨幣ヲ僞造又ハ變造シテ之ヲ使用シ因テ他人ノ財物ヲ取得シタルトキハ詐欺取財ヲ以テ論ス可キモノナリ故ニ本條內國ニ通用スル外國ノ貨幣、紙幣又ハ銀行劵トハ其外國ニ於テ現ニ通用シ居ルモノニテ我帝國內ニ通用力ヲ認メラレタルモノノミヲ云ヒ外國ニ於テモ現ニ通用セサルモノハ本條中ニ包含セス左レハ彼ノ墨其西哥弗ノ如キハ本條。內國ニ通用スル外國貨幣ニ非ス

第三、僞造、又ハ變造シタルコトヲ要ス

內國ニ流通スル外國ノ貨幣、紙幣又ハ銀行劵ヲ僞造又ハ變造スルトハ前條(一)罪ニ於テ詳論シタル所ト全ク同一ナルヲ以テ再論セス而シテ本罪成立ニモ外國ノ貨幣、紙幣又ハ銀行劵ヲ僞造又ハ變造スル意思ヲ要スルコト論ヲ俟タス

本條第二項ハ(二)僞造、變造ノ外國ノ貨幣、紙幣又ハ銀行劵ヲ行使シタル罪ヲ規定シタルモノニテ本罪成立ニハ、第一僞造、變造ノ外國貨幣、紙幣又ハ銀行劵ナルコト、第二行使シタルコトノ二條件アルヲ要シ(三)僞造變造ノ外國ノ貨幣、紙幣又ハ銀行劵ヲ人ニ交付シタル罪ヲ規定シタルモノニテ本

罪成立ニハ、第一僞造、變造ノ外國ノ貨幣、紙幣又ハ銀行劵ナルコト、第二行使ノ目的ナルコト、第三人ニ交付シタルコトノ三條件アルヲ要シ(四)僞造、變造ノ外國ノ貨幣、紙幣又ハ銀行劵ヲ輸入シタル罪ヲ規定シタルモノニテ本罪成立ニハ、第一行使ノ目的ナルコト、第二僞造、變造ノ外國ノ貨幣、紙幣又ハ銀行劵ナルコト、第三輸入シタルコトノ三條件アルヲ要スルモ前條(二)乃至(四)ニ於テ既ニ論シタル所ト殆ト同一ナルヲ以テ再説セス唯、前條ト異ナル點ハ外國通用ノ貨幣、紙幣又ハ銀行劵タルノ差異アルニ過キス

以上ノ條件具備スルトキハ(一)(二)(三)(四)罪共ニ二年以上ノ懲役ニ處ス可キモノトス

第百五十條　行使ノ目的ヲ以テ僞造、變造ノ貨幣、紙幣、又ハ銀行劵ヲ收得シタル者ハ三年以下ノ懲役ニ處ス

本條ハ僞造、變造ノ貨幣收得罪ヲ規定シタルモノナリ

本條ハ舊刑法、第百九十條「僞造、變造ノ情ヲ知テ其貨幣ヲ取受シ之ヲ行使シタル者ハ僞造、變造シテ行使シタル者ノ刑ニ照シ各二等ヲ減ス」其未タ行使セサル者ハ各三等ヲ減ス」トノ規定ヲ修正シタルモノニテ其立法趣旨ハ同一ナリトス

本罪成立ニハ、第一僞造變造ノ貨幣、紙幣又ハ銀行劵ナルコト、第二行使スル目的ナルコト、第三

収得シタルコトノ三條件アルヲ要ス

第一、僞造、變造ノ貨幣、紙幣又ハ銀行劵ナルコトヲ要ス

本條ニ所謂、僞造、變造ノ貨幣、紙幣又ハ銀行劵トハ既ニ述ヘタル第百四十八條内國通用ノ貨幣、紙幣又ハ銀行劵及ヒ第百四十九條ニ規定シタル内國ニ流通スル外國ノ貨幣、紙幣又ハ銀行劵ヲ總稱ス是注意ス可キ點ナリ

第二、行使ノ目的タルコトヲ要ス

本罪ニ於ケル行使ノ目的モ既ニ屢々述ヘタル如ク僞造、變造ノ貨幣、紙幣又ハ銀行劵ヲ流通セシムル希望ヲ云フモノナルコト明瞭ナルヲ以テ別ニ説明セス

第三、收得シタルコトヲ要ス

收得トハ他人ヨリ受取リタル所爲ヲ謂フ而シテ其收得中ニハ賣買、贈與其他名義ノ如何ヲ問ハス所持ヲ移シタル總テノ所爲ヲ包含ス換言スレハ僞造、變造ノ貨幣タル情ヲ知テ行使スル意思ヲ以テ受取リタルトキハ本條ニ所謂、收得ナリ本罪ハ僞造、變造ノ貨幣、紙幣又ハ銀行劵ナルコトヲ知テ行使スル目的ヲ以テ收得スルヲ要スルカ故ニ若シ僞造變造ナルコトヲ知ラス受取リタルトキハ縱令、僞造變造ノ貨幣ナルモ本條ニ依リ論スルコトヲ得ス然レトモ其收得シタル後僞造變造ナ

ルコトヲ知テ行使シタルトキハ第百五十二條ニ依リ論ス可キモノナルコト論ヲ俟タス

以上ノ條件具備スルトキハ三年以下ノ懲役ニ處ス可キモノトス

第百五十一條　前三條ノ未遂罪ハ之ヲ罰ス

本條ハ前三條ノ未遂罪ヲ罰ス可キコトヲ規定シタルモノナリ

本章貨幣僞造、變造罪ノ如キハ信用ヲ害スル罪中最モ重キ所爲ナルヲ以テ前三條、貨幣ノ僞造、變造罪、僞造、變造貨幣行使罪、僞造、變造ノ貨幣、輸入罪、僞造、變造貨幣收得罪等ハ孰レモ其僞造、變造、行使、輸入、收得等ニ著手シタルトキハ未遂罪トシテ罰ス可キモノトス而シテ其如何ナル程度ニ達シタルトキヲ著手未遂罪ト爲ス可キヤハ第一編、總則第八章ノ原則ニ依リ決ス可キモノナルヲ以テ茲ニ論セス

第百五十二條　貨幣、紙幣又ハ銀行劵ヲ收得シタル後其僞造又ハ變造ナルコトヲ知テ之ヲ行使シ又ハ行使ノ目的ヲ以テ之ヲ人ニ交付シタル者ハ其名價三倍以下ノ罰金又ハ科料ニ處ス但一圓以下ニ降スコトヲ得ス

本條ハ僞造又ハ變造貨幣ノ行使罪及ヒ交付罪ヲ規定シタルモノナリ

本條前段ハ舊刑法第百九十三條「貨幣ヲ取受スルノ後ニ於テ僞造又ハ變造ナルコトヲ知リ之ヲ行使シタル者ハ其價額二倍ノ罰金ニ處ス但其罰金ハ二圓以下ニ降スコトヲ得ス」トノ規定ト同一趣旨ナリ

本條ハ(一)僞造變造ノ貨幣、紙幣又ハ銀行劵ノ知情行使罪(二)僞造變造貨幣紙幣又ハ銀行劵ノ交付罪ヲ規定シタルモノナリ

(一) 僞造變造貨幣、紙幣又ハ銀行劵ノ知情行使罪

本罪成立ニハ、第一僞造變造ノ貨幣、紙幣又ハ銀行劵ヲ收得シタルコト、第二僞造又ハ變造ナルコトヲ知テ行使シタルコトノ二條件アルヲ要ス

第一、僞造、變造ノ貨幣、紙幣又ハ銀行劵ヲ收得シタルコトヲ要ス

本條知情行使罪ハ貨幣、紙幣又ハ銀行劵ヲ收得スル際ハ僞造、變造ナルコトヲ知ラス收得シタルコトヲ要ス若シ初メヨリ僞造、變造ナルコトヲ知テ收得シタルトキハ第百五十條僞造、變造貨幣收得罪ニシテ本條、知情行使罪ニ非ス、而シテ本條僞造、變造ノ貨幣、紙幣又ハ銀行劵トハ第百四十八條内國通用ノ貨幣、紙幣又ハ銀行劵ト同第百四十九條外國ノ貨幣、紙幣又ハ銀行劵ヲ總稱スルコト第百五十條ト同一ナリ是注意ス可キ點ナリトス

第二、僞造又ハ變造ナルコトヲ知テ行使シタルコトヲ要ス

本罪ハ眞正ナル貨幣、紙幣、又ハ銀行劵ナリト信シ收得シタル後、僞造又ハ變造ナルコトヲ發見シ故ラ行使シタルトキ成立スルモノトス而シテ本條ニ所謂、行使ハ既ニ屢〻述ヘタル如ク流通セシメタルコトヲ謂フモノナルヲ以テ物品ノ代價又ハ債務ノ辨濟トシテ支拂ヒ若クハ行使ノ目的ヲ以テ人ニ交付シタルコトヲ要ス而シテ本條、名價トハ其行使シタル貨幣、紙幣又ハ銀行劵面ニ明示シタル價額ヲ謂フ假令ハ百圓紙幣ヲ行使シタルトキハ三百圓以下ノ罰金又ハ科料ニ處スルカ如キ是ナリ

本條行使罪モ亦收得シタル貨幣、紙幣又ハ銀行劵ノ僞造又ハ變造ナルコトヲ知テ而シテ之ヲ行使スル意思アルヲ要ス故ニ其收得後、僞造變造ナルコトヲ知ラス行使シタルトキハ縱令僞造又ハ變造物ナリシモ尙ホ本條、行使罪ニ非サルナリ

以上ノ條件具備スルトキハ其行使シタル名價三倍以下ノ罰金又ハ科料ニ處ス可キモノトス然レトモ其行使シタル貨幣一圓以下ノ名價ナルモ罰金、科料ハ一圓以下ニ降スコトヲ得ス故ニ二十錢銀貨一枚ヲ行使スルモ二十錢ノ三倍六十錢ノ科料ニ處スルコトヲ得ス必ス一圓以上ノ罰金又ハ科料ニ處ス可キモノトス

第百五十三條 貨幣、紙幣又ハ銀行券ノ僞造又ハ變造ノ用ニ供スル目的ヲ以テ器械又ハ原料ヲ準備シタル者ハ三月以上五年以下ノ懲役ニ處ス

本條ハ貨幣ノ僞造變造ニ關スル準備ヲ罰ス可キコトヲ規定シタルモノナリ

本條ハ舊刑法、第百八十六條第二項若シ僞造ノ器械ヲ豫備シテ未タ著手セサル者ハ各三等ヲ減ス」トノ規定ト同一趣旨ナリ

本章ノ各犯罪ノ如キハ經濟上、極メテ重大ナル影響ヲ及ホス罪ナルヲ以テ其僞造變造ノ器械又ハ原料タル金、銀、銅、鐵等又ハ紙片ノ如キ其他僞造變造ニ必要ナル器具、材料假令ハ刻印、印章臺版模型等ヲ準備シタルトキハ之ヲ嚴罰シ害ヲ未發ニ防止スル爲メ本條ヲ設ケタルモノナリ

第十七章　文書僞造ノ罪

總論

本章ハ舊刑法第二編、第四章、第三節官ノ文書ヲ僞造スル罪第四節中、私書僞造罪ノ一部第五節免狀鑑札及ヒ疾病證書ヲ僞造スル罪ノ三節ヲ合シテ修正シタルモノナリ

其修正シタル主要ノ點ヲ擧クレハ左ノ如シ

一、舊刑法ハ文書ノ僞造ノミヲ罰シ圖畫ノ僞造ヲ罰スル規定ヲ闕キタルモ彼ノ市町村役場備付ノ圖畫又ハ檢證調書ニ添付スル圖畫ノ如キハ文書ニ非サルモ之ヲ僞造シタルトキハ其實害ノ生スルコト殆ト文書僞造ト異ラサルヲ以テ本法ハ新ニ圖畫ヲ加ヘ廣ク文書若クハ圖畫ノ僞造ヲ罰スルコトト爲シタリ

二、舊刑法ハ文書僞造罪ノ成立ニハ原則上、僞造行爲ト行使行爲トノ二要素ヲ必要ト爲シタル爲メ單ニ文書ヲ僞造シタルニ止マルトキハ罪ト爲サヽリシモ本法ハ此主義ヲ改メ通貨僞造罪ト等シク僞造シタルトキハ行使ヲ待タス直ニ文書僞造罪成立スルコトト爲シタリ

三、舊刑法ハ文書僞造罪中ニ公文書毀棄罪ヲ規定シタルモ文書毀棄ノ所爲ハ本章文書僞造罪ト全ク關係ナキ罪ナルヲ以テ本法ハ文書毀棄罪ハ本編第四十章中ニ之ヲ規定シタリ

四、舊刑法ハ文書僞造罪ハ單ニ官吏ニ關シテノミ規定シタルモ本法ハ之ヲ改メ公務員ト爲シ獨リ官吏ノミナラス廣ク官吏公吏議員其他ノ委員等ニ共通セシムルコトト爲シタリ

五、舊刑法ハ官吏、其職務上、虛僞ノ文書ヲ作リ又ハ不正ニ官ノ文書ヲ增減變換シタルトキハ官文書僞造變造罪ト爲シタルモ本法ハ斯ル場合ハ公務員虛僞ノ文書ヲ作成シ又ハ文書ヲ不正ニ增減變換シタル罪ト改メタリ

六、舊刑法ハ公務員ニ對シ虚僞ノ申立ヲ爲シ公正證書ニ不實ノ記載ヲ爲サシメタル場合ノ規定ヲ闕キタルヲ以テ本法ハ新ニ公務員ニ對シ虚僞ノ申立ヲ爲シ公正證書ニ不實ノ記載ヲ爲サシメタル罪ヲ設ケタリ

七、舊刑法ハ一般ニ文書僞造罪ニ對スル刑ノ範圍狹キニ失シ實際適用上、困難ヲ感シタルヲ以テ本法ハ刑ノ範圍ヲ擴張シ裁判所ヲシテ適宜ノ刑ヲ科セシムルコトト爲シタリ

本章ハ(一)行使ノ目的ヲ以テ御璽、國璽若ハ御名ヲ使用シテ詔書其他ノ文書ヲ僞造シ又ハ僞造シタル御璽國璽若クハ御名ヲ使用シテ詔書其他ノ文書ヲ僞造シタル罪(二)御璽國璽ヲ押捺シ又ハ御名ヲ署シタル詔書其他ノ文書ヲ變造シタル罪(三)行使ノ目的ヲ以テ公務所又ハ公務員ノ印章若クハ署名ヲ使用シテ公務所又ハ公務員ノ作ル可キ文書若クハ圖畫ヲ僞造シ又ハ僞造シタル公務所又ハ公務員ノ印章若クハ署名ヲ使用シテ公務所又ハ公務員ノ作ル可キ文書若クハ圖畫ヲ僞造シタル罪(四)公務所又ハ公務員ノ捺印若クハ署名シタル文書若クハ圖畫ヲ變造シタル罪(五)前(三)(四)罪ノ外公務所又ハ公務員ノ作ル可キ文書若クハ圖畫ヲ僞造シ又ハ公務所又ハ公務員ノ作リタル文書若クハ圖畫ヲ變造シタル罪(六)公務員其ノ職務ニ關シ行使ノ目的ヲ以テ虚僞ノ文書若クハ圖畫ヲ作リ又ハ文書若クハ圖畫ヲ變造シタル罪(七)公務員ニ對シ虚僞ノ申立ヲ爲シ權利義務ニ關スル公正證書ノ原本ニ不實ノ記載ヲ爲サシメ

タル罪(九)(七)(八)罪(八)公務員ニ對シ虛僞ノ申立ヲ爲シ免狀鑑札又ハ旅券ニ不實ノ記載ヲ爲サシメタル罪(九)ノ未遂罪(十)(十一)乃至(九)罪ノ文書若クハ圖畫ヲ行使シタル罪(十一)及ヒ其未遂罪(十二)行使ノ目的ヲ以テ他人ノ印章若クハ署名ヲ使用シ權利義務又ハ事實證明ニ關スル文書若クハ圖畫ヲ僞造シ又ハ僞造シタル他人ノ印章若クハ署名ヲ使用シテ權利義務又ハ事實證明ニ關スル文書若クハ圖畫ヲ僞造シタル罪(十三)他人ノ印章ヲ押捺シ若クハ他人ノ署名シタル權利義務又ハ事實證明ニ關スル文書若クハ圖畫ヲ變造シタル罪(十四)(十二)(十三)罪外ノ權利義務又ハ事實證明ニ關スル文書若クハ圖畫ヲ僞造又ハ變造シタル罪(十五)醫師公務所ニ提出ス可キ診斷書檢案書又ハ死亡證書ニ虛僞ノ記載ヲ爲シタル罪(十六)(十二)乃至(十五)罪ノ文書若クハ圖畫ヲ行使シタル罪及ヒ其未遂罪等ヲ規定シタリ

第百五十四條　行使ノ目的ヲ以テ御璽、國璽若クハ御名ヲ使用シテ詔書其他ノ文書ヲ僞造シ又ハ僞造シタル御璽、國璽若クハ御名ヲ使用シテ詔書其他ノ文書ヲ僞造シタル者ハ無期又ハ三年以上ノ懲役ニ處ス

御璽、國璽ヲ押捺シ又ハ御名ヲ署シタル詔書其他ノ文書ヲ變造シタル者亦同シ

本條ハ詔書其他ノ文書ヲ僞造又ハ變造シタル罪ヲ規定シタルモノナリ

本條ハ舊刑法、第二百二條ノ前段。「詔書ヲ僞造シ又ハ增減變換シタル者ハ無期徒刑ニ處ス」トノ規定ト其立法趣旨ハ同一ナリ唯、本法ハ該條ト異ナリ其僞造、變造行爲ノ手段ヲ明示シタルニ過キス元來、法律ニ於テ文書僞造ノ所爲ヲ罰スル所以ノモノハ有形的ニ虛僞ノ文書ヲ作成シタル點ニ非ス其文書ニ信用ヲ措カシムル爲メ公務所又ハ公務員ノ印章若クハ署名ヲ使用シ以テ他人ヲ誤信セシムル點ニ在リ夫ノ立法、司法、行政各部ノ公務所ニ於テ公務員ノ作成スル文書ノ信用力アルハ即チ是カ爲メナリ從來ノ官文書即チ公文書ニ模擬シタル一片ノ文字ヲ羅列シタルニ止マルトキハ何人モ之ヲ信用スルコトナキヲ以テ害ヲ生スルコトナシ故ニ本法ニ於テハ(私文書モ亦然リ)公務所又ハ公務員ノ印章若クハ署名ヲ使用シ又ハ僞造シタル公務所又ハ公務員ノ印章若クハ署名ヲ使用シテ文書若クハ圖畫ヲ僞造シタルコトヲ公文書僞造罪ノ成立要件ト爲シタリ是本章一般ニ通スル原則ナリ而シテ本條第一項ハ詔書其他ノ文書僞造罪ヲ規定シ第二項ハ詔書其他ノ文書變造罪ヲ規定シタルモノナリ

一、詔書其他ノ公文書僞造罪(第一項)

本條第一項、詔書其他ノ文書僞造罪ハ是ヲ(一)行使ノ目的ヲ以テ御璽、國璽若クハ御名ヲ使用シテ詔書其他ノ文書ヲ僞造シタル罪(二)行使ノ目的ヲ以テ僞造シタル御璽、國璽若クハ御名ヲ使用シテ詔書

其他ノ文書ヲ僞造シタル罪ト二區別シテ論セントス

（一）行使ノ目的ヲ以テ御璽國璽若クハ御名ヲ使用シテ詔書其他ノ文書ヲ僞造シタル罪

本罪成立ニハ、第一行使ノ目的ナルコト、第二御璽、國璽若クハ御名ヲ使用シタル詔書其他ノ文書ナルコト、第三僞造シタルコトノ三條件アルヲ要ス

第一、行使ノ目的ナルコトヲ要ス

本條行使ノ目的トハ詔書其他ノ文書ヲ不正ニ作成シ之ヲ證明ノ用ニ供セントスル希望ヲ謂フモノニシテ行使ノ目的ノ意義ニ就テハ既ニ前章、第百九十四條ニ於テ論シタル所ト同一ナリ唯、其異ナル點ハ前章、貨幣僞造罪ニ於ケル行使ノ目的トハ流通ニ置ク意思ヲ意味スルモ本章文書僞造罪ノ行使ノ目的ハ僞造文書ヲ證明ノ用ニ供スル意思タルノ差アルニ過キス

第二、御璽、國璽若クハ御名ヲ使用シタル詔書其他ノ文書タルコトヲ要ス

本條御璽、國璽若クハ御名ヲ使用シトハ御璽、國璽ヲ盜用シ若クハ御名ヲ不正ニ使用スル所爲ヲ謂フモノニテ詔書トハ天皇ノ御名ヲ以テ作成スル文書ヲ謂ヒ其他ノ文書トハ外國ニ對スル國書、御親翰等ヲ謂フ從來、詔書ニ就テハ勅書、勅諭若クハ詔勅ト稱シタルモ要スルニ御璽、國璽若クハ御名ヲ以テ發シ又ハ發ス可キ文書ハ總テ本條詔書ナリ又御璽トハ天皇ノ御印ヲ奉稱シ國璽トハ

日本帝國ノ印章ヲ稱スルモノナリ御名ヲ使用シトハ御名ヲ不正ニ使用スル所爲ヲ謂フ」左レハ本條第一項前段、詔書其他ノ文書僞造罪ハ行使ノ目的ヲ以テ御璽、國璽ヲ押捺シ若クハ御名ヲ使用シ詔書其他ノ文書ヲ僞造シタルトキハ直ニ成立スル罪ナリ而シテ文書トハ文字又ハ文字ニ代ユ可キ符號ヲ以テ或事實若クハ思想ヲ表示シタル物ヲ謂フ換言スレハ文書ノ僞造トハ或ル事實又ハ思想ヲ表示シタル文書其モノヲ僞ルコトヲ云フニ在リ此點ニ付テハ仍ホ後ニ至リ詳論セントス

第三、僞造シタルコトヲ要ス

本條詔書其他ノ文書僞造トハ眞正ナル詔書其他ノ文書ニ模擬シタル文書ヲ作成スル所爲ヲ謂フニアリ然レトモ必スシモ眞正ナル詔書其他ノ文書ノ實在シタルコトヲ要セス人ヲシテ眞正ナル詔書其他ノ文書ト誤信セシムルニ足ル可キ體裁ノ文書ヲ作リタルトキハ本罪成立ス而シテ本罪成立ニハ行使ノ目的ヲ以テ詔書其他ノ文書ヲ僞造スル意思アルヲ要ス然レトモ其文書ハ之ヲ行使スルコトヲ要セサルモノトス

（二）僞造シタル御璽、國璽若クハ御名ヲ使用シテ詔書其他ノ文書ヲ僞造シタル罪

本罪成立ニハ、第一行使ノ目的ナルコト、第二僞造シタル御璽、國璽若クハ御名ヲ使用シタル詔書其他ノ文書ナルコト、第三僞造シタルコトノ三條件アルヲ要ス

第一、行使ノ目的ナルコトヲ要ス

茲ニ所謂行使ノ目的トハ僞造シタル御璽、國璽若クハ御名ヲ使用シテ詔書其他ノ文書ヲ僞造シ之ヲ不正ニ使用セントスル希望ヲ謂フニ在リ

第二、僞造シタル御璽、國璽若クハ御名ヲ使用シタル詔書其他ノ文書タルコトヲ要ス

僞造シタル御璽、國璽若クハ御名ヲ使用シタルコトトハ眞正ナル御璽國璽若クハ御名ニ模擬製造シタル印章若クハ御名ヲ使用シタルコトヲ謂フ而シテ其僞造ノ御璽、國璽ヲ押捺シ若クハ御名ヲ使用シテ詔書其他ノ文書ヲ作成シタルトキハ直ニ本罪成立ス茲ニ注意ス可キハ本條前草案ハ行使ノ目的ヲ以テ御璽、國璽若クハ御名ヲ不正ニ使用シテト規定シ特ニ不正ノ文字ヲ加ヘタルモ御璽、國璽若クハ御名ヲ僞造スル所爲自體、既ニ不正ナルヲ以テ殊更、不正ノ文字ヲ加フル必要ナキヲ以テ確定成案ニ至リ之ヲ削除セラレタリ

第三、僞造シタルコトヲ要ス

本罪ニ於ケル僞造トハ僞造シタル御璽、國璽若クハ御名ヲ使用シタル詔書其他ノ公文書ニ模擬シタル文書ヲ作製シタル所爲ヲ云フモノナルモ僞造ノ意義ハ既ニ述ヘタルヲ以テ再説セス

二、行使ノ目的ヲ以テスル詔書其他ノ文書變造罪（第二項）

本罪成立ニハ、第一行使ノ目的ナルコト、第二御璽、國璽ヲ押捺シ又ハ御名ヲ署シタル詔書其他ノ文書タルコト、第三變造シタルコトノ三條件アルヲ要ス

第一、行使ノ目的ナルコトヲ要ス

行使ノ目的トハ僞造シタル御璽、國璽若クハ御名ヲ使用シテ詔書其他ノ文書ヲ變造シテ使用セントスル希望ヲ謂フモノトス

第二、御璽、國璽ヲ押捺シ又ハ御名ヲ署シタル詔書其他ノ文書タルコトヲ要ス

詔書其他ノ文書ノ意義ニ就テハ既ニ説明シタルヲ以テ再説セス而シテ御璽、國璽ヲ押捺シ又ハ御名ヲ署シタル詔書其他ノ文書トハ御璽、國璽ヲ押捺シタル詔書其他ノ文書又ハ御名ヲ署シタル詔書其他ノ文書ヲ云フニ在リ

第三、變造シタルコトヲ要ス

變造トハ眞正ナル詔書其他ノ文書ノ内容ヲ變更スル所爲ヲ謂フ換言スレハ詔書其他ノ文書變造罪ハ眞正ナル詔書其他ノ文書ノ文字ヲ增減、變換シ其本來ノ意義又ハ證明力ヲ變更シタル所爲ヲ謂フ故ニ詔書僞造罪ハ眞正ナル詔書ニ模擬シタル文書ヲ作成スルニ因テ成立スルモ詔書變造罪ハ眞正ナル詔書ノ内容ヲ變更スルニ因テ成立スル罪ナリ是其異ナル要點ナリ而シテ本罪成立ニハ御

璽、國璽ヲ押捺シ又ハ御名ヲ署シタル詔書其他ノ文書ナルコトヲ知テ變造スル意思ヲ要スルモノトス以上ノ條件具備スルトキハ一、二共無期又ハ三年以上ノ懲役ニ處ス可キモノトス

第百五十五條　行使ノ目的ヲ以テ公務所又ハ公務員ノ印章若クハ署名ヲ使用シテ公務所又ハ公務員ノ作ル可キ文書若クハ圖畫ヲ僞造シ又ハ僞造シタル公務所又ハ公務員ノ印章若クハ署名ヲ使用シテ公務所又ハ公務員ノ作ル可キ文書若クハ圖畫ヲ僞造シタルモノハ一年以上十年以下ノ懲役ニ處ス

公務所又ハ公務員ノ捺印若クハ署名シタル文書若クハ圖畫ヲ變造シタル者亦同シ

前二項ノ外公務所又ハ公務員ノ作ル可キ文書若クハ圖畫ヲ僞造シ又ハ公務所又ハ公務員ノ作リタル文書若クハ圖畫ヲ變造シタル者ハ三年以下ノ懲役又ハ三百圓以下ノ罰金ニ處ス

本條ハ公文書ノ僞造又ハ變造罪ヲ規定シタルモノナリ

本條ハ舊刑法、第二百三條「官ノ文書ヲ僞造シ又ハ增減變換シテ行使シタル者ハ輕懲役ニ處ス」トノ規定同第二百十三條官ノ免狀、鑑札ヲ僞造シテ行使シタル者ハ一月以上、一年以下ノ重禁錮ニ處シ四圓以上、四十圓以下ノ罰金ヲ附加ス但官印ヲ僞造シ又ハ盜用シタル時ハ僞造官印ノ各本條ニ照シテ處斷ス」トノ規定ヲ合シテ修正シタルモノナリ而シテ本條第一項前段ハ(一)行使ノ目的ヲ以テ公務所又ハ公務員ノ印章若クハ署名ヲ使用シテ公務所又ハ公務員ノ作ル可キ文書若クハ圖畫ヲ僞造シタル罪後段ハ(二)行使ノ目的ヲ以テ僞造シタル公務所又ハ公務員ノ印章若クハ署名ヲ使用シテ公務所又ハ公務員ノ作ル可キ文書若クハ圖畫ヲ僞造シタル罪。第二項ハ(三)行使ノ目的ヲ以テ公務所又ハ公務員ノ捺印若クハ署名シタル文書若クハ圖畫ヲ變造シタル罪ヲ規定シ第三項ハ(四)行使ノ目的ヲ以テ前二項以外ノ公務所又ハ公務員ノ作ル可キ文書若クハ圖畫ヲ僞造シ又ハ變造シタル罪ヲ規定シタルモノナリ但シ第三項ノ罪ハ公務所若クハ公務員ノ印章若クハ署名ヲ使用セサル僞造變造罪ナルヲ以テ前二項ニ比シ其刑ヲ輕クシタルモノナリ

(一) 行使ノ目的ヲ以テ公務所又ハ公務員ノ印章若クハ署名ヲ使用シテ公務所又ハ公務員ノ作ル可キ文書若クハ圖畫ヲ僞造シタル罪

本罪成立ニハ、第一行使ノ目的ナルコト、第二公務所又ハ公務員ノ印章若クハ署名ヲ使用シ公務所又ハ公務員ノ作ル可キ文書若クハ圖畫タルコト、第三僞造シタルコトノ三條件アルヲ要ス

第一、行使ノ目的ナルコトヲ要ス

本條行使ノ目的トハ公務所又ハ公務員ノ印章若クハ署名ヲ不正ニ使用シ公務所又ハ公務員ノ作ル可キ文書若クハ圖畫ヲ僞造シ之ヲ使用シ自己又ハ他人ニ對シ利益ヲ得セシメ又ハ他人ニ損害ヲ加フル手段ニ供セントスル希望ヲ謂フニ在リ獨逸刑法ハ自己又ハ他人ニ對シ財產上ノ利益ヲ得セシメ又ハ他人ニ損害ヲ加ヘンカ爲メ文書僞造ノ罪ヲ犯シタルトキハ云々ト規定シ其目的ヲ明示シタリ

第二、公務所又ハ公務員ノ印章若クハ署名ヲ使用シ公務所又ハ公務員ノ作ル可キ文書若クハ圖畫タルコトヲ要ス

本條公務所又ハ公務員モ亦總則第七條ニ所謂、官吏、公吏、法令ニ依リ公務ニ從事スル議員、委員其他ノ職員ヲ謂フモノニテ公務所トハ各公務員ノ職務ヲ行フ場所ヲ謂フモノトス而シテ本條ニ所謂、公文書即チ公務所又ハ公務員ノ作ル可キ文書若クハ圖畫ニ付テハ從來、官文書ト稱シ二個ノ見解アリタリ一ハ公務員カ其職務ヲ以テ調成スル文書ハ總テ官文書ナリト一ハ公務員カ國家ノ爲

政機關トシテ作成スル文書ノミヲ官文書ナリト第一説ニ依レハ苟モ公務員タル資格ヲ有スル者ノ作成スル文書ハ公法上ノ關係ニ就テ作成スルト私法上ノ關係ニ就テ作成スルトヲ問ハス凡テ官文書ナリト云フニ在リ第二説ニ依レハ官文書トハ公務員カ國家ノ爲政機關トシテ即チ公法上、統治機關トシテ作成スルモノニ限リ官文書ニシテ私法上ノ關係ニ就テ作成スル文書例ヘハ公務員カ官衙ヲ代表シテ私人ト請負契約ヲ爲シタル場合ニ作ル契約書ノ如キハ官文書ニ非スト云フニ在リ有力ナル學者ハ後説ヲ主張スルモ余ハ公務員タル資格アル者其管掌ニ係ル職權內ニ於テ法令ノ規定ニ從ヒ作成シタル文書ハ公法上ノ關係ナルト私法上ノ關係タルトヲ問ハス總テ官文書ナリトノ第一説ヲ可トス故ニ本條、公文書若クハ圖畫トハ官吏、公吏、議員、委員其他公務ニ從事スル者其職權內ニ於テ法令ノ定ムル程式規則ニ從ヒ作成シ又ハ作成ス可キ文書若クハ圖畫ヲ謂フモノトス例ヘハ彼ノ官吏、公吏ノ任命ニ關スル辭令、免狀、鑑札又ハ判決、決定、命令書其他司法、行政各部ノ公務所又ハ公務員ノ名義ヲ以テ作リ若クハ作ル可キ總テノ文書又ハ圖畫（檢證調書ニ添附ノ圖面若クハ村役場備付繪圖等）ノ如キ是ナリ蓋シ本條、公務所又ハ公務員トハ現ニ存在シ又ハ存在シタルコトアル公務所又ハ公務員タルコトヲ要スルヲ以テ若シ實在セサル假設ノ公務所又ハ公務員ノ名義ヲ以テ文書ヲ作成スルモ本條、公文書僞造ニ非ス左レハ法令ニ依リ存在シ又ハ存在

シタルコトアル公務所又ハ公務員ノ製作シ又ハ作成ス可キ文書タルコトヲ要スルモノトス

文書トハ文字又ハ符號ヲ以テ或ル事實若クハ思想ヲ表示シタルモノナルコトハ既ニ述ヘタル如クナルヲ以テ本條文書モ亦一定ノ文字又ハ文字ニ代ユル符號ヲ附著セシメタル意思表示物ヲ謂フニ在リ而シテ玆ニ所謂、文字トハ我日本文字タルト外國文字タルトヲ問ハス符號トハ電信符號、速記文字等人ノ思想ヲ表白スル爲メ一般ニ認メラレタルモノヲ總稱シ其文字符號ヲ表示スル物モ亦通常、紙片ナリト雖モ織物、竹木又ハ金屬、土塊等總テ此文字ヲ表着セシムルニ足ル可キモノハ文書僞造ノ物體ト爲スコトヲ得可シ

第三、僞造シタルコトヲ要ス

本條僞造シタルコトトハ公務所又ハ公務員ノ印章ヲ盜用シ又ハ不正ニ公務員ノ氏名ヲ使用シ官文書ニ模擬シテ文書ヲ作成スル所爲ヲ謂フ換言スレハ本條ニ所謂、公文書僞造トハ證據ノ用ニ供スル目的ヲ以テ不正ニ公文書ニ模擬シタル文書ヲ作成スル所爲ヲ云フニ在リ然レトモ眞正ナル公文書ノ存在スルコトヲ要セス、唯人ヲシテ眞正ナル公文書ト誤信セシムルニ足ル可キ程度ニ作成シタルコトヲ要スル而已故ニ眞正ナル公文書ト同一ナル公文書ヲ僞造シタル場合ハ勿論、公務所ノ文書ヲ假想シテ作成シタル場合モ尙ホ本條、公文書僞造罪ナリ玆ニ一言ス可キハ一私人ノ作成シ

タル文書ニ官吏又ハ公吏カ與書ノ方法ニ依リ證明ヲ與フルコトアリ例ヘハ村役場、市役所等ニ於テ私人ノ申請ニ依リ與フル不動產所有ノ有無ニ關スル證明書ノ如キ是等ノ文書ハ其證明書、全部カ公證文書ナルヤ將タ與書ニ關スル部分ノミ公證文書ナルヤハ從來、大ニ議論ノ有リタル所ナルモ斯ル場合ハ其與書部分ノミニテハ何等ノ效用ヲモ爲サザルヲ以テ私書ニ係ル部分ト共ニ公證文書ナリトノ說ヲ可トス左レハ公文書トハ必スシモ官吏ノ作成シタル文書ノミヲ云フニ非ス一私人ノ作成シタル文書ト雖モ一旦、之ヲ官署ニ差出シ官署ニ於テ保存スルトキハ官文書ナリトノ判例アリ故ニ民刑訴訟當事者ノ提出シテ記錄ニ添付シタル書類若クハ圖畫ヲ僞造シタルトキハ凡テ公文書僞造ナリトス

(二) 僞造シタル公務所又ハ公務ノ印章若クハ署名ヲ使用シテ公務所又ハ公務員ノ作ル可キ文書若クハ圖畫ヲ僞造シタル罪(第一項後段)

本罪成立ニハ、第一行使ノ目的ナルコト。第二僞造シタル公務所又ハ公務員ノ印章若クハ署名ヲ使用シタル公務所若クハ公務員ノ作ル可キ文書若クハ圖畫ナルコト、第三僞造シタルコトノ三條件アルヲ要ス

第一、行使ノ目的ナルコトヲ要ス

本條件ハ既ニ説明シタル所ト同一ナルヲ以テ別ニ論セス

第二、僞造シタル公務所又ハ公務員ノ印章若クハ署名ヲ使用シ公務所又ハ公務員ノ作ル可キ文書若クハ圖畫タルコトヲ要ス

僞造シタル公務所又ハ公務員ノ印章若クハ署名ヲ使用シタルコトノ意義ニ就テハ既ニ詔書僞造罪ニ於テ述ヘタルヲ以テ再説セス

本條第一項前段ハ行使ノ目的ヲ以テ眞正ナル公務所又ハ公務員ノ印章若クハ署名ヲ使用シ公務所又ハ公務員ノ作ル可キ文書若クハ圖畫ヲ僞造スルニ依テ成立スル罪ナルモ本罪ハ僞造シタル公務所又ハ公務員ノ印章若クハ氏名ヲ使用シ公務所又ハ公務員ノ作ル可キ文書若クハ圖畫ヲ作成スルニ因テ成立スル罪ナリ茲ニ一言ス可キハ本條第一項前段ニ該當ス可キ前草案ハ不正ニ云々ト規定シタルモ僞造ノ所爲自體既ニ不正ナルヲ以テ殊更不正ノ文字ヲ加フル必要ナキヲ以テ確定成案ニ至リ不正ノ文字ヲ削除シタルモノナリ而シテ公務所又ハ公務員ノ作ル可キ文書若クハ圖畫ニ就テモ既ニ詳論シタルヲ以テ再説セス

第三、僞造シタルコトヲ要ス

茲ニ所謂僞造トハ僞造シタル公務所又ハ公務員ノ印章若クハ署名ヲ使用シ公務所又ハ公務員ノ作

ル可キ文書若クハ圖畫ニ模擬シテ作成シタル所爲ヲ謂フニ在ルモ既ニ屢々詳論シタルヲ以テ別ニ論セス

（三）行使ノ目的ヲ以テ公務所又ハ公務員ノ捺印若クハ署名シタル文書若クハ圖畫ヲ變造シタル罪

本罪成立ニハ、第一行使ノ目的ナルコト、第二公務所又ハ公務員ノ捺印若クハ署名シタル文書若クハ圖畫タルコト、第三變造シタルコトノ三條件アルヲ要ス

第一、行使ノ目的ナルコトヲ要ス

本罪ニ於ケル行使ノ目的トハ公務所又ハ公務員ノ捺印若クハ署名シタル文書若クハ圖畫ヲ變造シ之ヲ不正ニ使用セントスル希望ヲ謂フモノニテ既ニ公文書僞造罪ニ於テ述ヘタル所ト同一ナルヲ以テ別ニ論セス

第二、公務所又ハ公務員ノ捺印若クハ署名シタル文書若クハ圖畫タルコトヲ要ス

公務所又ハ公務員ノ捺印若クハ署名シタル文書若クハ圖畫トハ眞正ナル官吏、公吏其他公務ニ從事スル議員、委員等カ法令ノ定ムル程式ヲ履行シ公務所又ハ公務員ノ名義ヲ以テ作成シタル文書若クハ圖畫ヲ謂フモノトス而シテ其文書若クハ圖畫トハ如何ナルモノナルヤハ既ニ文書僞造罪ニ

於テ詳論シタルヲ以テ再說セス玆ニ所謂公務所又ハ公務員ノ捺印若クハ署名トハ公務所ノ印章又ハ公務員ノ印章ヲ押捺シ若クハ公務所又ハ公務員ノ氏名ヲ以テ作成シタル文書若クハ圖畫ヲ謂フコトモ亦既ニ述ヘタルカ如シ

第三、變造シタルコトヲ要ス

變造トハ眞正ナル文書若クハ圖畫ノ內容記載事項ヲ增減變換スル所爲ヲ謂フ換言スレハ公務所又ハ公務員ノ職權ヲ以テ程式ニ從ヒ作成シタル文書若クハ圖畫ノ內容ヲ增減變換シタル所爲ヲ謂フニ在リ而シテ此公文書又ハ圖畫ノ變造ハ假令重要ナラサル事項ノ增減變換ナルモ尙ホ本條、變造罪成立ス是即チ公務所又ハ公務員ノ信用ヲ害スルコト極メテ大ナル不正行爲ナレハナリ蓋シ玆ニ注意ス可キハ其變造シタル公文書ハ公務員ノ職務權限內ニ於テ作成シタルモノタルヲ要ス若シ權限ナキ事項ニ付キ作成シタルモノナルトキハ公務員ノ作成シタル文書ナルモ公文書ト云フコトヲ得ス本罪成立ニハ公務所又ハ公務員ノ作成シタル文書又ハ圖畫タルコトヲ知テ變造スル意思ヲ要スルコトモ亦明瞭ナルヲ以テ說明セス

（四）前二項以外ノ手段ニ依リ公務所又ハ公務員ノ作リタル文書若クハ圖畫ヲ僞造、變造シタル罪

（第三項）

本條第三項ハ前二項ニ規定シタル以外ノ文書若クハ圖畫ヲ偽造シ又ハ變造シタル場合ニ關スル規定ナリ例之ハ公務所又ハ公務員ノ印章又ハ署名ナキ文書、圖畫等ノ偽造又ハ公務所ノ捺印若クハ署名ナキ文書、圖畫等ノ偽造變造ノ如キ是ナリ而シテ是等ノ場合ハ前二項ニ比シ其情、輕キヲ以テ特ニ本項ヲ設ケタル所以ナリ

本罪成立ニハ、第一行使ノ目的ナルコト、第二前二項規定以外ノ手段ニ依リ公務所又ハ公務員ノ作ル可キ文書若クハ圖畫ナルコト、三第偽造、變造シタルコトノ三條件アルヲ要スルモ本條件ハ既ニ屢々説明シタルヲ以テ別ニ論セス唯玆ニ一言ス可キハ前二項以外ノ手段ニ依リ公務所又ハ公務員ノ作ル可キ文書若クハ圖畫ノ偽造、變造トハ公務所又ハ公務員ノ印章若クハ署名ヲ使用セス又ハ偽造シタル公務所又ハ公務員ノ印章若クハ署名ヲ使用セス他ノ方法手段ニ依リ偽造、變造シタル總テノ場合ヲ謂フ例ヘハ既ニ一言シタル如ク一私人カ官署ニ提出シタル文書若クハ圖畫ヲ偽造變造シタルカ如キ是ナリ

以上ノ條件具備スルトキハ（一）（二）共三年以上十年以下ノ懲役（三）（四）罪ハ三年以下ノ懲役又ハ三百圓以下ノ罰金ニ處ス可キモノトス

第百五十六條　公務員其職務ニ關シ行使ノ目的ヲ以テ虚偽ノ文書若クハ圖

畫ヲ作リ又ハ文書若クハ圖畫ヲ變造シタルトキハ印章、署名ノ有無ヲ區別シ前二條ノ例ニ依ル

本條ハ公務員其職務ニ關スル文書若クハ圖畫ヲ僞造又ハ變造シタル罪ヲ規定シタルモノナリ

本條ハ舊刑法第二百五條、第一項、「官吏其管掌ニ係ル文書ヲ僞造シ又ハ增減變換シテ行使シタル者ハ前二條ノ例ニ照シ各一等ヲ加フ」トノ規定同第二百十四條第二項、「官吏情ヲ知テ其免狀鑑札ヲ下附シタル者ハ一等ヲ加フ」トノ規定ト同一ノ場合ニ關スル規定ナルモ其立法趣旨ハ全ク異ル所アリ即チ舊刑法ハ官吏其職務上、虛僞ノ文書ヲ作成シタル場合ヲ官吏管掌ニ係ル文書僞造罪ト爲シタルモ其文書ノ形式ニ於テ官吏ノ職務上作成シタル文書ナルトキハ縱令、實質上ニ瑕瑾アルモ尚ホ官文書ノ變造ト爲シタルハ不當ナルヲ以テ本法ハ之ヲ改メ公務員其職務ニ關シ虛僞ノ文書ヲ作リタル場合及ヒ不正ニ文書ヲ變造シタル場合ノ規定ト爲シタリ而シテ本條ハ(一)行使ノ目的ヲ以テ公務員其職務ニ關シ虛僞ノ文書若クハ圖畫ヲ僞造シタル罪(二)行使ノ目的ヲ以テ公務員文書若クハ圖畫ヲ變造シタル罪ヲ規定シタルモノナリ

(一)行使ノ目的ヲ以テ公務員其職務ニ關シ虛僞ノ文書若クハ圖畫ヲ僞造シタル罪

本罪成立ニハ、第一行使ノ目的ナルコト、第二公務員其職務ニ關スルコト、第三虛僞ノ文書若クハ

圖畫ヲ作リタルコトノ三條件アルヲ要ス

第一、行使ノ目的ナルコトヲ要ス

茲ニ所謂、行使ノ目的トハ公務員自己ノ職務ニ關シ眞正ナル文書ニ假想シテ虛僞ノ文書若クハ圖畫ヲ作成シ之ヲ不正ニ使用セントスル希望ヲ謂フニアリ例ヘハ會計官吏、銀行ヨリ金ヲ騙取スル目的ヲ以テ虛僞ノ支拂命令書ヲ作リ又ハ村役場ノ吏員其村內ニ存在セサル場所ニ關スル村圖ヲ作リタル場合ノ如キ是ナリ

第二、公務員其職務ニ關スルコトヲ要ス

本條公務員トハ既ニ述ヘタル如ク官吏、公吏其他公務ニ從事スル議員、委員其他ノ職員ヲ謂フモノニシテ是等公務員其職務ニ關シトハ公務員其職務上作成シ又ハ作成ス可キ權限ヲ有スルコトヲ謂フニアリ例ヘハ會計官吏、行使ノ目的ヲ以テ虛僞ノ支拂命令書ヲ作ルカ如キ是ナリ故ニ官吏タルモ若シ行政官タル檢事判決書ヲ作リタル場合ノ如キハ自己ノ職務權限內ノ行爲ニ非サルヲ以テ本條虛僞ノ文書作成ト云フコトヲ得ス如何トナレハ縱令、公務員ト雖モ其職務以外ニ於テハ之ヲ作成スルコトヲ得サルモノナレハナリ是。注意ス可キ點ナリ

第三、虛僞ノ文書若クハ圖畫ヲ作リタルコトヲ要ス

本罪成立ニハ公務員、其職務上ニ關シ行使ノ目的ヲ以テ虛僞ノ文書若クハ圖畫ヲ作リタルコトヲ要ス故ニ若シ行使ノ目的ナク單ニ自修ノ目的ヲ以テ自己ノ職務上ニ關スル文書又ハ圖畫ヲ作リ自己ノ筐底ニ保存シタル場合ノ如キハ本條虛僞ノ文書作成罪ニ非ス如何トナレハ斯ル場合ハ行使ノ目的ヲ以テ虛僞ノ文書若クハ圖畫ヲ作リタルモノニ非サレハナリ

（二）行使ノ目的ヲ以テ公務員其職務ニ關スル文書若クハ圖畫ヲ變造シタル罪

本罪成立ニハ、第一行使ノ目的ナルコト、第二公務員其職務ニ關シ作ル可キ文書若クハ圖畫タルコト、第三變造シタルコトノ三條件アルヲ要ス

第一、行使ノ目的ナルコトヲ要ス

本條件ヲ要スルコトハ既ニ說明シタルヲ以テ別ニ論セス

第二、公務員其職務ニ關シ作ル可キ文書若クハ圖畫タルコトヲ要ス

公務員其職務ニ關シ作ル可キ文書若クハ圖畫トハ官吏、公吏其他法令ニ依リ公務ニ從事スル議員、委員其他ノ職員等カ其權限內ニ於テ作成ス可キ文書若クハ圖畫ヲ云フモノナルコトハ既ニ屢々述ヘタル所ナルヲ以テ再說セス

第三、變造シタルコトヲ要ス

茲ニ所謂變造シタルコトトハ公務員其職務ニ關スル文書若クハ圖畫ヲ不正ニ增減變換スル所爲ヲ謂フ換言スレハ職務上、眞正ニ作成シタル文書若クハ圖畫ヲ不正ニ其內容事項ヲ增減、變換シ眞正ナル證明力ヲ變更スル所爲ヲ云フニアリ例ヘハ判事故意ニ被告ヲ懲役二年ニ處スル判決原本ヲ作成シ之ヲ言渡シタル後三年ト變更シタル場合ノ如キ是ナリ而シテ本罪ハ其變造スル原因如何ヲ問ハス不正ニ文書ノ內容ヲ變更シタルトキハ本罪成立スルモノトス

以上ノ條件具備スルトキハ前二條ノ例ニ依リ處斷ス可キモノトス

第百五十七條 公務員ニ對シ虛僞ノ申立ヲ爲シ權利、義務ニ關スル公正證書ノ原本ニ不實ノ記載ヲ爲サシメタル者ハ一年以下ノ懲役又ハ百圓以下ノ罰金ニ處ス

公務員ニ對シ虛僞ノ申立ヲ爲シ免狀、鑑札又ハ旅券ニ不實ノ記載ヲ爲サシメタル者ハ六月以下ノ懲役又ハ五十圓以下ノ罰金ニ處ス

前二項ノ未遂罪ハ之ヲ罰ス

本條ハ公務員ニ對シ虛僞ノ申立ヲ爲シ不實ノ記載ヲ爲サシメタル罪ヲ規定シタルモノナリ

本條ハ本法ノ新設ニ係ル規定ニシテ即チ第一項ハ公務員ニ對シ虛僞ノ申立ヲ爲シ權利、義務ニ關スル公正證書ノ原本ニ不實ノ記載ヲ爲サシメタル罪ヲ規定シタルモノナリ舊刑法ハ本條ノ場合ニ關スル規定ヲ缺キタルヲ以テ從來其解釋、區々ニ分レ或ハ本條ノ場合ハ文書僞造罪ヲ構成スト論シ或ハ文書僞造罪ヲ構成セスト論シ議論一定セサリシモ公務員ヲ欺キ虛僞ノ公證ヲ爲サシメ若クハ不實ノ登記ヲ爲サシメタルトキハ自ラ文書ヲ僞造シタルニ非サルモ詐欺若クハ虛僞ノ陳述ヲ爲シ公務員ヲシテ不實ノ登記又ハ公證ヲ爲サシムルモノナルヲ以テ恰モ公務員ヲ使用シテ僞造ノ所爲タルト等シク其實害ノ生スル點ニ於テ文書僞造罪ト異ナルコトナシ殊ニ從來、屢々此種ノ犯罪ヲ生シ弊害ニ堪ヘサリシヲ以テ本法ハ特ニ明文ヲ設ケテ此等ノ疑義ヲ避ケ第二項ハ公務員ニ對シ虛僞ノ申立ヲ爲シ免狀、鑑札又ハ旅劵ニ不實ノ記載ヲ爲サシメタル罪ニシテ是亦舊刑法ニ規定ナキ所ナリシヲ以テ第一項ト同一趣旨ニ因リ規定シ第三項ハ前二項ノ場合ハ特ニ本罪ノ未遂ノ所爲ヲ罰ス可キコトヲ規定シタルモノナリ獨逸刑法第二百七十一條ハ重要ナル權利義務ニ關スル虛僞又ハ附會ノ陳述ヲ爲シ又ハ之ニ對スル資格名義ヲ詐リ故意ニ之ヲ公證書、公簿、登記簿ニ公證セシメタル者ハ云々ト規定セリ

（一）公務員ニ對シ虛僞ノ申立ヲ爲シ權利義務ニ關スル公正證書ノ原本ニ不實ノ記載ヲ爲サシメタル罪（第一項）

本罪成立ニハ、第一公務員ニ對スルコト、第二虛僞ノ申立ヲ爲シタルコト、第三權利義務ニ關スル公正證書ノ原本ニ不實ノ記載ヲ爲サシメタルコトノ三條件アルヲ要ス

第一、公務員ニ對スルコトヲ要ス

公務員トハ既ニ屢〻述ヘタル如ク官吏、公吏法令ニ依リ公務ニ從事スル議員、委員其他ノ職員ヲ謂フモノトス故ニ是等一般公務員ニ對シ虛僞ノ申立ヲ爲シタルトキニ非サレハ本罪成立セス

第二、虛僞ノ申立ヲ爲シタルコトヲ要ス

公務員ニ對シ虛僞ノ申立ヲ爲シタルコトトハ當該公務員ニ對シ虛構不實ノ陳述ヲ爲シタル所爲ヲ謂フ例ヘハ戶籍吏、登記官吏、公證人等ニ對シ虛構不實ノ申述ヲ爲シ（書面又ハ口頭ニテ）自己ノ名義ヲ以テ虛僞ノ登記ヲ爲サシムルカ如キ場合ヲ云フモノトス前數條ニ規定シタル文書僞造、變造罪ハ他人ノ名義ヲ冒シ虛僞ノ事實ヲ自ラ記載スルニ因テ成立スル罪ナルモ本罪（無形的文書僞造）ハ當該公務員ニ對シテ虛構ノ申立ヲ爲シ自己ノ名義ヲ以テ不實ノ記載ヲ爲サシムルニ因テ成立スル罪ナリ是文書僞造、變造罪ト異ル要點ナリ

第三、權利義務ニ關スル公正證書ノ原本ニ不實ノ記載ヲ爲サシメタルコトヲ要ス

本條、權利義務ニ關スル公正證書トハ戶籍吏カ所轄市町村內ノ本籍人、非本籍人ノ出生、婚姻、養子、緣組、離婚、離緣、後見、家督相續、隱居、死亡、失踪其他、身分ノ變更等ニ就キ屆出テ事項ヲ記載ス可キ身分登記簿又ハ登記官吏カ商業登記若クハ不動產ニ關スル權利ノ設定、保存、移轉、變更、處分ノ制限又ハ消滅ニ付キ申請事項ヲ記載ス可キ登記簿、公證人カ囑託ニ應シ作成シタル民事ニ關スル公正證書等ヲ謂フモノトス然レトモ玆ニ所謂權利義務ニ關スル公正證書ノ原本トハ獨リ是等ノ者ノ作成シタル公正證書ノミナラス廣ク官吏其他ノ議員、委員等カ申立ニ依リ作成ス可キ調書、公簿其他ノ公書等ヲ總稱スルモノナリ

蓋シ本條權利義務ニ關スル公正證書ニ不實ノ記載ヲ爲ス公務員即チ戶籍吏、登記官吏、公證人等ハ自己ノ管掌權限內ニ於ケル事項ニ就キ虛僞ノ申立ヲ受ケタルコトヲ要ス若シ登記官吏ニ對シ人ノ身分ニ關スル出生、死亡、婚姻等ノ屆出ヲ爲スモ登記官吏ノ職務事項ニ非サルト同シク戶籍吏ニ對シ不動產ノ賣買、抵當、保存等ノ登記申請ヲ爲スモ戶籍吏ハ登記ス可キ權限ナキヲ以テ其事實カ縱令、虛僞ナルモ本條ニ依リ論スルコトヲ得ス、是即チ孰レモ其職務行爲ニ非サル登記ナレハナリ而シテ本罪成立ニモ公務員ニ對シ虛僞ノ事項ヲ記載セシムル意思アルコトヲ要スルモノト

ズ

(二) 公務員ニ對シ虚僞ノ申立ヲ爲シ免狀、鑑札又ハ旅券ニ不實ノ記載ヲ爲サシメタル罪(第二項)

本罪成立ニハ、第一公務員ニ對スルコト、第二虚僞ノ申立ヲ爲シタルコト、第三免狀、鑑札又ハ旅券ニ不實ノ記載ヲ爲サシメタルコトノ三條件アルヲ要ス

第一、公務員ニ對スルコトヲ要ス

茲ニ所謂、公務員トハ專ラ免狀、鑑札又ハ旅券ノ下附ヲ取扱フ行政官廳ノ公務員ヲ指スモノトス

第二、虚僞ノ申立ヲ爲シタルコトヲ要ス

公務員ニ對シ虚僞ノ申立ヲ爲シタルコトトハ(免狀、鑑札又ハ旅券ノ下附ヲ申請スル者)其當該、公務員ニ對シ虚構不實ノ申立ヲ爲シタルコトヲ謂フモノトス

第三、免狀、鑑札又ハ旅券ニ不實ノ記載ヲ爲サシメタルコトヲ要ス

本條(一)免狀トハ法令ノ規定ニ依リ一定ノ條件ヲ具備シタル者ニ對シ當該公務所ヨリ或ル特種ノ業務ヲ爲シ又ハ爲スコトヲ得可キ資格ヲ附與スル證書ヲ謂フ例ヘハ辯護士、醫師、藥劑師、獸醫等ニ對シ司法省又ハ内務省ヨリ下附シタル試驗合格證書ノ如キモノ是ナリ(二)鑑札トハ法令ノ規定ニ

依リ當該公務所ヨリ或ル特種ノ業務ヲ爲シ又ハ爲スコトヲ得可キコトヲ許可シタル證標ヲ謂フ例ヘハ地方官廳ヨリ行政取締上、特種ノ營業ヲ爲ス貸席、料理店、荷車、人力車夫等ニ下附スル營業鑑札ノ如キ是ナリ(三)旅券トハ外國ニ旅行スル者等ニ對シテ當該官廳ヨリ下附スル旅行免狀ヲ謂フ以上ノ免狀、鑑札、旅券ノ下附ヲ求ムル際當該公務員ニ對シ身分、氏名、年齡其他、各特別法令ノ規定スル一定ノ下附條件ニ付キ虛僞ノ申立ヲ爲シ不實ノ記載ヲ爲サシメタルトキハ本罪成立ス故ニ本罪成立ニハ虛構不實ノ申立ヲ爲ス意思アルコトヲ要スルモノトス

以上ノ條件具備スルトキハ(一)罪ハ二年以下ノ懲役又ハ百圓以下ノ罰金(二)罪ハ六月以下ノ懲役又ハ五十圓以下ノ罰金ニ處ス可キモノトス

本條第三項ハ前二項ノ所爲ニ著手シタルトキハ未遂罪トシテ罰ス可キコトヲ規定シタルモノナリ而シテ本罪ハ當該公務員ニ對シ虛構ノ申立ヲ爲シタルトキハ即チ本罪ノ著手未遂ナリトス

第百五十八條　前四條ニ記載シタル文書又ハ圖畫ヲ行使シタル者ハ其ノ文書又ハ圖畫ヲ僞造若クハ變造シ又ハ虛僞ノ文書若クハ圖畫ヲ作リ又ハ不實ノ記載ヲ爲サシメタル者ト同一ノ刑ニ處ス

前項ノ未遂罪ハ之ヲ罰ス

本條ハ僞造、變造ノ公文書若クハ圖畫ヲ行使シタル罪ヲ規定シタルモノナリ

本條ハ第百五十四條、同第百五十五條及ヒ第百五十六條、第百五十七條ニ規定シタル各僞造、變造ノ文書若クハ圖畫ヲ行使シタル者ヲ罰スル規定ニシテ此行使罪ハ(本條第二項)其未遂ノ所爲ヲ罰スルモノトス而シテ本法ニ於テハ既ニ述ヘタル如ク單ニ行使ノ目的ヲ以テ文書ヲ僞造シタル者ヲ罰スル主義ナルニ依リ之ヲ行使シタル者ニ對スル處分ヲ規定スルノ必要アリ加之、本條、行使罪ノ未遂ハ印章僞造罪ト間別ス可ラサルモノナルヲ以テ特ニ明文ヲ設ケテ其未遂ノ所爲ヲ罰スルコトト爲シタルモノナリ(草案理由書參照)獨逸刑法第二百七十條ハ僞造又ハ變造シタル文書タルノ情ヲ知リ詐欺ノ目的ヲ以テ之ヲ行使シタル者ハ文書僞造ノ罪ヲ以テ論スト規定セリ

本罪成立ニハ、第一僞造又ハ變造シタル公文書若クハ圖畫ナルコト、第二行使シタルコトノ二條件アルヲ要ス

第一、僞造又ハ變造ノ公文書若クハ圖畫タルコトヲ要ス

僞造又ハ變造ノ公文書若クハ圖畫トハ既ニ第百五十四條乃至第百五十七條ニ於テ詳論シタル如ク僞造又ハ變造シタル詔書其他ノ公文書又ハ公務所若クハ公務員ノ作リタル公文書、圖畫、申立ニ

依リ不實ノ記載ヲ爲サシメタル公正證書ノ原本等ヲ總稱スルモノトス

第二、行使シタルコトヲ要ス

行使トハ僞造又ハ變造ニ係ル公文書若クハ圖畫ヲ共犯者以外ノ他人ニ提示スル所爲ヲ謂フ故ニ共犯人ニ對シ僞造、變造ノ公文書ヲ提示スルモ本條行使罪ニ非ス左レハ登記官吏、他人ト共謀シ其僞造ニ係ル地所賣渡證書正本ニ登記濟ノ文字ヲ記載シ其共謀者ニ下附シタル所爲ハ第三者ニ對シ利用シタルニ非サルヲ以テ行使ト爲スヲ得ストノ判例アリ然レトモ共犯者ニ非サルトキハ自己ノ訴訟代理人タル辯護士ニ提示スルモ仍ホ僞造文書ノ行使ナリトノ判例アリ此ニ注意ス可キハ本條、行使罪ハ僞造又ハ變造者、自ラ行使スル場合ニ非スシテ他人ノ僞造、變造ニ係ル公文書ヲ單ニ行使スル場合ナリ故ニ苟モ前四條ニ規定シタル他人ノ僞造、變造ノ公文書若クハ圖畫又ハ不實ヲ記載シタル公正證書ノ原本ナルコトヲ知テ行使シタル者ハ總テ本條行使者ナリ左レハ若シ一人ニテ文書ヲ僞造シ行使シタルトキハ第一編、總則第九章、第五十四條ノ併合罪ナリ蓋シ如何ナル程度ニ達シタルトキハ本條、行使ノ既遂ナルヤニ就テハ左ノ三主義アリ

第一、發送主義、此主義ハ文書ヲ行使者ノ手ヲ離レタルトキ例ヘハ郵便箱ニ投シタルトキハ行使ノ既遂ナリト

第二、到著主義、此主義ハ文書カ被行使者ノ手ニ入リタルトキ例ヘハ被行使者ノ見ルコトヲ得可キ場所ニ置キタルトキハ行使ノ既遂ナリト

第三、了知主義、此主義ハ被行使者ニ於テ文書ヲ知了シタルトキ例ヘハ讀ミタルトキハ行使ノ既遂ナリト

以上ノ三説中第三、了知主義ヲ以テ最モ事理ニ適シタルモノナリ但シ從來ノ判例ハ第三説ナルカ如シ而シテ前四條ニ規定シタル僞造、變造又ハ虚僞ノ記載ヲ爲シタル公文書ナルコトヲ知テ行使スル意思アルヲ要ス故ニ若シ僞造、變造ノ公文書ナルコトヲ知ラス行使シタルトキハ縱令、僞造、變造ニ係ル公文書ナルモ本條、行使罪ヲ以テ論スルコトヲ得ス

以上ノ條件具備スルトキハ其文書又ハ圖畫ヲ僞造若クハ變造シ又ハ虚僞ノ文書若クハ圖畫ヲ作リタル者ト同一ノ刑ニ處ス可キモノトス

本條第二項ハ前項ノ未遂罪ハ之ヲ罰スト規定シタルヲ以テ行使罪ハ其未遂ノ所爲ヲ罰ス可キモノナルニ依リ行使ノ所爲ニ著手シタルトキハ本條、未遂罪成立ス（發送主義、到著主義參照）

第百五十九條　行使ノ目的ヲ以テ他人ノ印章若クハ署名ヲ使用シテ權利、義務又ハ事實證明ニ關スル文書若クハ圖畫ヲ僞造シ又ハ僞造シタル他人ノ

印章若クハ署名ヲ使用シテ權利、義務又ハ事實證明ニ關スル文書若クハ圖畫ヲ僞造シタル者ハ三月以上五年以下ノ懲役ニ處ス

他人ノ印章ヲ押捺シ若クハ他人ノ署名シタル權利、義務又ハ事實證明ニ關スル文書若クハ圖畫ヲ變造シタル者亦同シ

前二項ノ外權利、義務又ハ事實證明ニ關スル文書若クハ圖畫ヲ僞造又ハ變造シタル者ハ一年以下ノ懲役又ハ百圓以下ノ罰金ニ處ス

本條ハ私文書若クハ圖畫ヲ僞造、變造シタル罪ヲ規定シタルモノナリ

本條ハ舊刑法、第二百十條「賣買、貸借、贈遺、交換其他權利義務ニ關スル證書ヲ僞造シ又ハ增減變換シテ行使シタル者ハ四月以上、四年以下ノ重禁錮ニ處シ四圓以上、四十圓以下ノ罰金ヲ附加ス」其餘ノ私書ヲ僞造シ又ハ增減變換シテ行使シタル者ハ一月以上、一年以下ノ重禁錮ニ處シ二圓以上、二十圓以下ノ罰金ヲ附加ス」トノ規定ヲ修正シタルモノナリ舊刑法ハ賣買、貸借、贈遺、交換、其他權利義務ニ關スル證書ト其餘ノ私書トヲ區別シタルモ本法ハ之ヲ改メ權利義務又ハ事實證明ニ關スル文書ト爲シ人ノ權利義務又ハ事實證明ニ關スル私書ノ僞造、變造ハ總テ本條ニ依リ論スルコト

ト爲シタリ而シテ本條第一項ハ私書若クハ圖畫ノ僞造ニ關スル罪ヲ規定シ第二項ハ變造ニ關スル罪ヲ規定シ第三項ハ前二項以外ノ權利義務又ハ事實證明ニ關スル文書若クハ圖畫ヲ僞造シ又ハ變造シタル者ニ對スル罪ヲ規定シタリ

一、私書若クハ圖畫ノ僞造罪

本條第一項ハ之ヲ(一)行使ノ目的ヲ以テ他人ノ印章若クハ署名ヲ使用シテ權利義務又ハ事實證明ニ關スル文書若クハ圖畫ヲ僞造シタル罪(二)行使ノ目的ヲ以テ僞造シタル他人ノ印章若クハ署名ヲ使用シテ權利義務又ハ事實證明ニ關スル文書若クハ圖畫ヲ變造シタル罪第二項(三)其餘ノ私書若クハ圖畫ヲ僞造、變造シタル罪ヲ規定シタルモノナリ

(一) 行使ノ目的ヲ以テ他人ノ印章若クハ署名ヲ使用シテ私書若クハ圖畫ヲ僞造シタル罪

本罪成立ニハ、第一行使ノ目的ナルコト、第二他人ノ印章若クハ署名ヲ使用シタル權利義務又ハ事實證明ニ關スル文書若クハ圖畫タルコト、第三僞造シタルコトノ三條件アルヲ要ス

第一、行使ノ目的ナルコトヲ要ス

本條、行使ノ目的トハ他人ノ印章若クハ署名ヲ使用シ他人ノ權利義務又ハ事實證明ニ關スル文書若クハ圖畫ヲ作成シ之ヲ不正ニ使用セントスル希望ヲ謂フニアリ獨逸刑法ハ既ニ述ヘタル如ク此

點ニ付キ他人ニ對シ財產上ノ利益ヲ得セシメ又ハ他人ニ損害ヲ加ヘン爲メ文書僞造ノ罪ヲ犯シ云々ト規定シ明ニ行使ノ目的ノ不正ナルコトヲ示シタリ而シテ本條件ハ前五條ニ於テ屢々說明シタル所ナルヲ以テ再說セス唯タ前五條ハ官公文書ニ係ルモ本條ハ私文書ニ係ルノ差異アルニ過キスシテ行使ノ目的ニ至テハ全ク二者同一ナリトス

第二、他人ノ印章若クハ署名ヲ使用シタル權利義務又ハ事實證明ニ關スル文書若クハ圖畫タルコトヲ要ス

他人ノ印章若クハ署名ヲ使用シタル權利義務又ハ事實證明ニ關スル文書若クハ圖畫トハ他人ノ印章若クハ他人ノ自書シタル權利義務又ハ事實證明ニ關スル文書若クハ圖畫ヲ謂フ故ニ自己ノ實印ヲ使用シ自己ノ名義ヲ以テ作成シタルトキハ縱令虛僞ノ事實ヲ記載シタル文書ナルモ本條私書僞造罪ニ非ラス

第三、僞造シタルコトヲ要ス

玆ニ僞造トハ他人ノ印章ヲ盜捺シ若クハ他人ノ自書シタル氏名ヲ不正ニ使用シテ權利義務又ハ事實立證ニ關スル虛僞ノ證據文書若クハ圖畫ヲ作成スル所爲ヲ謂フ例ヘハ行使ノ目的ヲ以テ甲、乙者ノ印章若クハ署名ヲ不正ニ使用シテ眞正ナラサル文書若クハ圖畫ヲ作成シタルカ如キ是ナリ而

シテ其文書、圖畫ノ內容事項、眞正ナル文書ニ模擬シタルト否トヲ問ハス他人カ見テ以テ眞正ノ文書若クハ圖畫ナリト誤信スルニ足ル可キ體裁ヲ具備シタルトキハ本條ニ所謂、私書僞造ナリ玆ニ疑ノ存スルハ死者又ハ假想ノ人ノ文書ヲ作成シタルトキハ本條、文書僞造罪ナルヤ否ヤノ問題是ナリ從來ノ學說、判例共ニ區々ナリト雖モ彼ノ死者ノ名義ヲ冐シ文書ヲ作成シタルトキハ文書僞造罪ヲ構成ストハ多數學者ノ說ナルモ世ニ存在シタルコトナキ假想ノ名義ヲ以テ文書ヲ作成シタルトキハ他人ノ文書僞造罪ニ非スト說ク者アリ又本罪ハ文書ノ證據力ニ信賴セシメ人ヲ欺ク罪ナルヲ以テ之ニ用ヒタル名義ハ眞ニ存在シタル者ナルト否トヲ問ハス又其事實ノ眞實ナルト否トヲ問フノ必要ナシ故ニ死者ノ名義ヲ冐スモ全ク世ニ存在セサル假想名義ヲ用ユルモ結局同一ナルニ因リ假想名義ヲ以テ文書ヲ作成スルモ仍ホ本罪成立ストノ反對說アリ而シテ本條ニ所謂權利義務トハ私法上民事商事ニ關スル私人ノ利害ニ關スル證書例ヘハ遺言書、金錢貸借書、受取書、賣買書、注文書、契約書、保險申込書等財產權ノ得喪、變更、發生、消滅ニ關スル書類ノ如キ又事實證明ニ關スル證書トハ事實ノ存在、不存在ヲ證スル文書假令ハ民事、刑事ニ關スル訴訟上ニ於ケル事實立證ニ供スル證明書等ヲ謂フ故ニ權利義務又ハ事實證明ニ關スル文書以外ノ書類、假令ハ花見誘引ノ手紙若クハ來遊ヲ促ス案內狀ノ如キハ本條、他人ノ權利義務又ハ事實證明ニ關スル

文書中ニ包含セス
本罪成立ニハ不正ニ他人ノ名義ヲ冒シ文書若クハ圖畫ヲ作成スル意思アルヲ要ス故ニ他人ノ文書ヲ僞造スルノ意思ハ即チ本罪ノ犯意ナリトノ判例アリ
二、行使ノ目的ヲ以テ僞造シタル他人ノ印章若クハ署名ヲ使用シ權利義務又ハ事實證明ニ關スル文書若クハ圖畫ヲ僞造シタル罪
本罪成立ニハ、第一行使ノ目的ナルコト、第二僞造シタル他人ノ印章若クハ署名ヲ使用シタル權利義務又ハ事實證明ニ關スル文書若クハ圖畫タルコト。第三僞造シタルコトノ三條件アルヲ要ス
第一、行使ノ目的ナルコトヲ要ス
茲ニ行使ノ目的トハ僞造シタル他人ノ印章若クハ署名ヲ使用シ他人ノ權利義務又ハ事實證明ニ關スル文書若クハ圖畫ヲ僞造シ之ヲ不正ニ使用セントスル希望ヲ謂フニアリ
第二、僞造シタル他人ノ印章若クハ署名ヲ使用シタル權利義務又ハ事實證明ニ關スル文書若クハ圖畫タルコトヲ要ス
僞造シタル他人ノ印章若クハ署名ヲ使用シタル權利義務又ハ事實證明ニ關スル文書若クハ圖畫トハ他人ノ印章ヲ僞造シ之ヲ押捺シ若クハ不正ニ他人ノ署名即チ氏名ヲ使用シ他人ノ權利義務又ハ

事實證明ニ關スル文章若クハ圖畫ヲ謂フニアリ而シテ權利義務又ハ事實證明ニ關スル文書若クハ圖畫ノ意義ニ就テハ既ニ屢々詳論シタルヲ以テ再說セス

第三、僞造シタルコトヲ要ス

茲ニ所謂、僞造トハ僞造シタル他人ノ印章若クハ署名ヲ使用シタル虛僞ノ權利義務又ハ事實證明ニ關スル文書若クハ圖畫ヲ作成シタル所爲ヲ謂フニ在リ茲ニ注意ス可キハ本條第一項前段ニ該當スル前草案ハ行使ノ目的ヲ以テ他人ノ印章若クハ署名ヲ不正ニ使用シ云々ト規定シタルモ僞造シタル他人ノ印章若クハ署名ヲ使用シタルトキハ其僞造ノ所爲自體不正ナルヲ以テ之ヲ削除シタルコト是ナリ

二、私文書若クハ圖畫ノ變造罪

本罪成立ニハ、第一行使ノ目的ナルコト、第二他人ノ印章ヲ押捺シ若クハ他人ノ署名シタル權利義務又ハ事實證明ニ關スル文書若クハ圖畫タルコト、第三變造シタルコトノ三條件アルヲ要ス

第一、行使ノ目的ナルコトヲ要ス

茲ニ所謂、行使ノ目的トハ他人ノ印章ヲ押捺シ若クハ他人ノ署名シタル權利義務又ハ事實證明ニ關スル他人ノ文書若クハ繪圖ヲ變造シ之ヲ不正ニ使用セントスル希望ヲ謂フニアリテ僞造ノ場合

ニ於ケル行使ノ目的ト同一ナルヲ以テ別ニ論セス

第二、他人ノ印章ヲ押捺シ若クハ他人ノ署名シタル權利義務又ハ事實證明ニ關スル文書若クハ圖畫タルコトヲ要ス

他人ノ印章ヲ押捺シ若クハ他人ノ署名シタル權利義務又ハ事實證明ニ關スル文書若クハ圖畫トハ眞正ナル他人ノ印章ヲ使用シ若クハ他人ノ自署シタル文書若クハ圖畫ヲ謂フモノニテ文書僞造罪ノ場合ト同一ナルヲ以テ再論セス

第三、變造シタルコトヲ要ス

本罪ニ於ケル變造トハ他人ノ印章ヲ押捺シ眞正ニ成立シタル權利義務又ハ事實證明ニ關スル文書若クハ圖畫又ハ他人ノ眞正ニ署名シタル權利義務又ハ事實證明ニ關スル文書若クハ圖畫ノ內容記載事項ヲ變更スル所爲ヲ謂フ換言スレハ文書變造罪ハ既ニ存在スル眞正ナル文書ノ重要ナル記載事項ヲ增減變換スル所爲ヲ云フニアリ例ヘハ眞正ナル貸金證書ノ金額二百圓ヲ三百圓ト變換シ其返濟期日ヲ六月三十日トアルヲ七月三十一日ト改ムルカ如キ所爲是ナリ出訴期限ヲ經過シタル證書ノ返濟期限ヲ變更シテ未タ出訴期限ヲ經過セサルモノノ如ク作成シタル所爲ハ私書變造罪ナリトノ判例アリ然レトモ若シ其既存文書ノ內容事項ヲ變更シテ全ク別種ノ文書ト爲シタルトキハ縱

令其材料ヲ既存文書ニ執ルモ文書僞造罪ナルヲ以テ既ニ不用ニ歸シタル證書反古紙ヲ材料トシテ作成シタルトキハ證書變造罪ニ非スシテ僞造罪ナリトノ判例アリ又擅ニ既存ノ證書ヲ變換シテ自己ノ利益ニ之ヲ使用シタル場合ハ假令其一部ヲ毀損シタルトキト雖モ證書毀棄罪ニ非スシテ證書變造罪ナリトノ判例アリ之ニ反シテ其既存文書ノ證明力ヲ滅却シテ效用ヲ失ハシメタルトキハ文書毀棄罪ナリトス是文書僞造、變造毀棄罪ノ異ナル要點ナリ而シテ他人ノ權利義務又ハ事實證明ニ關スル文書若クハ圖畫ヲ變造スル意思アルヲ要スルモノニテ文書僞造罪ニ於テ述ヘタル如ク他人ノ文書ヲ變造スル意思ハ即チ變造罪ノ犯意ナリトス

以上ノ條件具備スルトキハ(一)(二)罪ハ三月以上五年以下ノ懲役ニ處シ三罪ハ一年以下ノ懲役又ハ百圓以下ノ罰金ニ處ス可キモノトス

第百六十條 醫師公務所ニ提出ス可キ診斷書、檢案書又ハ死亡證書ニ虛僞ノ記載ヲ爲シタルトキハ三年以下ノ禁錮又ハ五百圓以下ノ罰金ニ處ス

本條ハ醫師、公務所ニ提出ス可キ診斷書、檢案書又ハ死亡證書ニ虛僞ノ記載ヲ爲シタル罪ヲ規定シタルモノナリ

本條ハ舊刑法、第二百十五條「公務ヲ免ル可キ爲メ醫師ノ氏名ヲ用ヒ疾病ノ證書ヲ僞造シテ行使シタ

ル者ハ自己ノ爲メニシ他人ノ爲メニスルヲ分タス一月以上、一年以下ノ重禁錮ニ處シ三圓以上、三十圓以下ノ罰金ヲ附加ス」醫師、囑託ヲ受ケ其詐欺ノ證書ヲ作リタル者ハ一等ヲ加フ」トノ規定ヲ修正シ本法ハ單ニ醫師ノ診斷書、檢案書又ハ死亡證書ニ虚僞ノ記載ヲ爲シタル場合ノミニ關スル規定ト改メタリ

本罪成立ニハ、第一醫師タルコト、第二公務所ニ提出ス可キ診斷書、檢案書又ハ死亡證書タルコト、第三虚僞ノ記載ヲ爲シタルコトノ三條件アルヲ要ス

第一、醫師タルコトヲ要ス

本條醫師トハ醫術開業試驗ヲ受ケ又ハ其他ノ履歷ニ依リ内務省ヨリ開業免狀ヲ得タル者ヲ謂フ（明治十六年第三十五號布告醫師免許規則參照）

第二、公務所ニ提出ス可キ診斷書、檢案書又ハ死亡證書タルコトヲ要ス

公務所ニ提出ス可キ(一)診斷書トハ人ニ對ス生理的狀態ヲ證明スル證書ヲ謂フ左レハ醫師カ（疾病者ト壯健者トヲ問ハス）人ノ身體ニ對スル意見書ハ皆本條ニ所謂、診斷書ナリ例ヘハ公務員カ公務所ニ提出スル欠勤屆ニ添付スル病氣診斷書又ハ陸海軍省其他ノ公務所ノ試驗願書ニ添付スル健康診斷書ノ如キ是ナリ(二)檢案書トハ人ノ傷害又ハ變死ニ付キ醫師ノ作成スル意見書ヲ謂フ例ヘハ

人ノ創傷其他、變死者ニ對シ醫師ノ作成スル鑑定書ノ如キ是ナリ蓋シ本法ニ於テハ公務所若クハ公務員ノ命令ニ依リタルト將タ私人ノ囑託ニ依リタルトヲ問ハス醫師ノ公務所ニ提出ス可キ鑑定書ハ總テ本條檢案書ナリ(三)死亡證書トハ人ノ死亡ヲ證明スル證書ヲ謂フ而シテ本條、死亡證書中ニハ病死ト變死トヲ包含ス

第三、虛僞ノ記載ヲ爲シタルコトヲ要ス

虛僞ノ記載ヲ爲シタルコトトハ診斷書、檢案書又ハ死亡證書ニ醫師、虛構不實ノ記載ヲ爲シタルコトヲ謂フ例ヘハ病氣ニ非サル者ヲ病氣ト爲シ他殺ヲ自殺ト爲シ變死ヲ病死ト證書ヲ作成シタル場合ノ如キ是ナリ而シテ虛僞ナルコトヲ知テ診斷書、檢案書又ハ死亡證書ヲ作成スル意思アルトキハ本罪成立ス然レトモ本條、醫師、公務所ニ提出ス可キ診斷書、檢案書又ハ死亡證書ニ虛僞ノ記載ヲ爲シタル者ト規定シタルヲ以テ公務所ニ提出セサル診斷書、檢案書又ハ死亡證書ニ虛僞ノ記載ヲ爲シタルトキハ之ヲ罰スルコトヲ得サルノ不都合アリ素ヨリ虛僞ノ診斷書、檢案書又ハ死亡證書ハ公務所ニ提出ス可キ場合多キハ勿論ナリト雖モ時ニ或ハ民間詐欺ノ手段ニ使用セラルルコトナキニ非ス然ルニ此場合ニ於テ虛僞ノ診斷書、檢案書又ハ死亡證書ヲ作成シタル醫師ヲ刑法上、罰スルコトヲ得サルハ立法上極メテ遺憾ト爲ス所ナリ

以上ノ條件具備シタルトキハ三年以下ノ懲役又ハ百圓以下ノ罰金ニ處ス可キモノトス

第百六十一條　前二條ニ記載シタル文書又ハ圖畫ヲ行使シタル者ハ其文書又ハ圖畫ヲ偽造若クハ變造シ又ハ虛偽ノ記載ヲ爲シタル者ト同一ノ刑ニ處ス

前項ノ未遂罪ハ之ヲ罰ス

本條ハ虛偽變造文書ノ行使罪ヲ規定シタルモノナリ

本條第一項ハ第百五十九條及ヒ第百六十條ニ記載シタル各偽造、又ハ變造證書ヲ行使シタル者ヲ其偽造、變造者ト又不實ノ記載ヲ爲サシメタル者ヲ虛偽ノ記載ヲ爲シタル者ト同一ニ罰スルコトヲ規定シ第二項ハ是等ノ所爲ハ其未遂ノ所爲ヲ罰ス可キコトヲ規定シタルモノナリ本法ハ既ニ述ヘタル如ク偽造又ハ變造行爲ノミヲ以テ偽造、變造罪ト爲ス主義ヲ執リタル結果、其行使ノ所爲ノミヲ偽造又ハ變造文書行使罪トシテ罰ス可キコトヲ特ニ規定シタルモノナリ

本罪成立ニハ、第一前二條ニ記載シタル文書又ハ圖畫タルコト、第二行使シタルコトノ二條件アルヲ要ス

第一、前二條ニ記載シタル文書又ハ圖畫タルコトヲ要ス

前二條ニ記載シタル文書又ハ圖畫トハ（第百五十九條）行使ノ目的ヲ以テ他人ノ印章若クハ署名ヲ不正ニ使用シタル權利義務又ハ事實證明ニ關スル僞造、變造文書若クハ圖畫又ハ僞造シタル他人ノ印章若クハ署名ヲ使用シタル權利義務又ハ事實證明ニ關スル僞造文書若クハ圖畫又ハ他人ノ印章ヲ押捺シ若クハ他人ノ署名シタル權利義務又ハ事實證明ニ關スル變造文書若クハ圖畫（第百六十條）醫師カ虛僞ノ記載ヲ爲シタル公務所ニ提出ス可キ診斷書、檢案書又ハ死亡證書等ヲ謂フモノトス

第二、行使シタルコトヲ要ス

本條、行使トハ他人ニ提出シタル所爲ヲ謂フ然レトモ僞造、變造等ノ共犯者ニ對シ提示シタルトキハ未タ以テ本條、行使ノ所爲ニ非サルコトハ既ニ述ヘタル如シ然レトモ其提示ハ被害者タルヲ要セス其僞造、變造證書ヲ立證ノ爲メ裁判所ニ提供シタルトキハ行使ナリトノ判例アリ又、登記ハ終了セサルモ僞造文書ヲ登記所ニ提出シタル以上ハ行使ノ既遂ナリ、民事訴訟ヲ提起スルニ當リ利益ノ證據ニ供スル爲メ僞造證書ヲ辯護士ニ交付シタル所爲ハ私書僞造行使罪ヲ構成ス、文書僞造行使罪ハ僞造ノ文書ヲ眞正ノ文書トシテ行使スルニ因テ成立スルモノナルヲ以テ必スシモ文

書記載ノ趣旨ニ從ヒ行使シタルヲ要セストノ判例アリ要スルニ本罪ハ僞造、變造ノ文書タルコトヲ知テ行使スルニ因テ成立スル罪ナリトス而シテ僞造、變造ノ文書若クハ圖畫又ハ虛僞ノ記載ヲ爲シタル文書ナルコトヲ知テ之ヲ行使スル意思ヲ要スルコト論ヲ俟タス

本條第二項、前項ノ未遂罪ハ之ヲ罰ス」トハ僞造。變造文書ノ行使ニ著手シタルトキハ本罪ノ未遂トシテ罰ス可キコトヲ規定シタルモノナリ然ラハ本條。行使ハ如何ナル程度ニ達シタルトキヲ以テ其既遂ト爲スヤニ就テハ第百五十八條ニ於テ既ニ論シタル所ト同一ナルヲ以テ再說セス

第十八章　有價證券僞造ノ罪

總論

本章ハ舊刑法。官文書僞造罪及ヒ私文書僞造罪中ヨリ有價證券ニ關スル部分ヲ摘出シテ一章ト爲シタルモノナリ

其修正シタル主要ノ點ヲ擧クレハ左ノ如シ

一、本章規定ノ有價證券ハ直接、財產上ノ利益ヲ目的ト爲スモノニテ特別ノ性質ヲ有スルモノナルヲ以テ是ヲ他ノ普通文書僞造罪ト區別スルノ必要アルニ依リ特ニ之ヲ分離シテ規定シタルモノナ

リ

二、舊刑法ハ本章ノ罪ヲ輕懲役ニ處シタルモ其刑、稍ヤ重キニ失シタルヲ以テ本法ハ刑ノ範圍ヲ擴張シテ之ヲ避クルコトト爲シタリ

三、本章有價證劵ノ僞造、變造罪モ亦單ニ僞造、變造行爲ノミヲ以テ其成立要件ト爲シタルコトハ前章文書僞造ト同一ナリ

本章ハ(一)行使ノ目的ヲ以テ公債證書、官府ノ證劵、會社ノ株劵其他ノ有價證劵ヲ僞造變造シタル罪(二)有價證劵ニ虛僞ノ記入ヲ爲シタル罪(三)僞造變造ノ有價證劵又ハ虛僞ノ記入ヲ爲シタル有價證劵ヲ行使ノ目的ヲ以テ人ニ交付シ若クハ輸入シタル罪(四)及ヒ其未遂罪等ヲ規定シタリ

第百六十二條 行使ノ目的ヲ以テ公債證書、官府ノ證劵、會社ノ株劵其他ノ有價證劵ヲ僞造又ハ變造シタル者ハ三月以上十年以下ノ懲役ニ處ス

行使ノ目的ヲ以テ有價證劵ニ虛僞ノ記入ヲ爲シタル者亦同シ

本條ハ有價證劵ノ僞造、變造罪ヲ規定シタルモノナリ

本條ハ舊刑法、第二百四條「公債證書、地劵其他、官吏ノ公證シタル文書ヲ僞造シ又ハ增減、變換シテ行使シタル者ハ輕懲役ニ處ス」若シ無記名ノ公債證書ニ係ル時ハ一等ヲ加フ」トノ規定同第二百

九條「爲替手形其他、裏書ヲ以テ賣買ス可キ證書若クハ金額ト交換スヘキ約定手形ヲ僞造シ又ハ增減、變換シテ行使シタル者ハ輕懲役ニ處ス」其手形證書ニ詐欺ノ裏書ヲ爲シテ行使シタル者亦同シ」トノ規定ヲ合シテ修正シタルモノナリ

舊刑法ハ公債證書、地券其他、官吏ノ公證シタル文書ヲ官文書ト爲シ爲替手形其他、裏書ヲ以テ賣買ス可キ證書若クハ金額ト交換ス可キ約定手形ヲ私文書ト爲シ是ヲ別節ニ規定シタルモ本法ハ官私ノ區別ヲ廢シ本條ハ合シテ公債證書、官府ノ證券、會社ノ株券其他ノ有價證券ニ關シ規定スルコトト爲シタリ

舊刑法ハ爲替、手形ニ虛僞ノ裏書ヲ爲シタル場合ノミヲ想像シタルモ狹キニ失シ弊害、百出シタルヲ以テ本法ハ之レヲ改メ廣ク虛僞ノ記入ヲ爲シタル場合ト爲シ時急ノ弊害ヲ矯正シタリ而シテ本條ハ（一）行使ノ目的ヲ以テ公債證書、官府ノ證券、會社ノ株券、其他ノ有價證券ヲ僞造スル罪（二）行使ノ目的ヲ以テ公債證書、官府ノ證券、會社ノ株券其他ノ有價證券ヲ變造スル罪（三）行使ノ目的ヲ以テ公債證書、官府ノ證券、會社ノ株券其他ノ有價證券ニ虛僞ノ記入ヲ爲シタル罪ヲ規定シタルモノナリ

（一）行使ノ目的ヲ以テ公債證書、官府ノ證券、會社ノ株券其他ノ有價證券ヲ僞造シタル罪（第一

項前段）
本罪成立ニハ、第一行使ノ目的ナルコト、第二公債證書、官府ノ證劵、會社ノ株劵其他ノ有價證劵タルコト、第三僞造シタルコトノ三條件アルヲ要ス
第一、行使ノ目的ナルコトヲ要ス
本條、行使ノ目的トハ使用流通セシムル希望ヲ謂フコト既ニ屢々、說明シタル所ナルヲ以テ別ニ論セス然レトモ前章、僞造文書ノ行使トハ稍ヤ其趣キヲ異ニスル所アリ即チ本章規定ノ有價證劵ハ貨幣ト等シク廣ク流通セシムルコトヲ目的トスル信用證劵ナルヲ以テ其性質上、普通僞造文書ノ行使トハ異ルモノトス（前二章參照）
第二、公債證書、官府ノ證劵、會社ノ株劵其他ノ有價證劵タルコトヲ要ス
公債證書トハ軍事公債證劵ノ如キモノヲ云ヒ官府ノ證劵トハ主トシテ大藏省ニ於テ發行スル證劵ヲ謂フ故ニ地方團體ニ於テ發行スル東京市債、大坂築港債等ノ如キハ本條、官府ノ證劵中ニ包含セサル立法趣旨ナリト云フ而シテ會社ノ株劵トハ株式會社タル銀行其他各種ノ商事會社ニ於テ發行スル資本ニ對スル株主ノ權利義務ヲ證明スル證書ヲ謂フ蓋シ本條其他ノ有價證劵トハ如何ナルモノヲ云フヤハ私法學者中、種々、議論ノ在ル所ナリ學者或ハ有價證劵トハ一種ノ請求權ヲ記載

シタル證券ナリト云ヒ或ハ有價證券トハ裏書交付ヲ以テ讓渡サルル證券ヲ云フト又或ハ有價證券トハ一旦權利ニ關シ證券ヲ作成シタル以上ハ其權利ノ行使ハ必ス其證券ノ占有ヲ要スル證券ヲ云フト論シ（松波博士商法私論）又有價證券トハ取引上代替物ト同視セラルル證券ヲ謂フモノナルヲ以テ彼ノ株券、社債券、國債券、地方券等ノ如キ團體的證券ノミヲ謂フモノニテ手形、貨物引換證券、倉庫證券、船荷證券等ノ如キモノハ有價證券ニ非スト論スル學者アリ然レトモ本條ニ所謂、有價證券ハ之ヲ廣義ニ解シ法令ノ規定ニ依リ一旦證券ヲ作成シタルトキハ之ヲ表示セラレタル權利ハ證券自ラ權利ナルカ如ク看做サルル信用證券ハ總テ之ヲ包含スルモノト解ス可キモノナリ故ニ有價證券トハ其證券ヲ發行シタル者ヨリ證券ノ所持者ニ對シ一定ノ金額若クハ物品ヲ給付スル義務ヲ負フ流通證券ヲ謂フニ外ナラス其重ナルモノハ爲替手形、約束手形、小切手、其他、船荷證券、運送貨物引換證券、倉荷預證券、倉庫證券等ノ如キ信用證券是ナリ其詳細ハ商法ニ於テ論ス可キモノナルヲ以テ玆ニ深ク論セス

第三、僞造シタルコトヲ要ス

僞造トハ眞正ナル公債證書、官府ノ證券、會社ノ株券其他ノ有價證券ニ模擬シタル證券ヲ作成シタル所爲ヲ謂フ其僞造ノ意義ニ就テハ前章既ニ詳論シタル文書僞造ト同一ナルヲ以テ再説セス而

シテ本罪モ亦行使ノ目的ヲ以テ公債證書、官府ノ證券、會社ノ株券其他ノ有價證券ヲ僞造スル意思ヲ要スルコト論ヲ俟タス

（二）行使ノ目的ヲ以テ公債證書、官府ノ證券、會社ノ株券其他ノ有價證券ヲ變造スル罪（第一項後段）

本罪成立ニハ、第一行使ノ目的ナルコト、第二公債證書、官府ノ證券、會社ノ株券其他ノ有價證券ナルコト、第三變造シタルコトノ三條件アルヲ要ス

第一、行使ノ目的ナルコトヲ要ス

本條件ハ既ニ述ヘタル所ト同一ナルヲ以テ再說セス

第二、公債證書、官府ノ證券、會社ノ株券其他ノ有價證券ナルコトヲ要ス

本條件モ亦既ニ詳論シタルヲ以テ再說セス

第三、變造シタルコトヲ要ス

本罪ハ眞正ナル公債證書、官府ノ證券、會社ノ株券其他ノ有價證券ニ記載シタル内容事項ヲ增減變換スルニ因テ成立スル罪ナルヲ以テ本條公債證書、官府ノ證券、會社ノ株券其他有價證券ノ變造トハ眞正ナル公債證書、官府ノ證券、會社ノ株券其他ノ有價證券ニ記載シタル内容ヲ增減變換

シテ本來ノ證明力ヲ變更シタル所爲ヲ謂フ例ヘハ千圓ノ國庫債券ヲ二千圓ト變更シ二十圓ノ株券ヲ五十圓ト爲シ爲替手形、約束手形等ノ記載金額若クハ振出支拂ノ年、月、日等ヲ增減變換シタル場合ノ如キ是ナリ有效ニ成立シタル約束手形ヲ受取リ其記載金額ヲ變更シタル所爲ハ約束手形ノ變造ナリトノ判例アリ其詳細ニ就テハ前章ニ於テ論シタルヲ以テ再論セス公債證書、官府ノ證券、會社ノ株券、其他ノ有價證券ヲ變造スル意思ヲ要スルコトモ亦明瞭ナルヲ以テ別ニ論セス

（三） 行使ノ目的ヲ以テ有價證券ニ虛僞ノ記入ヲ爲シタル罪（第二項）

本罪成立ニハ、第一行使ノ目的ナルコト、第二有價證券ニ虛僞ノ記入ヲ爲シタルコトノ二條件アルヲ要ス

第一、行使ノ目的ナルコトヲ要ス

本條件ハ既ニ說明シタル所ナルヲ以テ別ニ論セス

第二、有價證券ニ虛僞ノ記入ヲ爲シタルコトヲ要ス

本罪ニ於ケル有價證券トハ眞正ニ成立シタル在來ノ各種有價證券タルコトヲ要スルモノナリ而シテ茲ニ所謂虛僞ノ記入トハ眞正ナル各種ノ有價證券ニ虛構不實ノ記載ヲ爲シタル所爲ヲ謂フ例ヘハ株券ノ信用ヲ增ス爲メ會社員ニ非サル資產家ノ氏名ヲ取締役ト記入シ或ハ滿期日若クハ支拂保

證人ノ記載ナキ爲替手形ニ滿期日又ハ支拂保證人ヲ記入シタルカ如キ是ナリ玆ニ注意ス可キハ有價證券、變造罪ハ其證券ノ記載事項ヲ增減變換シテ在來ノ證明力ヲ變更スルニ因テ成立スル罪ナルモ本罪ハ其有價證券ニ記載ナキ虛構不實ノ記入ヲ爲スニ因テ成立スル罪ナリ是レ注意ス可キ點ナリ而シテ虛構不實ノ記入ヲ爲ス意思アルコトモ亦明瞭ナルヲ以テ別ニ說明セス

以上ノ條件具備シタルトキハ(一)(二)(三)罪共ニ三月以上十年以下ノ懲役ニ處ス可キモノトス

第百六十三條　僞造、變造ノ有價證券又ハ虛僞ノ記入ヲ爲シタル有價證券ヲ行使シ又ハ行使ノ目的ヲ以テ之ヲ人ニ交付シ若クハ輸入シタル者ハ三月以上十年以下ノ懲役ニ處ス

前項ノ未遂罪ハ之ヲ罰ス

本條ハ僞造、變造ノ有價證券又ハ僞造ノ記入ヲ爲シタル有價證券ノ行使罪、交付罪及ヒ輸入罪ヲ規定シタルモノナリ

本條第一項ハ前章第百五十八條及ヒ第百六十一條ト同一理由ニ基ク規定ト有價證券ノ輸入罪ヲ規定シタルモノナリ蓋シ本條後段ノ所爲ヲ罰スル所以ノモノハ有價證券ハ貨幣ノ代用ヲ爲シ流通ノ點ニ

於テモ殆ト貨幣、紙幣、又ハ銀行券ト異ナル所ナキヲ以テ社會ノ信用ト經濟上ノ發達ヲ保護スル爲メ特ニ嚴罰スルモノトス故ニ第百四十九條第二項行使ノ目的ヲ以テ之ヲ人ニ交付シ若クハ輸入シタル者亦同シトノ規定ト全ク同一趣旨ノ規定ナリ而シテ本條ハ（一）僞造變造ノ有價證券又ハ虛僞ノ記入ヲ爲シタル有價證券ヲ行使シタル罪（二）行使ノ目的ヲ以テ僞造變造ノ有價證券又ハ虛僞ノ記入ヲ爲シタル有價證券ヲ人ニ交付シタル罪及ヒ（三）其輸入罪ヲ規定シタルモノナリ

（一）　僞造、變造ノ有價證券又ハ虛僞ノ記入ヲ爲シタル有價證券ヲ行使シタル罪

本罪成立ニハ第一、虛僞、變造ノ有價證券又ハ虛僞ノ記入ヲ爲シタル有價證券ナルコト、第二行使シタルコトノ二條件アルヲ要ス

第一、僞造變造ノ有價證券又ハ虛僞ノ記入ヲ爲シタル有價證券ナルコトヲ要ス

僞造變造ノ有價證券又ハ虛僞ノ記入ヲ爲シタル有價證券ノ意義ニ就テハ既ニ前條ニ於テ詳論シタルヲ以テ再說セス

第二、行使シタルコトヲ要ス

本條行使トハ前條ニ於テ一言シタルカ如ク有價證券ヲ流通セシムル目的ヲ以テ他人ニ提示スル所爲ヲ謂フモノナルモ有價證券ノ行使ハ虛僞ノ文書行使ト其趣キヲ異ニスルコトモ亦前條ニ於テ一言

シタル如シ蓋シ有價證劵ノ行使ハ通常他人ニ其權利ヲ移付スル所爲ヲ謂フモノナルモ必スシモ其權利ヲ移付スル所爲ノミニ限ラス拒證書作成ノ爲メ僞造手形ヲ執達吏ニ提出シタル所爲ハ僞造手形行使罪ナリトノ判例アリ而シテ僞造變造ノ有價證劵又ハ虚僞ノ記入ヲ爲シタル有價證劵ナルコトヲ知テ流通セシメントスル意思ヲ要スルモノトス

(二) 行使ノ目的ヲ以テ僞造變造ノ有價證劵ノ交付罪

本罪成立ニハ、第一行使ノ目的ナルコト、第二僞造變造ノ有價證劵ヲ交付シタルコトノ二條件アルヲ要ス

第一、行使ノ目的ナルコトヲ要ス

本罪ニ於ケル行使ノ目的トハ僞造、變造ノ有價證劵ヲ他人ヲシテ使用セシムル希望ヲ以テ交付スルコトヲ意味スルモノトス

第二、僞造、變造ノ有價證劵ヲ交付シタルコトヲ要ス

僞造、變造ノ有價證劵ヲ交付スルトハ僞造、變造ノ有價證劵ナルコトヲ知テ他人ニ授付スル所爲ヲ謂フ故ニ僞造、變造ノ有價證劵ナルコトヲ知ラス之ヲ他人ニ交付スルモ本罪成立ス交付ノ意義ハ第百四十八條ト殆ト同一ナルヲ以テ論セス

（三）行使ノ目的ヲ以テ僞造變造ノ有價證券又ハ虚僞ノ記入ヲ爲シタル有價證券ヲ輸入シタル罪

本罪成立ニハ、第一行使ノ目的ナルコト、第二僞造變造ノ有價證券又ハ虚僞ノ記入ヲ爲シタル有價證券ヲ輸入シタルコトノ二條件アルヲ要ス

第一、行使ノ目的ナルコトヲ要ス

本罪ニ於ケル行使ノ目的モ亦僞造、變造ノ有價證券又ハ虚僞ノ記入ヲ爲シタル有價證券ヲ流通セシムル希望ヲ謂フモノナルコト既ニ論シタルヲ以テ説明セス

第二、僞造變造ノ有價證券又ハ虚僞ノ記入ヲ爲シタル有價證券ヲ輸入シタルコトヲ要ス

僞造變造ノ有價證券又ハ虚僞ノ記入ヲ爲シタル有價證券ノ輸入トハ外國ヨリ我帝國領内ニ送入スル所爲ヲ謂フ而シテ此輸入ノ意義ニ就テハ第十四章、阿片煙ニ關スル罪及ヒ第十六章通貨僞造ノ罪ニ於テ詳論シタル所ト同一ナルヲ以テ別ニ論セス而シテ茲ニ所謂、輸入トハ僞造變造ノ有價證券又ハ虚僞ノ記入ヲ爲シタル有價證券ナルコトヲ知テ我帝國領内ニ送入スル意思ヲ謂フモノトス

以上ノ條件具備シタルトキハ（一）（二）（三）共ニ一年以上十年以下ノ懲役ニ處ス可キモノトス

本條第二項、前項ノ未遂罪ハ之ヲ罰ストハ第一項有價證券ノ行使ニ著手シ又ハ交付若クハ輸入行爲

ニ著手シタルトキハ本條未遂罪トシテ罰ス可キコトヲ規定シタルモノナルモ一讀明瞭ナルヲ以テ別ニ論セス

第十九章　印章僞造ノ罪

總論

本章ハ舊刑法、第二編、第四章第二節、官印ヲ僞造スル罪、第四節私印私書ヲ僞造スル罪ノ一部ヲ合シテ修正シタルモノナリ

其修正シタル主要ノ點ヲ擧クレハ左ノ如シ

一、舊刑法ニ於テハ公印僞造罪ハ各其僞造又ハ使用ノ所爲ヲ罰スルコトト爲シタルモ本法ハ僞造印章ヲ使用シテ文書ヲ僞造シタル場合ハ前章、文書僞造罪ヲ以テ論シ本章ハ單ニ印章ヲ僞造シ又ハ眞印ヲ不正ニ使用シ若クハ僞造印ヲ使用シタル場合ノミノ規定ト改メタリ

二、舊刑法ハ私印僞造罪ニ就テハ僞造ト使用トノ二所爲ヲ以テ本罪成立要件ト爲シタルモ本法ハ公印ト等シク僞造ノミヲ以テ其成立條件ト爲シ使用シテ文書ヲ僞造シタルトキハ文書僞造罪ニ移シ單ニ眞印ヲ不正ニ使用シ又ハ僞造印ヲ使用シテ文書ヲ作成セル場合ノミヲ本章ニ規定シタリ

三、本章僞造行爲ノミヲ以テ罪ノ成立要件ト爲シタル理由ハ前二章僞造罪ニ於テ述ヘタル理由ト同一ナルヲ以テ再說セス

四、舊刑法ハ第百九十八條ヲ以テ「官ヨリ發行スル各種ノ印紙、界紙及ヒ郵便切手ヲ僞造、變造シ又ハ其情ヲ知テ之ヲ使用シタル者ハ一年以上、五年以下ノ重禁錮ニ處シ五圓以上、五十圓以下ノ罰金ヲ附加ス」ト規定シ同第百九十九條ヲ以テ「既ニ貼用シタル各種ノ印紙及郵便切手ヲ再ヒ貼用シタル者ハ二圓以上、二十圓以下ノ罰金ニ處ス」ト規定シタルモ本法ハ是等ノ罪ハ孰レモ特別法令ニ讓ルコトト爲シタリ

五、舊刑法ニ於ケル印章僞造罪ハ其刑ノ範圍、極メテ狹キニ失シタルヲ以テ本法ハ之ヲ擴張シタリ然レトモ本法ハ既ニ述ヘタル如ク本章印章僞造ハ單ニ印章僞造ノ所爲ノミニ限リ文書僞造ト爲ラサル場合ノミヲ規定シタルヲ以テ其罪情ハ舊刑法ニ比スレハ一般ニ稍ヤ輕ク從テ其刑ヲモ亦輕減スルコトト爲シタリ

本章ハ(一)行使ノ目的ヲ以テ御璽、國璽又ハ御名ヲ僞造シタル罪(二)御璽、國璽又ハ御名ヲ不正ニ使用シ又ハ僞造シタル御璽、國璽又ハ御名ヲ使用シタル罪(三)行使ノ目的ヲ以テ公務所又ハ公務員ノ印章若クハ署名ヲ僞造シタル罪(四)公務所又ハ公務員ノ印章若クハ署名ヲ不正ニ使用シ又ハ僞造シタル公

務所又ハ公務員ノ印章若クハ署名ヲ使用シタル罪（五）行使ノ目的ヲ以テ公務所ノ記號ヲ僞造シタル罪
（六）公務所ノ記號ヲ不正ニ使用シ又ハ僞造シタル公務所ノ記號ヲ使用シタル罪（七）行使ノ目的ヲ以テ他
人ノ印章若クハ署名ヲ僞造シタル罪（八）他人ノ印章若クハ署名ヲ不正ニ使用シタル罪（九）僞造シタル他
人ノ印章若クハ署名ヲ使用シタル罪及ヒ各其未遂罪等ヲ規定シタリ

第百六十四條 行使ノ目的ヲ以テ御璽、國璽又ハ御名ヲ僞造シタル者ハ二年
以上ノ有期懲役ニ處ス
御璽、國璽又ハ御名ヲ不正ニ使用シ又ハ僞造シタル御璽、國璽又ハ御名ヲ
使用シタル者亦同シ

本條ハ御璽、國璽又ハ御名ノ僞造罪及ヒ使用罪ヲ規定シタルモノナリ
本條第一項ハ舊刑法第百九十四條「御璽、國璽ヲ僞造シ又ハ其僞璽ヲ使用シタル者ハ無期徒刑ニ處
ス」トノ規定ト同一趣旨ナルモ其僞璽ヲ使用シテ文書ヲ僞造シタルトキハ前章、文書僞造罪ヲ以テ
論スルコトヽ爲シ第二項、前段ハ舊刑法第百九十七條中「御璽、國璽ノ盜用ニ關スル規定ト全ク同一

ニシテ其後段ハ僞造シタル御璽、國璽又ハ御名ヲ使用スルモ文書ヲ僞造セサル場合ヲ第一項、印章僞造ト同一ニ罰スルコトヲ規定シタルモノナリ而シテ本條ハ（一）行使ノ目的ヲ以テ御璽、國璽又ハ御名ヲ僞造シタル罪（二）行使ノ目的ヲ以テ御璽、國璽又ハ御名ヲ不正ニ使用シタル罪（三）行使ノ目的ヲ以テ僞造シタル御璽、國璽又ハ御名ヲ使用シタル罪ヲ規定シタルモノナリ

（一）　行使ノ目的ヲ以テ御璽、國璽又ハ御名ヲ僞造シタル罪（第一項）

本罪成立ニハ、第一行使ノ目的ナルコト、第二御璽、國璽又ハ御名ナルコト、第三僞造シタルコトノ三條件アルヲ要ス

第一、行使ノ目的ナルコトヲ要ス

本條行使ノ目的トハ僞造印章ヲ文書ニ押捺スル希望ヲ謂フ蓋シ前章、文書僞造罪ニ於ケル行使ノ目的ハ其僞造文書ヲ他人ニ提示スル所爲ヲ意味スルモ本條行使ノ目的ハ之ト異ナリ僞造印章ヲ文書ニ押捺スル所爲ヲ意味ス左レハ行使ノ目的ナル文字ハ前章文書僞造罪ニ於ケルト同一ナルモ犯罪ノ性質上、自ラ其意義ヲ異ニスルモノトス

第二、御璽、國璽又ハ御名タルコトヲ要ス

御璽トハ天皇ノ御印ヲ奉稱シ國璽トハ日本帝國ノ印章ヲ云ヒ御名トハ天皇ノ御名ヲ奉稱スルコト

ハ既ニ前章第百五十四條ニ於テ詳論シタルヲ以テ再說セス

第三、偽造シタルコトヲ要ス

本條御璽、國璽ハ偽造トハ眞正ナル御璽、國璽ニ模擬シテ製造シタル印章ヲ謂フモノニテ御名ノ偽造トハ眞正ナル御名ニ模擬シテ作製シタル御名ヲ謂フ茲ニ注意ス可キハ印章ニハ印顆ト印影トノ區別アルコト是ナリ即チ本章、印章偽造トハ此印顆ノ偽造ヲ云フ乎將タ印影ノ使造ヲ意味スル乎ノ疑問アリ本法ハ舊刑法(第百九十七條、影蹟又ハ第二百八條印影)ナル文字ヲ用ヰサルヲ以テ印顆ノ偽造ト印影ノ偽造トヲ區別セス總テ印章ノ偽造ト改メタルニ依リ本章、印章偽造トハ印影ノ偽造ヲ謂フコト疑ヲ容レス殊ニ印顆ノ偽造ハ印影ノ材料ヲ作ルニ過キサルヲ以テ印顆ヲ製造スルモ仍ホ印影ヲ製造セサル以上ハ毫モ實害ヲ生スル虞レナシ故ニ本章、印章偽造罪ハ印影ヲ保護スルヲ其目的ト爲スヲ以テ必スシモ印顆ヲ製造スルヲ要セス筆又ハ其他ノ方法ニ依リ印影ヲ寫出シタルトキモ總テ本條、印章偽造罪ナリ然レトモ若シ詔書其他ノ文書ヲ偽造シテ偽造印章ヲ使用シタルトキハ前章文書偽造罪ナルコト既ニ述ヘタルカ如シ而シテ御璽、國璽又ハ御名ヲ偽造スル意思ヲ要スルコト明瞭ナルヲ以テ說明セス

(二) 行使ノ目的ヲ以テ御璽、國璽又ハ御名ヲ不正ニ使用シタル罪(第二項前段)

本罪成立ニハ、第一行使ノ目的ナルコト、第二御璽、國璽又ハ御名ナルコト、第三不正ニ使用シタルコトノ三條件アルヲ要ス

第一、行使ノ目的ナルコトヲ要ス

茲ニ行使ノ目的トハ御璽、國璽又ハ御名ヲ不正ニ使用セントスル希望ヲ謂フコト既ニ述ヘタル所ナルヲ以テ別ニ論セス

第二、御璽、國璽又ハ御名ナルコトヲ要ス

本罪ニ於ケル御璽、國璽又ハ御名ノ意義ニ付テハ既ニ屢々述ヘタルヲ以テ別ニ説明セス

第三、不正ニ使用シタルコトヲ要ス

本條第一項前段ハ御璽、國璽又ハ御名ノ僞造ニ因テ成立スル罪ナルモ本罪ハ眞正ナル御璽、國璽又ハ御名ヲ不正ニ使用(盜捺)スルニ因テ成立スル罪ナリ是(一)罪ト異ナル要點ナリ故ニ不正ニ使用シタルトハ眞正ナル御璽、國璽又ハ御名ヲ盜用シタル所爲ヲ謂フ蓋シ詔書其他ノ文書ヲ僞造シテ御璽、國璽又ハ御名ヲ盜用シタルトキハ第十七章詔書其他ノ文書僞造罪ナルコト既ニ述ヘタル如シ故ニ本罪ハ詔書其他ノ文書僞造ニ干與セス單ニ眞正ナル御璽、國璽ヲ押捺シ又ハ御名ヲ切拔キ其他ノ方法ヲ以テ不正ニ使用シタル場合ニ成立スル罪ナリ但シ其使用者ノ公務員ナルト否トハ之

ハサルモノトス

（三）行使ノ目的ヲ以テ僞造シタル御璽、國璽又ハ御名ヲ使用シタル罪（第二項後段）

本罪成立ニハ、第一行使ノ目的ナルコト、第二僞造シタル御璽、國璽又ハ御名ナルコト、第三使用シタルコトノ三條件アルヲ要ス

第一、行使ノ目的ナルコトヲ要ス

本條件ハ既ニ屢々、説明シタル所ナルヲ以テ別ニ論セス

第二、僞造シタル御璽、國璽又ハ御名ナルコトヲ要ス

僞造シタル御璽、國璽又ハ御名ノ意義ニ付テモ既ニ述ヘタルヲ以テ別ニ説明セス

第三、使用シタルコトヲ要ス

使用トハ眞正ナル御璽、國璽又ハ御名ニ模擬シタル僞印又ハ御名ヲ詔書其他ノ文書ニ押捺スル所爲ヲ謂フ一例ヲ擧クレハ僞造ノ御璽、國璽ヲ押捺シ又ハ御名ヲ切拔キ使用シタルカ如キ是ナリ玆ニ注意ス可キハ本條第二項前段ハ御璽、國璽又ハ御名ヲ不正ニ使用シ」ト規定シタルモ本罪ノ場合ハ單ニ「使用シ」ト規定シ不正ノ文字ヲ加ヘサルハ僞造ノ所爲自體ニ於テ不正ナルカ爲メナリ

以上ノ條件具備シタルトキハ（一）（二）（三）共ニ二年以上ノ懲役ニ處ス可キモノトス

第百六十五條 行使ノ目的ヲ以テ公務所又ハ公務員ノ印章若クハ署名ヲ僞造シタル者ハ三月以上五年以下ノ懲役ニ處ス
公務所又ハ公務員ノ印章若クハ署名ヲ不正ニ使用シ又ハ僞造シタル公務所又ハ公務員ノ印章若クハ署名ヲ使用シタル者亦同シ

本條ハ公印僞造罪及ヒ其使用罪ヲ規定シタルモノナリ
本條第一項ハ舊刑法、第百九十五條「各官署ノ印ヲ僞造シ又ハ其僞印ヲ使用シタル者ハ重懲役ニ處ス」トノ規定ト其立法趣旨ハ同一ナリ蓋シ本法ハ僞印ヲ使用シテ文書ヲ僞造シタル場合ハ第十七章、文書僞造罪ヲ以テ論シ本章ハ單ニ印章僞造ノ所爲ヲ規定シタルニ止マルコトハ既ニ述ヘタル如シ而シテ本條第二項前段ハ舊刑法第百九十七條官印盜用ノ規定ト全ク同一ニテ其後段ハ僞造公印ヲ使用スルモ文書ヲ僞造セサル場合ヲ公印僞造ト同一ニ罰スルコトヲ規定シタルモノナリ
本條ハ(一)行使ノ目的ヲ以テ公務所又ハ公務員ノ印章若クハ署名ヲ僞造シタル罪(二)行使ノ目的ヲ以テ公務所又ハ公務員ノ印章若クハ署名ヲ不正ニ使用シタル罪(三)行使ノ目的ヲ以テ僞造シタル公務所又ハ公務員ノ印章若クハ署名ヲ使用シタル罪ヲ規定シタルモノナリ

(一) 行使ノ目的ヲ以テ公務所又ハ公務員ノ印章若クハ署名ヲ僞造シタル罪(第一項)

本罪成立ニハ、第一行使ノ目的ナルコト、第二公務所又ハ公務員ノ印章若クハ署名ナルコト、第三僞造シタルコトノ三條件アルヲ要ス

第一、行使ノ目的ナルコトヲ要ス

本罪ニ於ケル行使ノ目的ナル意義ハ既ニ述ヘタル行使ノ目的ト同一ナルヲ以テ説明セス

第二、公務所又ハ公務員ノ印章若クハ署名タルコトヲ要ス

印章トハ通常一定ノ文字其他ノ形狀ヲ他ノ文書其他ノ物ニ押捺シテ影蹟ヲ現出セシメ或ル事實又ハ意思表示ノ確實ヲ證明スル物體ヲ謂フ而シテ余ハ公務所又ハ公務員ノ印章ヲ公印ト稱シ私人ノ印章ヲ私印ト稱ス本條公務所又ハ公務員ノ印章トハ國家ノ爲政機關タル各公務所又ハ公務員、國家ノ爲政機關ヲ代表シテ爲シタル行爲ヲ證明スル印章ヲ謂フ例ヘハ大藏省、司法省、其他各省、省印ノ如キ是ナリ又各省中、職務ノ分配ニ依ル局長、課長ノ印ノ如キモ仍ホ本條公務員ノ印章ナリ又本條、署名トハ公務員ノ自書シタル官職氏名ヲ謂フ此署名ハ即チ職務執行ノ確實ヲ證明スル爲メ自ラ其氏名ヲ記スルコトヲ謂フニ在リ

第三、僞造シタルコトヲ要ス

本條公務所又ハ公務員ノ印章若クハ署名ノ僞造トハ眞正ナル公務所又ハ公務員ノ印章若クハ署名ニ模擬シテ製作シタル印章若クハ署名ヲ謂フ然レトモ眞正ナル公務所又ハ公務員ノ印章若クハ署名ト全ク其大小、文字形狀ノ同一ナルヲ要セス人ヲシテ眞正ナル印章ト誤信セシムル程度ニ製造スルヲ以テ足ル故ニ官印僞造罪ノ構成ニハ必スシモ眞印ニ模擬シタルコトヲ要セス苟モ實在スル官署ノ印ナリト人ヲ欺クニ足ル可キ印ヲ僞造シタルトキハ本罪成立ストノ判例アリ左レハ我法令即チ官制上、認メラレタル公務所又ハ公務員ノ印章ニ模擬シタル印ヲ僞造シタルトキハ本罪成立スルモノトス蓋シ實在セサル虛構、假設ノ官省例ヘハ監獄省又ハ監獄大臣ト云フカ如キ印章ヲ作製シタルトキハ本條、公印僞造罪ニ非ラス然レトモ實在スル公務所ナルトキハ多少其印章ノ文字、大小、形狀等異ナルモ仍ホ公印僞造罪ナリ海軍經理部ニ第二課ナルモノナキモ海軍經理部第二課ノ實在スルモノトシテ其官署ノ印ヲ僞造行使シタルハ眞印ノ有無ニ係ハラス官印僞造罪ナリトノ判例アリ署名僞造ニ就テモ亦印章僞造ト等シク眞正ナル署名ト必スシモ同一ナルヲ要セス人ヲシテ眞正ナル署名ト誤信セシム可キ程度ニ寫出シタルトキハ本條署名ノ僞造ナリ而シテ眞正ナル公務所又ハ公務員ノ印章若クハ署名ニ模擬シタル印章若クハ署名ヲ作製スル意思ヲ要スルコト論ヲ俟タス茲ニ注意ス可キハ本章、印章僞造罪ハ文書僞造罪ト異ナリ印章變造罪ナキコト是ナリ多少、印章ノ大小形狀又ハ文字ヲ變更スルモ仍ホ印章僞造ナリ若シ全ク其大小、形狀又ハ文字ヲ變更シ人ヲシテ公務所又ハ公務員ノ印章ト誤信セシムルニ足ラサルトキハ本章、印章僞造罪ニ非ス

（二）行使ノ目的ヲ以テ公務所又ハ公務員ノ印章若クハ署名ヲ不正ニ使用シタル罪（第二項前段）本罪成立ニハ、第一行使ノ目的ナルコト、第二公務所又ハ公務員ノ印章若クハ署名ナルコト、第三不正ニ使用シタルコトノ三條件アルヲ要ス

第一、行使ノ目的ナルコトヲ要ス

本條件ニ就テハ既ニ屢々、說明シタルヲ以テ別ニ說明セス

第二、公務所又ハ公務員ノ印章若クハ署名ナルコトヲ要ス

公務所又ハ公務員ノ印章若クハ署名ノ意義ニ就テハ既ニ述ヘタル所ト同一ナルヲ以テ再論セス

第三、不正ニ使用シタルコトヲ要ス

不正ニ使用シタルコトトハ眞正ナル公務所又ハ公務員ノ印章若クハ署名ヲ不正ニ押捺シタル所爲ヲ謂フ換言スレハ眞正ナル印章ヲ不正ニ文書其他ノ物ニ押捺シテ印影ヲ現出セシメタル所爲ヲ云フ然レトモ既ニ述ヘタル如ク眞正ナル印章ヲ僞造文書ニ押捺シタルトキハ文書僞造罪ニシテ印章

僞造罪ニ非ス左レハ本章、印章僞造罪ハ文書僞造ニ干與セス單ニ印章ノミヲ僞造シ又ハ不正ニ使用シタル場合ニ限ルヲ以テ本條、使用罪ノ多クハ公務員其職務權限外ノ行爲ヲ證明スル爲メ不正ニ使用スルニ因テ成立スル罪ナリ然レトモ亦必スシモ獨リ公務員ニ限ラス一私人ト雖モ尙ホ本罪ヲ犯スコトヲ得可シ故ニ本條、不正ノ使用トハ公務員其他ノ者カ眞正ナル公務所又ハ公務員ノ印章若クハ署名ヲ文書其他ノ物ニ不法ニ使用スルコトヲ云フニ在リ例ヘハ印章ヲ盜捺シ又ハ切拔キ貼用シタルカ如キ是ナリ本罪成立ニモ亦印章若クハ署名ヲ不正ニ使用セントスル意思ヲ要スルコト論ヲ俟タス

（三）行使ノ目的ヲ以テ僞造シタル公務所又ハ公務員ノ印章若クハ署名ヲ使用シタル罪（第二項後段）

本罪成立ニハ、第一行使ノ目的ナルコト、第二僞造シタル公務所又ハ公務員ノ印章若クハ署名タルコト、第三使用シタルコトノ三條件アルヲ要ス

第一、行使ノ目的ナルコトヲ要ス

本條件ハ既ニ說明シタルヲ以テ別ニ說明セス

第二、僞造シタル公務所又ハ公務員ノ印章若クハ署名タルコトヲ要ス

僞造シタル公務所又ハ公務員ノ印章若クハ署名トハ眞正ナル公務所又ハ公務員ノ印章若クハ署名ニ模擬シテ製作シタル印章若クハ署名ヲ謂フニ在リ

第三、使用シタルコトヲ要ス

本條ニ所謂使用トハ既ニ僞造シタル公務所又ハ公務員ノ印章若クハ署名ヲ押捺使用シタル所爲ヲ謂フモノナルモ既ニ屢々述ヘタル所ナルヲ以テ別ニ論セス

以上ノ條件具備シタルトキハ(一)(二)(三)共ニ三月以上五年以下ノ懲役ニ處ス可キモノトス

第百六十六條　行使ノ目的ヲ以テ公務所ノ記號ヲ僞造シタル者ハ三年以下ノ懲役ニ處ス

公務所ノ記號ヲ不正ニ使用シ又ハ僞造シタル公務所ノ記號ヲ使用シタル者亦同シ

本條ハ公務所ノ記號ヲ僞造シタル罪及ヒ使用罪ヲ規定シタルモノナリ

本條第一項ハ舊刑法第百九十六條「產物、商品等ニ押用スル官ノ記號、印章ヲ僞造シ又ハ其僞印ヲ使用シタル者ハ輕懲役ニ處ス」書籍、什物等ニ押用スル官ノ記號、印章ヲ僞造シ又ハ其僞印ヲ使用シタル者ハ一年以上、三年以下ノ重禁錮ニ處ス」トノ規定ト殆ト同一ナリ唯、舊刑法ハ產物商品等ニ用ユル記號ト書籍、什物等ニ用ユル記號トヲ區別シタルモ斯ル區別ハ其實益ナキノミナラス却テ解釋上、疑ヲ生スル虞アルヲ以テ本法ハ之ヲ改メ一般ニ記號偽造ハ罪ト爲シ第二項、前段ハ舊刑法第百九十七條記號、盜用ノ規定ト全ク同一趣旨ナルモ其後段ハ偽造シタル記號ヲ使用シタルニ止マリ文書ヲ偽造セサル場合ヲ記號偽造ト同一ニ罰スルコトヲ規定シタルモノナリ而シテ本條ハ(一)行使ノ目的ヲ以テ公務所ノ記號ヲ偽造シタル罪(二)行使ノ目的ヲ以テ公務所ノ記號ヲ不正ニ使用シタル罪(三)行使ノ目的ヲ以テ偽造シタル公務所ノ記號ヲ使用シタル罪ヲ規定シタルモノナリ

(一) 行使ノ目的ヲ以テ公務所ノ記號ヲ偽造シタル罪

本罪成立ニハ、第一行使ノ目的ナルコト、第二公務所ノ記號ナルコト、第三偽造シタルコトノ三條件アルヲ要ス

第一、行使ノ目的ナルコトヲ要ス

行使ノ目的トハ偽造シタル記號ヲ物件ニ押捺スル希望ヲ謂フコト既ニ屢々述ヘタル所ナルヲ以テ別ニ說明セス

第二、公務所ノ記號タルコトヲ要ス

本條公務所ノ記號トハ公務所タルコトヲ表明スル記章ヲ謂フ一例ヲ擧クレハ各公務所備付ノ圖書ニ押捺スル章印若クハ各公務所用ノ机、椅子其他ノ物件ニ押捺スル烙印ノ如キ是ナリ

第三、僞造シタルコトヲ要ス

本條僞造トハ公務所用ノ眞正ナル記號ニ模擬シタル記號ヲ製作スル行爲ヲ謂フ蓋シ其僞造ノ方法手段ハ前條、公印僞造ト同一ナルヲ以テ別ニ說明セス而シテ本罪ニモ公務所ノ記號ニ模擬シテ製作スル意思ヲ要スルコト論ヲ俟タス

（二）行使ノ目的ヲ以テ公務所ノ記號ヲ不正ニ使用スル罪（第二項前段）

本罪成立ニハ、第一行使ノ目的ナルコト、第二公務所ノ記號ナルコト、第三不正ニ使用シタルコトノ三條件アルヲ要ス

第一、行使ノ目的ナルコトヲ要ス

本條件ハ既ニ說明シタル所ナルヲ以テ說明セス

第二、公務所ノ記號タルコトヲ要ス

不正ニ使用シタルコトトハ眞正ナル公務所ノ記號ヲ盜捺シタル所爲ヲ謂フモノニテ前條、公務所ノ印章ヲ不正ニ使用シタル場合ト同一ナリ唯、本條記號ハ公務所ノ物品ニ押捺スル記章又ハ印章

ナルモ前條印章ハ通常文書ニ押捺スルモノタルノ差異アルニ過キス而シテ眞正ナル公務所ノ記號ヲ不正ニ押捺スル意思ヲ要スルコトモ亦、論ヲ俟タス

第三、不正ニ使用シタルコトヲ要ス

本條件モ亦既ニ述ヘタルヲ以テ別ニ論セス

（三）　行使ノ目的ヲ以テ僞造シタル公務所ノ記號ヲ使用シタル罪（第二項後段）

本罪成立ニハ、第一行使ノ目的ナルコト、第二僞造シタル公務所ノ記號ナルコト、第三使用シタルコトノ三條件アルヲ要ス

第一、行使ノ目的ナルコトヲ要ス

本條件ハ明瞭ナルヲ以テ説明セス

第二、僞造シタル公務所ノ記號タルコトヲ要ス

本條件モ亦明瞭ナルヲ以テ説明セス

第三、使用シタルコトヲ要ス

使用トハ眞正ナル公務所ノ記號ニ模擬シテ製作シタル記號ヲ物品ニ押捺スル所爲ヲ謂フモノナルモ茲ニ注意ス可キハ本條、使用罪ハ自ラ僞造シテ使用シタルニ非ス既ニ僞造成リタル記號ヲ使用

スルニ因リ成立スル罪ナルコト是ナリ

以上ノ條件具備スルトキハ(一)(二)(三)罪共ニ三年以下ノ懲役ニ處ス可キモノトス

第百六十七條 行使ノ目的ヲ以テ他人ノ印章若クハ署名ヲ僞造シタル者ハ三年以下ノ懲役ニ處ス

他人ノ印章若クハ署名ヲ不正ニ使用シ又ハ僞造シタル印章若クハ署名ヲ使用シタル者亦同シ

本條ハ私印僞造罪及ヒ其使用罪ヲ規定シタルモノナリ

本條ハ舊刑法第二百八條「他人ノ私印ヲ僞造シテ使用シタル者ハ六月以上、五年以下ノ重禁錮ニ處ス」若シ他人ノ印影ヲ盜用シタル者ハ一等ヲ減ス」トノ規定ト殆ト同一趣旨ノ規定ナリ唯、舊刑法ト異ナル點ハ僞造私印ヲ使用シテ文書ヲ僞造シタルトキハ既ニ述ヘタル如ク本法ハ私文書僞造罪トシテ罰スルヲ以テ之ニ關スル規定ヲ爲サス又本條第二項前段ハ舊刑法第二百八條第二項ト全ク同一ノ場合ヲ規定シタルモノニテ其後段ハ僞造シタル私印ヲ使用シタルトキハ私印僞造ト同一ニ罰スルコトヲ規定シタルモノナリ而シテ本條ハ(一)行使ノ目的ヲ以テ他人ノ印章若クハ署名ヲ僞造シタル罪(二)行使ノ目的ヲ以テ他人ノ印章若クハ署名ヲ不正ニ使用シタル罪(三)行使ノ目的ヲ以テ僞造シタル印章若クハ署名ヲ使用シタル罪ヲ規定シタルモノナリ

(一)　行使ノ目的ヲ以テ他人ノ印章若クハ署名ヲ僞造シタル罪(第一項)

本罪成立ニハ、第一行使ノ目的ナルコト、第二他人ノ印章若クハ署名ナルコト、第三僞造シタルコトノ三條件アルヲ要ス

第一、行使ノ目的ナルコトヲ要ス

行使ノ目的トハ僞造シタル他人ノ印章若クハ署名ヲ私文書ニ使用スル希望ヲ謂フコト既ニ屢々說明シタル所ナルヲ以テ別ニ論セス

第二、他人ノ印章若クハ署名ナルコトヲ要ス

本條他人ノ印章若クハ署名トハ自己以外ノ他人ノ印章若クハ署名ヲ謂フニ在リ故ニ自己ノ印章若クハ署名ヲ僞ルモ本條僞造罪ニ非ス

第三、僞造シタルコトヲ要ス

本條他人ノ印章若クハ署名ヲ僞造シタルコトトハ眞正ナル他人ノ印章若クハ署名ニ模擬シタル印章若クハ署名ヲ製作スル所爲ヲ謂フ而シテ玆ニ所爲僞造ノ所謂トハ既ニ第百六十五條ニ於テ詳論

シタル如ク他人ノ印章若クハ署名ニ模擬シテ製作シタル以上ハ必スシモ眞正ナル他人ノ印章若クハ署名ト全ク同一ナルヲ要セス唯、人ヲシテ眞正ナル他人ノ印章若クハ署名ナリト誤信セシムルニ足ル可キ程度ナルトキハ本條、私印僞造罪成立ス蓋シ印章僞造ハ既ニ述ヘタル如ク印顆ヲ製作シテ印影ヲ彫刻スルヲ要セス故ニ藥品ヲ使用シテ廢書ニ押捺シタル印影ヲ寫シ取リ之ヲ他ノ證書ニ轉寫シタル所爲ハ印章僞造罪ナリトノ判例アリ故ニ本條他人ノ印章若クハ署名ハ必ス實在スル人ノ印章若クハ署名シタルヲ要スルヤ否ヤノ問題アリ或ハ實在シタル人ノ印章タルヲ要スト論シ或ハ實在セサルモ人ヲシテ實在スル人ナリト信セシムルニ足ルトキハ尙ホ他人ノ印章僞造罪ナリト論スル者アリ余ハ本條他人ノ印章若クハ署名ノ僞造トハ必ス實在スル人又ハ實在シタルコトアル人ノ印章若クハ署名ヲ製造シタルコトヲ要スト信ス如何トナレハ全ク想像假設ノ人ニ對スル印章若クハ署名ヲ作ルモ本條他人ノ印章若クハ署名ト云フコトヲ得サレハナリ故ニ想像假設人ノ印章ヲ製造シ因テ人ヲ欺罔シ財物ヲ騙取シタルトキハ第三十七章ニ依リ論ス可キモノニテ本章印章僞造罪ヲ以テ論スルコトヲ得ストノ說ヲ可トス

（二）　行使ノ目的ヲ以テ他人ノ印章若クハ署名ヲ不正ニ使用シタル罪（第二項前段）

本罪成立ニハ、第一行使ノ目的ナルコト、第二他人ノ印章若クハ署名ナルコト、第三不正ニ使用シ

タルコトノ三條件アルヲ要ス

第一、行使ノ目的ナルコトヲ要ス

本條件ヲ要スルコト明瞭ナルヲ以テ説明セス

第二、他人ノ印章若クハ署名ナルコトヲ要ス

他人ノ印章若クハ署名ノ意義ニ就テハ既ニ述ヘタルヲ以テ再論セス

第三、不正ニ使用シタルコトヲ要ス

不正ニ使用シタルコトトハ他人ノ印章若シクハ署名ヲ文書ニ盜捺使用スル所爲ヲ謂フ而シテ茲ニ所謂、盜捺トハ必ラスシモ他人ノ印章ヲ竊取又ハ强取シテ押捺シタルコトヲ要セス其ノ印章、所有者ノ承諾以外ニ押捺シタルトキハ本條不正ノ使用ナリ故ニ人ノ實印ヲ預リ本人ノ承諾ナク自己ノ利益ノ爲メ之レヲ使用シタルトキハ私印盜用罪成立ス」多額ノ金額ヲ記載シタル證書ヲ作成シテ之レヲ小額ノ證書ナリト欺キ記名調印セシメタル所爲ハ印影盜用罪ヲ構成ス」印主自ラ押捺シタル印影ト雖モ他人ニ於テ之レヲ擅ニ使用シタルトキハ印影盜用罪成立ストノ判例アリ而シテ印章若シクハ署名ヲ文書其ノ他ノ物ニ押捺使用スル意思ヲ要スルコト論ヲ俟タス

（三）　行使ノ目的ヲ以テ僞造シタル印章若クハ署名ヲ使用シタル罪（第二項後段）

本罪成立ニハ、第一行使ノ目的ナルコト、第二僞造シタル他人ノ印章若クハ署名ナルコト、第三使用シタルコトノ三條件アルヲ要ス

第一、行使ノ目的ナルコトヲ要ス

本條件ハ要スルニ明瞭ナルヲ以テ別ニ説明セス

第二、僞造シタル他人ノ印章若クハ署名ナルコトヲ要ス

本條第二項後段ハ僞造シタル印章若クハ署名ヲ使用シタル者亦同シ」ト規定シ他人ノ印章若クハ署名ナルヤ否ヤヲ明示セサルモ「僞造シタル」トノ文字ヨリ觀ルモ他人ノ印章若クハ署名ヲ僞造シタル場合ナルコト明ナルヲ以テ余ハ本條件中、特ニ他人ノ文字ヲ加ヘタリ蓋シ本罪ハ自ラ僞造シタル印章ナルトキハ本條第二項前段ニ依リ論ス可キモノナルヲ以テ本罪ハ他人ノ僞造シタル印章若クハ署名ナルヲ要スルモ既ニ詳論シタル所ナルニヨリ説明セス

第三、使用シタルコトヲ要ス

茲ニ所謂、使用トハ僞造シタル他人ノ印章若クハ署名ヲ文書其他ノ物ニ押捺使用スル所爲ヲ謂フモノナルコト亦既ニ詳論シタルヲ以テ贅セス、蓋シ本罪モ僞造シタル他人ノ印章若クハ署名ナル

コトヲ知テ使用スルヲ要スルコト論ヲ俟タス

以上ノ條件具備スルトキハ(一)(二)(三)共ニ三年以上ノ懲役ニ處ス可キモノトス

第百六十八條　第百六十四條第二項、第百六十五條第二項、第百六十六條第二項及ヒ前條第二項ノ未遂罪ハ之ヲ罰ス

本條ハ未遂罪ヲ罰ス可キコトヲ規定シタルモノナリ

本章第百六十四條及ヒ第百六十六條ノ各第二項ノ所爲ハ其未遂ヲ罰スル必要アルヲ（單ニ僞造ニ止マルトキハ其未遂ヲ罰スル必要ナキモ）以テ本條ヲ設ケタルモノナリ而シテ第百六十四條及ヒ第百六十六條ノ各二項ノ犯罪ハ孰レモ其使用ノ所爲ニ著手シタルトキハ未遂罪成立スルモノトス犯人カ僞造ノ意思ヲ以テ情ヲ知ラサル者ヲシテ彫刻セシムルハ犯人自ラ之ヲ彫刻シタルト異ナルコトナキヲ以テ其彫刻ナルト同時ニ僞造罪成立スルモノニテ犯人カ僞造印顆ノ成リタルヲ知ルト否ト又其僞造印顆ヲ受取リタルト否トヲ問ハス本罪ノ既遂ナリトノ判例アリ

第二十章　僞證ノ罪

總　論

本章ハ舊刑法、第二編、第四章第六節、僞證ノ罪ヲ修正シタルモノナリ
其修正シタル主要ノ點ヲ擧クレハ左ノ如シ

一　舊刑法ハ刑事ニ關スル證人ト民事又ハ商事若クハ行政裁判ニ關スル證人トニ區別シタルモ證人トシテ虛僞ノ供述ヲ爲シタル以上ハ裁判所ノ如何ヲ區別スルノ必要ナキヲ以テ本法ハ之ヲ區別セサルコトト爲シタリ

二　舊刑法ハ刑事ニ關スル僞證ハ被告人ヲ曲庇スルト陷害スルトニ因テ區別シ又僞證ニ因リ被告人正當ノ刑ヲ免カルルトキハ曲庇ノ刑ニ一等ヲ加重シ又僞證ノ爲メ被告人刑ニ處セラルルトキハ反座ノ刑ヲ科スルコトト爲シタルモ斯ク規定シタル爲メ禁錮刑ニ該ル僞證者ハ禁錮刑ニ處スルノ不都合ナル結果ヲ生シタルヲ以テ本法ハ此等情狀ニ關スル認定ハ裁判所ニ一任スルコトト改メタリ

三　舊刑法ハ第二百二十五條ヲ以テ「賄賂、其他ノ方法ヲ以テ他人ニ囑託シ僞證ヲ爲サシメ又ハ詐僞ノ鑑定若クハ通事ヲ爲サシメタル者ハ僞證ノ例ニ照シテ處斷ス」ト規定シ僞證ニ關スル敎唆ノ規定ヲ設ケタルモ本法ニ於テハ斯ル場合ハ第一編、總則、共犯例ニ依リ處分スルコトト爲シタリ

本章ハ(一)法律ニ依リ宣誓シタル證人虛僞ノ陳述ヲ爲シタル罪(二)法律ニ依リ宣誓シタル鑑定人又ハ通

事虚僞ノ鑑定又ハ通譯ヲ爲シタル罪ヲ規定シタリ

第百六十九條 法律ニ依リ宣誓シタル證人虚僞ノ陳述ヲ爲シタルトキハ三月以上十年以下ノ懲役ニ處ス

本條ハ僞證ノ罪ヲ規定シタルモノナリ

本條ハ舊刑法、第二百十八條「刑事ニ關スル證人トシテ裁判所ニ呼出サレタル者、被告人ヲ曲庇スル爲メ事實ヲ掩蔽シテ僞證ヲ爲シタル時ハ左ノ例ニ照シテ處斷ス、(一)重罪ヲ曲庇スル爲メ僞證シタル者ハ二月以上、二年以下ノ重禁錮ニ處シ四圓以上、四十圓以下ノ罰金ヲ附加ス(二)輕罪ヲ曲庇スル爲メ僞證ヲ爲シタル者ハ一月以上、一年以下ノ重禁錮ニ處シ二圓以上、二十圓以下ノ罰金ヲ附加ス(三)違警罪ヲ曲庇スル爲メ僞證シタル者ハ違警罪ノ本條ニ依テ處斷ス」同第二百十九條、「僞證ノ爲メ被告人、正當ノ刑ヲ免カレタル時ハ僞證者ノ刑、前條ノ例ニ照シ各一等ヲ加フ」同第二百二十條「被告人ヲ陷害スル爲メ僞證ヲ爲シタル者ハ左ノ例ニ照シテ處斷ス、(一)重罪ニ陷ラシムル爲メ僞證シタル者ハ二年以上、五年以下ノ重禁錮ニ處シ十圓以上、五十圓以下ノ罰金ヲ附加ス(二)輕罪ニ陷ラシムル爲メ僞證シタル者ハ六月以上、二年以下ノ重禁錮ニ處シ四圓以上、四十圓以下ノ罰金ヲ附加ス(三)違警罪ニ陷ラシムル爲メ僞證シタル者ハ一月以上、三月以下ノ重禁錮ニ處シ二圓以上十圓以下ノ罰金ヲ附加ス同第二百二十一條「僞證ノ爲メ被告人刑ニ處セラレタル後ニ於テ僞證ノ罪、發覺シタル時ハ僞證者ヲ其刑ニ反座ス若シ反座ノ刑、前條ニ記載シタル僞證ノ刑ヨリ輕キ時ハ前條ノ例ニ照シテ處斷ス」其刑期、限內ニ於テ僞證ノ罪、發覺シタル時ハ現ニ經過シタル日數ニ照シテ反座ノ刑期ヲ減スルコトヲ得、但減シテ前條僞證ノ刑ヨリ降スコトヲ得ス」同第二百二十二條、「僞證ノ爲メ被告人、死刑ニ處セラレタル時ハ反座ノ刑ニ一等ヲ減ス」其未タ刑ヲ執行セサル前ニ於テ發覺シタル時ハ二等ヲ減ス」若シ被告人ヲ死ニ陷ルルノ目的ヲ以テ僞證ヲ爲シタル時ハ死刑ニ反座ス其未タ執行セサル前ニ於テ發覺シタル時ハ一等ヲ減ス」同第二百二十三條「民事、商事又ハ行政裁判ニ關シテ僞證ヲ爲シタル者ハ一月以上、一年以下ノ重禁錮ニ處シ五圓以上、五十圓以下ノ罰金ヲ附加ス」トノ各、規定ヲ修正シタルモノナリ其是ヲ修正シタル理由ハ本章、總論ニ於テ述ヘタルカ如ク本法ハ刑事裁判所ニ於テ僞證シタルト他ノ裁判所ニ於テ僞證シタルトヲ問ハス總テ本條ニ依リ處斷スルコトト爲シタルカ爲メナリ

本條ハ廣ク法律ニ依リト規定シ司法裁判所ナルト行政裁判所ナルト其他ノ特別裁判所ナルトヲ問ハス總テ裁判所ノ命ニ因リ宣誓シテ證人トナリタル者ノ虛僞ノ陳述ヲ爲シタル場合ニ適用スルコトト爲シ各種ノ情狀ヲ包含スル極メテ廣汎ナル法條ナルヲ以テ其刑ノ範圍ヲ擴張シ裁判所ヲシテ自由ニ

罪刑、適當ノ刑ヲ科スルコトト改メタリ

本罪成立ニハ、第一法律ニ依リ宣誓シタルコト、第二證人タルコト、第三虚僞ノ陳述ヲ爲シタルコトノ三條件アルヲ要ス

第一、法律ニ依リ宣誓シタルコトヲ要ス

裁判所ハ法律ノ規定ニ依リ社會、萬般ノ裁判事務ヲ取扱フモノナルヲ以テ勢ヒ人民ノ認識ニ因テ眞實ヲ求ムルノ必要アリ而シテ此目的ヲ達スル爲メ其何人タルヲ問ハス直ニ證人トシテ出頭ヲ命シ供述ヲ爲サシムルノ必要アリ、此、制度ニ依リ裁判所ニ證人トシテ出頭シタル者ハ自己ノ知リタル事實ヲ其儘ニ供述ス可キ公義務アリ故ニ此義務ニ違背シテ虚僞ノ供述ヲ爲シ裁判所ヲシテ錯誤ニ陷ラシメタルトキハ本罪成立ス而シテ本條、法律ニ依リ宣誓シタル證人トハ民事訴訟法及ヒ刑事訴訟法ノ規定ニ依リ證人トシテ裁判所ヨリ呼出ヲ受ケ出頭シテ宣誓ノ上供述ヲ爲ス者ヲ謂フ換言スレハ證人トハ裁判所ニ於テ訊問前又ハ訊問後良心ニ從ヒ眞實ヲ述ヘ何事モ默祕セス又何事モ附加セサルコトヲ誓ヒ證人トシテ陳述スル者ヲ謂フ一般、國民ハ皆此證人トナル義務アリ然リト雖モ民事訴訟法及ヒ刑事訴訟法上其事件又ハ當事者トノ關係若クハ身分、職業等ニ依リ證言ヲ拒ムコトヲ得可キ者アリ假令ハ被告人又ハ當事者ト親族、雇人、同居人、後見人等ノ關係アル者又

ハ醫師、藥劑師、產婆、辯護士、公證人、神職、宗教職ニ在ル者ニシテ職務上、依賴ヲ受ケタル事實ニシテ默祕ス可キモノニ關スルトキ又ハ證人ノ供述ニ因リ其證人、自身カ刑事上ノ訴追ヲ招ク恐アルトキハ證言ヲ拒ムコトヲ得ルモノトス但、是等ノ者其證言ヲ拒ム權利ヲ行使セスシテ宣誓ノ上、供述シタルトキハ普通ノ證人ナリトノ判例アリ(民事訴訟法及ヒ刑事訴訟法參照)

第二、證人タルコトヲ要ス

本條特ニ法律ニ依リ宣誓シタル證人云々ト規定シタルヲ以テ宣誓セス單ニ參考人トシテ供述セシメラルル者例ヘハ現行民事訴訟法第三百十條ニ規定シタル者又ハ刑事訴訟法第百二十三條同第百二十四條ニ規定シタル者其供述ヲ爲スニ該リ虛僞ノ陳述ヲ爲シタル場合ノ如キハ本條僞證罪ヲ以テ論スルコトヲ得ス

第三、虛僞ノ陳述ヲ爲シタルコトヲ要ス

虛僞ノ陳述トハ自己ノ認識シタル事實ニ適合セサルコトヲ知ル供述ヲ謂フ換言スレハ眞實ニ反スルコトヲ知テ爲シタル口頭ノ意思表示ヲ云フニアリ元來、證人ハ自己ノ記憶ニ存在スルコトヲ其儘、供述スヘキモノナルヲ以テ、其記憶ニ存在スル事實ヲ正實ニ供述スルヲ要スルモノナルモ若シ事ヲ誤解シテ事實ニ反スル供述ヲ爲スモ未タ以テ本條ニ所謂、僞證ト爲スヲ得ス左レハ如何ナル陳述ヲ僞證ト爲スヤハ訊問事項ニ因テ決ス可キ事實上ノ問題ナリ要スルニ證言ノ多クハ事ノ存在、不存在ヲ確ムルニアルヲ以テ其訴訟ニ關スル重要ナル部分ニ對シテ眞實ニ反シ供述シタルトキハ本罪成立ス例ヘハ刑事ニ於ケル證人、被告人ヲ曲庇シ又ハ陷害スルノ意思ヲ以テ事實ヲ掩蔽シ眞實ニ反スル陳述ヲ爲シ又ハ民事訴訟ニ就テハ當事者、一方ヲ利シ一方ヲ害スル意思ヲ以テ訴訟ノ爭點ニ對シテ不實ノ陳述ヲ爲シタルトキハ本條ニ所謂、虛僞ノ陳述ナリ虛僞ノ證言カ裁判ノ結果ニ影響ヲ有セサル場合ト雖モ訊問事項ニ關シ事實ニ反スルコトヲ知リナカラ虛僞ノ供述ヲ爲シタルトキハ僞證罪タルヲ免レストノ判例アリ然レトモ證人タル資格ナキ未成年者ノ如キ者、宣誓シテ虛僞ノ供述ヲ爲シタルトキハ僞證罪成立スルヤ否ヤノ問題アリ此點ニ就テハ一旦、法律ニ依リ宣誓シタル上、虛僞ノ供述ヲ爲シタルトキハ證人タル資格ナキ者ト雖モ仍ホ僞證罪成立ストノ積極論アルモ元來、證人タル資格ナキ者ハ縱令、形式上、宣誓シテ供述スルモ證人ニ非サルヲ以テ僞證罪成立セストノ消極論(立法者ハ之)ヲ採リ本條ヲ規定シタリト云フ蓋シ其供述ノ虛僞ナル以上ハ被告人ノ有罪、無罪又ハ訴訟ノ勝敗如何ニ拘ハラス又其僞證ヲ爲スニ至リタル原因、他人ノ囑託ニ因リタルト否トヲ問ハサルモノナリ僞證罪ハ宣誓シタル證人、虛僞ノ供述ヲ爲スニ因テ成立スル罪ナルモ其證人ニ對スル訊問、終結前其供述ヲ更正シ又ハ取消シタルトキハ一旦、虛僞ノ供述ヲ爲スモ本罪成立セストノ判例アリ證人ハ自己ノ記臆ニ存在スル事實ヲ其儘、陳述ス可キモノナルヲ以テ故ラ不實ノ供述ヲ爲シタルコトヲ要ス故ニ若シ自己ノ記臆ヲ其儘、供述シタルトキハ縱令、事實ニ反スルモ本罪成立セサルモノトス

以上ノ條件具備スルトキハ三月以上十年以下ノ懲役ニ處ス可キモノトス

第百七十條 前條ノ罪ヲ犯シタル者證言シタル事件ノ裁判確定前又ハ懲戒處分前自白シタルトキハ其刑ヲ減輕又ハ免除スルコトヲ得

本條ハ僞證罪ヲ犯スモ其證言ヲ爲シタル事件ノ裁判確定前又ハ懲戒處分前ニ自白シタルトキハ其刑ヲ減輕又ハ免除スルコトヲ規定シタルモノナリ

本條ハ舊刑法、第二百二十六條「此節ニ記載シタル罪ヲ犯シタル者、其事件ノ裁判宣告ニ至ラサル前ニ於テ自首シタルトキハ本刑ヲ免ス」トノ規定ヲ修正シタルモノナリ舊刑法ハ其事件ノ裁判宣告前、自首スルトキハ本刑ヲ免スト規定シタルモ本法ニ於テハ其事件ノ裁判確定前又ハ懲戒處分前、被告人自ラ僞證ヲ爲シタルコトヲ自白シタルトキハ其刑ヲ減輕又ハ免除スルコトト爲シタリ是即チ判決ヲ言渡スモ未タ裁判確定セサルトキハ實害ヲ生セサルヲ以テ自白ヲ奬勵シ實害ヲ未發ニ防キタル政策上ノ特例ナリ

既ニ一言シタル如ク舊刑法ハ民事商事及ヒ行政裁判ニ關スル證人ノミヲ規定シタルモ本法ハ懲戒處分ニ關スル證人ヲモ本章ニ依リ罰スルコトト爲シタリ懲戒處分ノ意義ニ就テハ次章ニ至リ詳論セントス

第百七十一條　法律ニ依リ宣誓シタル鑑定人又ハ通事虛僞ノ鑑定又ハ通譯ヲ爲シタルトキハ前二條ノ例ニ同シ

本條ハ鑑定人又ハ通事ニ對スル僞證ノ罪ヲ規定シタルモノナリ

本條ハ舊刑法、第二百二十四條「鑑定又ハ通事ノ爲メ裁判所ニ呼出サレタル者詐僞ノ陳述ヲ爲シタル時ハ前數條ニ記載シタル僞證ノ例ニ照シテ處斷ス」トノ規定ト同一ナリ

本罪成立ニハ、第一法律ニ依リ宣誓シタルコト、第二鑑定人又ハ通事タルコト、第三虛僞ノ鑑定又ハ通譯ヲ爲シタルコトノ三條件アルヲ要ス

第一、法律ニ依リ宣誓シタルコトヲ要ス

本條法律ニ依ル宣誓トハ公平且正實ニ鑑定ス可キコトヲ裁判官ニ對シ誓約スルヲ謂フ刑事訴訟法、第百三十七條、民事訴訟法第三百二十九條ハ「鑑定人ハ其鑑定ヲ爲ス前、其鑑定人タル義務ヲ公平且誠實ニ履行ス可キ旨ノ誓ヲ宣フ可シ」トノ規定シタルモ民、刑訴訟法共ニ公平且正實ナル

鑑定ヲ爲ス可キコトヲ誓約セシムル立法趣旨ナリ（刑事訴訟法第三章第七節、民事訴訟法第二編、第一章第七節參照）

第二、鑑定人又ハ通事タルコトヲ要ス

（一）鑑定人トハ學術技藝又ハ職業上ノ事ニ付キ訴訟ニ關シ或ル事項ニ對シ自己ノ意見ヲ陳述ス可キコトヲ裁判所ヨリ命セラレタル者ヲ謂フ凡ソ何人ト雖モ特別ノ技能又ハ職業ニ因リ經驗アル者ハ鑑定人トシテ裁判所ニ出頭シ其命セラレタル事項ニ付キ誠實ニ意見ヲ陳述ス可キ義務アリ故ニ此等特別ノ技能又ハ職業アル者裁判所ヨリ呼出ヲ受ケ出頭シタルトキハ公平、且、誠實ニ鑑定ヲ爲ス可キ旨ヲ宣誓シ而シテ其鑑定。事項ニ付キ自己ノ判斷又ハ意見ヲ口頭又ハ書面ヲ以テ陳述ス可キモノトス假令ハ僞造文書ニ付テハ書家、印影ノ僞造ニ付テハ印版師、身體ノ疾病又ハ創傷ニ付テハ醫師等ノ如キハ特別ナル技能アル者ナリ（二）通事トハ訴訟ノ當事者（民事）又ハ被告人（刑事）若クハ證人、鑑定人、國語ニ通セサルトキ其供述ヲ通譯ス可キコトヲ裁判所ヨリ命セラレタル者ヲ謂フ而シテ此通事モ亦鑑定人ト同一ニ誠實ニ通譯ス可キ旨ノ宣誓ヲ爲シ訴訟關係人ノ供述ヲ誠實ニ通譯ス可キ義務アルモノトス

第三、虛僞ノ鑑定又ハ通譯ヲ爲シタルコトヲ要ス

第百七十一條

鑑定人ハ自己ノ技能又ハ經驗ニ因リ其鑑定事項ノ判斷又ハ意見ヲ陳述シ通事ハ訴訟關係人ノ言語ヲ通譯ス可キモノナルヲ以テ鑑定人カ自己ノ眞意ニ反スル虛僞ノ判斷又ハ意見ヲ述ヘ通事カ本人ノ陳述セサル虛僞ノ通譯ヲ爲シタルトキハ本罪成立ス然レトモ本條末段「虛僞ノ鑑定又ハ通譯ヲ爲シタルトキハ前二條ノ例ニ依ル」ト規定シタルヲ以テ僞證ニ關スル第百六十九條第百七十條ヲ本條鑑定人又ハ通譯ニモ適用ス可キモノナルニ依リ此等ノ鑑定人又ハ通事モ其鑑定又ハ通譯シタル事件ノ裁判確定前、又ハ懲戒處分前自ラ虛僞ノ鑑定又ハ通譯ナルコトヲ自白シタルトキハ其刑ヲ減免セラルルモノトス而シテ本罪成立ニハ必ス虛僞ノ鑑定又ハ通譯ヲ爲ス意思アルコトヲ要ス故ニ鑑定人ハ自己ノ眞意ニアラサル意見又ハ判斷ヲ爲シ通事ハ本人ノ陳述ニアラサル不實ノ通譯ヲ爲スヲ要スルコト論ヲ俟タス

以上ノ條件、具備スルトキハ三月以上十年以下ノ懲役ニ處ス可キモノトス

第二十一章　誣告ノ罪

總論

本章ハ舊刑法、第三編、第一章第十二節中誣告ノ罪ヲ修正シタルモノナリ

其修正シタル主要ノ點ヲ擧クレハ左ノ如シ

一 舊刑法ハ本章誣告罪ヲ第三編、第一章第十二節ニ誣告及ヒ誹毀ノ罪ト題シ規定シタルモ元來、誣告罪ハ主トシテ信用ニ關スル罪ナルヲ以テ本法ハ其配列ノ位置ヲ改メ僞證罪ノ次ニ規定スルコトト爲シタリ

二 舊刑法ハ刑事ノ訴追ヲ求ムル場合ノミヲ規定シ人ヲシテ懲戒處分ヲ受ケシムル爲メ誣告シタル場合ヲ規定セサリシモ懲戒處分ト刑事訴追ヲ求ムルトハ唯、其目的ヲ異ニスルニ止マリ殆ト同一ナルヲ以テ本法ハ懲戒處分ヲ求メタル場合ノ一項ヲ新ニ設クルコトト爲シタリ

本章ハ人ヲシテ刑事又ハ懲戒ノ處分ヲ受ケシムル目的ヲ以テ虛僞ノ申告ヲ爲シタル罪ヲ規定シタリ

第百七十二條 人ヲシテ刑事又ハ懲戒ノ處分ヲ受ケシムル目的ヲ以テ虛僞ノ申告ヲ爲シタル者ハ第百六十九條ノ例ニ同シ

本條ハ誣告ノ罪ヲ規定シタルモノナリ

本條ハ舊刑法、第三百五十五條、「不實ノ事ヲ以テ人ヲ誣告シタル者ハ第二百二十條ニ記載シタル僞證ノ例ニ照シテ處斷ス」トノ規定ヲ修正シ刑事又ハ懲戒處分ヲ受ケシムル目的ヲ以テ虛僞ノ申告ヲ爲シタル者ト爲シ新ニ懲戒處分ノ申告ヲ加ヘタリ

本罪成立ニハ、第一人ヲシテ刑事又ハ懲戒ノ處分ヲ受ケシムル目的ナルコト、第二虛僞ノ申告ヲ爲シタルコトノ二條件アルヲ要ス

第一、人ヲシテ刑事又ハ懲戒ノ處分ヲ受ケシムル目的ナルコトヲ要ス

人ヲシテ刑事又ハ懲戒ノ處分ヲ受ケシムル目的トハ一定ノ人ニ對シテ刑罰ヲ受ケシムル目的ヲ以テ虛僞ノ犯罪、事實ヲ申告シ又ハ公務員ノ免官、停職、轉所、減俸、譴責等ヲ受ケシムル目的ヲ以テ職務上ノ義務ニ違背シ若クハ職務ヲ怠リ又ハ職務ノ內外ヲ問ハス官職上ノ威權又ハ信用ヲ失フ可キ行爲アリト虛僞ノ事實ヲ長官ニ申告スル所爲ヲ謂フ假令ハ某ハ竊盜ヲ爲シタリト虛僞ノ告訴告發ヲ爲シ又ハ某公務員ハ賄賂ヲ收受シタリト其長官ニ虛僞ノ申告ヲ爲シタル場合ノ如キ是ナリ而シテ本罪ハ單ニ虛僞ノ申告ヲ爲シタル事實アルヲ以テ成立スル罪ナルカ故ニ檢察官又ハ長官ニ於テ起訴若クハ懲戒訴追ヲ爲シタルト否トヲ問ハス成立ス換言スレハ本罪ハ他人ヲ陷害スル意思ヲ以テ官ニ誣告シタルニ因テ成立スルモノトス故ニ起訴及ヒ告訴、取下ノ有無ハ本罪、構成ニ關係ナシ他人ヲ陷害スルノ故意ヲ以テ虛無ノ事實ヲ告訴又ハ告發シタルトキハ其目的ノ人ヲ罪ニ陷ルルト否トヲ問ハス誣告罪ヲ構成ストノ判例アリ

茲ニ刑罰ト懲戒處分トノ差異ノ大要ヲ一言スレハ刑罰ハ一般犯罪ニ對シテ科スル處罰ナルモ之ニ

反シテ懲戒處分ハ特別ノ權力關係ニ基ク服從義務ノ違反者ニ對スル一種ノ處罰ナリ換言スレハ懲戒處分ハ公務員カ服務規律ニ違反シタルトキ官紀ヲ維持スル爲メ科スル所ノ處罰ナリ故ニ懲戒處分ハ一般臣民ニ對スル處罰ニ非スシテ特別ニ公務員タル身分ヲ有スル者ニ對スル處分ナルヲ以テ其處罰ノ原因タル非行ニ付テモ亦一般犯罪ト異ナルノミナラス處罰ノ目的ニ於テ一般刑罰ト異ナルモノナリトス左レハ懲戒處分ハ同一行爲ニ對シテ一般刑罰ト之ヲ併科スルコトヲ得ルモノナリ即チ懲戒處分ノ處罰ハ免官、停職、轉所、減俸、譴責等ナルモ一般刑罰ハ懲役、禁錮、罰金、科料等ニシテ全ク性質ヲ異ニスルモノトス仍ホ詳細ハ官吏服務規律判事懲戒法、會計檢査官懲戒法、行政裁判所長評定官懲戒法、文官懲戒令等ニ詳細ナル規定アルヲ以テ參照ス可シ

第二　虛僞ノ申告ヲ爲シタルコトヲ要ス

刑事ニ付テハ通常、司法警察官ニ對シ告訴又ハ告發ヲ爲シ懲戒處分ニ付テハ別段一定ノ手續ナキヲ以テ所屬長官ニ報告又ハ通知スルヲ以テ足ルモノトス然レトモ司法官衙ニ刑事訴追ヲ求ムル場合ハ必スシモ告訴、告發ノ形式ニ依ルヲ要セス（判例）故ニ既ニ訴追ヲ受ケタル刑事被告人ニ對シテ陷害スル目的ヲ以テ過重ノ報告ヲ爲シタル場合モ仍ホ本條虛僞ノ申告中ニ包含スルモノトス而シテ此誣告罪ハ告訴人ノ外他ニ實行正犯アリヤトノ問題アルモ誣告罪ハ告訴人ノ外實行正犯ナシ

告訴人ト共ニ謀テ其代人トナリ告訴狀ヲ檢事ニ提出シ又ハ告訴狀ヲ共ニ作成シタル所爲ハ孰レモ從犯ナリトノ判例アリ故ニ本罪成立ニハ刑事又ハ懲戒處分ヲ受ケシムル目的ヲ以テ虛僞ノ事實ヲ申告スル意思アルコトヲ要スルモノナリ

以上ノ條件具備スルトキハ第百六十九條ノ例ニ依リ三月以上、十年以下ノ懲役ニ處ス可キモノトス

第百七十三條 前條ノ罪ヲ犯シタル者申告シタル事件ノ裁判確定前又ハ懲戒處分前自白シタルトキハ其刑ヲ減輕又ハ免除スルコトヲ得

本條ハ第百七十一條ト同一ニ自白減免ヲ規定シタルモノナリ

本條ハ舊刑法、第三百五十六條「誣告ヲ爲スト雖モ被告人ノ推問ヲ始メサル前ニ於テ誣告者、自首シタル時ハ本刑ヲ免ス」トノ規定ヲ自白減免ト改メタルモノニシテ其立法趣旨ハ第百七十條ト同一ナルヲ以テ再說セス獨逸刑法第百六十三條第三項ハ前項ノ罪ヲ犯シタル者其告發ヲ受ケス且其審問ヲ開カレス及ヒ其不實ノ陳述ニヨリ他人ニ損害ヲ生セサル前其陳述ヲ爲シタル官廳ニ對シ之ヲ取消シタルトキハ之ヲ免スト規定セリ

第二十二章 猥褻姦淫及ヒ重婚ノ罪

總論

本章ハ舊刑法、第二編、第六章、風俗ヲ害スル罪、及ヒ第三編、第一章第十一節、猥褻姦淫重婚ノ罪ヲ修正シ單ニ猥褻姦淫及ヒ重婚ノ罪ト改メタルモノナリ

其修正シタル主要ノ點ヲ擧クレハ左ノ如シ

一　舊刑法ハ公然、猥褻ノ所行ヲ爲シタル者及ヒ風俗ヲ害スル冊子、圖畫、其他、猥褻ノ物品ヲ公然陳列シ又ハ販賣シタル者ハ風俗ヲ害スル罪ト爲シ賭博罪ト共ニ之ヲ規定シ猥褻、姦淫重婚ノ罪ハ身體ニ對スル罪ト爲シタルモ本法ハ公罪、私罪ヲ認メサル結果、合シテ一章ニ規定スルコトト爲シタリ

二　舊刑法ハ暴行、脅迫ヲ加ヘテ婦女ヲ姦淫シタル者ヲ强姦罪ト爲シ十三歲、未滿ノ幼女ヲ姦淫シ若クハ藥、酒等ヲ用ヒテ婦女ヲ昏睡セシメテ姦淫シタル者ハ强姦ヲ以テ論ス」ト規定シ犯人ノ所爲ニ基カサル心神喪失若クハ抗拒、不能ニ乘シテ姦淫シタル場合ノ規定ヲ闕キタルヲ以テ本法ハ之ヲ改メ心神喪失若クハ抗拒、不能ニ乘シテ姦淫シタル者」ト爲シ又其、犯人ノ所爲ニ出テタルト否トヲ問ハス總テ强姦ヲ以テ論スルコトト爲シタリ

三、舊刑法ハ淫行ヲ勸誘、媒合シタル罪ノ被勸誘者ヲ十六歲未滿ナルコトヲ要スト規定シタルモ淫

行ノ常習アル婦女ヲ勸誘シテ姦淫セシムル者ノ如キハ其婦女ヲ害スルモノニアラサルヲ以テ罰スルノ必要ナシ故ニ本法ニ於テハ是等ノ者ハ行政處分ニ委スルコトト爲シ唯、營利ノ目的ヲ以テ淫行ノ常習ナキ婦女ヲ勸誘シテ姦淫セシメタル者ニ限リ年齡ノ如何ニ拘ハラス之ヲ罰スルコトト爲シタリ

本章ハ(一)公然猥褻ノ行爲ヲ爲シタル罪(二)猥褻ノ文書、圖畫其他ノ物ヲ頒布若クハ販賣シ又ハ公然之ヲ陳列シタル罪(三)十三歳以上ノ男女ニ對シ暴行又ハ脅迫ヲ以テ猥褻ノ行爲ヲ爲シタル罪(四)暴行又ハ脅迫ヲ以テ十三歳以上ノ婦女ニ對スル強姦罪及ヒ十三歳以下ノ婦女ニ對スル姦淫罪(五)人ノ心神喪失若クハ抗拒不能ニ乘シ又ハ之ヲシテ心神喪失セシメ若クハ抗拒ヲ不能ナラシメ猥褻ノ行爲ヲ爲シ又ハ姦淫シタル罪(六)(二)(三)(四)罪ノ未遂罪(七)(二)(三)(四)(五)ノ罪ヲ犯シ因テ人ヲ死傷ニ致シタル罪(八)營利ノ目的ヲ以テ淫行ノ常習ナキ婦女ヲ勸誘シ姦淫セシメタル罪(九)姦通ノ罪(十)重婚ノ罪等ヲ規定シタリ

第百七十四條 公然猥褻ノ行爲ヲ爲シタル者ハ科料ニ處ス

本條ハ公然猥褻ノ行爲ヲ爲シタル罪ヲ規定シタルモノナリ

本條ハ舊刑法第二百五十八條「公然猥褻ノ所行ヲ爲シタル者ハ三圓以上三十圓以下ノ罰金ニ處ス」トノ規定ヲ科料ニ處スト改メタル外、舊刑法ト同一ナリ

本罪成立ニハ、第一公然ナルコト、第二猥褻ノ行爲ヲ爲シタルコトノ二條件アルヲ要ス

第一、公然ナルコトヲ要ス

公然トハ公衆ノ目ニ觸ルル場所ヲ謂フ故ニ公衆ノ目ニ觸ルル場所ナルトキハ他人ノ目擊スルト否トヲ問ハス公然ナリ假令ハ道路、公園、汽車、汽船、乘合馬車內等ノ如キ是ナリ

第二、猥褻ノ行爲ヲ爲シタルコトヲ要ス

猥褻ノ行爲トハ見ルニ堪ヘサル淫事ニ關スル行爲ヲ謂フ獨逸刑法第百八十三條ハ公然淫行ヲ爲シ他人ニ不快ヲ懷カシメタル者ハ云々ト規定シ其意義ヲ明ニシタリ本罪ハ善良ナル風俗ニ反スル所爲ヲ罰スルモノナルヲ以テ公然斯ル醜態ヲ爲スノ意思アルヲ要スルコト論ヲ俟タス

以上ノ條件具備スルトキハ科料ニ處ス可キモノトス

第百七十五條　猥褻ノ文書、圖畫其他ノ物ヲ頒布若クハ販賣シ又ハ公然之ヲ陳列シタル者ハ五百圓以下ノ罰金又ハ科料ニ處ス販賣ノ目的ヲ以テ之ヲ所持シタル者亦同シ

本條ハ猥褻ノ書畫其他ノ物品ヲ頒布シ又ハ公然、陳列若クハ販賣シタル罪ヲ規定シタルモノナリ

本條ハ舊刑法第二百五十九條「風俗ヲ害スル冊子、圖畫其他、猥褻ノ物品ヲ公然陳列シ又ハ販賣シタ

ル者ハ四圓以上、四十圓以下ノ罰金ニ處スヽトノ規定ヲ修正シタルモノナリ

同條ハ猥褻ノ物品ヲ公然陳列シ又ハ販賣シタル者ノミニ限リタルモ本法ハ新ニ頒布ナル語ヲ加ヘ公然陳列又ハ販賣ノ外廣ク公衆ニ分ツコトヲ禁スルコトト爲シタリ

又舊刑法ハ販賣シタル者。云々ト規定シ猥褻ノ圖畫。物品ヲ販賣セサルトキハ罰スルコトヲ得サリシモ本法ニ於テハ將サニ販賣セントシテ所持スルトキモ仍ホ之ヲ罰スルコトト爲シタリ

本罪成立ニハ、第一猥褻ノ文書、圖畫。其他ノ物品ナルコト、第二頒布シ又ハ公然、陳列若クハ販賣シ又ハ販賣ノ目的ヲ以テ之ヲ所持シタルコトノ二條件アルヲ要ス

第一、猥褻ノ文書。圖畫其他ノ物品ナルコトヲ要ス

猥褻ノ文書、圖畫其他ノ物品トハ見ルニ堪ヘサル淫事ニ關スル醜態ヲ記載シタル書畫又ハ物品等ヲ總稱ス假令ハ春畫若クハ淫事ニ關スル文書ヲ記載シタル冊子又ハ裸體ノ偶像其他、局部ニ關スル模造品ノ如キ是ナリ

第二、頒布シ又ハ公然陳列若クハ販賣シ又ハ販賣ノ目的ヲ以テ所持シタルコトヲ要ス

(一)頒布トハ公衆ニ廣ク配布スル所爲ヲ謂ヒ(二)公然陳列トハ公衆ノ目ニ觸ルル場所ニ幷列シタル所爲ヲ謂フ(三)販賣トハ代金ヲ得テ他人ニ賣渡ス所爲ヲ謂フ故ニ無償贈與又ハ交換ハ本條中ニ包含セ

ス（四）販賣ノ目的ヲ以テ之ヲ所持スルトハ營利ノ目的ヲ以テ占有スル所爲ヲ謂フ故ニ祕密ニ所藏スルカ如キハ本條ニ論ス可キ限リニ非ス左レハ本罪成立ニハ頒布シ又ハ公然、陳列若クハ販賣シ又ハ販賣スル意思ヲ要スルコトモ亦明瞭ナリ

以上ノ條件具備スルトキハ五百圓以下ノ罰金又ハ科料ニ處ス可キモノトス

第百七十六條 十三歳以上ノ男女ニ對シ暴行又ハ脅迫ヲ以テ猥褻ノ行爲ヲ爲シタル者ハ六月以上七年以下ノ懲役ニ處ス十三歳ニ滿タサル男女ニ對シ猥褻ノ行爲ヲ爲シタル者亦同シ

本條ハ暴行又ハ脅迫ヲ加ヘ猥褻ノ行爲ヲ爲シタル罪ヲ規定シタルモノナリ

本條前段ハ舊刑法、第三百四十六條、後半、「十二歳以上ノ男女ニ對シ暴行、脅迫ヲ以テ猥褻ノ所爲ヲ爲シタル者ハ一月以上、一年以下ノ重禁錮ニ處シ二圓以上、二十圓以下ノ罰金ヲ附加ス」トノ規定ヲ修正シタルモノナリ

其末項ハ舊刑法、第三百四十六條、前半、「十二歳ニ滿タサル男女ニ對シ猥褻ノ所行ヲ爲ストノ規定及ヒ第三百四十七條、十二歳ニ滿サル男女ニ對シ暴行、脅迫ヲ以テ猥褻ノ所行ヲ爲シタル者ハ二月以上、二年以下ノ重禁錮ニ處シ四圓以上四十圓以下ノ罰金ヲ附加ス」トノ規定ヲ合シテ修正シタルモ

ノナリ

本條ハ（一）十三歳以上ノ男女ニ對シ暴行又ハ脅迫ヲ以テ猥褻ノ行爲ヲ爲シタル罪（二）十三歳ニ滿タサル男女ニ對シ猥褻ノ行爲ヲ爲シタル罪等ヲ規定シタルモノナリ

（一）十三歳以上ノ男女ニ對シ暴行又ハ脅迫ヲ以テ猥褻ノ行爲ヲ爲シタル罪

本罪成立ニハ、第一十三歳以上ノ男女ニ對スルコト、第二暴行又ハ脅迫ヲ以テシタルコト、第三猥褻ノ行爲ヲ爲シタルコトノ三條件アルヲ要ス

第一、十三歳以上ノ男女ニ對スルコトヲ要ス

本條、十三歳以上ノ男女トハ滿ヲ以テ計算ス可キモノナルコト論ヲ俟タス其他別ニ說明ヲ要セスシテ明瞭ナリ

第二、暴行又ハ脅迫ヲ以テシタルコトヲ要ス

本條、暴行又ハ脅迫ヲ以テ猥褻ノ行爲ヲ爲シトハ腕力ヲ使用シ又ハ言語、擧動ヲ以テ被害者ノ意思ヲ强制シ抵抗力ヲ失ハシメ猥褻ノ行爲ヲ爲シタルコトヲ謂フ故ニ暴行、脅迫ノ手段ニ因ラス任意ノ承諾ニ基キタルトキハ本條ニ依リ論ス可キ限リニ非ス

玆ニ注意ス可キハ本條十三歳以上ノ男女ニ對シ云々ト規定アルヲ以テ本罪中ニハ男子間ニ於ケル

鷄姦行爲ヲ包含スルコト是ナリ

第三、猥褻ノ行爲ヲ爲シタルコトヲ要ス

本條猥褻ノ行爲トハ既ニ前條ニ於テ述ヘタル所ト同一ナルヲ以テ再說セサルモ要スルニ婦女ニ對スル姦淫以外ノ醜行的行爲ハ總テ本條猥褻行爲ナリト雖モ果シテ猥褻行爲ナルヤ否ヤハ實際上ニ於ケル事實上ノ問題ナリ

（二）十三歲ニ滿タサル男女ニ對シ猥褻ノ行爲ヲ爲シタル罪

本罪成立ニハ、第一十三歲ニ滿タサル男女ニ對スルコト、第二猥褻ノ行爲ヲ爲シタルコトノ二條件アルヲ要ス

第一、十三歲ニ滿タサル男女ニ對スルコトヲ要ス

十三歲以上ノ男女ニ對シテハ暴行又ハ脅迫ヲ以テ猥褻ノ所爲ヲ爲シタルヲ要スルモ十三歲未滿ノ幼者ニ對シテハ暴行、脅迫ヲ加ヘタルヲ要セス單ニ猥褻ノ所爲ヲ爲シタルトキハ本罪成立ス是、（一）罪ト異ナル點ナリ

第二、猥褻ノ所爲ヲ爲シタルコトヲ要ス

本條件ハ既ニ說明シタルヲ以テ再說セス玆ニ疑問アリ本罪ハ未タ十三歲ニ滿タサル男子又ハ女子

ナルコトヲ知テ猥褻ノ所爲ヲ爲シタルコトヲ要スルヤ否ヤ是ナリ本罪ハ被害者保護ニ重キヲ置ク規定ナルヲ以テ犯人ノ之ヲ知ルト否トヲ問ハス實際上、十三歳未滿ノ幼者ナルトキハ本條ニ依リ論ス可キモノトス

以上ノ條件具備スルトキハ（一）（二）共ニ六月以上七年以下ノ懲役ニ處ス可キモノトス

第百七十七條　暴行又ハ脅迫ヲ以テ十三歳以上ノ婦女ヲ姦淫シタル者ハ强姦ノ罪ト爲シ二年以上ノ有期懲役ニ處ス十三歳ニ滿タサル婦女ヲ姦淫シタル者亦同シ

本條ハ强姦ノ罪ヲ規定シタルモノナリ

本條ハ舊刑法、第三百四十八條、「十二歳以上ノ婦女ヲ强姦シタル者ハ輕懲役ニ處ス」トノ規定及ヒ第三百四十九條、「十二歳ニ滿タサル幼女ヲ姦淫シタル者ハ輕懲役ニ處ス」若シ强姦シタル者ハ重懲役ニ處ス」トノ規定ヲ合シテ修正シタルモノナリ

本條ハ（一）十三歳以上ノ婦女ニ對スル强姦罪（二）十三歳未滿ノ幼女ニ對スル强姦罪ヲ規定シタル者ナリ

（一）　十三歳以上ノ婦女ヲ强姦シタル罪

本罪成立ニハ、第一暴行又ハ脅迫ヲ以テシタルコト、第二、十三歳以上ノ婦女タルコト、第三姦淫シ

タルコトノ三條件アルヲ要ス

第一、暴行又ハ脅迫ヲ以テシタルコトヲ要ス

本條、暴行又ハ脅迫ヲ以テトハ腕力ヲ以テ抵抗力ヲ失ハシメ又ハ行爲ノ自由ヲ拘束スルニ足ル可キ害惡ヲ通知シテ被害者ヲ畏怖セシメタル所爲ヲ謂フ故ニ暴行又ハ脅迫ヲ加ヘタル爲メ承諾シタリトスルモ其承諾ハ暴行、脅迫ノ結果ナルヲ以テ本罪成立ス然レトモ本法ニ於テハ詐言ヲ用ヒ又ハ婦女ノ錯誤ヲ利用シテ姦淫シタルトキハ本條ノ問フ所ニ非ス獨逸刑法ハ婚姻ヲ爲スト詐言シ又ハ婚姻ニ因ル同衾ナリト思惟セシム可キ錯誤ヲ誘起セシメ若クハ其錯誤ヲ利用シ婦女ニ對シ姦淫ヲ承諾セシメタル者ハ之ヲ罰ストノ規定アリ(第百七十九條)

第二、十三歲以上ノ婦女タルコトヲ要ス

十三歲以上ノ婦女ニ對シテ暴行又ハ脅迫ヲ加ヘテ其抵抗力ヲ失ハシメ交接ヲ遂ケタルトキハ本罪成立スルモノトス故ニ若シ十三歲以上ノ婦女ニシテ任意ノ承諾アリタルトキハ本條ノ問フ所ニ非ス蓋シ本罪ノ被害者ハ必ス婦女ナルコトヲ要シ又主犯者ハ必ス男子タルコトヲ要ス然レトモ其强姦ヲ敎唆シ若クハ幫助スル行爲ハ男子タルヲ要セス故ニ婦女モ亦本罪ノ共犯タルコトヲ得可キハ論ヲ俟タス

第三、姦淫シタルコトヲ要ス
姦淫トハ男女ノ交接ヲ謂フモノナルヲ以テ男子間ノ鷄姦ハ本條、姦淫中ニ包含セス本罪ノ既遂、未遂等ニ付キ實際上、問題ヲ生スルコトアリト雖モ要スルニ交接ノ目的ヲ遂ケタルトキハ本罪ノ既遂ナリトス

（二）十三歳未滿ノ幼者ニ對スル强姦罪
本罪成立ニハ、第一十三歳未滿ノ幼女タルコト、第二姦淫シタルコトノ二條件アルヲ要ス
第一、十三歳未滿ノ幼女ナルコトヲ要ス
十三歳ニ滿タサル幼女ニ對シテハ別ニ暴行又ハ脅迫ヲ用ヒス單ニ姦淫シタルトキハ本罪成立ス是則チ十三歳未滿ノ幼女ハ未タ淫事ノ何事ヲモ解セサルモノナルヲ以テ適法ナル承諾ヲ爲ス能力ナキモノナレハ法律上特ニ保護スルモノナリ
第二、姦淫シタルコトヲ要ス
本條、姦淫シタル者トアルヲ以テ本罪成立ニハ必ス交接ノ目的ヲ達シタルコトヲ要ス若シ姦淫不能ナルトキハ前條ニ依リ處斷ス可キモノナリ而シテ本罪モ亦十三歳ニ滿タサル婦女ヲ姦淫シタルトキハ犯人ニ於テ十三歳未滿ナルコトヲ知ルヲ要セス十三歳未滿ノ幼女ナルトキハ本罪成立ス然

レトモ犯ス當時十三歳以上ノ婦女ト信シ姦淫シタルニ其實十三歳未滿ナリシトキハ罪本重カル可クシテ犯ストキ知ラサルモノナルヲ以テ本條ニ依リ重キニ從テ論スルコトヲ得ス

以上ノ條件具備スルトキハ(一)(二)共ニ二年以上ノ有期懲役ニ處ス可キモノトス

第百七十八條　人ノ心神喪失若クハ抗拒不能ニ乘シ又ハ之ヲシテ心神ヲ喪失セシメ若クハ抗拒不能ナラシメテ猥褻ノ行爲ヲ爲シ又ハ姦淫シタル者ハ前二條ノ例ニ同シ

本條ハ人ノ心神喪失若クハ抗拒不能ニ乘シ猥褻ノ行爲ヲ爲シタル罪及ヒ人ヲシテ心神ヲ喪失セシメ若クハ抗拒ヲ不能ナラシメ猥褻ノ行爲ヲ爲シタル罪又ハ婦女ノ心神喪失若クハ抗拒不能ニ乘シ又ハ心神喪失若クハ抗拒ヲ不能ナラシメ姦淫シタル罪ヲ規定シタルモノナリ

本條ハ舊刑法第三百四十八條第二項「藥酒ヲ用ヒ人ヲ昏睡セシメ又ハ精神ヲ錯亂セシメテ姦淫シタル者ハ强姦ヲ以テ論ス」トノ規定ヲ改メ本條ノ如ク其範圍ヲ擴張シタルモノナリ而シテ本條ハ(一)人ノ心神喪失若クハ抗拒不能ニ乘シ猥褻ノ行爲ヲ爲シタル罪(二)人ヲシテ心神ヲ喪失セシメ若クハ抗拒ヲ不能ナラシメ猥褻ノ行爲ヲ爲シタル罪(三)婦女ノ心神喪失若クハ抗拒不能ニ乘シ又ハ婦女ヲシテ心神ヲ喪失セシメ若クハ之ヲシテ心神ヲ喪失セシメ若クハ抗拒ヲ不能ナラシメ姦淫シタル罪ヲ規定シ

タルモノトス

（一）人ノ心神喪失若クハ抗拒不能ニ乘シ猥褻ノ行爲ヲ爲シタル罪
本罪成立ニハ、第一人ノ心神喪失若クハ抗拒不能ニ乘シタルコト、第二猥褻ノ行爲ヲ爲シタルコトノ二條件アルヲ要ス

第一、人ノ心神喪失若クハ抗拒不能ニ乘シタルコトヲ要ス
本條ニ所謂人ノ心神喪失トハ本法第一編、第七章第三十九條ニ於テ既ニ詳論シタル如ク心神機能ノ不完全ナルモノハニテ刑法上引責能力ナキ狀態ニ居ル者ヲ謂フ假令ハ瘋癲病者ノ如キ者是ナリ又抗拒不能トハ身體ノ自由ヲ失ヒタル者ヲ謂フ換言スレハ防禦對抗力ヲ失ヒタル者ヲ云フニ在リ而シテ其抗拒不能ニ至リタル原因ハ先天的ナルト否トヲ問ハス身體ノ自由ヲ失ヒ抗拒不能ノ狀態ニ在ル者ハ總テ本罪ノ被害者タルコトヲ得可シ假令ハ飲酒ノ結果泥醉シ又ハ睡眠中ニテ對抗力ヲ失ヒ居リタル者ノ如キ是ナリ

第二、猥褻ノ行爲ヲ爲シタルコトヲ要ス
猥褻ノ行爲トハ既ニ述ヘタル如ク見ルニ堪ヘサル淫事ニ關スル所爲ヲ謂フ而シテ本罪ハ第百七十六條ノ猥褻罪ト異リ暴行脅迫ヲ用ユルヲ要セス又年齡ノ如何ニ拘ハラス心神喪失若クハ抗拒不能

ノ狀態ニ在ル男女ニ對シ猥褻ノ所爲ヲ爲シタルトキハ本罪成立ス唯、茲ニ注意ス可キハ本條心神喪失者ハ承諾ノ意思表示ヲ爲ス能力ナキ者ナルヲ以テ心神喪失者ナルコトヲ知テ猥褻ノ行爲ヲ爲シタルトキハ承諾ノ有無ニ拘ハラス直ニ犯罪成立スルモノナルモ之ニ反シテ抗拒不能ノ狀態ニ在ル者ハ心神上ニハ毫モ故障ナキモノナルヲ以テ任意ノ承諾有リタルトキハ犯罪成立セス而シテ本罪モ亦、人ノ心神喪失若クハ抗拒不能ノ狀態ニ在ルコトヲ知テ猥褻ノ行爲ヲ爲ス意思ヲ要スルコト論ヲ俟タス

（二）人ノ心神ヲ喪失セシメ又ハ拒抗ヲ不能ナラシメ猥褻ノ行爲ヲ爲シタル罪

本罪成立ニハ、第一人ノ心神ヲ喪失セシメ又ハ抗拒ヲ不能ナラシメタルコト、第二猥褻ノ行爲ヲ爲シタルコトノ二條件アルヲ要ス

第一、人ノ心神ヲ喪失セシメ又ハ抗拒ヲ不能ナラシメタルコトヲ要ス

人ノ心神ヲ喪失セシメトハ藥酒其他ノ方法手段ヲ用ヒ人ヲ昏睡セシメ自他ヲ認識ス可キ心神機能ヲ失ハシメタル所爲ヲ云ヒ抗拒ヲ不能ナラシメトハ對抗力ヲ失ハシメタル總テノ所爲ヲ謂フ故ニ其對抗力ヲ失ハシメタル手段方法ノ何ニタルヲ問ハス故ニ假令ハ藥酒等ヲ用ヒ又ハ催眠術等ヲ施シタルカ如キ是ナリ但シ暴行脅迫ヲ加ヘ對抗力ヲ失ハシメタル場合ハ第百七十六條ニ依リ論ス可

キモノニテ本條抗拒不能中ニ包含セサルモノトス而シテ(一)罪ハ他働的ニ心神喪失若クハ抗拒不能ノ狀態ニ在ルヲ要スルモ本罪ハ犯人自ラ心神ヲ喪失セシメ若クハ抗拒ヲ不能ナラシメタルコトヲ要ス是第百七十六條ト異ル要點ナリ

第二、猥褻ノ行爲ヲ爲シタルコトヲ要ス

本條件ハ既ニ屢々說明シタル所ナルヲ以テ別ニ論セサルモ既ニ述ヘタル如ク男女ニ拘ハラス人ヲシテ心神ヲ喪失セシメ又ハ抗拒ヲ不能ナラシメ猥褻ノ行爲ヲ爲スカ如キハ最モ惡ム可キ所爲ナリトス

（三）婦女ノ心神喪失若クハ抗拒不能ニ乘シ又ハ婦女ヲシテ心神ヲ喪失セシメ若クハ抗拒ヲ不能ナラシメ姦淫シタル罪

本罪成立ニハ、第一婦女ノ心神喪失若クハ抗拒不能ニ乘シ又ハ婦女ヲシテ心神ヲ喪失セシメ若クハ抗拒ヲ不能ナラシメタルコト、第二姦淫シタルコトノ二條件アルヲ要ス

第一、婦女ノ心神喪失若クハ抗拒不能ニ乘シ又ハ心神ヲ喪失セシメ若クハ抗拒ヲ不能ナラシメタルコトヲ要ス

本條件ハ既ニ說明シタル所ナルヲ以テ別ニ論セサルモ茲ニ注意ス可キハ(一)(二)ノ猥褻罪ハ男女ニ拘

ハラス被害者タルコトヲ得可キモ本罪ノ被害者ハ婦女ニ限ルコト是ナリ然レトモ其共犯者タルコトヲ得可キハ既ニ述ヘタル如ク男女ニ係ハラサルモノナリ

第二、姦淫シタルコトヲ要ス

姦淫ノ意義ニ就テモ既ニ說明シタルヲ以テ別ニ贅セサルモ本罪ハ前ニ一言シタル如ク舊刑法第三百四十八條第二項「藥酒ヲ用ヒ人ヲ昏睡セシメ又ハ精神ヲ錯亂セシメテ姦淫シタル者ハ强姦ヲ以テ論ス」トノ規定ノ範圍ヲ擴張シタルモノナレハ婦女ノ心神ヲ喪失又ハ抗拒不能ニ至リタル原因如何ヲ問ハス心神喪失若クハ抗拒不能ノ狀態ニ至リタル婦女ヲ姦淫シタルトキハ舊刑法ト等シク强姦ヲ以テ論スルモノトス而シテ本罪成立ニモ婦女ノ心神喪失若クハ抗拒不能ニ乘シ又ハ心神ヲ喪失セシメ若クハ抗拒ヲ不能ナラシメ姦淫スル意思ヲ要スルコトモ亦明瞭ナルヲ以テ別ニ說明セス

以上ノ條件具備スルトキハ(一)(二)(三)罪共ニ前二條ノ例ニ依リ處斷ス可キモノトス

第百七十九條　前三條ノ未遂罪ハ之ヲ罰ス

本條ハ前三條ノ猥褻罪及ヒ强姦罪ハ其未遂ノ所爲ヲ罰ス可キコトヲ規定シタルモノナリ
猥褻罪及ヒ强姦罪ノ既遂、未遂ノ分界ニ付テハ前條ノ說明ニヨリ明瞭ナルヲ以テ別ニ說明セス

第百八十條　前四條罪ハ告訴ヲ待テ之ヲ論ス

本條ハ第百七十六條乃至第百八十條ノ罪ハ告訴ヲ待テ其罪ヲ論スルコトヲ規定シタルモノナリ
舊刑法、第三百五十條ハ「前數條ニ記載シタル罪ハ被害者又ハ其親屬ノ告訴ヲ待テ其罪ヲ論ス」ト規定シタルモ本法ハ之ヲ改メ單ニ告訴ヲ待テ其罪ヲ論ス」ト規定シ其、告訴、權利者ノ何人タルヤヲ明示セサルハ刑事訴訟法、及ヒ民法ノ規定ニ依リ一定スルヲ以テ玆ニ之ヲ特定セサリシナリ然レトモ本條ニ所謂、告訴、權利者トハ被害者又ハ其法定代理人等ヲ云フモノトス

第百八十一條　第百七十六條乃至第百七十九條ノ罪ヲ犯シ因テ人ヲ死傷ニ致シタル者ハ無期又ハ三年以上ノ懲役ニ處ス

本條ハ猥褻罪又ハ强姦罪ヲ犯シ因テ人ヲ死傷ニ致シタル罪ヲ規定シタルモノナリ
本條ハ舊刑法、第三百五十一條、「前數條ニ記載シタル罪ヲ犯シ因テ人ヲ死傷ニ致シタル者ハ毆打創傷ノ各本條ニ照シ重キニ從テ處斷ス」但强姦ニ因テ癈篤疾ニ致シタル者ハ有期徒刑ニ處シ死ニ致シタル者ハ無期徒刑ニ處ス」トノ規定ヲ修正シタルモノナリ舊刑法ハ本章、强姦以外ノ行爲ニ因リ人ヲ死傷ニ致シタルトキハ毆打創傷ニ比較シ重キニ從テ處斷シ强姦ニ因テ人ヲ死傷ニ致シタルトキノミ特ニ刑ヲ設ケタルモ本法ハ强姦ニ因リタルト猥褻ノ所爲ニ因リタルトヲ問ハス第百七十七條乃至第

百八十條ノ罪ヲ犯シ因テ人ヲ死傷ニ致シタルトキハ特ニ刑ヲ設ケ嚴罰スルコトト爲シタリ是、即、本章ノ罪ニ因テ人ヲ死傷ニ致シタル場合ハ通常、傷害罪ヨリ其情、重キ所アルヲ以テノ故ナリ

第百八十二條 營利ノ目的ヲ以テ淫行ノ常習ナキ婦女ヲ勸誘シテ姦淫セシメタル者ハ三年以下ノ懲役又ハ五百圓以下ノ罰金ニ處ス

本條ハ淫行、勸誘ノ罪ヲ規定シタルモノナリ

本條ハ舊刑法、第二百五十二條、「十六歳ニ滿タサル男女ノ淫行ヲ勸誘シテ媒合シタル者ハ一月以上、六月以下ノ重禁錮ニ處シ二圓以上、二十圓以下ノ罰金ヲ附加ス」トノ規定ヲ修正シタルモノナリ舊刑法ハ「十六歳未滿ノ男女ニ對シ淫行ヲ勸誘シテ媒合セシメタル者ハ總テ之ヲ罰ス可キコトト爲シ淫行ノ常習アル男女ナルト否トヲ問ハス保護スル規定ナリシモ本法ハ單ニ營利ノ目的ヲ以テ淫行ノ常習ナキ婦女ヲ勸誘シテ姦淫セシメタル者ト限定シ淫行ノ常習アル婦女及ヒ男子ハ之ヲ保護セサルコトト爲シリ

本罪、成立ニハ、第一營利ノ目的ナルコト、第二淫行ノ常習ナキ婦女ヲ勸誘シタルコト、第三姦淫セシメタルコトノ三條件アルヲ要ス

第一、營利ノ目的タルコトヲ要ス

本條營利ノ目的ヲ以テトハ自己又ハ他人ヲ利スル目的ヲ謂フモノトス而シテ本條ハ專ラ婦女ノ淫行ヲ勸誘シ利ヲ得ルヲ目的ト爲ス常業者ニ對スル規定ナリ

第二、淫行ノ常習ナキ婦女ヲ勸誘シタルコトヲ要ス

本條淫行ノ常習ナキ婦女ヲ勸誘シタルコトトハ品行方正ナル婦女ヲ云フニ外ナラサルモ果シテ淫行ノ常習ナキ婦女ナルヤ否ヤハ實際上。其婦女ニ因テ決ス可キ事實上ノ問題ナリ玆ニ注意ス可キハ舊刑法ハ十六歲未滿ノ男女ニ對シテノミ本罪成立スルコトト爲シタルモ本法ニ於テハ營利ノ目的ヲ以テ淫行ノ常習ナキ婦女ヲ勸誘シタルトキハ其婦女ノ年齡如何ニ拘ハラス本條ニ依リ論スルコトト爲シ又本法ハ舊刑法ト異ナリ婦女ニ限ルコトト改メタルコト是ナリ

第三、姦淫セシメタルコトヲ要ス

本罪成立ニハ必ス營利ノ目的ヲ以テ淫行ノ常習ナキ婦女ニ對シテ淫行ヲ勸誘シ姦淫セシメタルコトヲ要スルヲ以テ其婦女ニシテ未タ姦淫スルニ至ラス若クハ淫行勸誘ニ應シテ承諾シタルニ止マルトキ又ハ營利ノ目的ニ非ス單ニ婦女ニ淫行ヲ勸誘シタル場合ノ如キハ本條ニ依リ論スルコトヲ得ス而シテ本罪成立ニハ淫行ノ常習ナキ婦女ナルコトヲ知テ營利ノ爲メ淫行ヲ勸誘シテ姦淫セシムル意思アルヲ要スルコト論ヲ俟タス

以上ノ條件具備スルトキハ三年以下ノ懲役又ハ五百圓以下ノ罰金ニ處ス可キモノトス

第百八十三條 有夫ノ婦姦通シタルトキハ二年以下ノ懲役ニ處ス其相姦シタル者亦同シ

前項ノ罪ハ本夫ノ告訴ヲ待テ之ヲ論ス但本夫姦通ヲ縱容シタルトキハ告訴ノ效ナシ

本條ハ姦通罪ヲ規定シタルモノナリ

本條ハ舊刑法、第三百五十三條「有夫ノ婦姦通シタル者ハ六月以上、二年以下ノ重禁錮ニ處ス其相姦スル者亦同シ、此條ノ罪ハ本夫ノ告訴ヲ待テ其罪ヲ論ス但本夫、先ニ姦通ヲ縱容シタル者ハ告訴ノ效ナシ」トノ規定ヲ修正シタルモノニシテ其立法趣旨ハ同一ナリ

本罪成立ニハ、第一有夫ノ婦ナルコト、第二姦通シタルコトノ二條件アルヲ要ス

第一、有夫ノ婦ナルコトヲ要ス

有夫ノ婦トハ民法ノ規定スル所ニ從ヒ一定ノ方式手續ヲ履行シ結婚シタル婦女ヲ謂フモノトス民法上、男子ハ滿十七歳、女子ハ滿十五歳ニ至ラサレハ婚姻ヲ爲スコトヲ得ス又有效ナル婚姻ノ成

立ニハ婚姻ノ當事者、雙方及ヒ成年ニ達シタル證人、二人以上ヨリ口頭又ハ署名シタル書面ヲ以テ所轄役場ノ戸籍吏ニ届出スルコトヲ要スルモノナリ而シテ此婚姻ノ届出テヲ爲シタル以上ハ其時ヨリ入籍ノ有無ヲ問ハス法律上夫婦タルノ效力ヲ生スルモノトス故ニ本條ニ所謂、有夫ノ婦トハ民法上ノ規定ニ從ヒ是等ノ方式手續ヲ履行シタル婦女ヲ謂フ蓋シ民法、施行以前ニ在リテハ婚姻届ヲ爲サヽルモ事實上、夫婦タルノ關係アル者ハ有夫ノ婦ト看做シタルモ民法施行ノ今日ニ至テハ事實上ノ夫婦、關係ノミニテハ有夫ノ婦ト云フコトヲ得ス（民法第七百六十五條、第七百七十五條）夫婦タル關係ヲ有スル以上ハ送籍ノ手續ナキモ仍ホ夫婦タルノ身分ヲ有ス從テ送籍ノ有無ハ有夫姦罪ノ成立ニ影響アルコトナシ姦通者ノ一方、死去スト雖モ殘リ一人ノ爲メニ其罪體及ヒ公訴權、消滅セス乃チ姦通罪ハ二者、相須テ一罪ヲ構成スルモ其罪ノ成否ハ必スシモ二者、共存ヲ要セサルモノナリト判例アリ

第二、姦通シタルコトヲ要ス

姦通トハ本夫以外ノ男子ト交接シタルコトヲ謂フモノトス然レトモ本夫ニ於テ其婦ノ姦通ヲ先ニ許諾シタルトキハ縱令、姦通ノ事實アルモ本罪成立セス左レハ本罪ハ本夫、以外ノ男子タルコトヲ知テ姦淫シタルコトヲ要ス故ニ本夫ト誤信シタル場合ノ如キハ姦通スルノ意思ナキモノナルヲ

以テ本罪成立セサルモノトス

以上ノ條件具備スルトキハ二年以下ノ懲役ニ處ス可キモノナルモ本罪ハ本夫ノ告訴ヲ待テ其罪ヲ論ス可キモノハナルヲ以テ既ニ一言シタルカ如ク本夫先ニ姦通ヲ縦容シタルトキハ告訴ノ效ナキモノハトス是本條第二項但書ノ規定アル所以ナリ

本條、第一項、末文其相姦シタル者亦同シ」トハ有夫ノ婦ト姦通シタル男子モ亦本條ニ依リ有夫ノ婦ト同一ニ處罰スルコトヲ規定シタルモノナリ然レトモ其、相姦者ニシテ有夫ノ婦ナルコトヲ知ラス又ハ本夫ノ承諾ヲ得テ姦シタルトキハ本條ニ依リ罰スルコトヲ得サルモノトス

第百八十四條　配偶者アル者重ネテ婚姻ヲ爲シタルトキハ二年以下ノ懲役ニ處ス其相婚シタル者亦同シ

本條ハ重婚罪ヲ規定シタルモノナリ

本條ハ舊刑法第三百五十四條「配偶者アル者重テ婚姻ヲ爲シタル時ハ六月以上、二年以下ノ重禁錮ニ處シ五圓以上、五十圓以下ノ罰金ヲ附加ス」トノ規定ト其立法趣旨ハ同一ナリ

本罪成立ニハ、第一配偶者アル者ナルコト、第二重ネテ婚姻ヲ爲シタルコトノ二條件アルヲ要ス

第一、配偶者アル者ナルコトヲ要ス

配偶者アル者トハ有夫ノ婦又ハ有婦ノ夫ヲ謂フモノトス而シテ法律上、既婚者タルノ身分ハ婚姻ノ届出ニ因テ效力ヲ生ス可キコトハ既ニ前條ニ於テ述ヘタルカ如シ故ニ一旦婚姻シタル者ハ其前婚ノ解消又ハ取消サヽル者ハ重ネテ婚姻ヲ爲スコトヲ得サルモノトス(民法第七百六十六條)左レハ重婚ノ所爲ハ民刑共ニ嚴禁スル所ナリ然レトモ人違其他ノ事由ニ因リ當事者間ニ婚姻ノ成立セサルトキハ前婚ナキト同一ナルヲ以テ其後ノ婚姻ハ之ヲ重婚ナリト云フコトヲ得ス獨逸刑法ハ婚姻ヲ爲シタル者其婚姻ノ解消又ハ無效ノ宣告前重ネテ婚姻ヲ爲シタルトキ又ハ婚姻ヲ爲サヽル者其情ヲ知リ之ト婚姻シタルトキ云々ト規定シ此點ヲ明ニシタリ(第百七十一條)

第二、重ネテ婚姻ヲ爲シタルコトヲ要ス

重ネテ婚姻ヲ爲ストハ既婚者タルノ身分アル者再ヒ法律上ノ方法手續ヲ履ミ他ノ男子又ハ女子ト結婚シタルコトヲ謂フ故ニ第一婚姻ノ成立中更ニ他ノ者ト第二ノ婚姻ヲ爲シタルトキハ本罪成立スルモノトス然レトモ既ニ述ヘタル如ク前婚無效又ハ不成立ナルトキハ前婚ナルモノナキヲ以テ本罪成立ニハ前婚成立中ナルコトヲ知テ更ニ婚姻ヲ爲ス意思アルコトヲ要スルモノナリ故ニ前婚解消又ハ取消サレタルモノト信シ婚姻シタルトキハ事實上、重婚ナルモ本罪成立セス假令ハ前婚ノ夫又ハ婦カ失踪ノ宣告ヲ受ケ死亡ト看做サレタルニ因リ再婚シタルトキ又ハ離婚ノ判決、確定

シタル後チ再婚シタルニ其死亡者ト看做サレタル者歸來シ若クハ再審ニ因リ離婚ノ判決、取消サレタル場合ノ如キ是ナリ

以上ノ條件、具備シタルトキハ其相手方タル相婚者ト共ニ二年以下ノ懲役ニ處ス可キモノトス

第二十三章　賭博及ヒ富籤ニ關スル罪

總論

本章ハ舊刑法、第二編、第六章中賭博及ヒ富籤ニ關スル規定ヲ修正シタルモノナリ

其修正シタル主要ノ點ヲ擧クレハ左ノ如シ

一、舊刑法ハ競技者ノ優劣又ハ巧拙ニ因リ勝敗ヲ決スル者ト全ク偶然ノ事ニ因リ其輸贏ヲ決スル者トヲ論セス財物ヲ賭シテ勝敗ヲ爭フ以上ハ總テ之ヲ罰スルコトト爲シタルモ夫ノ相撲、撃劍若クハ競馬ノ如キ競技ノ優劣又ハ巧拙ヲ爭フハ之ヲ骨子、骨牌ヲ使用シテ全ク偶然ノ事ニ關シ勝敗ヲ決スル者ト同一ニ論スルコトヲ得ス故ニ本法ハ偶然ノ輸贏ニ關シ財物ヲ賭シタル者ノミヲ罰スルコトト改メタリ

二、舊刑法ハ賭博罪ハ現ニ之ヲ行フ際、發覺シタルトキニ非サレハ罰スルコトヲ得ストノ解釋行ハ

レ實際家ノ極メテ不便ヲ感シタル所ナルヲ以テ本法ハ其發覺ノ現在ト否トヲ區別セス偶然ノ輸贏ニ關シ財物ヲ賭シタルトキハ總テ罰スルコトト爲シタリ

三、舊刑法ハ常習トシテ賭博ヲ行フ者ト否トヲ區別セサリシモ本法ハ賭博ヲ常習ト爲ス者ト否トヲ區別シ常習ト爲サヽル者ハ情狀ニ因リ罰金ヲ科スルコトト爲シタリ

四、舊刑法、第二百六十一條、第一項、後段ハ賭博ヲ爲ス情ヲ知テ房屋ヲ給與シタル者ハ賭博ヲ爲シタル者ト同一ニ罰スルコトト爲シタルモ房屋、給與ハ第一編、總則、從犯ヲ以テ論ス可キモノト爲シ又同條、第二項賭博ノ器具、財物ハ之ヲ沒收ストノ規定モ總則、第二章、第十九條ニ依リ處分ス可キモノナルヲ以テ本法ハ特ニ之ヲ規定セス

五、舊刑法ハ富籤ニ就テハ其發賣者ニ關シテノミ規定シ其他ニ就テハ規定セサリシモ元來富籤ハ賭博ト等シク射倖的、利益ヲ僥倖スルモノナルヲ以テ其發賣者ト買收者トヲ問ハス罰ス可キ必要ナキニ非ス故ニ本法ハ富籤ヲ發賣シタル者又ハ其富籤、發賣ノ取次若クハ買收者ヲ罰スルコトト爲シタリ

本章ハ（一）賭博ヲ爲シタル罪（二）常習トシテ賭博ヲ爲シタル罪（三）賭場ヲ開張又ハ博徒ヲ結合シテ利ヲ圖リタル罪（四）富籤ヲ發賣シタル罪（五）富籤發賣ノ取次ヲ爲シタル罪及ヒ富籤ヲ授受シタル罪等ヲ規定シ

タリ

第百八十五條 偶然ノ輸贏ニ關シ財物ヲ以テ博戲又ハ賭事ヲ爲シタル者ハ千圓以下ノ罰金又ハ科料ニ處ス但シ一時ノ娯樂ニ供スル物ヲ賭シタル者ハ此限ニ在ラス

本條ハ賭博罪ヲ規定シタルモノナリ

本條ハ舊刑法、第二百六十一條、「財物ヲ賭シテ現ニ博尖ヲ爲シタル者ハ一月以上、六月以下ノ重禁錮ニ處シ五圓以上、五十圓以下ノ罰金ヲ附加ス」其情ヲ知テ房屋ヲ給與シタル者亦同シ」但飲食物ヲ賭スル者ハ此限ニ在ラス」賭博ノ器具、財物其現場ニ在ル者ハ之ヲ沒收ス」トノ規定ヲ修正シタルモノナリ其修正、主要ハ既ニ一言シタル如ク舊刑法ハ單ニ博奕ヲ爲シタル者ハ云々ト規定シタルニ因リ解釋上、疑義ヲ生シタルヲ以テ本法ハ之ヲ偶然ノ輸贏ニ關シ博戲又ハ賭事ヲ爲シタル者ト改メ其疑義ヲ避ケタルモノナリ

又舊刑法ハ現ニ博尖ヲ爲シ云々ト規定シタルヲ以テ發覺ノ當時現ニ博奕ヲ爲シタルニ非サレハ罰スルコトヲ得ストノ解釋行ハレ實際上、極メテ不便ナリシヲ以テ本法ハ其現ニノ文字ヲ避ケタリ而シテ舊刑法ハ但書ニ飲食物ヲ賭スル者ハ此限ニ在ラスト規定シタルニ因リ遂ニ飲食物ヲ金錢ニ代用ス

ルハ弊害生シタルヲ以テ本法ハ此點ニ付テモ亦一時ノ娯樂ニ供スル物ト改メ飲食物ト雖モ金錢ニ代用シタルトキハ之ヲ罰シ飲食物ニ非サルモ單ニ一時ノ娯樂ナルトキハ罰セサルコトト爲シタリ

本罪成立ニハ、第一偶然ノ輸贏ニ關シ財物ヲ賭シタルコト、第二博戲又ハ賭事ヲ爲シタルコトノ二條件アルヲ要ス

第一、偶然ノ輸贏ニ關シ財物ヲ賭シタルコトヲ要ス

本條偶然ノ輸贏ニ關シ財物ヲ賭シトハ當事者ノ知ラサル事實ノ爭點ニ關シ金錢其他ノ有價物ヲ賭シタル所爲ヲ謂フ換言スレハ當事者ノ知ラサル事實ノ爭點ニ對シ財物ヲ賭スル所爲ヲ云フモノトス故ニ本罪成立ニハ必ス偶然ノ輸贏ニ關シ財物ヲ賭シタルコトヲ要ス但、財物ヲ賭スルモ一時ノ娯樂又ハ遊戲トシテ賭シタルトキハ本條但書ニ依リ罰スル限ニ非ス假令ハ飲食物ヲ賭シ一時ノ樂ミト爲シタル場合又ハ飲食物ヲ買フ爲メ小額ノ金錢ヲ賭シタル場合ノ如キ是ナリ蓋シ一時ノ娯樂ナルヤ否ヤハ裁判所ノ認定ス可キ事實ノ問題ナリトス

元來賭博ハ自己ノ財産ニ對スル一個ノ處分行爲ナルヲ以テ法律上、之ヲ罰ス可キ必要ナキカ如シト雖モ其處分、方法ニシテ公ノ秩序ヲ害シ善良ノ風俗ニ反スル以上ハ國家ハ公益上、之ヲ禁スル必要アリ是本章賭博罪ヲ罰スル所以ナリ夫ノ自己ノ家屋ニ對スル放火ノ如キモ公益上、私財處分ヲ

禁シタル一例ナリトス

第二、博戯又ハ賭事ヲ爲シタルコトヲ要ス

博戯トハ二人以上ノ者合意ヲ以テ勝敗ノ爭ヲ爲シ敗者ハ勝者ニ對シテ一定ノ財物ヲ與フル行爲ヲ謂フ而シテ此博戯ハ多少、娛樂ノ意義ヲ有スルモノニテ當事者ノ能力又ハ技術ノ優劣ニ因リ勝敗ヲ決スル所爲ヲ云フモノナリ

賭事トハ當事者双方或ル事物ノ判斷ニ關シ意見ヲ異ニシタル者約シテ勝者ニ一定ノ財物ヲ與フル所爲ヲ謂フモノトス而シテ賭事ハ自己ノ技能ニ依ラス專ラ偶然ノ出來事ニ關スル意見ノ當否ニ因テ決ス可キモノナルヲ以テ射倖的契約ナリ要スルニ博戯ト賭事トハ其勝敗ヲ爭ヒ財物ヲ賭スル點ニ就テハ同一ナルモ其勝敗ヲ決スル手段、方法ヲ異ニスルモノトス然レトモ此博戯、賭事ノ區別ニ就テハ學者ニ依リ多少其見解ヲ異ニスル所アリ論者或ハ博戯ハ關係者、自身ニ於テ一定ノ行爲ヲ爲シ其行爲ノ結果ニ因リ勝敗ヲ決スル所爲ヲ謂フ例セハ骨子、壺ヲ使用スル丁半ノ如キ或ハ骨牌ヲ使用スル花合ノ如キハ其好適例ナリ之ニ反シテ賭事トハ關係者ノ行爲以外ノ出來事カ勝敗ノ條件ト爲リ勝敗ヲ決スル所爲ヲ謂フ例セハ他人ノ遊戯ヲ傍觀スル者カ財物ヲ賭スル如キ彼ノ他人ノ競馬、相撲ノ勝敗ニ關シ傍觀者カ其勝敗ニ關シ金錢ヲ賭スルカ如キハ其好適例ナリト博戯又ハ

賭事ヲ爲スモ財物ヲ賭シタルトキニ非サレハ本罪成立セス故ニ財物ヲ賭シテ勝敗ヲ決シタルコトヲ要ス然レトモ博戲又ハ賭事ヲ爲スモ一時ノ娯樂ナルトキハ縱令財物ヲ賭スルモ本條但書ニ依リ罰スルコトヲ得サルモノトス

以上ノ條件具備スルトキハ千圓以下ノ罰金又ハ科料ニ處ス可ギモノトス

餘論

本罪ヲ總テ罰金ト爲シタルハ余輩ノ最モ遺憾ト爲ス立法ナリ本條ノ如ク總テ罰金刑ト爲シタル以上ハ將來賭博犯益々增加シテ之ヲ罰スルモ殆ト懲戒ノ效ナキニ至ルノミナラス賭博社會ニ於ケル一種ノ稅金視セラルルヲ虞ルルモノナリ素ヨリ數回處分ヲ受ケタル者若クハ常習ト爲ス者ハ次條ニ依リ體刑ヲ科スルコトヲ得可キニ因リ遺憾ナシト雖モ其常業ト爲スヤ否ヤハ事實上ノ問題ニ屬シ實際之ヲ認定スルハ極メテ困難ナルヲ以テナリ

第百八十六條　常習トシテ博戲又ハ賭事ヲ爲シタル者ハ三年以下ノ懲役ニ處ス

賭博場ヲ開張シ又ハ博徒ヲ結合シテ利ヲ圖リタル者ハ三月以上五年以下ノ懲役ニ處ス

本條ハ常習トシテ賭博ヲ爲シタル罪及ヒ賭博開張中ニ博徒結合ノ罪ヲ規定シタルモノナリ
本條第一項ハ本法ノ新設ニ係ル規定ナリ舊刑法ハ常習トシテ賭博ヲ爲ス者ト否ラサル者トヲ區別セサリシモ本法ハ之ヲ區別シ賭博ノ常習アル者ハ之ヲ重罰スルコトト爲シタリ
本條第二項ハ舊刑法、第二百六十條「賭場ヲ開張シテ利ヲ圖リ又ハ博徒ヲ招結シタル者ハ三月以上、一年以下ノ重禁錮ニ處シ十圓以上、百圓以下ノ罰金ヲ附加ス」トノ規定ト其立法趣旨ハ同一ナリ而シテ本條ハ(一)常習トシテ賭博ヲ爲シタル罪(二)賭博場ヲ開張シ利ヲ圖リタル罪(三)博徒ヲ結合シテ利ヲ圖リタル罪ヲ規定シタルモノナリ
(一)常習トシテ賭博ヲ爲シタル罪
本罪成立ニハ、第一常習ト爲シタルコト、第二博戲又ハ賭事ヲ爲シタルコトノ二條件アルヲ要ス
第一、常習ト爲シタルコトヲ要ス
常習トハ常業トシテ賭博ヲ爲スコトヲ謂フ換言スレハ賭博ヲ本業ト爲ス者又ハ他ニ一定ノ職業若クハ營業アルモ其本業ヲ抛棄シテ常ニ賭博ヲ爲ス者ヲ云フニ在リ而シテ是等、世俗ノ博徒ト稱スル者ハ賭博ヲ常業ト爲シ良民ヲ誘惑シテ不正行爲ヲ行フモノナルヲ以テ社會風紀ノ取締上、最モ嚴罰ス可キ必要アリ然レトモ果シテ賭博ヲ常習ト爲スヤ否ヤハ其人ニ因テ決ス可キ事實上ノ問題

ナリ

第二、博戯又ハ賭事ヲ爲シタルコトヲ要ス

博戯又ハ賭事ノ意義ニ就テハ前條既ニ詳論シタルヲ以テ再說セサルモ本條ハ常習トシテ賭博ヲ爲ス者ニ對スル規定ナリ

（二）賭博場ヲ開張シ利ヲ圖リタル罪

本罪成立ニハ、第一博戯場ヲ開張シタルコト、第二利ヲ圖リタルコトノ二條件アルヲ要ス

第一、博戯場ヲ開張シタルコトヲ要ス

本條第二項賭博場トハ博戯又ハ賭事ヲ爲ス一定ノ場所ヲ謂フ換言スレハ賭博ノ器具ヲ備ヒ賭博者ヲ誘引スル一定ノ與行場ヲ云フニ在リ故ニ賭博者ノ求メニ應シテ一時房屋ヲ給與シタル者トハ全ク其性質ヲ異ニスルモノナリ彼ノ一時、賭房ヲ給與シタル者ノ如キハ賭博ヲ幫助スル一種ノ從犯的行爲ナルモ本條賭博場ノ開張者ハ賭博罪ノ敎唆的行爲ナリ是注意ス可キ點ナリ

第二、利ヲ圖リタルコトヲ要ス

利ヲ圖ルトハ多數ノ博徒ヲ招集結合シテ賭場ヲ開張シ利益ヲ得ル所爲ヲ謂フ假令ハ多數ノ博徒ヲ招集シ賭博ヲ爲サシメ俗ニ寺錢ト稱スル部割ヲ取得スルカ如キ是ナリ玆ニ注意ス可キハ本罪ハ賭

博場ヲ開張シ利ヲ圖リタルトキハ賭博ヲ爲シタルト否トヲ問ハス本條ニ依リ論ス可キコト是ナリ

（三）博徒ヲ結合シタル罪

本罪成立ニハ、第一博徒ヲ結合シタルコト、第二利ヲ圖リタルコトノ二條件アルヲ要ス

第一、博徒ヲ結合シタルコトヲ要ス

博徒結合トハ賭博ヲ常業ト爲ス者ヲ招結シタル所爲ヲ謂フ換言スレハ一定ノ產業ナク賭博ヲ本業ト爲ス無賴ノ徒ヲ集メ一個ノ團體ヲ結ヒ賭場ヲ開張スル者ヲ云フニ在リ假令ハ夫ノ所謂、博徒ノ親分ト稱スル者其兒分ヲ招集シテ賭博ヲ爲サシムルカ如キ是ナリ

第二、利ヲ圖リタルコトヲ要ス

利ヲ圖リタルコトトハ多數ノ博徒ヲシテ賭博ヲ爲サシメ利益ヲ得ルコトヲ謂フモノナルモ既ニ述ヘタルヲ以テ再說セサルモ本罪モ亦多數ノ博徒ヲ結合シテ利ヲ圖ルニ因テ成立スル罪ナルヲ以テ一時、房屋ヲ貸與シテ其賃料ヲ得タル場合ノ如キハ本條ニ依リ論スルコトヲ得ス本罪モ亦賭博場ヲ開張シタルトキハ現ニ財物ヲ賭シ賭博ヲ爲シタルト否トヲ問ハス博徒ヲ結合シ利ヲ圖リタルトキハ本罪成立ス要スルニ本條ハ常習トシテ賭博ヲ爲ス世ノ博徒ト稱スル者ニ對シ罰スル規定ナリ

トス

以上ノ條件具備スルトキハ第一項ノ罪ハ三年以下ノ懲役第二項ノ罪ハ(二)(三)共ニ三月以上五年以下ノ懲役ニ處ス可キモノトス

第百八十七條　富籤ヲ發賣シタル者ハ二年以下ノ懲役又ハ三千圓以下ノ罰金ニ處ス

富籤發賣ノ取次ヲ爲シタル者ハ一年以下ノ懲役又ハ二千圓以下ノ罰金ニ處ス

前二項ノ外富籤ヲ授受シタル者ハ三百圓以下ノ罰金又ハ科料ニ處ス

本條ハ富籤ノ發賣又ハ取次ヲ爲シタル罪及ヒ富籤ノ授受ヲ爲シタル罪ヲ規定シタルモノナリ

本條、第一項ハ舊刑法、第二百六十二條、「財物ヲ醵集シ富籤ヲ以テ利益ヲ僥倖スルノ業ヲ興業シタル者ハ一月以上、六月以下ノ重禁錮ニ處シ五圓以上、五十圓以下ノ罰金ヲ附加ス」トノ規定ヲ修正シタルモノニテ其立法、趣旨ハ同一ナリ又本條、第二項ハ明治十五年、第二十七號、布告、第一條、凡富籤、賣買ノ牙保若クハ幫助ヲ爲シタル者ハ一月以上、六月以下ノ重禁錮ニ處シ五圓以上、五十

圓以下ノ罰金ヲ附加スヽトノ規定中、牙保ノ文字ヲ取次ト改メタル外、其立法趣旨ハ之ト同一ナリトス

本條ハ(一)富籤ヲ發賣シタル罪(二)富籤、發賣ノ取次ヲ爲シタル罪(三)富籤ヲ授受シタル罪ヲ規定シタルモノナリ

(一) 富籤ヲ發賣シタル罪

既ニ一言シタル如ク富籤モ亦、賭博ト同シク偶然ノ利益ヲ僥倖スルモノナルヲ以テ社會ノ秩序、維持上、之ヲ發賣スル者又ハ其取次ヲ爲ス者若クハ買收スル者等ヲ罰スル必要アリ然ルニ舊刑法ハ此富籤ノ發賣者ノミヲ罰スルニ止マリ其取次又ハ買收者ヲ罰スル規定ナカリシヲ以テ本法ハ明治十五年、布告、第二十二條ヲ修正シテ本章ニ移シテ規定シタルモノナリ

然レトモ富籤、發賣ノ目的、殖産、興行若クハ貧民、救助等國家的有益ナル事業ノ爲メナルトキハ之レヲ禁セサルコトアリ我カ政府ハ明治三十九年八月富籤ニ關スル法令ヲ臺灣ニ發布シタルコトアリ

本罪成立ニハ、第一富籤ナルコト、第二發賣シタルコトノ二條件アルヲ要ス

第一、富籤タルコトヲ要ス

富籤トハ二人以上ノ者財物ヲ醵集シ抽籤ノ方法ニ因リ其財物ノ全部又ハ一部ヲ出財者中ノ一部ノ當籤者ニ得セシムル所爲ヲ謂フ換言スレハ富籤トハ財物ヲ醵集シ抽籤ノ方法ニ因リ當籤者ニ利益ヲ與フ可キ所爲ヲ云フモノトス故ニ賭博ト富籤トノ區別ハ賭博ハ偶然ノ輸贏ニ關シ勝敗ヲ僥倖スルモノナルモ富籤ハ抽籤ノ方法ニ因リ損益ヲ僥倖スル點ト又賭博ハ勝敗ノ定マルトキ勝者ハ財物ヲ取得スルモノナルモ富籤ハ其發賣當時ヨリ財物ハ興行者ニ於テ取得スルノ差異アルモノトス賭博ト富籤ノ區別ニ對シテハ賭博ハ財物ヲ賭シテ勝敗ヲ決スル迄賭者ハ只其財物ヲ提供スルニ過キスシテ之レカ所有權ヲ失フモノニ非ス反之富籤ハ財物ヲ醵集スルモノニシテ富籤ノ購買者ハ醵集ノ時已ニ其賭物ノ所有權ヲ失フモノナリ又賭博ハ胴元ト賭者トノ間ニ於テ取引ノ關係アリテ胴元ト賭者トハ共ニ危險ヲ負擔シ富籤ハ如何ナル場合ニ於テモ興行者ハ危險ヲ負擔スル恐レナキモノトストノ判例アリ

第二、富籤ヲ發賣シタルコトヲ要ス

富籤ヲ發賣トハ利益ヲ僥倖スル目的ヲ以テ富籤ヲ發行スル所爲ヲ謂フモノトス而シテ其富籤ハ之ヲ購買スル者ノアリタルト否トヲ問ハス之ヲ發行シタルトキハ本罪成立スルモノトス而シテ富籤ヲ發賣スル意思ヲ以テ發行スルヲ要スルコトハ明瞭ナルヲ以テ別ニ説明セス

（二）　富籤ノ取次ヲ爲シタル罪

本罪成立ニハ、第一富籤ナルコト、第二取次ヲ爲シタルコトノ二條件アルヲ要ス

第一、富籤ナルコトヲ要ス

富籤ノ意義ニ就テハ既ニ説明シタルヲ以テ再説セス

第二、取次ヲ爲シタルコトヲ要ス

取次トハ富籤ノ發行者ト買收者トノ中間ニ立チ其賣買ヲ媒介スル行爲ヲ謂フ而シテ本罪ハ甲ヨリ乙ヘ取次キ運送シタルニ止マリ別ニ周旋、行爲ヲ爲ササルモ本條、取次トアルヲ以テ是等ノ所爲モ亦、本條ニ依リ罰ス可キモノナリ是注意ス可キ點ナリトス而シテ富籤ナルコトヲ知テ取次ヲ要スルコトモ明瞭ナルヲ以テ別ニ説明セス

（三）　富籤ヲ授受シタル罪

本項ハ明治十五年、第二十五號、布告、第二條、凡富籤ヲ購買シタル者ハ其價ヲ拂ヒタルト未タ拂ハサルトヲ問ハス二十日以上、四月以下ノ重禁錮ニ處シ四圓以上四十圓以下ノ罰金ヲ附加ス」他人ノ名ヲ借リテ購買シタル者及ヒ他人ヨリ讓受ケタル者亦同シ」トノ規定ヲ修正シテ本法ニ移シタルモノナリ但其刑ハ稍ヤ重キニ失スルヲ以テ本法ハ罰金又ハ科料ニ處スト改メ直接、購買者ノミヲ罰

スルコトト爲シタリ
本罪成立ニハ、第一富籤ナルコト、第二授受シタルコトノ二條件アルヲ要ス
第一、富籤ナルコトヲ要ス
本條件ニ就テハ既ニ說明シタルヲ以テ再說セス
第二、授受シタルコトヲ要ス
富籤ヲ授受シタルトキハ代金ヲ支拂ヒタルト否トヲ問ハス富籤ナルコトヲ知テ授受シタルトキハ本罪成立スルモノトス
以上ノ條件具備スルトキハ(一)罪ハ二年以下ノ懲役又ハ三千圓以下ノ罰金(二)罪ハ一年以下ノ懲役又ハ二千圓以下ノ罰金(三)罪ハ三百圓以下ノ罰金又ハ科料ニ處ス可キモノトス

第二十四章 禮拜所及ヒ墳墓ニ關スル罪

總論

本章ハ舊刑法、第二編、第七章、死屍ヲ毀棄シ及ヒ墳墓ヲ發掘スル罪ト第六章、風俗ヲ害スル罪、中ノ第二百六十三條ヲ修正シタルモノナリ

其修正シタル主要ノ點ヲ擧クレハ左ノ如シ

一、舊刑法ハ第二編、第六章風俗ヲ害スル罪中、第二百六十三條ニ神祠、佛堂、墓所其他禮拜所ニ對シ公然、不敬ノ所爲アル者ハ云々、說敎又ハ禮拜ヲ妨害シタル者ハ云々ト規定シタルモ本法ハ墳墓ニ關スル罪ト共ニ之ヲ規定スルコトヽ爲シタリ

二、舊刑法、第二編、第七章、第二百六十四條ハ死屍ニ就テノミ規定シ其他、死屍ト同視ス可キ遺髮又ハ棺內ニ藏置シタ物品等ニ對スル規定ヲ闕キタルヲ以テ本法ハ遺髮其他棺內ニ藏置スル物ヲ加ヘ又舊法ノ死屍ヲ毀棄シ云々ト規定シタル損壞遺棄若クハ領得ト改メタリ

三、舊刑法ハ墳墓ヲ發掘シテ棺槨又ハ死屍ヲ現ハシタル場合ヲ規定シタルモ檢視ヲ經スシテ變死者ヲ葬リタル罪ヲ規定セサリシヲ以テ本法ハ之ヲ規定シ單ニ墳墓ヲ發掘シタル罪トノ區別ヲ明ニシタリ

本章ハ(一)神祠、佛堂、墓所其他禮拜所ニ對シ公然不敬ノ行爲ヲ爲シタル罪(二)說敎、禮拜又ハ葬式ヲ妨害シタル罪(三)墳墓ヲ發掘シタル罪(四)死體遺骨、遺髮又ハ棺內ニ藏置シタル物ヲ損壞、遺棄又ハ領得シタル罪(五)(三)罪ヲ犯シ死體、遺骨、遺髮又ハ棺內ニ藏置シタル物ヲ損壞遺棄又ハ領得シタル罪(六)檢視ヲ經スシテ變死者ヲ葬リタル罪等ヲ規定シタリ

第百八十八條 神祠、佛堂、墓所其他禮拜所ニ對シ公然不敬ノ行爲アリタル者ハ六月以下ノ懲役若クハ禁錮又ハ五十圓以下ノ罰金ニ處ス

說敎、禮拜又ハ葬式ヲ妨害シタル者ハ一年以下ノ懲役若クハ禁錮又ハ百圓以下ノ罰金ニ處ス

本條ハ神祠、佛堂、墓所其他禮拜所ニ對シ公然、不敬ヲ加ヘタル罪及ヒ說敎、禮拜又ハ葬式ヲ妨害シタル罪ヲ規定シタルモノナリ

本條、第一項ハ舊刑法、第二百六十三條、「神祠、佛堂、墓所其他禮拜所ニ對シ公然、不敬ノ所爲アリタル者ハ二圓以上、二十圓以下ノ罰金ニ處ス」若シ說敎又ハ禮拜ヲ妨害シタル者ハ四圓以上、四十圓以下ノ罰金ニ處ス」トノ規定ト其立法趣旨ハ同一ナリ舊刑法ハ其刑稍ヤ輕キニ失シタルヲ以テ本法ハ之ヲ重ク罰スルノ主義ヲ採リ本條第二項ハ舊刑法ノ說敎及ヒ禮拜ノ外、新ニ葬式ニ對シ妨害ヲ加ヘタル罪ヲ加ヘ之ヲ同一ニ罰スルコトト爲シタルモノナリ

元來、本章ノ罪ハ信敎ノ自由ヲ妨害シ人ノ尊敬又ハ歸依スル神佛ニ對スル不敬ノ所爲ヲ罰スルモノニテ憲法ニ規定シタル信敎ノ自由ヲ確保シタルモノトス

本條ハ(一)神祠、佛堂、墓所其他禮拜所ニ對シ公然、不敬ヲ加ヘタル罪(二)說敎、禮拜又ハ葬式ヲ妨害シ

タル罪ヲ規定シタルモノナリ

（一）神祠、佛堂、墓所其他禮拜所ニ對シ公然、不敬ヲ加ヘタル罪

本罪成立ニハ、第一神祠、佛堂、墓所其他禮拜所ニ對シタルコト、第二公然、不敬ノ行爲ヲ爲シタルコトノ二條件アルヲ要ス

第一、神祠、佛堂、墓所其他禮拜所ニ對スルコトヲ要ス

本條神祠、佛堂、墓所其他禮拜所トハ神佛ヲ安置シタル神社、寺院其他ノ建造物ヲ謂フ而シテ是等、神佛ヲ安置スル場所ハ各人ノ尊敬又ハ歸依スル所ナルヲ以テ何人モ之ヲ汚瀆セサルコトハ我國、古來、宗教的、道德ニ基ク感念ナリ本條其他ノ禮拜所トハ彼ノ耶蘇會堂ノ如キ是ナリ

第二、公然、不敬ノ行爲ヲ爲シタルコトヲ要ス

公然不敬ノ行爲ヲ爲シタルコトトハ其神體、又ハ佛體若クハ之ヲ安置シタル殿堂、其他ノ建造物ニ對シ公然神佛ノ功德、尊嚴ニ汚瀆スルノ所爲アリタルコトヲ謂フ而シテ其功德尊嚴ヲ汚瀆スル所爲トハ言語又ハ擧動ヲ以テ其神佛ニ對シ不敬ノ所爲アリタルトキハ本罪成立ス獨逸刑法ハ此點ニ就キ公然不敬ノ言語ニ因リ神ヲ褻瀆シ不快ヲ懷カシメタル者ハ云々ト規定シタリ而シテ本罪成立ニハ人ノ尊敬又ハ歸依スル神佛ニ對シ其尊嚴又ハ功德ヲ汚瀆スル意思ヲ以テ公然不敬ノ所爲ア

リタルヲ要スルコト論ヲ俟タス

以上ノ條件具備スルトキハ六月以下ノ懲役若クハ禁錮又ハ五十圓以下ノ罰金ニ處ス可キモノトス

（二）說教、禮拜又ハ葬式ヲ妨害スル罪

本罪成立ニハ、第一說教、禮拜又ハ葬式ニ對スルコト、第二妨害シタルコトノ二條件アルヲ要ス

第一、說教、禮拜又ハ葬式ニ對スルコトヲ要ス

說教、トハ神佛ノ功德、來歷其他宗教上ノ事ニ關スル演說ヲ謂フモノニテ禮拜トハ神佛ニ對スル尊敬ノ儀式ヲ謂フ又葬式トハ人ノ遺骸、遺骨、遺髮等ヲ神佛ニ祭ル儀式ヲ謂フ是等ノ儀式又ハ演說等ニ對シテハ何人ト雖モ謹愼敬意ヲ表シテ拜聽又ハ送迎スルコトヲ要スルモノナリ

第二、妨害シタルコトヲ要ス

妨害トハ說教、禮拜又ハ葬式ノ執行ヲ妨クル所爲ヲ謂フ例ヘハ說教、禮拜ニ對シ言語又ハ擧動ヲ以テ罵言、嘲弄シテ聽聞ヲ妨ケ又ハ葬式ノ執行中、種々ナル惡言ヲ放チ僧侶ノ讀教ヲ妨クルカ如キ場合是ナリ而シテ本罪成立ニモ其說教、禮拜又ハ葬式ヲ妨害スル意思アルヲ要スルコト論ヲ俟タス

以上ノ條件具備スルトキハ一年以下ノ懲役若クハ禁錮又ハ百圓以下ノ罰金ニ處ス可キモノトス

第百八十九條　墳墓ヲ發掘シタル者ハ二年以下ノ懲役ニ處ス

本條ハ墳墓ヲ發掘シタル罪ヲ規定シタルモノナリ

本條ハ舊刑法、第二百六十五條、「墳墓ヲ發掘シテ棺槨又ハ死屍ヲ見ハシタル者ハ二月以上、二年以下ノ重禁錮ニ處シ五圓以上、三十圓以下ノ罰金ヲ附加ス」因テ死屍ヲ毀棄シタル者ハ三月以上、三年以下ノ重禁錮ニ處シ五圓以上、五十圓以下ノ罰金ヲ附加ス」トノ規定中、第一項、前段ニ該當スル規定ヲ改メタルモノニテ其後段及ヒ第二項ノ規定ハ次ノ二條ニ規定シタリ

本罪成立ニハ、第一墳墓タルコト、第二發掘シタルコトノ二條件アルヲ要ス

第一墳墓タルコトヲ要ス

墳墓トハ人ノ死體又ハ遺骨、遺髮其他死者ノ遺物等ヲ埋葬シタル場所ヲ謂フ俗ニ所謂、墓所ト稱スル場所ヲ云フモノニテ是等ノ場所ハ我國、古來ヨリ祖先、傳來ノ墓所ハ是ヲ神佛トシテ禮拜、尊敬シテ侵サヽル所ナルヲ以テ特ニ之ヲ保護スルモノナリ

第二、發掘シタルコトヲ要ス

發掘トハ其埋葬シタル棺槨ヲ掘リ出ス所爲ヲ謂フ本罪ハ死體其他ノ遺物ヲ發掘シタルトキ成立スル罪ナルヲ以テ死屍其他ノ遺物ヲ露出シタルヲ要セス玆ニ疑問アリ墳墓發掘罪ハ他人所有ノ墳墓タルコトヲ要スルヤ否ヤノ問題是ナリ本條、別ニ自他ヲ區別セサルヲ以テ他人ノ墳墓ナルト自己

ノ墳墓ナルトヲ問ハス苟モ人ノ死體、遺骨、遺髮等ヲ埋葬シタル墳墓ヲ發掘シタルトキハ本罪成立スルモノトス而シテ本罪モ墳墓タルコトヲ知テ發掘シタルトキハ本罪成立ス故ニ若シ墳墓タルコトヲ知ラス土砂ノ採取其他山野ノ開墾等ニ因リ人ノ墳墓又ハ死屍ヲ發掘シタルトキハ本條ニ依リ論スルコトヲ得サルモノトス

以上ノ條件具備スルトキハ二年以上ノ懲役ニ處ス可キモノトス

第百九十條　死體、遺骨、遺髮又ハ棺內ニ藏置シタル物ヲ損壞、遺棄又ハ領得シタル者ハ三年以下ノ懲役ニ處ス

本條ハ人ノ死體其他棺內ニ藏置シタル物ヲ損壞、遺棄又ハ領得シタル罪ヲ規定シタルモノナリ

本條ハ舊刑法第二百六十四條（埋葬ス可キ）死屍ヲ毀棄シタル者ハ一月以上一年以下ノ重禁錮ニ處シ二圓以上、二十圓以下ノ罰金ヲ附加ス」トノ規定ヲ修正シタルモノナリ舊刑法ハ唯、人ノ死體ニ就テノミ規定シタルモ本法ハ遺骨、遺髮其他、棺內ニ藏置シタル物ト改メ毀棄ト規定シタルヲ損壞、遺棄又ハ領得ト爲シタリ又舊刑法ハ埋葬ス可キ死屍ノミニ限リタルモ本法ハ其死體若クハ遺骨ハ埋葬ス可キモノナルト否トヲ問ハス之ヲ罰スルコトト爲シタリ

本罪成立ニハ、第一死體、遺骨、遺髮其他棺內ニ藏置シタル物ナルコト、第二損壞、遺棄又ハ、領得

スル所爲アルコトノ二條件アルヲ要ス

第一、死體、遺骨遺髮其他棺内ニ藏置シタル物ナルコトヲ要ス

死體トハ人ノ死骸ヲ謂ヒ遺骨トハ人ノ死體ヲ火葬シタル殘骨ヲ謂フ又遺髮トハ死者ノ毛髮ヲ謂フモノトス例ヘハ出征軍人ノ戰死ノ場合等ニ於テ其戰死者ノ毛髮ヲ戰死者ノ死體ト同一ニ看做シテ葬式ヲ行フ場合ノ如キ是、我國古來ノ慣習ナリ又其他棺内ニ藏置シタル物トハ死者ノ生存中、愛シタル器物、書類等ノ如キ棺内ニ納メタル物品ヲ謂フニ在リ

第二、損壞、遺棄又ハ領得シタルコトヲ要ス

損壞トハ死體、遺骨、遺髮其他ノ物品ヲ損傷破壞スル所爲ヲ謂ヒ遺棄トハ放棄スル所爲ヲ謂フ例ヘハ其死體、遺骨、遺髮等ヲ道路又ハ山野ニ暴露シ或ハ河海ニ投棄スルカ如キ是ナリ領得トハ死體、遺骨、遺髮其他ノ物品ヲ自己ノ所持内ニ取得スル所爲ヲ謂フ而シテ本罪ハ既ニ一言シタル如ク埋葬ス可キ死屍、遺骨遺髮タルト否トヲ問ハス是等ノモノヲ損壞遺棄又ハ領得シタルトキハ成立ス故ニ若シ人ノ死體、遺骨、遺髮タルコトヲ知ラスシテ損壞シ遺棄シ又ハ領得シタルトキハ本罪成立セス

以上ノ條件具備スルトキハ三年以下ノ懲役ニ處ス可キモノトス

第百九十條

第百九十一條 第百八十九條ノ罪ヲ犯シ死體、遺骨、遺髮又ハ棺內ニ藏置シタル物ヲ損壞、遺棄又ハ領得シタル者ハ三月以上五年以下ノ懲役ニ處ス

本條ハ墳墓ヲ發掘シテ死體、遺骨、遺髮其他棺內ニ藏置シタル物ヲ損壞、遺棄又ハ領得シタル罪ヲ規定シタルモノナリ

第百八十九條ノ罪ハ同條下ニ於テ說明シタル如ク單ニ墳墓ヲ發掘シタルノミヲ以テ直ニ成立シ同第百九十條ハ埋葬セサル死體、遺骨、遺髮其他棺內ニ藏置シタル物ヲ損壞シ遺棄シ若クハ領得シタル場合ノ規定ナルヲ以テ特ニ埋葬シタル死體、遺骨、遺髮其他棺內ニ藏置シタル物ヲ損壞シ遺棄シ若クハ領得シタル場合ヲ規定シタルモノナリ要スルニ第百八十九條ハ單ニ墳墓ヲ發掘シタル行爲ヲ罰シ本條ハ墳墓ヲ發掘シテ其棺內ノ死體、遺骨、遺髮其他ノ物品ヲ露出シ又ハ遺棄シ若クハ領得シタル場合ヲ規定シタルモノニテ其情、重キ場合ナリトス

本罪成立ニハ、第一墳墓ヲ發掘シタルコト、第二死體、遺骨、遺髮又ハ棺內ニ藏置シタル物ヲ損壞遺棄又ハ領得シタルコトノ二條件アルヲ要ス

第一、墳墓ヲ發掘シタルコトヲ要ス

墳墓發掘ノ意義ニ就テハ既ニ第百八十九條ニ於テ說明シタルヲ以テ再說セス

第二、死體、遺骨、遺髮其他棺内ニ藏置シタル物ヲ損壞、遺棄又ハ領得シタルコトヲ要ス

死體、遺骨、遺髮其他棺内ニ藏置シタル物及ヒ損壞遺棄又ハ領得ノ意義ニ就テモ亦、前條、既ニ説明シタルヲ以テ再説セス前條ハ埋葬セサル死體、遺骨、遺髮其他ノ物ニ對スル損壞、遺棄又ハ領得シタル場合ヲ規定シ本條ハ既ニ埋葬シタル死體其他ノ物ヲ發掘シテ損壞シ遺棄シ又ハ領得シタル場合トノ差異アルニ過キス故ニ本罪ハ連續的一罪ナルモ第百八十九條ノ罪ト牽連シタル規定ナリトス

以上ノ條件具備スルトキハ三年以下ノ懲役ニ處ス可キモノトス

第百九十二條 檢視ヲ經スシテ變死者ヲ葬リタル者ハ五十圓以下ノ罰金又ハ科料ニ處ス

本條ハ檢視ヲ經スシテ變死者ヲ埋葬シタル罪ヲ規定シタルモノナリ

本條ハ本法ノ新設ニ係ル規定ナリ

本罪成立ニハ、第一變死者タルコト、第二檢視ヲ經ザルコトノ二條件アルヲ要ス

第一、變死者タルコトヲ要ス

變死者トハ通常、病死ニ非サル死亡者ヲ謂フ換言スレハ他殺、中毒、自殺等自然ニ非サル死亡ヲ

謂フモノトス故ニ自然的、死亡ニ非サルトキハ縱令如何ナル原因ニ依ル死亡ナルモ必ス當該公務所ニ屆出スルコトヲ要スルモノナリ

第二、檢視ヲ經サルコトヲ要ス

檢視トハ當該公務所員ノ死體實見ヲ謂フモノトス而シテ此變死者ニ對シテ當該官吏ノ檢視ヲ要スル所以ノモノハ其死因ノ他殺ナルヤ否ヲ確ムル爲メニ必要アリ從來犯罪ノ發覺ヲ防ク爲メ竊カニ葬リ豫審判事墳墓ヲ發掘シタル實例往々アリタルニ依リ特ニ本條ヲ規定シタルモノナリ前草案ニハ本條中允許ヲ得スシテ改葬シタル者ヲ規定シタルモ斯ル場合ハ改葬允許ノ手續ヲ怠リタルニ過キサルヲ以テ刑法上規定セサルコトト爲シタルモノナリ而シテ本罪成立ニハ變死者タルコトヲ知テ檢視ヲ經ス埋葬シタルヲ要ス故ニ若シ變死者タルコトヲ知ラス特別法令ノ規定ニ從ヒ成規ノ手續ヲ經テ埋葬シタルトキハ縱令檢視ヲ經サルモ本條ニ依リ論スルコトヲ得ス

以上ノ條件具備スルトキハ五十圓以下ノ罰金又ハ科料ニ處ス可キモノトス

第二十五章 瀆職ノ罪

總論

本章ハ舊刑法、第二編、第九章、官吏、瀆職罪中ノ第二節、官吏人民ニ對スル罪ヲ修正シタルモノナリ

其修正シタル主要ノ點ヲ擧クレハ左ノ如シ

一、舊刑法ハ官吏ノ職務ニ關スル罪ノミヲ規定シタルニ因リ其範圍、狹隘ニ失シ實際上、極メテ不便ナリシヲ以テ本法ハ之ヲ廣ク、公務員ノ瀆職ニ關スル罪ト改メタリ

二、舊刑法ハ官吏ノ職務ニ關スル罪ヲ區別シ官吏、公益ヲ害スル罪、官吏、人民ニ對スル罪、官吏財産ニ對スル罪ト爲シタルモ本法ハ官吏、公益ヲ害スル罪及ヒ官吏、財産ニ對スル罪中、必要ナルモノハ之ヲ別章又ハ他ノ特別、法令ニ讓リ單ニ官吏、人民ニ對スル罪ノミヲ規定シタリ

三、舊刑法、第二百七十三條、官吏、其管掌ニ係ル法律、規則ヲ公布セス又ハ他ノ官吏ノ公布、施行ヲ妨害シタル罪ノ如キハ今日、之ヲ存スルノ必要ナシ斯ル規定ハ往時、法律、規則ヲ各、町村役場等ニ掲示シテ人民ニ知ラシメタル當時ハ其必要アリタルモ現今ノ如ク法令ノ公布ハ總テ官報ニ掲載シテ普ク知ラシムル時代ニ至リテハ官報局、一部、官吏ノ外犯スコト能ハス若シ之ヲ犯シタリトスルモ是等ハ懲戒法ニ依リ處分ス可キモノニテ同第二百七十四條、兵隊ヲ要求シ及ヒ之ヲ使用スル權アル官吏、地方ノ騷擾其他、兵權ヲ以テ鎭撫ス可キ時ニ當リ其處分ヲ爲サル罪ノ如キ

モ其官吏若シ暴動者ト通謀シタルトキハ共犯ヲ以テ論シ否ラサルトキハ職務、懈怠ナルヲ以テ懲戒處分ニ付スルヲ以テ足リ同第二百七十五條、官吏、規則ニ違背シテ商業ヲ爲シタル罪ノ如キモ亦其性質、懲戒處分ニ委スルヲ以テ充分ニテ同第二百七十七條、豫審判事、檢事、警察官等カ人ノ身體、財産ヲ妨害スル犯人アルニ當リ速ニ保護ノ處分ヲ爲ササル罪、同第二百七十九條、司獄官吏、程式ノ規則ヲ遵守セスシテ囚人ヲ監禁シ又ハ出獄セシム可キ時ニ至リ之ヲ放免セサル罪、同第二百八十三條、裁判官、檢察官、故ナクシテ民事、刑事ノ訴ヲ受理セス又ハ遷延シテ審理セサル罪ノ如キ孰レモ職務、曠廢又ハ職務ノ懈怠ナルヲ以テ他ノ法令又ハ懲戒處分ニ委ス可ク之ヲ刑法上ノ犯罪ト爲スハ苛酷ニ失スルノ嫌アリ又第二百八十九條、官吏自ラ監守スル金穀、物件ヲ竊取シタル罪ハ第三十五章ニ於テ處分スルヲ適當ナルヲ以テ是等ノ場合ハ本章下ニ規定セサルコトト爲シタリ

四、舊刑法ハ收賄者ノ行政官ナルト司法官ナルトヲ區別セスシテ民事裁判ニ關スルト刑事裁判ニ關スルトニ因テ區別シタルモ行政事務ニ關スル官吏ト司法事務ニ關スル官吏ト又民事裁判ト刑事裁判トヲ問ハス孰レモ等シク國家ノ公務ニシテ且、公務員タル職務ハ同一ナルヲ以テ本法ハ是等、職務又ハ公務ニ因ル區別ヲ廢シ總テ情狀ニ因リ處分スルコトト爲シタリ

五、舊刑法ハ官吏ニシテ賄賂ヲ收受シ又ハ收受ヲ約束シタル場合ノミヲ規定シ其官吏ニ賄賂ヲ贈リタル者ニ對シテハ何等ノ規定ヲモ爲サス是或ハ收賄罪ノ發覺ヲ容易ナラシムル刑事政策ニ出テタルモノナリト雖モ之ヲ不問ニ付スルハ妥當ナラサルヲ以テ本法ハ其贈賄者ヲ罰スル規定ヲ新設シタリ

六、舊刑法ハ收賄罪ハ官吏ニ限リタルモ本法ハ公務員ノ外、或事件ノ仲裁ヲ委任セラレタル仲裁人モ亦、其仲裁事件ニ付テハ之ヲ公務員ト同一ニ看做スコトト爲シタリ

本章ハ(一)公務員其職權ヲ濫用シ人ヲシテ義務ナキ事ヲ行ハシメ又ハ行フ可キ權利ヲ妨害シタル罪(二)裁判檢察、警察ノ職務ヲ行ヒ又ハ之ヲ補助スル者其職權ヲ濫用シ人ヲ逮捕シ又ハ監禁シタル罪(三)裁判檢察警察ノ職務ヲ行ヒ又ハ之ヲ補助スル者其職務ヲ行フニ當リ刑事被告人其他ノ者ニ對シ暴行又ハ凌虐ノ行爲ヲ爲シタル罪(四)法令ニ因リ拘禁セラレタル者ヲ看守又ハ護送スル者被拘禁者ニ對シ暴行又ハ凌虐ノ行爲ヲ爲シタル罪(五)(三)(四)罪ヲ犯シ因テ人ヲ死傷ニ致シタル罪(六)公務員又ハ仲裁人其職務ニ關シ賄賂ヲ收受シ又ハ之ヲ要求シ若クハ約束シタル罪等ヲ規定シタリ

第百九十三條 公務員其職權ヲ濫用シ人ヲシテ義務ナキ事ヲ行ハシメ又ハ行フ可キ權利ヲ妨害シタルトキハ六月以下ノ懲役又ハ禁錮ニ處ス

本條ハ公務員ノ職權、濫用ノ罪ヲ規定シタルモノナリ

本條ハ舊刑法、第二百七十六條「官吏擅ニ威權ヲ用ヒ人ヲシテ其權利ナキ事ヲ行ハシメ又ハ其爲ス可キ權利ヲ妨害シタル者ハ十一日以上、二月以下ノ輕禁錮ニ處シ二圓以上、二十圓以下ノ罰金ヲ附加ス」トノ規定ヲ修正シタルモノナリ

本罪成立ニハ、第一公務員タルコト、第二職權ヲ濫用シタルコト、第三人ヲシテ義務ナキ事ヲ行ハシメ又ハ行フ可キ權利ヲ妨害シタルコトノ三條件アルヲ要ス

第一、公務員タルコトヲ要ス

舊刑法ハ官吏ト規定シタルモ本法ハ第一編、總則、第一章、第七條ノ規定ニ基キ官吏、公吏其他、法令ニ依リ公務ニ從事スル議員又ハ委員等ヲ廣ク包含セシムルコト既ニ屢々述ヘタルヲ以テ別ニ說明セス

第二、職權ヲ濫用シタルコトヲ要ス

舊刑法ハ既ニ一言シタル如ク擅ニ威權ヲ用ヒ權利ナキ事ヲ行ハシメト規定シタルモ其意義明瞭ナラサリシヲ以テ本法ハ職權ヲ濫用シト改メタルモ立法趣旨ハ殆ト同一ナリ而シテ本條其職權ヲ濫用シトハ公務員タル者其職權內ノ行爲ヲ人ニ强制スル所爲ヲ謂フニアリ元來公務員ハ各任命ノ形

式又ハ官名ノ異ルニ從ヒ各自職務權限ヲ異ニスルモノナルヲ以テ自己ノ權限外ノ行爲ハ之ヲ執行スルコトヲ得ス故ニ若シ權限外ノ行爲ヲ爲シタルトキハ總テ本條職權ノ濫用ナリトス

第三、人ヲシテ義務ナキコトヲ行ハシメ又ハ行フ可キ權利ヲ妨害シタルコトヲ要ス

人ヲシテ義務ナキ事ヲ行ハシメトハ人ヲシテ行フ可キ義務ナキ行爲ヲ强制スル所爲ヲ謂フ假令ハ證言ヲ爲ス義務ナキ者ニ對シテ陳述ヲ强制シタル場合ノ如キ又行フ可キ權利ヲ妨害シタルトキトハ公務員選擧權者ノ投票ヲ妨害シタル場合ノ如キ是ナリ然レトモ若シ公務員、其職權ヲ濫用シ人ヲシテ犯罪ヲ構成ス可キ行爲ヲ强制シタルトキハ其犯罪ノ敎唆若クハ實行正犯タルコト論ヲ俟タス而シテ本罪成立ニハ必ス公務員、其職務ヲ濫用シ人ヲシテ義務ナキ事ヲ行ハシメ又ハ行フ可キ權利ヲ妨害スル意思アルヲ要スルコト論ヲ俟タス

以上ノ條件、具備スルトキハ六月以下ノ懲役又ハ禁錮ニ處ス可キモノトス

第百九十四條 裁判、檢察、警察ノ職務ヲ行ヒ又ハ之ヲ補助スル者其職權ヲ濫用シテ人ヲ逮捕又ハ監禁シタルトキハ六月以上七年以下ノ懲役又ハ禁錮ニ處ス

本條ハ司法又ハ檢察、警察ノ職ニ在ル者其職權ヲ濫用シタル罪ヲ規定シタルモノナリ

本條ハ舊刑法、第二百七十八條「逮捕、官吏、法律ニ定メタル程式、規則ヲ遵守セスシテ人ヲ逮捕シ又ハ不正ニ人ヲ監禁シタル者ハ十五日以上、三月以下ノ重禁錮ニ處シ二圓以上、二十圓以下、ノ罰金ヲ附加ス」但監禁日數、十日ヲ過ル每ニ一等ヲ加フ」トノ規定ヲ修正シタルモノナリ該條ハ逮捕、官吏、不法ニ人ヲ逮捕又ハ監禁シタル場合ノミヲ規定シタルモ本法ハ其趣旨ヲ擴張シ裁判、檢察又ハ警察ノ職務ヲ行フ者若クハ其補助ヲ爲ス者ト改メ是等ノ公務員、其職權ヲ濫用シテ不法ニ人ヲ逮捕又ハ監禁シタル場合ハ總テ本條ニ依リ論スルコトト爲シタリ而シテ舊刑法ハ其但書ヲ以テ監禁、日數、十日ヲ過ル每ニ一等ヲ加フル主義ナリシモ斯ル規定ハ細密ニ失シ實際上、却テ不便ナルヲ以テ本法ハ刑期ヲ擴張シテ刑ノ量定ハ裁判所ノ認定ニ一任スルコトト爲シタリ

本罪成立ニハ、第一裁判、檢察、警察ノ職務ヲ行フ者又ハ之ヲ補助スル者タルコト、第二其職權ヲ濫用シタルコト、第三人ヲ逮捕又ハ監禁シタルコトノ三條件アルヲ要ス

第一、裁判、檢察、警察ノ職務ヲ行フ者又ハ之ヲ補助スル者タルコトヲ要ス

裁判、檢察、警察ノ職務ヲ行フ者トハ判事、檢事、其他警視、警部等司法ノ職ヲ行フ公務員ヲ謂フ又之ヲ補助スル者トハ巡査、憲兵卒等ノ如キ是等、公務員ノ職務、權限ハ刑事訴訟法、其他特別法令ニ依リ一定スルモノナルヲ以テ其職權ノ範圍ヲ超ヘタル行爲ヲ行フタルトキハ職權ノ濫用

ナリ又其職權ヲ行フニ付テモ一定ノ程式規則ヲ履行ス可キモノナルヲ以テ若シ其程式規則ヲ遵守セスシテ執行シタルトキハ本條ハ所謂、職務濫用ナリトス

第二、其職權ヲ濫用シタルコトヲ要ス

裁判、檢察、警察ノ職務ヲ行フ者又ハ之ヲ補助スル者ニ對シテハ憲法、裁判所構成法特ニ民刑訴訟法等ヲ以テ其職務ヲ行フ可キ範圍ヲ規定シアルニ因リ是等法律ノ規定スル範圍外ノ行爲ヲ爲シタルトキハ本條職權ノ濫用ナリ一例ヲ擧クレハ犯罪ノ嫌疑ナキ者ニ對シテ濫リニ逮捕又ハ監禁ヲ命スルカ如キ是ナリ

第三、人ヲ逮捕又ハ監禁シタルコトヲ要ス

職權ヲ濫用シ人ヲ逮捕又ハ監禁シタルコトトハ職權ノ範圍ヲ超ヘ又ハ程式規則ヲ遵守セス人ヲ逮捕監禁シタル所爲ヲ謂フ日本臣民ハ法律ニ依ルニ非スシテ逮捕、監禁、審問、處罰ヲ受クルコトナシトハ憲法第二十三條ノ規定スル所ナルヲ以テ人ノ自由ハ濫リニ之ヲ拘束スルコトヲ得ス故ニ若シ人ヲ逮捕シ又ハ監禁スルノ必要アルトキハ必ス法令ノ規定ニ依リ執行スルコトヲ要ス一例ヲ擧クレハ巡查、憲兵卒ハ判事、檢事等ノ一定ノ方式手續ヲ履行シテ作成シタル令狀アルニ非サレハ人ヲ逮捕又ハ監禁スルコトヲ得サルニ其手續ヲ履マスシテ人ヲ逮捕、勾留シタル場合ノ如キ是

ナリ故ニ正當、適式ノ令狀ト信シ巡査、憲兵卒カ人ヲ逮捕、勾引シタルニ違法ナリシ場合ノ如キハ(事實上ノ錯誤ナルヲ以テ)本條ノ範圍外ナリ本罪ハ職權ヲ濫用スル意思ヲ以テ人ヲ逮捕又ハ監禁スルニ因テ成立スル罪ナルヲ以テ故ラ人ヲ逮捕、監禁スル意思ヲ要スルハ論ヲ俟タス

以上ノ條件具備スルトキハ六月以上七年以下ノ懲役又ハ禁錮ニ處ス可キモノトス

第百九十五條　裁判、檢察、警察ノ職務ヲ行ヒ又ハ之ヲ補助スル者其職務ヲ行フニ當リ刑事被告人其他ノ者ニ對シ暴行又ハ陵虐ノ行爲ヲ爲シタルトキハ三年以下ノ懲役又ハ禁錮ニ處ス

法令ニ因リ拘禁セラレタル者ヲ看守又ハ護送スル者被拘禁者ニ對シ暴行又ハ陵虐ノ行爲ヲ爲シタルトキ亦同シ

本條モ亦司法又ハ檢察、警察ノ職ニ在ル者其職權ヲ濫用シタル罪ヲ規定シタルモノナリ

本條ハ舊刑法、第二百八十條、「前二條ニ記載シタル官吏又ハ護送者、囚人ニ對シ飲食、衣服ヲ屏去シ其他、苛刻ノ所爲ヲ施シタル者ハ三月以上、三年以下ノ重禁錮ニ處シ四圓以上、十圓以下ノ罰金ヲ附加ス」「因テ囚人ヲ死傷ニ致シタル時ハ毆打創傷ノ各本條ニ照シ一等ヲ加ヘ重キニ從テ處斷ス」

トノ規定ト同第二百八十二條「裁判官、檢事及ヒ警察官吏、被告人ニ對シ罪狀ヲ陳述セシムル爲メ暴行ヲ加ヘ又ハ凌虐ノ所爲アル者ハ四月以上、四年以下ノ重禁錮ニ處シ五圓以上、五十圓以下ノ罰金ヲ附加ス」因テ被告人ヲ死傷ニ致シタル時ハ毆打創傷ノ各本條ニ照シ一等ヲ加ヘ重キニ從テ處斷ス」トノ規定ヲ合シテ修正シタルモノナリ

本條第一項ハ汎ク裁判、檢察、警察ノ職務ヲ行ヒ又ハ之ヲ補助スル者ニ對シ規定シ第二項ハ法令ニ因リ拘禁セラレタル者ヲ看守若クハ護送スル者ニ對シ規定シタルモノナリ

本條第一項ノ犯罪成立ニハ、第一裁判、檢察、警察ノ職務ヲ行ヒ又ハ之ヲ補助スル者タルコト、第二刑事被告人其他ノ者ニ對スルコト、第三其職務ヲ行フニ當リ暴行又ハ凌虐ノ行爲ヲ爲シタルコトノ三條件アルヲ要ス

第一、裁判、檢察、警察ノ職務ヲ行ヒ又ハ之ヲ補助スル者タルコトヲ要ス

本條件ハ前條第一條件ト同一ナルヲ以テ再說セス

第二、刑事被告人其他ノ者ニ對スルコトヲ要ス

（一）刑事被告人トハ犯罪ノ嫌疑者ヲ謂フ故ニ實際上、犯人ナルト否トヲ問ハス又既ニ公訴ヲ提起セラレタル者ナルト否トヲ問ハス檢事若クハ司法警察官ニ犯人ト思料セラレタル者ヲ總稱ス

(二)其他ノ者トハ有罪ノ判決ヲ受ケタル者又ハ、犯人ニシテ有罪ノ判決ヲ受ケスシテ監獄ニ監置セラルル者等ヲ謂フニ在リ

第三、其職務ヲ行フニ當リ暴行又ハ凌虐ノ行爲ヲ爲シタルコトヲ要ス

本條、其職務ヲ行フニ當リ刑事被告人其他ノ者ニ對シ暴行又ハ凌虐ノ行爲ヲ爲シタルトキハ法律ノ規定ニ從ヒ其職權ヲ執行スルニ際シ刑事被告人其他ノ者ニ對シ不法ニ毆打、拷責、其他、殘酷ナル所爲ヲ爲シタルコトヲ謂フニアリ往時ハ刑事被告人ニ對シ自白ヲ求ムル爲メ往々、殘酷ノ所爲ヲ施シタルコトハ各國、其揆ヲ一ニシタルモ近世、犯人ノ自白ハ罪ヲ斷スル必要條件ト爲サザルヲ以テ裁判所ハ犯人ノ自白ヲ求ムル爲メ殘忍酷薄ナル毆打、拷責ヲ加フルコトヲ得ス是特ニ本條ヲ規定シタル所以ナリ本罪モ亦職權ヲ濫用シテ刑事被告人其他ノ者ニ對シ暴行又ハ凌虐ノ行爲ヲ施ス意思アルコトヲ要ス然レトモ刑事被告人其他ノ者命令ニ服從セス抵抗シタルトキニ之ヲ防止スル爲メ腕力ヲ用ヒタル場合ノ如キハ職權濫用ニ非ス却テ職務ノ執行ナリトス

本條第二項ノ犯罪成立ニハ、第一法令ニ因リ拘禁セラレタル者ヲ看守又ハ護送スル者ナルコト、第二被拘禁者ニ對スルコト、第三暴行又ハ凌虐ノ行爲ヲ爲シタルコトノ三條件アルヲ要ス

第一、法令ニ因リ拘禁セラレタル者ヲ看守又ハ護送スル者ナルコトヲ要ス

法令ニ因リ拘禁セラレタル者ヲ看守又ハ護送スル者トハ典獄、看守長、看守、警部、巡査、憲兵等ノ如キ者ヲ謂フ是等ノ者、被拘禁者ヲ看守又ハ護送スルトハ監獄内ニ於ケル被拘禁者ノ作業ヲ看守スル看守又ハ監獄ヨリ裁判所ニ押送シ若クハ甲監獄ヨリ乙監獄等ニ傳送スル看守、巡査等ノ如キ者ヲ謂フニ在リ

第二、被拘禁者ニ對スルコトヲ要ス

被拘禁者ニ對スルトハ法令ニ依リ拘禁セラレタル者ヲ謂フ玆ニ注意ス可キハ本項ニ於ケル被拘禁者トハ既決、未決ノ囚人ヨリ其範圍一層廣ク既ニ第九十九條乃至第百一條ニ於テ述ヘタル如ク換刑處分ニ因リ拘禁セラレタル者等總テノ拘禁者ヲ云フニ在ルコト是ナリ

第三、暴行又ハ凌虐ノ行爲ヲ爲シタルコトヲ要ス

被拘禁者ニ對シ暴行又ハ凌虐ノ行爲ヲ爲シタルコトトハ前項ニ於テ説明シタル所ト殆ト同一ナルモ本項ハ被拘禁者ヲ看守又ハ護送スル者其看守又ハ護送ノ際。暴行又ハ凌虐ノ行爲ヲ加ヘタル場合ヲ規定シタル差アルニ過キサルヲ以テ別ニ説明セス

以上ノ條件具備スルトキハ三年以下ノ懲役又ハ禁錮ニ處ス可キモノトス

第百九十六條　前二條ノ罪ヲ犯シ因テ人ヲ死傷ニ致シタル者ハ傷害ノ罪ニ

比較シ重キニ從テ處斷ス

本條ハ裁判、檢察、警察ノ職務ヲ行フ者、又ハ被拘禁者ヲ看守又ハ護送スル者、前二條ニ規定シタル罪ヲ犯シ因テ人ヲ死傷ニ致シタルトキハ傷害ノ罪ニ比較シ重キニ從テ處分ス可キコトヲ規定シタルモノナリ

本條ハ舊刑法、第二百八十條、第二項、同第二百八十二條、第二項ノ因テ囚人又ハ被告人等ヲ死ニ致シタルトキハ毆打創傷ノ各本條ニ照シ一等ヲ加ヘ重キニ從テ處斷ス」トノ規定ト同一ナリ即チ裁判、檢察又ハ警察ノ職務ヲ行フ者、其職權ヲ濫用シ刑事、被告人、囚人其他ノ者ニ對シ暴行又ハ凌虐ノ行爲ヲ加ヘ因テ死傷ニ致シタル場合ノ規定ナリ

第百九十七條 公務員又ハ仲裁人其職務ニ關シ賄賂ヲ收受シ又ハ之ヲ要求若クハ約束シタルトキハ三年以下ノ懲役ニ處ス因テ不正ノ行爲ヲ爲シ又ハ相當ノ行爲ヲ爲ササルトキハ一年以上十年以下ノ懲役ニ處ス

前項ノ場合ニ於テ收受シタル賄賂ハ之ヲ沒收ス若シ其全部又ハ一部ヲ沒

收スルコト能ハサルトキハ其價額ヲ追徵ス

本條ハ公務員又ハ仲裁人ノ收賄罪ヲ規定シタルモノナリ

本條、第一項ハ舊刑法。第二百八十四條、「官吏、人ノ囑託ヲ受ケ賄賂ヲ收受シ又ハ之ヲ聽許シタル者ハ一月以上、一年以下ノ重禁錮ニ處シ四圓以上、四十圓以下ノ罰金ヲ附加ス」因テ不正ノ處分ヲ爲シタル時ハ一等ヲ加フ」トノ規定ヲ修正シ公務員又ハ仲裁人ニ關スル規定ト爲シ舊刑法ノ賄賂ヲ聽許シトノ文字ハ之ヲ約束シト改メ總テノ場合ヲ包含セシムルコトト爲シタルモノナリ而シテ舊刑法ハ賄賂ヲ收受シ因テ不正ノ處分ヲ爲シタルトキハ特ニ刑一等ヲ加フル規定ナリシモ本法ハ之ヲ改メ特ニ刑ヲ定ムルコトト爲シタリ

本條、第二項ハ舊刑法、第二百八十八條、「前數條ニ記載シタル賄賂ヲ已ニ收受シタル者ハ之ヲ沒收シ費用シタル者ハ其價ヲ追徵ス」トノ規定ト殆ト同一ナリ

本條成立ニハ、第一公務員又ハ仲裁人ナルコト、第二其職務ニ關シタルコト、第三賄賂ヲ收受シ又ハ之ヲ要求シ若クハ約束シタルコトノ三條件アルヲ要ス

第一、公務員又ハ仲裁人タルコトヲ要ス

公務員ノ意義ニ就テハ屢々詳論シタル所ナルヲ以テ說明セス本條、仲裁人トハ如何ナル者ヲ云フ

乎本法中他ニ規定ナキヲ以テ茲ニ其意義ヲ略述セントス
仲裁人トハ私人間ノ爭ニ關シ當事者雙方ノ依賴ヲ受ケ其爭ヲ判斷スル第三者ヲ謂フニアリ元來、一私人ハ私權上ノ爭ニ付キ國家ノ司法機關ノ判決ニ依ラス一私人ニ委任シテ其判定ヲ受クルコトヲ得可キモノナリ故ニ若シ一私人ニ委任シテ其爭ヲ決シタルトキハ是ヲ仲裁判斷又ハ和解ト云フ而シテ此ノ仲裁判斷又ハ和解ヲ爲ス第三者ヲ仲裁人ト稱スルニアリ凡ソ私法上ノ權利關係ハ各人、自由ニ處分スルコトヲ得可キニ因リ其爭ニ關シ仲裁人ノ判斷ニ一任シタルトキハ其判定、事項ニ付テハ當事者間ニ重大ナル利害關係ヲ生スルモノナリ故ニ若シ仲裁人カ其仲裁ニ關シ一方ニ對シ賄賂ヲ收受シ又ハ之ヲ要求シ若クハ約束シタルトキハ其影響公務員ノ職務執行ニ關スル場合ト異ナルコトナシ是本條特ニ一私人ノ依賴ニ基ク仲裁人ヲ國家ノ機關タル公務員ト同一ニ規定シタル所以ナリ（民事訴訟法第八編及ヒ民法第三編第二章第十四節參照）
本條、仲裁人中ニハ一私人ノ紛爭ニ付キ自ラ進ンテ仲裁ヲ試ミタル者又ハ當事者一方ノ依賴ニ因リ仲裁ニ入リタル者等モ仍ホ包含スルヤ否ヤ本章別ニ制限ナキヲ以テ當事者雙方ニ於テ仲裁ヲ一任シタルトキハ本條、仲裁人中ニ包含スルモノト解ス可キニ似タリト雖モ余ハ斯ル場合ノ仲裁人ハ本條中包含セスト信スルモノナリ

第二、職務ニ關シタルコトヲ要ス

官吏、公吏其他公務ニ從事スル者ハ其職務上ニ付テハ公平無私一點汚瀆ノ行爲アルヲ許サス故ニ公務員又ハ仲裁人カ自己ノ職權又ハ職務トシテ執行ス可キ事務上ニ關シ賄賂ヲ收受シ又ハ要求シ若クハ約束シタルトキハ縱令適法ナル裁決又ハ判斷ヲ與ヘタルト否トヲ問ハス本罪成立ス然レトモ其職務ニ關係セサル私人ノ交際トシテ利益ヲ收受スルコトアルモ本條、收賄罪ニ非ス假令ハ同窓ノ學友ヨリ物品ノ寄贈ヲ受ケタル場合ノ如キ是ナリ是、本條特ニ職務ニ關シ賄賂ヲ收受シ又ハ之ヲ要求シ若クハ約束シタルトキト規定シ職務ノ執行ヲ條件ト爲シタル所以ナリ而シテ其賄賂ノ收受、約束ハ公務員又ハ仲裁人ヨリ求メタルト將タ贈賄者ヨリ求メタルトヲ問ハス然レトモ要求ノ場合ハ公務員又ハ仲裁人ヨリ求メタルコトヲ意味スルコト論ヲ俟タス

第三、賄賂ヲ收受シ又ハ之ヲ要求シ若クハ約束シタルコトヲ要ス

賄賂トハ如何ナルモノヲ云フ乎、本條別ニ定義ヲ示サスト雖モ從來、學者ノ說ク所ニ依レハ賄賂トハ金錢、有價物、其他財產上ノ利益ヲ總稱スルモノナリト蓋シ其他ノ利益ヲモ包含スルヤ否ヤノ點ニ就テハ舊刑法上ニ於テモ學說、一定セサル所ナリシ或ハ賄賂トハ金錢ニ見積ルコトヲ得可キ財產上ノ利益ニ限ルト說ク者アリ又物品タルト行爲タルトヲ問ハス金錢ニ見積ルコトヲ得ルト

否トヲ問ハス利益タル以上ハ總テ賄賂ナリト論スル者アリ前說ハ金錢ニ見積ルコトヲ得可キ財產上ノ利益ニ限ルト爲スヲ以テ狹キニ失スルノ嫌アリ又後說ハ財產上ノ利益ハ勿論、金錢ニ見積ルコトヲ得サル精神的滿足ヲモ賄賂ナリト云フニ在リテ廣キニ失スルノ嫌アルモ公職ヲ賣リ職務ノ神聖ヲ瀆ス本罪ノ如キハ成ル可ク廣ク解釋スルヲ可ナリトス或ハ本條第二項ニ前項ノ場合ニ於テ收受シタル賄賂ノ全部又ハ一部ヲ沒收スルコト能ハサルトキハ其價額ヲ追徵ス」ト規定シタルヲ以テ賄賂トハ金錢ニ見積ルコトヲ得可キ有形的利益タルヲ要スト論スル者ナキヲ保セスト雖モ本條、第二項ハ有形的、財物ニシテ且、其收受シタル賄賂ノ全部又ハ一部ヲ沒收スルコト能ハサルトキハ其價額ヲ沒收シ收賄者ヲシテ不當ノ利得ヲ得セシメサルコトヲ明示シタルニ止マリ是カ爲メニ金錢ニ見積ルコトヲ得サル行爲、不行爲又ハ精神的利益ヲ除外シタリト認ムルコトヲ得ス故ニ本條ニ所謂、賄賂トハ財產上ノ利益ハ勿論、金錢ニ見積ルコトヲ得サル利益幷ニ精神的滿足ヲモ包含スルモノトス然レトモ是等、精神的、利益又ハ滿足ハ供與者ト被與者トノ間ニ於ケル時ノ狀況ニ屬スル事實上ノ問題ナリ假令ハ一夜ノ遊興タル酒色ノ如キモ仍ホ場合ニ因テハ賄賂ナリト云フ可シ而シテ本罪成立ニハ其公務員又ハ仲裁人カ贈賄者ノ提供又ハ申込ヲ承諾シ若クハ提供又ハ申込ヲ承諾セシムルノ意思アルヲ要ス而シテ其意思表示ハ書面又ハ口頭ヲ以テシタルト或ハ第

三者ヲ介シタルトヲ問ハサルモノナリ

以上ノ條件具備スルトキハ三年以下ノ懲役ニ處ス可キモノトス

本條第一項、末段、因テ不正ノ行爲ヲ爲シ又ハ相當ノ行爲ヲ爲ササルトキハ一年以上、十年以下ノ懲役ニ處ス」トハ公務員又ハ仲裁人カ其職務ニ關シ賄賂ヲ收受シ又ハ之ヲ要求シ若クハ約束シタル結果、枉法處分ヲ爲シタルトキハ特ニ重罰ス可キコトヲ規定シタルモノナリ

本條第二項ハ其收受シタル賄賂ノ全部又ハ一部ヲ沒收スルコト能ハサルトキハ其價額ヲ追徵ス可キコトヲ規定シタルモノナリ換言スレハ其收受シタル賄賂ノ全部又ハ一部、收賄者ノ手ニ存在スルトキハ之ヲ沒收シ若シ消費シタルトキハ其消費シタル賄賂ノ全部又ハ一部ノ價額ヲ追徵シ收賄者ヲシテ毫モ不正ノ利益ヲ得セシメサルコトヲ規定シタルニアリ而シテ本項ハ總則、沒收ノ例外ナルヲ以テ特ニ規定シタルモノナリ故ニ既ニ述ヘタル如ク若シ酒色其他ノ遊興等ヲ賄賂ニ供シタル場合ニ於テハ已ニ全部消費シタルモノナルヲ以テ是ヲ相當價格ニ見積リ追徵ス可キモノトス

第百九十八條　公務員又ハ仲裁人賄賂ヲ交付、提供又ハ約束シタル者ハ三年以下ノ懲役又ハ三百圓以下ノ罰金ニ處ス

前項ノ罪ヲ犯シタル者自首シタルトキハ其刑ヲ減輕又ハ免除スルコトヲ

得

本條ハ公務員又ハ仲裁人ニ賄賂ヲ贈與、提供又ハ約束シタル罪ヲ規定シタルモノナリ

本條ハ本法ノ新設ニ係ル規定ニシテ舊刑法ニ規定セサリシ法條ナリ舊刑法ハ贈賄者ヲ罰ス可キ規定、闕如シタルヲ以テ學者中、贈賄者ハ共犯トシテ罰ス可シト論シ、或ハ明文ナキヲ以テ罰ス可ラスト論シ、學說。判例共ニ一定セサリシヲ以テ本法ニ於テハ公務員又ハ仲裁人ニ賄賂ヲ贈與又ハ提供シ若クハ約束シタル者ハ總テ之ヲ罰シ從來ニ於ケル收賄ノ弊害ヲ矯正スルコトト爲シタリ

本罪、成立ニハ、第一公務員又ハ仲裁人ニ對スルコト、第二賄賂ヲ贈與、提供又ハ約束シタルコトノ二條件アルヲ要ス

第一、公務員又ハ仲裁人ニ對スルコトヲ要ス

本條件ハ明瞭ナルヲ以テ別ニ說明セス

第二、賄賂ヲ贈與、提供又ハ約束シタルコトヲ要ス

公務員又ハ仲裁人ニ對シテ賄賂ノ贈與、提供又ハ約束シタルコトヲ要ス而シテ其贈與、提供又ハ約束ノ贈賄者直接ニ爲シタルト將タ他人ヲ介シテ爲シタルトヲ問ハス是等ノ事實アリタルトキハ本罪成立ス故ニ贈賄者ハ賄賂ヲ贈與、提供又ハ約束スル意思アルヲ要シ公務員又ハ仲裁人モ亦職

務、執行ニ關シ賄賂ヲ贈與、提供又ハ約束ヲ受ケタルヲ要スルコト論ヲ俟タス
以上ノ條件具備スルトキハ三年以下ノ懲役又ハ三百圓以下ノ罰金ニ處ス可キモノトス
本條第二項、前項ノ罪ヲ犯シタル者事未タ發覺セサル前自首シタルトキハ其刑ヲ減輕又ハ免除スルコトヲ得ル」ト爲シ實害ヲ未發ニ防ク刑事政策上ノ規定ナリ而シテ本條、自首ハ第一編、總則、第七章第四十二條ノ自首ト同一ナルヲ以テ別ニ論セス

第二十六章　殺人ノ罪

總論

本章ハ舊刑法、第三編、第一章、第一節、謀殺、故殺ノ罪及ヒ第五節、自殺ニ關スル罪ヲ合シテ修正シタルモノナリ
其修正シタル主要ノ點ヲ擧クレハ左ノ如シ
一、舊刑法ハ殺人罪ヲ謀殺、故殺ト爲シ豫メ謀テ人ヲ殺シタル者ヲ謀殺ト爲シ一時ノ感激ニ因リテ人ヲ殺シタル者ヲ故殺ト爲シタルモ此區別ハ實際上、豫防ノ有無ヲ判別スルノ困難ナルト謀殺必スシモ重キニ非ス故殺必スシモ輕キニ非サルヲ以テ本法ハ一般ニ刑法ノ範圍ヲ擴張シ單ニ殺人

ノ罪ト改メ謀殺故殺ノ名稱ハ之ヲ認メサルコトト爲シタリ
二、舊刑法ハ其外毒殺、慘刻殺、詐稱誘導殺、重罪輕罪ヲ犯スニ便利ナル爲メ又ハ既ニ犯シテ其罪ヲ免ルル爲メ人ヲ殺シタル罪等ノ區別ヲ設ケタルモ是、復、殺人ノ手段方法ニ附シタル名稱ニ過キサルヲ以テ本法ハ斯ル區別ハ之ヲ全廢スルコトト爲シタリ
三、舊刑法ハ自殺ニ關スル罪ヲ別節ニ規定シタルモ其敎唆者又ハ幫助者ヨリ觀察スレハ等シク殺人罪ノ一種ナルヲ以テ本法ハ之ヲ本章ニ規定スルコトト爲シタリ
本章ハ(一)人ヲ殺シタル罪(二)自己又ハ配偶者ノ直系尊族ヲ殺シタル罪(三)(一)(二)罪ヲ犯ス目的ヲ以テ其豫備ヲ爲シタル罪(四)人ヲ敎唆シ若クハ幫助シテ自殺セシメ又ハ被殺者ノ囑託ヲ受ケ若クハ其承諾ヲ得テ之ヲ殺シタル罪(五)(一)(二)(四)罪ノ未遂罪等ヲ規定シタリ

第百九十九條　人ヲ殺シタル者ハ死刑又ハ無期若クハ三年以上ノ懲役ニ處ス

本條ハ殺人ノ罪ヲ規定シタルモノナリ
本條ハ舊刑法、第二百九十二條乃至第二百九十八條ヲ一括シテ規定シタルモノナリ既ニ述ヘタル如ク舊刑法ノ(一)謀殺及ヒ故殺ノ罪(二)毒物ヲ使用シテ人ヲ殺シタル罪(三)慘刻ノ所爲ヲ以テ人ヲ殺シタル

罪(四)重罪、輕罪ヲ犯スニ便利ナル爲メ又ハ既ニ犯シテ其罪ヲ免ルル爲メ人ヲ殺シタル罪(五)詐稱誘導シ危害ニ陷レテ人ヲ殺シタル罪(六)誤テ人ヲ殺シタル罪等是ナリ是等ノ罪ハ其殺人ノ手段方法又ハ情狀ニ關スルニ過キサルヲ以テ本法ハ斯ル區別ヲ廢シ苟モ人ヲ不正ニ殺シタル者ハ總テ本條ヲ以テ論スルコトト爲シタリ

本罪成立ニハ、第一人タルコト、第二人ヲ殺シタルコトノ二條件アルヲ要ス

第一、人タルコトヲ要ス

法律上、人ニハ二種アリ一ヲ自然人ト云ヒ一ヲ法人ト云フ而シテ本條ニ所謂、人トハ、自然人タル吾人同胞ヲ意味シ法人ハ之ヲ除外シタルモノナリ故ニ本條ノ人トハ自然人ニ限ルモノトス而シテ本條ニ云フ人トハ出生後、死亡前ノ者ヲ云フコト勿論ナリト雖モ此人ト人ノ種子タル胎兒トノ分界ヲ定ムル標準ハ刑法上、重要ナル問題ナリ民法第一條ハ「私權ノ享有ハ出生ニ始マル」ト規定シ特ニ胎兒ノ利益ヲ保護スル必要アル場合ニ限リ例外ヲ設ケタルヲ以テ民法ニ於テハ胎兒ハ人ト認メサルヲ原則ト爲ス故ニ民法上、人トハ必ス出生シタルコトヲ要ス而シテ此原則ハ刑法上ニ於ケル人ニモ亦之ヲ適用ス可キモノナルヤ否ヤ換言スレハ權利義務ノ主體タル人トハ必ス母體ヲ離レタルコトヲ要スルヤ否ヤ其人ト看做ス可キ時期ニ就テハ刑法上、左ノ三說アリ

第一、疣痛說、此說ハ產婦カ產苦ヲ催シ將ニ胎兒出生セントスルトキハ人ナリト
第二、生聲說、此說ハ胎兒ノ一部母體ヨリ露出シタルトキハ人ナリト
第三、獨立呼吸說、此說ハ胎兒カ母體ヨリ分離シテ自己ノ肺ニ因リ呼吸シタルトキハ人ナリト
民法上ニ於テモ生命ヲ保持シ生活ニ堪ユ可キ機能ヲ具備シタルト否トヲ問ハス活キテ生レタルトキハ人ナリトノ主義ヲ採用シタルヲ以テ刑法上ニ於テモ亦此第三、獨立呼吸說ニ依ル可キモノト信ス故ニ胎兒出產シタルトキハ假令如何ナル不具畸形兒ナルモ之ヲ殺シタルトキハ本條殺人罪ナリ然レトモ其情狀ニ至リテハ完全ナル人ヲ殺シタル場合ト同一ナラサルヲ以テ本條人ヲ殺シタル者ハ死刑又ハ無期若クハ三年以上ノ懲役ニ處スト規定シ刑期ヲ三年以上又ハ死刑ト爲シ裁判所ヲシテ諸般ノ情狀ニ應シ適宜ノ刑ヲ科スルコトト爲シ保護主義ヲ採リタルモノナリ

第二、人ヲ殺シタルコトヲ要ス

本條人ヲ殺ストハ不正ニ人ノ生命ヲ喪失セシムル所爲ヲ謂フ而シテ其人ノ生命ヲ絕ツニ付テハ種々ナル方法アリト雖モ概ネ積極的行爲ニ出ツルモノナリ例令ハ刀劍又ハ棍棒ヲ以テ人ヲ殺スカ如キ其事例ハ枚擧ニ遑アラス則チ謀殺、故殺、毒殺、毆打殺、絞殺等其手段方法如何ヲ問ハス苟モ自己ノ行爲ヲ以テ人ヲ死ニ致スノ結果ヲ生セシメタルトキハ本條殺人罪ナリ然レトモ又不行爲ニ

因リ本罪成立スルコトナキニ非ス例令ハ身體、自由ナラサル病者若クハ不具者ニ對シ之ヲ殺ス目的ヲ以テ飮食、衣服ヲ供給セス死ニ至ラシメタル場合ノ如キハ不行爲ニ因ル殺人罪ナリ蓋シ本條単ニ人ヲ殺シタル者ト規定シ別ニ不正ノ文字ナキモ夫ノ法令ノ執行ニ因リ人ヲ殺シタルトキ若クハ急迫不正ノ侵害ニ對シ自己又ハ他人ノ權利ヲ防衞スル爲メ巳ムヲ得ス人ヲ殺シタル場合ノ如キハ本條殺人罪ニ非ス故ニ本罪成立ニハ人ヲ殺ス意思アルコトヲ要ス其、人ヲ殺ス意思トハ初メヨリ殺人ノ結果ヲ豫想シタル決心是ナリ即チ人ノ行爲ハ意思ノ發動作用ナルヲ以テ最初ヨリ殺人ノ結果ヲ豫想シタル行爲ノ實行ニ付テハ其目的ノ人ヲ誤ルモ原因結果ノ關係上殺人ノ責ニ任ス可キモノトス若シ犯意ナクシテ人ヲ死ニ致シタルトキハ(是、原因結果ノ關係ナキヲ以テ)過失傷害罪タルコトアルモ本條殺人罪ニ非ス故ニ過失傷害罪ヲ除クノ外、一般犯罪成立ニハ必ス犯意ヲ要スルモノナルコト既ニ第一編ニ於テ詳論シタルカ如シ

以上ノ條件具備スルトキハ死刑又ハ無期若クハ三年以上ノ懲役ニ處ス可キモノトス

第二百條　自已又ハ配偶者ノ直系尊屬ヲ殺シタル者ハ死刑又ハ無期懲役ニ處ス

本條ハ殺親ノ罪ヲ規定シタルモノナリ

本條ハ舊刑法第三百六十二條第一項ヲ修正シ是ニ配偶者ノ尊屬親ヲ加ヘタルモノナリ我國古來、忠孝ヲ以テ立國ノ基礎ト爲シタルヲ以テ此兩儀ニ反シ子孫タル者、自己ノ尊屬タル祖父母、父母ヲ殺シタルトキハ其原因、如何ヲ問ハス重刑ニ處シタルニ因リ本法モ亦、前條殺人罪ノ規定アルニ拘ハラス特ニ本條ヲ設ケタルモノナリ

本罪成立ニハ、第一自己又ハ配偶者ノ直系尊屬ナルコト、第二殺シタルコトノ二條件アルヲ要ス

第一、自己又ハ配偶者ノ直系尊屬ナルコトヲ要ス

自己又ハ配偶者ノ直系尊屬トハ民法第七百二十六條ノ規定ニ依リ自己ヨリ世數ヲ上ニ計算シ設令ハ自己ノ父母ハ直系一等親、祖父母ハ直系二等親ト云フカ如ク順次、既往ニ遡リテ計算ス可キモノナリ而シテ本條、直系尊屬中ニハ父母、祖父母、曾祖父母、高祖父母等多數ノ直系尊屬アルモ此高祖父母ハ自己ヨリ四代以前ノ先祖ニ當リ曾祖父母ハ三代前ノ祖先ニ當リ斯ル祖先ノ生存スルコト殆ト稀有ナルヲ以テ通常舊刑法第三百六十五條ノ祖父母、父母ヲ指シタルモノナリト雖モ此規定ハ稍ヤ狹キニ失シタルノ嫌アルニ因リ本法ハ之ヲ改メ單ニ直系尊屬ト爲シ祖父母、父母ニ限ラス曾祖父母、高祖父母モ本條中ニ包含スルコトヲ明ニシタリ蓋シ本條、特ニ直系尊屬ト規定シタルヲ以テ自己ノ兄弟姉妹其配偶者及ヒ伯叔父母又ハ其配偶者ハ尊屬ナルモ本條中ニ包含セス是

傍系尊屬ニシテ本條ニ所謂、直系尊屬ニ非サルナリ（民法第七百二十六條）然レトモ自己又ハ配偶者ノ直系尊屬ト規定シタルニ依リ妻ノ父母ハ勿論、其祖父母、曾祖父母等モ亦此尊屬中ニ包含スル故ニ夫カ妻ノ父母、祖父母ヲ殺スモ妻カ夫ノ父母、祖父母ヲ殺スモ共ニ本條尊屬親ヲ殺シタルモノトス（民法第七百二十五條）又此尊屬中父母ニハ繼父母、嫡母ナル者アリ又養子ニ對スル養父母ナル者アリ繼父母トハ父母ノ一方死亡又ハ離婚後更ニ婚姻ヲ爲シタル者ニ對シ其家ニ在ル子ヨリ云フ名稱ナリ嫡母トハ庶子ヨリ云フ名稱ニシテ庶子トハ父ノ認知シタル私生子ヲ云フ養親トハ養子ヨリ云フ名稱ニシテ養子トハ民法上縁組ノ日ヨリ養親ノ嫡出子タル身分ヲ取得スル者ヲ云フ是等孰レモ血族上ノ親子ニ非サルモ尙之ヲ血族ト同一ニ看做スルモノナリ是我國家族制度ノ必要上、孰レモ血族ニ準シタル法定上ノ親屬ナリ（民法第七百二十七條）

第二、殺シタルコトヲ要ス

本條自己トハ父母以上ノ者ヨリ出テタル子孫曾孫又ハ玄孫等ヲ謂フ換言スレハ民法上ノ直系卑屬ヲ總稱スルモノナリ而シテ此卑屬タル子孫中ニハ養子養女庶子等アリテ必スシモ血族上ノ子孫ノミヲ云フモノニ非サルハ既ニ述ヘタルカ如シ故ニ是等ノ者若シ養親タル尊屬ヲ殺シタルトキハ本條殺親罪ナリ然レトモ此養子養女ハ離縁ニ因リ親子タルノ關係斷絕スルモノナルヲ以テ離縁ノ後

ハ之ヲ殺スモ普通ノ殺人罪ニシテ（縦令其原因ハ親子タル關係繼續中ヨリ起生シタル事由ニ因ルモ）本條殺親罪ニ非ス（民法第七百二十九條同第七百三十條）繼父又ハ繼母ノ離婚シタルトキモ亦同一ナリ玆ニ問題アリ本條ハ祖父母タル直系尊屬ヲ殺シタル子孫タル身分關係アル者ニ對スル特別規定ナルヤ否ヤノ問題是ナリ本問ニ就テハ左ノ二説アリ第一説ハ本條殺親罪ト稱スル獨立罪ヲ規定シタルモノナルヲ以テ子孫タル身分アル者ト共ニ本罪ヲ犯シタル者ハ本條殺親罪ノ共犯ナリト第二説本條ハ第一編總則第十一章共犯第六十五條第二項身分ニ因リ特ニ刑ノ輕重アルトキハ其身分ナキ者ニハ通常ノ刑ヲ科ストノ規定ヲ適用ス可キ場合ナルヲ以テ子孫タル身分アル者ハ當然本條ニ因リ罰ス可キモノナルモ他ノ子孫タル身分ナキ共犯者ハ前條。通常殺人罪ニ依リ論ス可キモノナリト本條ノ立法趣旨第一説ニアリトスレハ身分ナキ正犯、從犯又ハ敎唆者ハ本條加重シタル刑ニ處ス可キモノナルモ若シ第二説ニ依ルモノトセハ身分ナキ共犯者ハ通常殺人罪ナリ或有力ナル刑法學者ハ刑法起草者ノ意見モ第一説ナリト論スルモ余ハ第二説ヲ可トス如何トナレハ若シ第一説ヲ可ナリトセハ總則第七十七條犯人ノ身分ニ因リ構成ス可キ罪ヲ共ニ犯シタルトキハ其身分ナキ者ト雖モ仍ホ共犯トス身分ニ因リ特ニ刑ノ輕重アルトキハ其身分ナキ者ニハ通常ノ刑ヲ科ストト規定シ身分ニ因リ罪ヲ構成ス可キ場合ト身分ニ因リ刑ニ輕重アル場合トニ區別シタル實益ナ

キノミナラス前條一般殺人罪ヲ規定シタルニ拘ハラス特ニ本條ヲ設クルノ必要ナケレハナリ
而シテ本條モ亦直系尊屬ヲ殺ス意思アルコトヲ要ス故ニ自己ノ直系尊屬ヲ殺スモ若シ自己ノ尊屬タルコトヲ知ラスシテ之ヲ殺シタルトキハ本條ニ據リ論ス可キモノニ非ス是第一編、第三十八條第二項罪本重カル可クシテ犯ストキ知ラサル者ハ其重キニ從テ處斷スルコトヲ得ストノ原則アル所以ナリ換言スレハ罪ヲ犯ス意思ナキ所爲ハ刑法上、其罪ヲ論セス故ニ縱令、自己ノ祖父母、父母ナルモ之ヲ殺ストキ知ラサルトキハ通常殺人罪ナリ素ヨリ其重キ部分ニ就テハ罪ヲ犯スノ意思ナキモノナルヲ以テ重キニ從テ論スルコトヲ得サルナリ設令ハ他人ヲ殺ス意思ヲ以テ殺シタルニ其實自己ノ父母ナリシ場合ノ如キ初ヨリ親ヲ殺ス意思ナキモノナルヲ以テ前條ニ依リ論ス可キモノナリ故ニ最初ヨリ自己又ハ配偶者ノ直系尊屬タルコトヲ知テ殺シタル場合ニ非サレハ本條ニ據リ論スルコトヲ得ス
以上ノ條件具備スルトキハ死刑又ハ無期懲役ニ處ス可キモノトス
本條終ニ臨ミ一言スヘキコトアリ舊刑法第三百六十三條ハ子孫其祖父母、父母ニ對シ毆打創傷ノ罪其他監禁、脅迫、遺棄、誣告、誹毀ノ罪ヲ犯シタル者ハ各本條ニ記載シタル凡人ノ刑ニ照シ二等ヲ加フ但癈疾者ニ致シタル者ハ有期徒刑ニ處シ篤疾ニ致シタル者ハ無期徒刑ニ處シ死ニ致シタ

ル者ハ死刑ニ處スト規定シ子孫タル者其祖父母、父母ニ對シ如上ノ罪ヲ犯シタルトキハ刑罰ヲ加重ス可キコトヲ明示シタルモ本法ハ特ニ必要アル場合ハ各章下ニ規定シ單ニ刑罰加重ノ情狀ニ過キサルモノハ別ニ規定セス又舊刑法第三百六十五條ハ祖父母、父母ニ對スル殺傷ノ罪ハ特別ノ宥恕及ヒ不論罪ノ例ヲ用ユルコトヲ得ス但其犯ス時知ラサル者ハ此限ニ在ラスト規定シ子孫タル者ニハ其祖父母、父母ニ對シ正當防衛權ヲ與ヘス是我立法者カ忠孝ハ人倫ノ大本ナリトノ慣習ニ基キタルモノニ外ナラスト雖モ人出生シタル以上ハ父母ト同シク國家組織ノ一員ナルヲ以テ法律上ニ於テハ父母ト同等ナリ故ニ文明ノ今日斯ル不當ノ規定ヲ存スル法理ノ許ササル所ナルニ因リ本法ハ不正ノ侵撃ニ對シテハ何人ニ對シテモ正當防衛權アルコトヲ認メタルモノナリトス

第二百一條 前二條ノ罪ヲ犯ス目的ヲ以テ其豫備ヲ爲シタル者ハ二年以下ノ懲役ニ處ス但情狀ニ因リ其刑ヲ免除スルコトヲ得

本條ハ殺人罪ノ豫備ヲ罰スルコトヲ規定シタルモノナリ

本條ハ本法ノ創設ニ係ル規定ナリ其之ヲ設ケタル理由ハ殺人罪ハ刑法中、最モ重大ナル罪（就中謀殺ノ如キハ豫メ謀テ人ヲ殺スモノ）ナルヲ以テ其豫備行爲ヲ罰シ危害ヲ未發ニ防止セントシタルモノナリ

然ラハ本條殺人罪ノ豫備トハ如何ナルコトヲ云フモノナル乎彼ノ人ヲ殺ス目的ヲ以テ刀劍又ハ毒藥ヲ買ヘ入レタル場合ノ如キハ本條ニ所謂、豫備ナルヤ否ヤ斯ル場合ハ殺人罪ノ豫備行爲ナリト云フ可シ而シテ此豫備行爲一歩ヲ進メ殺人行爲著手ニ接著シタルトキ假令ハ毒藥ヲ被害者ノ食物ニ調合シタルトキ又ハ被害者ヲ途中ニ要擊シタルトキノ如キハ本條ニ所謂、殺人罪ノ豫備行爲ナリトス更ニ一歩ヲ進メテ被害者ニ其毒藥ヲ與ヘ又ハ切リ付ケタルトキハ最早殺人未遂罪ナリ故ニ殺人罪ノ豫備ト未遂罪トハ密接シテ之ヲ區別スルコト困難ナルモ豫備行爲ハ未遂罪ヨリ危險ノ程度輕キヲ以テ本法ハ一年以下ノ懲役ニ處スルコトヲ爲シタルモノナリ

第二百二條　人ヲ敎唆若クハ幫助シテ自殺セシメ又ハ被殺者ノ囑託ヲ受ケ若クハ其承諾ヲ得テ之ヲ殺シタル者ハ六月以上七年以下ノ懲役又ハ禁錮ニ處ス

本條ハ自殺ニ關スル罪ヲ規定シタルモノナリ

本條ハ舊刑法、第三百二十條「人ヲ敎唆シテ自殺セシメ又ハ囑託ヲ受ケテ自殺人ノ爲メニ手ヲ下シタル者ハ六月以上、三年以下ノ輕禁錮ニ處シ十圓以上、五十圓以下ノ罰金ヲ附加ス其他自殺ノ補助ヲ爲シタル者ハ一等ヲ減ス」トノ規定同第三百二十一條「自己ノ利ヲ圖リ人ヲ敎唆シテ自殺セシメ

タル者ハ重懲役ニ處ス」トノ規定ヲ合シテ修正シタルモノナリ
而シテ本條ハ（一）人ヲ教唆シテ自殺セシメタル罪（二）自殺ヲ幫助シタル罪（三）自殺者ノ囑託又ハ承諾ヲ得テ殺シタル罪ヲ規定シタルモノナリ自殺トハ自己ノ生命ヲ自ラ絶ツ行爲ヲ謂フ然レトモ本條ニ所謂、自殺トハ他殺ニ對スル名稱ナリ元來、人ハ此世ニ生存スルノ義務ナキニ因リ自己ノ生命ヲ自ラ捨ツルハ自由ナルヲ以テ自殺者自ラ此生存ノ利益ヲ拋棄シ自殺シタルトキハ自己ノ行爲ニ基クモノナル時ハ之ヲ罰スルコトヲ得ス然レトモ若シ此自殺ニ他人ノ加行シタルトキハ其加行ノ原因、自殺者ノ囑託又ハ承諾ニ因ルモ不問ニ付スルコトヲ得ス是本條ノ規定アル所以ナリ

（一）　人ヲ教唆シテ自殺セシメタル罪

本罪成立ニハ、第一人ヲ教唆シタルコト、第二自殺セシメタルコトノ二條件アルヲ要ス

第一、人ヲ教唆シタルコトヲ要ス

自殺教唆トハ人ニ對シテ自殺ノ決心ヲ與フル所爲ヲ謂フ而シテ其教唆ハ如何ナル原因ニ因リタルヲ問ハス教唆ノ結果、自殺シタルトキハ本罪成立スルモノトス玆ニ注意ス可キハ本條、自殺教唆ハ第一編總則、第六十一條「人ヲ教唆シテ犯罪ヲ實行セシメタル者ハ正犯ニ準ス」トノ規定ヲ適用セサルコト是ナリ總則第六十一條ノ教唆ハ廣ク一般ニ罪ナル可キ行爲ヲ教唆シタル場合ニ適用

ス可キ法條ナルモ本罪ハ自殺自身ハ罪トナラサル行爲ナルヲ以テ之ヲ適用スルコトヲ得ス是本條特ニ人ヲ敎唆シテ自殺セシメタル者ハ云々ト規定シタル所以ナリ

第二、自殺シタルコトヲ要ス

本罪ハ人ヲ敎唆シテ自殺セシメタルニ因テ成立スル罪ナリ故ニ被殺者ノ囑託又ハ承諾ヲ得タル場合ト異ナリ全ク自殺行爲ニ加行セサル場合ナリ故ニ人ヲ敎唆シテ自殺セシメタル者ハ自ラ手ヲ下シテ人ヲ殺スト殆ト同一ナリ如何トナレハ自殺敎唆ノ場合ハ被殺者自ラ死スル意思ナク敎唆ニ因リ死ヲ決スルモノナルヲ以テ其死ノ原因ハ敎唆者ノ與フルモノナリ殊ニ夫ノ自己ノ惡事ヲ知リタル者ニ對シ其發覺ヲ惧レ敎唆シ又ハ財産横領ノ目的ヲ以テ自殺ヲ敎唆シタル者ノ如キハ其情、最モ惡ム可キモノトス

(二) 自殺ヲ幫助シタル罪

本罪成立ニハ、第一自殺ヲ幫助シタルコト、第二自殺セシメタルコトノ二條件アルヲ要ス

第一、自殺ヲ幫助シタルコトヲ要ス

本罪ハ既ニ述ヘタル如ク舊刑法第三百二十條後段其自殺ヲ補助シタル者ハ一等ヲ減ス」トノ規定ヲ修正シタルモノナリ而シテ自殺幫助トハ人ノ自殺ヲ容易ナラシムル所爲ヲ謂フ例ヘハ自殺者ノ

求ニ應シ毒藥ヲ與ヘ又ハ刀劍ヲ貸與シタルカ如キ是ナリ

第二、自殺セシメタルコトヲ要ス

自殺トハ既ニ述ヘタル如ク自ヲ自己ノ生命ヲ喪失セシムル所爲ヲ云フモノニテ本罪ハ自殺ノ所爲ヲ容易ナラシムル所爲ナリ故ニ幫助ノ結果、自殺者死ニ至リタルトキハ本罪ノ既遂ナリ例ヘハ自殺者ノ爲メニ毒藥ヲ與ヘ自殺者之ヲ服用シテ自殺ヲ遂ケタル場合ノ如キ是ナリ而シテ自殺幫助トハ自殺スルコトヲ知テ其自殺行爲ヲ幫助シテ容易ナラシムルコトヲ云フ故ニ自殺スルコトヲ知ラス刀劍ヲ貸與シタル場合ノ如キハ其刀劍ヲ以テ自殺スルモ本條、幫助罪ニ非ス

（三）　被殺者ノ囑託又ハ承諾ヲ得テ殺シタル罪

本罪成立ニハ、第一被殺者ノ囑託ヲ受ケ又ハ承諾ヲ得タルコト、第二自殺シタルコトノ二條件アルヲ要ス

第一、被殺者ノ囑託ヲ受ケ又ハ承諾ヲ得タルコトヲ要ス

被殺者ノ囑託ヲ受ケ殺シタル者トハ被殺者ノ誠意ナル請求ヲ受ケ殺シタル者ヲ謂フ設令ハ被殺者、不治ノ病ニ罹リ死シテ苦痛ヲ免レントト決心シタルモ自ラ死スルノ勇ナク他人ニ介錯ヲ囑託シタル場合ノ如キ是ナリ又被殺者ノ承諾ヲ得テ殺シタル者トハ被殺者ヨリ囑託ヲ受ケ承諾ヲ得テ殺

シタル者ヲ謂フ設令ハ前例、病者ノ苦痛ヲ觀テ之ヲ殺シテ其苦ヲ免レシメント欲シ病者ノ承諾ヲ得テ殺スカ如キ場合是ナリ而シテ此囑託又ハ承諾等ニ因ル自殺加行ハ情死ノ場合ニ往々其實例アリ要スルニ本條囑託又ハ承諾ハ被殺者ノ發意ニ出テタルト下手人ノ發意ニ出テタルトニ因テ區別ス可キモノナリ而シテ(二)罪ノ自殺幇助ト異ナル點ハ自殺幇助罪ハ單ニ自殺行爲ヲ容易ナラシムル所爲ニ止マルモ本罪ハ自殺ノ行爲自體ニ加行スル所爲ナリトス是異ナル要點ナリ

第二、殺シタルコトヲ要ス

殺シタルコトトハ本條被殺者ノ囑託又ハ承諾ヲ得テ被殺者ヲ死ニ至ラシメタル所爲ヲ謂フ若シ被殺者ノ囑託ヲ受ケ又ハ承諾ヲ得テ之ヲ殺サントシタルモ死ニ至ラサリシ場合ハ各本罪ノ未遂罪ヲ以テ罰ス可キモノトス而シテ自殺者ノ囑託又ハ承諾ヲ得テ人ヲ殺シタル場合ハ自殺敎唆ノ場合ト異リ被殺者ノ許諾ニ因リテ人ヲ殺スモノナルヲ以テ其情輕シト雖モ人ヲ殺スノ意思アル點ニ付テハ敎唆ノ場合ト同一ナリ

以上ノ條件具備スルトキハ(一)(二)(三)罪共ニ六月以上七年以下ノ懲役又ハ禁錮ニ處ス可キモノトス

第二百三條 第百九十九條、第二百條及ヒ前條ノ未遂罪ハ之ヲ罰ス

本條ハ殺人ノ未遂罪ヲ罰スルコトヲ規定シタルモノナリ

殺人罪ハ刑法中最モ重大ナル罪ノ一ナルヲ以テ人ヲ殺サントシテ其殺人ノ實行ニ著手シタルトキハ之ヲ遂ケサルモ未遂罪トシテ罰スルモノトス然レトモ人ヲ殺サントシテ其實行ニ著手シ遂ケサル者トハ如何ナル程度ノ著手ヲ云フモノナルヤハ第一編總則第八章未遂罪ノ章下ニ於テ詳論シタルヲ以テ別ニ論セサルモ要スルニ殺人行爲ニ著手シ又ハ實行シタルモ死ノ結果ヲ生セサルトキヲ云フモノトス其是ヲ遂ケサル原因ハ犯人以外ノ障碍ニ因リタルト又自己ノ意思ニ因リタルトヲ問ハサルモノトス

第二十七章　傷害ノ罪

總　論

本章ハ舊刑法、第三編、第一章、第二節、毆打創傷罪ノ規定ヲ修正シタルモノナリ其修正シタル主要ノ點ヲ擧クレハ左ノ如シ

一、舊刑法ハ本章ヲ毆打創傷ノ罪ト爲シタルモ毆打創傷トハ讀テ字ノ如ク人ヲ毆打シテ身體ニ創傷ヲ加ヘタルコトヲ云フモノナルヲ以テ其範圍、極メテ狹隘ニ失シ實際上、不便ヲ感スルコトナキニ非ス如何トナレハ彼ノ毆打ノ方法ニ因ラス人ノ自體ヲ傷害シ又ハ疾病者タラシメタル場合ノ如

キハ是ヲ毆打創傷ト云フコトヲ得サルノ嫌アリ故ニ本法ハ之ヲ傷害ノ罪ト改メ汎ク身體傷害ニ關スル規定ト爲シ毆打以外ノ方法ニ因ル身體外部ノ創傷又ハ身體内部ノ疾病的傷害ヲモ包含セシムルコトト爲シタリ

二、舊刑法ニ於テハ毆打創傷罪ハ犯人ノ意思如何ヲ問ハス傷害ノ結果ニ因リ其刑ヲ定メタルヲ以テ甚シキ惡意ヲ以テ傷害シタル者モ其生セシメタル結果、輕微ナルトキハ刑輕ク之ニ反シテ甚シキ惡意ナクシテ傷害シタル者モ若シ其結果、重大ナルトキハ極端ナル刑ニ處スルノ不都合アリテ實際上、極メテ不權衡ナリシヲ以テ本法ハ刑ノ範圍ヲ擴張シ傷害ノ結果及ヒ其意思ヲ斟酌シ適宜ノ刑ヲ科スルコトト爲シタリ

三、舊刑法ハ豫メ謀テ人ヲ毆打創傷シタル者、重罪輕罪ヲ犯スニ便利ナル爲メ又ハ已ニ犯シテ其罪ヲ免ルル爲メ人ヲ毆打創傷シタル者健康ヲ害ス可キ物品ヲ施用シテ人ヲ疾苦セシメタル者、詐稱誘導シテ危害ニ陷レ因テ人ヲ疾病死傷ニ致シタル者等ニ區別シテ刑ヲ異ニシタルモ本法ハ是等ノ區別ヲ廢シ裁判所ノ認定ニ一任スルコトト爲シタリ

本章ハ(一)人ノ身體ヲ傷害シタル罪(二)身體傷害ニ因リ人ヲ死ニ致シタル罪(三)自己又ハ配偶者ノ直系尊屬ニ對シ身體傷害ニ因リ死ニ致シタル罪(四)(一)(二)ノ犯罪アルニ當リ現場ニ於テ勢ヲ助ケ人ヲ傷害セシ

メタル罪(五)暴行ヲ加ヘタル罪等ヲ規定シアリ

第二百四條 人ノ身體ヲ傷害シタル者ハ十年以下ノ懲役又ハ五百圓以下ノ罰金若クハ科料ニ處ス

本條ハ人ノ身體ヲ傷害シタル罪ヲ規定シタルモノナリ

本條ハ舊刑法、第三百一條人ヲ毆打創傷シ二十日以上ノ時間疾病ニ罹リ又ハ職業ヲ營ムコト能ハサルニ至ラシメタル者ハ一年以上、三年以下ノ重禁錮ニ處ス」。其疾病休業ノ時間二十日ニ至ラサル者ハ一月以上、一年以下ノ重禁錮ニ處ス」疾病休業ニ至ラスト雖モ身體ニ創傷ヲ成シタル者ハ十一日以上、一月以下ノ重禁錮ニ處ス」トノ規定ヲ修正シタルモノナリ該條ハ身體傷害ノ場合ヲ三段ニ區別シ其疾病休業ノ程度ニ因リ刑ヲ區別シタルモ如斯、細密ナル區別ハ徒ニ實際上、種々ナル疑問ヲ生セシムルニ止マルノミナラス其疾病休業日數ヲ豫定シテ創傷ノ輕重ヲ分チ刑ヲ適用スルモノナルヲ以テ實際正確ヲ期スルコト能ハス故ニ本法ハ是等ノ區別ヲ廢シ概括的ニ刑ノ種類及ヒ其範圍ヲ定メ總テ裁判所ノ自由ナル判斷ニ任スルコトト爲シタリ

本條傷害罪成立ニハ、第一人ノ身體ニ對スルコト、第二傷害シタルコトノ二條件アルヲ要ス

第一、人ノ身體ニ對スルコトヲ要ス

人トハ自己以外ノ人ヲ謂フ而シテ此人ニ就テハ前章ニ於テ詳論シタルヲ以テ別ニ論セス本罪ハ人ノ身體ニ對スル罪ナルヲ以テ既ニ死亡シタル死屍ヲ傷害シタルトキハ第二十四章墳墓ニ關スル罪成立スルコトアルモ本罪ニ非ス又人ノ名譽ヲ毀損シ若クハ自由ヲ制限スルコトアルモ第三十一章逮捕及ヒ監禁ノ罪第三十四章名譽ニ對スル罪成立スルコトアルモ本章傷害罪ニアラサルナリ

第二、傷害シタルコトヲ要ス

人ノ身體ヲ傷害スルトハ人ノ身體ノ現狀ヲ侵害スル所爲ヲ謂フ故ニ人ノ身體タル以上ハ其內部ニ對スル疾病的傷害ナルト外部ニ對スル創傷的傷害ナルトヲ問ハス換言スレハ身體ノ內部ト外部トヲ問ハス現狀ニ對シ傷害的變更ヲ生セシメタルトキハ本條ニ所謂、傷害ナリ而シテ其傷害ノ方法手段ハ木石又ハ金屬等ヲ以テ毆打スルト又火水、熱湯等ヲ注キ或ハ蒸汽、電氣ノ氣體又ハ藥物等ヲ使用シタルトヲ問ハス苟モ人ノ身體ニ接觸セシメテ侵害シタルトキハ總テ本條傷害罪ナリ舊刑法ハ損傷ニ付キ二十日以上ノ時間疾病ニ罹リ又ハ職業ヲ營ムコト能ハサル者ト其疾病休業ノ時間二十日ニ至ラサル者ト全ク疾病休業ヲ要セサル創傷者トニ區別シテ刑ヲ區別シタルモ二十日以上ノ疾病又ハ休業ヲ要スルモノナルヤ否ヤハ被害者ノ強弱若クハ職業等ニ因ルモノナルヲ以テ正確ナル疾病時間ト休業時間トヲ定ムルコト困難ナルヲ以テ本法ハ總テ是等ノ事實ハ裁判所ニ一任スルコトト爲シタリ茲ニ一言ス可キハ正當ナル業務行爲若クハ慣習等ニ因リ人ノ身體ニ傷害ヲ加フルコトアルモ本條傷害罪ニ非ス例ヘハ醫師カ患者ニ對スル施術上ノ切解其他ノ損傷又ハ民法上ノ懲戒權行使ニ基ク創傷ノ如キ是レナリ

又人ノ身體ヲ傷害スルモ若シ傷害スルノ意思ナク傷害ノ結果ヲ生セシメタルトキハ過失傷害罪ナリ故ニ本罪成立ニハ必ス人ノ身體ヲ傷害スル意思アルコトヲ要スルモノトス

以上ノ條件具備スルトキハ十年以下ノ懲役又ハ五百圓以下ノ罰金若クハ科料ニ處ス可キモノトス

前草案ハ本條第二項ニ婦女ノ頭髮ヲ切斷又ハ毀損シタル者ハ一年以下ノ懲役又ハ五十圓以下ノ罰金若クハ科料ニ處ス」ト規定シタリ元來頭髮其他ノ毛ハ身體ノ部ナルヲ以テ之ヲ引拔キタルトキハ傷害行爲ナルコト論ナシト雖モ單ニ毛髮ヲ切斷シタルニ止マルトキハ未タ身體ニ對スル傷害ナリト云フコトヲ得ス然レトモ婦女ノ頭髮ハ婦女ニ對シテハ特ニ必要闕ク可ラサルモノナルヲ以テ之ヲ切斷又ハ毀損シタルトキハ婦女ハ身體ニ傷害ヲ受クルト殆ント同一ナル苦痛ヲ感スルノミナラス其容姿ヲ損スルコト甚タ大ナルヲ以テ特ニ保護シタルモ確定成案ニ到リ之ヲ削除シタリ

第二百五條　身體傷害ニ因リ人ヲ死ニ致シタル者ハ二年以上ノ有期懲役ニ

處ス

自己又ハ配偶者ノ直系尊屬ニ對シテ犯シタルトキハ無期又ハ三年以上ノ懲役ニ處ス

本條第一項ハ舊刑法第二百九十九條「人ヲ毆打創傷シ因テ死ニ致シタル者ハ重懲役ニ處ス」トノ規定ト立法趣旨ハ同一ナルモ本法ハ舊刑法ヨリ其刑ノ範圍ヲ擴張シタリ

本條第二項ハ舊刑法第三百六十三條「子孫其祖父母、父母ニ對シ毆打創傷ノ罪ヲ犯シ死ニ致シタル者ハ死刑ニ處ス」トノ規定ヲ修正シタルモノナリ舊刑法ハ子孫タル者、其祖父母、父母ヲ毆打シテ死ニ致シタルトキハ死刑ニ處スト規定シタルモ元來、傷害罪ハ前章、殺人罪ナト異リ、始メヨリ殺意アリタルモノニ非サルヲ以テ縱令、致死ノ結果ヲ生セシムルモ死刑ニ處スルハ酷ナルヲ以テ本法ハ其刑ヲ輕減スルコトト爲シタリ

本條第一項ノ犯罪成立ニハ、第一人ノ身體ヲ傷害シタルコト、第二因テ死ニ致シタルコトノ二條件アルヲ要ス

第一、人ノ身體ヲ傷害シタルコトヲ要ス

人ノ身體ヲ傷害シタル結果死ニ至ラシメタルトキハ本罪成立スルモノニシテ其死ニ致シタル手段

ハ毆打シタルト或ハ水中若クハ火中ニ投シタルト斷崖ヨリ突キ落シタルト又ハ蒸汽、電氣等ニ觸レシメタルトヲ問ハサルモノトス茲ニ注意スヘキハ既ニ本章ノ初メニ於テ一言シタル如ク傷害罪ハ次章過失傷害罪ト等シク一般犯罪ト異リ其結果ヲ罰スル罪ナルヲ以テ犯人ノ意思如何ヲ問ハス傷害ノ結果ニ因リ責任ヲ定ム可キモノトス左レハ最初死ニ致ス意思ナクシテ毆打スルモ若シ死ニ致シタルトキハ其致死ノ結果ニ依リ論ス可キモノナリ故ニ共犯ノ場合ニ於テ單純ニ人ヲ毆打スルコトヲ敎唆シタルニ止マリ特ニ之ヲ死ニ致ス可キコトヲ敎唆シタル事實ナシトスルモ毆打ハ以テ人ヲ死ニ致スノ結果ヲ生シ得ヘキ所爲ナルヲ以テ毆打ノ所爲ヲ敎唆スル者ハ被敎唆者ノ行フ可キ毆打ニ因リ生シタル結果ニ付キ一切ノ責ヲ負フ可キモノトス故ニ被害者毆打ノ爲メ被害者ヲ死ニ致シタルトキハ敎唆者モ亦共ニ毆打致死ノ罪責ヲ免ルルコトヲ得ストノ判例アリ

第二、因テ死ニ致シタルコトヲ要ス

死ニ致ストハ人ノ生命ヲ喪失セシメタルコトヲ謂フ其意義ハ前章第百九十九條ノ人ヲ殺スト同一ナルヲ以テ別ニ論セス蓋シ初ヨリ人ヲ殺ス意思ヲ以テ死ニ致シタルトキハ殺人罪ニシテ前章第百九十九條ニ依リ論ス可ク又傷害ノ意思ナクシテ死ノ結果ヲ生セシメタルトキハ過失傷害罪ナリ故ニ本條傷害ニ因テ人ヲ死ニ致シタル罪ハ單ニ人ヲ傷害スル意思アリタルニ止マルヲ要ス是殺人

罪、過失傷害罪ト異ナル要點ナリ

以上ノ條件具備スルトキハ二年以上ノ有期懲役ニ處ス可キモノトス

本條第二項ハ自己又ハ配偶者ノ直系尊屬ノ身體ヲ傷害シ因テ死ニ致シタル罪ヲ規定シタルモノナリ」

本條成立ニハ、第一自己又ハ配偶者ノ直系尊屬ノ身體ヲ傷害シタルコト、第二因テ死ニ致シタルコトノ二條件アルヲ要ス

第一、自己又ハ配偶者ノ直系尊屬ノ身體ヲ傷害シタルコトヲ要ス

自己又ハ配偶者ノ直系尊屬ノ意義及ヒ範圍ニ付テハ既ニ第二百條ニ於テ詳論シタルヲ以テ再說セス又身體ヲ傷害シタルコトニ付テハ第一項ニ於テ論シタル所ト同一ナルヲ以テ別ニ論セス玆ニ問題アリ本條自己又ハ配偶者ノ直系尊屬ノ身體ヲ傷害スル者ト他人共ニ犯シタルトキ又ハ敎唆シテ傷害セシメタルトキ若クハ從犯トシテ傷害ヲ容易ナラシメタルトキハ其他人ヲ如何ニ處分ス可キヤノ問題是レナリ本問ノ場合ニ於テハ第一編、總則第六十五條第二項身分ニ因リ特ニ刑ノ輕重アルトキハ其身分ナキ者ニハ通常ノ刑ヲ科ストノ規定ニ依リ直系尊屬タル身分ナキ他人ハ本條第一項ヲ以テ處斷ス可キモノトス

第二、因テ死ニ致シタルコトヲ要ス

第二百五條

死ニ致シタルコトニ就テハ屢々、說明シタル所ナルヲ以テ再論セス而シテ本罪ハ自己又ハ配偶者ノ直系尊屬ヲ傷害スルノ意思アルヲ要スルカ故ニ自己又ハ配偶者ノ直系尊屬ナルコトヲ知テ傷害スルノ意思アルコトヲ要スルカ故ニ若シ犯ス時、自己又ハ配偶者ノ直系尊屬ナルコトヲ知ラサルトキハ其知ラサリシ點ニ付テハ罪ヲ犯ス意思ナキモノナルヲ以テ第一編總則第三十八條第一項ノ適用上、本條第一項ニ依リ處斷ス可キモノナリ

以上ノ條件具備スルトキハ無期又ハ三年以上ノ懲役ニ處ス可キモノトス

第二百六條　前二條ノ犯罪アルニ當リ現場ニ於テ勢ヲ助ケタル者ハ自ラ人ヲ傷害セスト雖モ一年以下ノ懲役又ハ五十圓以下ノ罰金若クハ科料ニ處ス

本條ハ傷害罪ヲ犯ス者ヲ助勢シタル罪ヲ規定シタルモノナリ

本條ハ舊刑法、第三百六條「二人以上共ニ人ヲ毆打スルニ當リ自ラ人ヲ傷セスト雖モ幫助シテ傷ヲ成サシメタル者ハ現ニ傷ヲ成シタル者ノ刑ニ一等ヲ減ス」トノ規定ヲ修正シ身體傷害罪ヲ犯ス者アルニ當リ其現場ニ於テ單ニ勢ヲ助ケタル者ニ關スル規定ト爲シタルモノナリ舊刑法ハ共犯ノ特例タル從犯ノ如キ規定ナリシモ文意頗ル不明瞭ナリシヲ以テ本法ハ前二條ノ犯罪アルニ當リ現場ニ於テ

勢ヲ助ケタル者ハ自ラ傷害セスト雖モト改メ實行正犯教唆者又ハ從犯ニモアラサル助勢者タルコト
ヲ明ニシタリ而シテ本條ノ如キ場合ハ實際上、往々之アル實例ニシテ其危險大ナルヲ以テ全ク手ヲ
下サス傍觀シテ傷害者ノ勢ヲ助ケタル者ヲモ嚴罰シテ大害ヲ防止スルコト爲シタルモノナリ
本罪成立ニハ、第一傷害罪ヲ犯ス者アリタルコト、第二現場ニ於テ勢ヲ助ケタルコトノ二條件アル
ヲ要ス

第一、傷害罪ヲ犯ス者アリタルコトヲ要ス

人ニ對シテ傷害罪ヲ犯ス者アリタルヲ要スルコトハ別ニ説明ヲ要セスシテ明瞭ナリ

第二、現場ニ於テ勢ヲ助ケタルコトヲ要ス

現場ニ於テ勢ヲ助ケタルコトトハ傷害罪ヲ犯ス者アルニ當リ其現場ニ於テ傷害者ヲ助勢スル所爲
ヲ謂フ而シテ其方法ハ言語又ハ擧動等ヲ以テ傷害罪ヲ煽動シタルニ止マルヲ要ス若シ自ラ傷害行
爲ヲ實行シ又ハ傷害行爲ヲ容易ナラシメタルトキハ共犯ナリ是注意スヘキ點ナリ例ヘハ路上、俗
ニ所謂喧嘩ヲ爲ス者アルニ當リ其現場ヲ傍觀シナカラ傷害者ニ對シ助言ヲ發シ其勢ヲ增大ナラシ
メタル場合ノ如キ是レナリ若シ此場合ニ傷害者ト共ニ被傷害者ヲ毆打シタルトキハ實行正犯ナリ
又單ニ棍棒ステツキ等ヲ傷害者ニ貸與シテ幇助シタルトキハ從犯ナリトス而シテ本罪成立ニハ自

ラ人ニ傷害ヲ加フル意思アルヲ要セス唯、人ヲ傷害スルモノナルコトヲ知テ其勢ヲ助クル意思アルヲ以テ足ルモノトス是前條ト大ニ異ナル要點ナリ故ニ若シ傷害罪ヲ犯スモノナルコトヲ知ラス相撲又ハ擊劍ヲ爲スモノト信シ賞辭ヲ發シタル場合ノ如キハ第一編總則第三十八條ニ依リ罪ヲ犯ス意思ナキモノナルヲ以テ縱介、助勢ノ結果ヲ生セシムルモ本條ニ依リ處斷スルコトヲ得ス

以上ノ條件具備スルトキハ一年以下ノ懲役又ハ五十圓以下ノ罰金若クハ科料ニ處ス可キモノトス

第二百七條　二人以上ニテ暴行ヲ加ヘ人ヲ傷害シタル場合ニ於テ傷害ノ輕重ヲ知ルコト能ハス又ハ其ノ傷害ヲ生セシメタル者ヲ知ルコト能ハサルトキハ共同者ニ非スト雖モ共犯ノ例ニ依ル

本條ハ二人以上ニテ暴行ヲ加ヘ人ヲ傷害シタル場合ノ處分ヲ規定シタルモノナリ

本條ハ舊刑法、第三百五條「二人以上共ニ人ヲ毆打創傷シタル者ハ現ニ手ヲ下シ傷ヲ成スノ輕重ニ從ヒ各自ニ其刑ヲ科ス若シ共毆シテ傷ヲ爲スノ輕重ヲ知ルコト能ハサル時ハ其重傷ノ刑ニ照ラシ一等ヲ減ス但敎唆者ハ減等ノ限ニ在ス」トノ規定ト同一ノ場合ニ關スル規定ナリ同條ハ共謀ノ有無ヲ問ハス現ニ手ヲ下シタル場合ニ付キ各自ニ其責任ヲ負ハシムルヲ原則ト爲シ若シ其傷害何人ノ手ニ因テ成リタルモノナルヤヲ知ルコト能ハサルトキハ各自其重傷ノ刑ニ照シ一等ヲ減シ處斷シ敎唆者ハ

例外トシテ減等セサル規定ナサシモ同條前半ノ二人以上共ニ人ヲ傷害シタルトキハ、當然、第一編總則、共犯例ニ依リ各自成シタル傷害ノ實行正犯ト爲ス可キモノナルヲ以テ本法ハ此等ノ場合ヲ規定セサルモ同條後半若シ共毆シテ傷ヲ爲スノ輕重ヲ知ルコト能ハサル時　其重傷ノ刑ニ照ラシテ一等ヲ減ストノ規定ヲ修正シ本條二人以上ニテ暴行ヲ加ヘ傷害シタル場合ニ於テハ傷害ノ輕重ヲ知ルコト能ハス又其傷害ヲ生セシメタル者ヲ知ルコト能ハサルトキハ共同者ニ非スト雖モ共犯ノ例ニ依ルト改メ總則共犯例ヲ適用シ各自最モ重キ傷害ノ正犯トシテ處分スルコトト爲シタリ舊刑法ハ二人以上共ニ毆打創傷シ何人ノ成シタル傷害ナルカ知ルコト能ハサル場合ニ付テハ眞ニ其傷害ヲ爲サヽル者ニ對スル刑ノ過重ヲ避クル爲メ重傷ノ刑ニ一等ヲ減シ罪ノ疑ハシキハ寬ニ從フトノ趣旨ニ出テタルモ是稍ヤ犯行ト刑トノ權衡ヲ失スル嫌アリ如何トナレハ傷ヲ成ス輕重ヲ知ルコト能ハサル場合ト雖モ其暴行ヲ爲シタル數人ハ同一體トナリ犯行ニ從ヒタルモノナルヲ以テ互ニ其結果ヲ共擔ス可キモノナリ故ニ輕傷ヲ與ヘタル者ニ對シ重傷ノ刑ヲ科スルモ決シテ自己ノ干與セサル行爲ノ責任ヲ負フモノニ非サルヲ以テ當然、共犯例ニ依リ處斷ス可キモノトス故ニ本法ニ於テハ本條ヲ以テ二人以上ニテ傷害ヲ成シタル場合ニ其傷害ノ輕重ヲ知ルコト能ハサルトキハ共犯例ニ依リ又其傷害ヲ成シタル者ヲ知ルコト能ハサルトキハ縱令、共犯人ニ非スト雖モ尙ホ共犯例ニ依ルト規定シ啻ニ純然タル共犯ノ場合ノミナラス偶然、人ヲ共毆シ傷ヲ生セシメタル場合ヲモ仍ホ共犯例ニ依ルコトト爲シタリ蓋シ此後段ノ場合ハ何人カ必ス干與セサル傷害ニ付責任ヲ負フモノナルモ若シ之ヲ不問ニ付センカ實際上、弊害ヲ生シ權衡ヲ失スル虞アルヲ以テ斯ク規定シタルモノナリ

本條共犯例ニ依リ處分スルニハ、第一二人以上ニテ暴行ヲ加ヘ人ヲ傷害シタルコト、第二傷害ノ輕重ヲ知ルコト能ハス又ハ其傷害ヲ生セシメタル者ヲ知ルコト能ハサルコトノ二條件アルヲ要ス

第一、二人以上ニテ暴行ヲ加ヘ人ヲ傷害シタルコトヲ要ス

二人以上數人ニテ不法ノ腕力ヲ以テ人ヲ傷害シタルコトヲ要ス然レトモ其二人以上ハ必ス豫メ謀テ暴行ヲ爲シタルコトヲ要セス偶然、期セスシテ暴行ヲ爲シタルトキモ猶本條ニ依リ論ス可キモノトス

第二、傷害ノ輕重ヲ知ルコト能ハス又ハ其傷害ヲ生セシメタル者ヲ知ルコト能ハサルコトヲ要ス

（一）　二人以上ニテ暴行ヲ加ヘ人ヲ傷害シタル場合ニ於テ其傷害ノ輕重ヲ知ルコト能ハストハ二個以上ノ創傷アリテ何レカ何人ノ加ヘタル創傷ナルカ判然セサル場合ヲ謂フモノトス而シテ此場合ニ於テハ其創傷中最モ重キ傷害ノ刑ニ照シ孰レモ實行正犯トシテ處分ス可キモノナリ（二）其傷害ヲ生セシメタル者ヲ知ルコト能ハサルトキハ二人以上ニテ暴行ヲ加ヘ一個ノ創傷ヲ生セシメ

タルニ止リ其創傷ハ何人カ生セシメタルモノナルカ判然セサルトキヲ謂フ而シテ此場合ニ於テモ亦共ニ暴行ヲ加ヘタル者ハ其一個ノ傷害ニ對シ實行正犯トシテ處分ス可キモノトス是本條末文ニ又ハ其傷害ヲ生セシメタル者ヲ知ルコト能ハサルトキハ共同者ニ非スト雖モ共犯ノ例ニ依ルト規定シタル所以ナリ蓋シ二人以上通謀シ又ハ偶然期セスシテ數人共ニ人ヲ創傷シタル場合等ニ於テモ必ス人ヲ傷害スルノ意思アルコトヲ要スルハ論ヲ俟タス

第二百八條　暴行ヲ加ヘタル者人ヲ傷害スルニ至ラサルトキハ一年以下ノ懲役若クハ五十圓以下ノ罰金又ハ拘留若クハ科料ニ處ス

前項ノ罪ハ告訴ヲ待テ之ヲ論ス

本條ハ暴行ヲ加ヘ人ヲ傷害スルニ至ラサル罪ヲ規定シタルモノナリ

本條第一項ハ舊刑法、第四百二十五條第九號「人ヲ毆打シテ創傷疾病ニ至ラサル者」ト在リタル規定ト同一ナリ唯、舊刑法ハ本條ノ場合ヲ第四編違警罪トシテ三日以上、十日以下ノ拘置又ハ一圓九十五錢以下ノ科料ニ處シタルモ本法ハ刑法中別ニ違警罪ナルモノヲ認メサルヲ以テ本章下ニ規定シタルモノナリ而シテ本條成立ニハ、第一暴行ヲ加ヘタルコト、第二人ヲ傷害セサルコトノ二條件具備シタルコトヲ要スルモ一讀明瞭ナルヲ以テ説明セス第二項ハ本罪ノ如キ事體輕微ナル罪ハ實際上之ヲ親告罪ト爲スヲ利益ナリト認メタルヲ以テ告訴ヲ待テ其罪ヲ論スト規定シタルモノナリ玆ニ問題アリ毆打シテ互ニ創傷シ其手ヲ下ス先後ヲ知ルコト能ハサルトキハ如何ニ處分ス可キヤノ問題是ナリ舊刑法ハ此點ニ就キ第三百十條ヲ以テ「毆打シテ互ニ創傷シ其手ヲ下ス先後ヲ知ルコト能ハサル者ハ各其罪ヲ宥恕スルコトヲ得」ト規定シタルモ本法ニ於テハ斯ル場合ニ對スル特別規定ナキヲ以テ其各自ニ對シ相當ノ刑ヲ科スルノ外ナシ獨逸刑法ハ其第二百三十三條ヲ以テ癈疾ニ至ラサル創傷ヲ加ヘタル者ニ對シ直ニ同一ノ創傷ヲ加ヘタルトキハ裁判官ハ其方法又ハ限度ニ從ヒ其雙方又ハ一方ニ對シ科ス可キ刑ヲ減輕シ又ハ之ヲ全免スルコトヲ得ト規定シ所謂、非行ノ相殺ヲ認ムルコトト爲シタリ

第二十八章 過失傷害ノ罪

總論

本章ハ舊刑法第三編第一章第四節過失殺傷罪ノ規定ヲ修正シタルモノナリ

其修正シタル主要ノ點ヲ擧クレハ左ノ如シ

一、舊刑法ハ本章ノ罪ヲ過失殺傷罪ト名ツケタルモ殺傷ノ語ハ穩當ナラサルヲ以テ本法ハ之ヲ過失

傷害ノ罪ト改メタリ

二、舊刑法ハ職務ニ關スル過失傷害ノ場合ニ就テハ何等ノ規定ヲモ設ケサリシモ夫ノ業務上必要ナル注意ヲ怠リ人ヲ傷害シタル場合ノ如キハ之ヲ罰スル必要アルヲ以テ本法ハ新ニ業務上ノ過失罪ヲ設ケタリ

三、舊刑法ハ本章過失傷害ニ付キ親告ノ制ヲ認メサリシモ過失ニ因テ人ヲ傷害シタル場合ハ其情大ニ恕ス可キモノアルヲ以テ本法ハ過失傷害ノ場合ニ限リ之ヲ親告罪ト爲シタリ

本章ハ(一)過失ニ因リ人ヲ傷害シタル罪(二)過失ニ因リ人ヲ死ニ致シタル罪(三)業務上必要ナル注意ヲ怠リ因テ人ヲ死傷ニ致シタル罪等ヲ規定シタリ

第二百九條 過失ニ因リ人ヲ傷害シタル者ハ五百圓以下ノ罰金又ハ科料ニ處ス

前項ノ罪ハ告訴ヲ待テ之ヲ論ス

本條ハ過失ニ因リ人ヲ傷害シタル罪ヲ規定シタルモノナリ

本條ハ舊刑法第三百十八條「過失ニ因テ人ヲ創傷シ癈篤疾ニ致シタル者ハ十圓以上、百圓以下ノ罰金ニ處ス」トノ規定ト同第三百十九條「過失ニ因テ人ヲ創傷シ疾病休業ニ至ラシメタル者ハ二圓以上五

十圓以下ノ罰金ニ處ス」トノ規定ヲ合シテ修正シタルモノニテ其立法趣旨ハ殆ト同一ナリ
本罪成立ニハ、第一過失ニ因リタルコト、第二人ヲ傷害シタルコトノ二條件アルヲ要ス
第一、過失ニ因リタルコトヲ要ス
舊刑法ハ第三百十七條ヲ以テ過失ノ原因ヲ疏虞懈怠又ハ規則慣習ノ不遵守ト爲シタルモ是等ノ語ハ徒ニ疑義ヲ生スルニ止マリ實益ナキヲ以テ本法ハ單ニ過失ト改メ其過失ノ原因如何ハ之ヲ問ハサルコトト爲シタリ學者或ハ過失トハ認識スルコトヲ要シ且、認識スルコトヲ得ル事實ヲ認識セサルコトヲ謂フト定義ヲ下シ犯罪ニ就テハ犯罪構成條件又ハ刑罰加重條件ノ存在ヲ知ルコトヲ要ス故ニ知ルコトヲ得ルニ拘ハラス之ヲ知サルハ過失ナリト説明スル者アリ例令ハ人ニ食物ヲ與フルトキハ毒物ナルヤ否ヤヲ注意シテ與フルヲ要ス若シ其注意ヲ怠リ毒物ヲ與ヘ因テ人ヲ死傷ニ致シタルトキハ不注意ノ結果、過失傷害罪タルヲ免レス又例令ハ人ヲ獸ト誤信シテ銃殺シタルトキハ人タルヤ否ヤヲ認識スル注意ヲ闕キタル結果ナルヲ以テ是復過失傷害罪ナリ故ニ本條ニ所謂、過失トハ不注意ニ因リ豫期セサル傷害ノ結果ヲ生セシメタル所爲ヲ謂フ左レハ傷害罪ニハ一般犯罪ト異ナリ犯意ノ一條件ヲ闕クヲ以テ未遂犯ナキモノトス
第二、人ヲ傷害シタルコトヲ要ス

傷害ノ意義ニ就テハ前章ニ於テ既ニ詳論シタル所ト同一ニシテ其傷害ノ程度モ亦本條初メニ於テ述ヘタル如ク舊刑法、第三百十八條同第三百十九條ト等シク前章第二百五條同第二百六條ト同一ナル結果ヲ生セシメタルコトヲ云フヲ以テ再論セス

本罪ハ其結果ヨリ觀察スレハ頗ル重大ナル傷害ヲモ包含スルニ因リ嚴罰ス可キ必要アルカ如シト雖モ是ヲ一般犯罪ニ比スレハ全ク犯意ナク單ニ不注意ニ因リ豫期セサル結果ヲ生セシメタルモノナルニ因リ五百圓以下ノ罰金又ハ科料ニ處スト爲シ體刑ヲ科セサルノミナラス第二項ヲ以テ前項ノ罪ハ告訴ヲ待テ之ヲ論スト規定シ告訴ナキトキハ職權ヲ以テ公訴ノ提起實行ヲ爲サヽルモノトス

本條第二項ハ實際上ノ必要ニ基キ本法ノ新設ニ係ル制度ナリ蓋シ過失ニ因リ人ヲ死ニ致シタルトキ又ハ業務上、必要ナル注意ヲ怠リ人ヲ死傷ニ致シタル場合ノ如キハ直ニ之ヲ訴追シ處罰スルノ必要アルモ單ニ人ヲ傷害シタルニ止マルトキハ其情、大ニ恕ス可キ所アリ殊ニ被害者ト示談、落著スルコト多キニ因リ强テ之ヲ罰スルノ必要ナシ是本條被害者ノ告訴ヲ待テ之ヲ論スト規定シタル所以ナリ

第二百十條 過失ニ因リ人ヲ死ニ致シタル者ハ千圓以下ノ罰金ニ處ス

本條ハ過失ニ因リ人ヲ死ニ致シタル場合ヲ規定シタルモノナリ

本條ハ舊刑法、第三百十七條疎虞懈怠又ハ規則慣習ヲ遵守セス過失ニ因テ人ヲ死ニ致シタル者ハ二十圓以上、二百圓以下ノ罰金ニ處ス」トノ規定ト其立法趣旨同一ナルモ唯、本法ハ既ニ一言シタル如ク過失ノ原因ヲ列擧スルコトヲ避ケタリ然レトモ本法ニ於テモ亦舊刑法ト等シク疎虞、懈怠、規則、慣習不遵守等ニ因リ人ヲ死ニ致シタル場合ハ當然、包含スルモノトス而シテ舊刑法ノ所謂、疎虞トハ結果ヲ豫見セサル過失ヲ謂フ換言スレハ過失者ノ思慮其結果ニ及ハサリシ場合ヲ云フニ在リ懈怠トハ結果ヲ豫見シテ其豫防ヲ怠リタル過失ヲ謂フ詳言スレハ思慮必スシモ及ハサルニ非サルモ此事ナカル可シト妄信シテ危險ヲ避クルノ策ヲ怠リタル場合ヲ云フモノトス前者ハ過失者少シク思慮ヲ回ラセハ容易ニ危險ノ虞アルコトヲ發見ス可キモノナルニ思慮ヲ回ラササリシ過失アルモノニシテ後者ハ過失者既ニ危險ノ虞アルコトヲ知リナカラ其危險ヲ避ケサリシ過失アルモノトス又規則慣習ヲ遵守セストハ法律命令若クハ一般ニ是認セラレタル慣例等ニ背キタル場合ヲ謂フ例令ハ夜中燈火ナクシテ車馬ヲ疾驅スルコトヲ得ストノ規則アルニ拘ハラス夜中燈火ナクシテ車馬ヲ疾驅セシメ人ヲ死傷ニ致シタル場合ノ如キ又ハ相撲、擊劍、柔術等ハ自ラ一定ノ法則アルニ拘ハラス其法則、慣習以外ノ手段ヲ用ヒ對手ヲ死傷ニ致シタルカ如キ是ナリ本條過失ニ因リ人ヲ死ニ致ストハ人ノ生命ヲ喪失セシムル所爲ヲ謂フモノニシテ第二十六章第二百條第二十七章第二百六條ニ於テ説明シタル所ト同一ナルヲ以テ別ニ説明セス

以上ノ條件具備スルトキハ千圓以下ノ罰金ニ處ス可キモノトス但本條ノ罪及ヒ次條ノ罪ハ告訴ヲ待タスシテ訴追及ヒ處罰スルモノトス是注意ス可キ點ナリ

第二百十一條 業務上必要ナル注意ヲ怠リ因テ人ヲ死傷ニ致シタル者ハ三年以下ノ禁錮又ハ千圓以下ノ罰金ニ處ス

本條ハ業務ニ從事スル者ノ過失ニ就キ新設シタル規定ナリ

本條ニ所謂業務トハ一定ノ職務ヲ奉シ若クハ營業ヲ爲シ又ハ其他ノ業務ニ從事スル者ヲ謂フ換言スレハ公務員ノ職務ノ執行又ハ船舶、電車、汽車等ノ機關士、運轉士、醫師、藥劑師ノ如キ其他一般營業若クハ職業者ヲ云フモノトス而シテ是等、業務ニ從事スル者ハ其職業ニ付テハ一般人ト異ナリ特ニ注意ス可キ責任アルヲ以テ其業務上ニ付キ必要ナル注意ヲ闕キ因テ人ヲ死傷ニ致シタルトキハ之ヲ嚴罰ス可キ必要アリ是レ本條特ニ三年以下ノ禁錮又ハ千圓以下ノ罰金ニ處スト規定シ情狀ニ因リ禁錮刑ニ處スルコトト爲シタル所以ナリ獨逸刑法ハ官職職業又ハ營業上、爲ス可キ義務アル注意ヲ怠リタルニ因リ人ヲ傷害シタルトキハ云々ト規定シ業務上ノ意義ヲ明ニシタリ蓋シ其業務上、必要ナ

ル注意ヲ怠リタルモノナルヤ否ヤハ事實ノ問題ニシテ各場合ニ因リ裁判所ノ認定ス可キ範圍ナリ
前二條ハ一般人ニ關スル規定ナルヲ以テ過失ニ因リ人ヲ傷害シタルトキハ五百圓以下ノ罰金又ハ科料、人ヲ死ニ致シタルトキハ千圓以下ノ罰金ニ止マルモ本條ハ職務上、必要ナル注意ヲ怠リタル場合ニ關シ前條ニ比スレハ其情、頗ル重キヲ以テ單ニ傷害ニ止マルモ尚ホ嚴罰スル立法上ノ趣旨ナリトス
以上ノ條件具備スルトキハ三年以下ノ禁錮又ハ五百圓以下ノ罰金ニ處ス可キモノトス

第二十九章　墮胎ノ罪

總論

本章ハ舊刑法、第三編、第一章、第八節ノ規定ヲ修正シタルモノナリ
修正シタル主要ノ點ヲ擧クレハ左ノ如シ
一、本法ハ舊刑法、第三百三十四條ハ「懷胎ノ婦女ナルコトヲ知テ毆打其他暴行ヲ加ヘ因テ墮胎ニ至ラシメタル者ハ二年以上、五年以下ノ重禁錮ニ處ス」トノ規定ヲ爲シタルモ斯ル場合ハ傷害罪中ニ於テ處罰ス可キモノナルヲ以テ本法ハ暴行ヲ加ヘテ墮胎ニ至ラシメタル場合ノ規定ヲ爲サヽル

外其他ハ舊刑法立法趣旨ト異ナラサルモ法文ハ大ニ之ヲ修正シタリ

二、墮胎罪ハ之ヲ犯スニ至ル原因、種々アリト雖モ其重ナル原因ハ父母タル者、養育若クハ教育ノ困難ナルニ因リ又ハ世人ノ信用ヲ失フ不名譽等ヲ蔽ハントスルニ出ツルコト多シ殊ニ或ル地方ノ如キハ古來ノ慣習ニ因リ墮胎若クハ嬰兒ヲ壓殺シテ怪シマサル蠻風アリト聞ク故ニ我立法者ハ是等ノ惡習ヲ矯正スル爲メ舊刑法ヨリ一般ニ其刑ヲ重クスルコトト爲シタリ

本章ハ(一)懷胎ノ婦女藥物ヲ用ヒ又ハ其他ノ方法ヲ以テ墮胎シタル罪(二)婦女ノ囑託ヲ受ケ又ハ其承諾ヲ得テ墮胎セシメタル罪及ヒ因テ婦女ヲ死傷ニ致シタル罪(三)醫師、產婆、藥劑師又ハ藥種商婦女ノ囑託ヲ受ケ又ハ其承諾ヲ得テ墮胎セシメタル罪(五)婦女ノ囑託ヲ受ケス又ハ其承諾ヲ得スシテ墮胎セシメタル罪及ヒ其未遂罪(六)(五)罪ヲ犯シ因テ婦女ヲ死傷ニ致シタル罪等ヲ規定シタリ

第二百十二條 懷胎ノ婦女藥物ヲ用ヒ又ハ其他ノ方法ヲ以テ墮胎シタルトキハ一年以下ノ懲役ニ處ス

本條ハ懷胎ノ婦女自ラ墮胎シタル罪ヲ規定シタルモノナリ

本條ハ舊刑法、第三百三十條ト立法趣旨ハ殆ト同一ナリ唯、同條ハ一月以上、六月以下ノ重禁錮ニ處ス」トアリタルヲ本法ハ其刑期ヲ「一年以下」ト改メタルノ差異アルニ過キス

本罪成立ニハ第一、懷胎ノ婦女ナルコト、第二藥物ヲ用ヒ又ハ其他ノ方法ヲ以テシタルコト、第三墮胎シタルコトノ三條件アルヲ要ス

第一、懷胎ノ婦女ナルコトヲ要ス

本罪ノ主體ハ懷胎ノ婦女ナルコトヲ要ス故ニ懷胎ノ婦女ニ非サレハ本罪ノ主體タルコトヲ得ス然レトモ懷胎ノ婦女ナルトキハ處女ナルト有夫ノ婦ナルトヲ問ハス但シ男子モ共犯人タルコトヲ得ヘキハ論ヲ俟タス而シテ懷胎ノ婦女トハ體内ニ胎兒ノ宿リタル婦女ヲ謂フモノナレハ其胎兒ノ宿リタルトキヨリ本罪ノ主體タルモノナリ

第二、藥物ヲ用ヒ又ハ其他ノ方法ヲ以テシタルコトヲ要ス

本條藥物ヲ用ヒトハ墮胎ニ適スル藥劑ヲ使用シタルコトヲ云フモノニテ其他ノ方法ヲ以テトハ藥物以外ノ人工的方法手段ヲ以テ墮胎セシメタルコトヲ云フニ在ルモ事實上ノ問題ナルヲ以テ深ク論セス唯、其要ハ墮胎スル意思ヲ以テ人工的手段方法ヲ施シタルコトヲ要スルニアル而已

第三、墮胎シタルコトヲ要ス

墮胎トハ自然ノ分娩期ニ先タチ人工ヲ以テ母體内ニ生存スル胎兒ヲ母體ヨリ分離セシムル所爲ヲ謂フ而シテ本罪ハ自然ノ分娩期ニ至リ出生シタル嬰兒殺ト殆ト其性質ヲ同フス然レトモ本罪ハ自

然ノ分娩ニ非サル胎兒ヲ故ラ産出セシムル所爲ヲ云フモノナルヲ以テ出生後ノ嬰兒ヲ殺ス所爲トハ全ク異ニス換言スレハ本條墮胎罪ハ自然ノ分娩期ニ先タチ胎兒ヲ母體外ニ産出セシムル所爲ヲ云フモノナルモ若シ其産出シタル胎兒カ出産後生存シテ發育シタルトキハ墮胎罪ナルヤ否ヤ此點ニ就テハ學説一定セス第一説ハ自然ノ分娩期ニ先タチ人工ヲ以テ胎兒ヲ母體外ニ産出セシメタルトキハ其胎兒ノ生育スルト否トヲ問ハス本罪成立スト、第二説ハ死亡セシムル手段トシテ胎兒又ハ胚胎ヲ母體ヨリ産出セシメタルトキニ非サレハ本罪成立セス故ニ自然ノ分娩期ニ先タチ胎兒ヲ産出セシムルモ胎兒、出生後、生育シタルトキハ墮胎罪ニ非スト本條「懷胎ノ婦女藥物ヲ用ヒ又ハ其他ノ方法ヲ以テ墮胎シタルトキハ」ト規定シタルニ依リ本條中ニハ右第一説第二説ノ場合共ニ包含スト解ス可キナリ之ヲ要スルニ墮胎罪ハ自然ノ分娩期ニ先タチ人爲ヲ以テ胎兒ヲ母體ヨリ分離セシムルニ依リテ成立スル罪ニシテ胎兒カ其結果トシテ死亡スルト否トハ本罪ノ成否ニ影響ナキモノトス蓋シ被告ハ完ク墮胎行爲ヲ了リタルニ其豫想ニ反シテ産兒ノ生息スルヲ見、更ニ殺意ヲ決シ之ヲ殺害シタルトキハ二個別異ノ意思發動ニ因リ二個獨立ノ犯罪行爲タル墮胎及ヒ故殺ヲ遂行シタルモノト謂ハサル可カラストノ判例アリ玆ニ注意ス可キハ縱令、自然ノ分娩期ニ先タチ胎兒ヲ母體ヨリ分離セシムルモ醫師カ醫學ノ認ムル範圍ニ於テ母體ノ保護上、已ムヲ得ス産出セシメタルトキハ一種ノ業務行爲ナルヲ以テ本罪成立セス是注意ス可キ點ナリ而シテ本罪成立ニハ婦女自ラ懷胎ナルコトヲ知テ墮胎シタルヲ要ス故ニ若シ自ラ懷胎タルコトヲ知ラス又ハ墮胎スルノ意思ナク他ノ疾病ノ爲メ藥物ヲ服用シタル結果、墮胎シタル場合ノ如キハ本條ノ問フ所ニ非ス

以上ノ條件具備シタルトキハ一年以下ノ懲役ニ處ス可キモノトス

第二百十三條　婦女ノ囑託ヲ受ケ又ハ其承諾ヲ得テ墮胎セシメタル者ハ二年以下ノ懲役ニ處ス因テ婦女ヲ死傷ニ致シタル者ハ三月以上五年以下ノ懲役ニ處ス

本條ハ婦女ノ囑託又ハ其承諾ヲ得テ墮胎セシメタル罪ヲ規定シタルモノナリ

本條ハ舊刑法、第三百三十一條「藥物其他ノ方法ヲ以テ墮胎セシメタル者ハ亦前條ニ同シ因テ婦女ヲ死ニ致シタル者ハ一年以上三年以下ノ重禁錮ニ處ス」トノ規定ヲ修正シタルモノニテ其立法趣旨ハ殆ト同一ナリ唯、同條ハ藥物其他ノ方法ヲ以テ墮胎セシメタル者トノミ規定シタルニ因リ若シ婦女ノ囑託又ハ承諾ヲ得テ墮胎セシメタルトキハ該條ニ包含セサルヤノ疑義アリタルヲ以テ本法ハ婦女ノ囑託又ハ承諾ヲ得テ墮胎セシメタル者ト修正シタルニ過キス

本罪成立ニハ、第一婦女ノ囑託ヲ受ケ又ハ其承諾ヲ得タルコト、第二墮胎セシメタルコトノ二條件アルヲ要ス

第一、婦女ノ囑託ヲ受ケ又ハ其承諾ヲ得タルコトヲ要ス

婦女ノ囑託ヲ受ケ又ハ承諾ヲ得タルコトトハ懷胎ノ婦女ヨリ墮胎ノ依賴ヲ受ケ又ハ自ラ進ンテ婦女ノ承諾ヲ得タルコトヲ謂フ而シテ囑託ハ婦女ヨリ求メ承諾ハ墮胎者ヨリ求ムルコトノ差異アリ故ニ本罪成立ニハ必ス婦女ノ囑託又ハ承諾ニ因リ墮胎セシメタルコトヲ要ス若シ婦女ノ囑託又ハ承諾ナキニ墮胎セシメタルトキハ第二百十五條ノ罪成立ス然レトモ玆ニ注意ス可キハ婦女ノ囑託ヲ受ケ又ハ承諾ヲ得タルモ單ニ墮胎ノ所爲ヲ幇助シ之ヲ容易ナラシメタルニ止マルトキハ前條懷胎ノ婦女自ラ墮胎シタル罪ノ從犯ナリ又前條及ヒ本條ノ罪ヲ敎唆シタル者ハ墮胎罪ノ敎唆罪ナリトス

第二、墮胎セシメタルコトヲ要ス

墮胎トハ胎兒ヲ母體ヨリ產出セシムル所爲ヲ謂フモノナルヲ以テ其手段方法ハ前條既ニ述ヘタルカ如ク藥物ヲ用ヒタルト其他如何ナル方法手段ニ因リタルトヲ問ハス墮胎ノ結果ヲ生セシメタルトキハ本罪成立スルモノトス獨逸刑法ハ婦女ノ承諾ヲ得テ其胎兒ヲ殺ス方法ヲ實施セシメ又ハ施用

シタル者ハ云々墮胎又ハ其胎兒ヲ殺害スル懷胎ノ婦女ニ對シ報酬ヲ收受シテ其方法ヲ指示シ之ヲ實施セシメ又ハ之ヲ施用シタル者ハ云々ト規定シタルモ本法ハ婦女ノ承諾又ハ囑託ニ基ク以上ハ報酬ヲ受クルト否トヲ問ハス本條ニ依リ論ス可キモノナリ而シテ婦女ノ囑託ニ基キタルト又承諾ニ因リタルトヲ問ハス墮胎セシムル意思ヲ要スルコト論ヲ俟タス

本條第二項ハ婦女ノ囑託又ハ承諾ヲ得テ墮胎セシムル意思ヲ以テ墮胎セシメントシテ其婦女ヲ死傷ニ致シタル場合ニ關スル規定ナリ素ヨリ本項婦女ヲ死傷ニ致シタル場合ハ初メヨリ殺意アルニ非サルヲ以テ其刑極メテ輕シ即チ婦女ノ囑託ヲ受ケ又ハ承諾ヲ得墮胎セシメ因テ婦女ヲ死傷ニ致シタルトキハ本項ニ依リ論ス可キモノナリ

以上ノ條件具備スルトキハ二年以下ノ懲役ニ處シ若シ婦女ヲ死傷ニ致シタルトキハ三月以上五年以下ノ懲役ニ處ス可キモノトス

第二百十四條　醫師、産婆、藥劑師又ハ藥種商婦女ノ囑託ヲ受ケ又ハ其ノ承諾ヲ得テ墮胎セシメタルトキハ三月以上五年以下ノ懲役ニ處ス因テ婦女ヲ死傷ニ致シタルトキハ六月以上七年以下ノ懲役ニ處ス

本條ハ醫師、産婆、藥劑師又ハ藥種商等カ婦女ノ囑託ヲ受ケ又ハ其承諾ヲ得テ墮胎セシメタル罪ヲ

規定シタルモノナリ
舊刑法ハ第三百三十二條ニ「醫師、穩婆又ハ藥商前條ノ罪ヲ犯シタル者ハ各一等ヲ加フ」ト規定シ特別ノ職業又營業者ハ通常人ノ刑ニ照シテ一等ヲ加重スル立法例ナリシモ本條ニ於テハ特ニ其刑ヲ設ケタリ然レトモ其立法趣旨ハ舊刑法ト同一ナリ唯、前條ト同シク疑義ヲ避クル爲メ醫師、産婆、藥劑師又ハ藥種商、婦女ノ囑託ヲ受ケ又ハ其承諾ヲ得テ墮胎セシメタルトキト修正シタルニ過キス
本罪成立ニハ、第一醫師、産婆、藥劑師又ハ藥種商タルコト、第二婦女ノ囑託ヲ受ケ又ハ其承諾ヲ得タルコト、第三墮胎セシメタルコトノ三條件アルヲ要ス
第一、醫師、産婆、藥劑師又ハ藥種商タルコトヲ要ス
本條ノ醫師、産婆、藥劑師トハ孰レモ法令ノ規定ニ依リ資格ヲ認許セラレタル者ヲ謂フ又藥種商トハ藥品ノ製造販賣ニ從事スル商人ヲ謂フ是等ノ者ハ其職業又ハ營業上、墮胎セシムル方法手段ヲ知ルモノナルニ因リ常人ヨリ墮胎ヲ行フコト容易ナルヲ以テ若シ婦女ヨリ囑託ヲ受ケ又ハ婦女ノ承諾ヲ得テ墮胎セシメタルトキハ其情、最モ惡ム可キモノナリ是前條、常人ヨリ嚴罰スル所以ナリ
然レトモ何人ト雖モ本罪ノ共犯人タルコトヲ得可キハ一般共犯ノ原則ニ依リ明ナリトス

第二、婦女ノ囑託ヲ受ケ又ハ其承諾ヲ得タルコトヲ要ス

本條、婦女ノ囑託ヲ受ケ又ハ其承諾ヲ得タルコトノ意義ニ就テハ前條既ニ説明シタル所ト同一ナルヲ以テ再説セス

第三、墮胎セシメタルコトヲ要ス

墮胎セシムル方法手段モ亦各自、所有スル器械又ハ藥品ヲ以テ墮胎セシメタルト其他、如何ナル方法手段ニ因リタルトヲ問ハス墮胎ノ結果ヲ生セシメタルトキハ本罪成立ス而シテ婦女ノ囑託ヲ受ケ又ハ承諾ヲ得タルトヲ問ハス墮胎セシムル意思ヲ以テ墮胎セシメタルコトヲ要ス然レトモ醫師、又ハ產婆カ懷胎者ノ身體、生命ヲ保護スル爲メ醫學上、認メラレタル手術ノ必要上、墮胎セシメタル場合ハ一種ノ業務行爲ナルヲ以テ本條ノ問フ所ニ非ス又藥劑師、藥種商モ正當ナル醫師ノ處方ニ基キ調劑シ若クハ藥品ヲ賣却シタルニ止マルトキハ縱令、其藥品ヲ服用シタル結果、墮胎スルモ本條ニ依リ論スルコトヲ得ス

本條末項ハ前條、第二項ト同一ニ醫師其他ノ者カ婦女ノ囑託ヲ受ケ又ハ承諾ヲ得テ墮胎セシメントシテ婦女ヲ死傷ニ致シタルトキノ規定ニシテ前條第二項ト其趣旨同一ナルヲ以テ別ニ説明セス

以上ノ條件具備シタルトキハ三月以上五年以下ノ懲役ニ處シ若シ因テ婦女ヲ死傷ニ致シタルトキハ

六月以上七年以下ノ懲役ニ處ス可キモノトス
本條及ヒ前條ノ罪ハ孰レモ未遂ノ所爲ヲ罰セサルヲ以テ墮胎ノ結果ヲ生セシメタルトキ本罪成立ス然レトモ本條末段、因テ婦女ヲ死傷ニ致シタルトキハ其墮胎行爲ノ未遂ナルト既遂ナルトヲ問ハス墮胎行爲ニ著手シ因テ婦女ヲ死傷ニ致シタルトキハ既遂罪ナリトス是注意ス可キ點ナリ

第二百十五條　婦女ノ囑託ヲ受ケス又ハ其承諾ヲ得スシテ墮胎セシメタル者ハ六月以上七年以下ノ懲役ニ處ス
前項ノ未遂罪ハ之ヲ罰ス

本條ハ婦女ノ囑託又ハ承諾ヲ得スシテ墮胎セシメタル罪ヲ規定シタルモノナリ
本條ハ舊刑法第三百三十三條「懷胎ノ婦女ヲ威逼シ又ハ誆騙シテ墮胎セシメタル者ハ一年以上四年以下ノ重禁錮ニ處ス」トノ規定ヲ修正シ廣ク婦女ノ囑託又ハ承諾ヲ得スシテ墮胎セシメタル場合ヲ規定シタルモノナリ故ニ婦女ノ囑託又ハ承諾ヲ得スシテ墮胎セシメタルトキハ舊刑法ノ如ク威逼又ハ誆騙セサルモ尙ホ本罪成立ス而シテ舊刑法ニ所謂威逼トハ威力若クハ脅嚇ヲ用ヒテ墮胎ヲ强要シ其意ニ反シテ墮胎セシメタル場合ヲ謂フモノナルモ斯ル場合ハ勿論其他ノ場合ニ於テモ婦女ノ囑託又ハ承諾ニ基カサルトキハ凡テ本條ニ包含スルモノトス

本條成立ニハ、第一婦女ノ囑託ヲ受ケス又ハ其承諾ヲ得サルコト、第二墮胎セシメタルコトノ二條件アルヲ要ス

第一、婦女ノ囑託ヲ受ケス又ハ其承諾ヲ得サルコトヲ要ス

前二條ハ既ニ述ヘタル如ク孰レモ婦女ノ囑託又ハ承諾ニ因リ墮胎セシメタル場合ナルモ本條ハ婦女ノ囑託又ハ承諾ナキ場合ヲ規定シタルモノナリ故ニ本條ノ場合ハ其懷胎ノ婦女ハ犯罪ノ主體ニ非ラスシテ本罪ノ被害者ナリトス是前三條ト異ナル要點ナリ獨逸刑法ハ懷胎ノ婦女ニ對シ其承諾ヲ得ス又ハ其意ニ反シテ墮胎セシメ又ハ其胎兒ヲ殺シタル者ハ云々ト規定シ此點ヲ明ニ規定シタリ（第二百二十條）

第二、墮胎セシメタルコトヲ要ス

墮胎セシメタル手段方法ハ藥物若クハ器械ヲ用ヒタルト又ハ暴行、脅迫、威逼、誆騙等ニ因リタルトヲ問ハス胎兒ヲ產出セシメタルトキハ本罪成立ス然レトモ若シ墮胎セシムル意思ナク傷害ノ結果、墮胎セシメタルトキハ第二十七章傷害罪ノ第二百四條ニ依リ論ス可キモノナリ

以上ノ條件具備シタルトキハ六月以上七年以下ノ懲役ニ處ス可キモノトス

本罪ハ其未遂ノ所爲ヲ罰スルモノナリ故ニ本條墮胎罪ハ如何ナル程度ニ達シタルトキ未遂罪成立

スルモノナルヤハ頗ル至難ノ問題ナリト雖モ本罪ハ姙婦ノ囑託又ハ承諾ナキニ暴行又ハ脅迫、詐術其他ノ方法ヲ以テ其意ニ反シ墮胎セシメタル罪ナルヲ以テ其暴行、脅迫、詐術其他ノ方法ニ著手シタルトキハ著手未遂罪ニシテ墮胎ノ手段ヲ施シタル結果、出生シタルトキハ胎兒死亡シテ生レタルト將タ生レテ死亡シタルトヲ問ハス本罪ノ既遂罪ナリ但出產ノ前後ヲ論セス胎兒死亡ノトキハ本罪ノ既遂ナリトノ反對說アリ

第二百十六條　前條ノ罪ヲ犯シ因テ婦女ヲ死傷ニ致シタル者ハ傷害ノ罪ニ比較シ重キニ從テ處斷ス

本條ハ墮胎ノ結果婦女ヲ死傷ニ致シタル罪ヲ規定シタルモノナリ

本條ハ舊刑法、第三百三十五條「前二條ノ罪ヲ犯シ因テ婦女ヲ癈篤疾又ハ死ニ致シタル者ハ毆打創傷ノ各本條ニ照シ重キニ從テ處斷ス」トノ規定ト全ク同一趣旨ノ規定ナリ故ニ若シ前條ノ罪ヲ犯シ因テ婦女ヲ死傷ニ致シタルトキハ第二十七章第二百四條及ヒ第二百五條ノ各規定ニ比較シ重キニ從テ處分ス可キモノトス例ヘハ婦女ヲ死ニ致シタルトキハ第二百五條ニ依リ處斷シ單ニ傷害ニ止マルトキハ第二百四條ニ依リ處斷スルカ如キ是ナリ

第三十章　遺棄ノ罪

總論

本章ハ舊刑法第三編第一章第九節ヲ修正シタルモノナリ
其修正シタル主要ノ點ヲ擧クレハ左ノ如シ
一、舊刑法ハ本章ヲ幼者又ハ老疾者ヲ遺棄スル罪ト題シタルモ本法ハ單ニ遺棄ノ罪ト改メ老者幼者
及ヒ病者ノ外不具者ヲモ保護スルコトト改メタリ
二、舊刑法ハ幼者ヲ八歲ニ滿タサル者ト限リタルヲ以テ滿八歲以上ノ幼者ハ遺棄セラルルモ全ク保
護ヲ受ケサルノ不當ヲ免レサリシヲ以テ本法ハ扶助ヲ要ス可キ幼者ト改メ其年齡如何ニ拘ハラス
苟モ自活スルコト能ハサル者ヲ遺棄シタルトキハ總テ之ヲ罰スルコトト爲シタリ
三、舊刑法ハ八歲ニ滿タサル幼者又ハ老疾者ヲ寥闃無人ノ地ニ遺棄シタル場合ト否トヲ區別シ其刑
ヲ異ニシタルモ實際上、之ヲ區別スルノ必要ナキヲ以テ本法ハ斯ル文字ヲ廢シ單ニ遺棄シタル者
ト爲シ刑ノ輕重ハ裁判所ノ自由判斷ニ一任スルコトト爲シタリ
本章ハ(一)老幼不具又ハ疾病ノ爲メ扶助ヲ要ス可キ者ヲ遺棄シタル罪(二)老者、幼者、不具者又ハ病者

ヲ保護ス可キ責任アル者之ヲ遺棄シ又ハ其生存ニ必要ナル保護ヲ爲サヽル罪(三)因テ人ヲ死傷ニ致シタル罪等ヲ規定シタリ

第二百十七條　老幼、不具又ハ疾病ノ爲メ扶助ヲ要ス可キ者ヲ遺棄シタル者ハ一年以下ノ懲役ニ處ス

本條ハ幼者、老者、不具者又ハ病者ヲ遺棄シタル罪ヲ規定シタルモノナリ

本條ハ舊刑法、第三百三十六條「八歳ニ滿タサル幼者ヲ遺棄シタル者ハ一月以上、一年以下ノ重禁錮ニ處ス自ラ生活スルコト能ハサル老者、疾病者ヲ遺棄シタル者亦同シ」トノ規定ト同第三百三十七條「八歳ニ滿タサル幼者又ハ老疾者ヲ寥闃無人ノ地ニ遺棄シタル者ハ四月以上、四年以下ノ重禁錮ニ處ス」トノ規定トヲ合シテ修正シタルモノナリ

本罪成立ニハ第一、扶助ヲ要ス可キ幼者、老者、不具者又ハ疾病者タルコト、第二遺棄シタルコトノ二條件アルヲ要ス

第一、扶助ヲ要ス可キ幼者、老者、不具者又ハ疾病者タルコトヲ要ス

本條ニ幼老不具又ハ疾病ノ爲メ扶助ヲ要ス可キ者トハ自ラ生活シテ生命ヲ維持スルコト能ハサル幼者、老者、不具者及ヒ疾病者ヲ謂フ蓋シ自ラ生活シテ生命ヲ維持スルコト能ハサル者ナルヤ否

ヤハ事實上ノ問題ナルヲ以テ裁判所ノ認定ス可キ範圍ナリ然レトモ滿八歳以下ノ幼者又ハ身體ノ自由ナラサル不具者、老者、病者ノ如キハ當然、自ラ生活スルコト能ハサルモノナリ如斯、自己ノ行爲ヲ以テ生活又ハ生命ヲ維持スルコト能ハサル幼者、老者、不具者、病者ハ通常其父母、兄弟、姉妹等相互ニ民法上扶助ス可キ義務アリト雖モ本條ハ是等扶養ノ義務ナキ者ニ關スル規定ナリ例ヘハ一時宿泊スル宿屋下宿屋等ニ於テ其宿泊人ヲ遺棄シタル場合又ハ人力車夫、馬車若クハ船頭等カ乘客タル幼者、老者、不具者、病者ヲ運送ノ途中遺棄シタル場合ノ如キ是ナリ旅宿ノ主人ハ宿泊人ニ對シ宿泊ヲ承諾シタル以上ハ之ヲ宿泊セシム可キ義務ヲ負擔シタルモノナルヲ以テ之ニ違背シ老病者ヲ路傍ニ置キ去リタルトキハ老病者遺棄罪成立ストノ判例アリ

第二、遺棄シタルコトヲ要ス

遺棄トハ不正ニ其保護ヲ要ス可キ者ノ扶助ノ責任ヲ免脱スル所爲ヲ謂フ故ニ其保護ス可キ幼者、老者、不具者、疾病者ヲ他所ニ移送スルト又自ラ其場所ヲ去ルトヲ問ハス保護ス可キ責任ヲ脱シタルトキハ本條ニ所謂、遺棄ナリ故ニ舊刑法ノ寥闃無人ノ地ニ遺棄シタルト將タ人家稠密ノ場所ニ遺棄シタルトヲ問ハス本罪成立ス然レトモ彼ノ山間、僻地、人跡稀ナル所ニ遺棄シタルト人家、稠密ナル場所ニ遺棄シタルトハ其情、自ラ輕重アルハ論ヲ俟タサルヲ以テ本罪成立ニハ扶助ヲ要

ス可キ幼者、老者、不具者又ハ疾病者ヲ遺棄スル意思アルヲ要ス左レハ遺棄スル意思ナク已ムヲ得サル事情ノ爲メ一時、他所ニ移シ又ハ所用ノ爲メ自ラ他出シタル場合ノ如キハ本條ニ依リ論スルコトヲ得ス

以上ノ條件具備スルトキハ一年以下ノ懲役ニ處ス可キモノトス

第二百十八條 老者、幼者、不具者又ハ病者ヲ保護ス可キ責任アル者之ヲ遺棄シ又ハ其生存ニ必要ナル保護ヲ爲サヽルトキハ三月以上五年以下ノ懲役ニ處ス

自己又ハ配偶者ノ直系尊屬ニ對シテ犯シタルトキハ六月以上七年以下ノ懲役ニ處ス

本條ハ保護ノ責任アル者ニ對スル遺棄罪及ヒ生存ニ必要ナル保護ヲ爲サヽル罪ヲ規定シタリ

本條第一項ハ舊刑法、第三百三十八條「給料ヲ得テ人ノ寄託ヲ受ケ保養ス可キ者前二條ノ罪ヲ犯シタル時ハ各一等ヲ加フ」トノ規定ヲ修正シタルモノナリ舊刑法ハ單ニ給料ヲ得テ人ノ寄託ヲ受ケ保

護ス可キ者老者、幼者又ハ病者ヲ遺棄シタル場合ノミニ就キ規定シタルモ本法ハ之ヲ修正シ廣ク保護ノ責任アル者是等ノ者ヲ遺棄シ又ハ其生存ニ必要ナル保護ヲ爲サヽルトキハ總テ罰スルコトト爲シタリ

本條第一項ハ老者幼者不具者又ハ病者ヲ遺棄スル罪又ハ是等ノ者ノ生存ニ必要ナル保護ヲ爲サヽル罪第二項ハ自己又ハ配偶者ノ直系尊屬ニ對シ是等ノ罪ヲ犯シタル場合ヲ規定シタルモノナリ

（一）　老者幼者不具者又ハ病者ヲ遺棄スル罪

本罪成立ニハ、第一老者、幼者、不具者又ハ病者ナルコト、第二保護ス可キ責任アル者ナルコト、第三遺棄シタルコトノ三條件アルヲ要ス

第一、老者、幼者、不具者又ハ病者タルコトヲ要ス

本條ニ於ケル老者、幼者、不具者又ハ病者モ亦前條規定ノ老者、幼者、不具者又ハ病者ト同シク自己ノ行爲ニ因リ自ラ生活シ若クハ生命ヲ維持スルコト能ハサル者ヲ總稱ス然レトモ其自活シテ生命ヲ維持スルコト能ハサル者ナルヤ否ヤハ專ラ其老幼不具又ハ疾病ノ程度ニ因テ決ス可キ事實上ノ問題ナルモ既ニ前條ニ於テ詳論シタルヲ以テ再論セス

第二、保護ス可キ責任アル者タルコトヲ要ス

舊刑法ハ給料ヲ得テ人ノ寄託ヲ受ケ保養ス可キ者ト規定シタルモ本法ハ他ヨリ給料ヲ得ルト否トヲ問ハス老者、幼者、不具者、病者ヲ保護ス可キ責任アル者之ヲ遺棄シタルトキハ其保護ス可キ時期ノ一時ナルト永久ナルトヲ問ハス總テ本條ニ依リ論ス可キモノナリ而シテ其保護ノ責任ハ他人ノ囑託若クハ承諾ニ因リ生シタルヲ要ス例ヘハ病者ヲ預リタル病院等ノ如キ是ナリ蓋シ立法者ノ意見ニ依レハ自家ニ使用スル雇人ヲ遺棄シタル場合ハ前條ニ依リ論ス可キモノナリト云フ故ニ本條保護ノ責任ノ範圍ハ極メテ狹隘ニ解ス可キモノナリ獨逸刑法ハ此點ニ就キ扶助ヲ要ス可キ幼者不具者、病者ヲ監督シ保護シ護送シ收容ス可キトキ故意ニ扶助ヲ爲サヽル者ト規定シ其保護ノ責任者ヲ明ニ規定シタリ

第三、遺棄シタルコトヲ要ス

遺棄トハ保護ス可キ責任アル者、不法ニ老者幼者。不具者又ハ病者ニ對スル保護ノ責任ヲ免脫スル所爲ヲ云フモノナルモ既ニ前條ニ於テ述ヘタルヲ以テ再論セス

(二) 老者、幼者、不具者、病者ノ生存ニ必要ナル保護ヲ爲サヽル罪

遺棄罪ハ老者幼者不具者病者ヲ他方ニ移シ若クハ自ラ其場所ヲ去リ保護ス可キ責任ヲ免脫スルニ因テ成立スル罪ナルモ本罪ハ老者幼者不具者病者ニ必要ナル保護ヲ闕クニ因テ成立スル罪ナリ

本罪成立ニハ、第一老者幼者不具者病者ナルコト、第二生存ニ必要ナル保護ヲ爲サヽルコトノ二條件アルヲ要ス

第一、老者幼者不具者病者タルコトヲ要ス

老者幼者不具者病者トハ自己ノ行爲ニ因リ自ラ活動シテ生命ヲ維持スルコト能ハサル者ナルモ既ニ述ヘタルヲ以テ再説セス

第二、生存ニ必要ナル保護ヲ爲サヽルコトヲ要ス

生存ニ必要ナル保護トハ生命ヲ維持スルニ要スル保養ヲ謂フ換言スレハ老者幼者不具者病者ノ生命ヲ維持スルニ足ル可キ飮食、衣服ヲ給與スルハ勿論病者ニ對シテハ其疾病ヲ癒スルニ適當ナル服藥ヲ爲サシムル等モ亦此必要ナル保護中ニ包含ス故ニ老者、幼者不具者又ハ病者ニ飮食ヲ與ヘス又ハ減食セシメ或ハ寒暑ヲ凌クニ足ル可キ衣服ヲ與ヘサルトキハ本罪成立スルモノトス然レトモ赤貧洗フカ如キ者自己ノ勞働其他ノ行爲ニ因リ生存ニ必要ナル保護ヲ爲スコト能ハサル者ハ之レ保護ヲ爲サヽルニ非スシテ爲シ能ハサルモノナルヲ以テ本條ニ依リ論ス可キ限ニ非ス蓋シ其生存ニ必要ナル保護ナルヤ否ヤハ裁判所ノ認定ス可キ事實上ノ問題ナリ左レハ本罪成立ニハ是等ノ者ノ生存ニ必要ナルコトヲ知テ保護シ得可キニ拘ハラス故ラ保護セサルコトヲ要スルモノトス

（三）　自己又ハ配偶者ノ直系尊屬ヲ遺棄シ又ハ生存ニ必要ナル保護ヲ爲サヽル罪

本條第二項ハ自己又ハ配偶者ノ直系尊屬ニ對スル罪ヲ規定シタルモノナリ而シテ本條ハ舊刑法第三百六十三條「子孫其祖父母、父母ニ對シ毆打創傷ノ罪其他監禁、脅迫、遺棄、誣告誹毀ノ罪ヲ犯シタル者ハ各本條ニ記載シタル凡人ノ刑ニ照シ二等ヲ加ヘ同第三百六十四條子孫其祖父母、父母ニ對シ衣食ヲ供給セス其他必要ナル奉養ヲ闕キタル者云々トノ規定ト其立法趣旨ハ同一ナリ是等子孫タル者ハ自ラ奉養ス可キ絶對的義務アル者ナルヲ以テ其尊屬親ヲ遺棄シ又ハ生存ニ必要ナル保護ヲ爲サヽルトキハ之ヲ嚴罰ス可キ必要アリ而シテ本罪ハ子孫タル身分アリテ始メテ成立ス可キ罪ナリ

本項自己又ハ配偶者ノ直系尊屬トハ第二十六章第二百一條ニ於テ詳論シタル所ト同一ナルヲ以テ再論セサルモ玆ニ注意ス可キハ既ニ一言シタル如ク本罪ハ子孫タル身分アル者自己ノ直系尊屬ヲ遺棄スルニ因テ始メテ成立スル罪ナルモ其遺棄行爲ニ加擔シタル他人ハ縱令子孫タル身分ナキモ仍ホ本罪ノ共犯ナリ故ニ本罪ハ第一編、總則第十一章、第六十五條、第一項犯人ノ身分ニ因リ構成ス可キ罪ヲ共ニ犯シタルトキハ其身分ナキ者ト雖モ仍ホ共犯トストノ規定ヲ適用ス可キ犯罪ナリ

而シテ玆ニ所謂、必要ナル保護トハ自己又ハ配偶者ノ直系尊屬親ニ對シ必要ナル扶養ノ義務ヲ免脱スルノ所爲ヲ謂フ此點ニ就テハ民法第四編第八章第九百五十四條ハ扶養ノ義務アル者ヲ規定セリ同

條ニ依レハ直系血族及ヒ兄弟姉妹ハ互ニ扶養ヲ爲ス義務ヲ負フ夫婦ノ一方ト他ノ一方ノ直系尊屬ニシテ其家ニ在ル者トノ間亦同シ同第九百五十九條扶養ノ義務ハ扶養ヲ受ク可キ者カ自己ノ資産又ハ勞務ニ依リテ生活ヲ爲スコト能ハサルトキニノミ存在ス云々同第九百六十條扶養ノ程度ハ扶養權利者ノ需要ト扶養義務者ノ身分及ヒ資力ニ依リ之ヲ定ム同第九百六十一條ハ扶養義務者ハ其撰擇ニ從ヒ扶養權利者ヲ引取リテ之ヲ養ヒ又ハ之ヲ引取ラスシテ生活ノ資料ヲ給付スルコトヲ要スルトノ規定ハ本條老者、幼者、不具者又ハ病者ヲ保護ス可キ責任アル者ニ對スル生存ニ必要ナル保護ノ程度ヲ定ム標準ト爲ス可キナリ

本法確定成案ニハ本項ノ規定ナカリシヲ貴族院ニ於テ特ニ加フルコトト爲シタルモノナリ

以上ノ條件具備スルトキハ(一)(二)ハ三月以上五年以下ノ懲役ニ處シ(三)ハ六月以上七年以下ノ懲役ニ處ス可キモノトス

第二百十九條　前二條ノ罪ヲ犯シ因テ人ヲ死傷ニ致シタル者ハ傷害ノ罪ニ比較シ重キニ從テ處斷ス

本條ハ老者幼者不具者又ハ病者ヲ遺棄シ若クハ生存ニ必要ナル保護ヲ爲サス因テ死傷ニ致シタル罪ヲ規定シタルモノナリ

本條ハ舊刑法、第三百三十九條「幼者、老病者ヲ遺棄シ因テ癈疾ニ致シタル者ハ輕懲役ニ處シ篤疾ニ致シタル者ハ重懲役ニ處シ死ニ致シタル者ハ有期徒刑ニ處ス」トノ規定ト同一ノ場合ヲ規定シタルモノナリ舊刑法ハ前二條ノ罪ヲ犯シ因テ人ヲ死傷ニ致シタルトキハ別ニ刑ヲ設ケタルモ本法ハ之ヲ區別セス第二十七章傷害ノ罪ニ比較シ其重キニ從テ處斷スルコトト爲シタリ茲ニ注意ス可キコトハ若シ最初ヨリ殺ス意思ヲ以テ遺棄シ又ハ生存ニ必要ナル保護ヲ爲サヽルトキハ第二十六章殺人罪ヲ以テ論ス可キコト是ナリ

餘論

草案第二百五十七條ハ「扶助ヲ要ス可キ老者幼者又ハ病者ヲ現場ニ發見シタル者故ナク之ヲ扶助セス又ハ當該職員ニ申告セサルトキハ科料ニ處ス」ト規定シ扶助ヲ要ス可キ老者、幼者、病者ヲ發見シ故ナク扶助セサル罪ヲ規定シ又舊刑法第三百四十條モ「自己ノ所有地又ハ看守ス可キ地內ニ遺棄セラレタル幼者、老者、病者アルコトヲ知テ之ヲ扶助セス又ハ官署ニ申告セサル者ハ十五日以上、六月以下ノ重禁錮ニ處ス若シ疾病ニ罹リ昏倒スル者アルコトヲ知テ扶助又ハ申告セサル者亦同シ」ト規定シタルモ確定成案ニ至リ是等ノ規定ハ特別法令ニ讓ル趣旨ヲ以テ削除セラレタリ

第三十一章　逮捕及ヒ監禁ノ罪

總論

本章ハ舊刑法、第二編、第一章、第六節ノ規定ニ修正ヲ加ヘタルモノナリ
其修正シタル主要ノ點ヲ擧クレハ左ノ如シ

一、舊刑法ハ本章ヲ擅ニ人ヲ逮捕監禁スル罪ト題シ規定シタルモ本法ハ單ニ逮捕及ヒ監禁ノ罪ト改メタリ

二、舊刑法ハ監禁ノ場所ヲ私家ニ限リタルモ之ヲ私家ト制限スルハ狹キニ失シ實際上、往々、本罪ヲ逸スル不都合アルヲ以テ本法ハ斯ル制限ヲ廢シテ場所ノ如何ヲ問ハサルコトト爲シタリ

三、舊刑法ハ監禁日數ニ因リ刑ヲ加重スル規定ナリシモ監禁日數十日ヲ過クル毎ニ一等ヲ加重スルハ苛刻ニ失スルノ虞アルヲ以テ本法ハ此等ノ規定ヲ廢シテ凡テ裁判所ノ認定ニ一任スルコトト爲シタリ

本章ハ(一)不法ニ人ヲ逮捕又ハ監禁シタル罪(二)自己又ハ配偶者ノ尊屬ニ對シテ犯シタル罪(三)罪ヲ犯シ因テ人ヲ死傷ニ致シタル罪等ヲ規定シタルモノナリ

第二百二十條　不法ニ人ヲ逮捕又ハ監禁シタル者ハ三月以上五年以下ノ懲役ニ處ス
自己又ハ配偶者ノ直系尊屬ニ對シテ犯シタルトキハ六月以上七年以下ノ懲役ニ處ス
本條ハ人ヲ逮捕又ハ監禁シタル罪ヲ規定シタルモノナリ
本條ハ舊刑法、第三百二十二條「擅ニ人ヲ逮捕シ又ハ私家ニ監禁シタル者ハ十一日以上、二月以下ノ重禁錮ニ處シ二圓以上、二十圓以下ノ罰金ヲ附加ス但監禁日數十日ヲ過クル每ニ一等ヲ加フ」トノ規定及ヒ同第三百二十三條「擅ニ人ヲ監禁制縛シテ毆打拷責シ又ハ飮食衣服ヲ屛去シ其他苛刻ノ所爲ヲ施シタル者ハ二月以上、二年以下ノ重禁錮ニ處シ三圓以上、三十圓以下ノ罰金ヲ附加ス」トノ規定ヲ合シテ修正シタルモノナリ
本罪成立ニハ、第一不法ナルコト、第二人ヲ逮捕又ハ監禁シタルコトノ二條件アルヲ要ス
第一、不法ナルコトヲ要ス
本條ハ不法ニ人ヲ逮捕又ハ監禁シタル者ト規定シタルニ因リ巡査、憲兵卒カ職務ノ執行トシテ豫

審判事ノ令狀ニ依リ被嫌疑者ヲ逮捕拘引シタルトキハ職務ノ執行ナルヲ以テ本條ノ問フ所ニ非ス又父母、後見人、教師等カ其子弟ニ對シ民法上、懲戒權ノ範圍ニ於テ子弟ヲ監禁シタル場合若クハ精神病者ヲ一室ニ閉居セシメタル場合ノ如キハ不法ノ逮捕監禁ニ非サルニ因リ本罪成立セス故ニ本罪ハ必ス權利ナキ不法ノ逮捕監禁タルコトヲ要スルモノトス

第二、人ヲ逮捕又ハ監禁シタルコトヲ要ス

逮捕及ヒ監禁ハ其形式ニ於テ多少異ナル所アリト雖モ其實質ニ至テハ二者共ニ人ノ自由ヲ剝奪スル所爲ナリ而シテ逮捕トハ直接ニ人ノ身體ヲ束縛シテ自由ヲ失ハシムル所爲ヲ謂ヒ監禁トハ或ル場所ニ人ヲ繼續シテ幽閉シ間接ニ人ノ自由ヲ失ハシムル所爲ヲ謂フニ在リ故ニ逮捕罪ハ人ヲ逮捕スルニ因テ成立スル即時罪ナルモ之ニ反シテ監禁罪ハ一定ノ時間一定ノ場所ニ閉居セシムルニ因テ成立スル繼續犯ナリ其結果トシテ逮捕罪ハ即時ヨリ時效期間ヲ計算シ監禁罪ハ其監禁ヲ解キタル時ヨリ時效期間ヲ計算ス可キモノトス而シテ本罪成立ニハ人ヲ不法ニ逮捕シ又ハ監禁スルノ意思アルヲ要スルコト論ヲ俟タス

以上ノ條件具備スルトキハ三月以上五年以下ノ懲役ニ處ス可キモノトス

本條第二項ハ自己又ハ配偶者ノ直系尊屬ニ對シテ犯シタルトキハ其他ノ者ニ對シテ犯シタル場合ヨ

リ一層嚴罰ス可キ必要アルヲ以テ特ニ六月以上、七年以下ノ懲役ニ處ス」トノ規定シタルモノナリ

本項特ニ自己又ハ配偶者ノ直系尊屬ニ對シテ犯シタルトキ云々ト規定シタルヲ以テ自己又ハ配偶者ノ兄弟、姉妹其他ノ親屬、姻屬ニ對シ犯シタルトキハ本條第一項ニ依リ論ス可キモノナリ是特ニ注意ス可キ點ナリ

第二百二十一條　前條ノ罪ヲ犯シ因テ人ヲ死傷ニ致シタル者ハ傷害ノ罪ニ比較シ重キニ從テ處斷ス

本條ハ人ヲ逮捕又ハ監禁シ因テ死傷ニ致シタル罪ヲ規定シタルモノナリ

本條ハ舊刑法、第三百二十三條擅ニ人ヲ監禁制縛シテ毆打拷責シ又ハ飲食、衣服ヲ屏去シ其他苛刻ノ所爲ヲ施シタル者云々同第三百二十四條前條ノ罪ヲ犯シ因テ人ヲ疾病死傷ニ致シタル者ハ云々同第三百二十五條擅ニ人ヲ監禁シ水火震災ノ際其監禁ヲ解クコトヲ怠リ因テ死傷ニ致シタル者ハ前條ノ例ニ同シ」トノ規定ヲ合シテ一條ニ規定シタルモノナリ其立法趣旨ハ舊刑法ト異ナルコトナシ本條ハ往々、不法ノ逮捕又ハ監禁ニ因リ併發ス可キ行爲ナルヲ以テ特ニ規定シタルモノナルモ監禁制縛ニ因テ死傷ニ致シタル場合ハ實體上ノ二罪併發ニ非ストノ判例アリ

本罪成立ニハ、第一不法ニ人ヲ逮捕又ハ監禁シタルコト、第二因テ人ヲ死傷ニ致シタルコトノ二條件アルヲ要ス

第一、不法ニ人ヲ逮捕又ハ監禁シタルコトヲ要ス

舊刑法第三百二十三條ノ規定シタル如ク人ヲ逮捕又ハ監禁シ毆打拷責シ若クハ飮食衣服ヲ屛去シ其他苛刻ノ所爲ヲ施シ又ハ同第三百二十五條ノ人ヲ監禁シ水火震災ノ際其監禁ヲ解カサル爲メ死傷ニ致シタル場合ノ如キハ本條ニ該當ス可キ好適例ナリ

第二、因テ人ヲ死傷ニ致シタルコトヲ要ス

因テ人ヲ死傷ニ致ストハ人ノ生命ヲ喪失セシメ又ハ創傷ヲ負ハシメタルコトヲ謂フモノナルモ死傷ニ就テハ既ニ屢々說明シタル所ナルヲ以テ再說セス而シテ本罪ハ最初ヨリ人ヲ殺スノ意思ナク單ニ人ヲ逮捕又ハ監禁シテ毆打拷責シ若クハ飮食衣服ヲ屛去シタル結果、死ニ致シタル場合ヲ豫定シタルモノナリ是卽チ傷害罪ト比較シテ重キニ從テ處斷スル所以ナリ

以上ノ條件具備スルトキハ第二十七章傷害ノ罪ニ比較シ重キニ從テ處分ス可キモノトス

第三十二章　脅迫ノ罪

總論

本章ハ舊刑法、第三編、第一章、第七節ヲ修正シタルモノナリ

其修正シタル主要ノ點ヲ擧クレハ左ノ如シ

一、舊刑法ハ脅迫ノ方法ヲ列擧シ人ニ對シテ殺人放火毆打創傷又ハ放火毀壞刼掠等ヲ行フ可シト脅迫シタル場合ニ限リタルニ因リ人ノ自由又ハ名譽ニ對シ害ヲ加ヘント脅迫シタル場合ハ之ヲ罰スルコトヲ得サルノ不都合アリタルヲ以テ本法ハ自由又ハ名譽ニ對シ害ヲ加ヘント脅迫シタル場合モ仍ホ脅迫罪成立スルコトト改メタリ

二、舊刑法ハ人ヲ脅迫シタル場合ノミヲ規定シ脅迫ニ因テ人ニ義務ナキ事ヲ行ハシメ又ハ行フ可キ權利ヲ妨害シタル場合ヲ豫想セサリシモ本法ハ新ニ脅迫ニ因リ人ヲシテ義務ナキ事ヲ行ハシメ又ハ行フ可キ權利ヲ妨害シタルトキモ亦脅迫罪トシテ處分ス可キ規定ヲ設ケタリ

三、舊刑法ハ第三百二十七條ニ兇器ヲ持シテ人ヲ脅迫シタルトキハ各一等ヲ加フト規定シタルモ是等ハ單ニ犯罪ノ情狀ニ過キサルヲ以テ本法ハ刑ヲ擴張シタル結果トシテ之ヲ規定セス

四、舊刑法ハ本章脅迫罪ヲ親告罪ト爲シタル結果、往々被害者ニ於テ後難ヲ恐レ告訴ヲ爲サヽルコトアリ又却テ被害者ヲシテ不當ノ賠償ヲ貪ラシムルノ弊害アリタルヲ以テ本法ハ親告ノ制ヲ全廢

スルコトト爲シタリ

本章ハ(一)生命、身體、自由、名譽又ハ財産ニ對シ害ヲ加フ可キコトヲ以テ人ヲ脅迫シタル罪(二)親族ノ生命、身體、自由、名譽又ハ財産ニ對シ害ヲ加フ可キコトヲ以テ脅迫シ又ハ暴行ヲ用ヒ人ヲシテ義務ナキコトヲ行ハシメ又ハ行フ可キ權利ヲ妨害シタル罪(三)親族ノ生命、身體、自由又ハ財産ニ對シ害ヲ加フ可キコトヲ以テ脅迫シ人ヲシテ義務ナキ事ヲ行ハシメ又ハ行フ可キ權利ヲ妨害シタル罪及ヒ其未遂罪等ヲ規定シタリ

第二百二十二條　生命、身體、自由、名譽又ハ財産ニ對シ害ヲ加フ可キコトヲ以テ人ヲ脅迫シタル者ハ一年以下ノ懲役又ハ百圓以下ノ罰金ニ處ス

親族ノ生命、身體、自由、名譽又ハ財産ニ對シ害ヲ加フ可キコトヲ以テ人ヲ脅迫シタル者亦同シ

本條ハ人ヲ脅迫シタル罪ヲ規定シタルモノナリ

本條第一項ハ舊刑法第三百二十六條ヲ修正シタルモノナルコト既ニ本章總論ニ於テ一言シタルカ如シ舊刑法ハ脅迫ノ方法ヲ列擧シタルモ本法ハ汎ク人ノ生命、身體、自由、名譽又ハ財産ニ對シ害ヲ

第五、不能犯　不能犯トハ犯罪行爲ヲ實行スルモ犯人豫期ノ犯罪成立セサル場合ヲ謂フ換言スレハ犯罪的行爲ヲ實行シタルモ其目的上、又ハ方法上ヨリ犯罪成立セサル場合ヲ云フモノトス

(一) 目的上ノ不能犯　目的上ノ不能犯ハ復タ之ヲ絶對的、不能犯、相對的、不能犯ト爲ス

イ　絶對的不能犯トハ犯罪實行當時被害物體存在セサルカ又ハ存在スルモ尚ホ犯罪成立セサル場合ヲ謂フ假令ハ暗夜、人ナリト信シテ斬リ付ケタルニ石地藏ナリシ場合ノ如キ又他人ノ物ト信シテ竊取シタルニ自己ノ所有物ナリシ場合ノ如キ是ナリ

ロ　相對的不能犯トハ犯罪ノ目的物體存在スルモ到底其目的ヲ達スルコト能ハサル場合ヲ謂フ假令ハ殺傷セントスル人ノ寢所ニ發砲シタルニ其人居ラサリシ場合ノ如キ又ハ盜兒、寺院ノ賽錢ヲ竊取セントシタルニ錢箱空虚ナリシ場合ノ如シ此等ノ場合ハ孰レモ犯罪ノ目的物體、絶對ニ存在セサルニ非スシテ其實行ノ場所ニ現在セサリシモノナルヲ以テ相對的、不能犯ナリトス

(二) 方法上ノ不能犯　方法上ノ不能犯モ亦絶對的、不能犯、相對的、不能犯ト爲ス

イ　絶對的方法上ノ不能犯トハ犯罪ノ實行方法カ性質上其目的ヲ達スルコト能ハサル場合ヲ謂フ假令ハ彈丸裝置ナキ銃ヲ以テ人ヲ銃殺セントシタルカ如キ又ハ毒藥ナリト信シテ砂糖ヲ人ニ服セシメタル場合ノ如キ孰レモ其方法ニテハ目的ヲ達スルコト能ハサル場合ヲ謂フモノトス

ロ　相對的方法上ノ不能犯トハ犯人カ實行セント欲シタル方法ハ性質ニ於テ可能ナルモ尙ホ其目的ヲ達スルコト能ハサル場合ヲ謂フ假令ハ彈丸裝置ノ銃ヲ發砲シタルモ遠距離ノ爲メ人ニ的ラサル場合ノ如シ若シ接近スレハ目的ヲ達スルコトヲ得ルヲ以テ之ヲ相對的不能犯ナリトス

以上ハ不能犯ノ類別ナリト雖モ此相對的、不能犯ハ目的上ト方法上トヲ問ハス實行スルニ當リ注意周密ナラス又ハ手段拙劣ナルニ因リ其目的ヲ遂ケサル場合ナルヲ以テ意外ノ障碍ニ因ル未遂罪ナリ縱令ハ彼ノ盜兒、賽錢箱ヲ搜査シタルトキ又ハ發砲シタルモ遠距離ノ爲メ人ヲ仆スヲ得サル場合ノ如キ孰レモ犯罪ノ目的物體、其場所ニ現在セサルノミナルヲ以テ未遂罪ノ成立條件ヲ具備スルモノトス之ニ反シテ絕對的、不能犯ハ目的上及ヒ方法上共ニ何等ノ障碍ナキニ拘ハラス其目的ヲ達スルコト能ハサル不能ノ所爲ナルヲ以テ何人カ行フモ犯罪成立セサルモノトス故ニ彼ノ人ト誤信シテ石地藏ヲ斬リ他人ノ物ト信シテ自己ノ物ヲ竊取シ又ハ彈丸ナキ銃ヲ放チ或ハ砂糖ヲ毒藥ナリト信シ人ニ服セシムルカ如キハ單ニ犯意ノ表示タルニ過キサルヲ以テ孰レモ刑法上、罪トシテ論スヘキモノニ非ス要スルニ不能犯トハ結果ニ向ヘル意思活動カ本來結果ヲ到來セシムルニ適セサリシトキ換言スレハ當時認識ス可ラサル障碍又ハ其後ニ到來シタル障碍ニ關係ナク結果ヲ到來セシメサリシ時ニ存在スルモノトス故ニ不能犯ノ多クハ闕效犯ナレハ實行未遂犯ナリト雖モ亦常ニ然ルニアラス著手未遂犯ナルコトアリ即チ本人カ結果ヲ得ントシテ不能ノ手段ニ依リ其第一著手ヲ試ムルコトアリ又無益ノ手段ヲ盡シテ終局スルコトアル可キヲ以テナリ然レトモ絶對的不能犯ハ目的上ニ於ケルト方法上ニ於ケルトヲ問ハス絶對的ニ何人カ實行スルモ犯罪成立セサル場合ヲ云フモ之ニ反シテ闕效犯トハ犯罪ノ手段方法ヲ完全ニ實行シタルモ意外ノ障碍ニ因リ目的ヲ遂ケサル場合ヲ云フモノトス之其區別ノ要點ナリ

第六、中止犯　中止犯トハ犯人自ラ所爲ヲ中止シ罪トナル可キ事實ノ發生ヲ防止スル所爲ヲ謂フ而シテ其犯罪實行ニ著手シ未タ何等ノ效果ヲモ生セサル前、中止シタルトキハ全ク罪ナシ之ニ反シテ犯罪實行ニ著手シテ多少效果ノ生シタル後ニ中止シタルトキハ最早責任ナキヲ得ス假令ハ人ヲ殺サントシテ其人ニ會シ斷然、殺意ヲ飜シ實行セサルトキノ如キハ毫モ、犯罪的、效果ヲ生セサルヲ以テ罪ナシ之レニ反シテ一刀、切リ付ケ忽チ惻隱ノ情起リ中止シタル場合ノ如キハ之カ爲メニ生シタル創傷ノ責ニ任ス可キモノトス前者ハ著手中止犯ト云フ後者ハ之ヲ實行中止犯ト云フ玆ニ注意ス可キコトハ中止犯ニ似テ非ナルモノアリ假令ハ人ヲ銃殺セントシテ發砲シタルモ命中セサリシ爲メ更ニ二丸ヲ發セサル場合ハ中止犯ニアラスシテ闕效犯ナリ是レ即チ其一發、命中セサリシハ意外ノ障碍ニ因ルモノニシテ中止前既ニ闕效犯、成立スルモノナレハナリ要スルニ著手中止犯トハ犯人ノ意思活動ノ完了セサルトキ換言スレハ犯人ノ遂ケントスル犯罪行爲ニ著手シ任意ニ中止シタルトキ成立スルモノトス例ヘハ人ヲ殺サントシテ刀ヲ振リ上ケタルモ其刀ヲ下ササリシ場合ノ如キ是ナリ又實行中止犯トハ犯人ノ豫期シタル犯罪行爲ヲ實行シタルモ未タ結果ノ生セサル前其結果ノ到來ヲ任意ニ防止シタルコトヲ云フモノトス例ヘハ人ヲ毒殺セントシテ毒物ヲ與ヘタルモ直ニ解毒劑ヲ與ヘテ毒殺ノ結果ヲ生セシメサリシ場合ノ如キ之ナリ然レトモ此中止犯ハ犯人ニ於テ既ニ意思活動又ハ其結果防止ノ支配權ヲ有セサリシトキハ最早結果ノ到來不到來カ、縱令確實ナルモ中止犯ナリト云フコトヲ得ス如何トナレハ此場合ニ於テハ既ニ犯罪ノ全部ヲ實行シ了リタルモノナレハナリ

以上論シタル犯罪ノ發意、決心、豫備ハ暫ク措テ著手未遂犯、闕效犯、不能犯中止犯等ハ從來學者ノ附シタル名稱ニシテ孰レモ未遂犯中ニ於ケル學理上ノ分類ナリ然ラハ本法ニ於テモ此區別ヲ認メタルヤ否ヤ、第四十三條ハ犯罪ノ實行ニ著手シ之ヲ遂ケサル者ハ云々ト規定シタルヲ以テ前段論シタル著手未遂犯、闕效犯、不能犯等ハ本條中ニ包含スルモノトス而シテ中止犯ハ該條但書ヲ以テ規定シタルニ依リ疑ヲ容レサルナリ

第七、犯罪ノ既遂　犯罪ノ既遂トハ犯罪ノ實行ニ著手シ何等ノ障碍モナク犯人其犯サント欲シタル

罪ヲ實行シ終リタル場合ヲ謂フ例ヘハ人ヲ殺ス發意、決心、豫備、著手ノ順序ヲ經テ遂ニ人ヲ殺シタル場合ノ如キハ、是殺人罪ノ既遂ナリトス而シテ此犯罪ノ既遂、未遂ハ目的ヲ達シタルト否トニ依リ區別ス可キモノニシテ結果ノ發生時期ノ如キハ固ヨリ問フ所ニ非ストノ判例アリ之ヲ要スルニ犯罪ノ既遂トハ犯人ノ豫期シタル結果ヲ任意ノ意思活動ニ因リ生セシメタルコトヲ云フモノトス故ニ犯罪ノ既遂タルニハ犯罪成立條件ノ總テヲ實行シタルコトヲ要ス然レトモ其既遂ノ時期ハ各種ノ犯罪ニ依リ異ルヲ以テ各種犯罪ノ規定ニ依リ決ス可キモノトス

第四十三條　犯罪ノ實行ニ著手シ之ヲ遂ケサル者ハ其刑ヲ減輕スルコトヲ得但自己ノ意思ニ因リ之ヲ止メタルトキハ其刑ヲ減輕又ハ免除ス

本條ハ未遂罪ヲ規定シタルモノナリ

本條ハ舊刑法第百十二條ヲ修正シタルモノナリ本法ニ於テハ「犯罪ノ實行ニ著手シ之ヲ遂ケサル者ハ其刑ヲ減輕ス」ト規定シ著手シテ之ヲ遂ケサル原因如何ヲ問ハス汎テ未遂罪トセリ舊刑法第百十二條ハ「罪ヲ犯サントシテ已ニ其事ヲ行フト雖モ犯人意外ノ障碍若クハ舛錯ニ因リ未タ遂ケサルトキハ既ニ遂ケタル者ノ刑ニ一等又ハ二等ヲ減ス」ト規定シ著手シテ遂ケサル原因ヲ明示シタルモ障碍トハ外來的防害ノ爲メ犯罪ヲ遂ケサル場合ヲ云ヒ舛錯トハ犯人自身ノ錯誤ニ因テ目的ヲ遂ケサル

場合ヲ云フモノナルヲ以テ其原因ノ外來ナルト自招ナルトノ差アルニ止マリ其目的ヲ遂ケサル點ニ付テハ二者共ニ異ナル所ナシ假令ハ甲、乙ヲ銃殺セントシテ發砲シタルモ銃丸樹木ニ的リ乙ニ命中セス乙爲メニ銃殺ノ害ヲ免カレタリトセハ乙ヨリ觀レハ樹木ノ障碍ニ因リ危難ヲ免レタルモノナリ之ヲ甲ヨリ觀レハ自ラ狙撃ヲ誤リ樹木ヲ射テ乙ニ命中セサリシ意外ノ舛錯ナリ、唯其觀察ノ方面ヲ異ニシタルニ止マリ二者實質上ニ至テハ毫モ異ナルコトナシ然ルニ學者或ハ、著手未遂犯ハ障碍ニ基ク未遂犯ニシテ闕效未遂犯ハ舛錯ニ基ク未遂犯ナリト論スルモ其目的ヲ達セサル點ハ孰レモ同一ナルヲ以テ之ヲ區別スルノ必要ナシ故ニ本法ニ於テハ遂ケサル原因如何ヲ問ハス廣ク「犯罪ノ實行ニ著手シ」ト規定シ舊刑法ノ所謂障碍又ハ舛錯ニ基ク場合ノ如キモ亦此「遂ケサル」ノ中ニ包含スルモノト爲シタリ

前刑法草案參考書ニ舊刑法、第百十二條ハ犯罪ノ實行ニ著手シタル後、意外ノ障碍若クハ舛錯ニ因リテ之ヲ遂ケサルモノヲ以テ未遂罪トナセリ然レトモ一旦。犯罪ノ實行ニ著手シタル後犯人之ヲ遂ケサリシ場合ニ於テハ其未遂ノ原因、意外ノ障碍若クハ舛錯ニ因ルト否トヲ問ハス總テ之ヲ未遂罪ト爲スヘキモノトス故ニ本法ニ於テハ此趣旨ニ基ツキ犯罪ヲ遂クル目的ヲ以テ之ヲ達スル手段ヲ行ヒ之ヲ遂クルコト能ハサリシトキハ其原因如何ヲ問ハス總ヘテ未遂罪ト爲ス主義ヲ採リ舊刑法ニ於

ケル所謂著手未遂若クハ闕効未遂ノ區別ヲ認メサリシノミナラス其處分ニ至リテモ必ス刑ヲ減輕ス可キモノト爲サスシテ一ニ情狀ニ因ルコトト爲セリ、是未遂罪ノ結果タル危害ハ既遂罪ノ結果タル危害ニ比シ多少輕キモノナキニ非スト雖モ時トシテハ其犯情恕ス可ラサルモノアルヲ以テ其刑ヲ減輕スルト否トハ一ニ之ヲ裁判所ノ判斷ニ任スルコトト爲シタリ然レトモ犯罪ノ實行ニ著手シタル後、自己ノ意思ニ因リ之ヲ止メタル者ハ社會ニ及ホス害惡少ナク、且犯情モ亦憫察ス可キ所アルヲ以テ之ヲ罰スル場合ニモ一般ニ減輕スルモノトシ情狀ニ因リ其刑ヲ免除スルコトヲ得セシメ以テ刑ノ適用ニ不權衡ナカラシメタリ若シ此但書ヲ闕クトキハ啻ニ刑ノ不權衡ヲ來タスノミナラス一旦犯罪ノ實行ニ著手シタル後ハ自己ノ意思ニ因リ之ヲ中止シタルトキト雖モ尚ホ未遂罪ト爲ルヲ以テ或ハ既ニ犯罪ノ實行ニ著手シタル者ハ決シテ之ヲ中止スルコトナク常ニ遂行スル虞ナシトセス是レ本條但書ヲ設ケタル所以ナリト說明セリ

本條但書ハ既ニ論シタルカ如ク自己ノ意思ニ因リ犯罪實行ヲ中止シタル場合ノ規定ニシテ其中止以前ニ實害ヲ生シタルトキハ實害ノ程度ニ因リ犯人ノ期シタル犯罪ノ本刑ヨリ幾分ノ刑ヲ減輕シ若シ全ク實害ヲ生セシメサリシトキハ其刑ヲ全免ス可キコトヲ規定シタルモノナリ

餘論

本條確定成案ハ舊刑法第百十二條ト同一趣旨ニテ本條前段ヲ犯罪ノ實行ニ著手シ之ヲ遂ケサル者ハ其刑ヲ減輕スト規定シ未遂罪ハ必ス減輕ス可キコトヲ規定シタルモ貴族院ニ於テ本條ノ如ク「減輕スルコトヲ得」ト改メ其之ヲ減輕スルト否トハ裁判所ノ自由ニ一任スルコトト改メタリ其是ヲ修正シタル理由ハ未遂罪ト雖モ殺人罪ノ如キハ二刀若クハ三刀ヲ切リ付ケ氣息奄々死ニ瀕セシメタルモ死ニ至ラサルトキハ必ス減輕セサル可ラサルノ不都合アリト云フニ在ルモ余ハ如斯場合ニ於テモ仍ホ死ニ致シタル既遂ヨリ其情輕キヲ以テ原則上確定成案ト等シク減輕スト規定スルヲ立法上寔ニ妥當ナリシト信スルモノナリ

第四十四條　未遂罪ヲ罰スル場合ハ各本條ニ於テ之ヲ定ム

本條ハ未遂罪ヲ罰ス可キ場合ヲ各本條ニ定メタル旨ヲ規定シタルモノナリ

舊刑法第百十三條ハ重罪ノ未遂犯ハ總テ之ヲ罰スルコトト爲シタルモ、如斯規定スルハ廣キニ失シ事理ニ反スル場合ナキニアラサルヲ以テ本法ニ於テハ同條第二項ト同一趣旨ニ依リ未遂罪ヲ罰ス可キ場合ハ第二編以下各本條ニ於テ特ニ之ヲ規定シ若シ規定ナキ犯罪ニ就テハ未遂犯ハ之ヲ罰セサルコトト爲シタリ而シテ本法第二編ニ於テ未遂罪ヲ罪ス可キ犯罪ヲ示セハ左ノ如シ

第二章内亂ニ關スル罪、第三章外患ニ關スル罪、第六章逃走ノ罪、第九章放火罪、第十一章往來

ヲ妨害スル罪、第十二章住居ヲ侵ス罪、第十四章阿片煙ニ關スル罪、第十六章通貨僞造ノ罪、第十七章文章僞造ノ罪、第十八章有價證劵僞造ノ罪、十九章印章僞造ノ罪、第二十二章猥褻姦淫及ヒ重婚ノ罪、第二十六章殺人ノ罪、第二十九章墮胎ノ罪、第三十二章脅迫ノ罪、第三十三章略取及ヒ誘拐ノ罪、第三十六章竊盜及ヒ强盜ノ罪、第三十七章詐欺及ヒ恐喝ノ罪、等是ナリ

第九章 併合罪

總論

本章ハ舊刑法第一編第七章數罪倶發ヲ改正シタルモノナリ

本章ハ舊刑法ノ所謂、數罪倶發ト稱シタルモノヲ改メ併合罪ト爲シタルモノナリ而シテ併合罪トハ確定セサル罪ノ二個以上併發シタル場合ヲ謂フモノトス然レトモ此確定セサル數罪ハ必スシモ倶ニ發覺スルモノニ非ス或ハ既ニ一罪、確定シタル後、他ノ罪ト共ニ發覺スルコトナキニアラス此等ノ場合ヲ數罪倶發ト稱スルハ稍ヤ穩當ナラス加之本法ニ於テハ第四十五條ニ規定スル如ク確定裁判以前ノ數罪ハ發覺時期ノ前後ヲ問ハス之ヲ併合シテ處斷スルヲ以テ、寧ロ併合罪ト稱スルニ如カス是即

チ併合罪ト改メタル所以ナリ然レトモ斯ク併合罪ト稱スルモ各罪ヲ併合シテ一罪ト爲スニ非ス其各罪ハ尚ホ獨立シテ存在スルモ唯之ヲ併合シテ處斷スルニ過キス而シテ此併合罪ニハ實體的併合罪ト想像的併合罪トノ二種アリ即チ實體的併合罪トハ獨立シタル數多ノ行爲カ各獨立シタル多數ノ罪ヲ構成スル場合ヲ云ヒ想像的併合罪トハ一個ノ行爲又ハ牽連シタル數個ノ行爲カ多數ノ罪ヲ構成ス可キ要素ヲ包含スル場合ヲ云フ本章第四十五條以下第五十三條ハ實體的併合罪ヲ規定シ第五十四條同第五十五條ハ想像的併合罪ノ處分ヲ規定シタルモノナリ其詳細ハ各條下ニ至リ述ヘントス蓋シ併合罪ノ處分ニ就テハ各國立法例ニ左ノ三主義アリ

第一、吸收主義　此主義ハ數罪中、最モ重キ所爲ニ對シテ刑ヲ科シ他ノ輕キ所爲ハ總テ重キ犯罪中ニ吸收セシムト云フニアリ是佛國刑法ノ採用シタル主義ニシテ我舊刑法モ亦此主義ヲ採用シタリト雖モ數罪ヲ犯シタル場合ニ其重キ所ノミヲ罰シテ輕キ所爲ヲ不問ニ付スルハ弊害ナキニ非ス即チ犯人ハ一罪ヲ犯シテ罰セラルルヨリ、寧ロ數罪ヲ犯シテ罰セラルルニ如カスト爲スニ至リ法律自身カ犯罪ヲ奬勵スル不當ノ結果ヲ生ス故ニ一罪ヲ犯シタル者ト數罪ヲ犯シタル者トヲ同一ノ刑ニ處スルハ頗ル公平ヲ失スルヲ以テ近世ノ立法例ハ此主義ヲ排斥シテ併科主義ヲ採用スルニ至レリ第二、併科主義　此主義ハ一罪アレハ一刑ヲ科スト云フニアルヲ以テ法理上ニ於テハ間然スル所ナシト雖モ之亦多少ノ缺點ナキニ非ス縦令ハ數罪中二個以上、死刑ニ該當ス可キ犯罪アルカ若クハ死刑ト無期刑ニ該當スル犯罪アルトキハ之ヲ併科スルヲ得ス又輕キ罪ナルモ數十犯ヲ併科スルトキハ重キニ失スルノ虞アルヲ以テ絶對的、併科主義モ亦良主義ニ非サルナリ

第三、折衷主義　此主義ハ併科主義ト吸收主義トヲ折衷シタルモノナリ即チ此主義ニ於テハ原則上、併科主義ヲ採リ若シ併科スルコト能ハサル數個ノ犯罪（死刑又ハ無期刑ノ如シ）ニ付テハ吸收主義ヲ採リタルモノナリ是ヲ制限併科主義ト稱ス我カ改正刑法ハ此主義ヲ採用シタリ

舊刑法ハ數罪俱發ノ場合ニ於テハ違警罪ヲ除クノ外、吸收主義ヲ採リ數個ノ犯罪中、一ノ重キニ從テ處斷シタルヲ以テ一度、罪ヲ犯シタル者ハ其裁判確定ニ至ルマテ是ト同等若クハ輕キ罪ハ何回犯スモ後ノ犯罪ニ對スル刑ハ最初ノ罪ニ對スル刑ニ吸收セラレテ後ノ犯罪ニ付テハ全ク處罰ヲ受ケサルニ至リ一罪ヲ犯シタル者ト數罪ヲ犯シタル者ト殆ント同一ナルカ如キ不當ノ結果ヲ來タシタルヲ以テ本法ハ此主義ヲ改メ併科主義ヲ採用シテ一罪毎ニ刑ヲ科スルヲ原則ト爲シタリ然レトモ死刑又ハ無期刑ニ當ル可キ罪他ノ罪ト併發スルトキハ事實上、各罪ニ對スル各刑ヲ併科スルコトヲ得サルヲ以テ此場合ニ於テハ例外トシテ吸收主義ヲ採リ有期刑ニ付テモ亦各罪毎ニ刑ヲ科ストスレハ遂ニ

其刑期、數十年ニ至ルコトアルニ因リ此場合ニ於テモ制限併科主義ヲ採用シタリ

第四十五條　確定裁判ヲ經サル數罪ヲ併合罪トス若シ或罪ニ付キ確定裁判アリタルトキハ止タ其罪ト其裁判確定前ニ犯シタル罪トヲ併合罪トス

本條ハ併合罪トシテ處斷スヘキ場合ヲ規定シタルモノナリ

本條前段ハ舊刑法、第百條第一項ノ「重罪、輕罪ヲ犯シ未タ判決ヲ經ス二罪以上倶ニ發シタル時ハ」云々トノ規定中「未タ判決ヲ經ス」トノ場合ニ該當シ其後段ハ同第百二條第一項ノ「一罪前ニ發シ已ニ判決ヲ經餘罪後ニ發シ其輕ク若クハ等シキ者ハ之ヲ論セス」云々トアリタル中「已ニ判決ヲ經テ」トノ規定ニ相當スルモノナリ

本條規定スルカ如ク確定裁判ヲ經サル數罪ヲ併合罪ト謂フモノナルモ時ニ或ハ數罪中、一罪既ニ確定判決ヲ經タルトキハ其罪ト其裁判確定以前ニ犯シタル罪トヲ併合罪ト爲スコトアレハ結局數個ノ犯罪中、一モ確定裁判ヲ經サル犯罪ノミ併發シタル場合ヲ併合罪ト稱スルモノナリ然レトモ犯罪ハ必スシモ同時、同一裁判所ニ於テノミ發覺スルモノニ非ス或ハ時ヲ異ニシ場所ヲ異ニシテ發覺スルコトアリ斯ル場合ニ於テモ同一人ニ對シテ數個ノ犯罪、發覺シタルトキハ所謂、併合罪ナリトス併合罪ニハ左ノ二條件ヲ要ス

第一、二個以上ノ獨立シタル犯罪タルコトヲ要ス
併合罪ハ必ス各個、獨立シタル犯罪タルコトヲ要スルカ故ニ繼續犯ノ如キハ獨立シタル數多ノ犯罪ニアラサルヲ以テ併合罪ニ非ス又竊盜ヲ爲スニ該リ人ノ家宅ニ侵入スルモ家宅侵入罪ト竊盜罪トノ二罪俱發ニ非ス故ニ併合罪タルニハ必ス二個以上ノ獨立シタル犯罪ノ併發シタルコトヲ要スルモノナリ

第二、二個以上ノ犯罪ハ確定裁判ヲ經サルモノタルコトヲ要ス
一罪既ニ確定判決ヲ經タル後、更ニ他ノ罪ヲ犯シタルトキハ累犯ナリトス故ニ併合罪タルニハ先ニ一罪アリテ未タ判決確定セサル以前ニ他ノ罪ヲ犯シタルコトヲ要ス之累犯ト併合罪トノ異ナル要點ナリ

第四十六條 併合罪中其一罪ニ付キ死刑ニ處ス可キトキハ他ノ刑ヲ科セス但沒收ハ此限ニ在ラス
其一罪ニ付キ無期ノ懲役又ハ禁錮ニ處ス可キトキ亦他ノ刑ヲ科セス但罰金、科料及ヒ沒收ハ此限ニ在ラス

本條ハ併合罪中、死刑又ハ無期ノ懲役若クハ禁錮ニ處ス可キ罪アリタル場合ヲ規定シタルモノナリ

併合罪中、死刑ニ該當ス可キ犯罪又ハ無期ノ懲役若クハ禁錮ニ處ス可キ罪アリタルトキハ他ノ餘罪ハ縱令、何罪、併發スルモ併科スル事ヲ得サルモノナレハ此場合ニ於テハ既ニ述ヘタル如ク併科、吸收二主義ヲ折衷シタル主義ヲ採リタルモノナリ然レトモ吸收ハ其性質上、併科スルコトヲ得可キモノナルヲ以テ本條第一項但書ノ如ク併科スルコトト爲シタルモノトス

又無期ノ懲役若クハ禁錮ニ處セラレタル者ニ對シテモ他ノ刑ハ之ヲ併科セサルモ時ニ或ハ假出獄、特赦等ノ恩典ニ依リ其刑ヲ免セラルルコトアルニ因リ無期ノ懲役若クハ禁錮ニ付テモ罰金、科料及ヒ沒收ハ犯人ノ身體上ニ毫モ關係ナク財產ニ對シテ執行スルモノナルヲ以テ併科スルモノトス之本條第二項、但書ノ規定アル所以ナリ要スルニ本條第一項ハ併合罪中、其一罪ハ死刑ニ處ス可キ場合ニシテ第二項ハ併合罪中其一罪、無期懲役又ハ禁錮ニ處ス可キ場合ヲ規定シタルモノトス

第四十七條 併合罪中二個以上ノ有期ノ懲役又ハ禁錮ニ處ス可キ罪アルトキハ其最モ重キ罪ニ付キ定メタル刑ノ長期ニ其半數ヲ加ヘタルモノヲ以テ長期トス但各罪ニ付キ定メタル刑ノ長期ヲ合算シタルモノニ超ユルコトヲ得ス

本條ハ併合罪中、制限併科ス可キ場合ヲ規定シタルモノナリ
併合罪中二個以上ノ有期懲役、若クハ禁錮ニ處ス可キ罪アルトキハ既ニ述ヘタル如ク制限併科主義ヲ採ルヘキモノトス

而シテ其制限併科ス可キ程度ハ併合罪中、最モ重キ罪ニ對スル刑ノ長期ニ半數ヲ加ヘタルモノヲ以テ其長期ノ刑ト爲スヲ原則トス然レトモ併合罪中、最モ重キ罪ニ對スル刑ト他ノ罪ノ刑トヲ加フルトキハ其重キ刑ニ半ヲ加ヘタルモノヨリ長キトキハ其各罪ノ長期ヲ加ヘタルモノニ超過スルコトヲ得サルモノトス斯ク規定セサレハ各刑ヲ併科シタルヨリ却テ重キコトアルカ故ナリ例ヘハ茲ニ一年ノ長期刑ヲ科ス可キ犯罪ト三年ノ長期刑ヲ科ス可キ犯罪ト十年ノ長期刑ヲ科ス可キ犯罪ト併合シタル場合ニ其十年ノ長期刑ニ其半數、五年ヲ合セタル十五年ノ刑ヲ最長期刑ト爲ス可キモノナリ然レトモ其各罪ニ對スル長期刑ヲ合算スレハ十四年トナルヲ以テ此場合ニ於テハ十五年ノ最長期刑ヲ科スルコトヲ得ス是即チ本條但書ヲ以テ「各罪ニ付キ定メタル刑ノ長期ヲ合算シタルモノニ超ユルコトヲ得ス」ト規定シタル所以ナリ

第四十八條 罰金ト他ノ刑トハ之ヲ併科ス但第四十六條第一項ノ場合ハ此限ニ在ラス

二個以上ノ罰金ハ各罪ニ付キ定メタル罰金ノ合算額以下ニ於テ處斷ス

本條ハ罰金ト他ノ刑トヲ併科ス可キ場合ヲ規定シタルモノナリ

本法ニ於テハ刑ノ性質上併科シ得可キモノハ成ル可ク之ヲ併科スル主義ヲ採リタルヲ以テ罰金ノ如キハ他ノ刑ト併科スルコトヲ原則ト爲シタリ、但本法第四十六條第一項ノ如ク死刑ニ處ス可キ場合ニ於テハ例外トシテ併科セサルモノナリ故ニ死刑ニ處セラル可キ者ハ沒收ノ外併科セラレサルモノトス

蓋シ罰金刑モ亦無制限ニ之ヲ併科スルトキハ苛酷ニ失スルヲ以テ二個以上ノ罰金ヲ科ス可キ場合ニ於テハ其罰金ノ合算額以下ニ於テ處斷スルコトト爲シ併科主義ヲ採ルコトト爲シタリ即チ各罪ニ付キ定メタル罰金ノ範圍ニ於テ處斷シタル罰金額ヲ合算スルモ各罪ニ付キ定メタル罰金額ヲ合算シタル範圍內ニ於テ其罪ヲ處斷スルモ理ニ於テ異ナル所ナケレハナリ是本條ノ第二項ヲ規定シタル所以ナリ

第四十九條　併合罪中重キ罪ニ沒收ナシト雖モ他ノ罪ニ沒收アルトキハ之ヲ附加スルコトヲ得

二個以上ノ沒收ハ之ヲ併科ス

第二、被拐取者又ハ被賣者タルコトヲ要ス
本條件ハ前條ニ於テ述ヘタルヲ以テ再說セス
第三、收受若クハ藏匿シ又ハ隱避セシメタルコトヲ要ス
本條被拐取者又ハ被賣者ヲ收受若クハ藏匿スルトハ被拐取者又ハ被賣者ヲシテ他人ノ發見ヲ妨クル所爲ヲ云ヒ隱避トハ被拐取者ヲ他ニ避ケシメ發見ヲ免レシムル所爲ヲ謂フモノニテ二者共ニ其場所ノ遠近ヲ問ハス收受藏匿シ又ハ隱避セシメタルトキハ本罪成立ス而シテ本罪モ亦被拐取者又ハ被賣者ヲ收受若クハ藏匿又ハ隱避セシムル意思アルヲ要スルコト論ヲ俟タス
以上ノ條件具備シタルトキハ三月以上五年以下ノ懲役ニ處ス可キモノトス
本條第二項ノ營利又ハ猥褻ノ目的ヲ以テ被拐取者ヲ收受シタル者トハ其被拐取者ヲ僕婢ト爲シ又ハ藝娼妓ト爲シ若クハ自ラ猥褻行爲ヲ爲ス目的ヲ以テ拐取者ヨリ受取リタルコトヲ謂フ而シテ本項ハ第一項ノ如ク單ニ他人ノ發見ヲ妨クル爲メ藏匿又ハ隱避セシメタル者ト異ナリ其情、惡ム可キ所アリ
本罪成立ニハ、第一營利又ハ猥褻ノ目的ナルコト、第二被拐取者ヲ收受シタルコトノ二條件アルヲ要スルモ本條件ハ既ニ前項ニ於テ說明シタル所ト殆ト同一ナルヲ以テ別ニ論セス

以上ノ條件具備シタルトキハ六月以上七年以下ノ懲役ニ處ス可キモノトス

亦被拐取者又ハ被賣者ヲ收受若クハ藏匿又ハ隱避セシムル意思アルヲ要スルコト論ヲ俟タス

以上ノ條件具備シタルトキハ三月以上五年以下ノ懲役ニ處ス可キモノトス

本條第二項ノ營利又ハ猥褻ノ目的ヲ以テ被拐取者ヲ收受シタル者トハ其被拐取者ヲ僕婢ト爲シ又ハ藝娼妓ト爲シ若クハ自ラ猥褻行爲ヲ爲ス目的ヲ以テ拐取者ヨリ受取リタルコトヲ謂ヲ而シテ本項ハ第一項ノ如ク單ニ他人ノ發見ヲ妨クル爲メ藏匿又ハ隱避セシメタル者ト異ナリ其情、惡ム可キ所アリ

本罪成立ニハ、第一營利又ハ猥褻ノ目的ナルコト、第二被拐取者ヲ收受シタルコトノ二條件アルヲ要スルモ本條件ハ既ニ前項ニ於テ說明シタル所ト殆ト同一ナルヲ以テ別ニ論セス

以上ノ條件具備シタルトキハ六月以上七年以下ノ懲役ニ處ス可キモノトス

第二百二十八條　本章ノ未遂罪ハ之ヲ罰ス

本條ハ本章ノ罪ハ孰レモ其未遂ノ所爲ヲ罰ス可キコトヲ規定シタルモノナリ

本章第二百二十四條略取又ハ誘拐罪ノ未遂ハ拐取ノ所爲ニ著手シタルトキ又ハ第二百二十五條ノ罪ハ拐取スルノ目的ヲ以テ僞計又ハ威力ヲ用ヒタルトキ第二百二十七條ノ罪ハ拐取者ヲ幫助スル目的

ヲ以テ被拐取者ノ藏匿又ハ隱避ノ所爲ニ著手シタルトキ第二百二十六條第二項ノ罪ハ外國ニ移送スル目的ヲ以テ人ノ賣買ニ著手シ又ハ被拐取者若クハ被賣者ヲ外國ニ移送スルノ所爲ニ著手シタルトキハ未遂罪成立スルモノトス

第二百二十九條 第二百二十六條ノ罪同條ノ罪ヲ幫助スル目的ヲ以テ犯シタル第二百二十七條第一項ノ罪及ヒ此等ノ罪ノ未遂罪ヲ除ク外本章ノ罪ハ營利ノ目的ニ出テサル場合ニ限リ告訴ヲ待テ之ヲ論ス但被拐取者又ハ被賣者犯人ト婚姻ヲ爲シタルトキハ婚姻ノ無效又ハ取消ノ裁判確定ノ後ニ非サレハ告訴ノ效ナシ

本條ハ本章ノ罪中、營利ニ出テサル場合ニ限リ告訴ヲ待テ其罪ヲ論ス可キコトヲ規定シタルモノナリ

舊刑法ハ本章ノ罪ニ就テハ其目的、如何ニ拘ハラス總テ親告罪ト爲シタリト雖モ元來、此種ノ罪ヲ親告罪ト爲スハ被害者ノ名譽ヲ保護スルノ趣旨ナルヲ以テ告訴ヲ待タスシテ拐取者其他ノ犯人ヲ處

分スルモ爲メニ被害者ヲ害スルノ虞ナキトハ特ニ親告罪ト爲スノ必要ナキヲ以テ本法ハ第二百二十六條、第二百二十七條及ヒ是等ノ罪ノ未遂ヲ除ク外本章ノ罪ハ營利ノ目的ニ出テサル場合ニ限リ告訴ヲ待テ其罪ヲ論スル主義ヲ採リタリ但シ被拐取者及ヒ被賣者カ犯人ト婚姻ヲ爲シタルトキハ其婚姻ノ無效又ハ取消ノ裁判確定シタル後ニ非サレハ告訴ハ其效ナキモノトス而シテ婚姻ノ無效又ハ取消ノ裁判確定後トハ民法第七百七十八條乃至第七百八十六條ノ規定ニ依リ婚姻ノ無效又ハ取消ノ判決確定シタルコトヲ謂フモノナリ

第三十四章　名誉ニ對スル罪

總論

本章ハ舊刑法、第二編、第一章、第十二節中ノ誹毀罪ヲ修正シタルモノナリ其修正シタル主要ノ點ヲ擧クレハ左ノ如シ

一、舊刑法ハ誹毀ノ方法ニ因リ刑ヲ區別シタルモ本法ニ於テハ斯ル區別ヲ全廢シ數種ノ刑ヲ規定シ裁判所ヲシテ適宜ノ刑ヲ擇ハシムルコトト爲シタリ

二、舊刑法ハ誹毀ノ方法ヲ列擧シタル爲メ却ツテ實際上、種々ナル疑義ヲ生シタルヲ以テ本法ハ之

レヲ指示セス苟クモ人ノ名譽ヲ毀損シタリト認ム可キモノハ凡テ本章ヲ適用ス可キコトト爲シタリ

三、舊刑法ハ醫師、藥商、穩婆其他ノ者ノ陰私漏告罪ハ誹毀ヲ以テ論スルコトト爲シタルモ本法ハ既ニ述ヘタル如ク第十三章祕密ヲ侵ス罪中ニ之ヲ規定シタリ

本章ハ(一)公然事實ヲ摘示シテ人ノ名譽ヲ毀損シタル罪(二)死者ノ名譽ヲ毀損シタル罪(三)事實ヲ摘示セスシテ公然人ヲ侮辱シタル罪等ヲ規定シタリ

第二百三十條 公然事實ヲ摘示シ人ノ名譽ヲ毀損シタル者ハ其事實ノ有無ヲ問ハス一年以下ノ懲役若クハ禁錮又ハ五百圓以下ノ罰金ニ處ス

死者ノ名譽ヲ毀損シタル者ハ誣罔ニ出ツルニ非サレハ之ヲ罰セス

本條ハ人ノ名譽ヲ毀損シタル罪ヲ規定シタルモノナリ

本條第一項ハ舊刑法、第三百五十八條、「惡事醜行ヲ摘發シテ人ヲ誹毀シタル者ハ事實ノ有無ヲ問ハス左ノ例ニ照シテ處斷ス、」一公然ノ演說ヲ以テ人ヲ誹毀シタル者ハ十一日以上、三月以下ノ重禁錮ニ處シ三圓以上、三十圓以下ノ罰金ヲ附加ス、」二書類畫圖ヲ公布シ又ハ雜劇、偶像ヲ作爲シテ人ヲ誹毀シタル者ハ十五日以上、六月以下ノ重禁錮ニ處シ五圓以上、五十圓以下ノ罰金ヲ附加ス」トノ

規定ヲ修正シタルモノナリ
舊刑法ハ本章總論ニ於テ既ニ一言シタル如ク本罪ノ方法ヲ公然ノ演說、書類、畫圖ノ公布又ハ雜劇、偶像ノ作爲等ニ區別シタルモ人ノ名譽ヲ毀損スル方法ハ必スシモ是等ノ方法ノミニ限ラサルヲ以テ本法ハ斯ル列擧主義ヲ廢シ誹毀罪ヲ名譽毀損罪ト改メ苟モ人ノ名譽ヲ毀損スルニ足ル可キトキハ汎テ本條ニ據リ處斷スルコトト爲シタリ
本罪成立ニハ、第一公然事實ヲ摘示シタルコト、第二人ノ名譽ヲ毀損シタルコトノ二條件アルヲ要ス
第一、公然事實ヲ摘示シタルコトヲ要ス
既ニ一言シタル如ク舊刑法ハ惡事醜行ヲ摘發シテ人ヲ誹毀シタル者ト規定シタルモ本法ハ單ニ公然事實ヲ摘示シト改メタルモ其立法趣旨ハ殆ト舊刑法ト異ナルコトナシ唯本法ハ公然事實ヲ摘示シタルトキハ特ニ惡事醜行ニ非サルモ本罪成立スト認ムルコトヲ得ルニ過キス換言スレハ本法ハ惡事醜行ノ範圍ヲ擴張シタルニ過キサルモノナリ而シテ其惡事又ハ醜行トハ孰レモ道義上ノ觀念ニ基クモノニテ惡事ト稱スルモ必ス法令ニ違背スル行爲ニ限ルニ非ス又醜行ト稱スルモ必スシモ淫事、猥褻ノ行爲ノミニ限ルモノニ非ス一般世人ノ觀テ以テ不正背德又ハ醜事ト認ム可キ事實

ニシテ人ノ名譽ヲ毀損スルニ足ル可キモノハ總テ惡事醜行ナリトス故ニ惡事トハ人ノ名譽ヲ毀損スヘキ事實ノ摘示ヲ謂ヒ醜行トハ人ノ名譽ヲ毀損ス可キ行爲ノ摘示ヲ謂フモノニ外ナラス其摘示シタル事實ハ實際上、存在シタルコトナルト虚僞ナルトヲ問ハス被害者ニ於テ自己ニ對スル惡事、醜行ノ摘示ナリト感シ世人一般モ亦惡事醜行ノ摘示ナリト感スルニ足ル可キトキハ本條ニ所謂、事實ノ摘示ナリ然レトモ被害者ニ於テ自己ノ名譽ヲ毀損セラレタルモノト感シタルヤ否ヤハ其人ノ身分地位等ニ因リ異ナルヲ以テ一概ニ論定スルコトヲ得ス而シテ其惡事醜行ヲ摘示スル方法ハ本法之ヲ指定セサルモ舊刑法ニ規定シタル如ク公然ノ演說、書類、畫圖ノ公布又ハ雜劇、偶像ノ作爲等ニ因ルト其他如何ナル方法ニ因リタルトヲ問ハス其惡事醜行ヲ摘發シ公衆ヨリ蔑視輕侮ヲ受ク可キ事實ヲ唱導流布シタルトキハ本罪成立スルモノトス

第二、人ノ名譽ヲ毀損シタルコトヲ要ス

人ノ名譽トハ人ノ社會上ニ有スル位置信用ヲ謂フ即チ人ノ名譽ヲ毀損スルトハ人ノ社會上ニ有スル位置ニ對シ信用ヲ失ハシメントスル所爲ヲ謂フモノトス學者或ハ名譽毀損トハ社會上ノ位置ニ危害ヲ與フル所爲ヲ謂フト說ク者アリ而シテ本條ニ所謂人中ニハ法人ヲ包含スルヤ否ヤハ從來、刑法上ノ一大問題ナリシモ近時、法人ニモ名譽權アルコトハ學說上ノ定論ナリ故ニ苟モ人タル以

上ハ(自然人ト法人トヲ問ハス又幼者ト老者トヲ區別セス。)其人格ニ伴フ名譽權アルモノナリ唯其人ニ因リ社會上ニ有スル地位ト信用ノ程度ヲ異ニスルニ過キス然レトモ幼者又ハ狂人ノ如キハ名譽權ナシト論スル者ナキニ非ス余ハ幼者狂人モ亦人ナルヲ以テ名譽權アリトノ積極論ヲ可トス名譽トハ各人カ社會ニ於テ有スル地位即チ品格信用等ヲ指スモノニシテ必竟各人カ其性質行狀信用等ニ付キ世人ヨリ相當ニ受ク可キ評價ヲ標準トスルモノニ外ナラストノ判例アリ

蓋シ本罪ハ特定シタル人ニ對シ公然事實ヲ摘示シタルトキニ非サレハ成立セス漫然、東京人ト云フカ如キ其何人タルカヲ識別スルコト能ハサルトキハ本罪成立セス然レトモ其實名ヲ指示スルヲ要セス何人タルカヲ識別スルニ足ルトキハ藝名タルト雅號タルトヲ問ハス其指示シタル人ニ對スル名譽毀損罪ナリトノ判例アリ而シテ本罪ハ人ノ社會上ニ有スル地位ヲ保護スル罪ナルヲ以テ其特定シタル人ニ對シテ名譽ヲ毀損スル意思ヲ要スルコト勿論ナリ

本條第二項死者ノ名譽ヲ毀損シタル者ハ誣罔ニ出ツルニ非サレハ之ヲ罰セス」トノ規定ハ舊刑法第三百五十九條「死者ヲ誹毀シタル者ハ誣罔ニ出タルニ非サレハ前條ノ例ニ照ラシテ處斷スルコトヲ得ス」トノ規定ト同一ナリ

本罪成立ニハ、第一公然摘示シタル事實ハ誣罔ナルコト、第二死者ノ名譽ヲ毀損シタルコトノ二條

件アルヲ要ス

第一、公然摘示シタル事實ハ誣罔ナルコトヲ要ス

生存者ニ對スル名譽毀損罪ハ其摘示シタル事實ノ有無ヲ問ハサルモ本項死者ニ對スル場合ハ其公然摘示シタル事實ハ必ス誣罔ニ出テタルコトヲ要ス換言スレハ死者ニ對スル名譽毀損罪ハ全ク虚僞ノ事柄ヲ構造シテ公然發表シタルコトヲ要スルモノトス是レ即チ一面事實ヲ後世ニ傳ウル歷史家ヲ保護シ併テ死者ノ遺族ヲ保護スルノ趣旨ナルカ爲メナリ故ニ死者生存中ノ經歷ニ就テハ實際上ノ事實ナルトキハ縱令、惡事醜行ヲ公然摘示スルモ本條ニ問フコトヲ得ス是特ニ誣罔ニ出ツルニ非サレハ之ヲ罰セスト規定シタル所以ナリ獨逸刑法ハ不實ナルコトヲ知リテ死者ニ對シ其生存スルニ於テハ之ヲ蔑視シ又ハ公衆ノ輕侮ヲ受ク可キ事實ヲ唱導シ又ハ流布シタル者ハ云々ト規定シ此點ヲ明ニシタリ(第百八十九條)

第二、死者ノ名譽ヲ毀損シタルコトヲ要ス

本條第一項ノ名譽毀損罪ハ生存者ニ對スルモノナルモ本項ハ死者ニ對スル規定ナリ元來人ハ死ト共ニ萬事、事止ミ入タルノ權利モ亦隨テ消滅スルモノナリト雖モ一面、死者ノ遺族ヲ保護スル爲メ特ニ之ヲ規定シタルモノナリ

以上ノ條件具備シタルトキハ（第一項第二項共ニ）一年以下ノ懲役若クハ禁錮又ハ五百圓以下ノ罰金ニ處スヘキモノトス

第二百三十一條　事實ヲ摘示セスト雖モ公然人ヲ侮辱シタル者ハ拘留又ハ科料ニ處ス

本條ハ人ヲ侮辱シタル罪ヲ規定シタルモノナリ

本條ハ舊刑法、第四百二十六條第十二號、公然、人ヲ罵詈嘲弄シタル者云々トノ規定ヲ修正シ玆ニ規定シタルモノナリ舊刑法ハ罵詈嘲弄ト規定シタルモ人ヲ侮辱スル方法ハ單ニ罵詈嘲弄ノミニ限ラス是等ノ方法手段ノ外仍ホ他ニ侮辱スル方法ナキニ非サルヲ以テ本法ハ惡事醜行ヲ摘示セスト雖モ公然人ヲ侮辱シタルトキハ如何ナル方法手段ニ因リタルヲ問ハス本條ニ依リ罰スルモノトス

第二百三十二條　本章ノ罪ハ告訴ヲ待テ之ヲ論ス

本條ハ舊刑法、第三百六十一條、此節ニ記載シタル誹毀ノ罪ハ被害者又ハ死者ノ親屬ノ告訴ヲ待テ其罪ヲ論ス」トノ規定ト同一ナルヲ以テ別ニ說明セス

玆ニ問題アリ若シ雙方相互ニ侮辱セラレタリト告訴シタルトキハ如何ニ處分ス可キヤノ問題是ナリ本章別段ノ明文ナキヲ以テ斯ル場合ニ於テハ其各自ニ對シ侮辱罪成立スト云フノ外ナシ獨逸刑法ハ

此點ニ付キ「誹毀セラレタル者之ニ因リ直ニ其誹毀者ヲ誹毀シタルトキハ裁判所ハ其雙方又ハ一方ニ對シ刑ヲ免スルコトヲ得」ト規定シ本問ノ場合ニ於テハ其刑ヲ免スルコトト爲シタリ

餘論

既ニ本編第五章ニ於テ一言シタル如ク本法成案ニハ公務員ノ職務ヲ執行スルニ當リ其面前ニ於テ侮辱ヲ加ヘ又ハ其面前ニ非スト雖モ公然其職務ニ對シ侮辱ヲ加ヘタル者ハ三百圓以下ノ罰金ニ處ス公務所ニ對シ公然侮辱ヲ加ヘタル者亦同シト規定シ在リタルモ衆議院ニ於テ此條ヲ削除セラレタリ而シテ其是ヲ削除シタル理由ハ若シ公務員又ハ公務所ニシテ侮辱セラレタリト信スルトキハ一般私人ト同一ニ告訴ノ手續ニ依リ其救濟ヲ求ムレハ可ナリ公務員又ハ公務所ナルカ故ニ之ヲ保護スルノ必要ナシト云フニ在リ故ニ公務員又ハ公務所カ侮辱セラレタルトキハ本章ノ規定ニ依リ告訴ノ手續ニ依ラサル可ラス

第三十五章　信用及ヒ業務ニ對スル罪

總論

本章ハ舊刑法、第二編、第八章、商業及ヒ農工ノ業ヲ妨害スル罪ヲ修正シタルモノナリ

其修正シタル主要ノ點ヲ擧クレハ左ノ如シ

一、舊刑法ハ商業及ヒ農工ノ業ヲ妨害スル罪ト題シ數種ニ區別シテ規定シタルモ結局、業務ニ對スル妨害ヲ爲ス所爲ノ分類タルニ過キサルヲ以テ本法ハ之ヲ簡明ナル規定ト改メタリ

二、本章ノ罪ハ人ノ信用及ヒ農工ノ業務ヲ妨害スル罪ニシテ其情重キニ拘ハラス舊刑法ハ其刑輕キニ失シタルヲ以テ本法ハ一般ニ之ヲ重罰スルコトト爲シタリ

本章ハ(一)虛僞ノ風說ヲ流布シ又ハ僞計ヲ用ヒ人ノ信用ヲ毀損シタル罪(二)虛僞ノ風說ヲ流布シ又ハ僞計ヲ用ヒ人ノ業務ヲ妨害シタル罪(三)威力ヲ用ヒ人ノ業務ヲ妨害シタル罪ヲ規定シタリ

第二百三十三條　虛僞ノ風說ヲ流布シ又ハ僞計ヲ用ヒ人ノ信用ヲ毀損シ若クハ其業務ヲ妨害シタル者ハ三年以下ノ懲役又ハ千圓以下ノ罰金ニ處ス

本條ハ人ノ信用ヲ毀損シ又ハ人ノ業務ヲ妨害シタル罪ヲ規定シタルモノナリ

本條ハ舊刑法、第二百六十七條僞計又ハ威力ヲ以テ穀類其他衆人ノ需用ニ闕ク可ラサル食用物ノ賣買ヲ妨害シタル者ハ一月以上、六月以下ノ重禁錮ニ處シ三圓以上、三十圓以下ノ罰金ヲ附加ス」前項ニ記載シタル以外ノ物品ノ賣買ヲ妨害シタル者ハ一等ヲ減ス」同第二百六十八條僞計又ハ威力ヲ以テ糶賣又ハ入札ヲ妨害シタル者ハ十五日以上、三月以下ノ重禁錮ニ處シ二圓以上、二十圓以下ノ罰金

ヲ附加ス」同第二百六十九條「僞計又ハ威力ヲ以テ農工ノ業ヲ妨害シタル者ハ亦前條ニ同シ」トノ規定同第二百七十條「農工ノ雇人其他雇賃ヲ增サシメ又ハ農工業ノ景況ヲ變セシムル爲メ雇主及他ノヒ雇人ニ對シ僞計又ハ威力ヲ以テ妨害ヲ爲シタル者ハ一月以上、六月以下ノ重禁錮ニ處シ三圓以上、三十圓以下ノ罰金ヲ附加ス」同第二百七十一條「雇主其雇賃ヲ減シ又ハ農工業ノ景況ヲ變スル爲メ雇人及ヒ他ノ雇主ニ對シ僞計又ハ威力ヲ以テ妨害ヲ爲シタル者亦前條ニ同シ」同第二百七十二條「虛僞ノ風說ヲ流布シテ穀物其他衆人需用物品ノ價値ヲ昂低セシメタル者ハ十圓以上百圓以下ノ罰金ニ處ス」トノ規定ヲ合シテ修正シタルモノナリ

蓋シ本章ノ罪ハ實際上、檢擧セラルルコト極メテ其例少キヲ以テ前改正草案上、規定セサリシモ確定成案ニ至リ更ニ規定セラレタルモノナリ(改正刑法參考書參照)

本條ハ(一)虛僞ノ風說ヲ流布シ又ハ僞計ヲ用ヒ人ノ信用ヲ毀損シタル罪(二)虛僞ノ風說ヲ流布シ又ハ僞計ヲ用ヒ人ノ業務ヲ妨害シタル罪ヲ規定シタリ

(一)　虛僞ノ風說ヲ流布シ又ハ僞計ヲ用ヒ人ノ信用ヲ毀損シタル罪

本罪成立ニハ、第一虛僞ノ風說ヲ流布シ又ハ僞計ヲ用ヒタルコト、第二人ノ信用ヲ毀損シタルコトノ二條件アルヲ要ス

第一、虚僞ノ風說ヲ流布シ又ハ僞計ヲ用ヒタルコトヲ要ス
本條虚僞ノ風說トハ虛構不實ヲ吹聽スルコトヲ謂ヒ又僞計ヲ用ヒトハ人ヲ眩惑セシムヘキ不正行爲ヲ總稱ス例ヘハ社會ニ信用アル商人ニ對シ彼ハ巨萬ノ負債アルヲ以テ近時破產セントスル狀況ニ在リト虛僞ノ事實ヲ吹聽シ或ハ金錢其他ノ利益ヲ與フルコトヲ約シ人ヲ誤信セシムルニ足ル可キ策略的行爲ヲ施シタル場合ノ如キハ虛僞ノ風說ヲ流布シ又ハ僞計ヲ用ヒタル一例ナリトス
第二、人ノ信用ヲ毀損シタルコトヲ要ス
人ノ信用トハ既ニ前章ニ於テ述ヘタル如ク人ノ社會上ニ有スル身分上ノ資格ナルヲ以テ人ノ信用ヲ毀損スルトハ人ノ社會上ニ有スル地位德望ヲ減却スル所爲ヲ謂フ換言スレハ人ノ名譽ヲ毀損スル所爲ノ一種ヲ謂フニ外ナラス（前章第二百三十條參照）而シテ本罪成立ニハ人ノ信用ヲ毀損スル意思ヲ以テ虛僞ノ風說又ハ僞計ヲ用ヒタルコトヲ要スルモノトス
（二）虛僞ノ風說又ハ僞計ヲ用ヒ人ノ業務ヲ妨害シタル罪
本罪成立ニハ、第一虛僞ノ風說ヲ流布シ又ハ僞計ヲ用ヒタルコト、第二人ノ業務ヲ妨害シタルコトノ二條件アルヲ要ス
第一、虛僞ノ風說ヲ流布シ又ハ僞計ヲ用ヒタルコトヲ要ス

本條件ニ就テハ(一)罪ノ第一條件ニ於テ論シタル所ト同一ナルヲ以テ再說セス唯、其異ル點ハ本罪ハ人ノ業務ヲ妨害スル罪ナルニ因リ人ノ業務ヲ妨害スルニ足ル可キ虛構不實ノ風說ヲ流布シ又ハ僞計ヲ用ヒタルヲ要スルニアル而已

第二、人ノ業務ヲ妨害シタルコトヲ要ス

本罪ニ於ケル業務トハ農工商等一般人ノ生活根據タル業務ヲ謂フ例ヘハ農業又ハ商業若クハ工業ヲ妨害スル爲メ虛僞ノ風說又ハ僞計ヲ用ヒ其材料又ハ原料ノ供給ヲ妨害シタルカ如キ是ナリ

以上ノ條件具備スルトキハ(一)(二)罪共ニ三年以下ノ懲役又ハ千圓以下ノ罰金ニ處ス可キモノトス

第二百三十四條　威力ヲ用ヒ人ノ業務ヲ妨害シタル者亦前條ノ例ニ同シ

本條ハ威力ヲ用ヒ人ノ業務ヲ妨害シタル罪ヲ規定シタルモノナリ

本條モ亦前條初メニ於テ述ヘタル如ク舊刑法第二百六十七條乃至第二百七十二條ノ立法趣旨ヲ採リ其法文ヲ改メタルモノナリ

本罪成立ニハ、第一威力ヲ用ヒタルコト、第二人ノ業務ヲ妨害シタルコトノ二條件アルヲ要ス

第一、威力ヲ用ヒタルコトヲ要ス

本條、威力トハ人ノ意思ヲ强制スルニ足ル可キ不正行爲ヲ謂フ例ヘハ自己ノ地位、身分又ハ權力

ヲ利用シ人ヲ畏怖セシム可キ狀ヲ示シタルカ如キ是ナリ故ニ官吏、公吏、議員、委員若クハ會長、組合長ノ如キ其地位、身分。權力アル者其地位權力ヲ利用シテ人ノ業務ヲ妨ケタル場合ノ如キ是ナリ

第二、人ノ業務ヲ妨害シタルコトヲ要ス

本條件ハ前條(二)罪ニ於テ論シタル所ト全ク同一ナルヲ以テ再説セス唯、本罪ハ人ノ業務ヲ妨害スル手段方法ヲ異ニスルニ過キス然レトモ玆ニ注意ス可キハ本條威力ヲ用ヒ人ノ業務ヲ妨害スル所爲中ニハ舊刑法第二百七十條ニ規定シタル農工ノ雇人其雇賃ヲ增サシメ又ハ農工ノ景況ヲ變セシムル爲メ雇主ニ對スル恐喝的、同盟罷工ノ如キモ包含スルコト是ナリ是前條僞計ヲ用ヒテ人ノ業務ヲ妨害シタル罪ト異ル點ナリ而シテ本罪成立ニモ威力ヲ用ヒ人ノ業務ヲ妨害スル意思ヲ要スルコト論ヲ俟タス

以上ノ條件具備スルトキハ三年以下ノ懲役又ハ千圓以下ノ罰金ニ處ス可キモノトス

第三十六章　竊盜及ヒ强盜ノ罪

總論

本章ハ舊刑法、第三編、第二章中ノ第一節竊盜ノ罪、第二節强盜ノ罪ヲ合シテ修正シタルモノナリ

其改廢修正シタル主要ノ點ヲ擧クレハ左ノ如シ

一、舊刑法ニハ本章ノ罪ヲ竊盜ノ罪、强盜ノ罪等ニ區別シ各之ニ關スル別異ノ節目ヲ設ケ規定シタルモ此等ノ罪ハ名稱上、竊盜ト呼ヒ强盜ト稱スルモ其實、他人ノ財產ヲ不正ニ奪取スルモノニ外ナラス唯、其奪取スル手段方法ヲ異ニスルニ過キサレハ本法ハ斯ル區別ヲ廢シ單ニ竊盜及ヒ强盜ノ罪ト改ムルコトト爲シタリ

二、舊刑法ハ竊盜罪、强盜罪等各別ニ規定シタル結果、典物トシテ他人ニ交付シ又ハ官署ノ命令ニ因リ他人ノ管守スル自己ノ所有物ヲ竊取シタルトキハ之ヲ竊盜罪トシテ罰ス可キ明文アリタルモ暴行脅迫ヲ加ヘ奪取シタルトキノ明文闕如シタルヲ以テ之ヲ罰スルコトヲ得サルノ不都合アリタルニ因リ本法ハ此ヲ一章中ニ規定シ各場合ニ適用スルコトト爲シタリ

三、舊刑法ハ單純ニ竊盜ヲ二月以上、四年以下ノ重禁錮ニ處ス」ト一般的ニ規定シ水火、震災其他ノ事變ニ乘シ竊取シタル者、又ハ門戶牆壁ヲ踰越損壞シ若クハ鎖鑰ヲ開キ邸宅倉庫ニ入リ竊取シタル者、或ハ二人以上共ニ犯シタル者、兇器ヲ携帶シテ人ノ邸宅ニ入リ竊取シタル者等ハ特ニ之

ヲ重ク罰シ又山林、田野、牧場等ニ於テ其產物、獸類ヲ竊取シタル者ハ害ノ多少ヲ問ハス之ヲ輕ク罰スルコトト爲シ又強盜罪ニ就テモ二人以上共ニ犯シタル時、兇器ヲ携帶シテ犯シタル時ハ一個每ニ一等ヲ加重スルコトト爲シタルモ是等ハ孰レモ竊盜又ハ強盜罪ノ情狀タルニ過キサルヲ以テ本法ハ斯ル區別ヲ廢シ刑ノ範圍ヲ擴張シテ罪情、相當ノ刑ヲ科スルコトト爲シタリ（舊刑法第三百六十六條乃至第三百七十條第三百七十二條乃至第三百七十四條第三百七十九條參照）

本章ハ（一）他人ノ財物ヲ竊取シタル罪（二）暴行又ハ脅迫ヲ以テ他人ノ財物ヲ強取シタル罪（三）暴行又ハ脅迫ヲ以テ財產上、不法ノ利益ヲ得又ハ他人ヲシテ得セシメタル罪（四）強盜ノ目的ヲ以テ其豫備ヲ爲シタル罪（五）竊盜財物ヲ得テ其取還ヲ拒キ又ハ逮捕ヲ免レ若クハ罪跡ヲ湮滅スル爲メ暴行又ハ脅迫ヲ爲シタル罪（六）人ヲ昏醉セシメ其財物ヲ強取シタル罪（七）強盜人ヲ傷シタル罪（八）強盜婦女ヲ強姦シタル罪（九）他人ノ占有ニ屬シ又ハ公務所ノ命ニ因リ他人ノ看守シタル自己ノ所有物ヲ竊取又ハ強取シタル罪（十）及ヒ（一）（二）（三）（五）乃至（十）罪ノ未遂等ヲ規定シタリ

第二百三十五條　他人ノ財物ヲ竊取シタル者ハ竊盜ノ罪ト爲シ十年以下ノ懲役ニ處ス

本條ハ竊盜ノ罪ヲ規定シタルモノナリ

本條ハ本章總論ニ於テ一言シタル如ク舊刑法第三百六十六條乃至第三百七十條及ヒ第三百七十二條乃至第三百七十四條ノ各規定ヲ合シテ修正シタルモノナリ舊刑法ハ以上ノ各條ヲ以テ竊盜ノ方法手段ニ關スル情狀ヨリ區別シ數條ヲ設ケ又贓額五圓未滿ノ屋外竊盜ニシテ二月以上ノ刑ニ處スルニ忍ヒサル罪ハ明治二十三年法律第九十九號、特別處分法ヲ設ケタルモ本法ハ是等情狀ニ關スル認定ハ裁判所ノ認定ニ一任スルコトト爲シタリ

本罪成立ニハ、第一他人ノ財物タルコト、第二竊取シタルコトノ二條件アルヲ要ス

第一、他人ノ財物タルコトヲ要ス

舊刑法ハ人ノ所有物ヲ竊取シタル者云々ト規定シタルモ人ノ所有物ト稱スルトキハ其意義狹キニ失スルノ嫌アルヲ以テ本法ハ他人ノ財物ヲ竊取シタル者ト修正シタルモ結局、立法上ノ趣旨ハ舊刑法ト同一ナリ

然ラハ本條ニ所謂、他人ノ財物トハ如何ナルモノヲ云フ乎、是本條ニ於ケル重要ナル問題ナリ民法第八十五條ハ物トハ有體物ヲ謂フト規定シタルニ因リ本罪ノ目的物ハ必ス有體物ニシテ且、竊取行爲ヲ以テ現實ニ甲所ヨリ乙所ニ遷移スルコトヲ得可キ物タルヲ要ス故ニ流動物タル水、氣體、瓦斯等モ仍ホ本條竊盜罪ノ目的物ナリ然レトモ無體物タル電流ハ本罪ノ目的物トナルヤ否ヤ此點

ニ就テハ學者間、頗ル議論ノアリタル所ナリ曾テ横濱ニ於テ電燈會社ヨリ各電燈需用家ヘ架設セル電線ニ竊カニ支線ヲ付シテ電流ヲ盜ミ以テ自己製造ノ電燈及ヒ呼鈴ニ是ヲ使用シタル者アリ此事實ニ付テ竊盜罪トシテ横濱地方裁判所ニ起訴セラルルヤ法曹社會ノ一大疑問ト爲リ東京控訴院ハ無罪ト爲シタルモ立會檢事之ヲ不當トシテ上告シタルニ大審院ハ之ヲ有罪ト爲シ頗ル議論ノアリタル所ナルヲ以テ本法ハ本章末項ニ本章ノ罪ニ付テハ電氣ハ之ヲ財物ト看做ス」ト規定シタルニ依リ電氣ニ就テハ將來疑問ヲ生スルノ虞レナキニ至レリ

通常無體物モ人ノ資産ヲ組成スル財産權ノ一部ナリト雖モ本條ニ所謂、財物ニ非サルヲ以テ竊盜罪ノ目的物タルコトヲ得ス例ヘハ債權ノ如キモノ是ナリ但債權ヲ證明スル證書ハ有體物ナルヲ以テ本罪ノ目的物タルモノトストノ判例アリ獨逸刑法ハ他人ニ屬スル動産ヲ不正ニ所有スル意思ヲ以テ奪取シタルモノハ云々ト規定シ本罪ノ目的物ハ動産ト之ヲ明ニ規定シタリ

我民法第八十六條ハ土地及ヒ其定著物ハ之ヲ不動産トス此他ノ物ハ總テ之ヲ動産トスト規定シタルモ刑法上ニ於テハ民法上ノ動産、不動産ノ區別ハ必スシモ一致スルモノニ非ス而シテ本條ニ所謂財物トハ通常金錢ニ見積ルコトヲ得可キ有體物ニ限ルト雖モ嚴格ニ論スルトキハ金錢ニ見積ルコトヲ得ルト否トヲ問ハス苟モ他人ノ所有タル以上ハ總テ本罪ノ目的物タルモノトス然レトモ人

ノ所有ニ屬セサル空氣、光線、海水又ハ河海、山野ノ鳥獸、魚類又ハ人ノ遺棄物等ハ本條竊盜罪ノ目的物タラス蓋シ本條ハ總論ニ於テ一言シタル如ク他人ノ財物ト規定シ他人ノ所有物ト規定セサルヲ以テ現ニ所持スル者ニ所有權ナキモ自己以外ノ他人ニ屬スル物ハ總テ本條、他人ノ財物中ニ包含スルモノトス故ニ人ノ所有ヲ許ササル法令上ノ禁制品等ハ假令、有體物ニシテ且ツ金錢上ノ價値アルモ仍ホ本條、竊盜罪ノ目的物タラサルヲ以テ其所持者ヨリ竊取スルモ竊盜罪成立セス但官許ヲ得テ所有スル爆發物又ハ阿片煙ノ如キ物ハ一般、禁制品ナルモ官許ヲ得タル者ニ對シテハ禁制品ニ非サルヲ以テ竊取スレハ竊盜罪ナリ但シ自己ノ所有物ト雖モ他人ノ占有ニ屬シ又ハ公務所ノ命令ニ因リ他人ノ看守スル物ヲ竊取シタルトキハ本罪成立ス此點ニ就テハ仍ホ第二百四十二條ニ至リ詳論ス可シ

第二、竊取シタルコトヲ要ス

竊取トハ他人ノ所持又ハ保管中ノ財物ヲ自己ノ所持又ハ保管內ニ移ス所爲ヲ謂フ而シテ此他、人ノ財物ヲ自己ノ所持內ニ移スノ所爲トハ如何ナル程度ニ達シタルトキヲ謂フモノナル乎ハ古來議論ノアル所ニシテ左ノ三說アリ

第一、接觸說、此說ニ依レハ竊取者カ其目的物ニ手ヲ觸レタルトキハ竊取シタルモノナリト

第二、遷移說、此說ニ依レハ竊取者カ其目的物ヲ犯所ヨリ他所ニ持去リタルトキハ竊取シタルモノナリト

第三、握手說、此說ニ依レハ竊取者カ其目的物ヲ握手シタルトキハ竊取シタルモノナリト

以上三說中、第三、握手說ヲ一般通說ト爲ス

立木ハ之ヲ盜伐シ了リタルトキハ他ニ運搬セサルモ竊盜罪ノ既遂ナリトノ判例アリ又竊盜ノ目的ヲ以テ家屋內ニ忍ヒ入リ金品ノ入レアル簞笥ノ前ニ到リタル所爲ハ竊盜ノ豫備ニ非スシテ實行ノ著手ナリトノ判例アリ要スルニ竊取ノ所爲トハ他人ノ所持ヲ離シ自己ノ所持內ニ移シタルトキヲ云フモノニシテ此時ヲ以テ竊盜罪既遂ノ時期ト爲ス故ニ目的物ヲ犯所ヨリ他ニ持去ルヲ要セサルモ亦目的物ニ手ヲ觸レタルニ止マルトキハ著手未遂罪ナリ其詳細ハ第一編、總則第八章未遂罪ニ於テ既ニ論シタルヲ以テ再說セス

本條竊取ノ文字ハ元來、被害者ノ知ラサル間ニ取ルノ意義ヲ有スト雖モ實際上ニ於テハ被害者其竊取ノ所爲ヲ目擊スルモ仍ホ竊取ナリ例ヘハ庭前ニ乾シ置キ屋內ニ監視シ居リタル衣類ヲ持去ラントシタル場合ノ如キ是ナリ又債務ヲ辨濟スルト詐リ債務者ヲシテ債務證書ヲ出サシメタル上、直チニ之ヲ自己ノ口中ニ差入シ遂ニ其形跡ヲ留メサルニ至ラシメタル所爲ハ竊盜罪ナリトノ判例

アリ以上ハ普通ノ感念ニ基ク竊取ノ意義ナリト雖モ本條ニ所謂、竊取ノ意義ハ如斯、現實ニ物ヲ他人ノ所持内ヨリ移ス所爲ノミヲ云フニ非ス汎テ他人ニ所有權ノ屬スル財物ヲ自己ノ支配權内ニ移スノ所爲ハ本條竊取ノ所爲ナリトス故ニ例ヘハ他人ノ所有物ヲ自己ノ所有物ナリト詐リ人ヲシテ持去ラシメタル場合ノ如キ自ラ握手遷移セサルモ仍ホ竊盜罪ナリ茲ニ注意ス可キハ本條、竊盜罪ノ被害者ハ物ノ所有者ニ限ルトノ說ナキニ非サルモ他人ノ物ノ保管者ヨリ其保管物ヲ奪取スルハモ仍ホ竊盜罪ナリ例ヘハ他人ノ質入物ヲ質屋ヨリ竊取シタル場合ノ如キ是ナリ故ニ竊盜罪ノ被害者ハ物ノ所有者若クハ保管者即チ物ノ保有者ハ汎テ竊盜罪ノ被害者ナリト云フ可シ而シテ本罪ハ他人ノ財物タルコトヲ知テ竊取スル意思アルコトヲ要(判例)スルカ故ニ他人ノ財物タルモ若シ自己ノ物品ナリト誤信シテ持去リタル場合ノ如キハ總則、第三十七條ノ適用ニ因リ本罪成立セス然レトモ其竊取シタル目的物ハ自己ノ爲メニスルト他人ノ爲メニスルトハ本罪成立ニ影響ナキモノトス

以上ノ條件具備スルトキハ十年以下ノ懲役ニ處ス可キモノトス

第二百三十六條　暴行又ハ脅迫ヲ以テ他人ノ財物ヲ强取シタル者ハ强盜ノ罪ト爲シ五年以上ノ有期懲役ニ處ス

前項ノ方法ヲ以テ財産上不法ノ利益ヲ得又ハ他人ヲシテ之ヲ得セシメタル者亦同シ

本條ハ强盜ノ罪ヲ規定シタルモノナリ

本條ハ舊刑法、第三百七十八條「人ヲ脅迫シ又ハ暴行ヲ加ヘテ財物ヲ强取シタル者ハ强盜ノ罪ト爲シ輕懲役ニ處ス」トノ規定ヲ修正シタルモノナリ而シテ舊刑法ハ財物ヲ强取シタル場合ノミヲ强盜罪ト爲シタルモ强盜ハ竊盜罪ト異ナリ單ニ財物ヲ强取スルノミナラス其他ノ財產上ノ利益ヲモ奪取スルコトナキニ非ス故ニ本法ハ本條第二項ヲ以テ新ニ不法ニ財產上ノ利益ヲ得又ハ他人ニ得セシメタル場合ヲ規定シ舊刑法ノ不備ヲ修補シタリ

本罪成立ニハ、第一暴行又ハ脅迫ヲ加ヘタルコト、第二他人ノ財物タルコト、第三强取シタルコトノ三條件アルヲ要ス

第一、暴行又ハ脅迫ヲ加ヘタルコトヲ要ス

暴行脅迫ノ意義ニ就テハ既ニ屢々、述ヘタル所ナルヲ以テ再説セサルモ本條强盜罪ノ場合ニ於ケル暴行脅迫ハ第三十二章脅迫罪等ノ場合ニ於ケル暴行脅迫トハ多少異ナル所ナキニ非ス即チ(一)第二百二十二條ハ名譽ニ對シテ危害ヲ加ヘント脅迫シタルトキモ脅迫罪ナルモ本條ハ生命、身體、

自由若クハ財產ニ對シテ危害ヲ加ヘント脅迫シタル場合ニ限ル(二)第二百二十二條第二項親族ノ生命、身體、自由、名譽又ハ財產ニ對シ危害ヲ加ヘント脅迫シタル場合ト制限シ其他ノ人ニ及ハスト雖モ本條ハ被害者ニ於テ救護ス可キ者ノ生命、身體、自由若クハ財產ニ對シ危害ヲ加ヘント脅迫シタルトキハ親族ト他人トヲ問ハサルモノトス前草案參考書ハ此點ヲ明ニスル爲メ本條ヲ暴行ヲ用ヒ又ハ現ニ被害者又ハ被害者ニ於テ救護ス可キ者ノ生命、身體、自由若クハ財產ニ對シ危害ヲ加ヘント脅迫シテ財物ヲ强取シタル者ハ云々ト規定シ所有者ナルト看守人ナルト其他ノ家族從者ナルトヲ問ハサルコトヽ規定シ(第二百七十三條)タルニ依ルモ明ナリ

第二、他人ノ財物タルコトヲ要ス

本罪ニ於ケル他人ノ財物ノ意義モ亦前條、竊盜罪ニ於ケル他人ノ財物ト全ク同一ナルヲ以テ別ニ說明セス而シテ前條竊盜罪ニ於テ一言シタル如ク强盜罪ノ目的物モ他人ノ財物タルニ限ルモノニ非ス自己ノ所有物ト雖モ他人ノ占有ニ屬シ又ハ公務所ノ命ニ因リ他人ノ看守スル場合ニ之ヲ强取スレハ本條强盜罪成立スルモノトス仍ホ此點ニ就テハ第二百四十二條ニ至リ詳說セントス

第三、强取シタルコトヲ要ス

竊盜罪ハ竊取者自ラ進シテ財物ヲ竊取スルヲ通例ト爲スモ本條强盜罪ハ暴行脅迫ヲ財物奪取ノ手

段ト爲スニ止マリ進ンテ奪取スルト將タ被害者ヨリ提供シタルトヲ問ハス暴行脅迫ヲ加ヘテ財物ヲ强取スルニ因テ成立スル罪ナリ故ニ强盜ノ目的ヲ以テ他人ノ家屋ニ侵入シ暴行脅迫ヲ加ヘタルトキハ財産ヲ强取セサル强盜罪ノ著手ナリトス舊刑法ハ總論ニ於テ既ニ述ヘタル如ク二人以上ニテ兇器ヲ携帶シテ强盜ヲ爲シタルトキハ各一等ヲ加重ス可キコトヲ規定シタルモ斯ル場合ハ一ノ重キ情狀タルニ過キサルヲ以テ本法ハ刑期ヲ擴張シタル結果、別ニ規定セサルモ二人以上ニテ强盜ヲ爲ス場合中、屋外ニ見張リヲ爲ス者ハ强盜罪ノ從犯ナルヤ否ヤニ就テハ從來議論ノアリタル所ナルモ强盜見張ハ實行正犯ナリトノ判例アリ其理由ハ見張ハ犯罪ノ遂行ヲ妨ク可キ事實ノ存在ヲ排除スル實行ノ所爲ナリト云フニ在リ而シテ本罪モ亦、强取スル意思ナクシテ暴行脅迫ヲ加フル謂レナキヲ以テ强取スル意思ヲ要スルコトハ論ヲ俟タス

本條第二項、前項ノ方法ヲ以テ財産上不法ノ利益ヲ得又ハ他人ヲシテ之ヲ得セシメタル者亦同シ」トハ他人ニ暴行又ハ脅迫ヲ加ヘ財産上、不法ノ利益ヲ得又ハ第三者ヲシテ財産上ノ利益ヲ得セシメタル場合ハ其情、殆ト强盜ト同一ナルヲ以テ斯ク規定シタルモノナリ

本條第一項ハ財物ト規定シタルヲ本項ハ特ニ財産上ノ利益ト規定シタルニ因リ第一項トハ其範圍ヲ異ニス即チ本項ニ所謂、財産上ノ利益トハ民法上ノ動産ト不動産トヲ問ハス總テ吾人ノ資産ヲ組成

スル利益ヲ總稱ス換言スレハ本項財產上ノ利益中ニハ物權ト債權トヲ包含ス例ヘハ暴行脅迫ヲ以テ物權ノ設定、移轉又ハ變更ヲ强制シ若クハ動產ノ賣買、讓與ヲ强制シ又ハ債權證書ヲ破毁セシメテ自己又ハ第三者ノ債務ヲ免レンコトヲ謀リ或ハ債權ナキニ債務證書ヲ作ラシメタル場合ノ如キ汎テ本項ニ所謂、財產上不法ノ利益ヲ得又ハ他人ヲシテ得セシメタル者ニ該當スルモノナリ舊刑法ハ此種ノ規定闕如シタルヲ以テ實際上、往々不便ヲ感シタルニ因リ特ニ本項ヲ新設シタルモノトス

本罪成立ニハ、第一暴行又ハ脅迫ヲ加ヘタルコト、第二他人ノ財產上ニ對スルコト、第三不法ノ利益ヲ得又ハ他人ヲシテ之ヲ得セシメタルコトノ三條件アルヲ要ス

第一、暴行又ハ脅迫ヲ加ヘタルコトヲ要ス

本條件ハ本條第一項ニ於テ論シタル所ト同一ナルヲ以テ再說セス

第二、他人ノ財產上ニ對スルコトヲ要ス

近時、世ニ所謂、壯士ト稱スル無賴ノ徒、往々自己若クハ他人ノ爲メ口述ヲ設ケテ暴行又ハ脅迫ヲ加ヘ金錢ヲ强要スル惡風、盛ニ行ハルルヲ以テ本法ハ是等、强盜ニ等シキ所爲ヲ罰スルノ趣旨ナリ要スルニ本項財產上ノ利益トハ既ニ述ヘタル如ク物權ノ設定、移轉、變更又ハ金錢ノ貸借其

他財產上ニ關スル法律行爲ノ意思表示ヲ强要スル場合ヲ規定シタルモノナリ今其各場合ヲ一々例示スルニ遑ナシト雖モ暴行脅迫ノ結果、眞意ニ反シ財產上ノ利益ヲ授付スヘキ意思表示ヲ爲サシメタル場合ハ總テ本條ニ包含スルモノナリ

第三、不法ノ利益ヲ得又ハ他人ヲシテ得セシメタルコトヲ要ス

本罪ニ於テ財產上不法ノ利益ヲ得又ハ他人ヲシテ之ヲ得セシメトハ自己若クハ第三者ノ爲メ財產上不法ノ利益ヲ得セシメタル所爲ヲ謂フニアリ故ニ本項財產上ノ利益ヲ得ル場合第一項ノ如ク單ニ暴行脅迫ヲ加ヘ直ニ財物ヲ强取スル場合ト異ナリ多少被害者ノ行爲ヲ要スル場合ナルヲ以テ特ニ財產上不法ノ利益云々ト規定シタルモノナリ

以上ノ條件具備スルトキハ五年以上ノ有期懲役ニ處ス可キモノトス

第二百三十七條 强盜ノ目的ヲ以テ其豫備ヲ爲シタル者ハ二年以下ノ懲役ニ處ス

本條ハ强盜ヲ爲ス目的ヲ以テ其豫備ヲ爲シタル罪ヲ規定シタルモノナリ

本條新設ノ理由ハ第七十八條及第二百一條ニ於テ既ニ論シタル如ク危險ヲ未前ニ防止スルノ趣旨ニ出テタル規定ニ外ナラサルヲ以テ別ニ論セス

第二百三十八條　竊盜財物ヲ得テ其取還ヲ拒キ又ハ逮捕ヲ免レ若クハ罪跡ヲ湮滅スル爲メ暴行又ハ脅迫ヲ爲シタルトキハ强盜ヲ以テ論ス

本條ハ準强盜ノ罪ヲ規定シタルモノナリ

本條ハ舊刑法第三百八十二條「竊盜財ヲ得テ其取還ヲ拒ク爲メ臨時、暴行脅迫ヲ爲シタル者ハ强盜ヲ以テ論ス」トノ規定ニ逮捕ヲ免ルル爲メ若クハ罪跡ヲ湮滅スル爲メ臨時、暴行又ハ脅迫ヲ爲シタル場合等ヲ加ヘタルモノナリ

本條竊盜財物ヲ得テ其取還ヲ拒キ又ハ逮捕ヲ免レ若クハ罪跡ヲ湮滅スル爲メ暴行又ハ脅迫ヲ爲シタルコトハ第二百三十六條强盜罪ト等シク五年以上ノ有期懲役ニ處ス可キモノトス

本條竊盜財物ヲ得タルコトトハ第二百三十五條規定ノ如ク他人ノ財物ヲ竊取シタル場合ヲ云フ換言スレハ必ス犯人財物ヲ竊取シ得テ竊盜既遂ノ狀況ニアルコトヲ要スルモノナリ而シテ本條ニ所謂、竊盜財物ヲ得テ其取還ヲ拒キ又ハ逮捕ヲ免レ若クハ罪跡ヲ湮滅スル爲メトハ（一）他人ノ財物ヲ竊取シタルトキ家人。其他ノ者ニ發見セラレ其竊取シタル財物ヲ取還セラレントスルトキ之ヲ拒ク爲メ家人、其他ノ者ニ對シ暴行又ハ脅迫ヲ加ヘタルコトヲ云ヒ（二）財物ヲ得テ逃走セントスル際、家人、其他ノ者カ（巡査憲兵卒等モ包含ス）逮捕セントスルヲ拒ム爲メ家人其他ノ者ニ對シ暴行又ハ脅迫ヲ加

ヘタルコトヲ云ヒ（三）財物ヲ竊取シ其罪證トナル可キ犯跡ヲ消滅セシムル爲メ家人其他ノ發見者ニ對シ暴行又ハ脅迫ヲ加ヘタル場合ヲ云フモノニシテ孰レモ竊盜罪發覺ノトキ臨時發意ニ基キ暴行又ハ脅迫ヲ加ヘタル場合ナリ以上ノ場合ニ於テハ財物强取ノ手段トシテ暴行脅迫ヲ加ヘタルモノニ非サルモ强盜ヲ以テ論ス可キ價値アルヲ以テ本條特ニ强盜ヲ以テ論スト規定シタルモノナリ而シテ本罪ニハ必ス竊取シタル財物ノ取還ヲ拒キ又ハ逮捕ヲ免ルル爲メ若クハ犯罪ヲ湮滅セシムル意思ヲ以テ暴行又ハ脅迫ヲ加ヘタルコトヲ要スルモノトス

第二百三十九條　人ヲ昏醉セシメテ其財物ヲ盜取シタル者ハ强盜ヲ以テ論ス

本條モ亦準强盜ノ罪ヲ規定シタルモノナリ

本條ハ舊刑法第三百八十三條「藥酒等ヲ用ヒ人ヲ醉迷セシメ其財物ヲ盜取シタル者ハ强盜ヲ以テ論シ輕懲役ニ處ス」トノ規定ヲ修正シタルモノナリ同條ハ人ヲ昏醉セシムル方法ヲ例示シ藥酒等ヲ用ヒ云々ト規定シタルヲ以テ藥種若クハ酒類ニ因リ人ヲ昏醉セシムル場合ノ外之ヲ適用スルコトヲ得サリシモ近時、催眠術又ハ電氣作用等ヲ以テ人ヲ昏迷セシムルヲ得可キニ因リ本法ハ單ニ人ヲ昏醉セシメテ其財物ヲ盜取シタル者ト改メ其意義ヲ擴張シタリ

本罪成立ニハ、第一人ヲ昏醉セシメタルコト、第二財物ヲ盜取シタルコトノ二條件アルヲ要ス

第一、人ヲ昏醉セシメタルコトヲ要ス

本條特ニ人ヲ昏醉セシメト規定シタルヲ以テ本罪ハ犯人自ラ藥酒其他ノ方法ニ因リ昏醉セシメ人事不省又ハ抗拒不能ノ狀態ニ陷ラシメ財物ヲ盜取シタルコトヲ要ス故ニ被害者自ラ亂酒又ハ藥品ヲ服用シタル結果、人事不省ニ陷リタルトキ若クハ第三者カ昏醉セシメタルニ乘シ其財物ヲ竊取シタルトキハ本條强盜ヲ以テ論スルコトヲ得ス斯ル場合ハ通常、竊盜罪トシテ第二百三十五條ニ依リ論ス可キモノトス

第二、財物ヲ盜取シタルコトヲ要ス

財物盜取ノ手段トシテ人ヲ昏醉セシメタルトキハ暴行脅迫ヲ加ヘテ財物ヲ强取スルト殆ト同一ナルヲ以テ本條特ニ强盜ヲ以テ論スト規定シタルモノナリ而シテ本罪ノ既遂ハ財物奪取ノ時ニアリト雖モ人ヲ昏醉セシメタルトキハ著手未遂罪成立スルモノトス而シテ本罪ハ他人ノ財物ヲ奪取スル意思ヲ以テ昏醉セシメタルコトヲ要スルカ故ニ若シ對酌、飲酒ノ末、一方昏醉シタルニ乘シ急ニ發意シテ其所持品ヲ竊取シタル場合ノ如キハ通常、竊盜罪ニシテ本罪ノ問フ所ニ非ス如何トナレハ本條、人ヲ昏醉セシメト規定シタルヲ以テ盜取ノ意思ヲ以テ昏醉セシムル積極的、行爲ヲ要

スルコト明ナリトス

以上ノ條件具備スルトキハ五年以上ノ有期懲役ニ處ス可キモノトス

第二百四十條 强盜人ヲ傷シタルトキハ無期又ハ七年以上ノ懲役ニ處ス死ニ致シタルトキハ死刑又ハ無期懲役ニ處ス

本條ハ强盜人ヲ死傷ニ致シタル罪ヲ規定シタルモノナリ

本條ハ舊刑法、第三百八十條「强盜人ヲ傷シタル者ハ無期徒刑ニ處シ死ニ致シタル者ハ死刑ニ處ス」トノ規定ト同一趣旨ナリ本條特ニ强盜人ヲ傷シタルトキ又ハ死ニ致シタルトキト規定シタルヲ以テ一見、强盜、財物ヲ奪取スル手段トシテ人ヲ死傷ニ致シタル場合ニ限ルノ感アリト雖モ本條ハ財物奪取ノ手段トシテ人ヲ死傷ニ致シタル場合ハ勿論、財物ノ取還ヲ拒ム爲メ又ハ罪證ヲ湮滅セシムル爲メ(顔ヲ瞳見シタル者ヲ殺スカ如キ)若クハ追捕ヲ免ルル爲メ追跡者ヲ殺傷シタル場合等ノ如キモ仍ホ本條中ニ包含スルモノトス、此點ニ就キ舊刑法上、强盜殺人罪ハ其所爲ノ謀殺ト故殺トヲ判別スルノ必要ナキヲ以テ殺意ノ有無ヲ審究セサルモ違法ニ非ス」又其所爲ハ財物ヲ得タルト否トニ依リ其罪ノ消長ス可キモノニ非ス」强盜人ヲ傷ケタルトキハ其毆傷ハ强奪ヲ遂クル爲メナルト逮捕ヲ免ルル爲メナルトヲ問ハス强盜、傷人罪ヲ構成ス」强盜傷人罪ハ一種特別ノ犯罪ナルヲ以テ盜取ノ點ト殺人ノ點ト各別ニ犯罪ヲ構成スルモノニ非ストノ判例アリ然レトモ此强盜傷人罪ノ既遂タルニハ必ス强盜ノ所爲ト傷人ノ所爲ト共ニ完成シタルヲ要ス若シ其一方完成スルモ他ノ一方完成セサルトキハ强盜傷人罪ノ既遂ニ非ス例令ハ强盜罪ノ著手後人ヲ殺傷シタルモ未タ財物ヲ得サルカ又ハ既ニ財物ヲ强取スルモ殺人行爲ニ著手セサリシ場合ノ如キハ强盜傷人罪ノ未遂罪ナリ但シ此點ニ付テハ反對説アリ又二人以上ニテ强盜ヲ爲シタル場合ニ於テ共犯人ノ一人ヲ殺傷シタルトキハ强盜傷人罪ナルヤ否ヤ又其傷人ニ干與セサル共犯人ハ强盜傷人罪ノ共犯ナルヤ否ヤノ問題アリ余ハ孰レモ積極説ヲ可トスルモノナリ

第二百四十一條　强盜婦女ヲ强姦シタルトキハ無期又ハ七年以上ノ懲役ニ處ス因テ婦女ヲ死ニ致シタルトキハ死刑又ハ無期懲役ニ處ス

本條ハ强盜强姦罪ヲ規定シタルモノナリ

本條ハ舊刑法、第三百八十一條「强盜婦女ヲ强姦シタル者ハ無期徒刑ニ處ス」トノ規定ト同一ナリ唯、本法ハ舊刑法ヨリ其刑ヲ重クシタルニ過キス

本條强盜强姦罪モ亦前條、强盜傷人罪ト同シク强盜ノ著手實行中、又ハ實行後、其現場ニ於テ婦女ヲ强姦シタル場合ヲ特ニ重罰スル趣旨ナルヲ以テ財物奪取ノ手段トシテ强姦シタルト其後强姦シタ

ルトヲ問ハス總テ本條ヲ以テ論ス可キモノトス而シテ本條强盜强姦罪モ亦財物ヲ得タルト否トヲ問ハス强姦既遂ノトキニ非サレハ本罪ノ既遂ニ非ス但此點ニ付テハ前條强盜傷人罪ト等シク反對說アリ因テ負傷セシメタルトキハ本條ト前條トノ併發ニシテ若シ死ニ致シタルトキハ本條後段ニ依リ處斷ス可キモノトス

第二百四十二條　自己ノ財物ト雖モ他人占有ニ屬シ又ハ公務所ノ命ニ因リ他人ノ看守シタルモノナルトキハ本章ノ罪ニ付テハ他人ノ財物ト看做ス

本條ハ自己ノ所有物ト雖モ質權又ハ留置權ニ因リ他人ノ占有ニ屬シ又ハ公務所ノ差押ニ因リ他人ノ看守スルトキハ他人ノ財物ト同一ニ論ス可キコトヲ規定シタルモノナリ

本條ハ舊刑法、第三百七十一條「自巳ノ所有物ト雖モ典物トシテ他人ニ交付シ又ハ官署ノ命令ニ因リ他人ノ看守シタル時之ヲ竊取シタル者ハ竊盜ヲ以テ論ス」トノ規定ヲ修正シタルモノナリ蓋シ舊刑法ハ本條ヲ竊盜罪ノ條下ニ規定シタルニ止マリタルヲ以テ官署ノ命令ニ因リ差押ニ係ル自己ノ所有物ヲ强取シタルトキハ之ヲ罰スルコトヲ得サリシニ依リ本法ハ本章最後ニ本條ヲ置キ竊盜及ヒ强盜罪ニ之ヲ適用スルコトト改メタルモノナリ

又舊刑法ハ質權ニ因リ他人ノ所持スル自己ノ所有物ヲ竊取シタルトキハ竊盜罪ト爲シタルニ拘ラ

ス（等シク民法上　物權タル留置權ニ因リ占有スル物）他人ノ所持スル自己ノ所有物ニ就テハ之カ規定ヲ闕キタルヲ以テ本法ハ自己ノ所有物ト雖モ他人ノ占有ニ屬シト規定シ質權、留置權ノ目的物トナリタル物又ハ公務所ノ命令ニ因リ他人ノ看守スル自己ノ所有物ヲ竊取シタルトキハ竊盜罪成立シ强取シタルトキハ强盜罪成立スルコトト爲シタリ而シテ本條自己ノ所有物ニシテ他人ノ占有ニ屬スル物トハ民法上ニ所謂、質權、留置權等ニ因リ他人ノ占有スル物ヲ云フ而シテ（一）質權トハ債權ノ擔保トシテ債務者又ハ第三者ヨリ受取リタル物ヲ占有シ且其物ニ付キ他ノ債權者ニ先チ自己ノ債權ノ辨濟ヲ受クル權利ヲ謂フ（民法第三百四十二條）然レトモ本條、質權ノ目的物ハ民法上ノ動產ノミヲ云ヒ不動產ハ之ヲ包含セス如何トナレハ本條自己ノ財物ト規定シ財產上ノ利益ト規定セサレハナリ（二）留置權トハ他人ノ物ノ占有者カ其物ニ關シ生シタル債權ヲ有スルトキ其債權ノ辨濟ヲ受クルマテ其物ヲ留置スル權利ヲ謂フ（民法第二百九十五條）本條自己ノ財物ト雖モ他人ノ占有ニ屬シ云々ト規定シタルヲ以テ本條占有ハ自己ノ爲メニスル意思ヲ以テ物ヲ所持スル場合ヲ云ニアリ（民法第百八十條）蓋シ民法上ニ於テハ先取特權モ亦質權、留置權ト同一ニ動產上ニ有スル物權ナリト雖先取特權ハ其物ノ占有ヲ債權者ニ移スモノニ非サレハ本罪ノ目的物トナラサルモノトス詳細ハ民法第二編第二章占有權同第七章留置權、第八章先取特權、第九章質權等ノ規定ヲ參照スヘシ（三）公務所ノ命令ニ因リ他人ノ看守シタルモノトハ法令ノ規定ニ依リ公務所又ハ公務員ノ差押ヘタル財物ヲ謂フ例ヘハ民事訴訟法ノ規定ニ依リ差押ヲ執行シタル有體動産若クハ刑事訴訟上、證據物件トシテ差押ヘタル物件ノ如キ其他、行政官廳ニ於テ職務ノ執行ニ依リ差押ヘタル物件等ヲ謂フニアリ蓋シ民事訴訟上、差押ヲ行フ場合ノ多クハ其差押ヲ受ケタル者ニ保管ヲ命スルヲ通例ト爲スモ此場合ハ次章ニ規定アルヲ以テ本條公務所ノ命ニ因リ差押ヘラレタルモノトハ必ス他人ノ看守スル場合ニ限ルモノトス

第二百四十三條　第二百三十五條、第二百三十六條、第二百三十八條乃至第二百四十一條ノ未遂罪ハ之ヲ罰ス

本條ハ本章竊盜罪第二百三十五條第二百三十六條第二百三十八條第二百四十二條ノ罪ハ總テ其未遂ノ所爲ヲ罰ス可キコトヲ規定シタルモノナリ

第二百四十四條　直系血族、配偶者及ヒ同居ノ親族又ハ家族ノ間ニ於テ第二百三十五條ノ罪及ヒ其未遂罪ヲ犯シタル者ハ其刑ヲ免除シ其他ノ親族又ハ家族ニ係ルトキハ告訴ヲ待テ其罪ヲ論ス

親族又ハ家族ニ非サル共犯ニ付テハ前項ノ例ヲ用ヒス

本條ハ親族相盜ノ罪ヲ規定シタルモノナリ

本條ハ舊刑法、第三百七十七條「祖父母、父母、夫妻子孫及ヒ其配偶者又ハ同居ノ兄弟、姉妹互ニ其財物ヲ竊取シタル者ハ竊盜ヲ以テ論スル限ニ非ス」若シ他人共ニ犯シテ財物ヲ分チタル者ハ竊盜ヲ以テ論ス」トノ規定ヲ修正シタルモノナリ

舊刑法ハ直系血族及ヒ同居ノ兄弟、姉妹ハ其罪ヲ免スル旨ヲ規定シ其他ノ親族ニ付テハ之ヲ除外シタリト雖モ親族間ノ相盜ハ通常、他人ト同一ニ處分スルハ酷ニ失スルヲ以テ本法ハ同居セサル親族相盜ニ付テハ告訴ヲ待テ其罪ヲ論スルコトト爲シタリ是即チ同居以外ノ親族ハ同居ノ親族ト同一ニ看做ス必要ナキヲ以テ斯ク規定シタルモノナリ而シテ舊刑法第三百七十七條末項ハ「若シ他人共ニ犯シテ財物ヲ分チタル者ハ竊盜ヲ以テ論ス」ト規定シタルモ本法ハ之ヲ親族ニ非サル共犯ニ付テハ前項ノ例ヲ用ヒス」ト改メタリ蓋シ其立法趣旨ハ殆ト舊刑法ト同一ナリ

元來、親族間ノ相盜モ竊盜罪タルコト論ナシト雖モ親族間ノ平和ヲ維持スル爲メ其刑ヲ免除スルニ過キス故ニ若シ他人共ニ犯シ財物ヲ分チタルトキハ其他人ハ通常竊盜罪ヲ以テ論ス可キモノトス是本條末項ノ規定アル所以ナリ

本條第二項共犯中ニハ彼ノ實行正犯ノミナラス敎唆者及ヒ從犯ヲモ包含スルモノトス是注意ス可キ點ナリ

第二百四十五條　本章ノ罪ニ付テハ電氣ハ之ヲ財物ト看做ス

本條ハ電氣ハ財物ト看做スコトヲ規定シタルモノナリ
本條ハ本章ノ罪ニ就テハ電氣ハ之ヲ一種ノ財物ト看做シ電氣ヲ竊取シタル者ニ對シテハ竊盜罪ノ各本條ヲ適用シ若シ强取シタルトキハ强盜罪ノ各本條ニ照シ處分ス可キコトヲ規定シタルモノナリ是本條特ニ本章ノ罪ニ付テハ電氣ハ之ヲ財物ト看做スト規定シタル所以ナリ
蓋シ本條電氣ハ財物ナルヤ否ヤニ就テハ既ニ一言シタル如ク舊刑法上頗ル議論ノアリタル所ナルヲ以テ大審院判決要旨ヲ擧ケ其參考ニ資セントス大審院ハ物理學上、物ト稱スルハ形體ヲ備ル所ノ物質ニシテ必ス固體、液體、氣體ノ分類中ノ一ニ屬スヘキ者ナルニ電流ハ形體ヲ具有セス隨テ固體、液體、氣體ノ何レニモ屬セサルヲ以テ物ニ非ス物以外ニ屬スル一種ノ力ナリトスルハ物理學上、動ス可ラサルノ定說タリ又民法第八十五條ニヨルトキハ民法ニ於テ物ト稱スルハ有體物ヲ謂ヒ無體物ハ民法上、物ニ非サルヲ以テ民法上ノ物ハ物理學上ノ物ト全然一致シ電流ハ無體物トシテ民法上ノ物ニ非サルコトモ亦明白ニシテ疑義ヲ容ルヘキノ餘地ナキモノトス然ルニ物トハ物理學上、及民法上ニ於テ有體物ノミヲ謂ヒ無體物タル電流ハ物理學上ニ於テモ民法上ニ於テモ物ニ非ストスルモ是カ爲メ刑法ニ所謂、物モ亦必ス有體物タラサル可ラスシテ無體物タル電流ハ他人ノ所有物ヲ竊取スルニ因テ成立スル竊盜罪ノ目的タルコトヲ得ストノ論結ヲ生セサルモノトス若シ夫レ物ナル語ハ一定不可動ノ意義ヲ有シ常ニ必ス有體ノ物ノミヲ意味スルモノトセンカ刑法ニ所謂物ナル語ハ有體物ノ意義ニ解ス可ク之ニ付スルニ他ノ意義ヲ以テスルコト能ハサル可キハ論ヲ俟タサル所ナリ然レトモ物ナル語ハ斯ル一定不可動ノ意義ヲ有スルモノニ非スシテ或ル場合ニ於テハ有體物ナリトノ極テ狹キ意義ニ解シ或場合ニ於テハ有體物タルト無體物タルトヲ問ハス有形的ノ或ルモノ即チ人ノ思想ノミニ存在スル形而上ノモノニ非スシテ五官ノ作用ニ依リ直接ニ其存在ヲ認識シ得ヘキ形而下ノ物ナリト解シ或場合ニ於テハ其意義ヲ擴充シ權利ノ如キ人ノ理想ニノミ存在スル無形物ヲモ指稱スルコトアルヲ以テ刑法ニ於テ物ト稱スルハ果シテ如何ナルモノヲ云フヤハ自ラ刑法ノ解釋上ノ問題ニ屬シ必スシモ物理上及民法上ノ觀念ノミニ依據スルコトヲ要セサルモノナリ依テ刑法第三百六十六條ニ所謂物トハ如何ナルモノヲ意味スルヤヲ案スルニ刑法ハ一般的ニ物ノ定義ヲ與ヘス又竊盜ノ目的タルコトヲ得ヘキ物ノ範圍ヲ限定セサルヲ以テ或物ニシテ苟モ竊盜罪ノ基本的要素ヲ充タシ得ヘキ特性ヲ有スルニ於テハ竊盜ノ目的タルヲ得ヘク之ニ反シテ竊盜罪ノ觀念ト相容レサル物ハ竊盜ノ目的タルコトヲ得サルモノト解釋セサル可ラス換言スレハ刑法カ竊盜罪ノ目的タルコトヲ得ヘキモノノ範圍ヲ確定スルノ作用ヲ爲スモノニシテ竊盜罪ノ目的トナリ竊取ノ客體トシテ不適當ナルモノハ竊盜ノ目的タルコトヲ得サルモノト解スヘキモノトス何トナレハ刑法カ竊盜ノ目的タルコトヲ得ヘキモノノ範圍ヲ限定スレハ則チ止ム既ニ其範圍ヲ限定セス又目的物ノ竊取ヲ以テ竊盜罪ノ基本的要素ト爲シタル以上ハ法文ノ解釋上、犯罪成立ノ要件タル竊取可能ノ特性ヲ有スル物ハ其何タルヲ論セス總テ竊盜罪ノ目的タルコトヲ得ルト同時ニ此特性ヲ具フル物ニ非サレハ本罪ノ目的タルコトヲ得サルモノト論結スヘキハ事理ノ當然ニシテ竊取可能性ヲ具フル物タルニ拘ハラス之ヲ竊盜罪ノ目的物ヨリ除外シ竊取ノ不可能ナルモノヲ竊盜罪ノ目的中ニ包含セシムルハ法文ノ主旨ニ添ハサルモノニシテ格段ナル憑據アルニ非サレハ爲シ得ヘカラサルモノナレハナリ云々又刑法第三百六十六條ノ所有物ナル語ハ刑法ニ所謂、所有權ノ目的タル有體物ヲ指セシモノト解シ得ヘキカ如シト雖モ所有ナル語モ亦極テ廣キ意義ヲ有シ有體、無體ノ別ナク人ト物トノ歸屬關係ヲ表明シ人カ法律上、目的物上ニ完全ナル支配權ヲ行フコトヲ得ヘキ狀體ヲ指示スルカ爲ニ用ヒ來リタルモノナレハ刑法ニ所謂所有物ナル語ハ直ニ民法ニ云フ所ノ所有權ノ目的タル有體物ノ意義ニ解スルコト能ハサルモノトス要スルニ我刑法ノ解釋トシテ竊盜ノ目的物ヲ有體物ニ限定ス可キ確然タル憑據ナキヲ以テ竊取ノ目的タルヲ得ヘキ物ヲ以テ竊盜罪ノ目的物トナササルヲ得ス而シテ刑法第三百六十六條ニ所謂、竊取トハ他人ノ所持スル物ヲ不法ニ自己ノ所持内ニ移スノ所爲ヲ意味シ人ノ理想ノミニ存スル無形物ハ之ヲ所持スルコト能ハサルモノナレハ竊盜ノ目的タルコトヲ得サルハ論ヲ俟タス然レトモ所持ノ可能ナル爲メニ五官ノ作用ニ依リテ認識シ得ヘキ形而下ノ物タルヲ以テ足レリトシ有體物タルコトヲ必要トセス何トナレハ此種ノ物ニシテ獨立ノ存在ヲ有シ人力ヲ以テ任意ニ支配セラレ得ヘキ特性ヲ有スルニ於テハ之ヲ所持シ其所持ヲ繼續シ移轉スルコトヲ得ヘケレハナリ約言スレハ可動性及ヒ管理可能性ノ有無ヲ以テ竊盜罪ノ目的タルコトヲ得ヘキ物ト否ラサル物トヲ區別スルノ唯一標準トナスヘキモノトス而シテ電流ハ有體物ニアラサルモ五官ノ作用ニ依リテ其存在ヲ認識スルコトヲ得ヘキモノニシテ之ヲ容器ニ收容シテ獨立ノ存在ヲ有セシムルコトヲ得ルハ勿論容器ニ蓄積シテ之ヲ所持シ一ノ場所ヨリ他ノ場所ニ移轉スル等人力ヲ以テ任意ニ支配スルコトヲ得ヘク可動性ト管理可能性トヲ幷有スルヲ以テ優ニ竊盜罪ノ成立ニ必要ナル竊取ノ要件ヲ充タスコトヲ得ヘシ故ニ他人ノ所持スル他人所有ノ電流ヲ不法ニ奪取シテ之ヲ自己ノ所持内ニ置キタル者ハ刑法第三百六十六條ニ所謂他人ノ所有物ヲ竊取シタル者ニシテ竊盜罪ノ犯人トシテ刑罰ノ制裁ヲ受ケサル可ラサルヤ明カナリト蓋シ舊刑法上ニ於ケル一大判例ナリ

第三十七章 詐欺及ヒ恐喝ノ罪

總論

本章ハ舊刑法、第三編、第二章中ノ第五節、詐欺取財ノ罪ヲ修正シタルモノナリ
其修正シタル主要ノ點ヲ擧クレハ左ノ如シ

一、舊刑法、第三百九十條第一項ハ人ヲ欺罔シ又ハ恐喝シテ財物若クハ證書類ヲ騙取シタル者ハ詐欺取財ノ罪ト爲シ云々ト規定シナカラ同第三百九十二條ニ更ニ物件ヲ販賣シ又ハ交換スルニ當リ其物質ヲ變シ若クハ分量ヲ僞リ人ニ交付シタル者又ハ抵當典物ト爲シタル者ハ詐欺取財ヲ以テ論ス」ト規定シタルモ物質ヲ變シ分量ヲ僞リ又ハ他人ノ動產、不動產ヲ冒認シタル所爲ハ純然タル詐欺取財ナルヲ以テ特ニ明示スルノ必要ナシ故ニ本法ハ斯ル場合ヲ別ニ規定セス

二、舊刑法、第三百九十三條ニ自己ノ不動產ト雖モ已ニ抵當典物ト爲シタル物ヲ欺隱シテ他人ニ賣與シ又ハ重ネテ抵當典物ト爲シタル者亦同シ」ト規定シタルモ現今、不動產ノ賣買、抵當、質等ニ付テハ登記ノ制備ハリタルヲ以テ不動產上、是等、物權ノ負擔在ルコトヲ欺隱スルハ容易ノコトニ非ス若シ之ヲ欺隱シ得タリトスルモ、第一抵當權者ノ既ニ登記シタルモノヲ賣買シ又ハ抵當

典物ト爲ストキハ第二ノ買受人又ハ抵當權者、質權者ヲ欺罔スルモノナルヲ以テ是又純然タル詐欺ノ方法手段タルニ過キサルヲ以テ特ニ之ヲ規定セス

本章ハ(一)人ヲ欺罔シテ財物ヲ騙取シタル罪(二)人ヲ欺罔シ財產上ノ不法ノ利益ヲ得又ハ他人ヲシテ之ヲ得セシメタル罪(三)他人ノ爲メ事務ヲ管理スル者自己若クハ第三者ノ利益ヲ圖リタル罪(四)本人ニ損害ヲ加フル目的ヲ以テ其任務ニ背キタル行爲ヲ爲シ本人ニ財產上ノ損害ヲ加ヘタル罪(五)未成年者ノ知慮淺薄又ハ人ノ心神耗弱ニ乘シテ其財產ヲ交付セシメタル罪(六)未成年者ノ知慮淺薄又ハ心神耗弱ニ乘シテ財產上不法ノ利益ヲ得若クハ他人ヲシテ之ヲ得セシメタル罪(七)人ヲ恐喝シテ財物ヲ授付セシメタル罪(八)人ヲ恐喝シテ財產上、不法ノ利益ヲ得又ハ他人ヲシテ之ヲ得セシメタル罪(一)乃至(八)罪ノ未遂等ヲ規定シタリ

第二百四十六條 人ヲ欺罔シテ財物ヲ騙取シタル者ハ十年以下ノ懲役ニ處ス

前項ノ方法ヲ以テ財產上不法ノ利益ヲ得又ハ他人ヲシテ之ヲ得セシメタルモノ亦同シ

本條ハ欺罔取財ノ罪ヲ規定シタルモノナリ

本條ハ舊刑法、第三百九十條中、人ヲ欺罔シテ財物若クハ證書類ヲ騙取シタル者云々トノ規定ヲ修正シタルモノナリ其修正要旨ハ財物若クハ證書類ノ意義不明瞭ニシテ且狹キニ失スルヲ以テ本法ハ本條第一項ヲ以テ廣ク財物ニ關スル規定ト爲シ第二項ニ於テ其他ノ財産上ノ利益ニ關スルコトヲ規定シタルモノナリ

本罪成立ニハ、第一人ヲ欺罔シタルコト、第二他人ノ財物タルコト、第三騙取シタルコトノ三條件アルヲ要ス

第一、人ヲ欺罔シタルコトヲ要ス

欺罔トハ虛僞ノ事實ヲ表示シテ人ヲ錯誤ニ陷ラシムル所爲ヲ謂フ換言スレハ無根ノ事實ヲ虛構シ又ハ眞正ノ事實ヲ變更シ若クハ隱蔽シ人ヲシテ誤信セシムル所爲ヲ云フモノナリ故ニ欺罔取財犯ハ人ノ財産ヲ騙取スルノ目的ヲ以テ虛僞ノ事實ヲ表示シ人ヲ錯誤ニ陷ラシメタルコトヲ要ス然レトモ人ヲ欺罔スルニ足ル可キ虛僞ナリシヤ否ヤハ事實上ノ問題ナリ通常ノ場合ニ於テハ欺罔ノ結果、被害者ニ於テ錯誤ニ陷リタルヲ要スルモ被害者ニ於テ全ク錯誤ニ陷ラサルモ仍ホ本罪成立スルコトアリ例ヘハ金圓騙取ノ目的ヲ以テ僞造證書ニ基キ訴訟ヲ提起シタル以上ハ詐欺取財ニ著手シタルモノナリトノ判例アリ而シテ其欺罔手段ニ因リ錯誤ニ陷リタル者ハ必スシモ被害者、自身

タルヲ要セス第三者若クハ裁判所ヲシテ錯誤ニ陥ラシムルモ可ナリ例ヘハ訴訟上、事實ヲ構造シテ裁判官ヲ錯誤ニ陥ラシメ他人ノ財産ヲ騙取シタル所爲ハ詐欺取財罪ナリトノ判例アリ

第二、他人ノ財物タルコトヲ要ス

舊刑法第三百九十條ノ財物中ニハ動産、不動産ヲ包含ストノ學說、判例ナキニ非スト雖モ本法ニ於ケル本條第一項財物中ニハ不動産ハ之ヲ包含セス如何トナレハ本條第二項ニ前項ノ方法ヲ以テ財産上不法ノ利益ヲ得又ハ云々ト規定シ明カニ第一項、規定以外ノ財産ヲ意味セシメタルト第一項財物ノ文字ハ第二百三十五條第二百三十六條ノ强竊盜ノ場合ニ於ケルト全ク同一文字ナルヲ以テナリ然レトモ本罪ノ目的物モ亦必スシモ他人ノ財物ヲ騙取シタル場合ニ限ルニ非ス自己ノ所有物ト雖モ他人ノ占有ニ屬シ又ハ公務所ノ命ニ因リ他人ノ看守スルモノヲ騙取シタルトキハ他人ノ財物ヲ騙取シタル場合ト同一ニ論ス可キモノトス（第二百五十一條參照）

第三、騙取シタルコトヲ要ス

騙取トハ欺罔ノ結果他人ヨリ財物ヲ收受シタル所爲ヲ謂フニアリテ其交付シタルハ被害者ナルト第三者ナルトヲ問ハス欺罔ノ結果、人ヨリ財物ノ交付ヲ受ケタルトキハ本條騙取罪ナリ而シテ本罪モ他人ノ財物ヲ騙取スル意思ヲ以テ人ヲ欺罔シタルヲ要スルコト多言ヲ要セス若シ人ヲ欺罔スル

意思ナク單ニ意見ヲ陳述シタルニ他人ヨリ財物ヲ贈與シタル場合ノ如キハ本條ノ問フ所ニ非ス

本條第二項、前項ノ方法ヲ以テ財産上不法ノ利益ヲ得又ハ他人ヲシテ之ヲ得セシメタル者トハ人ヲ欺罔シテ第一項規定ノ有體物以外ノ動産、不動産上ノ利益ヲ得又ハ他人ヲシテ得セシメタル場合ヲ謂フ而シテ本項財産上ノ利益中ニハ有體物ト無體物トヲ問ハス總テ人ノ資産ヲ組成ス可キ利益ハ一切包含スルヲ以テ財産權ノ取得ハ勿論、義務ノ免除ヲ謀リタル場合モ仍ホ本項中ニ包含ス

本罪成立ニハ、第一人ヲ欺罔シタルコト、第二他人ノ財産上ニ對スルコト、第三不法ノ利益ヲ得又ハ他人ヲシテ得セシメタルコトノ三條件アルヲ要スルモ本條件ハ孰レモ既ニ說明シタル所ニ因リ明瞭ナルヲ以テ再說セス

以上ノ條件具備スルトキハ十年以下ノ懲役ニ處ス可キモノトス

第二百四十七條　他人ノ爲メ其事務ヲ處理スル者自己若クハ第三者ノ利益ヲ圖リ又ハ本人ニ損害ヲ加フル目的ヲ以テ其任務ニ背キタル行爲ヲ爲シ本人ニ財産上ノ損害ヲ加ヘタルトキハ五年以下ノ懲役又ハ千圓以下ノ罰金ニ處ス

本條ハ他人ノ事務ヲ處理スル者其任務ニ背キ財產上ニ損害ヲ加ヘタル罪ヲ規定シタルモノナリ

本條ハ舊刑法ニ規定ナキ所ニシテ本法ノ新設ニ係ル規定ナリ從來、他人ノ爲メニ其事務ヲ處理スル者私利ヲ圖リ其他任務ニ背キタル行爲ヲ爲シ本人ニ損害ヲ加フルコト往々アリタルモ斯ル場合ニ於テハ民事上ノ損害賠償ヲ求ムルノ外ナキニ因リ實際上、概ネ其救濟ナキト同一ニ歸シタルヲ以テ本法ハ特ニ本條ヲ設ケタルモノナリ而シテ本條ハ(一)他人ノ爲メニ事務ヲ處理スル者、自己又ハ第三者ノ利益ヲ圖リ本人ニ損害ヲ加ヘタル罪(二)他人ノ爲メ事務ヲ處理スル者本人ニ損害ヲ加フル目的ヲ以テ其任務ニ背キタル行爲ヲ爲シ本人ニ損害ヲ加ヘタル罪ヲ規定シタルモノナリ

(一)　他人ノ爲メ事務ヲ處理スル者自己若クハ第三者ノ利益ヲ圖リ本人ニ損害ヲ加ヘタル罪

本罪成立ニハ、第一他人ノ爲メ事務ヲ處理スルコト、第二自己若クハ第三者ノ利益ヲ圖リタルコト、第三本人ニ損害ヲ加ヘタルコトノ三條件アルヲ要ス

第一、他人ノ爲メ事務ヲ處理スルコトヲ要ス

他人ノ爲メ事務ヲ處理スル者トハ法令ノ規定又ハ他人ノ囑託若クハ承諾ニ因リ他人ノ財產上ノ事務ヲ管理スル者ヲ謂フニアリ

本條ハ既ニ一言シタル如ク本法ノ新設ニ係ル規定ニシテ彼ノ仲買人ノ如キ者ニテ常ニ他人ノ依賴

ヲ受ケ他人ノ事務ヲ處理スル者ニ對スル規定ナリ民法第六百九十七條ハ義務ナクシテ他人ノ爲メニ事務ノ管理ヲ始メタル者ハ其事務ノ性質ニ従ヒ最モ本人ノ利益ニ適ス可キ方法ニ依リテ其管理ヲ爲スコトヲ要ス」管理者カ本人ノ意思ヲ知リタルトキ又ハ之ヲ推知スルコトヲ得ヘキトキハ其意思ニ從ヒテ管理ヲ爲スコトヲ要ス」トノ規定ノ如キハ本條ニ所謂、他人ノ爲メ事務ヲ管理スル者ナリ左レハ未成年者、禁治産者ノ後見人、準禁治産者ノ保佐人又ハ不在者ノ財産管理人其他法人ノ理事、代理人等其財産管理ノ趣旨ニ違背シタルトキハ本條ニ該當ス獨逸刑法第二百六十六條ハ左ニ揭クル場合ニハ背信ノ罪ニ依リ禁錮ニ處ス、第一後見人、財産管理人、財産監督人、供託物保管人、確産管財人、遺言執行者、寄附財産取扱人、故意ニ其委託ヲ受ケタル人又ハ物件ニ對シ損害ヲ與フ可キ行爲ヲ爲シタルトキ、第二代理人故意ニ委任者ノ債權其他ノ財產ニ損害ヲ與フ可キ行爲ヲ爲シタルトキ、第三土地測量人、競賣人、仲立人、貨物鑑定人、運送人、秤量人、撰査人、荷積人其他官廳ニ對シ一定ノ營業ヲ爲ス可キ義務アル者其委託セラレタル行爲ヲ爲スニ方リ故意ニ委託者ニ損害ヲ加ヘタルトキ云々ト規定シ他人ノ爲メ其事務ヲ處理スル者ヲ列擧シタリ

第二、自己若クハ第三者ノ利益ヲ圖リタルコトヲ要ス

自己若クハ第三者ノ利益ヲ圖リタルコトトハ自己若クハ第三者ノ利益ト爲ル可キ不法行爲ヲ謂フ

換言スレハ自己若クハ第三者ノ爲メ本人ノ財產ヲ減少シ又ハ滅盡セシムル所爲ヲ云フニアリ故ニ故ラ自己若クハ他人ノ利益ヲ圖リ本人ノ權利ヲ侵害シタル者ハ之ニ因テ生シタル損害ヲ賠償ス可キ責任ヲ生スルト共ニ本罪成立スルモノトス

第三、本人ニ損害ヲ加ヘタルコトヲ要ス

縱令自己若クハ第三者ノ利益ヲ圖ルモ是カ爲メニ本人ニ損害ヲ加ヘサルトキハ本條ニ依リ論スルコトヲ得ス故ニ本罪成立ニハ必ス本人ニ財產上ノ損害ヲ加ヘタルコトヲ要ス換言スレハ本人ニ損害ヲ加ヘル惡意ヲ以テ損害ヲ加ヘタルコトヲ要スルモノトス左レハ本人ニ不利益ヲ與フル意思即チ民法上ノ所謂、惡意アルコトヲ要ス若シ惡意ナク過失ニ因リ本人ニ損害ヲ加ヘタルトキハ民法上ノ責任アルニ止マリ本條ニ依リ論スルコトヲ得ス

(二) 他人ノ爲メ事務ヲ處理スル者本人ニ損害ヲ加フル目的ヲ以テ其任務ニ背キタル行爲ヲ爲シ本人ノ財產上ニ損害ヲ加ヘタル罪

本罪成立ニハ、第一他人ノ事務ヲ處理スルコト、第二本人ニ損害ヲ加フル目的ヲ以テ其任務ニ背キタルコト、第三本人ノ財產上ニ損害ヲ加ヘタルコトノ三條件アルヲ要ス

第一、他人ノ事務ヲ處理スルコトヲ要ス

本條件ニ就テハ前段、既ニ述ヘタル所ト同一ナルヲ以テ再說セス

第二、本人ニ損害ヲ加フル目的ヲ以テ其任務ニ背キタルコトヲ要ス

本人ニ損害ヲ加フル目的ヲ以テ其任務ニ背キトハ本人ニ不利益ヲ與フル意思ヲ以テ其任務ニ違背シタル所爲ヲ謂フニアリ故ニ他人ノ事務ヲ處理スルニ該リ他人ニ損害ヲ加フル意思ヲ以テ事務管理ノ法則ニ違背シタルトキハ本罪成立ス

第三、本人ニ損害ヲ加ヘタルコトヲ要ス

民法上ニ於ケル事務管理ノ原則ハ事務ノ保存又ハ整理ヲ爲スノ以テ其目的ト爲スニ依リ事務ノ改良ヲ施シ本人ノ利益ヲ圖ルコトヲ要セスト雖モ管理人タル者ハ自己若クハ第三者ノ利益ノ爲メ其保存又ハ整理ノ任務ニ背キ本人ニ不利益ナル行爲ヲ爲スコトヲ得ス故ニ例ヘハ不在者ノ財產、管理人カ本人ノ財產ヲ賣却シテ自己又ハ第三者ノ爲メニ其代金ヲ費消シタル場合ノ如キハ本條ニ該當ス可キ適例ナリ要スルニ管理人ノ行爲、不行爲ニ依リ本人ノ財產上ニ損害ヲ生セシメタルトキハ本罪成立スル而シテ本罪ハ本人ノ財產ヲ保護スル爲メ其背信ノ所爲ヲ罰スルモノナルヲ以テ管理人ノ全ク知ラサル財產ノ滅失又ハ減少ニ就テハ其責ニ任ス可キモノニ非ス故ニ本罪ニハ必ス本人ノ財產上ニ損害ヲ加フル意思アルコトヲ要スルモノトス

以上ノ條件具備スルトキハ五年以下ノ懲役又ハ千圓以下ノ罰金ニ處ス可キモノトス

第二百四十八條　未成年者ノ知慮淺薄又ハ人ノ心神耗弱ニ乘シテ其財物ヲ交付セシメ又ハ財產上不法ノ利益ヲ得若クハ他人ヲシテ之ヲ得セシメタル者ハ十年以下ノ懲役ニ處ス

本條ハ未成年者又ハ心神耗弱者ヨリ財產ヲ交付セシメタル罪ヲ規定シタルモノナリ

舊刑法ハ第三百九十一條ニ「幼者ノ知慮淺薄又ハ人ノ精神錯亂シタルニ乘シテ其財物若クハ證書類ヲ授與セシメタル時ハ詐欺取財ヲ以テ論ス」ト規定シタルモ是等ノ者ヨリ財產ノ交付ヲ受ケタルトキハ竊盜罪又ハ詐欺取財罪成立スルヲ以テ特ニ之ヲ規定スルノ必要ナシ故ニ本法ハ前數條ト同一理由ニ基キ知慮淺薄ナル未成年者及ヒ知慮不完全ナル心神耗弱者ノ財產上ノ利益ヲ保護スル爲メ特ニ本條ヲ設ケタリ蓋シ舊刑法ハ本條ノ場合ヲ詐欺取財ヲ以テ論スト規定シタルモ本罪ト詐欺取財トハ全ク其性質ヲ異ニスルモノトス

本條モ亦(一)未成年者ノ知慮淺薄又ハ心神耗弱ニ乘シテ其財物ヲ交付セシメタル罪(二)未成年者ノ知慮淺薄又ハ人ノ心神耗弱ニ乘シテ財產上不法ノ利益ヲ得若クハ他人ヲシテ得セシメタル罪ヲ規定シタルモノナリ

（一）　未成年者ノ知慮淺薄又ハ人ノ心神耗弱ニ乘シテ其財物ヲ交付セシメタル罪

本罪成立ニハ、第一未成年者又ハ心神耗弱者ニ對スルコト、第二知慮淺薄又ハ人ノ心神耗弱ニ乘シタルコト、第三財物ヲ交付セシメタルコトノ三條件アルヲ要ス

第一、未成年者又ハ心神耗弱者ニ對スルコトヲ要ス

元來未成年者ハ通常知慮發達セサルモノナルヲ以テ成年者ヨリ思慮淺薄ナルコト論ヲ俟タス又心神耗弱者トハ自然若クハ病氣ニ因リ精神機能ノ不完全ナル者ヲ謂フ故ニ未成年者ト殆ト同一ナリト看做シ二者ヲ共ニ規定シタルモノナリ

第二、知慮淺薄又ハ人ノ心神耗弱ニ乘シタルコトヲ要ス

本條特ニ未成年者ノ知慮淺薄又ハ人ノ心神耗弱ニ乘シト規定シタルヲ以テ縱令、未成年者ナルモ成年者ト同一ニ知慮發達シタル者ナルトキハ本罪ノ被害者タルコトヲ得サルヤノ疑ナキニ非スト雖モ本條ハ未成年者保護ノ規定ナルヲ以テ解釋上、知慮ノ發達如何ニ拘ハラス未成年者タルノ一事ハ本罪ノ被害者タルモノト解ス可キモノナリ而シテ人ノ心神耗弱トハ如何ナル程度ノ者ヲ云フヤハ人ニ因テ決ス可キ事實上ノ問題ナルモ彼ノ民法上、準禁治產ノ宣告ヲ受ケタル者ノ如キハ本條ニ所謂、心神耗弱者ノ適例ナリトス

第三、財物ヲ交付セシメタルコトヲ要ス

既ニ說明シタル如ク知慮淺薄ナル未成年者又ハ心神耗弱者等ヨリ其知慮淺薄又ハ心神耗弱ニ乘シ財產ヲ交付セシメタルトキハ如何ナル名義ノ下ニ授與セシムルモ本罪成立ス故ニ本罪成立ニハ特ニ欺罔恐喝ヲ用ヒタルヲ要セス然レトモ未成年者ノ知慮淺薄又ハ人ノ心神耗弱ニ乘シ財物ヲ交付セシメタルモノナルヤ否ヤハ實際上ノ程度問題ナリ民法上ニ於テモ未成年者ノ法律行爲ハ之ヲ取消スコトヲ得可キモノト爲シタリト雖モ人ニ因テ決ス可キ事實上ノ問題ナリ而シテ本罪成立ニハ既ニ述ヘタル如ク格段ナル詐欺又ハ恐喝ヲ加フルコトヲ要セス單ニ未成年者ノ知慮淺薄又ハ人ノ心神耗弱ナルコトヲ知テ財物ヲ交付セシメタルトキハ本罪成立スルモノトス

(二) 未成年者ノ知慮淺薄又ハ人ノ心神耗弱ニ乘シテ財產上不法ノ利益ヲ得若クハ他人ヲシテ之ヲ得セシメタル罪

本罪成立ニハ、第一未成年者又ハ心神耗弱者ニ對スルコト、第二知慮淺薄又ハ心神耗弱ニ乘シタルコト、第三財產上不法ノ利益ヲ得若クハ他人ヲシテ之ヲ得セシメタルコトノ三條件アルヲ要スルモ本條件ハ前項及ヒ第二百四十六條第二項ノ說明ニ依リ明ナルヲ以テ別ニ論セス

第二百四十九條 人ヲ恐喝シテ財物ヲ交付セシメタル者ハ十年以下ノ懲役

ニ處ス

前項ノ方法ヲ以テ財產上不法ノ利益ヲ得又ハ他人ヲシテ之ヲ得セシメタル者亦同シ

本條ハ舊刑法、第三百九十條中、人ヲ恐喝シテ財物若クハ證書類ヲ騙取シタル者」トノ規定ヲ修正シ恐喝シテ財物ヲ交付セシメタル者ト改メタルモノナリ

本條ハ恐喝取財罪ヲ規定シタルモノナリ

舊刑法ハ第三百九十條ニ「欺罔取財ト恐喝取財トノ二罪ヲ規定シタルモ恐喝ト脅迫トハ之ヲ明ニ區別スルコト能ハス從來、往々、疑義ヲ生シタルヲ以テ本法ハ既ニ述ヘタル如ク强盜罪ノ脅迫手段、以外ノ脅迫(例ヘハ人ノ名譽ニ對シ危害ヲ加ヘントト脅迫シタルトキノ如キ)ヲ用ヒ人ノ動產ヲ奪取シタル場合ヲ玆ニ規定シ强盜罪ト恐喝取財罪トノ區別ヲ明瞭ナラシメ又同條中、財物若クハ證書類トノ規定モ其意義、不明瞭ナリシヲ以テ本法ハ人ヲ恐喝シテ財物ヲ交付セシメタル者ト規定シ强盜罪ノ場合ヨリ其强制力微弱ナル場合ヲ總テ本條中ニ包含セシムルコトト爲シタルモノナリ

本罪成立ニハ、第一人ヲ恐喝シタルコト、第二財物ヲ交付セシメタルコトノ二條件アルヲ要ス

第一、人ヲ恐喝シタルコトヲ要ス

恐喝トハ人ヲ恐怖セシムルニ足ル可キ害惡ノ通知ヲ謂フ換言スレハ恐喝トハ脅迫ノ一種ニシテ人ヲ恐怖セシムル所爲ヲ云フモノトス學者或ハ脅迫ト恐喝トノ區別トシテ脅迫ハ人爲ニ出ツル災害ヲ說クニアルモ恐喝ハ天爲ノ災害ヲ說クニ在リト論シ又脅迫ハ加害者自ラ害ヲ加ヘントスル狀ヲ示スニアルモ恐喝ハ第三者ヲシテ害ヲ加フル狀ヲ示スニ在リト論スルモ要スルニ恐喝ハ脅迫ノ一種ニシテ脅迫ヨリ微弱ナル害惡ノ通知タルニ外ナラス結局脅迫ナルヤ恐喝ナルヤハ其狀況ニ因ル程度上ノ事實問題ナリ蓋シ前草案脅迫取財ト恐喝取財トヲ區別センカ爲メ第二百七十三條ニ暴行ヲ用ヒ又ハ現ニ被害者又ハ被害者ニ於テ救護ス可キ者ノ生命、身體、自由若クハ財產ニ對シ危害ヲ加ヘント脅迫シテ財物ヲ强取シタル者ハ强盜ノ罪ト爲シ三年以上ノ有期懲役ニ處ス云々ト規定シ同第二百七十九條ニ第二百七十三條ニ記載シタル以外ノ脅迫ヲ用ヒ他人ノ財物ヲ奪取シタル者ハ十年以下ノ懲役ニ處スト規定シ恐喝ノ文字ヲ用ヒサリシモ確定成案ニ至リ舊刑法ト同一ニ恐喝ト爲シタルモ實際上、脅迫ト恐喝トハ實質上區別ス可キ標準ナキヲ以テ前草案規定ノ如ク解ス可キモノトス一例ヲ擧クレハ人ノ名譽ヲ毀損ス可キ事實ヲ新聞ニ掲載セント通告シ被害者ヲ恐怖セシメテ財物ヲ交付セシメタルカ如キ是ナリ

第二。財物ヲ交付セシメタルコトヲ要ス

本罪ニ於ケル財物モ亦前數條ニ於テ述ヘタル財物ト同一ナルヲ以テ別ニ論セス而シテ交付トハ供與授付セシムル所爲ヲ謂フモノニシテ前條交付ト同一ナルヲ以テ別ニ說明セス

第二百五十條 本章ノ未遂罪ハ之ヲ罰ス

本條ハ本章第二百四十六條乃至第二百四十九條ノ各犯罪ハ其未遂ノ所爲ヲ罰スルコトヲ規定シタルモノナリ

第二百五十一條 本章ノ罪ニハ第二百四十二條、第二百四十四條及ヒ第二百四十五條ノ規定ヲ準用ス

本條ハ前章第二百四十二條自己ノ財物ト雖モ他人ノ占有ニ屬シ又ハ公務所ノ命ニ因リ他人ノ看守シタルモノ又ハ第二百四十四條ノ直系血族配偶者及ヒ同居ノ親族又ハ家族間ニ於テ欺罔シ又ハ恐喝シテ財物ヲ奪取シタルトキ同第二百四十五條ノ電氣ヲ欺罔恐喝シテ奪取シタルトキハ各其法條ヲ準用ス可キコトヲ規定シタルモノナリ

第三十八章 横領ノ罪

總論

本章ハ舊刑法、第二編、第四章、第七節及ヒ第三編、第二章、第三節、遺失物、埋藏物ニ關スル罪ニ第五節中ノ受寄財物ニ關スル罪ノ規定ヲ合シテ修正シタルモノナリ

其修正シタル主要ノ點ヲ擧クレハ左ノ如シ

一、舊刑法ハ受寄物、費消ニ關シテハ唯、金額物件トノミ規定シ不動產ニ關スル場合ヲ規定セサリシモ本法ハ横領罪ト題シ苟モ他人ノ爲メニ占有スル動產、不動產ヲ横領シタル者ハ委託ヲ受ケタルモノナルト否トヲ問ハス又之ヲ費消シタルト否トヲ問ハス總テ之ヲ罰スルコトト爲シタリ

二、舊刑法ハ受寄物ヲ費消スルカ又ハ騙取拐帶シタルトキニ非サレハ罪ト爲ササリシヲ以テ受寄ノ財物ヲ自己ノ物ト爲シタル場合ニ於テハ之ヲ罰スルコトヲ得サルノ不都合アリテ被害者ハ民事上ノ救濟ヲ求ムル外ナク其保護極メテ薄弱ナリシヲ以テ本法ハ是ヲ改メ費消又ハ拐帶スルニ至ラサルモ他人ノ爲メニ占有スル物ヲ自己ノ爲メニスル意思ヲ以テ横領シタルトキハ之ヲ罰スルコトト爲シタリ

三、舊刑法ハ受寄物ニ關シ業務上、他人ノ爲メニ占有スル場合ト否ラサル場合トヲ區別セサリシト雖モ元來、業務ニ因リ他人ノ爲メニ物ヲ占有スル場合ハ常人ト異ナリ自ラ保管ノ責任アルノミナラス一方ニ於テハ社會ノ信用ヲ害スルコト甚タ大ナルヲ以テ本法ハ此二者ヲ區別シ之ヲ各別ニ規

定スルコトト爲シタリ

四、舊刑法ハ遺失物、埋藏物ニ關スル罪ト題シ一節ヲ設ケタルモ其規定スル所、頗ル不完全ニシテ實際適用上、極メテ困難ナリシヲ以テ本法ハ其法條ヲ修正シ本章ニ之ヲ規定スルコトト爲シタリ

本章ハ(一)自己ノ占有スル他人ノ物ヲ横領シタル罪(二)公務所ヨリ保管ヲ命セラレタル自己ノ所有物ノ横領罪(三)業務上自己ノ占有スル他人ノ物ノ横領罪(四)遺失物、漂流物其他占有ヲ離レタル他人ノ物ノ横領罪等ヲ規定シタリ

第二百五十二條 自己ノ占有スル他人ノ物ヲ横領シタル者ハ五年以下ノ懲役ニ處ス

自己ノ物ト雖モ公務所ヨリ保管ヲ命セラレタル場合ニ於テ之ヲ横領シタル者亦同シ

本條ハ占有物、横領罪ヲ規定シタルモノナリ

本條第一項ハ舊刑法第三百九十五條受寄ノ財物、借用物又ハ典物其他、委託ヲ受ケタル金額、物件

ヲ費消シタル者ハ一月以上、二年以下ノ重禁錮ニ處スヘトノ規定ヲ合シテ修正シタルモノナリ
舊刑法ノ受寄物、費消罪ハ元來、佛國刑法ノ所謂背信罪ニ相當スルモノニテ他人ノ信用上委託ヲ受ケタル物件ヲ其信用ニ背キ費消スルニ因テ成立スルコトト爲シタルヲ以テ其範圍極メテ狹隘ニ失シ實際上、種々ナル疑問ヲ生シタル所ナリ例ヘハ好意上、他人ノ爲メニ占有スル物件ヲ自己ノ爲メニ所持スル意思ヲ以テ横領シタルトキハ委託ヲ受ケタル物件ト云フコトヲ得サルカ如キ是ナリ又舊刑法ハ費消罪ハ實際上、委託物ヲ滅盡スルノ所爲若クハ賣買、交換、質入等ニ因リ其物件ヲ所有者ニ返還スルコト能ハサル地位ニ至ラシメタル場合ノミヲ規定シタルモ所有者ノ權利ヲ害スル方法ハ是等ノ所爲ノミニ限ラス自己ノ占有スル他人ノ物件ヲ自己ノ爲メニスル意思ヲ以テ横領スル場合モ之ヲ費消スル害ト大差ナシ然ルニ舊刑法上ハ是等ノ場合ヲ罰スルコト能ハサルノ不都合アリタルヲ以テ本法ハ其範圍ヲ擴張シ自己ノ占有スル他人ノ物ヲ横領スルノ所爲アルトキハ本罪成立スルモノト爲シ是等ノ不都合ト弊害トヲ避ケタリ
本罪成立ニハ、第一自己ノ占有スル他人ノ物タルコト、第二横領シタルコトノ二條件アルヲ要ス
第一、自己ノ占有スル他人ノ物タルコトヲ要ス
本條自己ノ占有スル他人ノ物トハ民法上ノ代理占有ヲ謂フ而シテ代理占有トハ他人ノ代理人タル

資格ヲ以テ物ヲ所持スル場合ヲ謂フモノナリ蓋シ其占有ヲ得タル原因ハ契約ニ基キタルト否トヲ問ハス他人ハ他人ノ爲メニスル意思ヲ以テ物ノ所持ヲ始メタルトキハ本條ニ所謂占有ナリ獨逸刑法第二百四十六條モ本條ノ場合ヲ他人ニ屬スル動産ヲ占有シ又ハ保管スル者不正ニ之ヲ自己ノ所有ト爲シタルトキハ横領ノ罪ト爲シ云々ト規定シタリ而シテ本條物トハ民法上ノ有體物ヲ指スモノナリ然レトモ民法上ノ準占有ノ目的物タル財産權ノ行使ノ如キハ本條中ニ包含セス如何トナレハ準占有トハ債權、抵當權、先取得權、商標權、特許權等ノ如キ無形ノ權利ヲ行使スル場合ヲ謂フモノナルヲ以テ本罪ノ目的物タルコトヲ得サルモノトス

第二、横領シタルコトヲ要ス

横領トハ他人ノ爲メニ占有スル物ヲ自己ノ物トシテ不正ニ支配スル所爲ヲ謂フ換言スレハ自己ノ占有スル他人ノ所有物ヲ自己ノ物ト同一ニ處分セントスル所爲ヲ云フモノトス本條中、別ニ不法ノ文字ナシト雖モ正權原ニ基キ他人ノ爲メニ代理占有ヲ爲シタル物ニ對シ爾後、自己ノ爲メニ所持スル意思ヲ以テ占有ヲ始メタルトキハ惡意ノ占有ト爲リ本條ニ所謂横領罪ナリ故ニ他人ノ物ノ占有物横領罪ハ其代理占有ノ繼續中ハ成立スルモノニ非ス自己ノ爲メニ占有スル意思ヲ事實上、表示シタルトキニ成立スル罪ナリ假令ハ他人ノ委託金ヲ占有祕藏シナカラ是ヲ強奪セラレタリト

稱シ不實ノ告訴ヲ爲シタル場合ノ如キハ其不實ノ告訴ヲ爲スト共ニ他人ノ爲メニ占有スル物ノ横領罪ナリ又假令ハ他人ノ金圓取立ノ委任ヲ受ケ既ニ其金圓ヲ取立タルニ拘ハラス委任者ニ對シテ未タ受領セサル旨ヲ告ケタルトキハ占有物横領罪成立ス蓋シ民法上ノ占有ハ自己ノ爲メニスル意思ト物ヲ所持スル事實トノ二條件ヲ要スルモノナルヲ以テ本罪成立ニモ自己ノ爲メニスル意思ト物ヲ所持シタルコトヲ要スルハ勿論ナリ故ニ不法ニ横領スル意思ヲ要スルコト論ヲ俟タス

本條第二項自己ノ物ト雖モ公務所ヨリ保管ヲ命セラレタル場合ニ於テ之ヲ横領シタル者亦同シ」トノ規定ハ舊刑法第三百九十六條「自己ノ所有ニ係ルト雖モ官署ヨリ差押ヘタル物件ヲ藏匿、脱漏シタル者ハ一月以上、六月以下ノ重禁錮ニ處ス」トノ規定ニ相當スルモノナリ舊刑法官署ノ差押ニ係ル物件ヲ藏匿、脱漏シタル者ト規定シタルモ此藏匿又ハ脱漏ナル語ハ其意義狹隘ニ失シ且ツ明瞭ナラサルヲ以テ本法ハ之ヲ横領シタル者ト改メ其意義ヲ明ニシタルモノナリ故ニ自己ノ物ト雖モ若シ公務所ヨリ差押ヲ受ケ其保管ヲ命セラレタルトキハ之ヲ解除セラルル迄ハ看守ス可キ責任アルモノナルヲ以テ此場合ニ於テハ他人ノ物ヲ他人ノ爲ニ占有スルト殆ト同一ナルニ因リ之ヲ横領シタル者ハ本條第一項ト同一ニ處分ス可キナリ而シテ公務所ヨリ保管ヲ命セラレタル場合トハ民刑訴訟上ノ必要ニ依リ差押ラレタル場合又ハ行政處分ニ依リ公務ノ必要上、保管ヲ命セラレタル場合等ニ於テ其差押物ヲ藏匿脱漏シ又ハ增減變更シタルトキハ本條ニ依リ論ス可キモノナリ然レトモ本罪ハ第一項ノ罪ト異ナリ他人ノ物トシテ代理占有ヲ爲ス場合ニ非ス自己ノ所有物ヲ公務所ノ命ニ依リ保管ヲ命セラレタル場合ニ係ル規定ナリ假令ハ刑事訴訟上、證據物件トシテ差押ヘラレタル物ヲ他ニ藏匿シ又ハ民事訴訟上、執行保全ノ爲メ差押ヲ受ケタル物品ヲ他ニ賣却シタル場合ノ如キ是ナリ而シテ本罪モ公務所ヨリ保管ス可キコトヲ命セラレタル物ナルコトヲ知テ横領スルコトヲ要スルコト論ヲ俟タス」以上ノ條件具備スルトキハ五年以下ノ懲役ニ處ス可キモノトス

第二百五十三條　業務上自己ノ占有スル他人ノ物ヲ横領シタル者ハ一年以上十年以下ノ懲役ニ處ス

本條ハ業務上、自己ノ占有スル他人ノ物ヲ横領シタル罪ヲ規定シタルモノナリ

本條ハ舊刑法第二百八十九條「官吏自ラ監視スル所ノ金穀物件ヲ竊取シタル者ハ輕懲役ニ處ス因テ官ノ文書簿冊ヲ增減變換シ又ハ毀棄シタル時ハ第二百五條ノ例ニ照シテ處斷ス同第二百九十條租税其他諸般ノ入額ヲ徵收スル官吏正數外ノ金穀ヲ徵收シタルトキハ二月以上四年以下ノ重禁錮ニ處シ五圓以上五十圓以下ノ罰金ニ處ス」ノ規定ヲ修正シ職務上又ハ一般業務上、他人ノ物ヲ占有シタル者カ前條第一項ノ罪ヲ犯シタル場合ハ既ニ本章總論ニ於テ一言シタル如ク常人ノ契約其他ノ原因ニ

依リ占有シタル場合ヨリ一層其情重キヲ以テ特ニ本條ヲ設ケ之ヲ重罰スルモノナリ
本罪成立ニハ、第一業務上、自己ノ占有スル他人ノ物タルコト、第二横領シタルコトノ二條件アルヲ要ス

第一、業務上、自己ノ占有スル他人ノ物タルコトヲ要ス

業務上、自己ノ占有スル他人ノ物トハ職務若クハ營業トシテ他人ノ物ヲ占有スル場合ヲ總稱ス故ニ既ニ述ヘタル如ク公務員カ公務所ノ金穀物件等ヲ保管スル場合ニ其金穀物件ヲ横領シテ費消シタルカ如キ若クハ一私人タルモ物ノ製造又ハ修繕ノ爲メ他人ノ物ヲ占有スル營業者ノ如キ是ナリ例ヘハ時計商カ修繕ノ爲メ他人ノ金時計ヲ預リ其時計ヲ質入シタル場合ノ如キ又、大工カ他人ノ委託ヲ受ケ家屋、建築工事ヲ請負、其家屋竣工後、自己ノ所有名義ニ登記シタル場合ノ如キ其他委任又ハ寄託等ノ關係ニ因リ業務上、他人ノ物ヲ占有シタル場合等ノ如シ

第二、横領シタルコトヲ要ス

本條件ニ就テハ既ニ前條第二條件ニ於テ説明シタル所ト同一ナルヲ以テ再説スルノ必要ナキモ本條犯罪ノ主體タル犯人ハ前條ト異ナリ業務上、他人ノ物ヲ占有スル特別ノ身分アル者ニ對スル規定ナリ但シ特別ノ身分ナキ者ト雖モ其共犯人タルコトヲ得可キハ論ヲ俟タス

以上ノ條件具備スルトキハ二年以上十年以下ノ懲役ニ處ス可キモノトス

第二百五十四條　遺失物、漂流物其他占有ヲ離レタル他人ノ物ヲ横領シタル者ハ一年以下ノ懲役又ハ百圓以下ノ罰金若クハ科料ニ處ス

本條ハ他人ノ占有ヲ離レタル物ヲ横領シタル罪ヲ規定シタルモノナリ

舊刑法ハ第三百八十五條ヲ以テ遺失及ヒ漂流ノ物品ヲ拾得シテ隱匿シ所有主ニ還附セス又ハ官署ニ申告セサル者ハ十一日以上、三月以下ノ重禁錮ニ處シ又ハ二圓以上二十圓以下ノ罰金ニ處ス」ト規定シ同第三百八十一條ニ他人ノ所有地内ニ於テ埋藏ノ物品ヲ、得テ隱匿シタル者亦同シ」ト規定シ遺失物、漂流物及ヒ埋藏物ニ付テノミ規定シタルモ之ニ類似ノ場合アリテ實際上、屢々、疑問ヲ生シ學説一定セサリシ所ナリ例ヘハ彼ノ車夫カ乘客ノ車上ニ置キ忘レタル物品ヲ發見シ又ハ紙屑買カ其買受ケタル紙屑中ヨリ紙幣ヲ發見シテ之ヲ費消シタル場合ノ如キハ竊盜罪ニ非ス又他人ノ爲メニ占有スル意思アルニ非サルヲ以テ受寄物、費消罪ト爲スコトヲ得ス去リトテ何人ノ占有ニモ屬セサル他人ノ遺失物ト謂フコトヲ得ス結局、適用ス可キ法條ナシト謂フニ歸シタリ但、遺失物隱匿罪ナリトノ判例ナキニ非ス故ニ本法ハ是等ノ疑義ヲ避クル爲メ遺失物、漂流物其他占有ヲ離レタル他人ノ物ヲ横領シタル者ト修正シ前述ノ如キ場合ハ總テ本條中ニ包含セシムルコトト爲シタリ而シテ舊

刑法、第三百八十六條ハ他人ノ所有地内ニ於テ埋藏ノ物品ヲ堀得テ隱匿シタル者亦同シト規定シタルモ自己ノ所有地内若クハ土地以外ノ場所ニ於テ埋藏物ヲ發見シテ隱匿シタルトキハ之ヲ罰スルコトヲ得サルノ不都合アリタルヲ以テ本法ハ是等ノ場合モ亦本條中、占有ヲ離レタル他人ノ物ニ包含セシメ其發見シタル場所ノ如何ハ之ヲ問ハサルコトト爲シタリ

本罪成立ニハ、第一遺失物、漂流物其他占有ヲ離レタル他人ノ物ナルコト、第二横領シタルコトノ二條件アルヲ要ス

第一、遺失物、漂流物、其他占有ヲ離レタル他人ノ物ナルコトヲ要ス

（一）遺失物トハ所有者ニ於テ知ラサル間ニ其所持ヲ離レタル物品ヲ謂フ換言スレハ所有者之ヲ放棄スル意思ナク其所持ヲ離レタル物ヲ云フ故ニ遺失者ニ於テ遺失シタルコトヲ知リタルトキ又ハ遺失者ニ於テ遺失シタルコトヲ知ラス發見者ニ於テ其遺失者ヲ知リタルトキ若クハ遺失者ヲ知ラサルトキト雖モ尚遺失品ナリ例ヘハ車上ノ置キ忘レ品ノ如キハ遺失者ハ知ラサルモ發見者タル車夫ハ遺失者ヲ知ルモノナリ又汽車中、置キ忘レ品ノ如キモ遺失者ハ置キ忘レタルコトヲ知ルモ他ノ乘客タル發見者ハ其遺失者ヲ知ラサルコトアリ是等ハ孰レモ本條中ニ包含スルモノナリ然トモ人ノ差置キタル物ハ本條遺失物ニ非ス（遺失物法）（二）漂流物トハ水上又ハ水邊陸地ニ漂著シタル遺

失物ヲ謂フ例ヘハ船舶、難破等ノ場合ニ於テ漂流シタル材木其他ノ器具等ヲ謂フモノニシテ水上ト陸上トノ區別アルニ止マリ遺失物ノ一種ニ外ナラス（水難救護法）（三）埋藏物トハ動産、不動産中ヨリ偶然、發見シタル所有者ノ知レサル物品ヲ謂フ而シテ埋藏物ノ多クハ人ノ土地ニ藏匿シ又ハ貯藏シタル物ヲ云フニ在リト雖モ時ニ或ハ家屋中、人ノ容易ニ知ラサル場所ニ埋沒シ有リタル物モ尚ホ埋藏物ナリ以上ノ外人ノ占有ヲ離レタル他人ノ物ハ總テ本罪ノ目的物タルモノトス

第二、横領シタルコトヲ要ス

横領スルトハ自己ノ所有ト爲ス意思ヲ以テ不正ニ占有スル所爲ヲ云フモノナルモ既ニ論シタルヲ以テ說明セス而シテ遺失物、漂流物、埋藏物其他占有ヲ離レタル他人ノ物品ヲ拾得スルモ法令ノ規定ニ從ヒ所有者ニ還附スルカ又ハ公務所ニ屆出テタルトキハ本罪成立セス本罪ニハ必ス横領スルノ意思アルヲ要ス蓋シ民法ニ於テハ遺失物、漂流物、埋藏物ハ特別法ノ定ムル所ニ從ヒ公告ヲ爲シタル後一ケ年內ニ其所有者ノ知レサルトキハ拾得者ニ於テ所有權ヲ取得スト規定セリ（民法第二百四十條同第二百四十一條）

以上ノ條件具備スルトキハ一年以下ノ懲役又ハ百圓以下ノ罰金若クハ科料ニ處ス可キモノトス

第二百五十五條　本章ノ罪ニハ第二百四十四條ノ規定ヲ準用ス

本條ハ血族同居ノ親族其他ノ親族ニ關スルトキハ其刑ヲ免スルコトヲ規定シタルモノナリ
本條ハ直系血族配偶者及ヒ同居ノ親族又ハ家族互ニ遺失物、漂流物其他占有ヲ離レタル他人ノ物ヲ拾得シテ横領シタルトキハ其刑ヲ免除シ其他ノ親族ニ係ルトキハ告訴ヲ待テ其罪ヲ論スルコトヲ規定シタルモノナリ但親族ニ非サル共犯人ハ此限ニ非ス(第二百四十四條參照)

第三十九章　贓物ニ關スル罪

總論

本章ハ舊刑法、第三編、第二章、第六節贓物ニ關スル罪ニ修正ヲ加ヘタルモノナリ其修正シタル主要ノ點ヲ擧クレハ左ノ如シ

一、舊刑法ハ强竊盜ノ贓物ト其他ノ罪ニ關スル贓物トヲ區別シ其刑ヲ異ニシタルモ贓物タルコトヲ知テ寄藏故買又ハ牙保スル所爲ヨリ觀レハ刑ニ輕重ヲ設クル必要ナキヲ以テ本法ハ其區別ヲ廢シ孰レモ同一ニ罰スルコトト爲シタリ

二、然レトモ單ニ贓物ヲ收受シタル者ト之ヲ運搬、寄藏、故買又ハ牙保シタル者トハ其、罪情。大ニ異ナルノミナラス是等ノ者アリテ贓物ヲ寄藏、故買シ又ハ牙保スルカ爲メ益々、强竊盜ノ如キ

犯罪ヲ增加スルノ虞アルヲ以テ本法ハ之ヲ區別シテ嚴罰スル主義ヲ採リタリ
本章ハ(一)贓物ヲ收受シタル罪(二)贓物ノ運搬寄藏故買又ハ牙保ヲ爲シタル罪等ヲ規定シタリ

第二百五十六條　贓物ヲ收受シタル者ハ三年以下ノ懲役ニ處ス
贓物ノ運搬、寄藏、故賣又ハ牙保ヲ爲シタル者ハ十年以下ノ懲役及ヒ千圓以下ノ罰金ニ處ス

本條ハ贓物ノ收受、運搬、寄藏、故買又ハ牙保ヲ爲シタル罪ヲ規定シタルモノナリ
本條ハ舊刑法、第三百九十九條、「强竊盜ノ贓物ナルコトヲ知テ之ヲ受ケ又ハ寄藏、故買シ若クハ牙保ヲ爲シタル者ハ一月以上、三年以下ノ重禁錮ニ處シ三圓以上、三十圓以下ノ罰金ヲ附加ス」トノ規定ト同第四百條、「前條ノ罪ヲ犯シタル者ハ六月以上、二年以下ノ監視ヲ付ス」トノ規定及ヒ第四百一條ヲ合シテ修正シタルモノナリ舊刑法ハ第四百一條ヲ以テ詐欺取財其他ノ犯罪ニ關シタル物件ナルコトヲ知テ之ヲ受ケ又ハ寄藏故買シ若クハ牙保ヲ爲シタル者ハ十一日以上、一年以下ノ重禁錮ニ處シ二圓以上、二十圓以下ノ罰金ヲ附加ス」ト規定シ既ニ述ヘタル如ク强竊盜ノ贓物ト詐欺取財其他ノ犯罪ニ關スル贓物トヲ區別シタルモ本法ニ於テハ刑罰ノ範圍ヲ擴張シタル結果、是等ノ區別ヲ認メス

本罪成立ニハ、第一贓物タルコト、第二收受、運搬寄藏、故買又ハ牙保シタルコトノ二條件アルヲ要ス

第一、贓物タルコトヲ要ス

贓物トハ犯罪行爲ニ因テ得タル他人ノ有體物ヲ謂フ而シテ茲ニ物トハ動產、不動產ヲ包含ス然レトモ無形ノ財產權ハ本罪ノ目的タルコトヲ得サルモノナリ又犯罪不成立ノ場合ニ於ケル行爲ニ因テ得タル物件若クハ十四歲以下ノ幼者カ他人ノ物ヲ持出シタル場合ニ於ケル物件等ハ之ヲ收受スルモ贓物ニ關スル罪ヲ以テ論スルコトヲ得ス而シテ贓物ヲ賣却シテ得タル金圓ハ贓物ニ非ストノ判例アリ然レトモ親族相盜ノ場合ニ於ケル竊取品ハ贓品ナリ如何トナレハ親族、相盜ノ場合ハ犯罪ハ成立スルモ唯、其刑ヲ免除スルニ止マルモノナレハナリ

第二、收受、運搬、寄藏、故買又ハ牙保ヲ爲シタルコトヲ要ス

(一)收受トハ贓物タル情ヲ知テ他人ヨリ物ヲ領收スル行爲ヲ謂フ例ヘハ强竊盜ノ犯人其他ノ者ヨリ其竊取又ハ强取シタル金錢、衣類等ヲ受取リタル場合ノ如キ是ナリ而シテ其收受ハ有償タルト無償タルトヲ問ハス贓物タル情ヲ知テ受取リタルトキハ本罪成立ス(二)運搬トハ贓物タル情ヲ知テ犯罪ノ場所又ハ他ノ場所ヨリ他方ニ移送スル所爲ヲ謂フ蓋シ犯罪行爲ト同時ニ他ニ贓物ヲ運搬スル

場合、假令ハ强竊盜者カ屋內ヨリ持出ス物品ヲ屋外ニテ受取リ運搬スル場合ノ如キハ强竊盜ノ共犯ニシテ玆ニ所謂、贓物ノ運搬ニ非サルナリ故ニ本罪ハ犯罪終結後ノ運搬タルコトヲ要ス(三)寄藏トハ贓物タル情ヲ知テ犯人又ハ其他ノ者ヨリ寄託ヲ受ケ之ヲ藏匿スル所爲ヲ謂フ假令ハ强竊盜ノ犯人ヨリ强取又ハ竊取シタル物品ニ對シ依賴ヲ受ケ其情ヲ知テ之ヲ藏匿シタル場合ノ如キ是ナリ(四)故買トハ贓物タルノ情ヲ知テ犯人又ハ其他ノ者ヨリ販賣交換其他有償名義ヲ以テ取得スル所爲ヲ謂フ然レトモ代金ノ多少ハ本罪成立ニ影響ナキモノナリ又盜贓故買者ヨリ更ニ之ヲ買受ケタル所爲モ仍ホ贓物故買罪ナリトノ判例アリ(五)牙保トハ贓物ノ處分行爲ニ關與スル所爲ヲ謂フ例ヘハ贓物ノ賣買、質入等ノ周旋ヲ爲スカ如シ故ニ贓物タルノ情ヲ知リ其贓物ノ賣主、買主間ニ介立シテ賣買ヲ周旋シタル場合ノ如キハ本條ニ所謂牙保罪ナリ左レハ牙保罪成立ニハ其賣買ヲ遂ケシメタルコトヲ要ストノ判例アリ而シテ本罪ハ贓物タル情ヲ知テ之ヲ收受シ又ハ運搬シ寄藏シ故買シ若クハ牙保ヲ爲スニ因テ成立スル罪ナルヲ以テ其贓物タルコトヲ知ラサルトキハ本罪成立セス

以上ノ條件具備スルトキハ贓物收受罪ハ三年以下ノ懲役、其他贓物ノ運搬、寄藏、故買又ハ牙保罪ハ各十年以下ノ懲役及ヒ千圓以下ノ罰金ニ處ス可キモノトス

玆ニ注意ス可キハ本條第二項贓物ノ運搬寄藏故買又ハ牙保ヲ爲シタル者ハ本條規定ノ如ク十年以下

ノ懲役ニ處シ千圓以下ノ罰金ニ處スト規定シタル本罪ハ事後ノ從犯的行爲ニシテ是等不正ノ利益ヲ得ントスル者之アルカ爲メ一面强竊盜犯ノ如キ者增加スルヲ以テ兩刑ヲ併科シ俗ニ所謂ケイス買ト稱スル者ノ貪慾ナル心術ヲ罰スル趣旨ナリトス

第二百五十七條 直系血族、配偶者、同居ノ親族又ハ家族及ヒ此等ノ者ノ配偶者ノ間ニ於テ前條ノ罪ヲ犯シタル者ハ其刑ヲ免除ス

親族又ハ家族ニ非サル共犯ニ付テハ前項ノ例ヲ用ヒス

本條ハ直系血族配偶者同居ノ親族又ハ家族及ヒ是等ノ者ノ配偶者間ニ於テ本章ノ罪ヲ犯シタルトキハ其刑ヲ免除スルコトヲ規定シタルモノナリ

本條ハ本法ノ新設ニ係ル規定ナリ舊刑法ニハ斯ル特殊ノ待遇ヲ與ヘサリシモ本法ハ直系ノ血族配偶者又ハ同居ノ親族家族若クハ此等ノ者ノ配偶者間ニ於テ贓物ニ關スル罪ヲ犯シタルトキハ其情宥恕ス可キ所アルヲ以テ罪人藏匿罪又ハ證憑湮滅罪ト等シク其刑ヲ免除スルコトト爲シタルモノナリ

本條第二項ハ第二百四十四條第二項ト同一趣旨ノ規定ニシテ親族ニ非サル共犯者ハ其刑ヲ免除セラルルコトナキ旨ヲ規定シタルモノナリ

第四十章　毀棄及ヒ隱匿ノ罪

總論

本章ハ舊刑法、第三編、第二章第十節家屋物品ヲ毀壞シ及ヒ動植物ヲ害スル罪ヲ修正シタルモノナリ

其修正シタル主要ノ點ヲ擧クレハ左ノ如シ

一、舊刑法ハ家屋其他ノ建造物又ハ器物ヲ毀壞シ若クハ其他ノ動植物ヲ毀損、傷害シタル場合等ニ區別シタルモ損害ノ多少ハ物ノ性質ニ因リ豫メ一定スルコト能ハサルヲ以テ本法ハ是等ノ區別ヲ廢シ刑ノ範圍ヲ擴張シテ罪情、相當ニ處分スルコトト爲シタリ

二、舊刑法ハ官文書毀棄ニ關スル罪ヲ官文書僞造罪中ニ規定シタルモ官文書毀棄罪ハ官文書僞造罪ト全ク性質異ナルヲ以テ本法ハ之ヲ本章ニ規定シ況ク公務所又ハ一私人ノ文書ノ毀棄ニ關スル罪及ヒ他人ノ信書ヲ隱匿シタル罪等ヲ規定シタリ

三、舊刑法ハ自己ノ物ニ對シテ差押ヲ受ケタルトキ又ハ物權ヲ設定シ若クハ賃貸借契約ヲ爲シタルトキ或ハ保險ニ付シタルトキ其目的物ヲ毀棄シタル場合ニ關スル規定ヲ闕キタルモ既ニ是等ノ目

的物ト爲リタル以上ハ他人ノ財物ヲ毀損シタル場合ト同一ナルヲ以テ本法ハ此等ノ場合ヲ本章ニ新設シタリ

本章ハ(一)公務所ノ用ニ供スル文書ヲ毀棄シタル罪(二)他人ノ權利義務ニ關スル文書ヲ毀棄シタル罪(三)他人ノ建造物又ハ艦船ヲ損壞シタル罪(四)他人ノ建造物又ハ艦船ヲ損壞シ因テ人ヲ死傷ニ致シタル罪(五)(一)乃至(四)ノ罪以外ノ物ヲ損壞又ハ傷害シタル罪(六)差押ヲ受ケ物權ヲ負擔シ又ハ賃貸シタル自己ノ所有物ヲ損壞又ハ傷害シタル罪(七)他人ノ信書ヲ隱匿シタル罪等ヲ規定シタリ

第二百五十八條 公務所ノ用ニ供スル文書ヲ毀棄シタル者ハ三月以上七年以下ノ懲役ニ處ス

本條ハ公文書毀棄ノ罪ヲ規定シタルモノナリ

本條ハ舊刑法、官文書僞造罪ニ關スル第二百二條ノ後半ノ「其詔書ヲ毀棄シタル者亦同シ」トノ規定ト同第二百三條第二項「其官ノ文書ヲ毀棄シタル者亦同シ」トノ規定及ヒ第二百五條第二項「其文書ヲ毀棄シタル者亦同シ」トノ規定ヲ擴張シ特リ官文書ノミナラス汎ク公務所ノ用ニ供スル文書ノ毀棄罪ニ關スル規定ト爲シタルモノナリ舊刑法ハ官文書毀棄罪ハ其刑、頗ル重キ規定ナリシモ元來文書毀棄罪ナルモノハ其毀棄ノ行爲ニ因リ一旦成立シタル文書ノ效用ヲ消滅セシムルモノナルモ是カ爲メニ其文書ニ因テ表示セラレタル事實ヲ消滅セシムルモノニ非サレハ再ヒ之ヲ作成スルコトヲ得可キヲ以テ本法ハ舊刑法ニ比シ一般ニ其刑ヲ輕減スルコトト爲シタリ

本罪成立ニハ、第一公務所ノ用ニ供スル文書ナルコト、第二毀棄シタルコトノ二條件アルヲ要ス

第一、公務所ノ用ニ供スル文書ナルコトヲ要ス

本條公務所ノ用ニ供スル文書トハ既ニ第十七章ニ述ヘタル如ク上ハ詔書ヨリ下ハ各公務所ノ往復文書ニ至ル迄ヲ包含スルモノトス而シテ其書類ノ重要ナルヤ否ヤハ内容ニ因テ定マル事實上ノ問題ナリ蓋シ本條ニ所謂、公用文書トハ管掌者タル公務員自ラ法令ノ定ムル程式ニ從ヒ職權ヲ以テ作成シタル文書タルコトヲ要スルモノナリ

第二、毀棄シタルコトヲ要ス

文書ノ毀棄トハ文書ノ效用ヲ消滅又ハ不明ナラシムル所爲ヲ謂フ故ニ其文書ノ成立スル紙片ヲ引裂キ又ハ文字ヲ塗抹シテ不明ナラシメタル場合ノ如キハ其適例ナリ而シテ是ヲ毀棄シタル者ノ公務員ナルト一私人ナルトヲ問ハス公務所ノ用ニ供スルモノナルトキハ本罪成立ス蓋シ本罪成立ニハ公用文書タルコトヲ知テ之ヲ毀棄スル意思アルヲ要ス故ニ若シ過テ汚損シタル場合ノ如キハ本條ニ依リ論スルコトヲ得ス

以上ノ條件具備シタルトキハ三月以上七年以下ノ懲役ニ處ス可キモノトス

第二百五十九條　權利、義務ニ關スル他人ノ文書ヲ毀棄シタル者ハ五年以下ノ懲役ニ處ス

本條ハ私人ノ文書ヲ毀棄シタル罪ヲ規定シタルモノナリ

本條ハ舊刑法、第四百二十四條「人ノ權利義務ニ關スル證書類ヲ毀損滅盡シタル者ハ二月以上、四年以下ノ重禁錮ニ處シ三圓以上、三十圓以下ノ罰金ヲ附加ス」トノ規定ヲ修正シタルモノナリ

本罪成立ニハ、第一他人ノ權利義務ニ關スル文書ナルコト、第二毀棄シタルコトノ二條件アルヲ要ス

第一、他人ノ權利義務ニ關スル文書ナルコトヲ要ス

他人ノ權利義務ニ關スル文書トハ權利義務ヲ證明スル目的ヲ以テ作成シタル文書ヲ謂フ換言スレハ權利ノ移轉、變更又ハ發生、消滅ニ關スル事實ヲ表示シタル文書ヲ云フモノナリ而シテ此權利ニ關スル反面ニハ義務ニ關スル文書ヲ包含スルモノナリ故ニ自己ノ義務ニ屬スル文書ハ他人ノ權利ニ關スル文書ナリトス本條權利義務ニ關スル文書ノ毀棄罪ハ前條初メニ於テ一言シタル如ク私人ノ權利ヲ證明ス可キ材料ヲ消滅セシムルニ止マリ是カ爲メニ一旦成立シタル權利ノ移轉變更又ハ

發生消滅ニ關スル事實ヲ消滅セシムルモノニ非ス例ヘハ地所買戻契約ニ關スル證書ヲ毀棄スルモ是カ爲メニ買戻權ヲ消滅セシムルモノニ非サルカ如キ是ナリ

本條特ニ權利義務ニ關スル他人ノ文書ト規定シタルヲ以テ自己ノ權利ニ關スル文書及ヒ他人ノ權利義務ニ關セサル文書ノ毀棄ハ本條ニ包含セス茲ニ問題アリ金圓貸借證書ハ一個ノ權利義務ニ關スル文書ナリ而シテ此貸借證書ハ債權者ヨリ觀察スレハ權利ニ關スル證書ニシテ債務者ヨリ觀察スレハ義務ニ屬スル證書ナリ其證書ヲ債權者ニ於テ毀棄シタルトキハ自己ノ權利ニ關スル證書ナルモ債務者ニ對シテハ他人ノ義務ニ關スル證書ナルヲ以テ本罪成立スルモノナルヤ否ヤノ問題是ナリ本問ノ場合ハ一面他人ノ義務ニ屬スル文書ナルモ之ヲ罰セサル趣旨ナリトス

第二、毀棄シタルコトヲ要ス

毀棄トハ其文書ノ效用ヲ消滅又ハ不明ナラシムル行爲ヲ云フモノニシテ前條、既ニ說明シタル所ト同一ナルヲ以テ再說セス本罪モ亦權利義務ニ關スル他人ノ文書ナルコトヲ知テ之ヲ毀棄スルヲ要ス證書毀棄罪ハ權利義務ニ關スル證書ノ所有者又ハ所持者ヲシテ其權利義務ニ關スル證據ノ全部若クハ一部ヲ失却セシムルノ目的ヲ以テ之ヲ毀損シ其證書ノ全部又ハ一部ヲ利用スルヲ得サルニ至ラシメタルトキ成立ストノ判例アリ

以上ノ條件具備シタルトキハ五年以下ノ懲役ニ處ス可キモノトス

第二百六十條 他人ノ建造物又ハ艦船ヲ損壞シタル者ハ五年以下ノ懲役ニ處ス因テ人ヲ死傷ニ致シタル者ハ傷害ノ罪ニ比較シ重キニ從テ處斷ス

本條ハ他人ノ建造物又ハ艦船ヲ損壞シタル罪ヲ規定シタルモノナリ

本條ハ舊刑法、第四百十七條「人ノ家屋其他ノ建造物ヲ毀壞シタル者ハ一月以上、五年以下ノ重禁錮ニ處シ二圓以上、五十圓以下ノ罰金ヲ附加ス因テ人ヲ死傷ニ致シタル者ハ毆打創傷ノ各本條ニ照シ重キニ從テ處斷ス」トノ規定ヲ修正シタルモノニテ其立法趣旨ハ舊刑法ト異ルコトナシ

本罪成立ニハ、第一他人ノ建造物又ハ艦船ナルコト、第二損壞シタルコトノ二條件アルヲ要ス

第一、他人ノ建造物又ハ艦船ナルコトヲ要ス

舊刑法ハ人ノ住居ニ使用スル建造物ヲ家屋ト云ヒ其他、住居ノ用ニ供セサル建物ヲ建造物ト稱シタルモ本法ニ於テハ是等ノ區別ヲ爲サス總テ家屋其他ノ建物ヲ建造物ト稱シ法文ヲ簡明ナラシメタリ而シテ本條他人ノ建造物中ニハ人ノ住居ニ使用スル家屋ト其他ノ建物ヲ包含ス而シテ本條艦船トハ鋼鐵製ト木製トヲ總稱スルモノナリ又本條他人ノ建造物又ハ艦船ト規定シタルヲ以テ自己以外ノ所有ニ屬スル建造物、又ハ艦船ハ其公有ナルト私有ナルトヲ問ハス總テ本條ニ包含スルモ

ノトス

第二、損壞シタルコトヲ要ス

損壞トハ人力其他ノ自然力ヲ使用シ結合シタル物件ノ全部又ハ一部ヲ解放シ若クハ破損スル所爲ヲ謂フ故ニ本條他人ノ建造物又ハ艦船ヲ其用ニ堪ヘサル程度ニ至ラシメタルトキハ本條ニ所謂損壞ナリ換言スレハ建造物又ハ艦船ヲ組成スル全部又ハ一部ヲ破壞、損失セシメタルトキハ本條損壞ナリ例ヘハ他人ノ家屋又ハ船舶ヲ破壞シテ家屋、船舶タルノ形體ヲ失ハシメタルトキ若クハ單ニ損壞シタル場合ノ如キ是ナリ左レハ他人ノ所有ニ屬スル家屋ヲ取毀チタル所爲ハ家屋毀壞罪ヲ構成ストノ判例アリ

以上ノ條件具備スルトキハ五年以下ノ懲役ニ處ス可キモノトス若シ他人ノ建造物又ハ艦船ヲ損壞スルニ因テ人ヲ死傷ニ致シタルトキハ傷害罪ニ比較シ重キニ從テ處分ス可キモノトス

第二百六十一條　前三條ニ記載シタル以外ノ物ヲ損壞又ハ傷害シタル者ハ三年以下ノ懲役又ハ五百圓以下ノ罰金若クハ科料ニ處ス

本條ハ建造物又ハ艦船以外ノ他人ノ物ヲ損壞シ又ハ傷害シタル罪ヲ規定シタルモノナリ

本條ハ舊刑法、第四百十八條「人ノ家屋ニ屬スル牆壁及ヒ園池ノ裝飾又ハ田圃ノ樊圍、牧場ノ柵欄ヲ

毀壞シタル者ハ十一日以上、三月以下ノ重禁錮ニ處シ又ハ二圓以上、二十圓以下ノ罰金ニ處ス」トノ規定ト同第四百十九條「人ノ稼穡、竹木其他需用ノ植物ヲ毀損シタル者ハ十一日以上、六月以下ノ重禁錮ニ處シ又ハ三圓以上、三十圓以下ノ罰金ニ處ス」トノ規定及ヒ第四百二十條「土地ノ經界ヲ表シタル物件ヲ毀壞シ又ハ移轉シタル者ハ一月以上、六月以下ノ重禁錮ニ處シ二圓以上、二十圓以下ノ罰金ヲ附加ス」トノ規定同第四百二十一條「人ノ器物ヲ毀棄シタル者ハ十一日以上、六月以下ノ重禁錮ニ處シ又ハ三圓以上三十圓以下ノ罰金ニ處ス」同第四百二十二條「人ノ牛馬ヲ殺シタル者ハ一月以上、六月以下ノ重禁錮ニ處シ二圓以上、二十圓以下ノ罰金ヲ附加ス」同第四百二十三條「前條ニ記載シタル以外ノ家畜ヲ殺シタル者ハ二圓以上、二十圓以下ノ罰金ニ處ス、但被害者ノ告訴ヲ待テ其罪ヲ論ス」トノ規定ヲ合シテ修正シタルモノナリ舊刑法ハ財物ノ種類ニ因リ其刑ニ輕重ノ區別ヲ設ケタリト雖モ孰レモ犯行ノ情狀タルニ過キサルヲ以テ本法ハ單ニ本條ヲ以テ汎ク前三條ニ記載シタル以外ノ物ヲ損壞シ又ハ傷害シタル者ト規定シ裁判所ヲシテ情狀ニ因テ適宜ノ刑ヲ科セシムルコトト爲シタリ

本罪成立ニハ、第一前三條ニ記載シタル以外ノ物タルコト、第二損壞又ハ傷害シタルコトノ二條件アルヲ要ス

第一、前三條ニ記載シタル以外ノ物タルコトヲ要ス
前三條ニ記載シタル以外ノ物トハ公務所ノ用ニ供スル文書、私人ノ權利、義務ニ關スル他人ノ文書ノ毀棄又ハ建造物若クハ艦船ノ損壞ヲ除ク外他人所有ノ有體物ヲ總稱ス其重ナル物ハ舊刑法第四百十八條乃至第四百二十三條ニ規定シタル人ノ家屋ニ屬スル疊、建具牆壁（板塀、竹垣）又ハ庭園、庭池ノ裝飾物（庭石、石燈籠）又ハ田圃ノ樊圍、牧場ノ柵欄、稼穡（耕作物）竹木其他ノ植物、土地經界ノ表示物、器物（家財、道具）牛馬、其他ノ家畜（犬、猫、鷄）ノ如キ物等總テ本條物中ニ包含スルモノナリ
第二、損壞又ハ傷害シタルコトヲ要ス
動植物タル竹木其他耕作物又ハ牛馬其他ノ家畜ハ之ヲ傷害シ其他ノ牆壁、園池ノ裝飾物、田圃ノ樊圍、牧場ノ柵欄、經界ノ表示物等ハ之ヲ損壞スルニ因テ本罪成立スルモノトス
舊刑法ハ物ニ因リ毀壞、毀損、毀棄等ノ文字ヲ用ヒタルモ本法ハ損壞又ハ傷害ト規定シ物ノ存在又ハ效用ヲ失ハシメタルトキ又ハ傷害シタルトキハ總テ本條ヲ以テ論ス可キモノトセリ他人ノ帳簿ヲ抹消シテ其效用ヲ失ハシメタル所爲ハ器物毀棄罪ヲ構成ス電話線ヲ切斷シテ不通ニ至ラシメタル所爲ハ器物毀棄罪ヲ構成ス經界ヲ表シタル物件中ニハ畦畔ヲ包含ストノ判例アリ而シテ前三

條ニ記載シタル以外ノ物ヲ損壞又ハ傷害スル意思アルコト論ヲ俟タス故ニ若シ過テ他人ノ器物ヲ損壞シ又ハ家畜ヲ傷害スルモ本條ニ依リ論スルコトヲ得ス

以上ノ條件具備スルトキハ三年以下ノ懲役又ハ五百圓以下ノ罰金若クハ科料ニ處ス可キモノトス

第二百六十二條　自己ノ物ト雖モ差押ヲ受ケ、物權ヲ負擔シ又ハ賃貸シタルモノヲ損壞又ハ傷害シタルトキハ前三條ノ例ニ依ル

本條ハ自己ノ物ニ對スル毀棄罪ヲ規定シタルモノナリ

本條ハ本章始メニ於テ一言シタル如ク本法ノ新設ニ係ル規定ナリ舊刑法ハ此等ノ場合ニ適用ス可キ法條ナキヲ以テ實際上ノ問題、屢々生シタルニ依リ本法ハ第百三十四條同第百四十一條第二項ノ規定ト同一趣旨ヲ以テ自己ノ物ト雖モ既ニ差押ヲ受ケ又ハ物權ヲ設定シ又ハ賃貸シタルトキハ他人ノ物ト同一ニ看做シ自己ノ物ト雖モ公務所ノ命令ニ依リ差押ヲ受ケタルトキ又ハ自己ノ所有物ニ對シ地上權、永小作權、地役權、留置權、先取特權、質權、抵當權等ヲ設定シタルトキ又ハ賃貸借契約ヲ爲シタルトキハ其物上ニ他人ノ權利存在スルヲ以テ其目的物ヲ損壞シ又ハ傷害シタルトキハ第二百五十九條第二百六十條第二百六十一條ノ例ニ依リ處斷シ從來ノ惡弊ヲ矯正スルコトト爲シタルモノナリ前草案本條ニ該當スル第二百九十九條中ニハ保險ニ付シタルモノヲ規定シタルモ確定成案ニ

至リ之ヲ削除シタリ

第二百六十三條　他人ノ信書ヲ隱匿シタル者ハ六月以下ノ懲役若クハ禁錮又ハ五十圓以下ノ罰金若クハ科料ニ處ス

本條ハ他人ノ信書ヲ隱匿シタル罪ヲ規定シタルモノナリ

本條ハ本法ノ新設ニ係ル規定ナリ

本罪成立ニハ、第一他人ノ信書タルコト、第二隱匿シタルコトノ二條件アルヲ要ス

第一、他人ノ信書タルコトヲ要ス

信書ノ意義ニ就テハ既ニ第十三章祕密ヲ侵ス罪ノ第百三十三條ニ詳論シタルヲ以テ別ニ論セス

第二、隱匿シタルコトヲ要ス

本條ニ所謂隱匿トハ他人ノ信書ヲ隱匿シテ發見ヲ妨クル所爲ヲ謂フ此隱匿ノ意義ニ就テハ既ニ第七章犯人藏匿及ヒ證憑湮滅罪ノ第百三條第九章放火及ヒ失火ノ罪ノ第百十四條ニ於テ詳論シタルヲ以テ再說セス而シテ本罪成立ニハ他人ノ信書タルコトヲ知テ之ヲ隱匿シ其發見ヲ妨クル意思ヲ要スルコト論ヲ俟タス

以上ノ條件具備スルトキハ六月以下ノ懲役又ハ五十圓以下ノ罰金若クハ科料ニ處ス可キモノトス

第二百六十四條 第二百五十九條、第二百六十一條及ヒ前條ノ罪ハ告訴ヲ待テ之ヲ論ス

本條ハ本章ノ罪中第二百五十九條權利義務ニ關スル他人ノ文書ヲ毀棄シタル罪同第二百六十一條ニ記載シタル物ヲ損壞又ハ傷害シタル罪及ヒ前條他人ノ信書ヲ隱匿シタル罪ハ被害者ノ告訴ヲ待テ其罪ヲ論ス可キコトヲ規定シタルモノナリ

改正刑法新論終

改正刑法新論正誤

頁數	行數	正	誤
一七	八	禁令	禁制
三三	六	本國	本法
二九	一四	到リ該船舶	到リタルトキ其船舶
四一	一三	存立ヲ危殆	存立ニ危殆
五九	二	懲役	懲收
七三	一二	得ルモノナリ	得ルト規定シタルモノナリ
一〇四	一二	偶發的	倶發的
同	一四	理論上穩當	理論穩當
一〇九	五	シタルモノナリ刑	シタルモノ刑
一四八	一二	者トハ本法	者ト本法
一五八	一〇	的ヲサルカ若クハ中ルモ	的ヲサルモ若クハ的ルカ
一六八	一〇	重キ所爲ノ	重キ所ノ
一七三	三	沒收	吸收
一七三	一三	採用シタリ	採ルヘキモノトス
一七五	一四	付キ	付テ
一八〇	七	沒收ハ	沒收物
一九一	二	必要アリ	必要ナキニアラス
一九三	四	本條	蓋シ此
二〇五	九	正犯	主刑

頁數	行數	正	誤
二〇九	三	官吏	官名
二〇九	五	犯人	他人
二二九	一三	其外ノ二字ヲ削ル	
二四〇	一	二條件	三條件
二五〇	一〇	帝國	外國
二五一	九	第八十六條ノ罪	第八十六條ノ本罪
二五三	一三	ナキトキ	アルニ止マルトキ
二五三	一四	爲シタルヲ	爲スノ意思アルヲ
二五四	八	有償	有價
二五七	二	(一)(二)共ニ死刑又ハ	(一)死刑又ハ(二)
二五九	二	罰スルコトヲ得ス	罰ス可キ法條ナシト信ス
二六〇	一四	間諜	敵國
二六一	一四	(一)(二)(三)共ニ死刑又ハ無期懲役若クハ五年	(一)死刑又ハ(二)無期懲役若クハ(三)五年
二六五	三	敵兵	敵國
二六八	四	我國ニ於テモノ六字ヲ削ル	
二七四	八	本罪	犯罪
二八二	八	準備ハ豫備　評論ハ辭論	
二九一	一三	ト規定シ	規定トシ

二九七	九	勞役場ニ	勞役ニ
三〇三	六	前項	前記
三〇六	一	(一)(二)共ニ三月	(一)三年以下(二)三月
三一四	一三	余ハノ二字ヲ削ル	
三一八	一〇	特ニノ二字ヲ削ル	
三二一	五	强盜罪	强竊盜罪
三二三	五	本法	但シ
三二八	一	建造物ナリ是	建造物ナリト是
三三三	一四	鑛坑ヲ燒燬	鑛坑ノ燒燬
三三七	一一	本條件ヲ加ヘサルモ	本條件ニ付規定スル所アラサルモ
三三七	一三	斯ク規定	斯クハ規定
三四四	九	所爲ヲ謂フ	所爲ノ如キ是ナリ
三四四	一一	惡ム可キモノ	惡ム可キ所爲
三五六	五	又ハノ二字ヲ削ル	
三五六	六	又ハ賃貸	若クハ賃貸
三五七	一〇	於テハ	於テモ
三七〇	一〇	以テ	用ヒ
三八四	七	保護スルコト、規定シタリ	保護セリ而シテ本罪成立ニハ
三九〇	一四	コト	意思
三九一	七	吸食スル器具	吸食スルノ器具
三九四	一〇	所爲ヲ	所爲モ
三九七	一三	意思アルノ四字ヲ削ル	
四一〇	一三	知テ	知ラスシテ
四三四	一	作成	製作
四三四	九	公文	官文
四三九	六	第三	三第
四四四	七	僞造ヲ爲シ	僞造ノ所爲
四五〇	一三	文書カ	文書ヲ
四五一	五	第二說）	第三說
四五七	一四	圖畫	繪圖
四六二	一	五百圓以下	百圓以下
四六八	四	地方債券	地方券
四七四	一一	コト	意思
四七九	五	印影ノ僞造	印影ノ使用
四九三	六	署名タル	署名シタル
五一三	一三	圖畫	書畫
五一五	二	本條ニ依リ論ス	本條ニ論ス
五一六	一四	規定シアル	規定アル
五一七	一	行爲ヲモ包含	行爲ヲ包含
五二三	一三	故ニノ二字ヲ削ル	
五二六	一	前四條ノ罪	前四條罪
五三〇	一〇	ナリトノ判例	ナリト判例
五三四	四	者ニ對シテハ	者ハ情狀ニ因リ

五三五	九	要主	主要
五三九	一	開張前ニ	開張中ニ
五四七	七	規定シタルヲ損	規定シタル損
五四九	二	尊嚴ヲ汚瀆	尊嚴ニ汚瀆
五五二	二	本罪ハ	本罪モ
五五二	二	シタルコトヲ要ズ	シタルトキハ本罪成立ス
五六〇	一四	職權外	職權內
五六三	二	職權濫用	職務濫用
五六四	一三	四圓以上、四十圓	四圓以上、十圓
五六六	四	トハ法律	トキハ法律
五七三	一三	仲裁人ニ賄賂	仲裁人賄賂
五七四	一三	約束ヲ	約束ノ
五七五	一三	刑罰	刑法
五七七	一一	於テモ	於テハ
五八四	七	存スルノ法理	存スル法理
五八五	二	準備行爲	豫備行爲
五八六	六	時ハ之ヲノ四字ヲ削リ	ヲ以テノ三字ヲ加フ
		ス然レトモノ五字ヲ削リ	サルモノノ四字ヲ加フ
五八六	一四	罪トナル	罪ナル
五九二	一〇	過キサルノミ	止マルノミ
五九五	八	殺人罪ト	殺人罪ナト
六二〇	一〇	修正ノ上ニ「其」ヲ加フ	
六二一	一	舊刑法ト立法趣旨ハ	舊刑法立法趣旨ト
六二九	八	第二百條	第二百一條
六三〇	五	要スト	要スル
六三〇	七	定ムル標準	定ム標準
六三五	一	ト規定	トノ規定
六四八	五	スルトキハノ下ニ三月以上ノ四字ヲ加フ	
六四八	一〇	僞計若クハ威力ヲ用ヒノ十字ヲ削ル	
六四八	一三	第二僞計又ハ威力ヲ用ヒタルコトノ十五字ヲ削リ第三ヲ第二ト改ム	
六四八	一四	二條件	三條件
六四九	六	六行以下十三行迄ノ八行ヲ削ル	
六五〇	九	賣買シ	賣買爲シ
六五〇	一三	僞計若クハ威力ノ七字ヲ削ル	
六五一	一三	僞計若クハ威力ノ七字ヲ削ル	
六五四	一〇	被賣者ヲ	被賣者タルコト第三
六五四	一一	二條件	三條件
六五五	一	「被賣者タルコトヲ要ス」ヲ「被賣者ヲ收受若クハ藏匿シ又ハ隱避セシメタルコトヲ要ス」ト改ム	
六五五	二	第二行削ル	
六五五	一三	第三ヲ削ル	
六五五	一三	ルモノトス	リ
六五六	二	二行以下十行迄九行削ル	

六五六	一四	「拐取スルノ目的ヲ以テ僞計又ハ威力ヲ用ヒタル」ヲ營利猥褻又ハ婚姻ノ目的ヲ以テ略取又ハ誘拐ノ所爲ニ著手シタル」ト改ム	
六六〇	一一	「ト認ムルコトヲ得サルニ過キス」ハ「ルコトト爲シタルモノナリ」ト改ム	
六六七	二	及ヒ他ノ	及他ノヒ
六七〇	八	僞計ヲ用ヒノ五字ヲ削ル	
六七三	五	判定	認定
六八〇	三	セサルモ	セサル
六八五	一三	本條	本罪
六八八	五	他人ノ占有	他人占有
六九〇	八	竊盜罪ノ第二百三十五條	竊盜罪第二百三十五條
七〇二	八	破產	確產
七一三	一	合シテノ三字ヲ削ル	
七二五	八	舊刑法ハ官署ノ	舊刑法官署ノ
七三五	一	意思ヲ要ス	意思アルコト
七三五	八	第百十五條同第百二十條	第百三十四條同第百四十一條

明治四十年七月三日印刷
明治四十年七月七日發行

改正刑法新論

著作權所有

特製定價金壹圓卅錢

著者　藤澤茂十郎
東京市日本橋區本町三丁目八番地

發行者　大橋新太郎
東京市神田區美土代町二丁目一番地

印刷者　白土幸力
東京市神田區美土代町二丁目一番地

印刷所　三光堂

東京市日本橋區本町三丁目
發兌元　博文館

改正刑法新論　　日本立法資料全集　別巻 1182

平成30年２月20日　　復刻版第１刷発行

著述者　藤　澤　茂　十　郎

発行者　今　井　　　　貴
　　　　渡　辺　左　近

発行所　信　山　社　出　版

〒113-0033　東京都文京区本郷６-２-９-102
モンテベルデ第２東大正門前
電　話　03（3818）1019
FAX　03（3818）0344
郵便振替　00140-2-367777（信山社販売）

Printed in Japan.

制作／㈱信山社，印刷・製本／松澤印刷・日進堂

ISBN 978-4-7972-7297-0 C3332

別巻　巻数順一覧【950 ～ 981 巻】

巻数	書　名	編・著者	ISBN	本体価格
950	実地応用町村制質疑録	野田藤吉郎、國吉拓郎	ISBN978-4-7972-6656-6	22,000 円
951	市町村議員必携	川瀬周次、田中迪三	ISBN978-4-7972-6657-3	40,000 円
952	増補 町村制執務備考 全	増澤鐵、飯島篤雄	ISBN978-4-7972-6658-0	46,000 円
953	郡区町村編制法 府県会規則 地方税規則 三法綱論	小笠原美治	ISBN978-4-7972-6659-7	28,000 円
954	郡区町村編制 府県会規則 地方税規則 新法例纂 追加地方諸要則	柳澤武運三	ISBN978-4-7972-6660-3	21,000 円
955	地方革新講話	西内天行	ISBN978-4-7972-6921-5	40,000 円
956	市町村名辞典	杉野耕三郎	ISBN978-4-7972-6922-2	38,000 円
957	市町村吏員提要〔第三版〕	田邊好一	ISBN978-4-7972-6923-9	60,000 円
958	帝国市町村便覧	大西林五郎	ISBN978-4-7972-6924-6	57,000 円
959	最近検定 市町村名鑑 附 官国幣社 及 諸学校所在地一覧	藤澤衛彦、伊東順彦、増田穆、関惣右衛門	ISBN978-4-7972-6925-3	64,000 円
960	鼇頭対照 市町村制解釈 附 理由書 及 参考諸布達	伊藤寿	ISBN978-4-7972-6926-0	40,000 円
961	市町村制釈義 完　附 市町村制理由	水越成章	ISBN978-4-7972-6927-7	36,000 円
962	府県郡市町村 模範治績　附 耕地整理法 産業組合法 附属法令	荻野千之助	ISBN978-4-7972-6928-4	74,000 円
963	市町村大字読方名彙〔大正十四年度版〕	小川琢治	ISBN978-4-7972-6929-1	60,000 円
964	町村会議員選挙要覧	津田東璋	ISBN978-4-7972-6930-7	34,000 円
965	市制町村制 及 府県制　附 普通選挙法	法律研究会	ISBN978-4-7972-6931-4	30,000 円
966	市制町村制註釈 完　附 市制町村制理由〔明治21年初版〕	角田真平、山田正賢	ISBN978-4-7972-6932-1	46,000 円
967	市町村制詳解 全　附 市町村制理由	元田肇、加藤政之助、日鼻豊作	ISBN978-4-7972-6933-8	47,000 円
968	区町村会議要覧 全	阪田辨之助	ISBN978-4-7972-6934-5	28,000 円
969	実用 町村制市制事務提要	河邨貞山、島村文耕	ISBN978-4-7972-6935-2	46,000 円
970	新旧対照 市制町村制正文〔第三版〕	自治館編輯局	ISBN978-4-7972-6936-9	28,000 円
971	細密調査 市町村便覧（三府四十三県 北海道 樺太 台湾 朝鮮 関東州）附 分類官公衙公私学校銀行所在地一覧表	白山榮一郎、森田公美	ISBN978-4-7972-6937-6	88,000 円
972	正文 市制町村制 並 附属法規	法曹閣	ISBN978-4-7972-6938-3	21,000 円
973	台湾朝鮮関東州 全国市町村便覧 各学校所在地〔第一分冊〕	長谷川好太郎	ISBN978-4-7972-6939-0	58,000 円
974	台湾朝鮮関東州 全国市町村便覧 各学校所在地〔第二分冊〕	長谷川好太郎	ISBN978-4-7972-6940-6	58,000 円
975	合巻 佛蘭西邑法・和蘭邑法・皇国郡区町村編成法	箕作麟祥、大井憲太郎、神田孝平	ISBN978-4-7972-6941-3	28,000 円
976	自治之模範	江木翼	ISBN978-4-7972-6942-0	60,000 円
977	地方制度実例総覧〔明治36年初版〕	金田謙	ISBN978-4-7972-6943-7	48,000 円
978	市町村民 自治読本	武藤榮治郎	ISBN978-4-7972-6944-4	22,000 円
979	町村制詳解　附 市制及町村制理由	相澤富蔵	ISBN978-4-7972-6945-1	28,000 円
980	改正 市町村制 並 附属法規	楠綾雄	ISBN978-4-7972-6946-8	28,000 円
981	改正 市制 及 町村制〔訂正10版〕	山野金蔵	ISBN978-4-7972-6947-5	28,000 円

別巻　巻数順一覧【915～949巻】

巻数	書　名	編・著者	ISBN	本体価格
915	改正 新旧対照市町村一覧	鍾美堂	ISBN978-4-7972-6621-4	78,000円
916	東京市会先例彙輯	後藤新平、桐島像一、八田五三	ISBN978-4-7972-6622-1	65,000円
917	改正 地方制度解説〔第六版〕	狭間茂	ISBN978-4-7972-6623-8	67,000円
918	改正 地方制度通義	荒川五郎	ISBN978-4-7972-6624-5	75,000円
919	町村制市制全書 完	中嶋廣蔵	ISBN978-4-7972-6625-2	80,000円
920	自治新制 市町村会法要談 全	田中重策	ISBN978-4-7972-6626-9	22,000円
921	郡市町村吏員 収税実務要書	荻野千之助	ISBN978-4-7972-6627-6	21,000円
922	町村至宝	桂虎次郎	ISBN978-4-7972-6628-3	36,000円
923	地方制度通 全	上山満之進	ISBN978-4-7972-6629-0	60,000円
924	帝国議会府県会郡会市町村会議員必携 附関係法規 第1分冊	太田峯三郎、林田亀太郎、小原新三	ISBN978-4-7972-6630-6	46,000円
925	帝国議会府県会郡会市町村会議員必携 附関係法規 第2分冊	太田峯三郎、林田亀太郎、小原新三	ISBN978-4-7972-6631-3	62,000円
926	市町村是	野田千太郎	ISBN978-4-7972-6632-0	21,000円
927	市町村執務要覧 全 第1分冊	大成館編輯局	ISBN978-4-7972-6633-7	60,000円
928	市町村執務要覧 全 第2分冊	大成館編輯局	ISBN978-4-7972-6634-4	58,000円
929	府県会規則大全　附 裁定録	朝倉達三、若林友之	ISBN978-4-7972-6635-1	28,000円
930	地方自治の手引	前田宇治郎	ISBN978-4-7972-6636-8	28,000円
931	改正 市制町村制と衆議院議員選挙法	服部喜太郎	ISBN978-4-7972-6637-5	28,000円
932	市町村国税事務取扱手続	広島財務研究会	ISBN978-4-7972-6638-2	34,000円
933	地方自治制要義 全	末松偕一郎	ISBN978-4-7972-6639-9	57,000円
934	市町村特別税之栞	三邊長治、水谷平吉	ISBN978-4-7972-6640-5	24,000円
935	英国地方制度 及 税法	良保両氏、水野遵	ISBN978-4-7972-6641-2	34,000円
936	英国地方制度 及 税法	髙橋達	ISBN978-4-7972-6642-9	20,000円
937	日本法典全書 第一編 府県制郡制註釈	上條慎蔵、坪谷善四郎	ISBN978-4-7972-6643-6	58,000円
938	判例挿入 自治法規全集 全	池田繁太郎	ISBN978-4-7972-6644-3	82,000円
939	比較研究 自治之精髄	水野錬太郎	ISBN978-4-7972-6645-0	22,000円
940	傍訓註釈 市制町村制 並ニ 理由書〔第三版〕	筒井時治	ISBN978-4-7972-6646-7	46,000円
941	以呂波引町村便覧	田山宗堯	ISBN978-4-7972-6647-4	37,000円
942	町村制執務要録 全	鷹巣清二郎	ISBN978-4-7972-6648-1	46,000円
943	地方自治 及 振興策	床次竹二郎	ISBN978-4-7972-6649-8	30,000円
944	地方自治講話	田中四郎左衛門	ISBN978-4-7972-6650-4	36,000円
945	地方施設改良 訓諭演説集〔第六版〕	鹽川玉江	ISBN978-4-7972-6651-1	40,000円
946	帝国地方自治団体発達史〔第三版〕	佐藤亀齢	ISBN978-4-7972-6652-8	48,000円
947	農村自治	小橋一太	ISBN978-4-7972-6653-5	34,000円
948	国税 地方税 市町村税 滞納処分法問答	竹尾高堅	ISBN978-4-7972-6654-2	28,000円
949	市町村役場実用 完	福井淳	ISBN978-4-7972-6655-9	40,000円

別巻　巻数順一覧【878 ～ 914 巻】

巻数	書　名	編・著者	ISBN	本体価格
878	明治史第六編 政黨史	博文館編輯局	ISBN978-4-7972-7180-5	42,000 円
879	日本政黨發達史 全〔第一分冊〕	上野熊藏	ISBN978-4-7972-7181-2	50,000 円
880	日本政黨發達史 全〔第二分冊〕	上野熊藏	ISBN978-4-7972-7182-9	50,000 円
881	政党論	梶原保人	ISBN978-4-7972-7184-3	30,000 円
882	獨逸新民法商法正文	古川五郎、山口弘一	ISBN978-4-7972-7185-0	90,000 円
883	日本民法鼇頭對比獨逸民法	荒波正隆	ISBN978-4-7972-7186-7	40,000 円
884	泰西立憲國政治攬要	荒井泰治	ISBN978-4-7972-7187-4	30,000 円
885	改正衆議院議員選擧法釋義 全	福岡伯、横田左仲	ISBN978-4-7972-7188-1	42,000 円
886	改正衆議院議員選擧法釋義 附 改正貴族院令,治安維持法	犀川長作、犀川久平	ISBN978-4-7972-7189-8	33,000 円
887	公民必携 選擧法規ト判決例	大浦兼武、平沼騏一郎、木下友三郎、清水澄、三浦數平	ISBN978-4-7972-7190-4	96,000 円
888	衆議院議員選擧法輯覽	司法省刑事局	ISBN978-4-7972-7191-1	53,000 円
889	行政司法選擧判例總覽―行政救濟と其手續―	澤田竹治郎・川崎秀男	ISBN978-4-7972-7192-8	72,000 円
890	日本親族相續法義解 全	髙橋捨六・堀田馬三	ISBN978-4-7972-7193-5	45,000 円
891	普通選擧文書集成	山中秀男・岩本溫良	ISBN978-4-7972-7194-2	85,000 円
892	普選の勝者 代議士月旦	大石末吉	ISBN978-4-7972-7195-9	60,000 円
893	刑法註釋 卷一～卷四(上卷)	村田保	ISBN978-4-7972-7196-6	58,000 円
894	刑法註釋 卷五～卷八(下卷)	村田保	ISBN978-4-7972-7197-3	50,000 円
895	治罪法註釋 卷一～卷四(上卷)	村田保	ISBN978-4-7972-7198-0	50,000 円
896	治罪法註釋 卷五～卷八(下卷)	村田保	ISBN978-4-7972-7198-0	50,000 円
897	議會選擧法	カール・ブラウニアス、國政研究科會	ISBN978-4-7972-7201-7	42,000 円
901	鼇頭註釈 町村制　附 理由 全	八乙女盛次、片野続	ISBN978-4-7972-6607-8	28,000 円
902	改正 市制町村制　附 改正要義	田山宗堯	ISBN978-4-7972-6608-5	28,000 円
903	増補訂正 町村制詳解〔第十五版〕	長峰安三郎、三浦通太、野田千太郎	ISBN978-4-7972-6609-2	52,000 円
904	市制町村制 並 理由書　附 直接間接税類別及実施手続	高崎修助	ISBN978-4-7972-6610-8	20,000 円
905	町村制要義	河野正義	ISBN978-4-7972-6611-5	28,000 円
906	改正 市制町村制義解〔帝國地方行政学会〕	川村芳次	ISBN978-4-7972-6612-2	60,000 円
907	市制町村制 及 関係法令〔第三版〕	野田千太郎	ISBN978-4-7972-6613-9	35,000 円
908	市町村新旧対照一覧	中村芳松	ISBN978-4-7972-6614-6	38,000 円
909	改正 府県郡制問答講義	木内英雄	ISBN978-4-7972-6615-3	28,000 円
910	地方自治提要 全　附 諸届願書式 日用規則抄録	木村時義、吉武則久	ISBN978-4-7972-6616-0	56,000 円
911	訂正増補 市町村制問答詳解　附 理由及追輯	福井淳	ISBN978-4-7972-6617-7	70,000 円
912	改正 府県制郡制註釈〔第三版〕	福井淳	ISBN978-4-7972-6618-4	34,000 円
913	地方制度実例総覧〔第七版〕	自治館編輯局	ISBN978-4-7972-6619-1	78,000 円
914	英国地方政治論	ジョージ・チャールズ・ブロドリック、久米金彌	ISBN978-4-7972-6620-7	30,000 円

別巻　巻数順一覧【843 ～ 877 巻】

巻数	書　名	編・著者	ISBN	本体価格
843	法律汎論	熊谷直太	ISBN978-4-7972-7141-6	40,000 円
844	英國國會選擧訴願判決例 全	オマリー、ハードカッスル、サンタース	ISBN978-4-7972-7142-3	80,000 円
845	衆議院議員選擧法改正理由書 完	内務省	ISBN978-4-7972-7143-0	40,000 円
846	戇齋法律論文集	森作太郎	ISBN978-4-7972-7144-7	45,000 円
847	雨山遺稾	渡邉輝之助	ISBN978-4-7972-7145-4	70,000 円
848	法曹紙屑籠	鷺城逸史	ISBN978-4-7972-7146-1	54,000 円
849	法例彙纂 民法之部 第一篇	史官	ISBN978-4-7972-7147-8	66,000 円
850	法例彙纂 民法之部 第二篇〔第一分冊〕	史官	ISBN978-4-7972-7148-5	55,000 円
851	法例彙纂 民法之部 第二篇〔第二分冊〕	史官	ISBN978-4-7972-7149-2	75,000 円
852	法例彙纂 商法之部〔第一分冊〕	史官	ISBN978-4-7972-7150-8	70,000 円
853	法例彙纂 商法之部〔第二分冊〕	史官	ISBN978-4-7972-7151-5	75,000 円
854	法例彙纂 訴訟法之部〔第一分冊〕	史官	ISBN978-4-7972-7152-2	60,000 円
855	法例彙纂 訴訟法之部〔第二分冊〕	史官	ISBN978-4-7972-7153-9	48,000 円
856	法例彙纂 懲罰則之部	史官	ISBN978-4-7972-7154-6	58,000 円
857	法例彙纂 第二版 民法之部〔第一分冊〕	史官	ISBN978-4-7972-7155-3	70,000 円
858	法例彙纂 第二版 民法之部〔第二分冊〕	史官	ISBN978-4-7972-7156-0	70,000 円
859	法例彙纂 第二版 商法之部・訴訟法之部〔第一分冊〕	太政官記録掛	ISBN978-4-7972-7157-7	72,000 円
860	法例彙纂 第二版 商法之部・訴訟法之部〔第二分冊〕	太政官記録掛	ISBN978-4-7972-7158-4	40,000 円
861	法令彙纂 第三版 民法之部〔第一分冊〕	太政官記録掛	ISBN978-4-7972-7159-1	54,000 円
862	法令彙纂 第三版 民法之部〔第ニ分冊〕	太政官記録掛	ISBN978-4-7972-7160-7	54,000 円
863	現行法律規則全書（上）	小笠原美治、井田鐘次郎	ISBN978-4-7972-7162-1	50,000 円
864	現行法律規則全書（下）	小笠原美治、井田鐘次郎	ISBN978-4-7972-7163-8	53,000 円
865	國民法制通論 上卷・下卷	仁保龜松	ISBN978-4-7972-7165-2	56,000 円
866	刑法註釋	磯部四郎、小笠原美治	ISBN978-4-7972-7166-9	85,000 円
867	治罪法註釋	磯部四郎、小笠原美治	ISBN978-4-7972-7167-6	70,000 円
868	政法哲學 前編	ハーバート・スペンサー、濱野定四郎、渡邊治	ISBN978-4-7972-7168-3	45,000 円
869	政法哲學 後編	ハーバート・スペンサー、濱野定四郎、渡邊治	ISBN978-4-7972-7169-0	45,000 円
870	佛國商法復説 第壹篇自第壹卷至第七卷	リウヒエール、商法編纂局	ISBN978-4-7972-7171-3	75,000 円
871	佛國商法復説 第壹篇第八卷	リウヒエール、商法編纂局	ISBN978-4-7972-7172-0	45,000 円
872	佛國商法復説 自第二篇至第四篇	リウヒエール、商法編纂局	ISBN978-4-7972-7173-7	70,000 円
873	佛國商法復説 書式之部	リウヒエール、商法編纂局	ISBN978-4-7972-7174-4	40,000 円
874	代言試驗問題擬判録 全 附録明治法律學校民刑問題及答案	熊野敏三、宮城浩蔵 河野和三郎、岡義男	ISBN978-4-7972-7176-8	35,000 円
875	各國官吏試驗法類集 上・下	内閣	ISBN978-4-7972-7177-5	54,000 円
876	商業規篇	矢野亨	ISBN978-4-7972-7178-2	53,000 円
877	民法実用法典 全	福田一覺	ISBN978-4-7972-7179-9	45,000 円

別巻　巻数順一覧【810～842巻】

巻数	書　名	編・著者	ISBN	本体価格
810	訓點法國律例 民律 上卷	鄭永寧	ISBN978-4-7972-7105-8	50,000円
811	訓點法國律例 民律 中卷	鄭永寧	ISBN978-4-7972-7106-5	50,000円
812	訓點法國律例 民律 下卷	鄭永寧	ISBN978-4-7972-7107-2	60,000円
813	訓點法國律例 民律指掌	鄭永寧	ISBN978-4-7972-7108-9	58,000円
814	訓點法國律例 貿易定律・園林則律	鄭永寧	ISBN978-4-7972-7109-6	60,000円
815	民事訴訟法 完	本多康直	ISBN978-4-7972-7111-9	65,000円
816	物権法(第一部)完	西川一男	ISBN978-4-7972-7112-6	45,000円
817	物権法(第二部)完	馬場愿治	ISBN978-4-7972-7113-3	35,000円
818	商法五十課 全	アーサー・B・クラーク、本多孫四郎	ISBN978-4-7972-7115-7	38,000円
819	英米商法律原論 契約之部及流通券之部	岡山兼吉、淺井勝	ISBN978-4-7972-7116-4	38,000円
820	英國組合法 完	サー・フレデリック・ポロック、榊原幾久若	ISBN978-4-7972-7117-1	30,000円
821	自治論 一名人民ノ自由 卷之上・卷之下	リーバー、林董	ISBN978-4-7972-7118-8	55,000円
822	自治論纂 全一册	獨逸學協會	ISBN978-4-7972-7119-5	50,000円
823	憲法彙纂	古屋宗作、鹿島秀麿	ISBN978-4-7972-7120-1	35,000円
824	國會汎論	ブルンチュリー、石津可輔、讃井逸三	ISBN978-4-7972-7121-8	30,000円
825	威氏法學通論	エスクバック、渡邊輝之助、神山亨太郎	ISBN978-4-7972-7122-5	35,000円
826	萬國憲法 全	高田早苗、坪谷善四郎	ISBN978-4-7972-7123-2	50,000円
827	綱目代議政體	J・S・ミル、上田充	ISBN978-4-7972-7124-9	40,000円
828	法學通論	山田喜之助	ISBN978-4-7972-7125-6	30,000円
829	法學通論 完	島田俊雄、溝上與三郎	ISBN978-4-7972-7126-3	35,000円
830	自由之權利 一名自由之理 全	J・S・ミル、高橋正次郎	ISBN978-4-7972-7127-0	38,000円
831	歐洲代議政體起原史 第一册・第二册／代議政體原論 完	ギゾー、漆間眞學、藤田四郎、アンドリー、山口松五郎	ISBN978-4-7972-7128-7	100,000円
832	代議政體 全	J・S・ミル、前橋孝義	ISBN978-4-7972-7129-4	55,000円
833	民約論	J・J・ルソー、田中弘義、服部徳	ISBN978-4-7972-7130-0	40,000円
834	歐米政黨沿革史總論	藤田四郎	ISBN978-4-7972-7131-7	30,000円
835	内外政黨事情・日本政黨事情 完	中村義三、大久保常吉	ISBN978-4-7972-7132-4	35,000円
836	議會及政黨論	菊池學而	ISBN978-4-7972-7133-1	35,000円
837	各國之政黨 全〔第1分冊〕	外務省政務局	ISBN978-4-7972-7134-8	70,000円
838	各國之政黨 全〔第2分冊〕	外務省政務局	ISBN978-4-7972-7135-5	60,000円
839	大日本政黨史 全	若林清、尾崎行雄、箕浦勝人、加藤恒忠	ISBN978-4-7972-7137-9	63,000円
840	民約論	ルソー、藤田浪人	ISBN978-4-7972-7138-6	30,000円
841	人權宣告辯妄・政治眞論一名主權辯妄	ベンサム、草野宣隆、藤田四郎	ISBN978-4-7972-7139-3	40,000円
842	法制講義 全	赤司鷹一郎	ISBN978-4-7972-7140-9	30,000円

巻数	書　名	編・著者	ISBN	本体価格
776	改正 府県制郡制釈義〔第三版〕	坪谷善四郎	ISBN978-4-7972-6602-3	35,000円
777	新旧対照 市制町村制 及 理由〔第九版〕	荒川五郎	ISBN978-4-7972-6603-0	28,000円
778	改正 市町村制講義	法典研究会	ISBN978-4-7972-6604-7	38,000円
779	改正 市制町村制講義 附 施行諸規則 及 市町村事務摘要	樋山廣業	ISBN978-4-7972-6605-4	58,000円
780	改正 市制町村制義解	行政法研究会、藤田謙堂	ISBN978-4-7972-6606-1	60,000円
781	今時獨逸帝國要典 前篇	C・モレイン、今村有隣	ISBN978-4-7972-6425-8	45,000円
782	各國上院紀要	元老院	ISBN978-4-7972-6426-5	35,000円
783	泰西國法論	シモン・ヒッセリング、津田真一郎	ISBN978-4-7972-6427-2	40,000円
784	律例權衡便覽 自第一冊至第五冊	村田保	ISBN978-4-7972-6428-9	100,000円
785	檢察事務要件彙纂	平松照忠	ISBN978-4-7972-6429-6	45,000円
786	治罪法比鑑 完	福鎌芳隆	ISBN978-4-7972-6430-2	65,000円
787	治罪法註解	立野胤政	ISBN978-4-7972-6431-9	56,000円
788	佛國民法契約篇講義 全	玉乃世履、磯部四郎	ISBN978-4-7972-6432-6	40,000円
789	民法疏義 物權之部	鶴丈一郎、手塚太郎	ISBN978-4-7972-6433-3	90,000円
790	民法疏義 人權之部	鶴丈一郎	ISBN978-4-7972-6434-0	100,000円
791	民法疏義 取得篇	鶴丈一郎	ISBN978-4-7972-6435-7	80,000円
792	民法疏義 擔保篇	鶴丈一郎	ISBN978-4-7972-6436-4	90,000円
793	民法疏義 證據篇	鶴丈一郎	ISBN978-4-7972-6437-1	50,000円
794	法學通論	奥田義人	ISBN978-4-7972-6439-5	100,000円
795	法律ト宗教トノ關係	名尾玄乘	ISBN978-4-7972-6440-1	55,000円
796	英國國會政治	アルフユース・トッド、スペンサー・ヲルポール、林田龜太郎、岸清一	ISBN978-4-7972-6441-8	65,000円
797	比較國會論	齊藤隆夫	ISBN978-4-7972-6442-5	30,000円
798	改正衆議院議員選擧法論	島田俊雄	ISBN978-4-7972-6443-2	30,000円
799	改正衆議院議員選擧法釋義	林田龜太郎	ISBN978-4-7972-6444-9	50,000円
800	改正衆議院議員選擧法正解	武田貞之助、井上密	ISBN978-4-7972-6445-6	30,000円
801	佛國法律提要 全	箕作麟祥、大井憲太郎	ISBN978-4-7972-6446-3	100,000円
802	佛國政典	ドラクルチー、大井憲太郎、箕作麟祥	ISBN978-4-7972-6447-0	120,000円
803	社會行政法論 全	H・リョースレル、江木衷	ISBN978-4-7972-6448-7	100,000円
804	英國財産法講義	三宅恒徳	ISBN978-4-7972-6449-4	60,000円
805	國家論 全	ブルンチュリー、平田東助、平塚定二郎	ISBN978-4-7972-7100-3	50,000円
806	日本議會現法 完	增尾種時	ISBN978-4-7972-7101-0	45,000円
807	法學通論 一名法學初歩 全	P・ナミュール、河地金代、河村善益、薩埵正邦	ISBN978-4-7972-7102-7	53,000円
808	訓點法國律例 刑名定範 卷一卷二 完	鄭永寧	ISBN978-4-7972-7103-4	40,000円
809	訓點法國律例 刑律從卷 一至卷四 完	鄭永寧	ISBN978-4-7972-7104-1	30,000円

別巻　巻数順一覧【741～775巻】

巻数	書　名	編・著者	ISBN	本体価格
741	改正 市町村制詳解	相馬昌三、菊池武夫	ISBN978-4-7972-6491-3	38,000円
742	註釈の市制と町村制　附 普通選挙法	法律研究会	ISBN978-4-7972-6492-0	60,000円
743	新旧対照 市制町村制 並 附属法規〔改訂二十七版〕	良書普及会	ISBN978-4-7972-6493-7	36,000円
744	改訂増補 市制町村制実例総覧 第1分冊	田中廣太郎、良書普及会	ISBN978-4-7972-6494-4	60,000円
745	改訂増補 市制町村制実例総覧 第2分冊	田中廣太郎、良書普及会	ISBN978-4-7972-6495-1	68,000円
746	実例判例 市制町村制釈義〔昭和十年改正版〕	梶康郎	ISBN978-4-7972-6496-8	57,000円
747	市制町村制義解　附 理由〔第五版〕	櫻井一久	ISBN978-4-7972-6497-5	47,000円
748	実地応用町村制問答〔第二版〕	市町村雑誌社	ISBN978-4-7972-6498-2	46,000円
749	傍訓註釈 日本市制町村制 及 理由書	柳澤武運三	ISBN978-4-7972-6575-0	28,000円
750	鼇頭註釈 市町村制俗解　附 理由書〔増補第五版〕	清水亮三	ISBN978-4-7972-6576-7	28,000円
751	市町村制質問録	片貝正晉	ISBN978-4-7972-6577-4	28,000円
752	実用詳解町村制 全	夏目洗藏	ISBN978-4-7972-6578-1	28,000円
753	新旧対照 改正 市制町村制新釈　附 施行細則及執務條規	佐藤貞雄	ISBN978-4-7972-6579-8	42,000円
754	市制町村制講義	樋山廣業	ISBN978-4-7972-6580-4	46,000円
755	改正 市制町村制講義〔第十版〕	秋野沆	ISBN978-4-7972-6581-1	42,000円
756	註釈の市制と町村制 市制町村制施行令他関連法収録〔昭和4年4月版〕	法律研究会	ISBN978-4-7972-6582-8	58,000円
757	実例判例 市制町村制釈義〔第四版〕	梶康郎	ISBN978-4-7972-6583-5	48,000円
758	改正 市制町村制解説	狭間茂、土谷覺太郎	ISBN978-4-7972-6584-2	59,000円
759	市町村制註解 完	若林市太郎	ISBN978-4-7972-6585-9	22,000円
760	町村制実用 完	新田貞橘、鶴田嘉内	ISBN978-4-7972-6586-6	56,000円
761	町村制精解 完　附 理由 及 問答録	中目孝太郎、磯谷郡爾、高田早苗、両角彦六、高木守三郎	ISBN978-4-7972-6587-3	35,000円
762	改正 町村制詳解〔第十三版〕	長峰安三郎、三浦通太、野田千太郎	ISBN978-4-7972-6588-0	54,000円
763	加除自在 参照条文　附 市制町村制　附 関係法規	矢島和三郎	ISBN978-4-7972-6589-7	60,000円
764	改正版 市制町村制並ニ府県制及ビ重要関係法令	法制堂出版	ISBN978-4-7972-6590-3	39,000円
765	改正版 註釈の市制と町村制 最近の改正を含む	法制堂出版	ISBN978-4-7972-6591-0	58,000円
766	鼇頭註釈 市町村制俗解　附 理由書〔第二版〕	清水亮三	ISBN978-4-7972-6592-7	25,000円
767	理由挿入 市町村制俗解〔第三版増補訂正〕	上村秀昇	ISBN978-4-7972-6593-4	28,000円
768	府県制郡制註釈	田島彦四郎	ISBN978-4-7972-6594-1	40,000円
769	市制町村制傍訓 完　附 市制町村制理由〔第四版〕	内山正如	ISBN978-4-7972-6595-8	18,000円
770	市制町村制釈義	壁谷可六、上野太一郎	ISBN978-4-7972-6596-5	38,000円
771	市制町村制詳解 全　附 理由書	杉谷庸	ISBN978-4-7972-6597-2	21,000円
772	鼇頭傍訓 市制町村制註釈 及 理由書	山内正利	ISBN978-4-7972-6598-9	28,000円
773	町村制要覧 全	浅井元、古谷省三郎	ISBN978-4-7972-6599-6	38,000円
774	府県制郡制釈義 全〔第三版〕	栗本勇之助、森惣之祐	ISBN978-4-7972-6600-9	35,000円
775	市制町村制釈義	坪谷善四郎	ISBN978-4-7972-6601-6	39,000円